주해가 있는 새 오바댜 · 요나 · 미가 강해

주해가 있는 새 오바댜 · 요나 · 미가 강해

1판 1쇄 인쇄 2012년 11월 5일
1판 1쇄 발행 2012년 11월 10일

지은이 김서택
발행인 한동인
펴낸곳 (주)기독교문사
등 록 제1- c0062호
주 소 서울 종로구 충신동 5-13
출판부 T. 741-5184~5 F. 744-1634
도매부 · 특판부 T. 741-5181~3 F. 762-2234
직영서점 기독교문사
서울 종로구 종로5가 412-2
T. 2266-2117~9 F. 2266-6397

책값은 뒤표지에 있습니다.
ISBN 978-89-466-2149-7
978-89-466-2134-3(전집)

Web www.kclp.co.kr
e-mail kclp@kclp.co.kr

기독교문사는 독자와 함께 기독교 출판문화를 이끌어 가겠습니다.
공급처 기독교문사 도매부 T. 741-5181~3 F. 762-2234

주해가 있는 새 오바댜 · 요나 · 미가 강해

김서택

기독교문사

서 문

우리가 소선지서를 하나씩 연구하며 설교해 보면 그 하나하나가 그렇게 아름다울 수 없는 보석이라는 것을 깨닫게 됩니다. 하나님께서 우리에게 이 다양한 빛깔을 가진 열두 개의 보석을 주신 것은 너무나도 귀한 축복인데 유감스럽게도 우리는 소선지서가 어렵다는 선입견 때문에 한두 구절 외에는 제대로 가지지 못하고 있습니다.

미국의 소설가 존 스타인벡이 쓴 『진주』라는 소설을 보면 바다에 잠수해서 조개를 캐던 한 인디언 청년이 어마어마하게 큰 진주를 발견하고는 그것을 빼앗으려는 악한 상인들에게 추격을 당하는 내용이 나옵니다. 그러나 우리는 소선지서에서 신기한 진주를 캐낼수록 더 보석 같은 신앙을 가지게 될 것입니다.

오바댜서는 유다 백성을 미워하고 가시 노릇을 했던 에돔 사람들이 멸망하는 내용입니다. 우리는 오바댜서를 통해서 왜 우리에게 이런 가시 노릇을 하는 사람이 있어야 하는지 생각하게 됩니다.

요나서는 소선지서 중에서 유일하게 스토리가 있는 책입니다. 요나서는 요나 선지의 고백록이라고 볼 수 있습니다. 요나서는 어거스틴의 고백록을 능가하는 고백록입니다. 우리는 요나의 이 솔직한 고백을 통해서 우리의 옹졸함과 하나님의 어마어마한 사랑을 알 수 있습니다. 하나님은 절대로 믿지 않는 자라고 해서 함부로 멸망시키는 하나님이 아니신 것입니다.

그리고 미가서는 종교 개혁적인 성향이 너무나도 뚜렷한 위대한 예언서입니다. 미가 선지는 당시 탐욕스러운 지도자들에 대하여 가차 없는 질타를 날리고 있는데 오늘 만일 이런 설교자가 있었다면 사람들은 정말 속이 다 시원할 것입니다. 미가서는 참으로 하나님의 위대한 사랑을 나타내면서 끝에 가서는 결국 "주와 같은 신이 어디 있으리이까" (7:18)라고 고백하고 있습니다.

이 소선지서 강해는 모두 대구동부교회에서 설교한 것들입니다. 저는 우리 대구동부교회 성도님들을 모시고 너무나도 행복한 목회를 하고 있습니다. 저의 이 부족한 설교에 열렬한 성원을 보내어 주신 성도님들에게 감사를 드립니다. 그리고 인터넷이 보편화되면서 기독교 서적의 영역이 점점 줄어들고 어려워지고 있는 가운데서 보다 나은 설교를 위해서 꿋꿋하게 이 주해가 있는 강해 설교 시리즈를 출판해 오시고, 제가 책 출판을 말씀드릴 때에는 단 한 번도 힘들다 하지 아니하시고 언제나 기쁘게 허락해 주셔서 국내외 많은 성도님들과 말씀의 축복을 나누게 하신 기독교문사의 한동인 사장님께 진심으로 감사를 드립니다.

대구 수성교 옆에서

김서택 목사

CONTENTS

서 문 004
01 (오바댜 1:1-11) 유다의 영원한 가시 011
02 (오바댜 1:10-21) 시온의 회복 033
01 (요나 1:1-6) 도망치는 선지자 057
02 (요나 1:7-17) 나를 바다에 던지라 077
03 (요나 2:1-10) 절망 중에 드리는 기도 098
04 (요나 3:1-10) 니느웨의 회개 121
142 05 (요나 4:1-5) 선지자의 불평
162 06 (요나 4:6-11) 하나님의 놀라운 사랑
187 01 (미가 1:1-7) 야곱의 허물
208 02 (미가 1:8-16) 유다 백성에게 닥칠 위기
232 03 (미가 2:1-7) 유다 백성의 탐욕
253 04 (미가 2:6-13) 원수 같은 내 백성

05 (미가 3:1-8) **잘못된 인도자** 277

06 (미가 3:9-12) **예루살렘의 건축 재료** 300

07 (미가 4:1-5) **마지막 날의 축복** 320

08 (미가 4:5-13) **예루살렘의 회복** 340

09 (미가 5:1-6) **이스라엘의 새 목자** 364

10 (미가 5:5-15) **야곱의 남은 자** 386

406 11 (미가 6:1-5) **하나님의 변론**

426 12 (미가 6:6-8) **하나님이 가장 기뻐하시는 것**

446 13 (미가 6:9-16) **하나님의 매**

466 14 (미가 7:1-8) **선지자의 탄식**

487 15 (미가 7:9-20) **하나님의 인자와 성실**

오바다

01_유다의 영원한 가시

오바댜 1:1-11

전체적 설명

오바댜서는 구약성경 중에서 가장 짧은 장으로, 그 내용은 유다 민족에게 가장 가까우면서도 언제나 가시 노릇을 한 에돔 족속의 교만과 죄악과 멸망이다. 오바댜가 어느 시대의 사람인지, 또 어떤 배경에서 오바댜서를 썼는지는 알려진 것이 없다. 단서가 되는 구절은 오직 11절 말씀인데, 외국인들이 예루살렘 성안에 몰려들어 가서 예루살렘을 약탈할 때 에돔 족속도 같이 약탈했다는 것이다. 어떤 이는 이것을 유다 왕 여호람 때의 일이라고 하기도 하고(대하 21:16-17), 또 어떤 사람은 나중에 예루살렘이 바벨론에 의해 멸망할 때라고 말하기도 한다. 오바댜서의 내용이 유다가 멸망당하는 것을 전제로 하지 않은 것을 보면 전자의 가능성이 높다고 볼 수 있다. 그러나 에돔 족속은 언제나 유다나 이스라엘 민족의 원수 노릇을 하였고, 언제나 유다 백성의 가시 노릇을 하였다. 이것은 오늘날도 마찬가지이다. 우리의 가까운 형제나 친척 중에서 예수 믿는다는 한 가지 이유로 우리를 미워하고 못살게 구는 가시 같은 사람이 있는 것이다. 그러나 이런 사람은 사실 훈련소 교관같이 우리를 훈련해서 연단시키는 것이다. 이때 주인공은 훈련하는 교관이 아니라 훈련되는 하나님의 백성인 것이다.

설교 프리노트

1절, "주 여호와께서 에돔에 대하여 이같이 말씀하시니라"

에돔은 인간적으로는 유다나 이스라엘 백성과 가장 가까운 형제 민족이었지만 실제로는 어느 민족보다 유다나 이스라엘 백성을 더 미워하고 가시 노릇을 했다. 에돔이 유다나 이스라엘 백성을 이렇게 미워한 이유는 오직 시기심 때문이었다. 즉 인간적으로는 에돔 족속이 이스라엘 백성보다 모든 면에서 뛰어난데 하나님의 복은 이스라엘 자손들이 다 받았기 때문이다. 에돔은 오래전부터 세일 땅에 살았는데 이스라엘 자손들은 4백년 넘게 애굽에서 종살이하다가 갑자기 나타나서 가나안 땅을 다 차지해 버린 것이다. 누구든지 다른 사람을 시기하면 그가 잘되고 복을 받을수록 더 미워하게 되어 있다. 에돔은 늘 이스라엘이나 유다에 대하여 적대적이었고 철저하게 원수같이 행동했기 때문에 유다 백성에게 에돔은 큰 부담이 아닐 수 없었다.

"우리가 여호와께로 말미암아 소식을 들었나니"

그런데 드디어 하나님께서 에돔의 운명에 대해 말씀하셨다. 물론 에돔 족속은 자신들에 대한 이런 하나님의 말씀을 알지 못했을 것이다. 그래서 이 세상의 모든 열방은 언제나 하나님이 유다 선지자들을 통해서 자신들에게 하시는 말씀을 들을 준비가 되어 있어야 한다.

"곧 사자가 열국 중에 보내심을 받고 이르기를 너희는 일어날찌어다"

에돔 사람들이 알지 못하는 가운데 하나님께서는 어떤 일을 계획하고 계셨다. 그것은 하나님의 천사가 주위에 있는 나라들을 돌아다니면서 에돔을 치도록 충동을 하는 것이다. 그러면 에돔 주위에 있는 나라들은 에돔이 그동안 너무 건방지게 굴었다거나 자기들에게 큰 손해를 끼칠 것이라고 오해를 해서 모두 에돔과 싸우려고 일어서는 것이다. 우리는 나라들 사이에 전쟁이 일어날 때 하나님의 천사가 돌아다니면서 전쟁이 일어나도록 부추기는 장면을 보게 되는데 이것은 대단히 특이한 것이다.

2절, "내가 너를 열국 중에 미약하게 하였으므로 네가 크게 멸시를 받느니라"

하나님은 어떤 나라의 국운을 번성하게도 하시고, 쇠약하게도 하신다.

하나님은 에돔이 사용 가치가 있다고 생각하실 때에는 나라를 번성하게 하셔서 강한 나라가 되게 하시지만 이제 더는 사용 가치가 없다고 판단하시면 나라를 쇠약하게 하셔서 별 볼일 없는 미약한 나라가 되게 하신다. 그런데 에돔은 유다나 이스라엘 백성을 훈련하기 위해서 존재하기 때문에 유다 백성이 영적인 훈련을 잘 받아서 부흥이 크게 일어나면 에돔은 사용 가치가 적어진다. 그러나 유다나 이스라엘 백성이 훈련이 잘 되지 못해서 하나님의 말씀에 불순종하고 엉뚱한 짓을 할 때에는 사용 가치가 있는 것이다. 따라서 우리 믿는 자들을 괴롭히는 가시 같은 사람의 존재도 결국 우리 자신의 태도에 달려 있다고 보아야 한다. 우리가 정신을 차리고 하나님의 말씀에 순종할 때 가시 같은 사람들은 힘을 잃고 우리를 더 이상 괴롭히지 못하게 된다.

3절, "바위틈에 거하며 높은 곳에 사는 자여"

에돔 족속이 바위틈에 거하며 높은 곳에 산다는 것은 두 가지 의미로 생각할 수 있다. 하나는 에돔 족속이 실제로 험한 바위 지형에 도시를 만들어서 적이 쳐들어오더라도 입구조차 찾기 어려운 난공불락의 성에서 살았다는 의미이다. 거기에다가 에돔 족속은 바위에 수많은 굴을 뚫고 살고 있어서 그들을 붙잡아 낸다는 것은 사실상 불가능한 일이었다. 오늘날에도 세상 사람들은 이 세상에서 유리한 위치를 차지하고 있기 때문에 하나님을 믿는 자들에 비하여 절대적인 힘을 가지고 권력을 휘두르는 경우가 많다. 그래서 자신들의 지위나 권력을 이용하여 하나님의 백성을 업신여기기도 하고 핍박하기도 한다. 그리고 '바위틈에 거하며 높은 곳에 사는 자' 라는 표현은 독수리를 연상케 한다. 독수리는 높은 절벽에 둥지를 짓고 살기 때문에 어떤 새도 상대가 되지 않는 독보적인 존재이다.

"누가 능히 나를 땅에 끌어내리겠느냐 하니"

에돔 사람들은 교만한 것이 특징이었다. 사실 에돔 사람들이 바위 산성에 숨어 있으면 어느 누구도 쉽게 끌어낼 수 없었다. 그래서 에돔 사람들은 그 유리한 지형 덕분에 자기들은 아무 어려움 없이 오래 살 수 있을 것이라고 생각했다. 그러나 에돔 사람들도 전염병이나 지진 같은 것은 이길 수 없었다. 하나님이 끌어내시려고 하면 얼마든지 끌어내실 수 있는 것이다.

"너의 중심의 교만이 너를 속였도다"

에돔이 이렇게 교만한 마음만 먹지 않았더라면 유다 백성이나 이스라엘 백성과 얼마든지 좋은 관계를 가질 수 있었을 것이고, 또 신앙적인 도움도 받을 수 있었을 것이다. 그러나 에돔은 교만했기 때문에 이스라엘과 유다의 원수가 되었고, 결국 하나님 앞에서 별 볼일 없는 존재가 되고 말았다. 에돔은 스스로의 교만에 속아서 하나님의 원수가 된 것이다.

4절, "네가 독수리처럼 높이 오르며 별 사이에 깃들일찌라도"

하나님께서는 에돔에 대하여 두 가지 비유를 동시에 사용하시는데, 하나는 새 중에서 가장 크고 높이 나는 독수리이고, 다른 하나는 인간의 힘이 미칠 수 없는 높은 곳에 있는 별이다. 그러나 아무리 높이 나는 독수리나 높은 곳에 있는 별이라 하더라도 하나님 앞에서는 모두 하나님의 발 아래 있는 존재들이기 때문에 상대가 되지 않는다. 하나님은 그들을 아주 쉽게 끌어내려서 바닥에 내동댕이치실 것이다. 교만한 자들은 자기가 높은 곳에 있는 것만 생각하지 자기가 하나님의 발밑에 있는 것은 생각하지 못한다. 그러나 하나님이 발로 밟으시는 즉시 악한 자는 망하게 된다.

5절, "혹시 도적이 네게 이르렀으며"

도둑이나 강도가 도둑질을 하거나 강탈할 때에 보통은 만족할 만하게 돈이나 물건을 강탈하거나 도둑질했으면 나머지 물건들은 버려두고 집을 떠난다. 또 포도를 따는 사람이 포도를 딸 때에는 일단 상품 가치가 있는 것만 따고 상태가 좋지 않은 포도는 남겨 놓는다. 그러나 에돔은 약탈당하고 공격당할 때 그야말로 아무것도 남지 않는 완전한 벌거숭이가 된다. 아마 에돔 사람들은 바위 속에 깊이 판 도시에 많은 보물을 감추어 두었던 모양이다. 그러나 하나님께서 주위 나라들에게 에돔을 약탈하게 하실 때 에돔은 완전히 알거지가 된다. 에돔이 이처럼 철저하게 망하는 때가 언제인지는 알 수 없지만 언젠가 에돔에 사람이나 재물이나 아무것도 남지 않을 때가 올 것이다. 이것이 바로 하나님의 눈으로 본 에돔의 미래이다. 이것은 어떤 사람이 여러 개의 기업을 운영하면서 많은 돈을 가지고 교만하게 살다가 한순간에 알거지가 되는 경우와 같다. 우리는 한때 굴지의 기업을 경영하면서 최고의 부를 자랑하며 떵떵거리던 사람들이 한순간에 몰락하여 암울하게 지내는 것을 많이 본다. 만일 이들이 하나님의 눈으로 자신을 볼 수 있었다면 다른 방법으로 경영을 했을 것이다. 하나님께서 이렇게 선포하시면 결국 언젠가는 전쟁이 나든지 혹은 경영에 실패해서 망하게 된다.

6절, "에서가 어찌 그리 수탐되었으며 그 감춘 보물이 어찌 그리 수탐되었는고"

에돔을 과거 야곱의 형 에서에 빗대어 말씀하고 있다. 에서는 탐욕스러운 사람으로, 절대로 자기의 재물을 다른 사람에게 빼앗길 사람이 아니었다. 그러나 에서에게 치명적인 잘못이 있었는데 그것은 하나님의 복의 가치를 과소평가한 것이다. 하나님의 복을 모르는 부자는 언젠가는 망하게 되어 있다. 왜냐하면 이 세상의 복은 모래와 같기 때문이다. 에돔은 많은 보물을 감추어 두고 있었던 모양인데 주위에 있는 나라들이 언젠가 쳐들어와서 에돔의 보물들을 철저하게 약탈하게 된다. 이것을 오바댜 선지는 미리 내다보고 "어찌 그리 수탐되었는고"라고 질문하고 있다. 그런데 에돔이 감추어 둔 보물은 유다나 이스라엘 백성에게 약탈한 보물일 가능성이 높다.

7절, "너와 약조한 자들이 다 너를 쫓아 변경에 이르게 하며"

에돔 족속은 활발한 외교 관계를 펼쳐 주위 여러 나라와 불가침 조약이나 군사동맹 같은 것을 맺었다. 그래서 에돔은 주위 모든 나라들로부터 안전할 줄 알았다. 그러나 에돔은 주위 나라들에게 배반을 당해서 망하게 된다. 본문은 이것을 세 가지로 표현하고 있다. 즉 '너와 약조한 자들이 너를 쫓아내고', '너와 화목하던 자들이 너를 속이고', '너와 식물을 먹던 자들이 네 아래 함정을 파는데' 에돔이 이것을 몰랐던 것이다. 이 말씀은 원래 에돔은 지형적으로 난공불락의 성이어서 어떤 나라도 침략할 수 없는 곳인데 에돔에 보물이 많이 있는 것을 안 적국이 에돔과 동맹

한 나라들을 협박하거나 매수해서 친한 척하고 에돔에 들어가서 에돔을 완전히 망하게 한다는 것이다. 결국 에돔은 주위 나라들에게 속아서 망하게 되는 것이다.

8절, "그 날에 내가 에돔에서 지혜 있는 자를 멸하며"

원래 에돔은 지혜로 유명한 나라였다. 그러나 에돔의 지혜는 하나님을 믿는 지혜가 아니라 마키아벨리나 손자처럼 전쟁에서 이기는 인간적인 지혜였다. 그러나 하나님께서 에돔에서 지혜 있는 자들을 없어지게 하시니까 에돔 사람들은 자기 머리를 믿고 정확한 판단을 하지 못했다. 그리고 에돔이 망할 때에는 엉터리로 똑똑한 자들이 많아져서 토론만 수없이 하다가 결국 진짜 지혜 있는 자들은 다 죽이거나 추방해 버리고 미련한 자들이 나라를 주장하다가 엉터리 정책을 믿게 되어 망하는 것이다.

9절, "드만아 네 용사들이 놀랄 것이라"

'드만' 은 '데만' 이라고도 하는 에돔의 중요한 도시였다. 그러나 데만에 있는 용사들은 이미 에돔의 왕궁이 적에게 함락되고 그들의 무기나 용사들은 아무 소용이 없게 된 것을 알고는 놀라게 된다. 하나님께서 망하게 하시면 인간적으로 아무리 철저하게 준비를 한다고 해도 그것들은 모두 무용지물이 되고 만다.

"에서의 산의 거민이 살륙을 당하여 다 멸절되리라"

옛날에 전쟁에서 진 사람들은 손을 뒤로 결박당한 채 높은 산으로 끌려 올라가서 절벽에서 떨어뜨려 죽임을 당할 때가 많았다. 특히 에돔은 절벽이 많았기 때문에 에돔을 침략한 적들은 에돔 사람들이 다시는 저항하지 못하도록 높은 산에서 떨어뜨려 죽이게 된다.

10절, "네가 네 형제 야곱에게 행한 포학을 인하여"

하나님께서 비로소 나름대로 안전하게 보물을 많이 감추고 살아가고 있는 에돔이 망할 수밖에 없는 이유를 밝히신다. 그것은 바로 그 형제 이스라엘과 유다 백성에게 행한 못된 짓 때문이다. 에돔은 인간적으로는 이스라엘 백성에게 가장 가까운 자들이었는데 그들은 유다나 이스라엘에 대한 시기심 때문에 다른 어느 민족보다도 더 악하게 대하였다. 물론 에돔이 그렇게 한 것은 하나님이 이스라엘 백성이나 유다 백성을 연단하시는 방법이었지만 유다 백성이 연단을 다 받고 난 후에 에돔은 더 이상 존재할 필요가 없어지게 되었다. 예를 들어 사람의 몸에 가시 같은 병이 있을 때 그 사람이 완전히 건강해지거나 혹은 죽게 되면 병도 없어지는 것과 같다. 즉 에돔은 이스라엘 백성이 존재할 때만 가치가 있는 것이지 유다에 큰 부흥이 일어나거나 반대로 유다가 바벨론에 망하면 더 이상 존재할 가치가 없게 된다.

"수욕을 입고 영원히 멸절되리라"

에돔이 망할 때에는 그냥 망하는 것이 아니라 그들이 이스라엘 백성에게 한 만큼 엄청난 수치를 당한 후에 영원히 없어진다.

11절, "네가 멀리 섰던 날 곧 이방인이 그의 재물을 늑탈하며"

이 구절이 오바댜서 배경의 단서가 되는 구절이다. 즉 이방인들이 예루살렘에 쳐들어와서 예루살렘을 약탈한 때가 과연 언제였느냐 하는 것이다. 이때 에돔 사람들은 유다 백성이 도움을 요청할 때 멀리서 구경만 하고 있다가 성이 무너지고 사람들이 약탈당할 때에 자기들도 이방인들과 같이 성안에 들어가서 예루살렘을 약탈했던 것이다. 이때가 언제인지에 대해서는 대개 두 가지 입장이 있는데, 하나는 여호람 때라는 것이고, 또 하나는 나중에 느부갓네살에 의해 예루살렘이 최종적으로 망하는 때라는 것이다. 그러나 에돔은 이때만이 아니라 언제나 유다나 이스라엘에 대하여 가시 같은 존재였고, 언제나 이들을 미워하고 괴롭혔으며, 포로가 된 사람들에게 가장 악랄하게 대하였다.

본문 이해를 위한 질문

1. 에돔은 어떤 나라이며, 어떤 일이 일어나게 되는가?

에돔은 유다 남쪽 산악 지방에 있는 나라로, 유다나 이스라엘의 형제 나라였지만 언제나 유다나 이스라엘을 원수같이 생각하여 미워하고 공격해서 고통을 주던 나라였다. 그러나 어느 날 하나님의 사자가 에돔 주위 나라들을 돌면서 에돔을 공격하라고 충동을 하게 된다.

2. 에돔은 지형적으로 어떤 장점이 있었는가?

에돔은 절벽의 바위틈에 있는 난공불락의 성이어서 교만한 마음을 가지고 있었지만 하나님이 에돔을 치실 때 에돔은 철저하게 망하게 된다. 왜냐하면 이 세상에서 아무리 높은 곳에 있는 자라 하더라도 하나님이 보시기에는 모두 발밑에 있기 때문이다.

3. 에돔은 어떻게 망하는가?

에돔은 주위에 있는 나라들에게 속아서 남는 것이 하나도 없이 철저하게 망한다.

4. 에돔이 망하는 근본 이유는 무엇인가?

에돔은 유다나 이스라엘 백성에 대해 시기심을 가지고 철저하게 미워하였다. 그러나 유다의 가시인 에돔은 유다에 큰 부흥이 일어나거나 혹은 반대로 망하면 더 이상 존재할 가치가 없어진다. 그래서 하나님의 백성이 대적하는 자들을 이기는 방법은 더 하나님 앞에 겸손하여서 큰 부흥이 일어나게 하는 것이다.

성경 강해

오바댜서는 구약성경에서 가장 짧은, 한 장으로 되어 있는 책입니다. 그래서 오바댜서는 소선지서 중에서도 가장 짧은 선지서입니다. 오바댜서의 내용은 유다 백성을 그렇게 미워하고 못되게 굴었던 에돔이 드디어 멸망한다는 것입니다. 유다 백성에게 에돔 족속은 그야말로 가시 같은 존재였습니다. 우리 몸에 가시가 박혀 있을 때 우리는 잠시도 몸이 편치 않습니다. 물론 몸에 가시가 박혀 있다고 해서 당장 죽는 것은 아니지만 가시가 있는 부분이 쑤시고 아프면서도 또 쉽게 빠지지도 않습니다. 그래서 가시가 있는 사람은 늘 아파하면서 살아야 합니다. 이처럼 에돔은 유다 백성이 잊을 만하면 유다 백성을 찔러서 고통스럽게 하고 비참하게 만들었습니다.

구약성경에는 오바댜라는 이름을 가진 사람이 여러 명 등장하지만 우리는 오바댜서를 쓴 오바댜가 어느 시대의 사람이며, 어떤 배경에서 오바댜서를 썼는지 알 수 없습니다. 그럼에도 불구하고 오바댜 선지의 메시지는 유다 백성이나 모든 하나님의 백성이 충분히 공감할 수 있는 메시지였습니다.

오바댜서의 배경에 대해서는 크게 두 가지 입장이 있습니다. 하나는 유다 왕 여호람 때 왕과 백성들이 하나님을 버리고 우상 숭배를 할 때입니다. 이때 하나님은 에돔 족속과 주위의 이방 민족을 보내어서 예루살렘을 치게 하셨고, 에돔 족속은 다른 민족과 더불어 왕궁의 모든 재물을 탈취하고 왕족들을 포로로 붙들어 갔습니다(대하 21:16-17). 반면에 에돔 족속은 유다가 바벨론에 망할 때 용병이 되어서 예루살렘을 공격했고, 예루살렘이 망했을 때 예루살렘을 약탈하거나 혹은 포로 된 유다 인들을 노예로 파는 데 앞장을 섰는데 그때가 오바댜서의 배경이라고 주장하는 학자들도 있습니다. 그러나 에돔은 어느 때라고 할 것 없이 언제나 유다와 사이가 나빴고, 언제나 유다 백성에게 가시 노릇을 했습니다. 에돔은 유다가 바벨론에 의해 망할 때에도 망하지 않았고, 오히려 예루살렘을 공격하는 데 앞장섰습니다. 에돔 사람들은 예루살렘이 망했을 때 유다 인들에게 온갖 못된 짓을 했습니다. 에돔은 붉은 바위를 파서 신전을 만들고 도시를 만든 요새에 사는 나라였습니다. 특히 에돔은 바벨론에도 협조적이었기 때문에 망하지 않고 있다가 나중에 아라비아에서 쳐들어온 나바티아 왕국에 망해서 유다 남쪽 네게브로 밀려와서 살다가 바벨론 포로 후 유다의 마카비 왕족인 힐카누스에 의해서 강제로 할례를 받고 유다 인으로 편입됩니다. 이때 에돔 사람들을 이두매인이라고 불렀는데 헤롯은 바로 그 이두매 사람이었습니다. 그리고 그 후에 에돔은 영원히 없어지고 맙니다.

1. 유다의 가시

1-2절, "오바댜의 묵시라 주 여호와께서 에돔에 대하여 이같이 말씀하시니라 우리가 여호와께로 말미암아 소식을 들었나니 곧 사자가 열국 중에 보내심을 받고 이르기를 너희는 일어날찌어다 우리가 일어나서 그로 더불어 싸우자 하는 것이니라 여호와께서 가라사대 내가 너를 열국 중에 미약하게 하였으므로 네가 크게 멸시를 받느니라"

오바댜 선지는 어느 날 유다와 아무 상관이 없는 나라에 대한 하나님의 말씀을 듣게 되었습니다. 그것은 하나님의 사자가 여러 민족을 돌아다니면서 전쟁을 하라고 충동을 하는 것입니다. 즉 하나님의 천사가 여러 민족을 돌아다니면서 "일어나라"라고 하더니 "우리가 그로 더불어 싸우자"라고 하는 것입니다. 여기서 '그'는 에돔 족속을 말하는데 하나님께서 에돔을 열국 중에서 미약하게 하셨기 때문에 이제 에돔은 주위 모든 나라로부터 업신여김을 당하며 동네북처럼 두들겨 맞게 되는 것입니다.

옛날에는 에돔 족속이 여러 민족을 돌아다니며 충동질을 했습니다. 즉 주위에 있는 사람들은 아무 생각 없이 있는데 유독 에돔 족속이 일어나서 여러 민족들 사이를 돌아다니면서 이번에 꼭 유다를 쳐야 한다는 것입니다. 그러면서 지금 유다는 보기보다 힘이 없어서 우리가 치면 반드시 이길 것이며, 유다는 또 돈이 많아서 분명히 수지가 맞을 것이라고 했습니다. 그리고 유다는 너무 건방지기 때문에 이번에 우리가 손을 봐주지 않으면 안 된다고 하였습니다. 그래서 유다 백성이 비록 잘못을 했더라도 에돔만 없었으면 그냥 넘어갈 수 있었을 텐데 에돔이 주위에 있는 나라들을 충동질해서 몰고 오는 바람에 유다는 곤욕을 치르고 전쟁에서 엄청난 손해를 입었습니다. 그런데 어느 때가 되었을 때 하나님께서 이제는 에돔 족속을 사용할 가치가 없어졌다고 하시면서 하나님의 사자가 주위에 있는 나라들을 충동해서 이번에는 에돔을 마음대로 쳐부수라고 말씀하시는 것입니다.

제가 어렸을 때에 유달리 고자질을 잘하던 아이가 있었습니다. 그 친구에게 잘못을 하거나 미워한 적이 없는데도 그 아이는 유독 나를 시기해서 나의 일거수일투족을 지켜보고 있다가 숙제를 하지 않았거나 혹은 다른 아이와 싸우기라도 하면 반드시 선생님에게 가서 일러바치는 바람에 그냥 넘어갈 수 있는 일도 꼭 벌을 받거나 매를 맞게 했습니다. 우리는 그런 아이들이 왜 이 세상에 태어나서 다른 사람을 괴롭히는지 이해가 되지 않을 것입니다. 그런데 그런 아이들은 대개 에돔 족속의 피를 물려받아서 그렇게 하는 것입니다.

하나님께서는 하나님의 백성을 연단하시기 위해서 주로 세 가지 방법을 사용하십니다. 그 첫 번째가 경제적인 어려움입니다. 하나님께서 우리를 인생 밑바닥까지 내려가게 하시면 우리는 마음이 가난해지지 않을 수 없고, 하나님을 붙들지 않을 수 없습니다. 이때 우리는 사람이 '떡으로만 사는 것이 아니요 하나님의 말씀으로 사는 것' 을 배우게 됩니다. 이런 훈련은 빨리 받을수록 좋습니다. 그리고 두 번째 방법은 하나님이 우리를 병으로 치시는 것입니다. 그 병 중에는 잘 낫지 않으면서 오래가는 지병이 있는가 하면, 암과 같이 죽을 수 있는 병도 있습니다. 우리가 일단 병에 걸리면 병 때문에 꼼짝도 못 할 뿐 아니라 언제 죽을지도 모르기 때문에 정말 내가 하나님 앞에 아무것도 아니라는 것을 깨닫게 됩니다. 그리고 우리가 이 세상에 산다고 하면서 얼마나 쓸데없는 짓을 하면서 살아가고 있는지 깨닫게 됩니다. 그리고 이때에는 하나님께서 살려 주시기만 하면 "남은 평생을 하나님의 뜻대로만 살겠습니다."라고 기도하지만 병이 낫고 나면 다 잊어버리는 경우가 많습니다. 세 번째로 하나님께서 치시는 방법은 나를 미워하는 사람을 통해서 고통을 당하게 하시는 것입니다.

우리가 신앙생활을 하면서 공통적으로 느끼는 것이 우리 각 사람에게는 가시 같은 사람이 하나씩 있다는 것입니다. 그 가시가 직장 상사든, 아니면 집안 식구든 꼭 한 사람이 있습니다. 그런데 대개 우리를 괴롭히는 사람들은 우리보다 기질이 강하고 말을 함부로 해서 우리가 도저히 이길 수 없는 상대입니다. 이런 사람들은 우리를 따라다니면서 말로 괴롭히고 빈정거리고 못살게 구는데, 그야말로 죽을 지경일 때가 많습니다. 특히 하나님의 백성은 모두 자존심이 아주 강한 사람들이기 때문에 가난한 것이나 아픈 것은 참을 수 있지만 인격을 무시하고 말로 공격하는 것은 참지 못해서 화가 날 때가 많이 있습니다. 왜 저런 사람이 있어서 나를 언제나 괴롭게 하는지 이해가 되지 않는 것입니다. 그런데 오늘 말씀은 하나님께서 바로 그런 가시 같은 사람이 더 이상 필요가 없어서 이제는 빼 버리겠다고 말씀하시는 것입니다.

사람의 몸에 가시가 더 이상 필요 없을 때가 있습니다. 그 하나는 그 사람이 충분히 성숙했을 때입니다. 대개 하나님은 우리가 교만하지 말라고 가시를 주실 때가 많습니다. 그런데 우리가 충분히 성숙하고 영적 부흥이 일어나서 더 이상 가시가 필요하지 않을 때에는 하나님이 이 가시를 뽑아 버리십니다. 그동안 가시 노릇을 하던 사람이 아주 좋은 신앙의 친구가 되든지, 아니면 멀리 가 버리든지, 아니면 죽든지 하는 것입니다. 오늘 본문에서 하나님은 에돔이 더 이상 유다의 가시가 되지 않을 것이라고 말씀하고 있습니다.

유다 백성과 에돔 사람들은 인간적으로는 아주 가까운 사이였습니다. 그러나 정신적으로나 신앙적으로는 마치 물과 기름처럼 서로가 달랐습니다. 이삭의 아내 리브가가 쌍둥이 아들을 임신했을 때 하나님은 "네 배 속에서 두 민족이 나뉠 것이라" 라고 하셨습니다. 우리는 그런 말씀을 들으면 어떻게 한 형제가 신앙 하나 때문에 이렇게 다른 민족처럼 될 수 있을까 하고 생각할 것입니다. 그러나 신앙은 아무리 가까운 형제나 친구라 하더라도 멀어지게 합니다.

우리가 하나님을 믿으면서 옛날에 친했던 사람들과 멀어지게 되는데 그럼에도 불구하고 우리 가까이에 붙어서 우리를 싫어하는 사람들이 있습니다. 왜냐하면 우리는 하나님을 믿으면서 어떻게 해서든지 세상에 살아야 하기 때문입니다. 그런 사람들 중에 유독 우리에게 가시 노릇을 하는 사람들이 있습니다. 그 이유는 그들이 추구하는 것과 우리가 추구하는 것이 근본적으로 다르기 때문입니다.

에돔 사람들이 추구하는 것은 이 세상에서 안정되는 것이었습니다.

3-4절, "바위 틈에 거하며 높은 곳에 사는 자여 네가 중심에 이르기를 누

가 능히 나를 땅에 끌어내리겠느냐 하니 너의 중심의 교만이 너를 속였도다 네가 독수리처럼 높이 오르며 별 사이에 깃들일찌라도 내가 거기서 너를 끌어 내리리라 나 여호와가 말하였느니라"

가나안 땅은 비옥하지만 사방이 열려 있어서 언제나 외부의 세력이 쳐들어올 여지가 있었습니다. 그래서 에돔 사람들은 나라를 세울 때 다른 나라 사람들이 쳐들어올 수 없는 곳에 세웠습니다. 그래서 하나님께서는 에돔 사람들을 향해서 '바위틈에 거하며 독수리처럼 높이 오른다' 고 했습니다.

에돔 사람들은 세일 때에 바위로 된 곳을 뚫어서 도시를 만들었습니다. 그래서 현대 고고학자들도 상당한 시일이 흐르기까지 에돔 성을 찾지 못했습니다. 그런데 막상 에돔을 찾고 보니까 입구는 너무 좁아서 보이지도 않았지만 그 안은 어마어마한 굴로 된 도시나 성이 있었습니다. 도저히 그 안에서는 에돔 사람들을 이길 수 없었던 것입니다.

얼마 전에 민주화 바람이 불어서 대통령을 축출했던 예멘에는 지금도 옛날 십자군전쟁 때에 십자군을 막기 위해 세운 진흙으로 된 도시가 남아 있습니다. 그때 사람들은 진흙만 가지고 10층이 넘는 고층 빌딩을 세웠는데 그 원리는 밑으로 내려갈수록 벽을 더 두껍게 하는 방식이었습니다. 그런데 에돔 족속은 아예 거대한 바위를 파서 도시를 만들고 신전을 만들었던 것입니다.

에서는 이삭의 아들이었지만 대단히 현실적인 사람이었습니다. 에서는 힘이 세고 동작이 아주 재빨랐기 때문에 사냥꾼이 되었습니다. 거기에 비해서 야곱은 집에 있는 것을 좋아했고, 하나님의 말씀을 듣는 것을 좋아했습니다. 우리는 같은 형제나 같은 크리스천이라 하더라도 신앙의 컬러가 많이 다른 것을 볼 수 있습니다. 예를 들어 어떤 사람은 같은 하나님을 믿는데도 불구하고 세상적인 성공을 가장 중요하게 생각합니다. 그런 사람은 세상에서 열심히 노력하여 아주 높은 자리까지 올라가고, 집도 아주 높은 고층에서 살아갑니다. 거기에 비해서 어떤 사람은 세상적으로 성공하지는 못했지만 하나님의 말씀을 사랑하고 교회에 충성하며 고난을 많이 받습니다. 이런 사람들은 생각하는 것이 다르고 중요하게 생각하는 것이 다른 것입니다. 그런데 서로가 다르다는 것을 인정해 주고 같이 협력하면 좋은데 자기 생각만 중요하다고 주장할 때에는 물과 기름처럼 갈라지는 것입니다.

에돔은 일단 성 자체가 다른 나라나 민족이 쳐들어와도 절대로 이길 수 없는 지형이었습니다. 그래서 에돔은 가나안에 있는 여러 나라 중에서 가장 튼튼하고 안정된 나라였습니다. 그뿐만 아니라 에돔의 지혜는 당시 세계적으로 유명했습니다. 즉 에돔은 지형만 뛰어난 것이 아니라 학문적으로도 유명했던 것입니다.

한때 우리나라가 일본을 부러워했던 것 중의 하나가 지형적으로 바다로 에워싸여 있어서 다른 나라의 침략을 걱정할 필요가 없다는 것이었습니다. 일본은 주변에 북한같이 위험한 나라가 없습니다. 그런데 일본은 기술도 뛰어났습니다. 일본은 우리나라가 한국전쟁을 겪을 때 군수산업으로 나라 경제가 살아나서 한때 세계 2위의 경제대국이 되었습니다. 그래서 옛날에 일본은 한국이 절대로 일본을 따라올 수 없다고 큰소리를 쳤습니다. 그뿐만 아니라 일본은 자기들이 다른 나라를 침공한 것을 사과하지도 않고 수많은 잡신들을 섬기면서 하나님을 두려워하지 않았습니다.

그러한 일본에게 두려워하는 것이 생겼는데 그것은 쓰나미입니다. 쓰나미로 인해 일본은 자기들이 완전하지 않다는 것을 깨닫게 된 것 같습니다. 옛날에 일본은 전 세계에서 가장 안전한 나라라고 자랑했습니다. 그러나 이제 세계 사람들은 일본이 결코 안전한 나라가 아니라는 것을 알게 되었습니다. 결국 이 세상에서 아무리 안전하고, 아무리 머리가 좋고, 아무리 돈이 많아도 하나님 앞에서 바로 서지 않으면 그 어느 나라도 안전하지 않은 것입니다.

만약 어떤 학생이 머리가 너무 좋아서 언제나 일등만 하고, 거기에다가 집도 아주 부자라면 우리는 그런 아이야말로 정말 입에 금수저를 물고 태어난 행복한 아이라고 생각할 것입니다. 친구들도 그 아이를 모두 부러워할 것이며, 학교 선생님들도 함부로 야단치지 못할 것입니다. 그러나 아무리 머리가 좋고 아무리 집에 돈이 많아도 인간은 인간인 것입니다. 독수리가 아무리 높은 곳에 둥지를 짓고, 아무리 높은 데까지 날 수 있고, 심지어는 미국의 상징이 독수리라 해도 인간만 못한 것입니다. 즉 이 세상에서 최고로 행복한 사람은 하나님을 알고, 하나님의 말씀을 듣고, 하나님의 사랑을 아는 우리인 것입니다.

2. 에돔이 유다를 미워하는 이유

하나님의 백성은 하나님의 은혜를 받았고 매일 하나님의 사랑을 느끼기 때문에 다른 사람을 미워할 필요가 없습니다. 오히려 하나님의 백성은 다른 사람들을 모두 좋아하기 때문에 다른 사람들도 당연히 자기를 좋아한다고 생각합니다. 그래서 누군가가 자기를 미워해서 잡아먹지 못해서 난리를 치는 것을 보면 이해가 잘 되지 않습니다. 나는 당신을 미워하지 않는데 왜 당신은 나를 미워하는가 하는 것입니다.

세상 사람들이 하나님의 백성을 미워하는 데는 몇 가지 이유가 있습니다. 그 첫째는 하나님의 백성은 많은 고난을 당한 뒤에 하나님을 믿는 믿음을 가지기 때문입니다. 그래서 다른 사람들은 하나님의 백성이 가난하게 되고 낮아졌으면 비겁해야 하는데 오히려 더 당당하니까 화가 나는 것입니다. 즉 '도대체 무엇이 잘났다고 비겁하지 않느냐' 는 것입니다. 그뿐만 아니라 세상 사람들은 자기들이 부를 축적하고 성공한 것에 대해서 하나님의 백성이 인정해 주고 따라 주기를 바랍니다. 특히 지배적인 성격을 가진 사람은 상대방이 완전히 자기 손아귀에 들어와야 직성이 풀립니다. 그러나 하나님의 백성은 절대로 다른 사람의 손아귀에 들어가지 않고, 잘 맞추어 주지도 않습니다. 그러니까 세상 사람들은 화가 나는 것입니다. 그리고 하나님의 백성은 하나님의 사랑만 많이 받다 보니까 실제로 버릇이 없고 제멋대로일 때가 많이 있습니다. 그래서 하나님께서는 가시 같은 사람을 두어서 우리를 연단시키시는 것입니다.

우리가 자식을 키워 보면 아무리 귀엽고 사랑스러워도 때때로 매가 필요하다는 것을 알게 됩니다. 왜냐하면 아기가 사랑스럽다고 해서 모든 것을 다 받아 주면서 응석받이로 키우면 나중에 안하무인이 되기 때문입니다. 그래서 부모님은 집 한구석에 긴 회초리를 세워 놓습니다. 그러나 아이들은 회초리를 보면 이해가 되지 않을 것입니다. 왜 저렇게 나쁜 것을 세워 놓고 틈만 나면 나를 벌벌 떨게 하는가 하는 것입니다. 그래서 어떤 아이들은 회초리를 몰래 갖다버리기도 합니다. 그래도 엄마나 아빠는 어디서 구해 왔는지 더 아픈 회초리를 가져다 놓고 위협을 하시는 것입니다.

우리는 하나님의 은혜에 너무 길들여져 있어서 때로 감사하는 것을 잊고 살 때가 있습니다. 그때에는 은혜가 당연하게 생각되어서 아무리 하나님이 좋은 것을 주셔도 감사하지 않고, 반대로 조금만 어려우면 원망과 불평을 합니다. 이것은 아주 버릇이 나쁜 사람이 되고 있는 것입니다.

하나님의 백성은 하나님의 특별한 사랑을 받은 자들이었습니다. 그런데 하나님께서 이스라엘 백성이 아무리 못된 짓을 해도 사랑하시고 용납하시니까 이스라엘 백성은 하나님의 은혜를 당연한 것으로 생각해서 이제는 전혀 감사하지도 않고, 조금만 자기 뜻대로 되지 않으면 불평하는 자들이 되었습니다. 그래서 하나님께서는 이스라엘 백성을 길들이는 날카로운 회초리를 준비하셨는데 이들이 바로 에돔 족속이었습니다. 그런데 이스라엘 백성이 에돔 족속만 가지고는 말을 듣지 않으니까 하나님은 여러 개의 회초리를 준비하셨습니다. 그들이 바로 블레셋이고, 수리아이며, 모압이고, 암몬이었던 것입니다.

유다 백성이나 이스라엘 백성은 아무리 잘나고 똑똑하다 하더라도 세상적으로 자기들보다 뛰어난 에돔 족속을 보면 맥을 못 추었습니다. 그러니까 에돔 사람들은 더 유다 백성을 업신여겨서 마음껏 무시하고 괴롭히고, 말로 핍박을 하고 실제로 고통을 주었던 것입니다.

하나님의 백성에게 가장 위험한 것은 하나님의 은혜에 길들여져서 감사를 잊어버리고 불평만 늘어놓는 버릇이 나쁜 자들이 되는 것입니다. 이런 사람들은 자기가 최고인 줄 알고 어느 누구의 말도 듣지 않습니다. 간섭도 받으려고 하지 않습니다. 하나님께서 이스라엘 백성의 이런 악한 기질을 꺾기 위하여 사용하신 그릇이 에돔이었습니다. 에돔 사람들은 틈만 나면 유다에 쳐들어와서 "너희가 잘났으면 얼마나 잘났다고 그래."라고 하면서 무시하고, 업신여기고, 실컷 괴롭혔던 것입니다.

에돔 사람들은 유다 백성에게는 마치 훈련소 교관과 같았습니다. 훈련소 교관은 훈련병들이 조금만 잘못하면 사정없이 책망하고, 사정없이 처벌합니다. 하나님께서는 우리 믿는 사람들에게도 그런 무서운 교관을 두셔서 겸손하게 만드시는 것입니다. 만일 하나님께서 우리를 무조건 용납하시고, 무조건 잘해 주시면 우리는 남만 판단하고 자기는 아무것도 모르는 나쁜 사람이 될 것입니다.

하나님은 여성들을 위해서는 시집 식구들에게 에돔 사람 역할을 하게 하실 때가 많습니다. 대개 여성들은 집에서 귀여움을 받고 자라고, 싫은 소리를 듣지 않고 자랍니다. 그런데 시집을 가면 군기를 잡는 사람들이 많습니다. 시어머니가 그 역할을 하기도 하고, 시누이나 동서가 그 일을 하기도 합니다. 남자들 같은 경우에는 직장의 상사가 그런 역할을 합니다. 어떤 때는 동료 중에서 유달리도 나를 시기하거나 미워하는 사람이 있어서 내가 하는 일들을 모두 고자질해서 어려움을 당하게 하기도 합니다. 그러나 하나님의 백성에게는 가시가 있어야 자고해지지 않습니다.

3. 에돔의 사명

하나님께서 오바댜 선지를 통해서 드디어 에돔이 망할 것이라고 말씀하셨습니다.

5-6절, "혹시 도적이 네게 이르렀으며 강도가 밤중에 이르렀을찌라도 그 마음에 만족하게 취하면 그치지 아니하였겠느냐 혹시 포도를 따는 자가 네게 이르렀을찌라도 그것을 얼마쯤 남기지 아니하였겠느냐 네가 어찌 그리 망하였는고 에서가 어찌 그리 수탐되었으며 그 감춘 보물이 어찌 그리 수탐되었는고"

하나님께서는 에돔이 어느 날 갑자기 망하는데 그야말로 남은 것이 아무것도 없이 망할 것이라고 하셨습니다. 도둑이 도둑질을 하더라도 무엇인가는 두고 가는 법이고, 포도를 따는 자가 왔더라도 전부 따 가지는 않는 법인데 에돔은 완전히 망해서 남는 것이 하나도 없을 것이라고 했습니다. 즉 에돔 족속은 철저하게 약탈당하고, 그들이 감추어 두었던 보물도 모두 약탈당한다고 했습니다. 어떻게 세상적으로 완전하고 부족함이 없던 에돔 족속이 이렇게 완전히 망할 수 있을까요? 가장 중요한 이유가 에돔 족속은 결코 주인공이 아니기 때문입니다.

하나님께서는 하나님의 백성을 훈련하시기 위하여 일시적으로 악의 세력을 사용하십니다. 그래서 이런 악한 자들은 하나님의 백성보다 지위도 높고, 권세도 크고, 힘도 세지만 이들은 주인공이 아닙니다. 하나님은 하나님의 백성이 충분히 겸손해지고 성숙하게 되면 악한 자들을 폐기처분해 버리십니다. 예를 들어 군인들이 훈련을 받을 때 주인공은 훈련병인 것입니다. 교관들은 이들을 훈련하고 나면 다 없어집니다. 그러나 에돔 족속이 하나님의 백성을 훈련하면서 못되게 한 것은 하나님이 모두 기억하시고 갚으십니다.

그래서 이 세상에서 가장 불쌍한 사람이 하나님의 백성의 훈련 교관으로 사용되는 자들입니다. 그들은 교만한 자들이고, 하나님과 그 백성을 괴롭혔기 때문에 반드시 망할 수밖에 없는 것입니다.

그러나 우리는 우리를 미워하는 사람을 미워해서는 안 됩니다. 대신 우리는 그들을 위해서 기도해 주어야 합니다. 왜냐하면 우리는 세상 사람들과는 다른 사람들이기 때문입니다.

세상 사람들은 우리를 원수로 여기고 끝까지 미워하면서 원수를 갚으려고 합니다. 우리는 그들이 왜 그렇게 우리를 미워하는지 그 이유를 압니다. 그들이 우리를 미워하는 이유는 우리를 겸손한 자로 만들기 위해서 하나님께서 시켜서 하는 것입니다. 그래서 사실 우리는 그런 자들에게 월급을 주어야 하는데 그들은 우리로부터 아무것도 받지 않고 공짜로 우리를 미워하고 우리를 괴롭혀 주기 때문에 고마운 것입니다.

그리고 우리가 악한 자들을 위해서 기도해 주어야 하는 이유는, 그들은 곧 망하기 때문입니다. 그들이 교만해서 하나님의 백성을 대적한 것은 사실 하나님을 대적한 것이기 때문에 하나님은 그것을 절대로 잊지 않고 갚으실 것입니다. 그런데 우리가 그들을 위하여 기도하면 혹시 그들 중에서 구원받는 자가 생길지도 모릅니다. 스데반이 죽으면서 자기를 죽이는 자들을 위해서 기도했을 때 사울이 회개해서 위대한 사도가 되었습니다.

그리고 우리가 원수들을 위하여 기도해 줄 때 어려움을 당할지라도 그것이 마음에 상처가 되지 않을 뿐 아니라 사람이 두렵지 않게 됩니다.

하나님께서 이렇게 말씀하십니다.

7-8절, “너와 약조한 자들이 다 너를 쫓아 변경에 이르게 하며 너와 화목하던 자들이 너를 속이고 이기며 네 식물을 먹는 자들이 네 아래 함정을 베푸니 네 마음에 지각이 없음이로다 나 여호와가 말하노라 그 날에 내가 에돔에서 지혜 있는 자를 멸하며 에서의 산에서 지각 있는 자를 멸하지 아니하겠느냐”

사실 에돔은 매우 안전한 곳에 있었기 때문에 웬만한 적이 쳐들어와서는 망할 수 없었습니다. 그뿐만 아니라 에돔은 지혜가 워낙 뛰어났기 때문에 처세가 대단했습니다. 그런데 에돔이 망할 때는 철저하게 미련하게 됩니다. 그래서 에돔이 약조한 나라들이 에돔을 배반합니다. 에돔을 변방까지 몰아내는 자들은 그들과 약조한 자들이고, 그들과 화목한 자들이었습니다. 그래서 에돔은 의심하지 않고 이들을 받아들였다가 그 바위 성에서 쫓겨납니다. 그러고는 결국 함정에 빠져서 망하게 됩니다. 아무리 포학한 야생동물이라 하더라도 인간의 지혜는 이길 수가 없습니다. 그래서 곰이나 표범 같은 맹수들도 인간이 만든 함정이나 덫에 걸려서 죽습니다. 마찬가지로 에돔은 동맹국들이 쳐 놓은 덫에 걸려 바위 성에서 끌려 나와서 망하는 것입니다. 이때 하나님은 에돔의 지혜 있는 자들이 한 명도 남지 않게 하겠다고 하셨습니다.

왜 에돔이 망합니까? 유다 백성에 대한 하나님의 훈련이 다 끝났기 때문입니다. 유다가 바벨론에 망해서 훈련받음으로 더 이상 에돔이란 가시가 필요 없게 되었습니다. 그래서 하나님은 이제 에돔을 폐기처분하시는 것입니다.

9절, "드만아 네 용사들이 놀랄 것이라 이로 인하여 에서의 산의 거민이 살륙을 당하여 다 멸절되리라"

에돔은 세상에서 가장 안전한 곳에 있었습니다. 그러나 에돔이 망하려고 하니까 이상하게 자만심에 빠지게 되고, 다른 나라나 민족을 믿는 바람에 결국 속아서 그 성에서 나왔던 것입니다. 그러나 이 모든 것은 하나님이 하신 것이었습니다. 하나님은 어떤 사람에게는 지혜를 주시지만 어떤 사람에게는 지혜를 빼앗아 가기도 하십니다.

우선 우리가 생각해야 할 것은, 에돔 같은 사람들이 나를 무시하고, 나를 업신여기고 괴롭히는 것만 생각해서는 안 된다는 것입니다. 에돔은 하나님이 허용하신 것입니다. 에돔이 나를 괴롭히는 것은 아직 내 안에 하나님의 뜻에 복종하기 싫어하는 강한 고집이 있기 때문입니다. 그런데 이것을 바로잡을 수 있는 사람은 직장이나 주위의 강한 자밖에 없는 것입니다.

에돔 사람들은 철저한 현실주의자들입니다. 그래서 이들은 우리가 하나님을 믿는다고 하면서도 엉터리로 사는 것을 봐주지 못합니다. 그래서 에돔은 우리가 조금이라도 게으르거나 말씀대로 살지 않는 것을 보면 게거품을 흘리면서 공격합니다. 그들은 하나님의 백성의 약점을 찾아서 그들이 가지고 있는 환상의 옷을 벗기고 비참한 모습을 들추어냅니다.

그러나 우리가 무조건 에돔 사람들을 미워하고 욕하는 것은 그들을 오해하고 있는 것입니다. 사실 에돔 사람들은 우리를 위하여 수고를 해 주고 있는 것입니다. 그들은 돈 한 푼 받지 않고 아까운 시간을 내어 수고해 가면서 우리를 욕해 주고 있는 것입니다. 그래서 하나님의 백성은 이런 사람들을 볼 때 무조건 미워할 것이 아니라 우리를 위해서 수고한다고 생각해야 합니다.

우리에게 가시 노릇을 하는 사람은 우리에게 꼭 필요한 사람입니다. 그들은 우리를 위하여 얼마나 많은 수고를 하고 있는지 모릅니다. 그래서 우리는 우리를 힘들게 하는 사람을 볼 때 참으로 감사해야 합니다. 우리는 그런 사람의 수고가 없으면 절대로 겸손해지지 않고 절대로 울면서 기도하게 되지 않습니다. 우리는 그런 사람이 없으면 언제나 내가 잘난 줄 알고 착각에서 벗어나려고 하지 않습니다.

그러나 우리가 에돔 사람을 불쌍히 여겨야 하는 이유는, 하나님의 백성에게는 고난 중에도 소망이 있기 때문입니다. 우리는 모두 하나님의 때가 되면 고난의 학교를 졸업하고 영광스럽게 됩니다. 우리에게 고난이 끝나면 고난만 끝나는 것이 아닙니다. 하나님은 우리가 그동안 힘들었던 모든 것을 다 채워 주십니다. 요엘 선지는 메뚜기가 갉아 먹은 햇수대로 갚아 주겠다고 약속하고 있습니다. 그러나 에돔은 하나님의 벅성이 고난을 졸업할 때부터 실업자가 됩니다. 왜냐하면 더 이상 할 일이 없기 때문입니다. 물론 이들이 수고는 많이 했지만 그동안 하나님 앞에서 너무 교만했기 때문에 심판을 받아야 하는 것입니다.

우리는 이것을 통해서 세상에서 잘되고 높아지는 것이 절대로 완전한 복이 아니라는 것을 알아야 합니다. 우리는 가시 같은 사람을 이기려고 해서는 안 됩니다. 우리는 가시를 우리의 힘으로 뽑아서는 안 됩니다. 우리는 가시를 그대로 둔 채 하나님 앞에 겸손하고, 또 나를 괴롭히는 자를 미워하지 않고 이해할 때 가시를 이기게 됩니다. 더욱이 우리에게 영적인 부흥이 일어날 때 가시는 저절로 뽑힐 때가 많습니다.

그러나 우리에게는 가시가 있는 것이 더 낫습니다. 왜냐하면 만일 우리에게 가시가 없으면 우리는 게을러지고, 또 자기가 최고로 잘난 줄 알기 때문입니다. 우리는 우리에게서 가시가 없어졌을 때 우리 자신이 스스로에게 가시가 되어서 다시는 교만하지 않고 다시는 죄짓지 않도록 자신을 지키는 성도들이 다 되시기 바랍니다.

성경 토의

1. 내 주위에 나를 유달리 미워하고 시기하며 못살게 구는 사람이 있을 때 그를 어떤 생각을 가지고 대해야 관계가 더 악화되지 않고 덜 고통을 받을 수 있는가?

2. 대개 우리 주위에서 큰소리를 치는 사람들은 무엇인가 믿는 구석이 있는 사람들이다. 즉 학벌이 높거나 좋은 직장에 다니거나 돈이 많은 사람들이다. 하나님은 왜 우리에게는 이런 안정된 것을 주시지 않는 것일까?

3. 인간적인 생각으로는 절대로 망하지 않을 것 같은 기업이나 부자들이 망할 때가 있다. 한때 그렇게 잘나가던 그들이 왜 망하게 되며, 이런 것을 통해서 하나님의 지혜는 우리에게 무엇을 가르쳐 준다고 생각하는가?

02_시온의 회복

오바댜 1:10-21

전체적 설명

인간적으로 생각할 때는 이 세상에서 강자가 절대적으로 유리한 것 같고 고난당하는 하나님의 백성은 아무 힘이 없는 것 같다. 그러나 결정적인 순간에 악한 자들이 갑자기 망하고, 하나님의 백성은 억압에서 풀려나면서 엄청난 축복과 부흥을 경험하게 된다. 그 이유는 악한 자들의 역할이 이 세상에서 하나님의 백성을 연단하는 것이기 때문이다. 하나님께서는 오바댜 선지를 통해서 에돔 백성이 유다 백성을 지나치게 미워한 것에 대하여 심판하겠다고 말씀하신다. 그 이유는 에돔 족속이 유다 백성을 그렇게 미워했던 이유가 결국 하나님에 대한 교만이요, 미움이었기 때문이다.

설교 프리노트

12절, "네가 형제의 날 곧 그 재앙의 날에 방관할 것이 아니며"

여기서 '형제의 날 곧 그 재앙의 날' 은 에돔의 형제에 해당하는 유다가 이방 민족에 의해서 약탈되던 날을 말한다. 어떤 집안은 형제가 부도를 당해도, 사람들이 쳐들어와서 물건을 가져가도 못본 체하는 집이 있을 것이다. 더욱이 어느 집은 형제들이 먼저 가서 그 부도 난 형제의 물건을 차지하는 집도 있을 것이다. 그러나 부모의 심정은 결코 그렇지 않을 것이다. 부모는 아무리 자기 자식이 사업이 망해서 차압을 당하고 재산을 빼앗길 때에라도 할 수만 있으면 하나라도 더 숨겨 주고 감추어 주려고 할 것이다. 하나님은 에돔에 대하여 세 가지를 말씀하고 계신다. 그것은 유다가 다른 민족에게 약탈을 당할 때 에돔이 얼마든지 도와줄 수 있었음에도 불구하고 전혀 도와주지 않고 구경만 하고 있었다는 것이다. 그뿐만 아니라 에돔 사람들은 유다가 망할 때 아주 기뻐하고 좋아하였다. 그리고 에돔 사람들은 유다가 고난을 당할 때 너무 좋아서 입을 다물지 못했다. 왜냐하면 에돔 사람들은 그동안 유다 사람들이 하나님의 복을 받고 잘난 체하는 것이 배가 아프고 꼴보기가 싫었기 때문이다. 하나님의 백성은 하나님의 사랑을 받는 자녀들이기 때문에 모두 존귀한 본성이 있다. 그런데 이것이 다른 사람들에게는 오만한 것으로 보이기 쉽다. 그리고 하나님의 백성 안에 부흥이 일어나고 하나님의 축복이 임할 때 그것을 배 아파하고 시기하는 자들이 많이 있다. 그러나 하나님의 백성이 부흥될 때에는 힘이 있기 때문에 뭐라고 말하지 못하고 있다가 하나님의 백성도 인간인지라 하나님 앞에 교만하여서 연단을 받느라고 세상에서 어려움을 당하게 되면 그때까지 잠잠하게 있던 믿지 않던 자들이 우후죽순같이 일어나면서 하나님의 백성의 고난을 조롱하고 멸시하거나 그들의 것을 빼앗아서 더 비참하게 할 때가 많다. 그러나 하나님의 백성이 어려움을 당하고 고난을 받는 것은 하나님이 이들을 사랑의 매로 때리시는 것이다. 그래서 하나님은 이방인들이나 다른 민족들이 하나님의 백성의 고난을 조롱하고 못되게 행동하는 것을 기뻐하지 아니하신다. 왜냐하면 하나님은 고난당하는 성도들의 고통을 하나님 자신의 고통으로 생각하시기 때문이다.

여기서 '형제의 날' 이 언제를 말하는 것인지에 대해서는 의문이 생기는데, 사실 유다 백성에게는 이런 환난의 날이 여러 차례 있었고, 그때마다 에돔은 유다 백성에게 전혀 도움이 되지 못했던 것이다. 에돔 사람들이 만일 유다 사람들이 환난을 당할 때에 도움을 주었더라면 하나님께서 에돔 사람들을 끝까지 잊지 아니하시고 갚아 주셨을 것이다. 그러나 에돔 사람들은 유다 백성의 환난을 기뻐하고 즐거워함으로 이미 하나님 앞에서 아무 쓸모없는 자들이 되고 말았다.

13절, "내 백성이 환난을 당하는 날에 네가 그 성문에 들어가지 않을 것이며"

에돔 사람들은 유다 사람들이 환난을 당하는 날에 도움이 되지 않았던 것은 물론이고, 이들은 다른 민족과 마찬가지로 예루살렘 성안으로 몰려가서 유다 백성을 약탈하는 데 앞장섰다. 하나님께서는 이러한 에돔 사람들의 행동을 아주 좋지 않게 생각하셨다. 즉 그들은 유다 백성이 어려움을 당했을 때 '성문 안에 들어갔으며' (13절), 유다 백성의 고난을 방관했다(13절). 이것은 단순히 못 본 체한 정도가 아니라 유다 백성이 살려달라고 애원을 해도 못들은 체했던 것이다. 더욱이 에돔 사람들은 유다 백성이 환난을 당할 때 그들의 재물에 손을 대기까지 하였다(13절). 하나님은 에돔 사람들이 어려울 때 하나님의 도우심을 얻기 위해서는 이런 짓을 하지 말았어야 했다고 말씀하셨다.

14절, "사거리에 서서 그 도망하는 자를 막지 않을 것이며"

에돔 사람들이 유다 백성에게 천추의 한이 되게 한 것은, 도망치는 유다 백성을 붙잡아서 노예 상인들에게 팔아 버린 것이다. 그래서 하나님은 에돔 사람들에게 '사거리에 서서 도망치는 자를 막지 않을 것이며', '고난의 날에 그 남은 자를 대적에게 붙이지 않을 것이라' 고 하셨다. 즉 에돔 사람들은 유다 백성이 전쟁에서 졌을 때 그들의 재물만 약탈한 것이 아니라 도망치는 자들을 붙들어서 노예로 팔아 버린 것이다.

15절, "여호와의 만국을 벌할 날이 가까왔나니"

하나님은 하나님의 백성의 죄는 그때그때 심판하시지만 이방 백성의 죄는 쓰레기통을 비우는 것처럼 죄가 찰 때까지 기다리셨다가 죄가 어느 정도 차고 난 후에 심판을 하신다. 에돔 사람들은 하나님께서 그들의 죄를 즉시 심판하지 않으셨기 때문에 하나님이 자기들의 죄를 잊으신 줄 알았지만 하나님은 에돔의 죄를 기억하셨다가 그대로 갚으신다. 즉 하나님은 에돔 사람들이 유다 백성에게 한 그대로 당하게 하시는 것이다.

"너의 행한 것이 네 머리로 돌아갈 것이라"

악한 자들은 자신들이 남에게 악하게 한 그대로 보응을 받게 된다. 즉 다른 사람을 비참하게 한 사람은 자기의 인생도 비참하게 되어야 자기가 행한 것을 깨닫는다. 그러나 그때는 이미 시간이 늦었기 때문에 하나님은 더 이상 악인에게 긍휼을 베풀지 아니하신다. 그래서 죄인들이 하나님의 긍휼을 받을 수 있는 길은 하나님이 조용히 기다리실 때 하나님 앞에 스스로 겸비해지는 것이다. 에돔은 자기 자신이 환난을 당하게 될 때 어느 누구의 도움을 받지도 못하고, 모든 재물을 약탈당하며, 에돔 사람들은 모두 노예로 팔려가게 되는 것이다.

16절, "너희가 내 성산에서 마신 것 같이 만국인이 항상 마시리니"

에돔 사람들은 유다가 약탈당했을 때 예루살렘에서 술을 마시면서 축하 파티를 열었던 모양이다. 에돔 사람들은 그렇게 하면 하나님이 욕을 보신다고 생각했고, 자신들이 하나님을 이겼다고 생각했던 것이다. 그러나 에돔이 망할 때는 많은 이방 민족들이 와서 에돔의 산에서 술을 마시며 축하 파티를 하는데, 항상 마실 것이라고 했다. 즉 에돔의 산은 앞으로 완전히 개방되어서 술을 마시는 관광 명소가 되어 버리는 것이다. 이것은 에돔이라는 나라 자체가 없어져서 관광지가 되어 버리는 것이다.

"곧 마시고 삼켜서 본래 없던 것 같이 되리라"

이방인들이 에돔을 칠 때에는 술만 마시는 것이 아니라 에돔 자체를 마셔서 없어지게 한다는 것이다. 이것은 아예 에돔의 뿌리를 뽑아서 아무것도 남아 있지 않은 허허벌판이 되게 한다는 뜻이다. 즉 에돔을 쳐들어오는 자들은 에돔의 사람이나 물건이나 그 어떤 것도 남아 있지 않게 하는 것이다.

17절, "오직 시온산에서 피할 자가 있으리니"

에돔 사람들이 보기에 유다 백성은 더 빨리, 그리고 완전히 망할 것 같은데 오히려 유다는 그 뿌리가 남아 있어서 시온에 피할 자가 남아 있게 된다. 물론 '시온에 피할 자가 있다' 는 것은 유다가 적의 침략으로 큰 타격을 입지만 그럼에도 불구하고 완전히 망하지는 않는다는 뜻이다. 그래서 문자적으로 보면 오바댜의 예언은 유다가 바벨론에 의해서 망할 때는 아닐 것이다. 그러나 '시온' 이라고 하는 것은 단순히 지역적인 예루살렘만 말하는 것이 아니다. 이것은 하나님이 보호하시는 특별한 신앙의 영역을 말한다. 결국 유다 백성은 많은 환난을 통해서 하나님을 도로 찾음으로 영적인 부흥이 다시 일어나지만 오히려 에돔은 다시 일어나지 못하고 영원히 없어진다.

"그 산이 거룩할 것이요 야곱 족속은 자기 기업을 누릴 것이며"

하나님의 산은 거룩하기 때문에 사람에 의해서 더럽혀질 수 없다. 즉 이방인들이 더럽혔다고 생각한 시온은 단순한 지역일 뿐이다. 하나님의 영역은 결코 인간이 침범할 수도 없고, 더럽힐 수도 없다. 이 시온은 결국 하나님의 말씀을 붙드는 자들이 있는 공동체인 것이다. '야곱이 기업을 누린다' 는 것은 그들이 누릴 축복을 말한다. 원래 이스라엘 백성이 누렸던 가나안 땅의 복은 하나님이 주시는 복의 그림자였다. 이제 이스라엘 백성은 환난을 당함으로 눈에 보이지 않는 영적인 복을 도로 찾게 된다.

18절, "야곱 족속은 불이 될 것이요 요셉 족속은 불꽃이 될 것이며"

하나님께서는 야곱 족속에게 불을 주실 것이다. 이 불은 부흥의 불을 의미한다. 여기서 말하는 '야곱 족속' 은 하나님의 백성을 총칭하는 것으로, 신약 교회까지 포함하는 광범위한 의미이다. 요셉 족속은 원래는 므낫세와 에브라임인데 북쪽 이스라엘을 대표하는 지파였다. 므낫세와 에브라임은 요셉이 애굽에서 애굽의 제사장 딸과 결혼해서 낳은 아들들이었다. 결국 요셉 지파는 이방인 중에서 우리같이 하나님을 믿는 자들을 말한다. 그래서 오히려 신약 시대에는 이방인들이 불꽃이 되어서 부흥의 바람이 전 세계로 퍼져나가게 된다. 그리고 '에서 족속이 초개가 된다' 는 것은 반드시 이 불에 타서 없어진다는 뜻이 아니라 그들도 하나님의 말씀을 들으면 얼마든지 하나님의 백성이 될 수 있다는 것을 의미한다. 그러나 그들은 에돔 인으로는 이 불에 타서 없어질 수밖에 없다. 그들은 새 이스라엘 백성이 되어야 하는 것이다.

19절, "남방 사람은 에서의 산을 얻을 것이며"

드디어 이스라엘에 영적인 부흥이 일어나면 그들은 그동안 잃어버렸던 땅을 회복하게 된다. 그러나 그 땅의 회복은 문자적으로 땅을 차지하는 것을 말하는 것이 아니라 영적인 지배를 말하는 것이다. 남방 사람들은 유다 남쪽 사람들인데 이들은 에서의 산을 차지하게 되고, 평지 사람들은 늘 블레셋에 의해 밀렸던 사람들인데 그들은 블레셋을 차지하게 된다. 이들은 산지와 평지를 얻을 뿐 아니라 가장 비옥한 에브라임 들과 사마리아 들 그리고 심지어는 길르앗의 초원까지 차지하게 된다. 이것은 결국 하나님의 성령이 임하심으로 황무하게 되었던 땅들이 하나님의 백성의 영향으로 살아나게 되는 것을 의미한다.

20절, "사로잡혔던 이스라엘의 뭇 자손은 가나안 사람에게 속한 땅을"

이스라엘 자손들 중에는 외국에 노예로 팔려가서 돌아오지 못한 자들이 많이 있었다. 그런데 그들이 돌아오면 가나안 땅 중에서 이스라엘 백성이 한 번도 차지하지 못했던 사르밧, 곧 두로 땅까지 차지하게 된다. 이것은 이스라엘 백성에게 다시 부흥이 일어나서 옛날에는 전혀 정복할 수 없었던 사람들을 하나님의 말씀으로 정복하는 것을 의미한다. 이것이 신약의 오순절에 성령이 임함으로 이루어지게 된다.

"예루살렘의 사로잡혔던 자 곧 스바랏에 있는 자는"

예루살렘 포로들 중에서 나중에 바벨론에 포로 된 자들이 있는가 하면, 그전에는 다른 나라에 의해서 포로 되었던 자들도 많이 있었다. 그 중에서 스바랏에 포로 된 자들이 있었는데 스바랏이 어딘지는 분명치 않다. 아마 팔레스타인 남쪽일 것이라고 추측을 하는데 그들은 남방 성읍을 얻을 것이다. 즉 하나님께서 최초에 아브라함에게 약속하셨던 땅 전체를 이스라엘 백성이 도로 차지하게 되는 것이다. 결국 이것은 온 세상 전체를 상징하는 것이다. 예수님은 제자들에게 성령이 임하시면 "예루살렘과 온 유대와 사마리아와 땅 끝까지 이르러 내 증인이 되리라"(행 1:8)라고 말씀하셨다.

21절, "구원자들이 시온산에 올라와서"

여기서 '구원자'는 구원을 받은 사람을 의미하지만 이 사람들은 또다시 다른 사람의 구원을 위하여 보냄을 받은 자들이기도 하다. 그들이 '에서의 산을 심판한다'는 것은 이 세상에서 하나님에 대하여 가장 비판적이고 적대적이던 자들까지 복음으로 정복한다는 것이다.

본문 이해를 위한 질문

1. 에돔 사람들은 유다 백성의 환난에 대하여 어떤 태도를 취했는가?

에돔 사람들은 유다 백성이 환난을 당했을 때 마음만 먹으면 얼마든지 도울 수 있었음에도 불구하고 오히려 방관했으며, 성에 들어가서 약탈하였고, 도망치는 자는 붙들어서 노예로 팔아 버렸다.

2. 에돔에 대한 하나님의 심판은 무엇인가?

만국을 심판하실 때 같이 심판하시는데 그들은 유다 백성에게 행했던 그대로 당하게 된다.

3. 이스라엘 백성에게는 어떤 일이 일어나게 되는가?

이스라엘 백성에게 다시 부흥의 불이 붙으면서 에서나 이방 나라들을 불로 태우게 된다.

성경 강해

우리나라 남자들에게는 국방의 의무가 있으므로 누구든지 때가 되면 군대에 가야 하는데 남자들은 모두 군대에 가는 것을 싫어합니다. 누구든지 군에 입대하면 자대로 배치받기 전에 훈련소에 입소하여 교관에게 훈련을 받는데 교관은 신병에 대하여 절대적인 권한을 가지고 명령하고 훈련을 시킵니다. 신병은 교관 앞에서는 고양이 앞의 쥐처럼 꼼짝도 못 합니다. 그러나 오히려 훈련소에서 사고가 덜 생기는 이유는, 교관들이 신병들에게 사고가 생기면 그 책임이 자기들에게 돌아온다는 것을 알기 때문입니다. 그러나 가끔 무식한 교관은 기온이 30도가 넘는 더위임에도 불구하고 신병들에게 구보를 시키는 바람에 신병들이 더위를 먹고 집단으로 쓰러지는 경우가 있는데, 그러면 그 지휘관은 문책을 당합니다.

군대에서 사고가 나는 것은 신병들이 부대에 배치되고 난 후입니다. 고참들이 과도하게 신병들을 괴롭히는 바람에 탈영이나 총기 사고가 일어나는 것입니다. 이것은 결국 위에 있는 지휘관들이 감독을 제대로 하지 않아서 그런 것입니다. 한때 러시아에서도 군대 내의 폭력이 문제가 된 적이 있는데 그때 군대 내의 폭력으로 1년에 연대 이상의 병력에 해당하는 사람이 사망하는 것으로 나타나서 세계가 놀라기도 했습니다.

우리는 때때로 신앙생활을 하면서 잘 이해가 되지 않는 것이 있습니다. 그것은 하나님께서 우리를 사랑하신다고 하면서 우리에게 모든 권한을 주지 않으시는 것입니다. 즉 하나님은 우리에게 하나님의 말씀을 주시고 마음에 기쁨을 주시는 데 비해서 부나 권력은 주지 않으시고, 오히려 우리 믿는 자들로 하여금 세상 사람들의 지배를 받게 하시고, 세상 사람들로부터 괴롭힘이나 무시를 당하게 하실 때가 많습니다. 하나님께서 그렇게 하시는 이유는 우리를 연단시키시려는 것입니다. 그래서 세상 사람들이 아무리 힘이 있다고 하지만 결코 우리 믿는 자들을 죽이거나 우리를 망하게 하지는 못합니다. 그리고 또 다른 하나는 만일 우리가 너무나도 교만하면 하나님께서 믿지 않는 자들에게 거의 무한대의 권한을 주어서 우리를 괴롭히게 하시는데 그것은 결국 우리나 우리를 괴롭히는 사람 모두에게 불행이 되는 것입니다. 왜냐하면 하나님의 백성을 괴롭히는 사람들은 정도가 지나치게 하나님의 백성을 괴롭혔기 때문에 결국 불법을 행해서 망하게 되고, 하나님의 백성들은 너무 심하게 연단을 받아서 거의 망하다시피 하기 때문입니다.

오바댜서는 에돔 족속이 얼마나 교만했으며 유다 백성을 얼마나 미워하고 철저히 괴롭혔는지를 설명하고 있습니다. 에돔 족속은 혈통적으로는 이스라엘 백성과 가장 가까운 사이였습니다. 그럼에도 불구하고 에돔 족속은 이스라엘 자손들, 특히 유다 백성을 너무 미워해서 이를 부득부득 갈았습니다. 그리고 유다 백성이 이방 족속의 공격을 받아서 망할 때 다른 민족보다 앞서서 예루살렘을 공격하고 유다 사람들이 도망치는 것을 붙잡고, 또 노예로 팔았던 것입니다. 사실 에돔 사람들이 이렇게 유다의 가시 노릇을 한 이유는 유다 백성이 너무 교만해서 하나님께서 유다 사람들을 겸손하게 만드시려는 것이었습니다. 그럼에도 불구하고 에돔 족속이 너무 심하게 유다를 괴롭히고 팔아먹는 바람에 결국 자기 자신들이 망하게 됩니다.

하나님의 백성이나 목회자들 사이에도 누군가가 너무 유명해지거나 성공하면 시기하고 배 아파하는 사람들이 많이 있습니다. 그러다가 잘나가던 어떤 목회자나 장로가 잘못을 저질러서 망하면 그것이 너무나도 잘된 일인 것처럼 입방아를 찧습니다. 이것은 우리가 인간인 이상 어쩔 수 없는 일인지도 모릅니다. 그러나 우리가 다른 성도나 목회자가 잘못된 것에 대하여 많은 말을 하는 것은 우리의 자아상이 아름답지 못하기 때문입니다. 우리는 다른 사람이 잘되는 것에 대하여 너무 배 아파할 이유가 없고, 또 다른 사람이 망하거나 실패하는 것을 좋아해야 할 이유가 없습니다. 왜냐하면 하나님께서 나에게 주실 복이 따로 있기 때문입니다.

1. 에돔의 지나친 행동

우리는 신앙생활을 하면서 나는 다른 사람을 미워하지 않는데 다른 사람이 나를 미워해서 나쁜 말을 하거나 행동을 하는 것을 보면 이해가 되지 않을 때가 있습니다. 즉 나는 저 사람을 미워하지 않는데 왜 저 사람은 나를 미워할까 하는 것입니다. 그 이유는 두 가지로 생각할 수 있습니다. 그 첫째는, 하나님의 백성은 세상 어느 곳에서도 경험할 수 없는 하나님의 은혜를 받아 존귀해지기 때문입니다. 그래서 하나님의 백성은 쉽게 다른 사람들에게 고개를 숙이지도 않고 아첨하지도 않습니다. 그런데 이것이 다른 사람들의 눈에는 오만한 것으로 보이고 잘난 체하는 것으로 보이는 것입니다. 만일 하나님의 백성이 자존심이 없이 스스로 비참하게 생각한다면 세상 사람들이 훨씬 덜 미워할 것입니다. 그러나 세상 사람들이 보기에 하나님의 백성이 별것도 아닌데 너무 당당하고 꼿꼿하니까 건방지다고 생각해서 미운 마음이 생기는 것입니다.

그뿐만 아니라 하나님은 모든 사람을 골고루 사랑하지 않으시고 하나님의 백성을 특별히 사랑하십니다. 하나님은 하나님의 백성을 편애하는 것입니다. 즉 세상 사람들은 세상의 돈이나 지식이나 명예만 잔뜩 가지고 있지 하나님의 말씀이 없습니다. 여기서 하나님의 말씀이 없다는 것은 아예 하나님 앞에 나아갈 자격이 없다는 뜻입니다. 그런데 하나님의 모순은 하나님께서 우리 믿는 자들에게 하나님의 모든 은혜를 가지게 하시지만 세상의 돈이나 권력은 주지 않으시고 세상 사람들로부터 연단받게 하시는 것입니다. 하나님의 백성이 이것을 잘 받아들이면 현실성이 있으면서도 유능한 사람들이 될 수 있습니다.

최근에 영국의 왕자들은 그들이 귀족임에도 불구하고 군대에 입대해서 다른 사람들과 똑같이 훈련을 받고 또 다른 병사들과 똑같이 전투 부서에서 근무를 하여 영국 국민들로부터 존경을 받는다고 합니다. 만약 예수님도 하늘 보좌 위에서 아무 어려움 없이 지내셨더라면 존경만 받으셨겠지만 이 세상에 오셔서 인간들과 똑같이 온갖 고생을 하시고, 심지어는 십자가에 처형까지 당하시고 승리하셨기 때문에 더 존경을 받고 더 큰 능력을 받으시는 것입니다. 마찬가지로 하나님의 백성도 높은 자리에 앉아서 아무 고생도 하지 않고 고상하게 신앙생활을 하는 사람이 존경받는 것이 아니라 인생 밑바닥에 내려와서 다른 사람들과 똑같이 고생도 하고 말할 수 없는 환난을 당하면서도 믿음으로 승리한 사람이 위대한 것입니다.

그런데 에돔 사람들은 이스라엘 백성을 지나치게 미워해서 어떤 원수들보다 더 못된 짓을 했습니다. 우리가 가끔 세상을 살다 보면 같은 크리스천들이 믿지 않는 사람들보다 더 못되게 굴 때가 있습니다. 물론 우리도 인간이기 때문에 나보다 다른 사람이 더 잘되고 복을 받는 것을 보면 배가 아플 수도 있고 은근히 시기심이 생길 때도 있습니다. 그러나 하나님께서 우리도 그 사람 못지않게 사랑하시는 것을 보면 그런 미움이나 시기심은 없어집니다. 그리고 하나님의 백성은 말로나 생각으로는 시기할 수도 있지만 실제로 행동으로 못되게 하지는 못합니다. 그러나 에돔 사람들은 유다 사람들에 대해서 너무 악랄하게 행동했습니다. 그 이유가 무엇일까요? 이 에돔이라는 가시는 통제가 되지 않는 가시였기 때문입니다. 암이 무서운 것은 통제가 되지 않기 때문입니다. 유다 백성이 하나님을 믿는다고 하면서도 너무 교만할 때 그들에게는 암이 있었는데 그것은 바로 에돔이라는 암이었습니다. 암이 적당하게 자란다면 문제가 되지도 않습니다. 그러나 암은 일단 발생하면 통제가 되지 않을 정도로 자라서 자기 자신을 죽게 합니다. 그래서 하나님의 백성에게 언제나 부흥이 중요한 이유가 부흥이 일어날 때에는 모든 악이 통제를 당하기 때문입니다. 그러나 하나님의 백성이 부흥을 잃어버리면 모든 악이 통제 불능의 상태에 빠지게 되어서 결국 가시가 가시 노릇만 하는 것이 아니라 본인을 죽이는 가시가 되는 것입니다.

유다 백성에 대한 에돔의 지나친 행동은 세 단계를 통해서 나타납니다. 우선 성경은 에돔의 전체적인 악행을 말씀합니다.

10절, “네가 네 형제 야곱에게 행한 포학을 인하여 수욕을 입고 영원히 멸절되리라”

사실 에돔으로 하여금 유다 백성을 괴롭게 하도록 시키신 분은 하나님입니다. 이 세상에 하나님의 허락 없이는 참새 한 마리도 땅에 떨어지지 않는다고 했습니다. 그런데 하나님이 에돔에게 시키신 것은 유다 백성을 잘 훈련시키라는 것이었는데 에돔은 자기 권한을 넘어서 유다 백성에게 도저히 해서는 안 되는 포학한 짓을 했던 것입니다. 에돔 사람들은 하나님의 말씀을 모르니까 무조건 자기들에게 권한이 있다고 해서 남용을 했던 것입니다. 사실 하나님을 모르는 사람들은 권한이 주어지면 그 권한을 남용합니다. 그러나 그들은 나중에 하나님 앞에서 심판을 받게 됩니다. 하나님이 권한을 주신 것은 약한 자를 돌보아 주고 사람을 도와주라고 주신 것이지 마음대로 휘두르라고 주신 것이 아니기 때문입니다. 그래서 이 세상의 권력이 있는 사람들 중에서 사실 하나님의 심판을 받지 않을 사람은 한 명도 없을 것입니다. 왜냐하면 세상 사람들은 권력은 가지고 싶어하는데 왜 권력을 가져야 하는지는 모르기 때문입니다. 에돔은 하나님께서 야곱 자손들을 훈련시키라고 맡겨 주시니까 마음대로 하라는 뜻으로 알고 너무나도 심하게 포학을 행했던 것입니다. 그래서 결국 유다 백성은 유다 백성대로 고통을 받고, 에돔은 에돔대로 망하게 되었습니다. 그 이유는 하나님의 백성이 겸손하지 못했고 진리를 붙들지 않았기 때문입니다. 하나님의 백성이 하나님의 말씀을 붙잡으면 겸손하고 진실해지기 때문에 악한 자들도 불쌍히 여길 때가 많습니다. 이것이 우리도 살고 악한 자들도 사는 길인 것입니다. 우리는 악한 자들을 굳이 자극을 해서 더 악하게 할 필요가 없습니다.

11절, "네가 멀리 섰던 날 곧 이방인이 그의 재물을 늑탈하며 외국인이 그의 성문에 들어가서 예루살렘을 얻기 위하여 제비 뽑던 날에 너도 그들 중 한 사람 같았었느니라"

언제인지 모르지만 예루살렘이 이방인들에게 완전히 약탈당할 때가 있었습니다. 이때 예루살렘이 어느 정도로 심하게 약탈을 당했는가 하면, 이방인들이 예루살렘을 구역을 나누어서 철저하게 약탈했던 것입니다. 사람들은 이때가 앞에서 말한 것처럼 여호람 때라고 하기도 하고, 예루살렘이 멸망할 때라고 말하기도 합니다. 이때 에돔 사람들은 멀리 서서 방관하는 입장이었습니다. 그러나 어느 순간에 에돔은 다른 이방인들과 같이 예루살렘을 약탈하는 일에 끼어들었던 것입니다. 왜 에돔 사람들은 다른 민족과 함께 형제 나라인 유다 백성을 약탈했을까요? 그들의 마음속에는 이스라엘 자손들이 자신들의 형제라는 생각이 없었던 것입니다.

한번은 어느 집에서 빚을 갚지 못해서 파산을 하게 되었습니다. 그런데 그때 그 집에 가장 먼저 들이닥쳐서 가구나 물건들을 빼앗아 간 사람들은 다른 사람들이 아닌 가장 가까운 친척들이었습니다. 즉 돈 앞에서는 아무리 가까운 친척이라 해도 피도 눈물도 없는 것입니다. 유다 백성은 에돔 사람들로부터 이런 취급을 당했습니다. 그 이유가 무엇일까요? 평소에 유다 백성이 너무 잘난 체를 했던 것입니다. 그래서 그렇게 잘난 체하던 사람들이 다른 나라에 망하니까 무시당하고 있었던 에돔 족속은 잘되었다고 생각해서 더 덤벼들었던 것입니다.

여기에 보면 유다 백성에 대한 에돔의 태도가 세 번에 걸쳐서 더 심해지는 것을 볼 수 있습니다.

우선 첫 번째는 방관하고 기뻐하는 단계입니다.

12절, "네가 형제의 날 곧 그 재앙의 날에 방관할 것이 아니며 유다 자손의 패망하는 날에 기뻐할 것이 아니며 그 고난의 날에 네가 입을 크게 벌릴 것이 아니라"

하나님께서는 에돔 족속에게 유다가 환난당할 때 방관하거나 기뻐해서는 안 된다고 하셨습니다. 그 이유가 무엇입니까? 유다가 환난당하는 것은 그들이 하나님으로부터 징계를 당하는 것이지만 실제로 하나님은 유다 백성을 너무나도 좋아하시기 때문입니다. 그래서 하나님은 한편으로는 하나님의 백성을 때리고 징계하시지만 다른 한편으로는 누군가가 그들을 위로하거나 냉수 한 그릇이라도 줄 때 너무나도 고마워하십니다. 이것이 우리를 대하시는 하나님의 이중적인 태도입니다. 하나님은 우리를 연단하시고 고생시키실 때 인정사정없이 몰아붙이시지만 실제로 하나님의 마음은 너무나도 아프신 것입니다. 그래서 누군가가 환난당하고 고생하는 성도를 위로하고 작은 것으로 도와주면 마치 하나님 자신을 도와주는 것처럼 좋아하시고 그 은혜를 잊지 않고 갚아 주시는 것입니다.

그래서 우리는 고난당하는 성도들을 볼 때 왜 이 사람이 고난을 당해야 할까 하고 너무 따지지 말아야 합니다. 오히려 훌륭한 하나님의 백성이 한 번의 실수로 어려움당하는 것을 가슴 아파하고 위로해 주고 도와주어야 합니다. 그래야 우리 자신의 인격이 하나님 앞에서 아름다운 것이 됩니다. 그리고 우리는 다른 성도들이나 목회자들이 실수를 해서 큰 어려움을 당할 때 너무 기뻐하거나 좋아하지 말아야 합니다. 왜냐하면 이것은 하나님 앞에서 너무나도 아름답지 못한 모습이기 때문입니다. 우리는 단지 침묵하거나 기회가 있을 때 도와주면 그 사람은 너무나도 좋아할 것입니다.

그런데 에돔 사람들은 유다 사람들이 망할 때 말로만 좋아한 것이 아니라 그것을 행동으로 옮겼습니다. 그들은 이방인들과 함께 예루살렘 성문에 들어가서 그들의 재물을 약탈하기 시작한 것입니다.

13절, "내 백성이 환난을 당하는 날에 네가 그 성문에 들어가지 않을 것이며 환난을 당하는 날에 네가 그 고난을 방관하지 않을 것이며 환난을 당하는 날에 네가 그 재물에 손을 대지 않을 것이며"

하나님은 유다 백성이 환난당하는 것을 '내 백성이 환난당한다' 고 말씀하셨습니다. 하나님께서는 물론 유다 백성을 더 깨끗해지게 하기 위해서 연단하시지만 그럼에도 불구하고 다른 민족들이 유다 백성을 좀 살살 다루어 주기를 바라셨고, 특히 에돔 사람들은 더 봐주기를 바라셨습니다. 그러나 에돔 사람들은 유다 인들을 조금도 봐주지 않았습니다. 에돔 사람들도 다른 이방인들과 똑같이 성문에 들어가서 유다 인들의 재물에 손을 대었던 것입니다. 에돔 인들의 미움은 그것으로 그치지 않았습니다. 에돔 사람들은 도망치는 유다 인들의 길을 막아서 붙잡았고, 붙잡은 자들을 노예로 파는 데 앞장섰습니다.

14절, "사거리에 서서 도망하는 자를 막지 않을 것이며 고난의 날에 그 남은 자를 대적에게 붙이지 않을 것이니라"

에돔 사람들이 유다 인들에게 취한 행동은 누가 보더라도 지나친 것이었습니다. 그럼에도 불구하고 에돔 사람들이 유다 인들에게 이렇게까지 한 이유는 유다 사람들이 너무나도 잘난 체한 것에 미움이 골수까지 사무쳤기 때문입니다. 그러나 이것이 결코 에돔 사람들에게 유익한 것이 아니었습니다. 왜냐하면 구원은 유다 인들에게서 나오기 때문입니다. 오늘 세상 사람들이 그렇게 교회를 미워하고 욕하는 것은 물론 교회가 너무 커지고 잘난 체하기 때문일 것입니다. 그러나 세상 사람들이 교회를 미워하고 욕하는 것이 절대로 세상 사람들에게 복이 되지 않습니다. 왜냐하면 복은 교회를 통해서 세상으로 흘러가기 때문입니다.

그래서 우리가 세상을 망하지 않게 하려면 세상 사람들이 교회를 미워할 거리를 만들지 말아야 합니다. 즉 교회의 재정을 투명하게 한다든지 혹은 소외되고 가난한 자에 대하여 미리 관심을 가진다든지 혹은 목회자나 직분자들이 너무 잘난 체하지 말아야 하는 것입니다. 그런데 만일 하나님의 종이나 교회가 비행을 저지르면 세상은 하나님의 백성을 미워할 수 있는 핑계가 생기는데 이것은 결국 자기 스스로가 망하는 길인 것입니다.

2. 하나님의 심판의 날

하나님께서는 하나님의 백성이 겸손하지 않고 잘난 체했을 때 그들을 미워하던 가시 에돔을 통해서 망하게 하셨습니다. 그러나 하나님은 이스라엘이나 유다만 망하게 하는 것이 아니라 사실 온 세상을 심판하시는 것입니다.

15절, "여호와의 만국을 벌할 날이 가까왔나니 너의 행한 대로 너도 받을 것인즉 너의 행한 것이 네 머리로 돌아갈 것이라"

오늘 성경은 하나님께서는 자기 백성이 잘못한 것만 심판하시는 것이 아니라 만국을 벌하실 것이라고 말씀하고 있습니다. 즉 하나님은 의로우신 하나님이기 때문에 개인이든 나라든 하나님의 뜻에 복종하지 아니하고 자기 멋대로 행한 것에 대하여 심판을 하십니다. 그런데 하나님은 가장 먼저 하나님의 백성이 불순종한 것부터 심판하시고 그 다음에 다른 나라를 모두 심판하십니다. 그래서 하나님께서 이스라엘이나 유다를 망하게 하시는 것은 다른 나라에 대한 시범 케이스인 것입니다. 따라서 만일 이 세상에서 하나님의 백성이 이 무서운 심판을 받아야 한다면 세상 민족 중에서 하나님의 심판을 받지 않을 사람이 없을 것입니다. 그래서 오바댜 선지는 유다가 망하고 이스라엘이 망하는 것이 그 자체가 끝이 아니라 하나님이 만국을 심판하시는 것의 시작이라고 말씀하면서 '너도 너의 행한 대로 심판을 받을 것' 이라고 했습니다.

이스라엘에 대한 하나님의 심판은 하나님의 공의를 선포하는 것입니다. 즉 하나님께서는 아무리 이스라엘 백성이라 하더라도 하나님의 말씀대로 살지 않는 자들은 심판하십니다. 하나님의 택한 백성이라고 해서 그냥 봐주시지 않습니다. 하나님은 우리를 연단의 용광로에 집어넣으셔서 우리 안에 있는 모든 교만과 모든 거짓을 다 짜내십니다. 이때 하나님은 우리 주위에 있는 교만한 자들을 사용하십니다. 그러나 그렇다고 해서 하나님은 세상 사람들을 그냥 두지 않으십니다. 세상 나라는 더 철저한 심판을 받게 될 것입니다. 그래서 사람들은 이 세상에 살면서 어려움 없이 편안한 것이 복 받은 것이라고 하지만 사실은 이 세상에서 편안한 것이 복 받은 것이 아닙니다. 왜냐하면 우리는 이 세상에서 많은 어려움을 당해서 하나님 앞에 회개하고 깨끗하게 되어서 이 세상에서 죄를 끝장을 내지만 이 세상에서 어려움 없이 편안하게 사는 사람은 자기가 잘나서 편안한 줄 알고 회개할 기회를 놓쳐 버리는데 결국 이것이 망하는 것입니다.

우리에게 가장 고통스러운 것은 이 세상의 가난이나 무시당하는 것이 아니라 지옥에 가는 것입니다. 하나님은 우리가 차라리 이 세상에서 가난하고 무시를 당하게 하셔서 지옥에 가지 않게 하십니다. 그래서 하나님이 참으로 사랑하시는 사람은 이 세상에 사는 동안 많은 연단을 받습니다. 그러나 하나님이 사랑하시지 않는 사람은 이 세상에서 자기 멋대로 살아도 어려움을 당하지 않게 하십니다. 그래서 그런 사람들은 이 세상에서 회개하고 연단받을 기회를 놓쳐 버리는 것입니다.

그래서 베드로 사도는 이렇게 말하고 있습니다.

“하나님 집에서 심판을 시작할 때가 되었나니 만일 우리에게 먼저 하면 하나님의 복음을 순종치 아니하는 자들의 그 마지막이 어떠하며 또 의인이 겨우 구원을 얻으면 경건치 아니한 자와 죄인이 어디 서리요”(벧전 4:17-18).

하나님이 세상을 심판하실 때에는 세상부터 심판하지 않으시고 하나님의 집에서 먼저 심판을 시작하십니다. 그래서 하나님은 이 세상에서 이스라엘 백성을 먼저 심판하셨습니다. 그리고 그 다음에 하나님은 교회의 모든 비리와 죄를 다 들추어내어서 심판받게 하실 것입니다. 그리고 하나님은 아무리 의인이라 하더라도 그냥 천국 가게 하지 않으시고 이 세상에 사는 동안 많은 고통을 받게 하십니다. 특히 너무 유명하게 되신 분들 중에서 말년에 건강이나 혹은 다른 문제로 엄청나게 고생하는 분들이 있습니다. 그것도 하나님께서 그들을 마지막으로 더 거룩하게 하시는 것입니다. 왜냐하면 우리가 이 세상에서 하던 그대로 천국에 데려가시면 천국에서도 이 세상에서 하던 그대로 할 것이기 때문입니다. 그래서 지혜 있는 성도는 이 세상에서 스스로 너무 높아지려고 하지 않습니다. 왜냐하면 우리가 높아졌을 때 그 후유증이 엄청나기 때문입니다. 그리고 하나님은 이 세상에서 자기가 잘나서 모든 권력을 가진 줄 알고 자기 멋대로 살던 자들을 이 세상에서도 심판하시지만 영원한 지옥에서 심판하시는 것입니다.

하나님께서 세상을 심판하시는 기준은 그들이 행한 대로입니다. 15절에 "너의 행한 대로 너도 받을 것인즉 너의 행한 것이 네 머리로 돌아갈 것이라"라고 하였습니다. 하나님은 사람들이 행한 대로 심판하실 것입니다. 여기서 '행한 대로' 심판하신다는 것은 하나님은 신분이나 유명세를 보지 않으시고 그들의 삶을 보시고 판단하신다는 것입니다. 즉 누구든지 이 세상에서 하나님의 말씀을 믿고 순종하면서 산 사람은 영생을 얻고, 자기 생각대로 산 사람은 영원한 지옥에 가게 됩니다. 사람들 중에는 지옥이 있는 것을 몰랐다고 항의하는 사람도 있을 수 있지만 '지옥이 있는 줄 몰랐다' 고 하는 것은 통하지 않습니다. 하나님은 우리 인간에게 뛰어난 머리와 재능을 주셨습니다. 그렇지만 하나님은 다른 한편으로 우리 인간에게 하나님의 뜻에 복종하게 하셨습니다. 그래서 우리 인간의 영원한 갈등이 내 속에 있는 재능대로 살 것인가, 아니면 이 재능을 하나님의 말씀에 복종시킬 것인가 하는 것입니다. 그런데 우리가 하나님의 말씀에 복종하면 바보 멍텅구리가 되어서 아무것도 안 될 것 같은데 이상하게 하나님의 능력이 우리 안에 들어와서 하나님의 뜻이 이루어지게 됩니다. 반대로 내가 하나님의 뜻을 거부하고 내 마음대로 열심히 하면 모든 것이 잘될 것 같은데 나중에 보면 쓸데없는 짓만 실컷 하고 죄만 남게 됩니다. 결국 하나님이 보시는 것은 얼마나 많은 업적을 이루었는가 하는 것이 아니라 얼마나 하나님의 능력으로 살았는가 하는 것입니다.

그래서 우리가 하나님 앞에 인정을 받으려면 우리 삶의 목표가 하나님의 영광을 구하는 것이어야 합니다. 하나님은 양을 보시는 것이 아니라 질을 보시는 것입니다. 그리고 하나님의 심판은 영원한 저주와 영원한 축복으로 갈라지게 됩니다. 결국 이 세상은 우리의 믿음을 시험하는 곳이지 완전한 결과가 아닌 것입니다. 그리고 하나님 앞에서 한번 결정이 내려지면 이것은 영원히 바꿀 수가 없습니다.

에돔 사람들은 자기들이 유다를 심판하는 것은 자기들이 이겼기 때문이라고 생각했습니다. 그러나 에돔 족속은 그들이 유다 사람들에게 한 것과 똑같이 자기들도 당하게 된다는 것을 몰랐습니다.

16절, "너희가 내 성산에서 마신 것 같이 만국인이 항상 마시리니 곧 마시고 삼켜서 본래 없던 것 같이 되리라"

에돔 사람들은 예루살렘을 망하게 하고 나서 예루살렘에서 축배를 마셨습니다. 물론 그 술은 유다 백성이 담근 포도주였습니다. 그러나 에돔 족속은 이번에는 하나님께서 그들이 하는 짓을 지켜보고 계신다는 것을 생각하지 못했습니다. 하나님께서는 에돔 족속의 교만한 행동을 보시고 '이것들은 교만해서 도저히 안 되겠다' 고 하시니까 이번에는 다른 족속들이 에돔에 몰려와서 에돔 사람들을 망하게 하고 그들의 술을 마시는데 완전히 에돔을 없어지게 한다고 했습니다. 즉 에돔 사람들은 유다 백성이 교만하고 건방지다고 해서 미워하고 있었지만 실제로는 에돔을 미워하는 사람들이 더 많이 있었던 것입니다. 에돔 사람들은 자신들의 모습은 알지 못하고 유다 백성만 미워하고 있었던 것입니다. 실제로 우리 주위에서도 하나님의 백성을 미워하고 못살게 구는 사람들이 다른 사람들과는 관계가 더 좋지 못한 것을 볼 수 있습니다. 그 이유는 그들이 더 교만한 사람들이기 때문입니다.

3. 하나님의 구원

하나님께서 온 세상을 동원해서 유다 백성의 거룩한 성 예루살렘을 망하게 하시고, 또 에돔까지 망하게 하실 때 과연 이 세상에서 구원받을 수 있는 사람은 아무도 없을 것 같았습니다. 그런데 놀랍게도 세상의 무서운 환난 풍파가 지난 후에 보니까 그렇게 무서운 하나님의 심판 가운데서 능히 살아남은 자들이 있었습니다. 그들이 살아남은 것은 그들이 잘나서가 아니라 피할 곳을 잘 찾았기 때문입니다. 즉 그들은 하나님의 시온 산에 피했던 것입니다.

17절, "오직 시온산에서 피할 자가 있으리니 그 산이 거룩할 것이요 야곱 족속은 자기 기업을 누릴 것이며"

여기서 하나님의 '시온산' 은 눈에 보이는 예루살렘이 아닙니다. 또 여기의 '피할 자' 도 혈통상의 유대 인들이 아닙니다. 여기서 말하는 '시온산에서 피할 자' 는 하나님의 말씀을 붙잡고 하나님의 말씀 안으로 피할 자들을 말합니다. 하나님의 말씀을 듣고 하나님의 말씀 안으로 도망을 친 자들은 하나님 자신이 산성이 되어 주십니다. 그래서 이 사람들은 살아남게 되는 것입니다.

최근 미국에 토네이도가 자주 발생해서 많은 사람이 죽었습니다. 이런 강한 바람이 불 때 살아남을 수 있는 방법은 빨리 달리는 것도 아니고, 나무를 붙잡고 있는 것도 아닙니다. 안전한 지하 도피처에 숨어야 살아남을 수 있는 것입니다. 하나님의 말씀이 놀라운 것은 우리가 하나님의 말씀을 믿을 때 하나님의 능력이 우리를 지켜 주기 때문입니다. 하나님의 말씀은 우리 안에 있는 혈기나 정욕이나 불안이나 다른 모든 죄의 공격으로부터 우리를 지켜 주어서 살게 합니다.

18절, "야곱 족속은 불이 될 것이요 요셉 족속은 불꽃이 될 것이며 에서 족속은 초개가 될 것이라 그들이 그의 위에 붙어서 사를 것인즉 에서 족속에 남은 자가 없으리니 이는 여호와께서 말씀하셨음이니라"

여기에 보면 불이 야곱 족속으로부터 붙게 됩니다. 즉 야곱은 불이 되고, 요셉은 불꽃이 될 것이라고 했습니다. 즉 불은 본체이고, 불꽃은 그 중에서 가장 바깥에 있는 부분입니다. 야곱이나 요셉은 모두 고난을 통과한 하나님의 백성입니다. 야곱은 빈 들에서 돌을 베개 삼고 자다가 하나님을 만났습니다. 그리고 야곱은 인간적인 방법으로 성공만을 위해 달려가다가 결국 천사와 씨름하고 엉치뼈가 어긋나면서까지 하나님께 매달려서 축복을 받았습니다. 요셉은 형들의 미움을 받아서 애굽에서 종살이를 하다가 하나님의 말씀의 능력으로 인생 밑바닥에서 최고의 자리까지 올라갔습니다. 하나님은 가장 많이 고난을 받고 가장 낮은 자리까지 내려간 자에게서 불이 붙게 하셔서 온 세상을 태우시는 것입니다.

그래서 여기서 말하는 요셉은 예수님 자신입니다. 예수님은 죽으셔서 무덤에 묻히시기까지 낮아지셨는데 하나님은 그에게 성령을 부으셔서 모든 믿는 자들에게 성령을 받게 하셨습니다. 결국 온 세상은 둘 중의 하나로 판결이 날 것입니다. 즉 예수님을 믿고 성령을 받아서 거듭난 자가 되든지, 아니면 하나님의 심판의 불에 타든지 둘 중의 하나인 것입니다. 그리고 야곱은 하나님의 백성, 즉 오늘날의 교회를 의미합니다. 결국 야곱에게서 난 불이 에서를 태워서 에서 족속 중에 남아 있는 자가 없게 될 것입니다. 즉 그 하나님의 강력한 불 앞에서 인간의 고집이나 단단한 마음이 다 녹아지는 것입니다. 그렇지 않고 끝까지 반항하는 자는 타서 없어질 것입니다. 그래서 만약 성령의 불이 교회에서 세상으로 흘러 나가지 않으면 세상의 정욕과 시기의 불이 교회를 공격할 것입니다. 교회가 세상을 하나님의 능력으로 공격하지 않는다면 세상이 여러 가지 타락한 문화로 교회를 공격할 것입니다. 즉 교회에서 성령의 은혜가 세상으로 흘러 들어가지 않으면 세상이 교회를 오염시킬 것입니다. 유다와 요셉이 함께 에돔을 불사르지 않으면 에돔이 이스라엘을 공격할 것입니다.

19-20절, "남방 사람은 에서의 산을 얻을 것이며 평지 사람은 블레셋을 얻을 것이요 또 그들이 에브라임의 들과 사마리아의 들을 얻을 것이며 베냐민은 길르앗을 얻을 것이며 사로잡혔던 이스라엘의 뭇 자손은 가나안 사람에게 속한 땅을 사르밧까지 얻을 것이며 예루살렘의 사로잡혔던 자 곧 스바랏에 있는 자는 남방의 성읍들을 얻을 것이니라"

이것은 하나님께서 세상 전체를 복음으로 정복하실 것을 말씀하시는 것입니다. 그래서 에서의 산은 정말 정복되기 어려운 곳인데 남방 사람들이 은혜를 받아서 정복할 것입니다. 블레셋 사람들은 이스라엘의 영원한 가시였는데 평지에 사는 가나안 원주민들이 변화되어서 정복할 것입니다.

길르앗은 이방과 이스라엘 사이에서 왔다갔다하던 곳이었는데 놀랍게도 가장 소극적이던 베냐민 지파 사람들이 차지할 것입니다. 그리고 사르밧은 시돈에 속한 땅인데 돈밖에 모르는 이 사람들도 은혜 받아서 하나님의 백성이 될 것이고, 스바랏에 포로로 잡힌 자들도 돌아와서 남방 땅을 차지할 것이라고 했습니다. 남방 땅은 유명한 황무지인데 거기에 비가 오니까 옥토로 변하는 것입니다. 결국 우리 같은 이방인들을 통해서 가나안 땅은 다시 회복되는 것입니다. 이것이 얼마나 귀한 축복인지 모릅니다. 우리는 감히 하나님의 이름을 부를 수도 없고 하나님의 축복을 받는 것은 상상할 수도 없는 족속들이었는데 당당하게 하나님의 백성이 된 것입니다.

21절, "구원자들이 시온산에 올라와서 에서의 산을 심판하리니 나라가 여호와께 속하리라"

여기서 '구원자'는 하나님의 말씀을 믿고 온 세상에 보냄을 받아서 영혼을 구원하는 일에 동참한 믿음의 승리자들을 말합니다. 이 사람들은 온 세상을 심판하는 특권을 받는데 이들이 결국 에서의 산을 심판하게 됩니다. 즉 에서는 하나님의 백성의 가시였고, 하나님의 말씀보다는 인간의 능력을 믿었던 자들이었습니다. 이들은 하나님의 백성이 하나님의 말씀을 믿는 것을 조롱하였고, 그들이 고난 받을 때 망하게 하려고 했습니다. 그러나 나중에 나타난 결과를 보니까 하나님의 백성은 모두 연단을 통과해서 정금이 되었는데 자기들은 아무것도 변한 것이 없어서 망하는 것입니다.

세상 사람들은 모두 자기 생각과 자기 이론을 가지고 하나님을 대적하는 세력을 이루고 있습니다. 이들은 하나님의 백성의 무지함과 어리석음을 조롱하면서 때때로 많은 욕을 하기도 하고 고난을 주기도 합니다. 그러나 이 모든 것이 우리를 정금과 같이 만들어서 결국 하나님의 존귀한 백성이 되게 합니다. 그래서 우리는 이 세상에서 고난당하는 것을 두려워하지 마시기 바랍니다. 오히려 이 세상에서 고난이 없는 것을 두려워하고, 내가 에서같이 되지 않도록 두려워하시기 바랍니다. 우리 모두 고난을 통과해서 하나님의 말씀으로 세상을 이기는 성도들이 다 되시기 바랍니다.

성경 토의

1. 우리를 유달리도 미워하고 힘들게 하는 자들에 대하여 우리는 어떤 생각을 가지고 대해야 하는가?

2. 우리가 고난의 때에 하나님의 도우심을 받으려면 고난당하는 성도에게 어떤 자세로 대해야 하는가?

3. 하나님의 백성에게 부흥의 불이 붙으면 어떤 사람들이 가장 앞장서서 일을 하게 되며, 결국 어느 곳까지 정복하게 되는가?

요나

01_도망치는 선지자

요나 1:1-6

전체적 설명

요나서는 열두 개의 소선지서 중에서 유일하게 역사적인 사건을 담고 있는 선지서일 뿐 아니라 내용도 짧고 재미있는 이야기체로 되어 있고, 이방인을 회개시키는 선교적인 메시지로 되어 있으며, 선지자 자신의 고백을 담고 있는 고백적인 이야기로 되어 있다. 요나 선지는 실존했던 인물로(왕하 14:25), 가드헤벨 사람 아밋대의 아들로 소개되고 있다. 요나는 이스라엘 여로보암 2세 때 하나님의 말씀을 전했으며, 이스라엘의 영토가 하맛 어귀에서 아라바(사해) 바다까지 이를 것이라고 예언했는데 여로보암 때 그대로 되었다. 그러나 여로보암 왕 때 이스라엘은 물질적으로는 번성했지만 신앙적으로는 타락할 대로 타락해서 하나님의 진노의 심판을 피할 수 없는 상태였다. 이때 하나님께서는 요나 선지를 강권적으로 이스라엘의 원수 나라인 니느웨에 보내어 그들을 회개하게 하심으로 이스라엘 백성도 하나님 앞에서 회개하기만 하면 얼마든지 살 수 있음을 보여 주셨다. 그러나 이스라엘 백성은 물질적인 성공에 눈이 어두워지고 마음이 교만해져서 결국 앗수르에 의해서 멸망하고 만다.

설교 프리노트

1절, "여호와의 말씀이 아밋대의 아들 요나에게 임하니라"

이스라엘에도 많은 선지자들이 있었지만 그들은 대개 하나님의 영이 말씀하지 않는 엉터리 선지자였다. 그런 이스라엘에 하나님의 말씀이 임한 요나 같은 선지자가 있었다는 것은 엄청난 일이다. 왜냐하면 아무리 나라가 어려운 가운데 있다 하더라도 하나님의 말씀이 임하면 살 수 있는 기회가 있기 때문이다. 모든 백성이 그 선지자의 말대로 순종하기만 하면 얼마든지 살길이 생기게 된다. 요나는 니느웨로 가기 전에 이스라엘의 국력이 크게 회복될 것을 예언하였고(왕하 14:25), 이스라엘은 요나의 예언대로 국력이 크게 신장되어서 하맛 어귀에서 아라바 바다까지 이르는 영토를 회복하게 되었다. 이스라엘 백성은 요나의 예언이 성취되는 것을 보고 그가 전하는 하나님의 말씀을 모두 믿었어야 했는데 이스라엘 백성은 자기들에게 유리한 말씀은 믿고 받아들였지만 죄를 책망하고 회개하라는 말씀은 받아들이지 않았다. 이처럼 사람들은 자기가 믿고 싶은 것만 믿으려고 하기 때문에 전체적인 것을 보지 못하는 것이다.

2절, "너는 일어나 저 큰 성읍 니느웨로 가서 그것을 쳐서 외치라"

니느웨는 당시 앗수르의 수도였고, 둘러보는 데만 3일이 걸릴 정도로 큰 성이었다(욘 3:3). 그리고 니느웨 성은 어린이만 12만 명이 넘을 정도로 많은 사람들이 사는 성이었다. 그러나 니느웨는 이스라엘과는 원수 관계에 있는 나라였고, 때때로 이스라엘에 쳐들어와서 많은 사람을 죽이고 많은 고통을 준 나라였다. 당시만 해도 요나는 이스라엘을 깊이 사랑했고, 다른 어떤 것보다 이스라엘 백성을 위해서 하나님의 말씀을 전하기를 원하고 있었다. 그러나 하나님께서는 요나 선지에게 원수의 나라에 가서 하나님의 말씀을 전하라고 명령하셨다. 만일 요나가 그 악한 니느웨 성에 가서 그들이 멸망할 것이라고 예언을 한다면 니느웨 성 사람들은 요나를 잡아서 죽일지도 모른다. 그러나 하나님은 요나에게 가서 '쳐서 외치라' 고 하셨다. 이것은 니느웨 사람들이 모두 들을 수 있도록 공개적인 장소에서 선포하라는 뜻이다.

"그 악독이 내 앞에 상달하였음이니라"

아마 요나에게 이 말씀보다 더 반가운 말씀은 없을 것이다. 지금까지 니느웨는 주위의 많은 나라와 민족들에게 악을 행하였는데 이제 드디어 그 악이 하나님에게까지 상달되어서 심판을 받을 지경이 된 것이다. 이제 니느웨는 그대로 두어도 하나님의 진노로 멸망하게 될 것이다. 그런데 하나님께서는 니느웨가 멸망하기 전에 요나 선지를 보내어서 그들의 죄가 지금 가득 차서 멸망하게 되었다는 것을 알려서 다시 한 번 회개할 기회를 주려고 하시는 것이다. 그러나 요나는 니느웨가 하나님의 진노로 멸망하는 것만이 이스라엘이 잘사는 길이라고 생각했기 때문에 니느웨에게 깨달을 수 있는 기회를 주는 것을 원하지 않았다. 이것은 요나만이 아니라 누구든지 마찬가지일 것이다. 사람은 누구든지 자기를 못살게 괴롭힌 원수가 망하기를 바라지 그들이 잘못을 깨닫고 뉘우쳐서 회복되는 것을 원치 않을 것이다. 예를 들어 온 동네 사람들에게 못살게 굴었던 악당이 큰 부상을 입어서 혼수상태에 빠졌다면 그에게 괴롭힘을 당한 사람들은 모두 그가 깨어나지 않고 그대로 죽기를 바랄 것이다. 그러나 하나님 앞에서는 아무리 못된 짓을 많이 한 악당이라도 소중한 인격을 가진 인간이므로 하나님은 할 수만 있으면 회개할 기회를 주기를 원하신다.

3절, "그러나 요나가 여호와의 낯을 피하려고"

요나는 하나님의 말씀에 순종해서 니느웨로 가지 않고 하나님의 말씀에 불순종하기로 결심하였다. 물론 요나에게 이 결심은 쉬운 결심은 아니었을 것이다. 그러나 요나는 자기가 만일 니느웨에 가서 하나님의 말씀을 그대로 전했을 때 혹시라도 니느웨 사람들이 회개해서 살게 된다면 그것은 정말 이스라엘 백성에게 큰 위험이 된다고 생각했다. 즉 요나는 지금 그 악이 하나님께 상달되어서 망하게 된 원수 나라 니느웨를 다시 살릴 이유가 전혀 없었던 것이다. 요나는 아무리 생각해 보아도 자기가 니느웨로 가서 얻을 수 있는 것이 아무것도 없었다. 즉 요나의 예언을 듣고 니느웨 왕이나 백성이 화를 내면 자기는 거기서 잡혀 죽을 것이고, 만일 그들이 회개해서 하나님께 용서를 받는다면 이것은 이스라엘 백성이나 다른 민족들에게 더 큰일이었다. 그래서 요나는 하나님의 말씀에 불순종하기로 결심을 했다. 이때 요나는 하나님의 말씀에 불순종해도 된다고 생각한 것 같다. 그래서 요나는 이스라엘에 자기가 있으면 하나님께서 계속 자기를 부르시고 찾을 것 같으니까 '하나님 앞에서' 도망치기로 결심을 했다. 요나는 이스라엘을 떠나면 하나님의 말씀이 자기에게 임하지 않을 줄로 생각했던 것이다. 여기서 '여호와의 낯' 이라고 한 것은 이스라엘 백성은 성전을 여호와의 얼굴이 있는 곳으로 생각했기 때문인 것 같다. 물론 이때 이스라엘에 성전이 여러 개가 있었지만 그것은 모두 하나님이 인정하시지 않는 금송아지 성전이었고, 하나님이 인정하시는 성전은 예루살렘 성전뿐이었다. 그리고 이스라엘 백성은 이스라엘 지경 전체를 하나님의 낯으로 생각하기도 했다.

"일어나 다시스로 도망하려 하여"

요나는 하나님의 말씀에 불순종하기 위해 나름대로 치밀하게 계획을 세웠던 것 같다. 그래서 요나는 당시 이스라엘에서 가장 먼 곳에 있는 다시스로 도망을 치기로 했다. 다시스는 현재의 스페인에 있는 도시로, 지중해 끝에 있는 도시였다.

"욥바로 내려갔더니 마침 다시스로 가는 배를 만난지라"

요나가 니느웨로 가라는 하나님의 말씀에 불순종하고 이스라엘 밖으로 도망치기로 결정을 하고 나니까 모든 일이 순조롭게 이루어지는 것 같았다. 요나는 이스라엘 항구인 욥바로 내려갔고, 마침 다시스로 가는 배를 만날 수 있었다. 요나는 돈이 있었기 때문에 선가를 주고 배에 올랐다. 이때까지만 해도 요나는 자기가 하나님의 눈을 피하여 도망치는 데 성공했다고 생각하고 있었다.

4절, "여호와께서 대풍을 바다 위에 내리시매"

지중해에서는 가끔 예상하지 못했던 큰 폭풍이 불어서 배들이 침몰하는 경우가 있었다. 요즘도 바다를 항해하는 사람들이 태풍을 만나면 꼼짝 못 하고 파선당하는 경우가 많은데 특히 옛날에는 전혀 기상에 대한 지식이 없었기 때문에 멋도 모르고 큰 바다에 나갔다가 대풍을 만나 파선하는 경우가 많았다. 우리는 지중해를 여행하던 사도 바울의 경험을 통해서도 지중해의 무서움을 잘 볼 수 있다(행 27장 참조). 로마로 가던 사도 바울 일행도 큰 폭풍을 만났는데 보름 동안 바람이 몰아쳤던 것이다. 요나가 탄 배도 큰 폭풍을 만나서 배가 다 깨어져서 침몰하기 직전의 절망적인 상황에 이르렀다. 그런데 성경은 이 무서운 폭풍을 일으키신 분이 하나님이라고 말씀하고 있다.

5절, "사공이 두려워하여 각각 자기의 신을 부르고…요나는 배 밑층에 내려가서 누워 깊이 잠이 든지라"

사공과 요나의 대조적인 모습을 볼 수 있다. 배가 폭풍 때문에 다 깨어지고 침몰당하게 되어서 사공들은 두려워하며 안간힘을 쓰다가 이제는 도저히 방법이 없으니까 각자 자기들의 신을 부르면서 도와달라고 소리를 지르고 있었다. 그러나 정작 하나님의 선지자는 배 밑창에서 잠을 자고 있었다. 어떻게 배가 그렇게 요동을 치는데 요나가 잠을 잘 수 있었을까? 아마 요나는 하나님이 아무리 부르셔도 응답하지 않으려고 모든 신경을 다 끄고 귀를 틀어막고 잠을 자고 있었을 것이다. 이때 요나의 잠은 하나님과의 모든 관계를 끊어버린 영적 암흑 상태요, 영적인 혼수상태와 같은 것이었다.

6절, "선장이 나아가서 그에게 이르되 자는 자여 어찌이뇨"

아마 선장이 어떤 물건을 가지러 배 밑창까지 왔다가 요나를 발견한 것 같다. 선장은 모든 사람들이 살기 위해서 물건을 모두 바다에 버리고 신에게 살려달라고 울부짖고 있는데 혼자서 태연하게 배 밑창에서 잠을 자는 요나를 보고는 한심하다고 생각했던 모양이다. 그래서 선장은 요나에게 '자는 자여 어찌이뇨' 라고 책망을 했다. 즉 배가 침몰할 위기에 처해서 모두 죽게 됐는데 어떻게 이렇게 태연하게 잠을 잘 수 있느냐는 뜻이다. 그리고 선장은 요나에게 '일어나 네 하나님께 구하라' 고 책망을 한다. 선장은 요나 한 사람이 더 기도한다고 해서 상황이 달라질 것은 아니지만 그래도 무슨 수라도 써 봐야지 이렇게 혼자 잠만 자고 있으면 어떻게 하느냐는 것이다. 그러나 사실은 하나님께서 선장을 통해서 잠을 자고 있는 요나를 깨우신 것이다. 때때로 하나님의 백성이 자신의 신분을 잊어버리고 죄에 빠져 있거나 침체되어 있으면 하나님을 믿지 않는 자로부터 깨어서 기도하라는 책망을 받게 된다.

본문 이해를 위한 질문

1. 요나는 하나님으로부터 어떤 명령을 받았는가?

요나는 하나님으로부터 이스라엘의 원수 나라인 니느웨에 가서 그들의 악이 하나님께 상달되었으며 그들이 곧 망하게 된다는 사실을 외치라는 명령을 받았다.

2. 하나님의 명령에 대하여 요나가 보인 반응은 무엇인가?

요나는 하나님의 명령대로 순종했다가 니느웨 사람들에게 죽을지도 모른다고 생각했고, 또 니느웨 사람들이 회개해서 용서를 받으면 더 큰일이라고 생각해서 하나님의 말씀에 불순종하기로 결심했다. 요나는 이스라엘 안에 있으면 하나님이 자꾸 말씀하실지 모르니까 아예 하나님의 말씀이 임하지 않을 것 같은 먼 다시스로 도망치기로 하였다.

3. 하나님의 말씀에 불순종해서 배를 타고 다시스로 가는 요나에게 어떤 일이 일어났는가?

갑자기 무서운 폭풍이 밀어닥쳐서 배가 거의 침몰 위기에 빠졌고, 뱃사람들이 신의 진노를 일으킨 사람을 찾기 위해서 제비를 뽑았을 때 요나가 뽑히게 되었다.

성경 강해

우리는 흔히 다른 사람들을 사랑한다고 하면서도 먼저 내 가족이나 나와 친한 사람들을 사랑한 후 여력이 있을 때 다른 사람을 사랑해야 한다고 생각합니다. 반대로 우리는 내가 좋아하지 않는 사람이나 혹은 싫어하는 사람을 위해서 수고하고 희생해야 할 때 왜 그렇게 해야 하는지 이해가 되지 않을 것입니다. 예를 들어 우리나라 사람들은 당연히 우리나라가 잘되고 우리나라가 잘살게 되었을 때 일본이나 다른 나라를 도울 수 있다고 생각하지 우리나라는 못사는데 다른 나라를 위해서 내 실력이나 노력을 바쳐야 한다면 하기가 싫을 것입니다.

이처럼 우리는 가끔 하나님의 명령인 줄 알면서도 순종하기 싫을 때가 있습니다. 우리는 지금 하고 있는 일이 너무 좋고 함께 있는 사람들이 너무 좋은데 하나님이 내가 싫어하는 사람들에게 가서 일하라고 하시면 순종하기 싫은 것입니다.

이스라엘 말기에 요나라는 선지가 있었습니다. 요나 선지 때 이스라엘은 나라가 아주 부강하고 발전하고 있었습니다. 그 반면에 이스라엘은 영적으로 심하게 병들어 있어서 얼마 있지 않으면 죽게 생겼습니다. 비유를 들자면 이스라엘은 겉으로는 아주 건강하게 보였지만 속으로는 말기암에 걸려서 죽게 될 사람과 같은 상태였습니다. 그러나 이스라엘 백성은 아무도 이런 사실을 알지 못했습니다. 이때 하나님께서는 요나 선지에게 이스라엘의 철천지원수인 니느웨라는 나라에 가서 하나님의 말씀을 전하라고 명령하셨습니다. 요나가 니느웨에 가서 전할 하나님의 말씀은 40일이 지나면 니느웨는 지진으로 무너져서 망한다는 것이었습니다.

요즘 우리는 지진이나 쓰나미로 수만 명이 일시에 목숨을 잃는 것을 텔레비전을 통해 보고 있습니다. 중국은 쓰촨 성의 지진으로 8만 명 이상이 죽은 것으로 알려지고 있습니다. 아이티는 지진으로 20만 명 이상이 건물에 깔려 죽었습니다. 일본은 쓰나미로 동북부 지방에서 수만 명이 죽고, 일본이 가장 안전하다고 자랑하던 원전이 폭발해서 방사능이 누출되는 사고까지 발생했습니다. 우리는 지금 과학이 가장 발달한 시대에 산다고 하면서도 지진이나 쓰나미가 발생하는 것을 예측하지 못하고 있습니다. 그러나 하나님께서는 그 옛날에 니느웨에 지진이 일어나기 40일 전에 요나 선지를 니느웨에 보내어서 지진이 일어날 것을 예고하게 하셨습니다.

이것을 보면 이 세상에서 일어나는 모든 재앙은 하나님이 내리시는 심판이며, 하나님의 말씀에 주의를 기울이면 얼마든지 피하거나 오지 않게 할 수 있다는 것을 알 수 있습니다. 그러나 하나님이 요나 선지에게 가라고 하신 니느웨는 이스라엘 백성에게는 원수 나라였습니다. 그리고 니느웨는 너무나도 악한 나라였고, 온 세상에 못된 짓을 많이 한 사람들이었습니다. 요나는 하나님이 그런 나라에 가서 하나님의 말씀을 전해서 그들이 멸망하지 않게 하라고 하시니까 은근히 시기심이 났습니다. 요나는 이스라엘이 부흥되는 것이 좋았고, 이스라엘에 하나님의 말씀을 전하고자 했습니다. 요나는 니느웨 같은 악하고 못된 나라 사람들은 지진을 피하지 못하고 죽는 것이 옳다고 생각했습니다. 그래서 요나 선지는 하나님의 말씀에 불순종해서 니느웨로 가지 않고 정반대되는 곳으로 도망을 쳤습니다.

그러면 하나님께서 요나같이 훌륭한 선지자를 그 악한 성 니느웨에 보내어서 회개하게 하신 이유가 무엇일까요? 그것은 이스라엘이 겉으로 보기에는 부강하고 잘사는 것 같지만 영적으로는 말기암 환자와 같아서 죽기 일보 직전이었기 때문입니다. 이스라엘이 살 수 있는 길은 하나님의 말씀을 듣는 것밖에 없었는데 하나님은 악한 성 니느웨가 회개해서 멸망당하지 않는 것을 보고 이스라엘 백성도 지금이라도 회개해서 장차 올 멸망을 피하라는 것입니다. 하나님은 악한 성 니느웨 사람들이 하나님의 말씀에 회개하는 것을 통해서 이스라엘 백성이 자존심만 버리면 얼마든지 회개해서 멸망당하지 않는다는 것을 보여 주시려는 것입니다.

요즘 우리나라는 유래를 알 수 없을 정도로 잘살고 있습니다. 많은 사람들이 우리나라 경제가 어렵고 젊은이들의 취업난이 심각하다고 하지만 그래도 우리나라는 너무나도 잘살고 있습니다. 요즘 우리나라는 전 세계에서 명품이 가장 잘 팔리는 나라로 인식되고 있고, 아파트나 자가용이나 자녀 교육에 돈 쓰는 것을 보면 잘사는 나라인 것이 틀림이 없습니다. 그러나 우리나라가 언제까지 이렇게 잘살 수 있을지는 아무도 알지 못합니다. 특히 우리는 바로 옆에 있는 일본이 쓰나미와 원전 사고로 휘청하는 것을 보면서 과연 우리나라가 언제까지 재앙 없이, 전쟁 없이 잘살 수 있을까 걱정을 하고 있습니다. 우리나라는 전쟁이 없고 재앙만 없으면 아주 살기 좋은 나라입니다. 그런데 하나님은 니느웨를 통해서 우리가 망하지 않는 방법을 가르쳐 주셨습니다. 그것은 우리가 지금 잘사는 것에 만족하지 말고 우리가 모두 니느웨 같은 죄인이라는 것을 깨닫고 하나님 앞에 회개하면 우리는 얼마든지 망하지 않을 수 있다는 것입니다.

1. 하나님이 요나에게 주신 명령

하나님은 어느 날 이스라엘의 선지자 요나에게 그가 가장 싫어하는 명령을 내리셨습니다. 그것은 요나가 가장 싫어하는 원수 나라 앗수르의 수도 니느웨에 가서 하나님의 말씀을 전하라는 것입니다.

1-2절, "여호와의 말씀이 아밋대의 아들 요나에게 임하니라 이르시되 너는 일어나 저 큰 성읍 니느웨로 가서 그것을 쳐서 외치라 그 악독이 내 앞에 상달하였음이니라 하시니라"

요나는 아밋대의 아들로, 이스라엘 말기인 여로보암 때 크게 활약하던 선지자입니다.

"이스라엘 하나님 여호와께서 그 종 가드헤벨 아밋대의 아들 선지자 요나로 하신 말씀과 같이 여로보암이 이스라엘 지경을 회복하되 하맛 어귀에서부터 아라바 바다까지 하였으니"(왕하 14:25).

하나님께서는 아밋대의 아들 요나 선지를 통해서 이스라엘이 여로보암 2세 때 나라가 아주 부강해져서 그동안 다른 나라에 빼앗기거나 억지로 빌려 주었던 땅을 전부 회복할 것이라고 하셨는데 실제로 그렇게 되었습니다. 사실 선지자들이나 목회자들이 가장 신이 날 때는 하나님의 축복을 설교하고, 또 그것이 실제로 이루어질 때입니다. 요나는 이스라엘에 하나님의 축복을 설교했고, 그 설교가 이루어져서 이스라엘은 아주 잘사는 나라가 되었습니다. 그러나 이스라엘은 겉으로 보는 것과 실제가 많이 달랐습니다. 이스라엘은 여로보암 2세 때 하나님의 축복으로 잘살게 되었지만 신앙적으로는 우상 숭배에 빠져서 거의 망하기 직전이었습니다. 사실 이스라엘 백성에게 이런 아이러니도 없을 것입니다. 이스라엘이 신앙이 거의 죽어서 망하게 되었으면 경제적으로도 어려움을 겪어야 하는데 정반대 현상이 나타나고 있었던 것입니다. 즉 신앙적으로는 거의 멸망하기 직전인데 경제적으로는 크게 부흥이 되어서 나라 땅도 다 찾고, 빚도 다 갚고 앞으로 잘살게 될 것 같은 생각이 드는 것입니다. 그래서 우리는 우리의 상태를 하나님의 말씀으로 진단하기 전까지는 바로 알 수가 없습니다.

하나님께서는 이스라엘 백성을 살리시기 위해서 일종의 극단적인 방법을 사용하기로 하셨습니다. 그것은 지금 하나님 앞에서 악할 대로 악하게 된 니느웨에 하나님의 선지자를 보내어서 하나님의 말씀을 전하게 하시는 것입니다. 그래서 니느웨 사람들이 요나 선지의 말을 듣고도 회개하지 않고 그대로 망해 버린다면 이것 자체가 이스라엘 백성에게 큰 경고가 될 것입니다. 즉 이스라엘 백성은 우리도 하나님의 말씀에 불순종하면 니느웨 같이 망할 수 있다고 생각하는 것입니다. 반면에 니느웨 사람들이 요나의 설교를 듣고 회개한다면 하나님께서 니느웨 성 사람들 같은 악한 죄인들도 회개했을 때 용서해 주셨으니까 우리도 하나님 앞에 회개하자는 마음이 드는 것입니다.

그러나 요나 선지는 감정이 있고 자기 나름대로 생각이 있는 인간이었습니다. 우선 요나 선지는 니느웨 성에 가는 것이 싫었습니다. 왜냐하면 니느웨 사람들은 모두 거만하고 공격적이고 사나워서 거기에 가서 예언을 하면 맞아 죽을 것 같았기 때문입니다. 더욱이 요나가 니느웨에 가기 싫었던 것은 요나가 니느웨에 가서 말씀을 전했을 때 그들이 듣고 회개하면 하나님이 니느웨를 살려 줄 것 같았기 때문입니다. 요나는 니느웨 같은 나라는 하나님의 진노로 망해야 옳다고 생각했습니다. 그러니까 요나는 니느웨 같은 나라는 꼭 망해야 하고, 절대로 하나님의 용서를 받아서는 안 된다고 생각한 것입니다.

가끔 하나님께서 우리에게 하기 싫어하는 것을 하라고 하시면 우리는 그 말씀에 불순종하려고 합니다. 예를 들어 하나님께서 대학에서 연구를 하거나 혹은 세상에서 사업으로 성공하고 싶어하는 사람에게 모든 것을 내려놓고 신학교에 가서 목회를 하라고 하면 순종하기 싫을 것입니다. 물론 지금은 목회에 대한 이미지나 대우가 많이 달라졌지만 옛날에는 정말 목회는 가난한 직업이었습니다.

더욱이 하나님께서 자기가 생각하지도 못했던 나라에 선교사로 가라고 하시면 과연 내가 그곳에 가야 하는지 많은 고민을 합니다. 특히 하나님께서는 우리 모든 성도들에게 원치 않는 짐을 주실 때가 있습니다. 어떤 때는 신앙이 좋지 않은 남편이 짐이 될 때도 있고 혹은 신체적으로 불편한 어른들이나 자녀들이 짐이 될 때도 있을 것입니다. 이런 경우 우리는 하나님이 나에게 이 짐을 주셨다고 해서 기뻐하기보다는 어떻게 하면 이 짐을 벗고 이 짐에서 달아날까 생각할 때가 많습니다.

요나 때 이스라엘은 경제적으로 부강할 때였습니다. 그런데 만약 이때 요나가 원수 나라 니느웨에 가서 하나님의 말씀을 전한다면 이스라엘 왕족들이나 선지자들은 요나가 원수에게 갔다고 해서 미워할 것입니다. 그리고 요나가 니느웨로 가서 니느웨가 망할 것이라고 설교하면 니느웨 사람들이 요나를 그냥 두지 않을 것입니다. 또 만약 니느웨 사람들이 요나의 설교를 듣고 회개하면 이것은 더 골치 아픈 일이었습니다. 그러나 요나나 이스라엘 백성은 하나님이 이스라엘 백성을 지극히 사랑하시기 때문에 일종의 극약 처방으로 요나를 니느웨에 보내신다는 것을 알지 못하고 있었습니다.

여기서 우리는 어떤 나라나 개인이나 회사가 무조건 잘된다고 해서 반드시 좋은 것은 아니라는 것을 알아야 합니다. 중요한 것은 그 나라나 개인이나 회사의 정신이 썩지 않아야 하는 것입니다. 얼마 전에 어느 대기업 회장이 우리 회사가 썩었다고 하면서 인정 쇄신을 하겠다고 발표한 적이 있습니다. 그 회사는 우리나라만이 아니라 전 세계에서 어마어마한 수익을 올리는 회사입니다. 그러나 조사를 해 보니까 위에 있는 사람들이 하청업체들로부터 이런저런 명목으로 부당하게 돈을 많이 받는다는 것이 드러난 것입니다. 아무리 회사가 크고 튼튼해도 돈으로 부정하게 되면 얼마 가지 않아 반드시 망하게 되어 있습니다. 왜냐하면 돈을 먹은 직원들은 회사의 물건이나 발전은 생각하지 않고 돈을 더 받아낼 생각만 하기 때문입니다.

그리고 어떤 사회가 성적으로 문란해지면 결국 그 사회는 썩어서 망하게 됩니다. 왜냐하면 그 사회의 젊은이들이나 어른들의 정신이 썩어 버리기 때문입니다. 그런데 더 중요한 것은 교회의 중심에 무엇이 있느냐 하는 것입니다. 교회의 중심에 하나님의 말씀이 있지 않고 성공이 있고, 사람들의 인기가 있고, 물질적인 욕심이 있다면 이것은 우상 숭배에 빠진 것입니다. 교회가 썩으면 세상은 살아날 수가 없습니다. 왜냐하면 교회에서 깨끗한 새 물이 세상에 흘러 나가야 세상이 깨끗해지기 때문입니다.

하나님은 요나 선지에게 이렇게 명령하셨습니다.

2절, "너는 일어나 저 큰 성읍 니느웨로 가서 그것을 쳐서 외치라 그 악독이 내 앞에 상달하였음이니라"

여기서 하나님께서 요나에게 '너는 일어나' 라고 하신 것은 지금 하고 있는 모든 일을 다 청산하라는 것입니다. 요나는 이스라엘에서 하던 일이 있었고, 또 그가 사귀고 친분을 맺고 있는 사람들이 있었을 것입니다. 그런데 하나님은 요나에게 이 모든 것을 다 청산하고 전혀 준비된 것이 없고 오히려 환난과 핍박이 기다리고 있을 니느웨로 가라고 하시는 것입니다.

사람들은 모두 실핏줄처럼 연결되어 있기 때문에 모든 것을 끊고 다른 데로 가는 것이 쉽지 않습니다. 이것은 마치 죽었다가 다시 살아나는 것과 같습니다. 우리는 하나님의 말씀에 순종하는 것이 우리 자신에게 얼마나 큰 손해인가 하는 것을 생각하게 됩니다.

그리고 하나님은 '저 큰 성 니느웨로 가라' 고 말씀하셨습니다. 이것은 니느웨가 결코 작은 성이 아닐 뿐 아니라 요나의 힘으로는 꿈쩍도 하지 않을 도시이고, 더욱이 그 악독이 하나님 앞에까지 상달되었다고 말씀하고 있습니다. 요나는 이스라엘에서는 알려진 사람이지만 니느웨에서는 전혀 유명하지도 않고, 힘도 없으며, 그들에게 전해야 하는 메시지도 그들이 망한다는 내용이었습니다. 그래서 요나가 자신의 기반이 있는 이스라엘을 떠나서 니느웨로 간다는 것은 엄청난 부담이었습니다. 요나는 자기가 니느웨에서 성공한다는 것은 상상할 수가 없었습니다. 하나님의 명령은 요나가 니느웨에서 죽어서 나오지 않으면 다행이라고 생각할 정도의 위험을 감수해야 하는 것이었습니다. 그렇기 때문에 요나는 하나님의 말씀에 죽어도 순종하기가 싫었습니다. 그러나 하나님은 요나가 '나' 라는 틀을 깨기를 원하셨고, 특히 '이스라엘' 이라는 강한 틀도 깨기를 원하셨습니다. 하나님은 요나가 하나님의 눈으로 이스라엘 사람들과 니느웨 사람들을 볼 수 있기를 원하셨습니다. 그러나 요나는 이스라엘이나 자기 자신이라는 틀을 깨고 싶지 않았습니다.

하나님께서는 요나나 이스라엘 백성에게 하나님은 그 어떤 죄인이라도 회개하면 용서해 주신다는 것을 가르쳐 주기를 원하셨습니다. 즉 만약 니느웨 같은 악당들이 회개해서 망하지 않는다면 이스라엘 백성은 얼마든지 더 망하지 않을 수 있었습니다. 우리는 하나님 앞에서 우리가 죄인인 것을 깨닫고 회개하기만 하면 얼마든지 지진이나 쓰나미나 구제역 같은 재앙을 당하지 않고 살 수 있는 것입니다. 단지 하나님의 백성이 망하는 이유는 자기들이 의인인 줄 알고 회개하지 않아서 망하는 것입니다.

2. 도망치는 요나

요나 선지는 니느웨로 가라고 하시는 하나님의 명령을 받고 엄청나게 고민을 했을 것입니다. 회사에서는 대개 본인이 가기 싫어하는 부서로 발령이 나면 회사를 그만두고 나가 버립니다. 그러면 아무리 사장이라 하더라도 사표를 내고 나가는 사람에게는 일을 시킬 수가 없습니다. 그러나 하나님의 종들은 자기가 하기 싫은 일을 시킨다고 해서 사표를 내고 도망칠 수가 없습니다. 왜냐하면 하나님은 몇 년이 지나서라도 도망친 종을 도로 잡아오셔서 그 일을 하게 하시기 때문입니다. 그 도망친 종은 그동안 숱한 고생을 하다가 나중에 인생 밑바닥에서 두 손 두 발 다 들고 하나님께 항복하게 됩니다.

요나는 니느웨로 가는 것이 싫었기 때문에 선지자직을 사표내고 먼 곳으로 도망치기로 했습니다.

3절 상, "그러나 요나가 여호와의 낯을 피하려고 일어나 다시스로 도망하려 하여 욥바로 내려갔더니 마침 다시스로 가는 배를 만난지라"

요나는 하나님의 말씀에 불순종하여 다른 곳으로 도망치기로 했습니다.

여기서 우리가 알게 되는 것은 요나가 하나님의 뜻에 불순종하면서 하나님의 존전이 부담스러워지기 시작했다는 것입니다. '요나가 여호와의 낯을 피하려고' 했다고 말씀하고 있습니다. 여기서 중요한 것은 과연 요나에게 있어서 '여호와의 낯'이 무엇이었는가 하는 것입니다. 아마도 요나는 선지자였기 때문에 하나님의 말씀을 받는 장소가 있었던 것 같습니다. 즉 요나가 하나님께 기도하기도 하고 하나님의 말씀을 받는 특별한 장소가 있었을 것입니다. 그러나 요나가 어느 날 하나님의 말씀보다 자기 생각을 더 중요하게 생각하여 하나님의 뜻을 피하기로 결정했을 때 요나는 하나님의 말씀을 들으며 은혜 받는 시간이 굉장히 부담스러워졌던 것입니다. 왜냐하면 하나님께서 요나에게 말씀하실 때마다 "너는 언제 니느웨로 갈 것이냐?"라고 물으시든지, 아니면 "너는 왜 자꾸 미적거리고 있느냐?"라고 책망하실 것 같아서 요나는 하나님의 말씀을 듣는 것을 두려워했던 것입니다. 그러나 선지자에게 하나님의 말씀이 임하는 것은 반드시 어떤 특정 장소에서만 임하는 것이 아니었기 때문에 요나는 아예 하나님의 말씀이 임하지 않을 것 같은 곳으로 도망치기로 하였습니다. 요나는 자기가 지중해 끝에 있는 다시스로 도망치면 하나님의 말씀이 임하지 않을 것이라고 생각해서 아주 먼 다시스로 가기로 결정했습니다.

우리는 우선 하나님의 백성에게 무엇이 부담이 되는가 하는 것을 생각해 볼 필요가 있습니다. 예수님은 베드로에게 말씀하시기를, '네가 젊었을 때에는 스스로 띠를 띠고 네가 원하는 곳으로 다녔지만 늙어서는 다른 사람이 네게 띠를 띠우고 네가 원치 않는 곳으로 데려가리라' (요 21:18)고 하셨습니다.

우리가 하나님의 은혜를 받기 전에는 아직 하나님에게 매이지 않았기 때문에 이 세상에서 하고 싶은 것을 얼마든지 하면서 살아갈 수 있습니다. 우리는 대개 이때 길을 찾느라고 방황하면서 살아갈 때가 많습니다. 그런데 우리가 하나님의 은혜를 받는 순간 우리는 하나님의 손에 붙잡힌 것이고,

그때부터 우리는 하나님의 말씀을 떠날 수가 없습니다. 왜냐하면 우리에게 하나님의 말씀은 양식이고 생명이기 때문입니다. 우리가 은혜 받고 난 후에는 옛날처럼 먼 곳을 방황하면서 돌아다니고 싶어도 하나님의 말씀 때문에 그렇게 할 수가 없습니다. 이제 우리는 하나님 안에서 새 길을 찾아야 하는 것입니다. 그런데 우리는 계속 하나님의 말씀을 붙들고 가기가 너무나도 어렵습니다. 왜냐하면 이 세상에는 좋은 것들이 너무 많고, 지금 당장이라도 세상으로 달려가면 성공할 수 있을 것 같기 때문입니다. 더욱이 사람은 변화를 좋아하고 변덕이 죽 끓듯 합니다. 그러나 우리가 하나님의 말씀을 붙든 다음에는 오직 하나의 우물, 곧 하나님의 말씀의 우물을 파야 합니다. 이것이 어떤 때에는 너무 답답한 것 같고 시간만 낭비하는 것처럼 느껴집니다. 그러나 우리가 하나님의 말씀을 듣고 하나님의 말씀 속을 파고들어 가는 그곳이 바로 여호와의 낯인 것입니다. 우리가 하나님의 말씀의 광맥을 찾았으면 이것을 끝까지 지켜야 합니다. 왜냐하면 이 하나님의 말씀의 광맥을 통해서 모든 축복이 만들어지기 때문입니다.

그러나 많은 하나님의 종들은 하나님의 말씀은 재미가 없기 때문에 세상 것을 찾아서 변덕을 부립니다. 그러면 자기도 모르는 사이에 하나님의 부흥의 불길은 꺼지게 됩니다.

오늘 우리 믿는 자들이 가장 잘 속는 것이, 이 세상 많은 사람들 중에서나 한 사람 죄짓는 것을 하나님이 알고 계실까 하는 것입니다. 이때 마귀는 우리의 귀에 속삭이기를, 하나님은 절대로 우리를 모르실 것이라고 합니다. 그러나 유감스럽게도 하나님은 우리 한 사람 한 사람이 하는 것을 모두 알고 계십니다. 단지 하나님은 우리의 연약함을 아시기 때문에 우리가 스스로 정신을 차리고 하나님을 찾기를 기다리시는 것입니다. 그러나 우리가 이 세상 어느 곳으로 가더라도 하나님이 보시지 않는 곳은 없습니다. 하나님은 이 세상 모든 사람들이 하는 것을 다 보고 계실 뿐 아니라, 특히 하나님의 자녀들이 하는 것을 지켜보고 계십니다.

그러나 우리가 하나님의 말씀을 피하여 도망치다가 만나는 하나님의 낯은 진노하시는 하나님의 얼굴입니다. 하지만 우리가 하나님의 말씀을 통해서 만나는 하나님의 낯은 사랑의 하나님이요, 축복의 하나님입니다.

요나는 당시 이스라엘에서 가장 먼 곳에 있는 지중해 반대쪽 다시스로 가기로 했습니다. 이때 이스라엘에서 현재의 스페인에 해당하는 다시스까지 가는 배가 있었던 것을 보면 당시 이스라엘의 무역이 얼마나 활발했는지 알 수 있습니다. 아마 당시 다시스는 새로 개발되기 시작한 식민지였던 것 같고, 사람들마다 다시스로 가서 무엇인가 새로운 일을 하면 부자가 될 수 있을 것이라고 말을 했던 것 같습니다. 그래서 요나는 기왕 도망치려면 '하나님께서 나를 찾지 못하시도록 먼 다시스로 가야 되겠다' 고 생각했습니다.

여기서 우리는 요나가 하나님의 말씀이나 선지자의 사명을 팽개치고 가능한 한 하나님으로부터 멀리 도망치려고 하는 것을 볼 수 있습니다. 요나에게 하나님의 말씀은 그만큼 부담스러웠고 하나님의 사명을 그만큼 순종하기 싫었던 것입니다. 아마 요나는 하나님의 뜻을 피하여 도망치면서 내내 가슴이 두근거렸을 것입니다. 왜냐하면 요나는 자기가 도망치는 것을 하나님이 분명히 보고 계신다는 것을 알고 있었기 때문입니다. 아마 요나는 배를 타러 가는 동안 하늘을 쳐다보지 않고 고개를 푹 숙이고 갔을 것입니다. 왜냐하면 혹시라도 요나가 고개를 쳐들었다가 하나님과 눈이 마주치면 안 되기 때문입니다. 아마도 요나는 하나님보다도 다른 사람의 눈을 더 의식했을지 모릅니다.

그러나 다행히 아무도 요나를 알아보지 못했을 뿐 아니라 마침 다시스로 가는 배를 만날 수 있었습니다. 그래서 요나는 다시스로 가기 위해서 뱃삯을 지불하고 배에 올라타는 데 성공했습니다.

3절 하, "여호와의 낯을 피하여 함께 다시스로 가려고 선가를 주고 배에 올랐더라"

일단 요나가 하나님으로부터 도망치는 것은 순조로웠던 것 같습니다. 왜냐하면 요나는 욥바로 순조롭게 내려갔고, 또 다시스로 가는 배를 순조롭게 만났으며, 배를 타는 데 전혀 어려움이 없었기 때문입니다. 그러나 하나님으로부터 도망치는 데 순조로운 것은 결코 순조로운 것이 아닙니다. 왜냐하면 하나님은 다 아시면서 그냥 지켜보고 계시는 것뿐이기 때문입니다. 그러다가 하나님의 손에 한번 걸려들면 그때는 인정사정이 없게 됩니다. 그래서 우리 같으면 다시스로 가는 길이 몇 번에 걸쳐서 막히는 것이 좋습니다.

여기에 보면 요나가 다시스로 가려고 선가를 주고 배에 올랐다고 했습니다. 즉 요나가 하나님으로부터 도망칠 수 있었던 것은 돈이 있었기 때문입니다. 만약 요나에게 돈이 없었더라면 그 먼 다시스로 도망칠 생각을 하지 못했을 것입니다. 그래서 우리는 일단 돈이 없는 것이 하나님의 뜻을 나타낼 때가 많습니다. 대개 죄를 짓는 것은 돈이 있기 때문입니다.

3. 하나님의 진노

요나는 하나님의 말씀을 거역하고 무사히 다시스로 가는 배에 타고서는 하나님을 속이는 데 성공했다고 생각한 것 같습니다. 더욱이 요나는 혹시라도 자기가 배 갑판이나 선실에 있으면 다른 사람이 자기를 알아보거나 혹시 자기 마음에 양심의 가책이 생길까 봐 아예 배 밑층으로 내려가서 깊은 잠에 빠졌습니다.

대개 부모님이 자녀들에게 휴대폰을 사주는 것은 급할 때를 대비해서입니다. 그런데 아이들은 부모님이 원치 않는 곳에 갔을 때에는 일부러 휴대폰을 꺼 놓습니다. 그러면 부모님이 아무리 전화를 해도 "전원이 꺼져 있어 음성사서함으로 연결되며 삐 소리 후 통화료가 부과됩니다."라는 소리만 나오는 것입니다. 그러면 부모님은 한편으로는 일부러 전화를 받지 않는다고 생각하여 화가 나기도 하지만, 다른 한편으로는 혹시나 잘못되지는 않았는지 걱정을 합니다. 요나도 하나님이 자기를 찾지 못하도록 배 밑층에 들어가서 아예 귀까지 틀어막고 잠에 빠져 있었습니다.

그러나 하나님은 하나님의 말씀에 불순종하고 도망치는 요나에게 진노하셨습니다. 하나님께서 요나가 욥바로 내려가고, 또 다시스로 가는 배를 타고 이스라엘을 떠나는 동안 가만히 계셨던 것은 요나가 알아서 회개하기를 기다리셨던 것입니다. 그러나 요나는 하나님으로부터 도망치기로 결심을 했고, 결국 하나님은 무서운 폭풍을 준비하셨습니다.

4절, "여호와께서 대풍을 바다 위에 내리시매 바다 가운데 폭풍이 대작하여 배가 거의 깨어지게 된지라"

요나는 배를 타고 무사히 이스라엘을 탈출하였으므로 하나님으로부터 도망치는 데 성공했다고 생각했습니다. 그러나 하나님은 도망치는 선지자를 무시무시한 태풍으로 막으셨습니다.

옛날이나 지금이나 지중해에는 가끔 무시무시한 태풍이 불어닥칩니다. 이런 태풍은 한번 불면 보름씩 밤낮없이 불어대기 때문에 아무리 큰 배라 하더라도 자칫하면 다 가라앉고 맙니다.

사람들은 하나님은 손이 없다고 생각하기 쉽습니다. 그러나 하나님은 많은 손을 가지고 계시고, 많은 손을 사용하십니다. 하나님께서 주로 사용하시는 손은 폭풍이나 지진 같은 것입니다. 하나님께서는 전쟁도 자주 그의 손으로 사용하십니다. 특히 하나님께서는 사랑하는 자녀가 불순종할 때 처음에는 가만 두고 보십니다. 그러다가 정도를 벗어나서 끝까지 고집을 부리면 그때에는 매로 때리십니다. 그런데 하나님이 때리시는 매는 이만저만 아픈 것이 아닙니다. 하나님께서 우리를 징계하시는 것은 인간이 욕하거나 매로 때리는 것과는 비교가 되지 않습니다. 하나님이 우리를 때리실 때는 거의 죽도록 때리십니다. 그러고 나면 절대로 하나님의 말씀에 불순종할 생각을 하지 않게 되는 것입니다.

요나는 하나님을 피하여 숨으면 하나님은 아무것도 하실 수 없을 것이라고 생각했습니다. 그러나 하나님은 도망치는 선지자를 붙잡기 위해서 무시무시한 태풍을 준비하셨습니다. 그런데 이 태풍이 얼마나 무서운 태풍이었는지 선원들이 모두 벌벌 떨었습니다.

5절, "사공이 두려워하여 각각 자기의 신을 부르고 또 배를 가볍게 하려고 그 가운데 물건을 바다에 던지니라 그러나 요나는 배 밑층에 내려가서 누워 깊이 잠이 든지라"

아마 그 배에 탄 사람들은 모두 장사를 해서 돈을 많이 벌 생각을 했을 것입니다. 그런데 갑자기 하늘이 캄캄해지더니 폭풍이 밀어닥치기 시작하는데 이것은 쉽게 그칠 태풍이 아니었습니다. 선원들은 태풍으로 배가 깨어지려고 하자 배에 싣고 있던 물건들을 모두 바다에 버렸습니다. 사람들은 물건이 아무리 아까워도 목숨보다 귀하지는 않으니까 그 아까운 물건들을 모두 바다에 버렸습니다. 그럼에도 불구하고 태풍이 잔잔해지지 않으니까 모두 자기들의 신을 부르면서 태풍을 잔잔케 해 달라고 기도했습니다. 그러나 이때 요나는 배 밑층에서 무슨 일이 일어나는지도 모르고 잠만 자고 있었습니다. 요나는 모든 것을 잊어버리고 자포자기 상태에서 현실에서 도피하려고 했던 것입니다. 그러나 하나님은 요나를 잡아내셨습니다.

6절, "선장이 나아가서 그에게 이르되 자는 자여 어찜이뇨 일어나서 네 하나님께 구하라 혹시 하나님이 우리를 생각하사 망하지 않게 하시리라 하니라"

선장은 무서운 태풍 속에서 이리 뛰고 저리 뛰다가 어떤 물건을 가지러 가기 위해서 배 밑층으로 내려갔던 것 같습니다. 그런데 지금 배 위에 있는 사람들은 전부 죽는다고 난리를 치고 있는데 배 밑층에는 세상 모르고 잠을 자는 사람이 있었습니다. 선장은 태평하게 잠들어 있는 요나를 보고는 너무나도 화가 나서 그를 질책했습니다. 그는 요나에게 "자는 자여 어찜이뇨 일어나서 네 하나님께 구하라"라고 했습니다. 이것은 바로 하나님께서 잠자는 선지자를 이방인 선장을 통해서 깨우시는 것입니다. 그리고 더 부끄러운 것은, 선장이 하나님의 선지자에게 기도 좀 하라고 책망을 하는 것입니다. 지금 배에 탄 사람들은 모두 바다에 빠져 죽을까 봐 자기들의 신에게 기도하고 있는데 어떻게 당신 같은 유대 인이 기도도 하지 않고 잠만 자고 있느냐고 책망하는 것입니다. 이것은 선장이 그냥 하는 말이 아니고 하나님이 선장에게 시켜서 선지자를 책망하시는 것입니다. 하나님은 발람 선지자가 돈에 팔려서 이스라엘 백성을 저주하러 모압 왕에게 갈 때에도 나귀를 시켜 선지자를 책망하게 하셨습니다.

전에 어떤 분이 이럴 수도 없고 저럴 수도 없는 어려운 일에 부딪혔습니다. 그런데 그분의 친구가 예수를 믿지 않는데도 불구하고 "네가 할 일은 기도하는 일이야."라고 하더라는 것입니다. 세상 사람들도 위급할 때에는 신의 도움을 받을까 해서 기도를 하려고 합니다. 그러나 그들의 기도는 제대로 된 기도가 아닙니다. 우리가 하나님의 말씀을 붙들고 기도해야 하나님은 들어주십니다.

하나님의 말씀을 버리고 도망치는 요나는 기도할 용기도 잃었는데 이방인인 선장이 그래도 기도해 주라고 책망을 했습니다. 세상은 우리가 기도하기를 원합니다. 우리는 하나님 앞에서 여전히 죄인입니다. 우리는 나에게 주어진 십자가에서 도망치지 말고, 내가 여기 있사오니 감당할 용기를 달라고 기도합시다.

성경 토의

1. 하나님께서 요나에게 원수의 나라인 니느웨에 가서 하나님의 말씀을 전하라고 하신 이유가 무엇인가?

2. 우리는 때때로 하나님의 뜻과 내 의지가 충돌할 때 어떤 식으로 타협을 하려고 하는가?

3. 나는 때때로 하나님의 백성이나 성도의 자격을 잊어버리고 세상 재미에 빠졌다가 믿지 않는 자들로부터 정신을 차리라는 책망을 듣는 경우는 없는가?

02_나를 바다에 던지라

요나 1:7-17

전체적 설명 요나는 자신이 하나님의 명령을 거역하고 하나님의 말씀이 들리지 않는 먼 곳으로 도망을 치면 하나님도 별 수 없어서 그냥 넘어가실 것이라고 생각했다. 그리고 요나가 다시스로 도망치려는 계획은 성공하는 것 같았다. 그러나 요나가 탄 배는 항해한 지 얼마 되지 않아서 무시무시한 폭풍을 만나 거의 파선하게 되었지만 요나는 그것을 알지 못하고 배 밑창에서 잠을 자고 있었다. 그러나 요나는 우연히 배 밑창에 온 선장에 의해서 발각되고 결국 배에서 이 풍랑이 일어나게 한 책임자를 찾는 제비에 뽑히게 됨으로 요나는 이 모든 일을 하신 분이 하나님이신 것을 깨닫게 되었다. 요나는 모든 사람들 앞에서 자기가 하나님의 명령에 불순종하고 도망을 쳤기 때문에 이 무서운 풍랑이 일어난 것임을 설명하고 모든 책임이 자신에게 있다고 고백하였다. 그러나 배에 탄 사람들은 겨우 하나님의 명령에 거역했다고 해서 사람이 죽어야 하는 것을 이해하지 못해서 할 수만 있으면 요나를 살려 보려고 했지만 풍랑은 점점 더 강해졌다. 사람들은 결국 요나의 말대로 요나를 바다에 던졌고, 그 순간 무서운 풍랑이 잔잔하게 되었다. 이때 비로소 배에 탄 사람들은 요나의 말이 모두 사실이라는 것을 깨닫고 이스라엘의 하나님을 두려워하게 되었다. 하나님은 자신의 말씀을 거역하고 도망치는 선지자를 아무것도 하지 못하고 보기만 하시는 하나님이 아니라 하늘과 바다를 움직여서 징계하시는 능력의 하나님인 것이다.

설교 프리노트

7절, "우리가 제비를 뽑아 이 재앙이 누구로 인하여 우리에게 임하였나"

옛날에 배를 타는 사람들 사이에 미신 행위가 성행했기 때문에 항해하던 중에 갑자기 큰 풍랑이 일어나면 바다의 신을 진노하게 하는 죄를 지은 사람이 배에 탔다고 생각했다. 그래서 뱃사람들은 살아 있는 사람을 바다에 던져 바다의 신을 달래기 위해 제비를 뽑았다. 그러나 이번에는 선원들이 죄를 지은 사람을 찾기 위해서 제비를 뽑는 일 자체도 하나님께서 시키신 것이었다. 물론 요나가 탄 배에는 요나보다 더 큰 죄를 지은 사람도 있었을 테지만 요나가 제비에 뽑혔다. 이것은 하나님께서 요나의 죄를 모든 사람들 앞에 고백하게 하심으로 자신이 하나님의 손에 붙들린 죄인이며 이제는 하나님 앞에서 죽을 수밖에 없는 죄인이라는 것을 깨닫게 하시는 것이다. 하나님의 종이 하나님의 말씀을 거역하고 도망친 것은 마땅히 죽을 수밖에 없는 무서운 죄이다. 요나는 무섭게 몰아치는 풍랑과 자기가 제비에 뽑힌 것을 보고 자신의 불순종에 대하여 하나님께서 진노하신다는 것을 깨닫게 되었다.

8절, "청컨대 이 재앙이 무슨 연고로 우리에게 임하였는가 고하라"

사람들은 요나가 제비에 뽑힌 것을 보고 그가 아주 무서운 살인죄나 신성 모독죄를 저지르고 도망치는 줄로 생각했던 것 같다. 그래서 사람들은 요나에게 도대체 네가 무슨 죄를 지었기에 이 무서운 재앙이 내렸는지 자백하라고 하였다. 사람들은 우선 요나에 대하여 그가 하는 일은 무엇이며, 어느 민족에 속하였는지, 어느 나라 백성인지 말하라고 하였다. 이제 요나는 모든 사람들 앞에서 자신의 정체를 말하지 않을 수 없게 되었다.

9절, "나는 히브리 사람이요 바다와 육지를 지으신 하늘의 하나님 여호와를 경외하는 자로라"

아마 다른 때에 요나가 자기는 바다와 육지를 만드신 하늘의 하나님을 믿는 자라고 말을 했더라면 사람들은 요나를 신통치 않게 생각했을 것이다. 그러나 지금 무시무시한 폭풍 앞에 배가 다 깨어지고 사람들이 다 죽게 된 상황에서 요나가 바다와 육지를 만드신 여호와 하나님을 믿는 자라고 말을 했을 때 그 말이 던지는 의미는 엄청나게 큰 것이었다. 즉 요나는 사람들에게 지금 이 무서운 재앙을 내리신 분이 자기가 믿는 하나님이며, 하나님은 원하시기만 하면 얼마든지 그들을 살릴 수 있는 분이라는 것을 말하고 있는 것이다. 우리는 사실 하나님을 믿는다고 하면서도 하나님이 얼마나 크고 능력이 있는 분이라는 것을 믿지 못할 때가 많다. 그러나 우리가 믿는 하나님은 사람을 살리기도 하시고 죽이기도 하시며, 성난 파도나 바다를 잔잔케 할 수 있는 능력을 가지신 오직 하나밖에 없는 하나님이시다.

10절, "자기가 여호와의 낯을 피함인 줄을"

요나는 이 무서운 폭풍이 자기가 하나님의 말씀을 거역하고 도망친 결과인 것을 알았다. 요나는 자기가 하나님 몰래 먼 곳으로 도망치면 하나님을 속일 수 있을 것이라고 생각했지만 하나님은 요나를 무시무시한 태풍으로 잡으신 것이다. 이제 요나는 하나님의 손에 붙들린 죄인이 되었으며, 그는 하나님의 손에 죽을 수밖에 없는 처지였다. 사람들은 요나가 제비에 뽑힌 것을 보고 무시무시한 죄를 저지르고 도망치는 줄 알았는데 알고 보니까 신의 명령을 거역하고 도망치다가 이런 일이 일어난 것을 알고는 하나님을 더 두려워하게 되었다. 그러나 이방인들은 신의 명령을 거역하는 것은 큰 죄라고 생각하지 않았기 때문에 할 수 있으면 요나를 살리려고 하였다.

12절, "나를 들어 바다에 던지라"

사람들은 제비를 뽑는 것을 통해서, 또 요나의 고백을 통해서 요나가 이 모든 재앙의 원인이라는 것을 알았지만 감히 요나를 바다에 던지지 못했다. 선원이나 배에 탄 사람들은 요나가 비록 하나님의 명령을 거역했다고 하지만 하나님의 종이기 때문에 괜히 하나님의 종을 바다에 던져서 죽였다가 하나님의 더 큰 진노를 살까 봐 두려웠던 것이다. 그러고 있는 동안에 바다는 더 미친 듯이 날뛰었다. 그러나 요나는 사람들에게 자기를 바다에 던지라고 하였다. 그 이유는 자기가 하나님의 말씀에 불순종한 것이 다른 죄인들과 마찬가지로 마땅히 죽을 수밖에 없는 죄였고, 오히려 더 무서운 죄라는 것을 알았기 때문이다. 요나는 이제 자기가 하나님의 손에 붙들렸고 죽은 목숨이라는 것을 알게 되었다.

13절, "그러나 그 사람들이 힘써 노를 저어"

요나는 비록 죄인으로 제비에 뽑혔지만 배에 탄 사람들에게는 인정을 받았던 것 같다. 그래서 사람들은 요나가 제비에 뽑힌 후에도 당장 바다에 던지지 못하고 가능한 한 요나를 살리기 위해 배를 육지로 돌리려고 애를 썼다. 요나는 갑자기 배에 탄 사람들에게 인기 있는 사람이 되었다.

14절, "무리가 여호와께 부르짖어 가로되"

폭풍을 만나기 전까지만 해도 배에 탄 사람들은 하나님을 모르던 자들이 대다수였지만 폭풍을 만나고 요나의 말을 들은 후 그들은 하나님께 기도하는 사람들이 되었다. 우리가 하나님을 알게 되었을 때 가장 먼저 하는 것이 하나님께 기도하는 것이다. 배에 탄 사람들은 하나님의 선지자를 바다에 던지는 것을 아주 두려워하였다. 그러나 배에 탄 사람들은 다른 방법으로는 도저히 성난 바다를 잔잔케 할 수 없다는 것을 알게 되었을 때 요나의 피를 자기들에게 돌리지 말아 달라고 기도를 드렸다.

15절, "요나를 들어 바다에 던지매 바다의 뛰노는 것이 곧 그친지라"

배에 탄 사람들은 요나의 말대로 요나를 바다에 던졌는데 놀랍게도 바다가 잔잔해지는 것을 보고 더욱더 하나님을 두려워하게 되었다. 그들은 바다에 갑자기 큰 바람이 일고 요나가 제비에 뽑힌 것이 모두 우연히 된 것이 아니라 하나님이 하신 것임을 분명히 알게 된 것이다. 그래서 사람들은 여호와께 제물을 드리고 서원까지 하였다. 아마 사람들은 배에 있는 물건이나 가축들을 바다에 모두 던졌기 때문에 가진 것이 많지 않았을 것이다. 그러나 배에 탄 사람들은 나름대로 하나님께 예물을 드리고 이후로는 다른 신을 믿지 않기로 약속을 한 것이다.

17절, "여호와께서 이미 큰 물고기를 예비하사"

요나가 바다에 던져진 것으로 모든 것이 끝난 것이 아니었다. 하나님은 이미 그 바다에 큰 물고기를 준비해 놓으셨다. 아마 그 물고기는 고래 종류일 것이다. 왜냐하면 상어 같으면 날카로운 이빨 때문에 요나가 죽었을 것이기 때문이다. 사람들은 고래는 목구멍이 좁아서 사람을 삼킬 수 없다고 말을 하지만 고래는 우리가 생각하는 것보다 종류가 많기 때문에 얼마든지 큰 고래가 요나를 삼킬 수 있었을 것이다. 큰 물고기는 요나가 바다에 떨어지자 먹이인 줄 알고 요나를 덥석 삼켰다.

"요나가 삼일 삼야를 물고기 배에 있으니라"

요나가 있었던 물고기 배 속은 결코 넓은 방이 아니었다. 아마도 물고기 배 속은 요나가 꼼짝 못 할 정도로 좁은 공간이었을 것이며, 공기도 희박했을 것이다. 그리고 빛도 없어 캄캄하고, 엄청난 악취를 풍기고 있었을 것이다. 요나는 공기가 희박한 그 공간에서 죽음의 공포를 느끼면서 만 3일을 살아 있어야만 했다.

본문 이해를 위한 질문

1. 사람들은 폭풍으로 배가 파선하려고 하자 무엇을 하였는가?

배에 탄 사람들은 과연 누가 죄를 지었기에 신의 진노를 사서 폭풍이 오게 되었는지 밝혀 내고자 제비를 뽑았는데 요나가 그 제비에 뽑혔다. 하나님께서는 믿지 않는 사람들의 미신적인 방법을 통해서도 자신의 뜻을 나타내셨다.

2. 사람들은 요나를 통해서 무엇을 알게 되었는가?

사람들은 요나를 통해서 요나가 믿는 하나님이 바다와 육지를 만드신 하나님이며, 요나가 하나님의 말씀을 거역하고 도망쳤기 때문에 이 무서운 바람이 일어난 것을 알게 되었다.

3. 사람들이 요나를 바다에 던졌을 때 어떤 일이 일어났는가?

요나의 말대로 바다는 잔잔해졌고, 사람들은 더 여호와를 두려워하게 되었다. 그리고 요나는 지중해 속에서 죽지 않고 큰 물고기에게 삼켜져서 만 3일을 살아 있게 되었다.

성경 강해

얼마 전에 초등학교 6학년 여자 어린이가 동화책을 써서 화제가 된 적이 있습니다. 미국 명문 대학에 유학을 갔다가 급성 바이러스에 감염되어서 죽은 오빠를 잃은 뒤 그 슬픔을 극복해 가는 과정을 그린 것입니다. 사막에 여우 가족이 살고 있었는데 새끼 여우가 죽자 가족이 장례를 치르며 그리워하는 내용입니다. 이 초등학생 여자 아이는 오빠를 잃은 것은 슬프지만 언제까지나 슬퍼할 수만은 없다고 했습니다. 그리고 다음에 글을 쓴다면 그런 슬픈 내용보다는 밝고 기쁜 내용의 글을 쓰고 싶다고 했습니다. 이런 것을 보고 요즘 어린이들이 어린이답지 않게 얼마나 조숙한지 기특한 생각이 들었습니다.

제가 처음 우리 교회에 부임해서 심방을 했을 때 한 분이 저에게 자신이 쓴 책을 한 권 주셨습니다. 그 책은 미국에서 가족이 호수로 소풍을 가서 수영을 하다가 사랑하는 큰아들이 심장마비로 물에 빠져 죽었을 때 어머니의 비통한 마음을 책으로 쓴 것이었습니다. 그 책을 읽은 후 아들을 잃은 어머니의 비통함을 느낄 수가 있었습니다.

우리는 이 세상을 살다 보면 생각하지 못했던 어려운 일들과 맞닥뜨릴 때가 있습니다. 물론 우리는 막상 나 자신에게 이런 일이 닥치면 대개 정신을 차리지 못합니다. 그럴 때 하나님을 믿지 않는 자들은 '나는 왜 이렇게 불행한 운명을 가지고 태어났는가?' 라고 생각할 것이고, 하나님을 믿는 사람들도 '왜 하나님은 나를 사랑하시지 않고 이렇게 비참한 상황에 처하게 하실까?' 라고 생각할 것입니다.

그러나 우리는 그 가운데서도 반드시 이 두 가지를 생각해 보아야 합니다. 즉 하나는 나에게 닥친 이 일이 과연 우연일까, 아니면 하나님이 주신 것인가 하는 것입니다. 그리고 또 한 가지는 만약 이것이 하나님이 주신 것이라면 하나님이 나의 죄에 대하여 징계하시는 것인가, 아니면 나의 믿음을 연단하시는 것인가 하는 것입니다. 만약 나에게 닥친 어려움이 하나님이 나의 죄에 대하여 진노하시는 것이라면 우리는 죄를 버리고 회개하면 살 수 있습니다. 반면에 만약 나에게 닥친 어려움이 하나님이 주시는 믿음의 연단이라면 참고 견디면 됩니다.

요나는 이스라엘 말기에 활동한 유명한 선지자였습니다. 요나가 선지자로 있을 때 이스라엘은 마침 경제적으로 부흥이 일어나면서 나라가 한창 발전할 때였습니다. 이때 하나님은 갑자기 요나에게 이스라엘이 가장 미워하는 원수의 나라 니느웨에 가서 하나님의 말씀을 전하라고 하셨습니다. 그러나 요나는 니느웨 사람들에게 가는 것 자체가 싫었고, 더욱이 니느웨 사람들이 하나님의 말씀을 듣고 회개하는 것이 너무나도 싫었습니다. 그래서 요나는 하나님을 피해서 다시스로 도망치기 위해서 배를 타고 먼 여행을 떠났습니다. 그러나 하나님께서는 지중해에 아주 무서운 태풍을 불게 하셨고, 요나가 탄 배는 거의 물에 빠지게 되었습니다. 이때 요나는 배 밑창에서 이런 사실도 모르고 잠을 자고 있다가 선장에게 발각되어서 배 위로 불려 올라왔습니다.

요나가 배 위로 올라와 보니까 바다의 물결은 미친 듯이 날뛰고 있었고, 배는 침몰 위기에 처해 있었습니다. 그리고 배에 탄 사람들은 죽지 않기 위해서 모두 열심히 자기가 믿는 신에게 기도를 드리고 있었습니다. 이때 요나는 이 큰 태풍을 보고 이 태풍은 우연히 분 것인가, 아니면 내가 하나님의 말씀을 거역하고 도망치는 것에 대한 하나님의 진노인가 하는 것을 생각했을 것입니다.

1. 제비 뽑는 사람들

다시스로 가는 배를 탄 사람들은 일단 살기 위해서 많은 노력을 했습니다. 즉 그들은 배에 실은 물건들을 바다에 던졌고, 신의 노여움을 달래기 위해서 열심히 기도했습니다. 그러나 바다는 조금도 잔잔해지지 않고 배와 사람들을 모두 삼키려고 했습니다. 이때 배에 탄 사람들은 미신적인 생각을 하게 되었습니다. 즉 바다가 이 정도로 화를 내고 미친 듯이 날뛸 때에는 분명히 배에 탄 사람들 중에 무서운 죄를 짓고 도망치는 사람이 있다고 생각한 것입니다. 그래서 사람들은 제비를 뽑아서 이 무서운 태풍이 오게 한 죄인을 찾아내기로 했습니다.

아마 요나 선지도 무서운 풍랑이 치는 것을 보고 즉시 하나님의 진노를 생각했을 것입니다. 그러나 요나는 이것이 혹시 우연일지도 모른다는 생각으로 사람들 앞에 자신의 죄를 노출시키지 않았습니다.

그래서 사람들은 이제 제비를 뽑아서 무서운 풍랑이 오게 한 죄인을 찾기로 했습니다.

7절, "그들이 서로 이르되 자 우리가 제비를 뽑아 이 재앙이 누구로 인하여 우리에게 임하였나 알자 하고 곧 제비를 뽑으니 제비가 요나에게 당한지라"

원래 선원들은 예측이 불가능한 바다를 항해해야 하기 때문에 미신을 철저하게 믿었습니다. 사람들은 도저히 미래를 예측할 수 없는 일을 할 때 미신을 믿습니다. 프로 야구 선수들 중에도 속옷을 갈아입지 않는다든지 혹은 수염을 깎지 않는 선수들이 많이 있다고 합니다.

배를 타는 선원들은 이 정도로 바다가 화를 내고 심한 바람이 부는 것은 분명히 배를 탄 사람들 중에 무서운 죄를 짓고 도망치는 범죄자가 있기 때문이라고 생각했습니다. 그래서 선원들은 제비를 뽑아서 이 큰 풍랑이 일어나게 한 범죄자를 찾기로 했습니다.

그러나 하나님께서는 이방인들의 이 무지한 미신을 사용하셔서 요나가 제비에 뽑히게 하셨습니다. 아마 그 배에 탄 사람들은 누구든지 이 제비에 걸리면 이유를 막론하고 죽어야 한다는 것을 알았을 것입니다. 그래서 사람들은 제비를 믿지는 않았지만 자기가 제비에서 뽑히지 않은 것에 대해 크게 안심을 했을 것입니다.

요즘 텔레비전에서 서바이벌 게임 같은 것을 하는데 제비에 뽑힌 사람을 한 명씩 탈락시킵니다. 이때 사람들은 제비를 뽑기 전에 얼마나 긴장을 하는지 모릅니다. 그리고 자기가 제비에 뽑히지 않으면 너무나도 기뻐서 감격해합니다. 그러나 요나의 배에서 이루어지는 제비뽑기는 단순한 탈락이 아니라 바다에 던져지는 죽음의 제비였던 것입니다.

그러나 때때로 하나님께서는 점이나 제비를 맞게 하실 때가 있습니다. 하나님은 그렇게 해서라도 깨닫지 못하는 자들을 깨닫게 하시고, 하나님이 맡기신 책임을 피하려고 하는 자에게 책임을 다하게 하십니다.

나중에 바벨론 왕 느부갓네살이 팔레스타인 지역을 침공할 때 어디를 침공할지 몰라서 짐승의 간을 꺼내어서 점을 칩니다. 그런데 유감스럽게도 그 점에서 예루살렘이 나오는 바람에 예루살렘은 바벨론 공격으로 함락을 당합니다.

요나가 하나님을 피해서 도망쳤을 때 하나님께서는 도망치는 요나를 붙잡기 위해서 바람과 바다를 사용하셨고, 배 밑층에 숨어서 잠을 자는 요나를 찾아내기 위해서는 선장을 이용하셨습니다. 그리고 이번에는 하나님께서 모든 사람들 앞에서 요나가 자기 죄를 깨닫도록 하기 위해서 제비에 뽑히게 하셨습니다. 아마 이때까지만 해도 요나는 태풍이 분 것에 대하여 정말 하나님의 역사인지 우연인지 반신반의했을 것입니다. 그러나 요나는 배에 탄 그 많은 사람들 중에서 자기가 제비에 뽑힌 것을 보고서야 이 모든 것이 하나님이 하신 것이며, 자기의 죄에 대한 하나님의 진노의 심판이라는 것을 알게 되었습니다.

이 세상에는 우연이라고는 없습니다. 이 세상 모든 것이 하나님의 손에 있습니다. 악한 사람들은 힘이 있고 머리만 좋으면 모든 것을 자기 뜻대로 할 수 있을 것처럼 설치지만 우리 인간은 하나님의 손을 벗어날 수가 없습니다. 요나는 이방인들에게 하나님의 말씀을 전하기 싫어서 도망을 쳤지만 이제 모든 이방인들 앞에서 자기가 어떤 사람인지 증거해야만 하게 되었습니다.

드디어 요나가 운명의 제비에 뽑히자 이방인들은 요나에게 그의 정체가 무엇인지를 물었습니다.

8절, "무리가 그에게 이르되 청컨대 이 재앙이 무슨 연고로 우리에게 임하였는가 고하라 네 생업이 무엇이며 어디서 왔으며 고국이 어디며 어느 민족에 속하였느냐"

우리는 많은 경우 이 세상에서 그리스도인이라는 신분을 드러내지 않고 살기를 원합니다. 왜냐하면 내가 그리스도인이라는 것이 알려지면 사람들은 나를 이상한 눈으로 보고 차별할 것이기 때문입니다. 그러나 하나님은 우리를 이 세상에서 무조건 편하게 살라고 보내신 것이 아니라 하나님을 나타내기 위해서 보내셨습니다. 그래서 우리는 원하든 원하지 않든 언젠가는 우리의 정체를 드러내어야 할 때가 있습니다. 이것은 하나님이 하시는 것이며, 이때 우리는 내가 믿는 진리를 그대로 증거하기만 하면 되는 것입니다.

2. 자신의 신분을 드러내는 요나

요나는 어떻게 해서든지 신분을 감추고 다시스까지 가려고 했지만 이방인들 앞에서 자기가 어떤 사람이며, 왜 무서운 태풍이 불게 되었는지 고백해야만 했습니다. 이것이 바로 하나님께서 하시는 것입니다. 우리는 하나님께서 이렇게 우리를 코너까지 몰고 가셔야 하나님의 뜻에 굴복하는 것입니다. 우리가 이것을 알면 미리 하나님의 뜻에 순종하는 것이 얼마나 아름다운지 알게 됩니다. 즉 요나가 미리 하나님의 뜻에 복종했더라면 뱃삯을 낼 필요도 없고, 바다에 빠질 필요도 없고, 더욱이 그 답답한 물고기 배 속에서 3일 동안 죽음의 공포에 떨 필요도 없었을 것입니다. 결국 우리가 하나님의 뜻에 불순종하면 기간만 길어지고 그만큼 고생만 하게 됩니다. 그래서 우리가 하나님의 말씀을 통해서 미리 하나님의 뜻을 알고 순종하는 것이 엄청난 시간과 비용과 고통을 절약하는 길인 것입니다.

요나는 무엇보다 자신이 누구이며 무엇을 하는 사람인지 증거했습니다.

9절, "그가 대답하되 나는 히브리 사람이요 바다와 육지를 지으신 하늘의 하나님 여호와를 경외하는 자로라 하고"

요나는 자기 자신을 히브리 인이요 바다와 육지를 지은 하나님을 믿는 자라고 소개했습니다. 요나는 자기를 이스라엘 사람이라고 말하지 않고 히브리 인이라고 말했습니다. 아마도 당시 이방인들에게는 이스라엘 사람들이 여전히 애굽을 떠날 때의 이름인 히브리 인으로 알려졌던 것 같습니다. 이것은 우리나라 사람들이 아직도 '코리언' 으로 알려지고 있는 것과 비슷합니다. 그러면서 요나는 자기 자신을 '바다와 육지를 지으신 하나님' 을 경외하는 자라고 소개했습니다.

이것은 요나가 하나님에 대하여 새로 깨달은 것을 보여 주는 것입니다. 요나는 하나님을 히브리 인의 하나님으로 알았을 것입니다. 그러나 이번에 큰 바다 가운데서 폭풍을 만나고, 또 배 밑창에서 자다가 선장에게 책망을 받고 나오고, 결국 제비까지 뽑혔을 때 요나는 하나님이 어떤 분인지 새로 깨닫게 되었습니다.

요나는 배에 탄 많은 이방인들 앞에서 하나님을 바다와 육지를 만드신 분이요, 무서운 태풍을 불게 하시는 하나님으로 소개했습니다. 그리고 요나는 이 무서운 바람이 하나님의 말씀을 거역하고 도망친 자기의 죄 때문이라는 것을 고백했습니다.

10절, "자기가 여호와의 낯을 피함인 줄을 그들에게 고하였으므로 무리가 알고 심히 두려워하여 이르되 네가 어찌하여 이렇게 행하였느냐 하니라"

이때 배에 탄 사람들은 자기들이 생각한 것이 사실인 것을 알고 엄청나게 두려워하였습니다. 즉 배에 탄 사람들은 이 정도로 무시무시한 태풍이 불려면 신에게 큰 죄를 짓고 도망치는 사람이 있을 것이라고 생각했는데 그것이 사실인 것이 판명된 것입니다. 즉 이 무서운 태풍은 신의 진노이며,

이 배에는 신의 명령을 거역한 사람이 타고 있다는 것입니다.

하나님께서는 요나로 하여금 다른 사람에게 전도하기 이전에 먼저 자신의 죄를 자백하게 하셨습니다. 우리는 다른 사람에게 전도하거나 다른 사람을 가르치기 전에 내 죄부터 먼저 고백해야 합니다. 그러면 아마 설교를 듣거나 전도를 받는 사람들이 하나님을 두려워하게 될 것입니다. 그러나 우리는 그렇게 하지 못할 때가 많습니다. 그래서 사람들은 전도를 받으면서도 하나님이 얼마나 무서운 분인지 모르는 것입니다. 그러나 우리가 죽으면서 모든 사실을 다 말한다면 아마 사람들은 엄청나게 하나님을 두려워할 것입니다.

제가 아주 어렸을 때 어머니는 이와 비슷한 이야기를 들려주셨습니다. 어머니가 아시는 어떤 훌륭한 분이 돌아가시면서 자기의 죄를 고백하는데, 사랑해서는 안 되는 사람을 사랑했기 때문에 하나님이 치셔서 자기가 죽는 것이라고 말을 했다는 것입니다. 그러나 그때 저는 너무 어려서 그런 것이 어떤 것인지 잘 몰랐습니다. 그러나 그 말이 어머니에게는 충격적이었던 것 같았습니다.

그런데 배에 탄 사람들이 이해되지 않는 것이 하나 있었습니다. 그것은 하나님의 선지자가 하나님의 말씀을 거역하고 도망친 것이 큰 죄이기는 하지만 그것이 과연 그렇게 큰 죄인가 하는 것입니다. 즉 선지자가 하나님의 말씀을 거역하고 도망친 것이 바다에 큰 태풍이 불고 배에 탄 사람들이 전부 죽어야 할 정도로 큰 죄인가 하는 것입니다. 즉 이방인들이 보기에 요나는 끔찍한 살인죄를 저지른 것도 아니고, 간음죄를 저지른 것도 아니고, 사기를 쳐서 남의 재산을 갈취한 것도 아닌데 이렇게 하나님의 무서운 진노를 당해야 하는가 하는 것입니다. 그리고 만일 요나가 이 정도로 무서운 벌을 받아야 한다면 죄짓기를 밥 먹듯 하는 이방인들은 하나님 앞에서 어떻게 되어야 할까요?

하나님이 원하시는 것은 하나님의 백성이 세상의 죄를 책망하기 이전에 먼저 자기 죄를 드러내고 회개하는 것입니다. 하나님의 백성이 말씀대로 살지 않으면서 죄가 없는 것처럼 행세하는 것보다 더 하나님을 욕되게 하는 것이 없습니다. 요나 선지의 회개는 어떤 설교보다 힘이 있었습니다. 지도자가 먼저 회개해야 다른 사람들이 자신의 죄를 깨달을 수 있습니다.

하나님께서 요나 선지의 죄를 들추어내신 것은 그 배에 탄 사람들이 전혀 죄가 없었기 때문이 아닙니다. 그러나 하나님께서는 요나 선지의 죄를 들추어내셨습니다. 그래야 다른 사람들이 자기의 죄를 바로 깨달을 수 있었기 때문입니다. 다른 사람들은 요나에게 "네가 어찌하여 이렇게 행하였느냐" 하고 말하였습니다. 이 말은, 우리는 하나님을 모르기 때문에 밥 먹듯이 죄를 짓지만 너는 하나님을 안다고 하면서도 어떻게 그런 죄를 지어서 우리를 모두 죽게 하느냐는 것입니다.

우리가 알아야 할 것은 하나님의 백성이 하나님을 제대로 믿지 못하고 말씀대로 살지 못하는 것이 믿지 않는 사람들을 고통스럽게 하고 망하게 한다는 것입니다. 하나님을 믿는 사람들이 제대로 하나님을 믿지 않으면 세상 사람들은 그야말로 파리 목숨보다 더 값어치 없게 망합니다. 그래서 세상 사람들이 하나님의 백성에게 바라는 것은 제발 하나님을 믿는 너희가 제대로 믿어서 우리로 하여금 이런 죽음을 당하지 않게 해 달라는 것입니다. 우리가 세상을 돕는 가장 좋은 방법은 하나님의 말씀을 듣고 순종하는 것입니다. 배에 탄 사람들이 그 많은 물건들을 바다에 다 던지고도 죽게 된 것은 요나 선지 한 사람이 하나님의 말씀에 불순종했기 때문입니다. 그래서 우리는 이 세상이 이토록 살기가 힘든 것은 우리가 하나님의 목전을 피해서 세상 사람들처럼 살려고 하기 때문이라는 것을 알아야 합니다.

요나는 하나님이 처음 말씀하셨을 때 정신을 차리지 않았기 때문에 태풍을 만나고, 선장에게 야단을 맞고, 제비에 뽑혀서 많은 사람들의 비난과 원망을 들으면서 이제 비로소 정신을 차리고 있습니다. 이것을 보면 우리가 하나님의 말씀만 듣고 정신을 차리는 것이 얼마나 감사한 일인지 알아야 합니다.

3. 죄에 대하여 진노하시는 하나님

배에 탄 사람들은 무서운 태풍과 요나의 말을 통해서 두 가지 중요한 사실을 알게 되었습니다. 그 하나는 정말 요나가 믿는 그 하나님이 하늘과 바다와 바람을 만드신 분이라는 사실입니다. 그리고 그들이 깨달은 또 하나의 사실은 하나님이 가장 진노하시는 것은 우리 인간이 하나님의 말씀을 듣지 않고 도망치는 것이라는 사실입니다. 그런데 그 배에 탄 사람들은 어떻게 하면 하나님의 진노를 가라앉힐 수 있는지 그 방법을 알지 못했습니다. 결국 사람들은 제비에 뽑힌 요나에게 자기들이 어떻게 하면 살 수 있는지를 물었습니다.

11절, "바다가 점점 흉용한지라 무리가 그에게 이르되 우리가 너를 어떻게 하여야 바다가 우리를 위하여 잔잔하겠느냐"

사실 선원들이 제비를 뽑자고 한 것은 제비에 뽑힌 사람이 누구이든 그 사람을 모든 사람을 대신해서 속죄물로 바다에 던지기 위해서였습니다. 그러나 그들은 막상 요나의 말을 들은 다음에는 감히 요나를 바다에 던지지 못했습니다. 그 이유는 하나님의 선지자를 감히 바다에 던졌다가 하나님이 더 무섭게 진노하실지 모른다고 생각했기 때문입니다. 그래서 선원들은 요나에게 어떻게 하면 바다가 잔잔해지는지 물었습니다. 사람들은 하나님에 대하여 아는 것이 전혀 없었기 때문에 자기들이 요나를 어떻게 하면 좋은지 요나에게 물어보는 수밖에 없었던 것입니다. 그러나 사실 요나도 어떻게 해야 바다가 잔잔해지는지 몰랐습니다.

이때 요나는 어떻게 해야 이 배에 탄 사람들을 살릴 수 있을까요? 요나는 일단 이 배가 큰 태풍을 만난 것은 자기가 하나님의 말씀을 거역한 결과이기 때문에 자기만 죽으면 모든 상황이 종료될 것이라고 생각했습니다. 그래서 요나는 담대하게 "나를 들어 바다에 던지라"라고 말을 했습니다. 이것은 '모든 책임이 나에게 있기 때문에 내가 책임을 지겠다' 는 뜻입니다.

12절, "그가 대답하되 나를 들어 바다에 던지라 그리하면 바다가 너희를 위하여 잔잔하리라 너희가 이 큰 폭풍을 만난 것이 나의 연고인 줄을 내가 아노라 하니라"

요나는 자기 때문에 무서운 풍랑이 일었고, 이 풍랑에서 살 수 있는 길은 자기가 죽는 것이라고 대답을 한 것입니다.

옛날부터 뱃사람들은 안전한 항해를 위하여 사람을 바다에 던지는 의식을 행했습니다. 대표적인 것이 우리나라의 심청전 이야기입니다. 심청은 아버지 심봉사의 공양미를 마련하기 위하여 자신을 바다의 제물로 바칩니다. 심청이 빠진 인당수라는 곳이 바로 백령도 앞바다인데 워낙 서해안의 물살이 세고 풍랑이 심했기 때문에 중국 상인들이 가난한 처녀를 사서 바다에 던지는 의식을 많이 행했던 것입니다.

하나님을 모르는 자라 하더라도 그 속에는 희미하게나마 진노하시는 하나님에 대한 인식이 있습니다. 그 하나님의 진노에 대한 인식 자체는 잘못된 것이 아닙니다. 그러나 그들은 하나님이 왜 진노하시는지 모르고 그 진노에 대한 해결방법을 모르니까 자기 나름대로의 방법을 만들어 내는 것입니다. 이방인들은 하나님의 진노를 자신들의 무관심과 무성의에 있다고 생각합니다. 그래서 이방인들은 신에게 정성을 바치면 신은 노여움을 푼다고 생각했습니다. 그래서 이방인들은 사람을 제물로 바치는 것이 최고의 정성이라고 생각했습니다. 그러나 하나님이 진노하시는 이유는 인간이 하나님의 말씀에 불순종하고 자기 멋대로 행하기 때문입니다. 우리가 하나님의 진노를 해결할 수 있는 방법은 철저하게 하나님의 말씀에 순종하여 제사를 드리는 것입니다. 그러나 배 위에서는 하나님께 그런 제사를 드릴 수가 없었습니다. 요나는 무슨 생각을 했는지 모르지만 하나님의 말씀에 불순종한 자기가 죽어야 한다고 생각했던 것 같습니다. 그리고 요나는 자기가 죽으면 하나님께서는 배에 탄 이방인들을 용서해 주실 것이라고 믿었습니다.

13절, "그러나 그 사람들이 힘써 노를 저어 배를 육지에 돌리고자 하다가 바다가 그들을 향하여 점점 더 흉용하므로 능히 못한지라"

그런데 사람들은 감히 요나를 바다에 던지지 못했습니다. 사람들이 보기에 요나는 그렇게 중한 죄인이 아니라고 생각되었기 때문입니다. 단지 하나님의 말씀에 한 번 불순종한 것밖에 없는 것 같은데 그것 때문에 요나를 바다에 던지기에는 요나는 너무 의인이었던 것입니다. 그래서 사람들은 어떻게 해서든지 요나를 바다에 던져서 죽이지 않고 풍랑을 벗어나 보려고 엄청나게 노를 저었습니다. 그러나 바다는 조금도 잔잔해지지 않았습니다.

오늘 사람들은 사람에 대하여 죄를 짓는 것은 죄라는 것을 알지만 하나님께 대하여 죄를 짓는 것이 얼마나 무서운 죄라는 것은 알지 못하고 있습니다. 이 세상의 죄 중에서 가장 무서운 죄가 하나님 앞에서 교만한 것입니다. 사람들이 예배를 업신여기고, 하나님의 말씀을 자기 멋대로 가지고 놀고, 하나님은 안중에도 없이 죄짓는 것이 이 세상의 죄 중에서 가장 무서운 죄인 것입니다.

사람들은 이제 비로소 요나를 통해서 이 세상의 죄 중에서 가장 무서운 죄가 하나님의 말씀을 거역하는 것이라는 사실을 알게 되었습니다. 하나님께서는 자기 백성이 교만하면 내리치십니다. 다른 사람들은 하나님의 백성이 그가 중한 죄를 지어서 심판을 받는 것이라고 생각합니다. 그때 그 입에서 나오는 말이 무엇입니까? 이것은 나의 교만 때문이요, 하나님의 말씀에 순종하지 않은 죄 때문이라는 것입니다. 우리에게 있어서 이것보다 중요한 전도가 없습니다. 하나님의 자녀들이 이방인들과 자신을 비교하면 왜 자기에게 이런 어려움이 왔는지 이해할 수 없을 것입니다. 우리는 믿지 않는 자들보다 더 악하게 한 것도 없고, 그들보다 게으르지도 않았습니다. 그러나 우리는 하나님 앞에서 교만하고 하나님을 업신여기고 말씀에 불순종했으니 그것이 무서운 죄인 것입니다. 하나님께서는 그 고백을 아주 중요하게 생각하십니다. 우리는 이 세상에서 성공하는 것이 하나님의 영광을 나타내는 것이라고 하지만 하나님은 그렇게 생각하지 않으십니다. 하나님은 우리가 하나님의 말씀을 업신여기고 자기 생각대로 행동한 것이 가장 무서운 죄라는 것을 고백하기를 원하십니다.

이제 배에 탄 사람들은 자기들이 살 수 있는 길은 하나밖에 없다는 것을 알았습니다. 그것은 하나님의 말씀에 불순종한 요나를 바다에 빠뜨려 죽이는 것입니다. 그러나 그들에게 두려운 것은, 요나라는 사람이 이 일 외에는 그들보다 말할 수 없이 의로운 자였다는 사실입니다. 이 사람들은 자기들보다 의로운 요나를 죽일 자신이 없었습니다. 그러나 그들은 살기 위해서는 의로운 요나를 죽여야만 했습니다. 그래서 배에 탄 사람들은 하나님께 기도했습니다.

14절, "무리가 여호와께 부르짖어 가로되 여호와여 구하고 구하오니 이 사람의 생명 까닭에 우리를 멸망시키지 마옵소서 무죄한 피를 우리에게 돌리지 마옵소서 주 여호와께서는 주의 뜻대로 행하심이니이다 하고"

배에 탄 모든 사람들이 깨달은 것이, 만일 요나가 하나님 앞에서 죽어야 하는 죄인이라면 자기들은 더 먼저 죽어야 하는 죄인이라는 사실이었습니다. 아마 사람들이 요나 선지가 없을 때에 이런 풍랑을 만났다면 자신들의 죄를 깨닫지 못했을 것입니다. 그러나 사람들은 요나와 함께 그 배에 탔고, 그의 입을 통해서 하나님의 말씀을 들었을 때 자기들 모두 죽어야 할 죄인인 것을 깨닫게 되었습니다. 사람들은 요나가 자기를 들어 바다에 던지라고 했을 때 바다에 던져질 사람은 요나가 아니라 자기 자신이라고 생각했을 것입니다. 그래서 배에 탄 사람들은 요나를 바다에 던지면서 요나가 자기들의 죄를 대신하여 바다에 던져진다고 생각했습니다. 다시 말해서 그 배에는 죄인들만 가득 있는데 하나님께서는 멸망할 수박에 없는 죄인 대신에 하나님의 선지자 요나에게 모든 책임을 지워서 바다에 던지게 하셨던 것입니다.

우리는 성경에서 배에 탄 사람들이 요나를 미워한 흔적을 찾아볼 수 없습니다. 배에 탄 사람들은 요나를 귀하게 생각했고, 아꼈으며, 할 수 있으면 죽이지 않으려고 애를 썼습니다. 그 이유는 요나의 말을 듣고 하나님에 대하여 알게 되었기 때문입니다. 그리고 사람들은 하나님의 선지자를 하나님의 말씀에 불순종했다고 해서 자기들의 손으로 바다에 던져서 죽이는 것이 너무나도 두려웠던 것입니다. 그래서 사람들은 하나님께 부르짖으면서 기도를 드렸습니다. 즉 '이 무죄한 피를 우리에게 돌리지 말아 달라' 는 것입니다.

이방인들이 하나님의 진노를 가라앉힐 수 있는 방법은 하나님의 종을 대속의 제물로 바치는 것이었습니다. 즉 배에 탄 사람들이 살 수 있는 길은 가장 힘없고 애매한 여자나 노예를 바다에 던져서 신의 환심을 사는 것이 아니라 자기들 가운데 가장 의로운 한 사람이 모든 사람의 죄를 대신하여 죽는 것이었습니다.

사람들이 요나를 바다에 던졌더니 놀라운 일이 벌어졌습니다. 그것은 지금까지 그렇게 미친 듯이 날뛰던 바다가 갑자기 잔잔해진 것입니다. 이것을 통해서 이방인들은 지금까지 요나가 한 말이 모두 사실이며, 하나님이 온 천지를 지으신 분이라는 것을 믿게 되었습니다.

믿음이라고 하는 것은 내 생각이나 희망사항을 믿는 것이 아닙니다. 믿음은 결과가 나타나야 하는 것입니다.

아마도 사람들은 지금까지 요나의 말을 들으면서도 반신반의했을 것입니다. 왜냐하면 요나의 말이 그럴듯하기는 하지만 근거가 없었기 때문입니다. 물론 뱃사람들은 미신을 많이 믿었고, 특히 제비 뽑는 것을 잘 믿었습니다. 그러나 그렇다고 해서 요나의 설명이 옳다는 증거도 없었습니다. 어쩌면 이것이 모두 우연히 일어난 일인데 선지자가 혼자서 그런 식으로 생각할 수도 있는 것이었습니다. 그러나 요나를 바다에 던지자마자 풍랑이 갑자기 잔잔해졌을 때 사람들은 모두 요나의 말이 사실이며, 요나가 말한 하나님이 참 하나님인 것을 믿게 되었습니다.

우리는 이 세상에서 일어나는 일을 자꾸 우연이라고 생각합니다. 그러나 이 세상에 우연은 없습니다. 하나님께서는 이 모든 일의 주인공이 하나님이신 것을 나타내실 것입니다.

그 후에 배에 탄 사람들은 모두 하나님을 믿게 되었습니다.

16절, "그 사람들이 여호와를 크게 두려워하여 여호와께 제물을 드리고 서원을 하였더라"

배에 탔던 사람들은 요나의 말이 진실이라는 것을 알게 되었고, 여호와 하나님을 두려워하게 되었습니다. 그래서 그들은 모두 하나님께 제물을 드리고 서원했습니다. 여기서 '서원' 은 이제는 다시 하나님을 떠나서 다른 신을 섬기거나 죄를 짓는 일을 하지 않겠다고 약속하는 것을 말합니다.

배에 탄 사람들은 요나의 죽음을 자신의 죽음으로 생각했습니다. 의로운 자가 죽으면 그보다 불의한 자는 한꺼번에 다 죽는 것입니다. 그들은 자신이 이번에 죽었으며 다시는 정욕을 위하여 살지 않겠다는 결단을 했던 것 같습니다. 물론 이 효과가 얼마나 갔는지 알 수 없지만 요나는 니느웨에 가기도 전에 이미 배에서 위대한 부흥을 일으켰던 것입니다.

요나는 자기가 하나님의 명령을 거역하고 도망치다가 붙들린 이상 죽어야 하고, 자기가 죽으면 하나님이 배에 탄 사람들을 살려 주실 것이라고 믿었습니다. 그런데 죽음을 각오했던 요나는 죽지 않고 살았습니다.

17절, "여호와께서 이미 큰 물고기를 예비하사 요나를 삼키게 하셨으므로 요나가 삼일 삼야를 물고기 배에 있으니라"

예수님께서는 "누구든지 죽고자 하는 자는 살고 살고자 하는 자는 죽으리라" 고 말씀하셨습니다. 누구든지 하나님의 말씀을 붙들고 죽고자 하는 자는 이상하게 살게 되어 있습니다. 그 이유가 무엇입니까? 하나님의 말씀 안에 살리는 능력이 있기 때문입니다.

하나님께서는 요나가 물에 떨어지기 전에 이미 큰 물고기를 준비하셨습니다. 하나님께서는 요나에게 고난을 주실 때 이미 그를 살리실 계획을 가지셨던 것입니다. 여기서 우리가 알 수 있는 것은, 하나님이 망하게 하실 자에게는 고난을 주실 필요가 없다는 것입니다. 왜냐하면 죄에 빠진 사람이 편하게 있으면 자동적으로 망하기 때문입니다. 그러나 우리에게 고난이 준비되어 있는 것은 하나님이 우리를 살리려고 하시는 것입니다.

요나는 큰 물고기 배 속에서 3일간 있으면서 완전히 자신의 교만과 죄를 회개하고 하나님의 손에 붙들린 종이 되었습니다.

우리가 하나님의 말씀을 붙들고 죽으려고 하면 절대로 죽지 않습니다. 그 대신 우리는 무섭게 변화될 것입니다. 우리가 다시 나타날 때 우리는 세상이 감당할 수 없는 믿음의 용사로 나타날 것입니다. 우리의 고백은 '죽으면 죽으리라' 는 것입니다.

요나가 하나님의 말씀을 피해서 살려고 도망쳤을 때는 죽음이 준비되어 있었고, 수치와 책망이 준비되어 있었습니다. 그러나 요나가 하나님의 말씀에 순종하여 죽으려고 했을 때 요나는 살았고, 오히려 능력의 종으로 변했습니다. 우리가 살 수 있는 것은 하나님의 말씀을 붙들고 고난의 밑바닥까지 내려가는 것입니다.

제가 어렸을 때 강가에서 사는 아이가 있었습니다. 그 아이가 말하기를, 강에서 헤엄을 치다가 소용돌이를 만났을 때 빠져나오려고 발버둥치다가는 오히려 더 빨려 들어가서 죽는다고 했습니다. 오히려 잠수를 해서 물 밑으로 내려가면 자기도 모르는 사이에 밖으로 밀려 나오게 된다고 했습니다. 저는 물에서 이것을 실험해 본 적은 없습니다. 그러나 제게 고난의 소용돌이가 왔을 때 그것을 피하지 않고 그 속으로 깊숙이 들어가니까 살 수 있는 길이 있었습니다. 그래서 바다 밑바닥으로 내려갔던 요나는 그 악한 니느웨를 뒤집어엎는 능력의 종으로 다시 태어나게 되었습니다.

오늘 우리에게 일어나는 일들 중에서 우연히 일어나는 일은 아무것도 없습니다. 하나님은 이 세상 사람들의 죄에 대하여 진노하시지만 하나님이 가장 많이 진노하시는 것은 하나님의 백성이나 하나님의 종들이 하나님의 말씀을 무시하고 거역하는 것입니다. 우리는 살려고 하면 죽을 것입니다. 그러나 우리가 죽고자 하면 살 것입니다. 하나님이 우리에게 고난을 주셨을 때 고난의 밑바닥에서 큰 능력의 종으로 다 변화되시기를 바랍니다.

성경 토의

1. 우리는 우리 주위에서 일어나는 여러 가지 어려운 일들을 통해서 어떤 책임을 느끼며, 이런 재앙들을 잠잠하게 하려면 어떤 자세를 취해야 하는가?

2. 우리는 하나님을 믿지 않는 자들에게 하나님을 어떻게 소개해야 하며, 우리 자신은 하나님의 능력을 어떻게 믿고 있는가?

3. 하나님께서는 우리 믿는 자들이나 하나님의 종들이 하나님의 말씀을 무시하고 자기 생각대로 행동하는 것에 대하여 어떻게 진노하시는가?

03_절망 중에 드리는 기도

요나 2:1-10

전체적 설명

요나는 지중해의 그 깊은 물속으로 던져졌으나 큰 물고기가 요나를 삼키는 바람에 기적적으로 살게 되었다. 그러나 요나는 사람의 손이 미치지 못하는 곳에 있었기 때문에 어느 누구도 요나가 살아 있는 것을 알지 못했고, 또 설령 사람들 중에 누군가가 요나가 살아 있다는 것을 알았다고 하더라도 요나를 거기서 건져 줄 수가 없었다. 요나는 살아 있었지만 사실은 죽은 것이나 마찬가지였다. 아마 물고기 배 속에 있는 산소가 다 없어지면 요나는 자동적으로 죽을 것이다. 요나는 어느 누구도 자기를 도와줄 수 없는 절망스러운 상황 가운데서 오직 하나님께 기도를 드렸다. 특히 요나가 하나님께 드린 기도는 시편 말씀을 자기 것으로 소화해서 기도한 것인데 그 기도가 하나님께 상달되어서 요나는 기적적으로 물고기 배 속에서 살아나온다.

설교 프리노트

1절, "요나가 물고기 뱃속에서 그 하나님 여호와께 기도하여"

요나가 살아 있는 동안 할 수 있는 것은 많지 않았을 것이다. 요나는 물고기 배 속에서 옛날에 사람들 앞에서 인정받으면서 성공했던 시절을 생각할 수도 있었을 것이며 혹은 살기 위해서 몸부림을 치거나 자신의 처지를 한탄하면서 울 수도 있었을 것이다. 그러나 사람이 살아 있는 동안 할 수 있는 가장 위대한 일은 하나님께 기도하는 것이다. 특히 요나는 도망치는 자기를 붙잡기 위해서 그 무서운 폭풍을 일으키신 분이 하나님이라는 것을 알게 되었다. 만일 하나님이 요나 자신의 말처럼 바다와 하늘의 하나님이시라면 요나는 얼마든지 하나님께 기도할 수 있다고 생각했을 것이다. 요나는 아직 자신의 생명이 남아 있는 동안 그가 할 수 있는 가장 위대한 일을 했는데 그것은 바로 하나님께 기도하는 것이었다.

2절, "내가 받는 고난을 인하여 여호와께 불러 아뢰었삽더니"

어떻게 생각하면 요나는 하나님의 말씀에 불순종해서 도망치다가 붙들린 사람이기 때문에 감히 하나님께 기도할 자격이 없다고 말할 수도 있을 것이다. 사실 요나는 하나님의 음성을 듣지도 않고 기도도 하지 않으려고 배 밑창에 들어가서 잠을 잤던 것이다. 그러나 놀라운 사실은 고난이 오히려 요나로 하여금 신앙의 잠에서 깨어나게 했던 것이다. 그래서 요나는 고난 가운데 오히려 더 하나님께 기도할 용기를 가지게 되었다. 요나는 시편 말씀을 기억하며 자신의 기도를 만들고 있는데 이 부분은 시편 18편 6절의 인용이다. "내가 환난에서 여호와께 아뢰며 나의 하나님께 부르짖었더니 저가 그 전에서 내 소리를 들으심이여 그 앞에서 나의 부르짖음이 그 귀에 들렸도다." 우리에게 고난이 오는 것은 하나님께 부르짖으며 기도하라는 하나님의 뜻이다.

"내가 스올의 뱃속에서 부르짖었삽더니"

요나는 자기가 있는 곳을 '스올', 즉 '음부' 또는 '무덤'이라고 말하고 있다. 즉 요나는 한편으로는 살아 있지만 다른 한편으로는 죽은 것이나 마찬가지라는 것이다. 요나는 물고기 창자 안에서 온몸이 조여드는 가운데 움직일 수 없고, 아무것도 보이지 않고, 공기는 부족해서 숨이 답답하며, 썩은 냄새가 진동했을 것이다. 그리고 실제로 요나는 죽음과 너무나도 가까운 거리에 있었다. 요나는 만일 하나님이 자기를 조금만 더 거기에 내버려 두시면 죽을 수밖에 없다는 것을 알고 있었다.

"주께서 나의 음성을 들으셨나이다"

요나는 이미 기도를 시작하면서 하나님께서 자기 기도를 들으신 것을 확신하고 있었다. 그 이유는 요나 자신의 처지를 생각하면 하나님이 들으신 것을 확신할 수 없지만 시편 말씀을 생각하니까 하나님이 틀림없이 자기 기도를 들으신다는 것을 확신할 수 있었던 것이다.

3절, "주께서 나를 깊음 속 바다 가운데 던지셨으므로"

요나는 자기를 깊은 바다에 던지는 것은 운명이었다고 말하지 않고 주께서 던지셨다고 고백하고 있다. 왜냐하면 요나가 곰곰이 생각해 보니까 지금까지 자기에게 일어난 일이 우연이라고 하기보다는 정확한 하나님의 뜻에 의해서 이루어진 것이 너무나도 분명했기 때문이다. 만약 우리가 지금 아무리 어려운 상황에 처해 있다 하더라도 하나님의 손이 그렇게 한 것이 분명하다면 우리는 하나님께 돌아가기만 하면 다시 소생할 가능성이 있다. 이때 우리가 하나님께 돌아간다고 하는 것은 전적으로 하나님의 말씀만 붙드는 것을 말한다.

"큰 물이 나를 둘렀고"

만일 어떤 사람이 바다에 빠졌다가 바위에 피해 있는데 바닷물의 수위가 점점 올라오고 있다면 그는 그 물이 두려울 것이다. 만일 누군가가 와서 그를 건져 주지 않는다면 그는 결국 죽게 될 것이다. 사람에게 있어서 자기가 죽는 것도 두렵지만 죽어 가는 과정을 지켜보아야 하는 것은 더 두려운 일이다. 그러나 요나는 이 파도와 물결마저도 '주의 파도'라고 부르고 있다. 즉 이 파도는 하나님이 명령하시면 언제든지 순종할 수밖에 없는 하나님의 종인 것이다.

4절, "내가 주의 목전에서 쫓겨났을찌라도"

다윗은 시편 31편 22절에서 "주의 목전에서 끊어졌다 하였사오나"라고 말하고 있다. 요나는 하나님의 목전에서 도망을 쳐서 자기 뜻대로 자유롭게 살려고 했는데 그것은 자유로운 것이 아니라 하나님의 목전에서 쫓겨나는 것이었다. 다윗이 사울 왕에게 쫓길 때 그에게 가장 고통스러웠던 것은 하나님의 성전에 올라가서 마음껏 예배드릴 수 없는 것이었다. 그러나 다윗은 사울 왕에게 쫓겨 다니면서 하나님이 어떤 건물에만 고정되어 계신 분이 아니라 그가 가는 어디에나 함께하신다는 것을 체험했다. 즉 다윗은 성전에서 쫓겨나는 체험을 통해서 오히려 어느 곳에나 계시는 하나님을 발견할 수 있었던 것이다. 그래서 요나도 지금 하나님의 성전에서 너무 먼 곳에 있지만 하나님의 말씀을 붙들고 기도하면 하나님께서 그에게 성전의 은혜를 주실 것을 믿고 있는 것이다.

"다시 주의 성전을 바라보겠다 하였나이다"

요나는 북이스라엘의 선지자였기 때문에 사실 예루살렘 성전과는 거리가 있었다. 그러나 요나는 진정으로 하나님의 신앙을 가진 이스라엘 백성이 모인 곳은 어느 곳이나 성전이며, 그는 다시 그곳으로 갈 수 있는 희망을 가지게 되었다.

5절, "물이 나를 둘렀으되 영혼까지 하였사오며"

이것이 믿음과 현실의 차이이다. 요나의 믿음은 그의 부르짖는 기도를 하나님이 틀림없이 들으시고 요나의 기도에 응답하실 것 같은데 요나의 현실은 깊은 물속에 있어서 자기 자신의 힘으로는 물론, 이 세상 어느 누구도 요나를 거기에서 건져 낼 수 없는 상황이었다. 물은 요나의 육체를 에워싸고 있을 뿐 아니라 요나의 영혼까지도 물에 잠기게 하였다. 다윗도 이와 비슷한 체험을 한 적이 있는데 시편 18편 4절에 보면 '사망의 줄이 나를 얽고 불의의 창수가 나를 두렵게 하였으며' 라고 하였다. 즉 다윗도 밧줄에 매여 꼼짝할 수 없는 상황에서 물이 점점 차 올라와서 자기를 죽이려고 했던 것처럼 두려움이 차 올라오는 것을 느꼈던 것이다. 그런데 요나는 실제로 물속에 갇혀서 인간적인 생각으로 보면 살아날 가능성이 전혀 없는 형편이었다.

"깊음이 나를 에웠고 바다풀이 내 머리를 쌌나이다"

요나는 물고기 배 속에서 자신이 지금 깊은 바닷속에 있다는 것을 알게 되었다. 요나의 주위는 캄캄한 세계였고, 그가 물 밖으로 나오려고 하여도 마치 그의 머리가 바다풀에 얽혀 있는 것처럼 꼼짝할 수가 없는 형편이었다. 실제로 요나가 있던 곳은 물고기의 창자였는데 그의 온몸을 조일 정도로 협소한 곳이었고, 또 그의 머리 쪽에는 또 바다풀이 얽혀 있었던 것 같다.

6절, **"내가 산의 뿌리까지 내려갔사오며 땅이 그 빗장으로 나를 오래도록 막았사오나"**

요나는 자신이 있는 곳이 산의 뿌리라고 생각했다. 요나는 자신이 바다의 가장 깊은 곳이요, 한번 내려가면 음부처럼 다시 올라올 수 없는 곳에 있다고 생각했다. 그리고 살아서는 밝은 세상에 나갈 수 없다고 생각했다. 그 이유는 현실적으로 물고기 배 속에서 탈출하여 육지에 갈 수 있는 방법이 없었기 때문이다. 물고기와 대화가 가능하다면 사정이라도 해 보겠지만 물고기는 요나의 사정을 전혀 알지 못했다.

"나의 하나님 여호와여 주께서 내 생명을 구덩이에서 건지셨나이다"

요나는 가장 절망적인 상황에서도 '그러나' 라고 말할 수 있는 믿음을 가지고 있었다. 즉 인간적인 생각으로는 요나가 바닷속에 있는 물고기 배 속에서 살아나올 가능성은 전혀 없었지만 하나님은 못 하실 일이 없으시기 때문이다. 요나는 하나님께서 자신을 마치 웅덩이에서 끄집어내듯이 건지실 것을 확신했다. 요나의 이 확신은 어디에서 오는 것일까? 그것은 요나가 지금 온 힘을 다해서 하나님의 말씀을 붙들고 있고 하나님을 의지하고 있기 때문이다. 하나님의 말씀은 마치 밧줄과 같아서 어떤 절벽에서도 우리를 끌어올리실 수 있다. 그래서 위기 때 하나님의 말씀을 붙드는 것은 밧줄을 잡는 것과 같다.

7절, **"내 영혼이 내 속에서 피곤할 때에"**

요나는 물고기 배 속에서 계속 생각이 왔다갔다했던 것 같다. 하나님의 말씀을 생각할 때에는 희망이 생기다가 자기가 처해 있는 상황을 생각하면 절망이 되었다. 요나는 그렇게 희망과 절망 사이를 왔다갔다하다가 결국 지치고 낙심하게 되었을 때 다시 한 번 담대하게 하나님을 생각했다. 그때 요나는 자기 기도가 드디어 하나님께 상달된 것을 알게 되었다. 하나님께서 요나에게 다시 확신을 주신 것이다.

8절, "무릇 거짓되고 헛된 것을 숭상하는 자는"

우상을 숭배하는 것은 자기가 믿고 싶어하는 것을 믿는 것이고, 이것은 결국 자기의 감정이나 열정을 믿는 것이기 때문에 진정한 신앙이 아니다. 그러나 하나님을 믿는 자는 하나님이 하실 것을 믿는다. 즉 나는 할 수 없지만 하나님은 하실 수 있다는 것을 믿는 것이다.

9절, "나는 감사하는 목소리로 주께 제사를 드리며"

요나는 아무것도 가진 것 없이 바다에 던져졌기 때문에 하나님께서 자기 생명을 살려 주신 것에 대하여 감사 예물을 드리고 싶어도 드릴 수가 없었다. 그래서 요나는 물고기 배 속에서 목소리로 하나님을 찬양하기 시작했다. 이것이 요나가 하나님께 드리는 감사의 제사였다. 그러나 요나의 이 찬송은 자신의 온 마음을 다하여 눈물로 드리는 제사였고, 자기 같은 죄인을 살려 주신 하나님의 은혜에 감사하는 제사였다.

"구원은 여호와께로서 말미암나이다"

우리는 대개 위험한 데서 건짐을 받으려고 하면 일단 사람들이 알아야 하고 많은 사람들이 몰려와서 도와주어야 된다고 생각한다. 그러나 사실은 이 모든 구원을 주도하시는 분은 하나님이신 것이다. 하나님은 어떤 불가능한 상황에서도 우리를 건지실 수 있는 것이다.

10절, "여호와께서 그 물고기에게 명하시매 요나를 육지에 토하니라"

요나가 물고기 배 속에서 살아날 가능성은 전혀 없었다. 특히 이 물고기가 육지까지 와서 요나를 토해 낸다는 것은 절대로 상상할 수 없는 일이었다. 그러나 하나님이 물고기에게 명령하시니까 물고기는 그렇지 않아도 무엇인가 큰 것이 소화가 되지 않아서 속이 답답해하다가 육지까지 가서 그것을 토해 버렸다. 그래서 요나는 지옥 같은 물고기 배 속에서 살아나게 되었고, 그가 도망쳤던 해변가에서 새 인생을 시작하게 되었다.

본문 이해를 위한 질문

1. 요나는 자기가 바다에 던져졌지만 살아 있다는 것을 알게 되었을 때 무엇을 했는가?

요나는 하나님께 기도를 드렸다. 물론 사람은 누구나 위기에 처하면 기도하게 되지만 하나님의 응답을 받으려면 하나님의 말씀을 붙들어야 한다. 요나는 물고기 배 속에서 평소에 그가 암송하던 시편을 자기 것으로 소화해서 기도했다.

2. 물고기 배 속에서 요나의 상태는 어떠했는가?

요나가 하나님의 말씀을 붙들고 기도할 때에는 힘을 내다가 자신의 처지를 생각하면 낙심하는 일을 반복했던 것 같다. 그러다가 어느 순간 요나는 강하게 하나님을 생각하면서 절망에서 벗어나게 되었다.

3. 우상을 숭배하는 자들과 하나님을 믿는 자는 어떤 차이가 있는가?

우상 숭배자는 자기가 믿고 싶어하는 것을 믿지만 하나님을 믿는 자는 하나님의 능력을 믿는다. 그래서 하나님의 능력은 나의 힘이나 상태와 상관없이 어느 곳에서나 나타날 수 있다.

성경 강해

우리는 자주 뉴스를 통해서 지진이나 혹은 산사태를 당해서 땅속에 파묻혔다가 구사일생으로 구조받은 사람들의 이야기를 듣게 됩니다. 얼마 전에는 중국에서 고속전철이 충돌해서 많은 사람이 죽거나 다쳤는데 부서진 전동차 잔해에서 세 살짜리 여자 아이가 구조되기도 했습니다. 수색을 하던 구조대가 더 이상 생존자가 없을 것이라고 판단해서 수색을 포기하고 전동차 잔해를 파괴시키려고 했는데 구조대장이 고집을 부려서 구겨진 전동차 안을 수색했고, 시체 더미 가운데서 숨을 쉬고 있는 여자 아이를 찾아낸 것입니다. 이 아이는 삶과 죽음의 갈림길에서 기적적으로 살아난 것입니다.

옛날에 삼풍백화점이 무너졌을 때에도 건물 더미에 갇혔다가 끝까지 견디어서 살아난 젊은이들이 있습니다. 이 사람들은 백화점에서 아르바이트를 하던 청년들이었는데 다행히도 계단 쪽에 깔리는 바람에 죽지 않고 가까스로 목숨을 건질 수 있었습니다. 그런데 이 청년들은 구출된 뒤에 한동안 사람들이 살려달라고 울부짖는 소리가 자주 귀에 들려서 고통스러웠다고 말을 했습니다.

얼마 전에는 칠레에서 광부 수십 명이 지하 700미터의 갱도에 매몰되었는데 한 사람의 지도력으로 모두 당황해하지 않고 차분하게 구출을 기다리다가 한 사람도 죽지 않고 모두 무사히 구출된 일도 있었습니다. 그런데 만일 다른 사람이 아니라 나 자신이 사고를 당해서 땅속 깊은 곳에 매몰되었는데 내가 매몰된 것을 아무도 모른다면 우리는 살아 있는 것이 너무나도 두렵고 불안할 것입니다. 그리고 우리가 중병에 걸려서 죽을지 살지 모르는 채로 침대 위에 누워서 밤을 새워야 하거나 혹은 뇌수술 같은 큰 수술을 하고 팔 다리를 결박당한 채로 중환자실에 꼼짝 못 하고 몇 주일씩 누워 있어야 할 때, 불면증에 걸려서 한숨도 자지 못하고 꼬박 밤을 새워야 할 때 우리의 마음은 아마 미친 듯이 불안하고 답답할 것입니다.

만약 우리가 이렇게 죽음의 위기에 놓여 있을 때 우리는 어떻게 해서든지 살고 싶다는 마음이 들 것입니다. 그래서 만약 우리가 건물 더미에 매몰되거나 혹은 갇힌다면 온 힘을 다해서 살려 달라고 소리를 지를 것입니다. 그러다가 힘이 다 빠지면 죽는 것입니다. 그런데 만약 가까운 곳에서 사람의 목소리나 인기척이 들리면 너무나도 반가울 것입니다. 그러나 우리가 다른 사람에게 도움을 구하는 것이 불가능하다고 판단되면 여러 가지 생각을 할 것입니다. 우리는 죽음을 앞두고 사랑하는 사람들을 떠올리며 미친 듯이 보고 싶어할 것입니다. 그러나 신앙을 가진 사람은 하나님께 기도할 것입니다. 하나님께 그동안 불순종했던 것을 회개하면서 만일 다시 한 번 살 기회를 주신다면 이제는 오직 하나님의 말씀에 순종하면서 살겠다고 약속할 것입니다.

그래서 사실 하나님께서 우리 믿는 자들에게 때때로 무서운 병을 주실 때가 있습니다. 그리하여 병에 걸리기 전에는 내 인생이 아주 길고 내 인생을 내 마음대로 하면서 살 것 같은데 막상 죽을병에 걸리고 보니까 인생이 너무 짧고 인간이 얼마나 나약한 존재인지를 깨닫게 하는 것입니다. 즉 인간은 아무리 잘나고 똑똑한 사람이라 할지라도 흙덩이에 불과한 것입니다. 체격이 좀 큰 사람은 하나님이 진흙을 좀 많이 뭉친 것이고, 체격이 작은 사람은 진흙의 양이 좀 적을 뿐인 것입니다. 우리가 죽을병에 걸리면 하나님 앞에 손바닥이 발바닥이 되도록 빌면서 한번만 살게 해 주시면 남은 인생은 하나님의 뜻에만 순종하면서 살겠다고 약속을 하게 됩니다.

1. 물고기 배 속에서 살아 있는 요나

요나는 니느웨로 가서 하나님의 말씀을 전하라는 하나님의 명령을 거역하고 니느웨와 정반대 방향인 다시스로 도망쳤습니다. 이때 하나님께서는 큰 태풍을 준비하셔서 요나가 탄 배를 위기로 흔드시고, 결국 사람들이 요나를 찾아내어서 바다에 던지게 하셨습니다. 요나는 지중해 한가운데, 그것도 그렇게 풍랑이 치는 바다에 빠졌으면 죽었어야 하는데 죽지 않았습니다. 그것은 지중해 한가운데에 있던 큰 물고기가 사람들이 요나를 바다에 던지자 그것이 먹이인 줄 알고 통째로 삼켰기 때문입니다. 요나는 지중해 한가운데서 기적적으로 죽지 않고 살아 있었습니다. 그런데 요나는 살아 있는 것이 죽는 것보다 더 두려웠습니다. 왜냐하면 요나는 물고기 배 속에 있었기 때문입니다. 일단 요나가 있는 물고기 배 속은 공간이 넓지 않았습니다. 아마 요나는 온몸이 꽉 끼일 정도의 좁은 공간에서 몸을 움직이지도 못하고 꼼짝 못 하고 있었을 것입니다. 우리는 물고기 배 속이 사무실같이 넓고 에어컨이 있는 곳이 아니라는 것을 알아야 합니다. 물고기 배 속은 신축성이 있기는 하지만 요나가 거의 끼일 정도의 좁은 공간이었습니다. 예를 들면 실수로 하수구에 빠졌는데 몸이 하수구에 꽉 끼어서 앞으로 가지도 못하고 뒤로 후퇴하지도 못하는 상태와 같은 것입니다.

요나가 갇힌 물고기 배 속은 꼼짝도 할 수 없는 좁은 공간이었습니다. 거기에다가 공기가 얼마 남아 있지 않았습니다. 대개 물고기들은 물위로 한

번 올라오면서 배 속에 공기를 넣는데 물고기 배 속은 요나에게 꼭 필요한 산소가 많지 않았습니다. 산소가 떨어지면 요나는 죽는 것입니다. 거기에다가 물고기 배 속은 엄청나게 더럽고 악취가 났습니다. 왜냐하면 물고기들은 주로 새우라든지 다른 물고기들을 산 채로 먹고 소화를 시키기 때문에 큰 물고기 배 속은 비린내와 생선 썩는 냄새가 진동했던 것입니다. 평상시 같으면 코를 막고 숨을 쉬지도 못했을 것입니다. 그리고 물고기 배 속은 캄캄했습니다. 따라서 요나는 전혀 움직일 수도 없는 꽉 끼인 공간, 불빛도 하나 없는 곳에서 엄청난 악취를 맡으면서 산소가 점점 없어지는 상황 가운데 살아 있었던 것입니다.

요나는 다시 살아날 가능성이 없었습니다. 기적이 일어나지 않는 이상 요나는 살 수 없었고, 시간이 흐를수록 요나는 죽어 갈 수밖에 없었습니다. 요나는 소리를 질러서 살려 달라고 애원할 수 있는 사람도 없었고, 다른 사람에게 자기가 이렇게 살아 있다는 것을 알릴 방법도 없었습니다. 이때 요나가 할 수 있는 것은 아무것도 없었습니다. 요나는 자포자기하고 조용히 죽는 시간을 기다릴 수밖에 없었을 것입니다. 혹시 요나는 이 세상에서 그래도 행복했던 시절을 생각하면서 죽을 때까지 스스로 위안을 삼으려고 했을지도 모릅니다. 그렇지 않으면 죽기 싫어서 물고기 배 속에서 소리를 지르고 발광을 해서 물고기를 더 미치게 만들었을지도 모릅니다. 그런데 요나가 이런 기적적인 상황에서 살 수 있었던 것은 자기 자신을 하나님과의 관계에서 생각하기 시작했기 때문입니다. 그리고 요나를 결정적으로 살린 것은 그의 머릿속에 하나님의 말씀이 자꾸 생각이 나기 시작했는데 그 말씀을 붙들고 기도한 것입니다. 우리가 위기에 처했을 때 인간적인 생각을 하면 살 수가 없습니다. 그런데 우리가 위기에 처했을 때 하나님의 말씀을 생각하고 그 말씀을 붙들고 기도하면 살 수 있습니다. 하나님의 말씀은 우리가 절벽에서 떨어질 때에 우리를 구해 주는 유일한 밧줄인 것입니다.

사람들은 누구나 위기에 처하면 신을 찾고 기도를 합니다. 그래서 하나님을 믿지 않는 자들도 중병에 걸렸을 때 예수 믿는 사람이 찾아가서 기도해 주겠다고 하면 대개 좋아합니다. 그러나 사람들은 이렇게 절망에 처했을 때 기도를 하기는 하는데 이 기도가 얼마나 효력이 있을지 확신하지 못합니다. 만일 우리가 위기에 처해서 도와달라고 소리를 지를 때에 사람들이 듣고 도와주겠다고 하면 살 수 있는 확률이 높습니다. 왜냐하면 그 사람은 다른 사람들에게 내가 갇혀 있다는 것을 알려서 구조대를 부를 수 있기 때문입니다. 그러나 만일 우리가 위기 가운데 부르짖는데 상대가 사람이 아니고 하나님이라면 우리는 정말 자신이 구조될 수 있을지 없을지 확신할 수가 없을 것입니다. 즉 기도라고 하는 것은 평소에 자주 기도해서 응답을 받던 사람이 위기에서도 기도 응답을 확신할 수 있는 것이지 생전 기도를 하지 않던 사람이 위기가 닥쳤다고 해서 기도를 하면 응답을 확신할 수가 없는 것입니다. 아마도 약삭빠른 사람이라면 자기가 물고기 배 속에 있는 것을 알았을 때 하나님께 기도하기보다는 물고기를 잘 설득하는 것이 나을 것이라고 생각할 것입니다. 즉 물고기에게 제발 깊은 바닷속으로 들어가지 말고 나를 가까운 육지 쪽으로 좀 보내어달라고 부탁할 것입니다. 그러나 사람은 물고기에게 말할 수 있는 방법이 없습니다.

2. 기도하는 요나

요나는 물고기 배 속에서 다른 어떤 것보다 하나님께 기도했습니다.

1절, "요나가 물고기 뱃속에서 그 하나님 여호와께 기도하여"

요나가 물고기 배 속에 갇혔을 때 발광하거나 자포자기하지 않고 어떻게 하나님께 기도할 생각을 하게 되었을까요? 그것은 하나님께서 요나에게 기도할 수 있는 믿음을 주셨기 때문입니다. 그래서 우리 마음에 기도하고 싶다는 생각이 드는 것은 하나님이 믿음을 주셨기 때문입니다. 그러므로 우리는 기도하고 싶은 마음이 들 때에는 무조건 기도해야 합니다.

우선 요나는 하나님의 말씀에 불순종해서 도망을 치다가 큰 환난을 당하게 되었습니다. 하나님은 요나의 불신앙에 대하여 진노하고 계신 것이 틀림없었습니다. 하나님은 무서운 풍랑으로 배에 탄 사람들을 다 죽이려고 하셨습니다. 그리고 배에 탄 사람들이 제비를 뽑았을 때 하나님은 가차 없이 요나를 그 제비에 걸리게 하셨습니다. 이것은 하나님이 요나에게 진노하고 계신 것이 틀림없는데 어떻게 요나가 감히 진노하시는 하나님께 기도할 용기가 생겼을까요?

우선 중요한 것은, 믿음을 가진 사람은 어떤 문제를 볼 때 긍정적인 부분을 볼 수 있다는 것입니다. 지금 요나의 상황은 인생 최악의 상황인 것은 틀림이 없었습니다. 즉 요나가 탄 배가 엄청난 태풍을 만난 것이나, 요나가 제비에 뽑혀서 바다에 던져진 것이나, 지금 물고기 배 속에서 살아 있는 것이나 그 하나하나가 최악의 상황인 것은 틀림이 없습니다. 그러나 중요한 것은 지금까지의 모든 일들이 모두 하나님이 주관하신 일이라는 것입니다. 왜냐하면 하나님이 아니면 이런 일이 일어날 수가 없기 때문입니다. 하나님은 이 모든 일을 준비해 놓으신 것처럼 하나씩 진행시키셨습니다. 만일 요나에게 일어난 일이 우연이라면 요나는 살 방법이 없지만 만일 이 일을 하신 분이 하나님이라면 얼마든지 살길이 있는 것입니다.

그뿐만 아니라 요나는 이번 일을 통하여 엄청나게 크신 하나님을 실제로 체험했습니다. 요나는 지금까지 하나님을 말씀에 갇혀 계시며, 말씀을 떠나서는 아무것도 하실 수 없고, 말씀의 종인 자기가 도망치면 하나님은 아무것도 하실 수 없는 약한 분으로 생각했습니다. 그런데 요나는 하나님의 말씀에 불순종하고 도망치는 가운데 바다 가운데 큰 풍랑을 일으키시고, 배 밑창에 숨어 있는 요나를 찾아내서 바다에 던지시며, 바다 가운데서도 요나를 살게 하시는 하나님을 깨닫게 된 것입니다.

만일 우리가 하나님의 피조물이라면 우리 생명이 남아 있는 동안 할 수 있는 가장 위대한 일은 하나님을 찬양하며 하나님을 높여 드리는 일일 것입니다. 요나는 물고기 배 속에서 부정적인 것을 생각지 않았습니다. 지금 요나에게 중요한 것은 살아 계신 하나님을 깨달은 것과 지금 자기가 살아 있다는 사실이었습니다. 그래서 요나는 내 생명이 붙어 있는 동안 하나님을 높여 드려야겠다고 생각했습니다. 우리가 호흡이 있는 동안 할 수 있는 가장 중요한 것은 더 오래 살기 위해서 발버둥치는 것이 아닙니다. 우리에게 목숨이 붙어 있는 동안 할 수 있는 가장 위대한 것은 하나님에 대한 나의 신앙을 고백하고 하나님을 높여 드리는 것입니다. 우리가 이것을 할 수 있다면 얼마나 더 오래 사느냐 하는 것은 별로 중요하지 않습니다.

2절, "가로되 내가 받는 고난을 인하여 여호와께 불러 아뢰었삽더니 주께서 내게 대답하셨고 내가 스올의 뱃속에서 부르짖었삽더니 주께서 나의 음성을 들으셨나이다"

요나는 지금 엄청난 고난 중에 있습니다. 요나는 거센 바다에 던져져서 물고기 배 속에 살아 있지만 제대로 살아 있는 것이 아닙니다. 요나는 자기가 스올의 배 속에 있다고 말을 하고 있는데 '스올'은 '음부' 혹은 '무덤'이라는 뜻입니다. 그런데 요나는 그 절망 속에 놀라운 확신을 가지고 기도를 하고 있습니다. 요나는 자기가 이 물고기 배 속에서 기도하는 것을 하나님께서 들으셨다고 확신하고 있습니다. 어떻게 요나가 이런 확신을 가지고 기도할 수 있었을까요? 요나는 이 모든 것이 영적인 문제라는 것을 알았던 것입니다.

요나가 이렇게 생각할 수 있는 근거는 자신의 상황을 볼 때 우연으로 볼 수 없는 증거가 너무나도 많았다는 것입니다. 요나는 배에 큰 풍랑이 닥쳤을 때만 해도 그것이 우연인 줄 알았습니다. 그러나 요나는 죄인을 골라내는 제비에 뽑혔을 때 이것은 하나님이 하시는 것인 줄 알았습니다. 더욱이 요나가 바다에 던져졌음에도 불구하고 죽지 않고 물고기 배 속에 살아 있다는 것은 하나님이 하시지 않으면 일어날 수 없는 일이었습니다. 요나는 지금 다른 것은 일체 생각할 시간이 없었습니다. 왜냐하면 시간이 지나면 산소가 없어서 죽을 것이 분명하기 때문입니다. 요나는 아직 산소가 남아 있는 동안 무엇인가를 해야 했습니다. 그것은 바로 자기 자신을 하나님의 뜻에 쳐 복종시키는 것이었습니다. 그런데 다행스러운 것은 요나에게 자꾸 하나님의 말씀이 생각나는 것이었습니다.

2절의 "내가 받는 고난을 인하여 여호와께 불러 아뢰었삽더니 주께서 내게 대답하셨고"라는 말씀은 시편 120편 1절의 인용입니다. "내가 환난 중에 여호와께 부르짖었더니 내게 응답하셨도다."

그리고 3절의 “큰물이 나를 둘렀고 주의 파도와 큰 물결이 다 내 위에 넘쳤나이다”는 시편 42편 7절, “깊은 바다가 서로 부르며 주의 파도와 물결이 나를 엄몰하도소이다”의 인용입니다.

요나는 생과 사의 귀로에서 하나님의 말씀이 자꾸 생각났습니다. 그 말씀으로 거의 기도 전체를 만들 수 있을 정도였습니다. 우리가 고난 가운데 하나님의 말씀이 생각나는 것은 하나님이 우리를 살리시는 것입니다. 왜냐하면 하나님의 말씀은 우리가 더 밑으로 떨어지지 못하도록 잡아 주는 밧줄과 같은 역할을 하기 때문입니다.

이 세상은 이미 하나님의 심판 아래 있습니다. 그러나 누구든지 귀에 하나님의 음성이 들리는 자마다 살아나게 되어 있습니다. 요나는 지금 죽을 수밖에 없는 상황에서 하나님의 말씀이 자꾸 생각났습니다. 하나님께서 요나를 죽이려고 작정하셨다면 이렇게 하실 필요가 없으셨을 것입니다.

요나는 자기같이 못된 사람 하나를 위해서 하나님께서 너무나도 많은 것을 준비하신 것을 알았습니다. 하나님은 태풍을 준비하셨고, 제비에 뽑히게 하셨으며, 이제 물고기 배 속에서 하나님의 말씀을 기억나게 하셨습니다. 요나는 자기 자신을 너무 과소평가했습니다. 요나는 자기 같은 사람 하나 도망친다고 해서 하나님은 상관하지 않으실 줄 알았습니다. 우리가 늘 실패하는 이유는 우리 자신을 과소평가하기 때문입니다. 그러나 우리 한 사람 한 사람은 하나님 앞에서 너무나도 중요한 사람들입니다. 하나님은 우리 한 사람이 도망치는 것을 막으시기 위해서 바다에 태풍이 불게 하시고 배를 뒤집어엎을 용의가 있으십니다.

요나는 지금 물고기 배 속에서 자기가 도대체 무엇이기에 하나님이 이렇게 대단하게 보시는가를 생각할 때 감격하게 되었습니다. 그리고 이것이 사실이라면 하나님은 이미 자신의 기도를 들으셨다고 확신하고 있는 것입니다. 우리는 자꾸 주위 사람들이 나를 미워하고 시기하고 무시하기 때문에 자신을 과소평가하기 쉽습니다. 그러나 우리가 우리 자신을 과소평가해서 너무 쉽게 하나님으로부터 도망쳐서 내 욕심대로 달려가는 것은 불신앙입니다. 하나님은 우리를 막기 위해서 태풍이나 산사태라도 일으키실 것입니다. 하나님은 우리 한 사람 한 사람을 너무나도 중요하게 생각하십니다.

요나는 하나님 앞에서 거창하고 추상적인 기도를 하지 않았습니다. 요나는 하나님 앞에 너무나도 솔직하고 사실적으로 기도를 드리고 있습니다.

3절, "주께서 나를 깊음 속 바다 가운데 던지셨으므로 큰물이 나를 둘렀고 주의 파도와 큰 물결이 다 내 위에 넘쳤나이다"

요나는 자기를 이 깊은 바다에 던진 분이 하나님이라는 것을 고백하고 있습니다. 요나를 바다에 던진 것은 선원도 아니고, 자기 자신도 아니고, 요나가 지금까지 말씀을 듣고 예언하던 그 하나님이십니다. 그래서 요나는 지금 깊은 바다에 빠져 있고, 큰물에 에워싸여 있습니다. 그리고 요나 위에는 하나님의 파도와 하나님의 물결이 덮고 있기 때문에 인간의 힘으로는 살아나갈 수가 없습니다. 요나는 지금 완전히 하나님의 함정에 빠진 것입니다.

우리가 이 세상을 살아가다 보면 하나님의 함정에 빠질 때가 있습니다. 하나님께서 우리의 교만을 고치시며 하나님의 손에 붙잡힌 종이 되게 하기 위해서 도저히 빠져나갈 수 없는 고난의 함정에 몰아넣으십니다. 그래서 모세는 미디안 광야에서 40년 동안 숨어 있어야만 했고, 이스라엘 백성은 40년 동안 광야를 돌아다녀야만 했습니다. 우리가 이 세상에 있는 동안에는 학벌이 통하고, 재주나 기술이 통하지만 하나님의 함정에 빠지면 이런 인간적인 수단들은 전혀 통하지 않게 됩니다. 하나님은 오직 우리에게 일용할 양식을 주시고 말씀을 주시면서 살게 하십니다. 이때서야 비로소 우리는 자기 자신이 아무것도 아니면서 학벌이나 머리를 믿고 하나님을 업신여기면서 자기 멋대로 설쳐대었다는 것을 깨닫게 됩니다.

우리가 하나님의 함정에 빠졌을 때 살아날 수 있는 유일한 방법은 목숨 걸고 하나님의 말씀을 붙드는 것입니다. 이때 우리는 엄청나게 많은 눈물을 흘리게 됩니다. 즉 우리는 어떤 때에는 자기 신세가 너무 처량해서 울기도 하고, 때로는 하나님의 말씀에 감동되어서 울기도 합니다. 우리는 이렇게 철저하게 낮아지는 과정을 통해서 하나님의 손에 붙들리게 됩니다. 즉 지금까지 포기할 수 없었던 우상은 나 자신이었던 것을 깨닫고 하나님 앞에서 철저하게 깨어지고 난 후 나 자신이 아무것도 아닌 것이 되었을 때 우리는 하나님의 말씀에 순종하여 움직이게 됩니다.

3. 하나님의 빗장

사람이 물에 빠졌더라도 팔과 다리를 휘저으면 물위로 올라올 수 있습니다. 그러나 만일 사람이 물에 빠졌는데 팔이나 다리가 물속 바위틈이나 배 틈에 끼였으면 그는 거기서 빠져나오지 않는 이상 살 수가 없습니다.

요나를 물고기 배 속에서 빠져나오지 못하게 하는 것은 단순히 물고기의 꽉 다문 입이나 혹은 주위의 물 때문만은 아니었습니다. 요나를 지금 이렇게 깊은 바다에 빠지게 만든 것은 요나의 교만이고 죄였습니다. 결국 요나는 자기 자신의 고집과 죄 때문에 이 지경까지 오게 되었습니다. 그러나 요나에게 기도할 용기를 주고 하나님의 응답을 확신하게 한 것은 하나님의 말씀에 대한 확신이었습니다. 그래서 요나는 하나님의 말씀만 붙들고 기도했습니다.

5절, “물이 나를 둘렀으되 영혼까지 하였사오며 깊음이 나를 에웠고 바다 풀이 내 머리를 쌌나이다”

요나는 자신의 처지를 하나님 앞에서 솔직하게 생각해 보았습니다. 지금 요나 주위에는 물이 빙 둘러 있습니다. 요나의 밑에도, 옆에도, 위에도 물로 둘러싸여 있었습니다. 만일 어느 한쪽이라도 땅이 있고 길이 있으면 요나는 기를 쓰고 그곳을 뚫고 나가 볼 텐데 지금 요나에게는 길이 전혀 없었습니다. 그런데 이 엄청난 바닷물은 요나의 영혼까지 가득 채우고 있습니다. 즉 요나는 도저히 이 물에서 벗어날 수 없었습니다.

‘깊음이 나를 에웠고 바다 풀이 내 머리를 쌌나이다.’

요나는 지금 깊은 바닷속에 빠져 있고 바다풀이 요나의 머리를 에워싸고 뒤엉켜 있어서 아무도 요나가 살아 있다는 것을 알지 못하고 있었습니다.

이 세상에 많은 사람들이 있지만 요나가 이렇게 기가 막힌 상황에서 살아 있다는 것을 아는 사람은 아무도 없었습니다. 이때 요나는 '나는 철저하게 혼자다' 라는 것을 느꼈을 것입니다. 지금 요나를 도울 수 있는 사람은 아무도 없습니다. 지금 요나는 하나님 앞에 오직 단 한 명의 사람으로 서 있습니다.

이 세상에서 가장 불쌍한 사람이 누구입니까? 대개는 고난당하는 성도들입니다. 세상의 다른 사람들은 모두 아무 문제가 없는데 고난당하는 성도들만 아무도 도와주는 사람 없이 고통 받고 있는 것입니다. 그래서 고난당하는 성도들은 세상에서 구경거리가 될 때가 많습니다.

지금 가장 비참한 사람은 요나였습니다. 다른 사람들은 모두 안전하게 배를 타고 가고 있는데 요나만 제비에 뽑히고 바다에 던져져서 죽음을 향하여 한 발자국씩 다가가고 있습니다. 지금 요나는 깊은 물에 빠져 있고, 요나의 머리는 바다풀이 덮고 있어서 아무도 요나가 살아 있는지 모르고 있습니다. 요나는 도저히 이 물을 벗어나서 육지로 갈 수가 없습니다.

우리가 사람들 사이에 섞여 살 때에는 우리 한 사람 한 사람이 얼마나 연약한 존재인지 알지 못합니다. 그러나 어려움에 처하면 아무것도 할 수 없는 우리 자신의 모습을 발견하면서 '이 세상에서 가장 불쌍한 사람은 바로 나구나.' 하는 것을 깨닫습니다. 사실 그것이 바로 우리 자신의 원래 모습입니다. 그러나 우리는 미련하게도 어려움이 오기 전까지는 자신의 그런 모습을 알지 못하고 모든 것을 할 수 있는 것처럼 교만을 부립니다. 이때 우리는 그렇게 외로울 수가 없습니다.

하나님의 백성은 환난 중에 철저하게 혼자일 수밖에 없습니다. 우리는 거기서 믿음으로 살아남든지 죽든지 해야 하는 것입니다.

6절, "내가 산의 뿌리까지 내려갔사오며 땅이 그 빗장으로 나를 오래도록 막았사오나 나의 하나님 여호와여 주께서 내 생명을 구덩이에서 건지셨나이다"

지금 요나는 '산의 뿌리' 까지 내려갔습니다. 여기서 '산의 뿌리' 는 바다 가장 깊은 곳입니다. 그리고 거기서 요나는 빗장에 걸려서 땅으로 나오지 못하고 있습니다. 요나는 이 세상 가장 깊은 곳에서, 그것도 철저하게 혼자 버려져 있는데 빗장으로 막혀서 올라갈 수가 없습니다. 아마 사람에게 이것보다 더 답답한 지경은 없을 것입니다.

예를 들어 어떤 광부가 혼자 갱 속에 매몰되었는데 다행히 살아 있다고 합시다. 그런데 지상에서는 그가 살아 있는지 아무도 모르고 그는 혼자 수백 미터 땅 속에서 땅 위로 올라갈 수가 없습니다. 그는 지금 빗장에 걸려 있는 것입니다.

사람이 자신의 가치를 찾을 수 있는 것은 사랑하는 사람들을 만나서 사랑을 받고 인정을 받고 존경을 받을 때입니다. 그러나 사람이 빗장에 걸려서 사랑하는 사람을 만날 수 없고 인간 세상에 돌아올 수 없을 때 사람은 그 사실이 너무 고통스러운 것입니다.

4. 요나의 확신

요나는 이미 하나님께서 자기를 그 사망의 구덩이에서 건지실 것을 알고 있었습니다. 세상에 이것보다 더 대단한 배짱이 어디에 있을까요? 요나는 아직 바닷속에 있습니다. 아직 육지에 나갈 길이 없습니다. 그럼에도 불구하고 요나는 이미 하나님이 자기를 구원하셨다고 고백하고 있습니다. 요나의 기도에서 갑자기 반전이 이루어지고 있습니다. 요나는 지금까지 자신이 얼마나 절망적인 상황에 처해 있는지를 말씀드렸습니다. 그런데 갑자기 요나는 하나님이 자기를 건지셨다고 고백하고 있습니다. 무엇이 요나로 하여금 이 놀라운 확신을 가지게 했을까요? 그것은 요나가 하나님에 대하여 새로 깨달은 진리들 때문입니다.

요나는 이렇게 기도하고 있습니다.

7절, "내 영혼이 내 속에서 피곤할 때에 내가 여호와를 생각하였삽더니 내 기도가 주께 이르렀사오며 주의 성전에 미쳤나이다"

요나는 자기 영혼이 피곤하다고 말하고 있습니다. 이것은 요나가 지금

극도로 지쳐 있으며 너무나도 절망이 커서 아무 소망도 가질 수 없다는 뜻입니다.

그런데 요나가 이 절망에서 빠져나올 수 있었던 것은 그가 하나님을 생각했기 때문입니다.

'내가 여호와를 생각하였삽더니.'

요나는 이번의 경험을 통하여 하나님에 대하여 새로운 사실 세 가지를 깨닫게 되었습니다. 그 첫째는, 하나님은 어디든 계신다는 사실을 알게 된 것입니다. 요나는 지금까지 하나님은 이스라엘 백성 안에만 계신 줄 알았습니다. 그래서 요나는 자기가 이스라엘 백성을 떠나면 하나님은 아무것도 하실 수 없을 것이라고 생각했습니다. 그러나 하나님은 바다 가운데도 계셨습니다. 이 풍랑이 일어나게 하신 분은 바로 하나님이십니다. 그리고 하나님은 이방인들 가운데도 계셨습니다. 그들이 제비를 뽑았을 때 하나님은 요나가 뽑히게 하셨습니다. 그리고 하나님은 깊은 바다 속에도 계셨습니다. 큰 물고기를 준비하셔서 요나를 삼키게 하신 분은 하나님이신 것입니다.

지금 요나 주위는 온통 물입니다. 아래에도 물이 있고 옆에도, 위에도 물이 있습니다. 그러나 요나는 바로 그 물속에 하나님이 계신다는 것을 믿을 수 있었습니다. 즉 하나님은 요나의 옆에도 계시고, 아래에도 계시고, 위에도 계시는 것입니다. 하나님은 계시지 않는 곳이 아무 데도 없습니다. 그래서 요나는 아무것도 두려워할 것이 없습니다.

요나는 지금 하나님으로부터 쫓겨나서 이제는 성전에 가서 기도할 수도 없습니다. 그리고 요나는 성전에서 너무나도 먼 곳에 떨어져 있어서 아무리 크게 기도를 해도 하나님에게 들리지 않을 것입니다. 그러나 요나는 하나님이 모든 곳에 계시며, 이 깊은 바닷속에도 계신다는 것을 믿게 되었습니다. 요나는 이 죽음의 구덩이에서 하나님을 만날 수 있었습니다. 그 이유가 무엇입니까? 하나님을 새롭게 깨닫게 되었기 때문입니다. 우리가 어려움의 구렁텅이에서 빠져나올 때 보면 반드시 하나님에 대하여 새롭게 깨닫는 것이 있습니다. 그리고 그 사실이 우리를 담대하게 합니다. 지금까지 생각해 왔던 그런 하나님이 아닙니다. 새롭게 깨달은 하나님은 살아 계시며, 내가 지금 당하고 있는 어려움보다 엄청나게 크고 강하신 하나님입니다. 우리가 그 하나님을 깨달을 때 승리를 확신하게 됩니다.

요나가 두 번째로 깨달은 것은, 지금까지 사람들이 생각했던 하나님은 실제로 자기들의 우상이었다는 것입니다.

8절, "무릇 거짓되고 헛된 것을 숭상하는 자는 자기에게 베푸신 은혜를 버렸사오나"

요나는 지금 절망의 구렁텅이에 빠져 있지만 이것보다 더 큰 문제는 하나님을 바로 알지 못하고 하나님을 자기 나름대로 만들어서 믿었다는 것입니다. 우리는 대개 하나님을 믿는다고 하면서 자기 멋대로 하나님을 만들어서 믿을 때가 많습니다. 그러나 내가 만든 하나님은 나 자신의 욕심이고, 결국 우상인 것입니다.

'무릇 거짓되고 헛된 것을 숭상하는 자' 는 이방인들을 말하는 것이 아닙니다. 이들은 이스라엘 백성으로서 자기 욕망을 숭배하는 자들입니다. 요나는 하나님의 선지자라는 사실만으로 참으로 교만하게 지내왔습니다. 그러나 하나님께서 그런 하나님의 선지자를 무참하게 바닥으로 내던지셨고, 그때 요나는 하나님을 바로 알게 되었습니다.

요나가 지금 다행스럽게 생각하는 것이 무엇입니까? 이 세상의 가장 밑바닥에서 하나님을 바로 알게 되었다는 것입니다. 우리가 이 세상에서 아무리 잘살고, 아무리 높은 자리에 있고, 잘 믿는다고 큰소리를 쳐도 하나님을 바로 알지 못하면 그는 아무것도 아닙니다. 그러나 우리가 직장이 없고 살 집이 없어도 하나님을 바로 안다면 그것보다 복된 것은 없는 것입니다. 요나는 지금이라도 하나님을 바로 안 것이 그렇게 감사할 수 없는 것입니다.

요나가 세 번째로 깨달은 것은, 하나님은 이방인들을 진정으로 사랑하신다는 사실이었습니다. 요나는 지금까지 하나님은 이방인들을 미워하시며 이방인들은 멸망당해야 마땅한 것으로 생각했습니다. 그러나 하나님은 이방인을 사랑하시며, 그들이 멸망하지 않기를 바라십니다. 하물며 하나님이 이스라엘을 사랑하시고 우리 믿는 자들을 사랑하시는 것은 두 말할 필요가 없는 것입니다.

요나는 새로운 하나님을 깨달았을 때 고난이 고통스럽지 않았습니다. 오히려 하나님에 대한 새로운 깨달음이 요나를 얼마나 기쁘게 했는지 물고기 배 속이 요나에게는 성전이고 부흥의 장소였습니다.

요나가 절망했던 것은 하나님을 몰랐기 때문입니다. 그러나 요나가 낮아지는 과정을 통하여 하나님을 새로 깨닫게 되었을 때 요나의 마음속에는 말로 표현할 수 없는 기쁨과 자신감이 넘쳐흘렀습니다. 우리가 절망을 이기는 방법은 내가 믿던 나의 작은 하나님을 버리고 아주 크신 새 하나님을 발견하는 것입니다.

요나는 드디어 하나님께 감사기도를 드립니다.

9절, "나는 감사하는 목소리로 주께 제사를 드리며 나의 서원을 주께 갚겠나이다 구원은 여호와께로서 말미암나이다 하니라"

요나는 먼저 목소리로 하나님께 감사제사를 드리고 있습니다. 요나는 가진 것이 없고 깊은 바닷속에는 소나 양 같은 제물을 구할 수 없기 때문입니다. 요나가 하나님께 바칠 수 있는 것은 목소리밖에 없었습니다. 그러나 요나는 자신의 마음과 모든 것을 하나님께 드렸습니다. 이것이 요나의 서원이었습니다. 즉 요나의 서원은 다시 살려 주시면 하나님의 말씀에 철저하게 순종하겠다는 것이 아니라 살리시든 죽이시든 하나님 마음대로 하시라는 것입니다. 요나는 그 어떤 경우에도 하나님을 찬양하며 하나님께 감사할 것입니다.

우리는 은혜를 받지만 세상 현실로 돌아오는 것에 대해 장담하지 못할 때가 많이 있습니다. 즉 하나님의 말씀에 붙들리고 내 모든 것을 하나님께 맡기기는 했지만 다시 세상에서 정상적인 직장 생활을 하거나 결혼 생활하는 것을 장담하지 못할 때가 있습니다. 그러나 그것까지 다 맡기는 것이 여기서 말하는 서원입니다. 즉 하나님이 나를 가난하게 하실 수도 있고, 유명하게 하실 수도 있고, 죽게 하실 수도 있고, 오래 살게 하실 수도 있다는 것을 인정하는 것입니다. 그러나 하나님은 우리를 더 이상 자신의 야망대로 살지 않게 하시고 하나님의 방식대로 살게 하실 것입니다.

10절, "여호와께서 그 물고기에게 명하시매 요나를 육지에 토하니라"

우리는 요나가 살기 위해서는 이 물고기가 어부의 그물에 걸려 어부들이 물고기의 배를 가를 때까지 살아 있다가 어부들에게 기적적으로 구조되어야 할 것이라고 생각할 것입니다. 인간적으로 생각할 때 이 방법 외에는 다른 방법이 없을 것입니다. 사실 요나는 이 세상으로 돌아올 가능성이 없었습니다. 그러나 하나님께서 물고기로 하여금 요나를 육지에 토하게 하시니까 요나는 간단하게 살아서 돌아왔습니다. 하나님의 방법은 항상 간단합니다.

하나님은 우리를 도저히 살아올 수 없는 절망에서 살게 하십니다. 그때 우리는 이미 하나님의 손에 붙들린 사람이 되어서 돌아오게 되는 것입니다. 그때부터 우리는 하나님의 명령 앞에 무조건 순종하는 사람이 될 것입니다.

우리는 현재 우리의 답답함과 어려움을 하나님께 기도로 말씀드립시다. 우리는 우리의 살고 죽는 모든 것이 하나님께 달려 있음을 고백합시다. 그러면 우리는 이미 하나님의 손에 붙들린 지팡이가 될 것이며, 기적의 사람으로 나타날 것입니다.

성경 토의

1. 우리가 위기 때에 하나님께 응답받는 믿음을 가지기 위해서는 평소에 어떤 자세로 신앙생활을 해야 하는가?

2. 우리는 하나님의 말씀과 현실 사이에서 왔다갔다하다가 나중에는 지치거나 낙심하게 된다. 이때 우리가 끝까지 하나님을 바라보며 낙심하지 않기 위해서는 어떤 자세가 필요한가?

3. 위기의 순간에 자기 힘을 믿는 자와 하나님을 믿는 자는 무엇이 다르며, 그 결과는 어떻게 나타나는가?

04_니느웨의 회개

요나 3:1-10

전체적 설명

하나님은 바다에 빠져서 거의 죽다 살아난 요나를 다시 니느웨에 보내어 하나님의 말씀을 전하게 하셨다. 이것을 보면 니느웨 사람들에게 하나님의 말씀을 듣게 하시려는 하나님의 열정이 얼마나 강한지 알 수 있다. 요나 선지를 통하여 하나님의 말씀을 들은 니느웨 사람들의 반응은 의외였다. 전혀 하나님의 말씀을 들을 것 같지 않았던 니느웨 사람들은 요나가 전해 주는 하나님의 말씀을 듣고 왕부터 평민에 이르기까지, 심지어는 짐승들까지 금식하면서 하나님 앞에서 회개하기 시작했다.

설교 프리노트

1절, "여호와의 말씀이 두 번째 요나에게 임하니라"

요나가 바다에 빠졌다가 기적적으로 살아난 후에 두 번째 하나님의 말씀이 요나에게 임했다. 따라서 요나가 다시 니느웨로 가기로 한 것은 자신의 뜻이 아니라 하나님의 말씀이 다시 그에게 임했기 때문이다. 이것을 보면 멸망할 죄인을 살리려고 하시는 하나님의 의지가 얼마나 강한지 알 수 있다.

2절, "내가 네게 명한 바를 그들에게 선포하라 하신지라"

하나님께서 요나에게 주신 명령은 전과 동일한 명령이었다. 즉 니느웨 성의 악이 하나님에게까지 상달되어서 이제 멸망할 수밖에 없다는 메시지를 전하라는 것이었다. 하나님의 말씀을 벗어난 이 세상 사람들은 모두 멸망을 향하여 달리는 열차를 타고 있는 사람들과 같다. 우리는 세상 사람들에게 그들이 이 세상을 믿고 그냥 그대로 있으면 장차 반드시 멸망하게 된다는 것을 알려 주어야 한다. 그러나 세상 사람들은 눈에 보이는 것만 믿기 때문에 하나님의 말씀을 믿으려고 하지 않는다. 그래서 하나님의 백성은 이 세상에서 다른 사람들에게 신뢰를 얻어야 한다. 세상 사람들의 마음을 움직일 수 있는 것은 하나님의 사랑이다. 그래서 하나님의 백성은 자신들이 먼저 하나님의 사랑에 감격해야 하고, 이것을 정상적인 방법으로 세상 사람들에게도 나타낼 수 있어야 한다.

3절, "니느웨는 극히 큰 성읍이므로 삼일길이라"

옛날에는 웬만하게 큰 성이라 하더라도 하루면 충분히 돌 수 있었다. 그러나 니느웨는 아주 큰 성이어서 통과하는 데만 사흘이 걸렸다. 이것만 보아도 니느웨가 얼마나 큰 도시였는지 알 수 있다. 고고학자들에 의하면 니느웨는 직경이 150스타디아, 즉 30킬로미터였고, 둘레는 480스타디아, 즉 96킬로미터였다고 한다.

4절, "사십일이 지나면 니느웨가 무너지리라"

요나가 니느웨 사람들에게 하나님의 말씀을 전파한 방법은 간단하였다. 요나는 니느웨 성을 하루종일 다니면서 사람들이 모인 곳에서 하나님의 말씀을 외쳤던 것 같다. 그것은 40일이 지나면 니느웨가 무너진다는 것이다. 이 말은 니느웨에 대지진이 일어나서 모든 사람이 다 죽게 된다는 것이다. 옛날 소돔과 고모라는 하루아침에 하늘에서 유황불이 쏟아져서 사람들이 전부 죽었는데 니느웨에도 소돔과 고모라 같은 멸망이 있게 된다는 것이다. 아마도 요나는 니느웨 말을 잘 하지 못해서 통역을 세워서 이 말을 했든지, 아니면 자기가 니느웨 말을 배워서 했을 것이다. 그리고 아마도 요나는 이 말 외에도 자기가 하나님의 말씀을 거역하고 다시스로 도망을 치다가 큰 폭풍을 만났고 제비에 뽑혀서 바다에 빠지게 되었는데 하나님이 큰 물고기를 준비하셔서 살려 주신 이야기도 했을 것이다. 결국 악한 죄인의 마음을 움직일 수 있는 것은 하나님의 위대한 사랑뿐이다.

5절, "니느웨 백성이 하나님을 믿고"

니느웨 사람들이 요나의 선포하는 말에 과연 어떤 반응을 보일 것인가 하는 것은 전혀 예상할 수 없는 일이었다. 원래 니느웨 사람들은 잔인하고 오만한 사람들이었기 때문에 자기들에게 저주와 같은 이야기를 하는 요나를 잡아서 감옥에 가두거나 처형할 수도 있었을 것이다. 그러나 놀랍게도 니느웨 사람들은 요나의 경고를 듣고 하나님을 믿게 되었다. 여기서 하나님을 믿는다는 것은 하나님의 말씀을 믿는 것이다. 하나님의 말씀을 믿는 것은 하나님의 존재를 믿을 뿐 아니라 인격적인 하나님을 알게 되는 것을 의미한다. 도대체 어떻게 해서 자기 힘을 믿고, 해나 달이나 별을 믿던 니느웨 사람들이 하나님의 말씀을 믿게 되었을까? 어떤 학자들은 이때 니느웨가 나름대로 상당히 어려웠을 것이라고 추측한다. 즉 우라루트의 공격이나 기근으로 상당히 어려운 가운데 있는데 요나가 이런 무시무시한 설교를 하니까 하나님의 말씀을 믿게 되었을 것이라고 추측을 하기도 한다. 사람들은 어려움을 당해야 마음이 가난해져서 하나님의 말씀을 들으려고 한다.

"금식을 선포하고 무론 대소하고 굵은 베를 입은지라"

니느웨의 회개 운동은 일반 백성에게서부터 시작되었다. 즉 요나의 말을 들은 백성이 한 명 두 명씩 금식을 하고 베옷을 입기 시작하자 이것이 다른 사람들에게도 전해지고, 나중에는 왕의 귀에까지 들어가게 되었다.

6절, "그 소문이 니느웨 왕에게 들리매"

니느웨가 하나님의 진노로 40일이 지나면 멸망한다는 소문은 온 니느웨 성안에 퍼졌고, 결국 왕의 귀에까지 들어가게 되었다. 그런데 왕은 이런 소문을 듣고 미신이나 헛소리라고 화를 내거나 소문을 퍼뜨린 자를 당장 잡아오라고 명령하지 않고 왕 자신이 순순히 죄인인 것을 인정하고 보좌에서 일어나 조복을 벗고 베옷을 입고 재 위에 앉았다. 왕이 베옷을 입는다는 것은 부친이 죽어서 국상이 났거나, 아니면 전쟁에서 적에게 져서 항복할 때나 하는 일이다. 그러나 니느웨 왕은 자신이 베옷을 입음으로 하나님 앞에서 항복하였다.

7절, "왕이 그 대신으로 더불어 조서를 내려"

'왕이 대신으로 더불어 조서를 내렸다' 는 것은 왕이 신하들과 이 문제를 두고 회의를 했다는 뜻이다. 니느웨 왕은 요나의 메시지에 대하여 신하들과 회의를 한 후 공식적인 조서를 발표했다. 이것은 니느웨 왕이 요나의 말을 상당히 심각하게 받아들였다는 뜻이다. 도대체 어떻게 해서 니느웨 백성과 왕은 아직 실현되지도 않은 요나의 말을 그렇게 심각하게 받아들일 수 있었을까? 그것은 오직 하나님께서 그들의 마음을 가난하게 하셨기 때문이다.

니느웨 왕이 내린 조서의 내용은 우선 국가 전체의 금식이었다. 왕은 사람은 물론, 짐승까지도 음식을 입에 대어서는 안 되며, 물도 마셔서는 안 된다고 하여 완전한 금식을 선포했다. 대개 사람들은 위기를 당하면 사람에게 호소를 하여 도움을 받으려고 하는 데 비해 니느웨 왕은 하나님을 상대로 자신들의 자세를 낮추었다. 그리고 두 번째는 왕은 물론이고 모든 백성과 짐승들까지 굵은 베옷을 입게 한 것이다. 이것은 국상을 당했을 때나 하는 일인데 니느웨 왕은 우리 모두가 하나님 앞에서 죽었다는 것을 선포한 것이다. 그리고 세 번째는 여호와께 부르짖는 것이었다. 특히 여호와는 이스라엘의 하나님을 의미하는데 니느웨 사람들은 여호와를 알지 못했지만 이번 기회에 여호와의 이름을 부르면서 부르짖게 되었다. 니느웨 사람들의 현명한 점은 아직 멸망이 오지 않았지만 이미 멸망이 온 것 같이 하나님 앞에서 자세를 낮춘 것이다. 그리고 마지막으로 중요한 것은 그들이 지금까지 행한 악한 일과 강포에서 떠나는 것이었다. 만약 니느웨 사람들이 계속 나쁜 짓을 하면서 회개한다면 그것은 하나님을 이용하는 것밖에 되지 않는 것이다.

9절, "하나님이 혹시 뜻을 돌이키시고"

여기서 '혹시' 라고 한 것은 자신들은 감히 하나님께 벌을 내리지 말아

달라고 말할 자격이 없지만 하나님은 자비가 많으시기 때문에 불쌍히 여기기만 하시면 얼마든지 재앙을 내리지 않으실 수 있다는 뜻이다. 하나님께서는 죄를 짓고 회개하지 않는 자들에게는 말할 수 없이 엄격하시지만 자기 죄를 인정하고 회개하는 자에게는 한없이 자비로우시다.

10절, **"뜻을 돌이키사 그들에게 내리리라 말씀하신 재앙을 내리지 아니하시니라"**

하나님은 드디어 니느웨 성 사람들의 회개를 보시고 재앙을 내리지 않기로 결정하셨다. 그래서 결국 니느웨 성에는 아무 일도 일어나지 않게 되었다. 사람들의 마음은 간사해서 큰 재앙이 일어나지 않으면 아무것도 아닌 것처럼 생각해서 넘어가기 쉬운데 사실 우리에게 아무 일도 일어나지 않고 넘어가는 것 자체가 얼마나 큰 하나님의 자비와 능력인지 모른다. 우리는 큰 재앙이 일어나고 많은 사람이 죽고서야 하나님의 위대하심을 깨달을 것이 아니라 아무 일도 일어나지 않는 것을 통해서 하나님의 위대하심과 자비를 깨달을 수 있어야 한다.

본문 이해를 위한 질문

1. 바다에 빠져서 죽을 뻔했다가 살아서 돌아온 요나에게 어떤 일이 있었는가?

하나님은 두 번째로 요나에게 말씀하시기를, 일어나 니느웨로 가서 앞에서 하신 말씀을 그대로 전하라고 하셨다.

2. 요나가 증거한 것은 무엇이며, 요나의 증거에 대하여 니느웨 사람들은 어떤 반응을 보였는가?

요나는 니느웨 성을 하루종일 다니면서 40일 후에는 니느웨가 무너질 것이라고 외쳤고, 니느웨 사람들은 베옷을 입고 금식하면서 회개하기 시작했다.

3. 니느웨 왕은 이런 현상에 대하여 어떤 반응을 보였으며, 하나님은 이것을 어떻게 받으셨는가?

니느웨 왕은 신하들과 의논한 후 조서를 내려서 전 국민이 금식을 하고, 베옷을 입으며, 모든 악을 버리고 하나님께 부르짖게 했다. 그리고 하나님은 그들의 회개를 보시고 재앙을 내리지 않기로 하셨다.

성경 강해

얼마 전 신문을 보니까 "칠레 광부 33인 해피엔딩이 아니었다"라는 제목의 기사가 있었습니다. 칠레 광산 매몰 사건은 2010년 8월 칠레 북부에 있는 한 구리 광산에서 일어났는데 사람들은 그 안에서 일하던 광부 33명이 모두 사망했을 것이라고 생각했습니다. 그런데 매몰 17일째 되던 날 광부들은 매몰 지점까지 내려온 탐사 장비에 쪽지를 매달아 33명 모두 생존해 있다는 소식을 알려 왔고, 69일 만에 33명 모두 안전하게 구조되었습니다. 이것은 전 세계 광산 사고 역사상 유례가 없는 기적이었습니다. 그러나 그 후에 광부들은 직장을 구하지 못하거나 혹은 우울증으로 고통스러운 생활을 하고 있는 것으로 나타났습니다. 그들은 지옥과 같은 땅속에서 69일 동안이나 파묻혀 있다가 살아났으면 이 세상에서 어떤 일도 해낼 것 같았는데 실제로 이 세상에 다시 적응해서 살려고 하니까 그것이 쉬운 일이 아니었던 것입니다.

얼마 전에 백 년 만의 기습폭우로 서울에 있는 한 산에서 큰 산사태가 나면서 산 밑에 있던 아파트나 연립주택을 흙더미가 덮치는 바람에 많은 사람이 목숨을 잃었습니다. 그때 공중에서 산사태가 난 산을 찍은 사진을 보니 화가 난 마녀가 긴 손톱으로 산을 할퀸 것 같은 모습이었습니다.

때때로 우리 주위에 재난이나 사고가 나서 많은 사람이 죽거나 어려움에 처했을 때 우리는 많은 경우 할 수 있으면 얼마나 빨리 복구를 하고, 피해자를 도우며, 정상으로 회복시킬 수 있는가를 생각합니다. 물론 이것은 당연한 것이지만 우리는 이것을 하나님과의 관계에서 생각할 수 있어야 합니다. 즉 이 세상에 일어나는 모든 사고나 재난은 하나님이 허락하신 것입니다. 예수님은 하나님께서 허락하지 아니하시면 참새 한 마리도 땅에 떨어지지 않는다(마 10:29)고 하셨습니다. 그래서 우리에게 지혜로운 것은 작은 고난을 영적인 교훈으로 삼아서 큰 재앙이 일어나지 않도록 하는 것입니다. 그리고 더 중요한 것은 우리 주위에서 일어나는 재난이나 재난의 경고를 통해서 영적인 부흥을 일으키는 것입니다.

또 우리는 무엇인가 중요한 일이 있어서 꼭 해야 하는데도 불구하고 가족이나 혹은 직장 사람들이 그 중요성을 알지 못해서 하지 않고 있을 때 두 번 세 번 이야기를 해서 꼭 하게 할 것입니다. 군대 같은 경우에는 상관이 부하에게 중요한 일을 시켰는데 부하가 그것을 하기 싫다고 해서 하지 않는다면 상사는 부하를 책망하고 처벌할 것입니다. 이것은 하나님과 우리의 관계에 있어서도 마찬가지입니다. 하나님께서도 너두나도 중요한 일이 있어서 우리에게 시키시는데 우리는 하기 싫으면 못들은 체하고 세상으로 뺑소니를 치는 것입니다. 사실 하나님께서는 성경 말씀을 통해서 우리에게 계속 말씀하시지만 우리는 하기 싫은 것은 듣지 않고 자기 멋대로 행동합니다. 그러나 하나님께서 우리에게 시키신 일이 매우 중요한 일일 때에는 결단코 포기하지 않으십니다. 이때 하나님은 우리의 앞길을 막아서 길이 열리지 않게 하기도 하시고, 때로는 요나같이 바닷속에 집어넣어서 물고기 배 속에서 지옥 같은 고생을 하게 하신 후에 다시 하나님의 말씀에 순종하게 하십니다. 이것이 바로 하나님의 열심입니다. 만일 하나님의 이러한 열심이 없으면 우리는 모두 요나같이 뺑소니를 쳐 버리기 때문에 많은 사람들이 구원받지 못하고 망하고 말 것입니다.

하나님은 그렇게 니느웨에 가기 싫어하는 요나를 바닷속에 집어넣어서 거의 죽다가 살아나게 하신 후에 다시 니느웨로 보내셔서 말씀을 전하게 하셨습니다. 니느웨는 이스라엘의 적대국이었고, 요나가 만일 니느웨에서 하나님의 심판을 설교한다면 죽임을 당할 가능성이 많았습니다. 그러나 요나는 어떻게 하더라도 피할 길이 없다는 것을 알았습니다. 즉 요나는 니느웨에서 하나님의 말씀을 전해도 죽고, 이번에도 또 하나님의 말씀을 거역하고 도망을 치더라도 죽을 것을 알았습니다. 그래서 요나는 기왕 죽을 것 담대하게 하나님의 말씀이나 전하고 죽자고 생각하고 니느웨에서 담대하게 하나님의 말씀을 외쳤을 때 니느웨는 회개하고 요나 자신도 살게 되었습니다.

1. 두 번째 임한 하나님의 말씀

몇 년 전에 한센병 환자를 돕는 분을 만난 적이 있는데 그분은 제게 자기가 젊었을 때의 이야기를 해 주셨습니다. 그분은 젊었을 때 동네를 돌면서 한센병 환자들에게 약을 받아 가라고 했답니다. 그런데 이상하게도 약을 받으러 오는 분이 없었다고 합니다. 그래서 나중에 한센병 환자를 만났을 때 왜 약을 받아가지 않냐고 물었더니 약을 먹어서 무엇하느냐고 말을 하더랍니다. 즉 이분들의 마음속에 있는 절망이 치료를 받을 마음을 막았던 것입니다.

누구든지 희망을 가진다는 것은 참으로 귀한 일이고 아름다운 일입니다. 그런데 절망에 빠진 우리 인간이 도대체 어디에서 희망을 찾을 수 있을까요? 우리는 사람을 바라보고 세상을 바라보면 절대로 희망을 가질 수가 없습니다. 그러나 우리가 하나님을 바라보면 누구든지 새 희망을 가질 수 있고, 그 희망은 반드시 이루어집니다.

사실 이 세상에 사는 사람들은 모두 하나님이 필요한 사람들입니다. 그래서 하나님은 우리 믿는 자들을 이 세상 사람들에게 보내시는데 우리가 그 희망을 잘라 버릴 때가 많습니다. 즉 우리는 하나님에게 "하나님, 저 사람들은 하나님이 필요치 않은 사람들입니다."라고 하면서 가지 않는 것입니다. 그런데 놀라운 것은 우리가 생각하기에 절대로 하나님을 찾지 않을 것 같은 사람들도 두 번 세 번 가서 복음을 전하면 하나님을 찾는 사람들이 생긴다는 것입니다.

처음에 하나님께서 요나에게 니느웨로 가라고 하셨을 때 요나는 자기 마음대로 하나님의 말씀을 잘라먹었습니다. 즉 요나는 "하나님, 니느웨 사람들은 하나님이 필요치 않습니다."라고 하면서 정반대 방향인 다시스 쪽으로 도망쳤던 것입니다. 그런데 하나님은 도망치는 선지자를 붙잡아서 바다에 빠뜨려 가면서 도로 잡아오셔서 두 번째로 니느웨로 가라고 명령하셨습니다.

1-2절, "여호와의 말씀이 두 번째 요나에게 임하니라 이르시되 일어나 저 큰 성읍 니느웨로 가서 내가 네게 명한 바를 그들에게 선포하라 하신지라"

하나님께서 두 번째로 요나 선지로 하여금 니느웨에 가서 말씀을 전하라고 명령하신 것은 요나가 니느웨에 가서 말씀을 전해야 하는 것이 피할 수 없는 하나님의 절대적인 명령이라는 것을 보여 줍니다.

왜 하나님께서는 그렇게 많은 사람들을 죽이고, 재물을 약탈하고, 못된 짓을 많이 한 니느웨 사람들에게 이렇게 집착하시는 것일까요? 우리는 그 이유를 알 수 없습니다. 그러나 하나님께서 이렇게 집요하게 찾아가시지 않으면 이 세상에 구원받을 자가 아무도 없습니다. 우리는 모두 얼마 있지 않으면 곧 멸망을 당하는데도 불구하고 멸망할 것을 알지 못하는 야생동물과 같습니다. 동물학자들이나 수의사들은 이런 야생동물이 멸망하지 않도록 하기 위해서 때로는 그물로 포획하기도 하고, 때로는 마취 총을 쏘아 기절을 시켜서 안전한 곳으로 피신을 시킵니다. 그러나 야생동물들은 사람들이 자기를 잡아서 죽이려고 하는 줄 알고 기를 쓰고 달아나려고 합니다. 마찬가지로 우리 인간은 하나님의 구원의 필요성조차 알지 못합니다. 하나님은 우리 믿는 자들을 보내어서 멸망할 사람들을 한 사람이라도 건지려고 하시는데 우리는 가지 않으려고 하고, 사람들은 우리의 말을 믿으려고 하지 않습니다. 그래서 이 세상에서 가장 어려운 것이 사람들이 하나님의 말씀을 믿고 회개하는 것입니다.

하나님께서는 니느웨에 가지 않으려고 기를 쓰고 도망치는 선지자를 따라가서 붙잡아 오신 후에 다시 니느웨로 가서 말씀을 선포하라고 하셨습니다. 이번에 요나가 니느웨에 가서 하나님의 말씀을 선포하는 것은 절대적인 하나님의 의지요 고집인 것입니다. 즉 하나님은 무슨 일이 있어도 니느웨 사람들에게 하나님의 말씀을 듣게 하실 생각이었습니다.

사실 목회자나 선교사들 중에는 요나의 심정으로 하나님의 말씀에 순종하는 사람들이 많이 있습니다. 즉 우리는 하나님의 말씀을 듣고 구원을 받았지만 모두 평범하게 살려고 하지 영적인 책임을 지려고 하지 않습니다. 그래서 할 수 있으면 목회자가 되지 않으려고 뺑소니를 치거나 혹은 선교사로 나가지 않으려고 도망을 치다가 하나님의 손에 붙들려서 실컷 고생을 한 후에 '내가 계속 하나님의 말씀에 불순종하다가는 요나같이 물고기 배 속에 들어갈 수도 있겠구나.' 라는 두려움 때문에 어쩔 수 없이 순종을 할 때가 많습니다. 그러나 하나님이 이렇게 강권적으로 우리를 사용하시는 것은 하나님의 엄청난 자비입니다. 왜냐하면 이 세상에서 영혼을 건지는 것보다 더 귀한 일은 없기 때문입니다. 하나님께서 우리를 그렇게 쓰시기를 원하신다는 것 자체가 얼마나 큰 축복인지 모릅니다. 그리고 인간들이 그렇게 악하고 못되게 살았음에도 불구하고 억지로라도 하나님의 종을 보내시는 것은 정말 하나님의 놀라운 사랑이 아닐 수 없습니다.

사실 이번에 요나는 하나님의 두 번째 명령을 받고 니느웨로 가지만 니느웨 사람들에게는 이것이 두 번째 명령인지도 모릅니다. 왜냐하면 하나님의 첫 번째 명령을 요나가 자기 마음대로 무시하고 거역했기 때문입니다. 만약 하나님이 요나를 두 번이나 억지로 떠밀어서 보내지 아니하셨더라면 니느웨 사람들은 지진으로 몰살할 수밖에 없었습니다. 즉 니느웨 사람들은 아이티 사람들이나 쓰촨 성 사람들같이 되는 것입니다. 그런데 요나가 니느웨로 감으로 해서 니느웨 사람들은 단 한 명도 죽지 않게 되었습니다. 그래서 이 세상에서 하나님의 말씀을 듣는 기회를 가지는 것보다 더 큰 복은 없습니다. 왜냐하면 하나님이 말씀을 주시는 것은 그 사람들을 살리려고 하시는 것이기 때문입니다. 그래서 우리를 보내시는 하나님의 명령은 너무나도 중요한 것입니다.

이제 하나님의 두 번째 명령을 받아서 니느웨로 가는 요나는 다른 사람이 되어 있었습니다. 그 이유는 요나가 그동안 엄청난 경험을 했기 때문입니다. 첫 번째 명령을 받았을 때의 요나는 모든 것을 이론적으로만 아는 사람이었습니다. 즉 요나는 하나님은 이러이러한 분일 것이라고 자기 멋대로 생각했습니다. 그래서 니느웨 사람들은 아예 하나님의 말씀을 듣지 않을 것이며, 구원받을 만한 가치가 없는 사람들이라고 자기 멋대로 단정해 버렸습니다. 그리고 요나는 자기 자신이 하나님의 말씀을 전하는 선지자이면서도 하나님의 말씀은 별 능력이 없을 것이라고 생각했습니다. 그런데 요나는 하나님의 첫 번째 말씀을 자기 멋대로 불순종했다가 거의 지옥에까지 갔다 오는 것과 같은 고생을 했습니다. 요나는 하나님의 말씀에 순종하지 않고 도망을 쳤다가 바다에 던져져 물고기 배 속에서 3일간 있었는데 그야말로 요나는 거기에서 지옥의 공포와 고통을 경험했습니다. 즉 요나는 하나님의 말씀에 불순종하는 것이 얼마나 무서운 것인지 깨달은 것입니다. 요나는 니느웨 사람들이 무서워서 도망을 쳤는데 진짜 무서운 것은 사람이 아니고 하나님이었습니다. 우리는 사람을 의식하거나 사람을 겁낸다면 제대로 하나님의 말씀을 전할 수가 없습니다. 그런데 한번 무시무시한 하나님을 경험하고 나면 감히 하나님의 말씀을 잘라먹지 못하게 되는 것입니다.

그런데 요나는 그 지옥 같은 죽음의 공포와 절망 가운데서 하나님의 용서를 체험했습니다. 지중해 한가운데에서 큰 물고기 배 속에 있었을 때 요나가 살아서 육지를 밟을 수 있는 가능성은 제로였습니다. 요나는 절대로 살아날 수 없는 상황이었습니다. 그러나 요나가 물고기 배 속에서 차렷 자세로 3일간 있으면서 회개했을 때 하나님은 요나의 기도를 들으시고 요나를 용서하셨습니다. 하나님은 요나로 하여금 지중해 한가운데에 있는 물고기 배 속에서 머리털 하나 상하지 않고 살아서 나오게 하셨습니다.

요나는 죽음의 고통을 통해서 용서의 하나님을 체험했습니다. 요나는 어떤 상황에 있든지 하나님을 바라보면 살 소망이 있다는 것을 체험했습니다. 그리고 요나는 하나님의 말씀의 능력을 다시 체험했습니다. 즉 물고기 배 속에서 숨도 제대로 쉬지 못하면서 죽음의 고통을 느끼고 있을 때 자꾸 하나님의 말씀이 생각났는데 그 말씀을 붙들고 기도했더니 요나는 살아나게 되었습니다. 하나님의 말씀은 지옥의 위기에서 요나를 살리는 말씀이었습니다.

이제 요나는 더 이상 니느웨 사람들이 무섭지 않았습니다. 니느웨 사람들보다는 하나님이 더 무서운 분이라는 것을 알았기 때문입니다. 그리고 요나는 누구든지 하나님의 말씀을 듣고 회개하면 하나님이 용서하시고 살려 주신다는 체험을 가지고 가게 되었습니다. 설교자에게 있어서 하나님의 말씀을 체험한다는 것은 아주 중요한 것입니다. 왜냐하면 설교자가 아무리 설교를 은혜롭게 잘한다고 해도 자기가 직접 체험해 보지 않은 것은 힘이 없습니다. 그러나 설교자가 체험해 본 말씀은 말씀에 확신이 있고, 그 말씀을 전할 때 설교에 불이 붙게 됩니다. 이것이 듣는 사람들의 마음에 감동이 일어나게 합니다. 그래서 하나님의 말씀을 전하는 것은 말을 번드르르하게 잘하는 것이 중요한 것이 아니라 자기가 직접 체험해서 확신이 있는 것이 중요합니다.

2. 요나의 증거

요나는 하나님의 말씀에 순종해서 드디어 니느웨 성에 가서 하나님의 말씀을 전했습니다. 요나를 삼켰던 큰 물고기가 요나를 어디에 토해 놓았는지는 알 수 없지만 요나가 물고기 배 속에 만 3일간 있었던 것을 생각해 보면 대충 거리를 짐작할 수 있을 것입니다. 아마 요나가 출발했던 욥바에서 가까운 곳이든지, 아니면 조금 더 북쪽, 즉 앗수르로 가는 길목이었을 것입니다. 요나는 이제는 더 이상 지체하지 않고 니느웨로 직행을 했는데 아마도 그의 모습은 물고기 배 속에서 나온 그대로였을 것입니다. 즉 요나의 옷은 아주 남루하고, 몸에서는 비린내가 났을 것입니다. 그러나 요나는 니느웨에서 담대하게 하나님의 말씀을 외쳤습니다.

3-4절, "요나가 여호와의 말씀대로 일어나서 니느웨로 가니라 니느웨는 극히 큰 성읍이므로 삼일길이라 요나가 그 성에 들어가며 곧 하룻길을 행하며 외쳐 가로되 사십일이 지나면 니느웨가 무너지리라 하였더니"

여기서 우리가 기억해야 할 것은 니느웨가 당시에도 엄청나게 큰 성이었다는 사실입니다. 사실 옛날 우리나라 서울인 한양이라 하더라도 사대문 안은 이 끝에서 저 끝까지 가는 데 하루면 충분했습니다. 그런데 앗수르는 당시에 이쪽 끝에서 저쪽 끝까지 가는 데 3일이나 걸렸습니다. 현대 도시의 관점에서 보더라도 니느웨는 엄청나게 큰 도시였던 것입니다. 그리고 니느웨는 이스라엘에 대하여 적대적인 도시였습니다. 니느웨 사람들은 하나님을 믿지 않았을 뿐 아니라 우상을 숭배했습니다. 그리고 니느웨 사람들은 폭력적이었고, 자기들이 세계에서 최고로 강한 자라는 교만한 마음을 가진 자들이었습니다. 이런 곳에서 이스라엘 사람인 요나가 도시의 멸망을 설교한다면 처형당할 것이 분명했습니다.

그럼에도 불구하고 요나는 이 악한 도시에서 하나님의 말씀을 담대하게 전했습니다. 우선 요나는 도시 전체를 돌지 않았습니다. 요나는 이 도시의 3분의 1까지만 가면서 하나님의 말씀을 외쳤는데, 그 말씀은 40일이 지나면 이 도시는 망한다는 것이었습니다.

요나는 어떻게 담대할 수 있었을까요? 가장 중요한 것은 요나 자신이 하나님의 말씀을 믿게 되었다는 것입니다. 자기가 믿는 것을 전하는 것과 믿지 않는 것을 전하는 것에는 엄청난 차이가 있습니다. 요나는 죽을 고비를 겪으면서 하나님은 한번 하신다고 하면 정말 하시는 분으로 믿게 되었습니다. 즉 요나는 하나님께서 40일 후면 니느웨가 망한다고 하셨으니까 정말 그렇게 될 것이라고 믿었습니다.

그리고 성경에 기록되어 있지는 않지만 요나는 자기가 체험한 것을 분명히 니느웨 사람들에게 전했을 것입니다. 그것은 바로 니느웨를 구원하고자 하시는 하나님의 열정이었습니다. 사실 그 강퍅한 니느웨 사람들의 마음을 녹인 것은 하나님의 뜨거운 사랑이었던 것입니다.

요나는 먼저 자기가 니느웨로 가서 멸망이 임박했음을 외치라는 하나님의 말씀에 불순종하여 도망친 이야기를 하지 않을 수 없었을 것입니다. 그런데 하나님은 지중해에 큰 폭풍을 준비하시고 요나를 그 바다에 빠뜨려 죽이려고 하셨습니다. 그런데 하나님이 요나를 살리신 것은 니느웨 사람들을 살리시기 위해서였습니다. 하나님은 요나의 회개를 들으시고 요나를 물고기 배 속에서 나오게 하셨습니다. 요나는 하나님이 왜 이렇게까지 니느웨 사람들을 살리려고 하시는지 이해할 수 없었지만 하나님이 니느웨 사람들을 사랑하시는 것은 사실이었습니다. 니느웨 사람들은 요나 선지의 그 초췌한 모습을 다 보았을 것입니다. 니느웨 사람들은 요나 선지가 물고기 배 속에서 입고 있었던 옷과 신발과 그의 더러운 몰골을 다 보았던 것입니다.

니느웨 사람들을 하나님 앞에서 무릎 꿇게 만든 것은 니느웨 사람들을 향한 하나님의 놀라운 사랑이었습니다. 니느웨 사람들은 지금까지 한 번도 하나님을 인정한 적이 없었습니다. 니느웨 사람들은 다른 나라 사람들을 많이 죽였고, 약탈했으며, 못된 짓은 다 하고 다녔습니다. 그럼에도 불구하고 하나님은 니느웨 사람들을 사랑하셔서 도망치는 선지자를 붙잡아서 도로 니느웨로 보내었던 것입니다. 아무리 악한 사람이라 하더라도 하나님의 사랑 앞에는 마음이 녹아지게 되어 있습니다. 특히 한평생 우상을 숭배하고 술이나 마시고 하나님을 대적하면서 살았던 우리를 위해서 하나님이 자신의 독생자를 죽게 하셨다는 사실을 들으면 사람의 마음은 녹게 되어 있습니다.

우리나라 사람들은 대대로 조상신을 섬기며 하나님을 모른 채 살아왔습니다. 왕과 정부가 무능해서 나라를 일본에 빼앗겼고, 이 세상 어느 누구도 우리를 불쌍히 여기지 않았습니다. 그때 눈이 파란 선교사들이 와서 '하나님이 자신의 독생자를 희생 제물로 내어 주시기까지 우리를 사랑하셨다'는 복음을 전해 주었습니다. 이 놀라운 하나님의 사랑에 우리나라 사람들의 마음이 녹았고, 결국 대부흥이 일어났습니다. 이것이 오늘 우리나라가 있게 된 가장 큰 정신적인 뿌리가 되었습니다.

요나가 니느웨에서 하나님의 말씀을 담대하게 전할 수 있었던 이유는 자기 자신이 40일 후에 니느웨가 망한다는 하나님의 말씀을 믿었기 때문입니다. 설교자에게 가장 중요한 것은 자기가 전하는 말씀을 어느 누구보다 자기 자신이 먼저 믿어야 하는 것입니다. 그리고 요나는 자기가 하나님의 손에 붙들려 있다는 것을 믿었습니다. 즉 요나는 바다에 빠져서 물고기 배 속에 들어간 후부터 자기 목숨은 하나님의 것이며, 자기 자신은 하나님의 손에 붙들려 있다는 것을 믿었습니다.

요나는 니느웨에서 단 하루 동안 하나님의 말씀을 전했는데 니느웨 사람들은 놀라운 반응을 보였습니다.

5절, "니느웨 백성이 하나님을 믿고 금식을 선포하고 무론 대소하고 굵은 베를 입은지라"

요나의 설교를 들은 니느웨 사람들 중에 하나님을 믿는 사람들이 생겨났습니다. 여기서 니느웨 사람들이 하나님을 믿는다는 것은 하나님의 말씀을 믿게 된 것을 말합니다. 니느웨 사람들은 처음부터 요나의 말에 비상한 관심을 보이더니 어느 순간 울기 시작하고, 그 후에는 금식을 하고 베옷을 입는 사람들이 생겨났습니다.

어떻게 해서 그 악한 니느웨 사람들이 하나님을 믿게 되었을까요? 가장 중요한 것이 하나님께서 니느웨 사람들의 마음 문을 열어서 하나님의 말씀을 듣게 하신 것입니다. 우선 니느웨 사람들은 이렇게 강력하게 설교하는 것을 처음 접했습니다. 우상 종교에는 설교라는 것이 없기 때문입니다. 우상 종교는 모두 알아듣지 못하는 소리를 중얼거리다가 넘어지든지, 아니면 제사를 드리면서 알아듣지 못하는 소리를 중얼거리는 것이 특징입니다. 그런데 하나님의 신앙은 강력한 설교가 있습니다. 우상 종교처럼 알아듣지 못하는 소리를 중얼거리는 것이 아니라 모든 사람이 알아들을 수 있도록 분명하게 선포하는 것입니다.

그뿐만 아니라 사람들은 요나의 말에 흥미를 느꼈습니다. 요나의 체험은 흔히 들을 수 있는 것이 아니었습니다. 요나가 하나님의 말씀에 불순종해서 도망을 치다가 큰 폭풍을 만난 것이나, 제비에 뽑혀서 바다에 던져진 것이나, 요나가 물고기 배 속에서 회개했을 때 하나님께서 들으시고 요나를 살려 주신 것은 모두 생생한 간증이고 살아 있는 체험이었습니다. 더욱이 40일 후면 니느웨 성이 멸망한다는 요나의 메시지는 너무나도 절박한 것이었습니다. 즉 이것은 니느웨 성 사람들 전부가 사느냐 죽느냐 하는 것을 결정하는 문제였던 것입니다. 아마 요나가 소돔과 고모라의 멸망을 예로 들어서 말을 했다면 니느웨 성 사람들은 더 하나님을 두려워했을 것입니다. 더욱이 니느웨 사람들은 하나님을 대적하고 이스라엘 사람들에게 많은 피해를 주었습니다. 니느웨 사람들에게 있어서 만일 온 천지를 지으신 신이 여호와 하나님이라면 니느웨에 대하여 진노하시는 것은 당연한 일이라고 생각되었던 것입니다.

3. 니느웨 왕의 회개

이스라엘에서 온 요나라는 사람이 니느웨의 멸망에 대하여 이야기한 것과 일부 백성들이 그 말을 믿고 회개한다는 소식이 왕궁에까지 전달되었습니다. 그런데 놀라운 것은 니느웨 왕이 그 소문을 듣고 자기도 하나님의 말씀을 듣고 회개한 것입니다.

6절, "그 소문이 니느웨 왕에게 들리매 왕이 보좌에서 일어나 조복을 벗고 굵은 베를 입고 재에 앉으니라"

니느웨 왕이 요나가 한 말을 전해 듣고 보좌에서 일어나 굵은 베옷을 입고 재에 앉아서 회개하기 시작했다는 것은 정말 놀라운 일이 아닐 수 없습니다. 도대체 어떻게 해서 이런 일이 일어날 수 있었을까요? 가장 중요한 이유는 하나님이 니느웨를 살리시기 위해서 니느웨 왕과 백성들에게 하나님의 말씀을 믿고 회개할 마음을 주셨기 때문입니다. 하나님은 살리고자 하는 자를 살리시며, 망하게 하고자 하는 자는 망하게 하실 수 있습니다.

사람이 참으로 놀라운 것이, 악한 사람들도 마음이 변해서 하나님을 믿으면 천사같이 될 수 있다는 사실입니다. 그래서 이 세상 사람들은 모두 천사가 될 가능성이 있습니다. 하나님께서는 악한 니느웨 사람들의 회개를 통해서 이 세상 어떤 사람들도 하나님의 말씀을 듣고 회개하기만 하면 멸망당하지 않는다는 것을 보여 주시는 것입니다. 하물며 이스라엘 백성이 하나님의 말씀을 듣고 회개하면 하나님은 그들을 더 구원해 주실 것입니다. 그럼에도 불구하고 이스라엘 백성이 멸망하는 것은 마음이 교만해서 하나님의 말씀을 듣지 않고 회개하지 않았기 때문입니다. 이스라엘 백성이 망하는 이유는 니느웨같이 악해서가 아닙니다. 이스라엘 백성이 망하는 것은 그들이 니느웨 사람들보다는 훨씬 도덕적이고 교양이 있었지만 하나님의 말씀을 시시하게 생각해서 듣지 않았기 때문입니다. 이스라엘 백성은 하나님의 말씀을 다 안다고 생각해서 들으려고 하지 않았습니다. 그리고 이스라엘 백성은 세상 지식이 자신들을 똑똑하게 만든다고 생각해서 바다에 빠진 이 시시한 선지자의 말씀을 들으려고 하지 않았습니다. 즉 이스라엘 백성이 망하는 것은 교만한 마음 때문에 말씀을 듣지 않았기 때문입니다.

그리고 하나님은 하나님의 백성이 하나님의 말씀을 시시하게 생각해서 듣지 않을 때 그들이 가장 야만적으로 생각하는 사람들에게 부흥이 일어나게 하셔서 촛대를 옮기십니다. 따라서 니느웨에서 놀라운 회개 운동이 일어난다고 하는 것은 이스라엘의 촛대가 옮겨지는 것을 말합니다. 즉 하나님의 백성에게서 부흥의 촛대가 없어지면 그들은 사실 죽은 것이나 다를 바가 없습니다. 그들이 아무리 역사나 전통을 자랑하고 규모나 헌금 액수를 자랑해도 그것은 이미 죽은 것입니다. 사도 바울은 하나님의 나라는 말에 있지 않고 능력에 있다고 했습니다.

그리고 아무리 니느웨 왕이나 백성이라 해도 한때는 하나님의 말씀을 들은 적이 있었던 것이 분명합니다. 즉 이스라엘의 하나님은 위대하시며, 그 나라 백성들은 위대하다는 것을 알고 있었던 것입니다. 그런데 이스라엘 백성이 하나님의 말씀대로 살지 않으니까 시시하게 생각하고 있었는데 오직 요나 한 사람이 하나님의 말씀에 순종했을 뿐인데도 원자 폭탄같이 강력한 능력이 나타난 것입니다. 그래서 우리는 다른 사람들이 나에게 동조하지 않는다고 원망할 필요가 없습니다. 왜냐하면 하나님의 백성 단 한 사람만 하나님의 말씀대로 믿어도 원자 폭탄 같은 능력이 나타나기 때문입니다.

그리고 하나님의 말씀은 어느 곳에서나 위력을 나타낼 수 있습니다. 그 이유는 모든 인간은 죄에 빠져 있고, 하나님의 도우심이 필요하기 때문입니다. 사람들이 하나님의 말씀을 제대로 듣지 못해서 그렇지 듣기만 하면 이 세상의 공허한 이야기들과는 다르다는 것을 깨닫게 되는 것입니다.

그런데 앗수르 왕은 이 회개가 단발성으로 끝나지 않도록 하기 위해서 국민 전체에 조서를 내려서 회개 운동에 동참하도록 했습니다.

7-8절, "왕이 그 대신으로 더불어 조서를 내려 니느웨에 선포하여 가로되 사람이나 짐승이나 소떼나 양떼나 아무것도 입에 대지 말찌니 곧 먹지도 말 것이요 물도 마시지 말 것이며 사람이든지 짐승이든지 다 굵은 베를 입을 것이요 힘써 여호와께 부르짖을 것이며 각기 악한 길과 손으로 행한 강포에서 떠날 것이라"

대개 우리는 새로운 각오를 하더라도 그 결심이 오래가지 못할 경우가 많습니다. 그 이유는 우리 안에 있는 게으른 본성이나 죄를 지으려고 하는 본성이 그만큼 강하기 때문입니다. 그래서 세례 요한은 온 이스라엘 사람들을 향해서 회개에 합당한 열매를 맺으라고 외쳤습니다.

우리는 교회에서 하나님의 말씀을 들을 때에는 회개하는데 집에 돌아가면 옛날의 나쁜 습관으로 되돌아갈 때가 많습니다. 우리 인간은 그만큼 진정으로 회개하기가 힘들다는 것입니다. 그런데 우리 마음에 부흥이 일어나고 성령의 역사가 나타나면 이런 회개 운동이 지속되고 더 철저해집니다. 죄짓는 것이 싫어지고, 하나님이 기뻐하시지 않는 습관들을 잘라 버리고, 하나님께 더 기도하기를 힘쓰게 됩니다. 그런데 이것은 우리의 힘과 결심이 아니고 하나님께서 우리에게 그렇게 할 수 있도록 힘을 주시는 것입니다. 그래서 갑자기 온 니느웨 사람들이 하나님 앞에서 가장 겸손한 모습으로 회개하게 되었습니다. 심지어는 말을 하지 못하는 가축들까지 금식을 시키고, 물도 마시지 못하게 했습니다. 그 이유는 니느웨 성이 망하면 가축들도 다 죽기 때문에 회개해야 한다는 것입니다. 그리고 중요한 것이 하나님께 부르짖으면서 기도했다는 것입니다. 우리는 하나님께 부르짖으면서 기도해야 합니다. 하나님이 듣지 못하셔서 부르짖으며 기도하라는 것이 아닙니다. 우리의 죄와 교만을 버리고 하나님께 모든 체면 다 내려놓고 오직 하나님만 붙잡으라는 것입니다.

요즘 우리나라나 중국이나 일본에 큰 재앙이 일어나는 것은 하나님께서 모두에게 회개하라고 하시는 것입니다. 그런데 사람들은 하나님의 말씀을 듣지 못하니까 이런 재난을 당하고서도 그것을 영적인 부흥으로 연결시키지 못하는 것입니다.

하나님께서 우리에게 부흥을 주실 때 우리는 죄에 대한 비상한 깨달음을 얻게 됩니다. 즉 전에는 죄로 생각하지 않았던 것들이 죄로 깨달아지고, 하나님 앞에 무릎 꿇고 회개하게 됩니다.

지금 우리에게 이런 회개가 얼마나 필요한지 모릅니다. 하나님은 중국에 지진이 나게 하시고, 일본에 쓰나미가 오게 하셨습니다. 우리나라는 하나님께서 가장 가볍게 치고 계십니다. 그러나 이것은 우리의 죄가 적다는 뜻이 아니라 하나님이 그만큼 우리를 사랑하신다는 것입니다. 우리나라에 청년들의 취업 문제가 심각한 것은 청년들에게 회개하라고 하시는 것입니다.

하나님께서는 니느웨 사람들이 하나님 앞에서 겸손하게 무릎 꿇고 회개했을 때 매우 기뻐하셨습니다. 우리는 흔히 하나님은 우리로부터 너무 멀리 계셔서 우리의 태도나 자세에 무관심하다고 생각하기 쉽습니다. 그러나 하나님은 우리의 회개를 굉장히 기뻐하시고 반드시 우리를 구원하여 주십니다.

니느웨 왕은 회개하면서 이런 소원을 가지고 있었습니다.

9절, "하나님이 혹시 뜻을 돌이키시고 그 진노를 그치사 우리로 멸망치 않게 하시리라 그렇지 않을 줄을 누가 알겠느냐 한지라"

니느웨 왕은 지금까지 자기들이 지은 죄를 생각하면 하나님의 용서를 받을 자격이 없지만 그럼에도 불구하고 우리가 하나님의 말씀을 붙들고 회개하면 하나님이 그 뜻을 돌이키실지도 모른다는 것입니다. 즉 니느웨 왕은 자기들이 하나님께 용서를 받을 자격이 전혀 없다는 것을 인정했습니다. 그래서 아무리 금식을 하고 아무리 베옷을 입고 소리를 질러도 하나님의 긍휼을 얻을 자격이 없지만 하나님이 은혜로 자기들을 불쌍히 여기시면 자기들을 살리실 것이라고 생각했습니다. 그런데 이것이 얼마나 하나님의 뜻에 맞는 생각인지 모릅니다. 즉 우리는 어느 누구도 자격이 있어서 하나님께 용서받거나 축복을 받는 것이 아닙니다. 모든 것은 하나님의 마음인 것입니다. 그러나 하나님은 마음이 겸손한 자의 기도를 반드시 들어주십니다. 이것이 하나님의 성품입니다. 하나님은 죄인 하나가 회개하는 것을 의인이 가만히 있는 것보다 백 배나 기뻐하십니다.

인간의 어떤 노력도 하나님의 뜻을 돌이킬 수 없습니다. 단지 하나님께서 모든 것을 스스로 결정하실 뿐입니다. 그러나 하나님께서는 우리가 하나님 앞에 겸손한 자세로 기도할 때 반드시 망하지 않도록 지켜 주십니다.

그래서 하나님은 니느웨의 회개를 들으시고 40일 후에 있을 재앙을 취소하셨습니다.

10절, "하나님이 그들의 행한 것 곧 그 악한 길에서 돌이켜 떠난 것을 감찰하시고 뜻을 돌이키사 그들에게 내리리라 말씀하신 재앙을 내리지 아니하시니라"

하나님은 재앙을 내리기로 작정하셨을지라도 우리가 하나님 앞에 마음을 낮추고 회개하면 뜻을 돌이키셔서 재앙을 취소하십니다. 그래서 우리 앞에 어떤 재앙이 준비되어 있다 하더라도 그것은 운명적인 것이나 절대적인 것이 아닙니다. 우리가 회개하고 믿음으로 나아가면 재앙은 축복으로 변합니다. 그래서 우리의 미래는 지금 우리의 믿음의 자세에 달려 있는 것입니다. 우리가 과거에 아무리 잘 믿고 충성했다 하더라도 지금 교만하면 옛날에 잘 믿었던 것은 아무 소용이 없습니다. 그래서 우리는 항상 현재에 살아야 합니다. 우리는 언제나 하나님 앞에 겸손하고 은혜를 구해야 망하지 않습니다.

하나님은 요나처럼 불순종하면서 살던 우리에게 두 번째 기회를 주셨습니다. 우리는 이 두 번째 기회를 첫 번째처럼 내 마음대로 살다가 망쳐서는 안 되겠습니다.

니느웨의 회개는 요나의 설교를 들은 몇몇 사람으로부터 시작되었을 것입니다. 그러나 이것은 바로 나라 전체로 퍼졌습니다.

우리가 보고 있는 것도 바로 이것입니다. 오늘 중요한 것은 우리가 하나님의 말씀을 믿고 우리 자신의 죄를 하나님 앞에서 회개하는 것입니다. 어떻게 하면 좋은 옷을 입고, 어떻게 하면 좋은 직장에서 돈을 더 받을까를 생각하는 것이 아니라, 어떻게 하면 우리가 하나님 앞에서 죄를 버리고 교만을 버려서 망하지 않고 살 수 있을까를 생각해야 합니다.

하나님은 우리나라도 니느웨같이 온 국민이 하나님 앞에 무릎 꿇고 회개하기를 원하십니다. 이것은 바로 나 한 사람이 하나님을 바로 믿는 데서부터 시작한다는 것을 깨달을 필요가 있습니다.

성경 토의

1. 국가적인 위기 가운데서 정치 지도자들이나 일반 백성이 언론이나 사람의 마음을 끌기 위하여 보이기 위한 행동을 하는 것이 아니라 하나님 앞에서 무릎을 꿇는 것은 어떤 의미가 있는가?

2. 지금까지 그렇게 악하고 교만하게 살아온 니느웨 사람들이 선지자의 말씀 앞에 무릎을 꿇는 것을 보면 어떤 생각을 하게 되는가? 그리고 어떻게 해서 그 똑같은 말씀에 대하여 이스라엘 백성은 회개하지 않는 것일까?

3. 결국 하나님은 니느웨 성의 왕이나 백성들이 하나님 앞에 겸비한 것을 보고 재앙을 내리지 않기로 결정하셨는데 우리에게 아무 일이 일어나지 않는 것을 통해서 우리는 하나님의 자비하심과 긍휼을 느끼고 있는가?

05_선지자의 불평

요나 4:1-5

전체적 설명

니느웨 성은 요나의 헌신적인 설교로 왕부터 일반 백성에 이르기까지 하나님 앞에 회개하는 대부흥 운동이 일어남으로 하나님의 진노의 심판에서 구원받게 되었다. 이것은 요나 선지의 입장에서 보면 사역의 큰 성공이라고 볼 수 있다. 아마 니느웨 사람들은 요나가 바다에 빠져 죽을 고비를 넘기면서까지 하나님의 말씀을 전해 준 것에 대하여 너무나도 고마워했을 것이며, 요나를 생명의 은인으로 생각했을 것이다. 그러나 놀라운 것은, 니느웨 성의 회개가 요나가 원하던 것이 아니었다는 사실이다. 요나는 니느웨 사람들이 자신의 선포에도 불구하고 끝까지 하나님을 거역하고 악한 짓을 하다가 망하기를 바랐던 것이다. 그래서 요나는 니느웨 성 사람들이 회개하는 것을 보고 기뻐하지 않았으며, 하나님의 말씀을 전한 후에도 성이 망하는지 망하지 않는지 확인을 하려고 성 밖에 초막을 만들어서 지켜보고 있었다. 따라서 때로 우리를 통해서 큰 부흥의 역사가 나타난다 하더라도 그것은 하나님의 열심이 하는 것이지 결코 우리의 능력이 아닌 것이다.

1절, "요나가 심히 싫어하고 노하여"

설교 프리노트

요나는 니느웨 성 사람들이 자기가 전한 하나님의 말씀을 믿고 하나님 앞에 대대적으로 회개 운동을 하는 것을 보고 기뻐하거나 감사하지 않고 오히려 화를 내었다. 그 이유는 요나의 마음속에 니느웨 사람들에 대한 좋지 않은 감정이 있었기 때문이다. 아마 그동안에도 니느웨 사람들은 이스라엘에 많은 고통과 피해를 주었을 것이고, 그래서 니느웨는 이스라엘 백성에게 대원수였다. 그렇기 때문에 요나는 이번 기회에 니느웨 왕이나 백성들이 하나님 앞에 회개하지 않고 끝까지 버티다가 망하기를 바랐다. 그러나 요나의 기대와는 달리 니느웨 성 사람들이 하나님의 말씀 앞에 무릎을 꿇고 회개하자 일이 자기 생각과 다르게 진행된다고 생각해서 너무나도 싫어했던 것이다. 그리고 하나님은 니느웨 성 사람들의 회개를 들으시고 그들을 멸망시키지 않겠다는 영감을 요나에게 주셨을 것이다. 그때 요나는 화가 머리끝까지 났던 것이다.

2절, "여호와여 내가 고국에 있을 때에 이러하겠다고 말씀하지 아니하였나이까"

요나는 이미 이스라엘에서 처음 하나님의 말씀을 받았을 때 자기가 니느웨에 갈 수 없는 이유를 하나님께 말씀드렸다. 그것은 니느웨같이 악한 짓을 많이 한 사람들이 혹시라도 하나님의 말씀을 듣고 회개하면 안 된다는 것이었다. 즉 요나는 니느웨 성 사람들같이 악한 사람들에게는 하나님의 말씀을 들을 수 있는 기회조차 주어서는 안 된다는 것이다. 정의의 관점에서 볼 때 니느웨 사람들같이 악한 짓을 많이 한 사람들은 결코 쉽게 용서받아서는 안 된다는 것이다.

"그러므로 내가 빨리 다시스로 도망하였사오니"

요나의 입장은 니느웨 성 사람들이 하나님의 말씀을 듣고 회개하면 안 되니까 아예 하나님의 말씀을 듣게 해서는 안 된다는 것이었고, 하나님은 요나가 니느웨로 가서 외치기를 원하셨다. 결국 요나는 자기 생각을 굽히지 않고 다시스로 도망쳤다. 그런데 이제 요나가 니느웨 성에 와서 하나님의 말씀을 전하고 보니까 아니나 다를까 니느웨 성 사람들이 얄밉게도 회개를 하는 것이 아닌가? 그래서 요나는 지금 하나님 앞에서 항의를 하고 있는 것이다. 요나는 니느웨 사람들같이 악한 사람들은 이런 식으로 쉽게 회개하고, 또 쉽게 용서받아서는 안 된다는 것이다.

"주께서는 은혜로우시며 자비로우시며 노하기를 더디 하시며 인애가 크시사"

하나님은 의로우셔서 죄인을 절대로 용서하지 않고 반드시 심판하시지만 자기 죄를 인정하고 회개하는 자에 대해서는 한없이 자비로우시다. 그래서 하나님은 회개할 것이 없는 의인 아흔아홉 명보다 죄인 하나가 회개하고 돌아오는 것을 더 기뻐하신다. 그렇기 때문에 죄인들이 무조건 하나님의 인자하심과 자비하심을 믿고 하나님께 돌아오기만 하면 하나님은 그 죄를 다 용서하시고 오히려 복을 내려 주신다. 요나는 하나님의 바로 이런 점이 정의롭지 못하다고 생각한 것이다. 즉 누구든지 죄를 지은 사람은 죗값에 대한 책임을 져야 하는 것이지 회개한다고 해서 모든 죄를 용서받는 것은 정당하지 못하다는 것이다.

3절, "여호와여 원컨대 이제 내 생명을 취하소서"

요나는 몹시 화가 나서 차라리 죽게 해 달라고 하나님께 떼를 썼다. 우선 요나는 자기가 이 악한 니느웨 사람들을 살리는 데 사용된 것을 참을 수가 없었다. 왜냐하면 요나는 니느웨 사람들같이 악한 자들은 하루라도 빨리 멸망하는 것이 모든 사람에게 유익하다고 생각했기 때문이다. 그런데 요나가 쓸데없이 니느웨에 가서 하나님의 말씀을 전하는 바람에 니느웨는 다시 살게 된 것이다. 이것은 이 세상 어느 누가 보더라도 쓸데없는 짓이었다. 그뿐만 아니라 요나는 분명히 이스라엘로 돌아가서 어디에 가서 무엇을 하고 왔느냐는 질문을 받게 될 텐데 그때 죽어 가는 니느웨를 살려 놓고 왔다는 말은 죽어도 하기 싫었던 것이다. 왜냐하면 그것은 이스라엘의 원수를 도와준 것이기 때문이다.

4절, "여호와께서 이르시되 너의 성냄이 어찌 합당하냐"

하나님은 요나가 하나님이 니느웨를 살려 주신 것에 대하여 화를 내고 있는 것을 알고 계셨다. 그래서 하나님은 요나에게 "너의 성냄이 어찌 합당하냐"고 물으셨다. 이것은 하나님께서 요나에게 "너는 니느웨 성 사람들의 입장에서 한 번이라도 생각해 본 적이 있느냐." 하고 물으시는 것이다. 즉 우리는 악한 자나 선한 자를 너무 쉽게 구분해서 말하지만 하나님은 악한 자나 선한 자 모두에게 구원의 기회를 주기를 원하시며, 그들 한 사람 한 사람의 영혼을 아끼시는 것이다. 우리는 악한 자들이 하는 못된 짓만 생각하고 그들이 빨리 죽거나 망하기를 바라지만 하나님에게는 그들도 소중한 영혼이기에 할 수만 있으면 회개하기를 바라신다. 이것이 하나님과 우리의 생각의 차이이다.

5절, "요나가 성에서 나가서 그 성 동편에 앉되"

요나는 하나님이 니느웨 성을 살리기로 하신 것을 알고도 과연 니느웨 성이 망하는지 망하지 않는지 눈으로 확인하기 위해서 성 밖에 초막을 짓고 40일이 지나기를 기다리고 있었다. 즉 요나는 니느웨 성 사람들의 회개가 위선적이고 거짓된 것이기를 바랐던 것이다. 그래서 요나는 절대로 니느웨는 이렇게 쉽게 용서받아서는 안 된다는 각오로 니느웨가 어떻게 될지 끝까지 지켜보기로 하였다. 이것은 결코 선지자로서의 아름다운 마음 자세가 아니었다. 그러나 요나는 니느웨 사람들을 이런 식으로 용서할 수가 없었던 것이다. 때로 우리는 하나님보다 더 거룩해지려고 하나님이 용서하라고 한 사람을 용서하지 못하고 끝까지 미워하거나 보복하려고 할 때가 있다.

본문 이해를 위한 질문

1. 요나가 니느웨 성에서 엄청난 회개 운동이 일어나게 하고 니느웨 성 사람들이 모두 멸망하지 않는 대성과를 거두고서도 화를 낸 이유가 무엇인가?

요나는 너무나도 악한 짓을 많이 한 사람들이 너무 쉽게 회개해서 구원받는 것은 정의롭지 못하다고 생각했기 때문이다.

2. 요나는 하나님께 무엇이라고 항의하였는가?

요나는 니느웨 사람들이 요나의 설교를 듣고 회개하기 시작하고 그들의 회개의 기도를 들으신 하나님께서 그들을 용서하시려고 하는 것을 보고 자기는 고국에 있을 때부터 이렇게 되어서는 안 된다고 주장을 했다고 항의하고 있다.

3. 하나님은 어떤 하나님이신가?

하나님은 회개하지 않는 죄인에 대해서는 말할 수 없이 엄격하시지만 누구든지 자기 죄를 인정하고 회개하는 자에 대해서는 한없이 자비로우시며 인자하신 분이다. 그래서 하나님은 죄인이 회개하는 것을 죄짓지 않은 사람이 잘난 체하는 것보다 훨씬 좋아하시고 기뻐하시며 사랑하여 주신다.

성경 강해

우리는 대개 두 가지 상반된 성향을 가지고 살아가고 있습니다. 하나는 자기가 가지고 있는 것에 대하여 당연하게 생각하지만 시간이 갈수록 만족감이 줄어드는 것입니다. 예를 들어 처음으로 새 자동차를 구입한 사람은 말로 표현할 수 없을 정도로 만족감을 느낍니다. 그래서 그는 밤에도 밖에 세워 둔 자동차가 잘 있는지 나가서 보고, 비가 오면 차가 비에 맞을까 봐 걱정을 합니다. 그러나 차를 사고 몇 달이 지나면 차가 있는 것이 당연하게 느껴지고, 고장이 나면 그때부터는 차에 대하여 불만이 생기기 시작합니다. 그래서 사람들은 모두 자기가 가지고 있는 것이 아무리 많아도 더 감사하거나 더 기뻐하지 않고 당연하게 여깁니다. 봉급을 받는 사람은 봉급이 올라가면 처음에는 기뻐하지만 시간이 지나면 그것을 당연하게 생각하고 감사하게 생각하지 않습니다.

그 반면에 사람들은 자기가 다른 사람에 비하여 가지지 못한 것이 있을 때 그것 때문에 엄청나게 부족하게 느껴지기도 하고, 심지어는 불행을 느끼기도 합니다. 예를 들어 다른 식구들은 다 대학을 나왔는데 자기 혼자 대학을 나오지 못했다면 그는 열등감을 가질 것이고, 부족함을 느낄 것입니다. 또 다른 사람들은 다 키가 큰데 자기 혼자만 키가 작으면 그것 때문에 열등감을 가질 것입니다. 이렇듯 사람들은 자기가 가지고 있는 아흔아홉 개에 대해서는 감사하는 마음을 가지지 않으면서 다른 사람에 비해 가지지 못한 한 가지가 있을 때에는 불만을 품고, 열등감을 가지며, 하나님을 원망합니다. 그래서 우리는 단순히 지금 나에게 없는 것만 가지고 하나님을 원망하거나 불평할 것이 아니라 하나님 앞에서 내가 하나님으로부터 받은 축복은 무엇이고, 나에게 없는 것은 어떤 것인지를 생각해 보는 시간을 가질 필요가 있습니다. 우리가 이런 식으로 하나님이 주신 축복 전체와 나에게 부족한 것을 비교해 본다면 하나님 앞에서 부족하다고 불평하는 것이 얼마나 적은 것인지 알 수 있을 것입니다.

때때로 어린아이들은 엄마나 아빠에게 말도 되지도 않는 것을 가지고 떼를 씁니다. 주로 아이들이 엄마에게 떼를 쓰는 것은 무엇을 먹고 싶은데 엄마가 먹지 말라고 하거나 혹은 마음대로 놀고 싶은데 엄마가 놀지 말라고 할 때입니다. 그런데 아이들이 엄마나 아빠에게 떼를 쓰는 것은 자기가 원하는 그것만 생각하고 다른 것은 생각할 능력이 없기 때문입니다. 그래서 어떤 의미에서 아이들이 떼를 쓰는 것은 당연하다고 볼 수 있습니다. 그러나 우리는 어른임에도 불구하고 내가 생각하는 것이 뜻대로 되지 않았을 때 하나님 앞에서 화를 내고 불평을 합니다.

저는 과거에 한때 평신도로서 하나님의 일을 하는 것을 너무나도 원했습니다. 예를 들면 선교 단체 간사 같은 것이었습니다. 그래서 하나님께 그런 길을 열어 주시도록 열심히 기도하고 노력을 했는데 길이 열리지 않았습니다. 저는 그때 너무나도 화가 나서 동네를 80바퀴쯤 돌고 가출을 해 버릴까 하는 생각을 했습니다. 그래서 동네를 80바퀴쯤 돌았지만 그래도 성이 풀리지 않아서 죽으려고 작정을 하고 금식을 했는데 하나님께서 저에게 "그렇게 성을 내지 말라" 고 하셔서 그만둔 적이 있습니다.

우리는 때때로 다른 사람에게는 다 있는데 나에게 꼭 필요한 것이 없어서 하나님을 원망할 때가 많이 있습니다. 또 우리는 너무나도 하고 싶은 것이 있는데 그것이 뜻대로 이루어지지 않아서 화가 나거나 침체될 때가 있습니다. 우리는 때때로 다른 사람의 일은 너무나도 잘 풀리는데 유독 내 일은 잘 풀리지 않을 때 하나님은 나를 사랑하시지 않는다고 단정해서 하나님을 불신하고 내 마음대로 살려고 할 때가 많이 있습니다.

요나는 하나님께서 쓰신 위대한 종이었고, 하나님이 이방 지역에 보내신 최초의 선교사였습니다. 선교에 있어서 요나는 독보적인 존재였습니다. 요나 다음에 위대한 선교사였던 사도 바울이라는 인물이 나오기까지는 수백 년의 시간이 걸려야만 했습니다. 그뿐만 아니라 요나는 선교에 있어서 대성공을 거두었습니다. 요나는 당시 세계에서 가장 크고 인구가 많았던 도시 니느웨를 회개시켜서 멸망에서 구했습니다. 요나가 이렇게 엄청난 성공을 거두었다면 하나님 앞에서 눈물을 흘리면서 감사하고 감격했어야 할 텐데 요나는 정반대로 하나님께 원망하고 불평했습니다. 그 이유는 요나가 하나님이 하신 일을 전체적으로 생각하지 못하고 자기중심적으로 생각했기 때문입니다.

그런데 우리가 요나의 이런 불만을 알 수 있었던 것은, 요나가 너무나도 자기 자신에게 정직하고 솔직했기 때문입니다. 아마 다른 사람 같으면 절대로 속마음을 내어 놓지 않았을 텐데 요나는 자기 자신에 대하여 정직했기 때문에 이런 고백을 남겨놓게 되었습니다. 우리가 이것을 보면 하나님은 우리를 통해서 엄청난 일을 하시지만 우리는 얼마나 유치한 상태에서 하나님의 일을 하고 있는지 잘 알 수 있습니다.

1. 요나가 거둔 성공

하나님은 요나를 통해서 어느 누구도 할 수 없는 엄청난 일을 해내셨습니다. 그러나 요나는 나타난 결과가 자기 생각과 다르다고 해서 하나님을 원망하고 불평했습니다.

1절, "요나가 심히 싫어하고 노하여"

요나가 죽을지도 모르는 악한 니느웨 성에 가서 하나님의 말씀을 전하여 그들을 회개하게 하는 데 대성공을 거두었으면 하나님 앞에서 눈물을 흘리면서 감사하고 기뻐해야 할 것 같은데 요나는 너무나도 싫어하고 화를 내었다고 말씀하고 있습니다. 그것은 요나가 자신의 일을 하나님의 입장에서 보지 못했기 때문입니다.

우선 요나는 하나님의 엄청난 사랑으로 살게 되었습니다. 요나가 하나님의 종으로서 하나님의 말씀을 거역하고 다른 곳으로 도망친 것은 죽을 수밖에 없는 죄였습니다. 실제로 요나는 하나님의 손에 붙들려서 다시스로 가던 중에 폭풍을 만나고 제비에 뽑혀서 바다에 던져졌습니다. 이때 요나는 이미 죽었다고 보아야 합니다. 그런데 요나는 기적적으로 살아났습니다. 그것은 하나님이 준비하신 어떤 큰 물고기가 바다에서 요나를 산 채로 삼켰기 때문입니다. 그러나 사실 요나가 그 물고기 배 속에서 다시 살아나오는 것 자체가 기적이었고 불가능한 일이었습니다. 우선 물고기 배 속은 산소가 충분하지 못했습니다. 그리고 만일 이 물고기가 더 깊은 바닷속으로 들어가서 몇 주쯤 있었어도 요나는 물고기 배 속에서 소화가 되어 버렸을 것입니다. 그런데 요나는 만 3일간 물고기 배 속에 있으면서 거의 산소를 많이 소모하지 않은 상태에서 살아 있었습니다. 그리고 이 물고기는 요나를 정확하게 안전한 육지에 토해 내었습니다.

이 세상에 죽지 않고 사는 것보다 더 복된 것은 없습니다. 만일 요나가 물고기 배 속에서 죽었더라면 그래도 회개하는 시간이 있었기 때문에 지옥에 가지는 않았겠지만 요나는 하나님 앞에서 아무 상이 없었을 것입니다. 요나는 하나님 앞에서 부끄러운 구원을 받을 수밖에 없는 형편이었습니다. 그런데 하나님은 요나를 다시 이 세상에 보내어서 살게 하셨습니다. 요나는 죽음의 입구에서 기적적으로 살아났습니다. 아마 인류 역사상 요나 같은 체험을 한 사람은 단 한 명도 없을 것입니다. 가끔 바다에 빠진 사람이 거북이 등을 타고 살아난 경우는 있습니다. 또 어떤 사람은 배가 침몰하여 나무토막 같은 것을 타고 표류하다가 기적적으로 배를 만나서 구조되기도 했습니다. 그러나 물고기가 사람을 삼켰다가 3일 단에 다시 뱉어내어서 산 경우는 요나 외에는 없을 것입니다.

거기에다가 하나님은 요나에게 다시 사명을 주셔서 큰 니느웨 성에 가서 하나님의 말씀을 외치게 하셨습니다. 우리 인간에게 하나님의 말씀을 외칠 수 있는 것보다 더 큰 특권은 없습니다. 다른 사람들이 그 말씀을 듣고 받아들이든 받아들이지 않든 인간이 하나님의 말씀을 외칠 수 있다는 것은 최고의 특권입니다. 더욱이 요나는 하나님의 말씀에 불순종해서 도망치다가 하나님이 징계하셔서 거의 죽음의 입안에 들어갔던 죄인인데 하나님은 이런 죄인에게 축복을 주셔서 하나님의 말씀을 외칠 수 있는 기회를 주셨습니다. 그리고 하나님은 요나의 전도를 듣고 수많은 사람이 회개하고 구원을 받게 하셨습니다. 하나님의 선지자에게 최고의 복은 사람들이 그 말씀을 듣고 은혜를 받는 것입니다. 그리고 하나님의 말씀을 전하는 사람에게 최고의 축복은 사람들이 하나님의 말씀을 듣는 가운데 부흥이 일어나는 것입니다. 자기가 전한 그 말씀으로 인해 멸망당한 영혼들이 죽지 않고 살아나는 것입니다. 예수님께서는 한 생명이 온 천하보다 귀하다고 하셨는데 백 명이든 천 명이든 멸망치 않고 구원을 얻는다는 것은 돈으로 환산할 수 없는 어마어마한 축복입니다. 그런데 때로는 하나님의 종들이 위대한 설교를 해서 대부흥이 일어난 후에 기뻐하지 못하고 영적으로 침체되거나 혹은 하나님 앞에서 짜증을 부리거나 불평할 때가 있습니다. 이것은 하나님의 종들이 자기 자신을 하나님의 눈으로 보지 못하고 자신의 이기적인 눈으로 보았기 때문입니다.

엘리야 같은 경우에는 기도의 능력으로 하늘에서 불이 떨어져서 제물을 태움으로 살아 계신 하나님을 나타내었고, 바알의 제사장 450명을 기손 시냇가로 끌고 가서 다 죽였습니다. 그리고 3년 반 동안 오지 않던 비를 내리게 해서 사람들이 굶어 죽지 않고 살 수 있게 했습니다. 그런데 엘리야는 이세벨이 자기를 체포하려고 한다는 통보를 받고는 유다 광야로 도망을 쳐서 하나님께 죽여 달라고 떼를 썼습니다.

어떻게 해서 엘리야같이 위대한 하나님의 종이 이렇게 하나님 앞에서 기뻐하거나 감사하지 못하고 침체되어서 죽게 해 달라고 떼를 쓰게 되었을까요? 엘리야도 인간인지라 하나님이 하신 일을 전체적으로 보지 못하고 자기 자신만 보았기 때문입니다. 대개 하나님의 종들이 큰일을 하고 난 후에 자기 자신을 보면 수고한 것에 비하여 돌아오는 것이 아무것도 없다는 생각이 듭니다. 이렇게 큰 부흥이 일어났으면 사람들이 잔치를 해 주거나 혹은 특급 호텔에서 쉬게 해 주어야 하는데 이세벨이 엘리야를 체포하려고 하고 사람들은 또 다른 문제를 가지고 원망하고 싸울 때 실망을 하게 되는 것입니다.

우리가 하나님의 손에 붙들려서 사용될 때에는 거의 하나님의 천사같이 영광스럽고 능력이 있습니다. 그러나 이런 일을 다 마치고 자기 숙소에 돌아오면 철저히 무능한 자가 되는 것입니다. 이때 만일 아내나 누가 좋지 않은 말을 하면 엄청나게 화가 나면서 하나님께 죽게 해 달라고 하든지, 아니면 아내에게 저주를 퍼붓든지 하는 것입니다.

사실 우리는 하나님의 일을 하고 난 후에도 계속 자신을 보지 말고 하나님만 바라보아야 하는데 우리는 우리 자신을 보지 않을 수가 없습니다. 그런데 우리가 우리 자신을 보면 아무것도 아닌 사람인 것입니다. 우리가 아무리 큰일을 했다 하더라도 그것은 하나님이 하신 것이지 우리의 능력이 아닌 것입니다. 그래서 우리는 하나님이 하나님의 일을 하시고 하나님이 부흥에 나를 사용하신 것만 가지고 기뻐해야 하는데 나 자신의 실속까지 챙기려고 하니까 침체가 오고 원망을 하는 것입니다.

발람 같은 사람은 이방인으로 하나님의 말씀을 전하는 선지자였는데 그는 이방인으로서 하나님의 말씀을 예언하는 것 자체가 얼마나 대단한 것인지를 생각하지 않았습니다. 그래서 그는 돈까지 챙기려고 하여 모압 왕 발락의 사주를 받고 이스라엘 백성을 저주하러 갑니다. 하나님의 백성이 자신들의 가치를 돈으로 확인하고 직책으로 확인하려고 하니까 죄에 빠지는 것입니다. 결국 돈을 위해서 이스라엘 백성을 저주하러 가던 발람 선지는 나귀의 책망을 받게 됩니다. 우리는 우리가 하나님을 바로 알고 바로 믿는다는 사실 하나로 만족해야지 돈까지 벌고 직책까지 챙기려 할 때 결국 나귀보다 못한 종들이 되고 마는 것입니다.

2. 요나의 불만

요나가 가장 못마땅해한 것은 악한 성 니느웨가 망하지 않고 자기 말을 듣고 회개하는 것이었습니다.

2절, "여호와께 기도하여 가로되 여호와여 내가 고국에 있을 때에 이러하겠다고 말씀하지 아니하였나이까 그러므로 내가 빨리 다시스로 도망하였사오니"

요나는 혹시라도 니느웨 사람들이 자기 설교를 듣고 회개해서 망하지 않고 구원받을까 봐 불안해하고 불평을 품고 있었습니다. 즉 요나는 니느웨 성 사람들같이 악한 사람들은 모두 망해야 하는데 자기 말을 듣고 회개하면 안 된다는 것입니다. 그런데 보니까 결국 니느웨 사람들이 회개해서 구원받는 것 같으니까 화가 나서 견딜 수가 없었던 것입니다.

과연 니느웨 성 사람들이 모두 망하는 것이 요나의 본심이었을까요? 아마 요나는 처음에는 니느웨 성 사람들이 자기의 설교를 듣고 회개하는 것을 보고 기뻤을 것입니다. 왜냐하면 만일 니느웨 성 사람들이 회개하지 않았더라면 요나를 잡아서 죽였을 것이기 때문입니다. 결국 요나는 니느웨 성 사람들이 회개함으로 자기도 살게 되었고 무사히 집으로 돌아갈 수 있게 되었습니다. 그리고 아마도 니느웨 성 사람들은 죽음을 무릅쓰고 원수의 나라 니느웨까지 와서 하나님의 말씀을 전해 준 요나 선지를 고맙게 생각했을 것입니다.

그러나 사람은 이런 큰일이 있고 난 후에 혼자 숙소에 돌아와서 곰곰이 손익을 생각하게 됩니다. 예를 들면 장사하는 사람들이 물건을 다 팔고 난 후에 숙소에 돌아와서 주머니에 있는 돈을 다 꺼내어 놓고 그날 얼마를 벌었는지 계산을 해 보는 것과 같은 것입니다. 요나는 니느웨 성에 큰 회개가 있은 날 밤에 숙소에 가서 조용히 손익을 계산해 보았을 것입니다. 그런데 요나에게 돌아오는 것은 아무것도 없었습니다. 즉 이 엄청난 부흥의 결과 니느웨는 망하지 않고 살게 되었는데 요나는 그 수고로 돈을 받은 것도 아니고, 옷을 받은 것도 아니고, 오직 물고기 배 속에 들어가서 죽도록 고생한 것밖에 없었던 것입니다. 즉 요나는 '내가 다시스로 도망을 치다가 바다에 빠져서 물고기 배 속에서 죽도록 고생한 결과가 나와는 아무 상관없는 니느웨 사람들을 살린 것인가.' 하는 생각이 들었을 때 엄청난 손해를 본 것 같은 마음이 들어서 화가 났던 것입니다. 요나는 '나는 하나님의 말씀을 거역하고 도망치다가 죽을 뻔했다가 살아나서 능력 있는 하나님의 말씀을 전했고 그 결과 큰 부흥이 일어났다.' 라는 것만 생각하면 되는데 '내가 죽도록 고생한 결과가 과연 이것 뿐인가.' 라는 생각이 들면서 화가 났던 것입니다.

사람은 죽도록 수고했지만 아무것도 얻는 것이 없으면 화가 나게 되어 있습니다. 거기에다가 요나가 본국으로 돌아갔을 때 분명히 이스라엘의 귀족이나 왕이 그에게 "당신은 하나님의 명령으로 니느웨에 간 것 같은데 거기서 무슨 일을 하고 왔소?" 라고 물을 것입니다. 그때 "예, 멸망할 니느웨를 살려 놓고 왔습니다." 라고 대답을 하면 이스라엘 왕이나 귀족들은 요나에게 "정말 당신은 쓸데없는 일이나 하고 다니는 사람이구려." 라고 핀잔을 하든지, 아니면 "당신은 도대체 이스라엘 사람이요, 아니면 니느웨 사람이요? 하나님이 망하게 하는 나라를 굳이 살려 놓는 이유가 무엇이란 말이요?" 라고 비난을 할 것이 분명했습니다. 요나가 인간적인 생각을 하게 되었을 때 자기가 니느웨에 가서 하나님의 말씀을 전한 것은 이익은 전혀 없는 손해뿐인 장사라는 생각이 들었던 것입니다.

어린아이들은 엄마가 자기만 사랑해야 하는 줄로 압니다. 그래서 어린아이들은 엄마가 다른 아이를 업고 있는 것을 보면 참지 못합니다. 결국 아이는 다른 아이를 엄마의 등에서 끌어 내리고 자기가 업혀야 직성이 풀립니다. 즉 엄마는 나의 전유물이기 때문에 엄마는 나만 사랑하고 나만 돌보아 주어야 한다고 생각합니다. 그런데 만일 엄마가 다른 아이에게 젖을 주고 있는 장면을 본다면 어떻게 하겠습니까? 아마도 견딜 수 없는 분노를 느낄 것입니다.

그런데 우리는 하나님도 그렇게 생각할 때가 많습니다. 즉 하나님은 우리만 사랑하셔야 하고, 우리나라만 축복하셔야 한다고 생각하는 것입니다. 그러다가 하나님이 나를 축복하지 않고 다른 사람이 잘되게 하시거나 우리나라는 망하게 하시고 다른 나라를 축복하시면 화가 나서 견디지 못하는 것입니다.

우리는 내가 싫어하는 사람에게 하나님께서 복을 주시는 것을 대단히 싫어합니다. 우리는 누군가가 내 마음을 상하게 하고 상처를 주었을 때 그 사람이나 그 가정이 망하기를 바랄 때가 많이 있습니다. 그 사람이 너무 잘되고 하나님의 복을 받으면 우리는 그것이 이해가 되지 않는 것입니다. 이처럼 요나도 니느웨 사람들이 회개하지 않기를 바랐습니다. 요나는 니느웨 사람들이 하나님의 말씀을 듣지 않고 계속 교만한 생활을 하다가 망하기를 바랐습니다. 아마 요나의 마음에 이런 못된 마음이 전부를 차지하지는 않았을 것입니다. 그러나 요나의 마음속에는 이런 이기적이고 못된 마음이 있었던 것이 사실이었던 것입니다.

우리는 요나의 고백을 보면서 우리가 하나님의 손에 붙들려서 위대한 일을 했다 하더라도 그것은 우리가 한 것이 아니고 하나님이 하셨다는 것을 생각해야 합니다. 왜냐하면 우리의 마음속 한 부분에는 이익을 챙기려는 욕심이 있고, 남 좋은 일 시키는 것은 너무나도 싫어하는 마음이 있는 것입니다. 이때 우리가 성령 충만하면 상관이 없는데 성령 충만하지 못하여 이기적으로 생각하면 나는 손해 보는 짓만 했다는 후회가 생기면서 하나님께 "나는 도대체 무엇입니까?" 라는 원망이 터져 나오는 것입니다.

사실 요나는 대단한 선지자였습니다. 요나는 바다에 빠져서도 살아서 돌아왔고, 원수의 나라에 가서도 담대하게 하나님의 말씀을 전해서 회개시켰습니다. 그러나 그의 마음속에는 이기적인 생각이 있었던 것입니다.

미국에 제시 잭슨이라는 유명한 흑인 인권운동가이자 목사가 있습니다. 이 사람이 얼마나 대단한 사람인가 하면, 유고 내전이 일어났을 때 미군 조종사 두 명이 비행기가 추락하는 바람에 유고 쪽에 붙들렸는데 얼굴을 알아보지 못할 정도로 맞아서 부어 있는 두 조종사를 잭슨 목사가 혼자 그곳으로 비행기를 타고 가서 담판을 지어서 조종사들을 데리고 왔습니다. 그런데 얼마 후에 이 잭슨 목사에게 내연의 여인 사이에 아이가 있다는 것이 알려졌습니다. 미국 사람들은 이것을 용서하지 않았습니다. '당신은 영혼을 구해야 하는 목사이기 때문에 용서할 수 없다' 는 것입니다. 제시 잭슨 목사가 나서서 하나님의 일을 할 때에는 천사와 같은 모습이었지만 그도 역시 정욕을 가진 인간이고 죄인이었습니다. 우리가 하나님의 손에 붙들려서 위대한 일을 해낼 때에는 천사인 것 같고, 능력의 종인 것 같지만 일을 다 마친 후에 자기 자신으로 돌아오면 다른 사람들과 다른 것이 없는 평범한 인간인 것입니다. 이때 우리는 자신에게 화가 나면서 왜 하나님은 나에게 손해 보는 일을 하게 하시는지 원망하는 것입니다.

그래서 하나님께서 위대한 종들을 통하여 큰 구원을 이루실 때 우리가 알아야 할 것은 결코 그 사람이 위대한 것이 아니라는 사실입니다. 왜냐하면 그 사람의 마음 깊은 곳에는 자기 이익을 챙기고 싶어하고, 남에게 대접받고 싶어하고, 돈을 받고 싶어하는 마음이 있는 것입니다. 그리고 모든 것이 뜻대로 되지 않으면 나는 손해 보는 짓만 했다고 하면서 차라리 다른 사람들이 망하는 것이 더 나을 뻔했다는 이기적이고 악한 마음까지 생기는 것입니다. 물론 이 마음이 지배적이지는 않지만 우리가 정직하게 자기 자신을 돌아보면 이런 이기적이고 못된 마음이 있었던 것을 부인하지 못하는 것입니다. 그래서 우리에게 일어나는 좋은 일은 모두 하나님이 하시는 것이지 인간이 하는 것이 아닌 것입니다.

이 세상에서 온전히 하나님께 사용될 수 있는 사람은 아무도 없습니다. 우리는 모두 요나와 같습니다. 하나님께서는 한 영혼 한 영혼을 생각하시는데 우리는 편하고 이익이 되는 것을 생각합니다. 그래서 우리는 자신에게 이익이 되지 않는 일은 할 수 있는 한 하지 않으려고 하고, 그런 곳에 가지 않으려고 하고, 아무리 좋은 결과가 나타났다 하더라도 마음속은 씁쓸하면서 손해만 봤다는 생각을 하는 것입니다. 그래서 모든 좋은 일은 하나님이 다 하셨다는 것을 알아야 합니다. 우리는 모두 이기적임에도 불구하고 하나님의 강권적인 손에 붙들려 사용된 것뿐입니다.

그러므로 우리는 하나님께서 우리의 악한 본성을 누르시고 하나님의 그 선한 뜻을 이루시도록 기도해야 합니다. 사람들이 하나님을 위해서 열심히 일을 계획하고 실행하는 것 같지만 실은 자기에게 이익이 되기 때문에 하는 것입니다. 즉 그것을 함으로써 명예를 얻고, 다른 사람에게 대접을 받고, 인정을 받고, 이익이 되기 때문에 하지 손해를 보면서 하나님의 일을 하는 사람은 없는 것입니다. 그럼에도 불구하고 하나님의 일이 이루어지는 것은 하나님께서 강권적으로 종들을 사용하시기 때문입니다.

니느웨 사람들이 요나에게 고마워했던 것은 그가 이런 능력의 설교를 했기 때문이 아니라 그가 선한 도구로 사용되었기 때문입니다. 즉 요나가 끝까지 고집을 부리지 않고 악한 본성을 꺾고 선한 도구로 사용되었기 때문에 이렇게 큰 부흥이 일어난 것입니다. 그러나 요나가 회개를 일으킨 것은 아닙니다. 요나는 원래 니느웨 사람들이 회개하지 않기를 바랐던 사람입니다. 그러나 하나님께서는 그러한 요나를 보내어 그들을 구원하심으로 하나님이 얼마나 위대하신지, 하나님이 얼마나 사랑이 많으신지 보여 주셨습니다. 가고 싶어하는 사람을 보내는 것은 누구든지 할 수 있는 일입니다. 착한 사람을 착하게 살게 하는 것은 어려운 일이 아닙니다. 그러나 하나님은 그토록 가기 싫어하는 사람을 억지로 보내셔서 악한 자들을 회개하게 하셨습니다. 이것을 보면 누구든지 하나님의 말씀에 순종하기만 하면 능력이 나타나고, 누구든지 하나님의 말씀을 믿기만 하면 멸망치 않고 구원을 받을 수 있다는 것을 알게 됩니다.

그래서 우리는 때때로 이기적이고 악한 감정이 생길 때 너무 놀라지 말아야 합니다. 왜냐하면 그것이 본래 우리의 모습이기 때문입니다. 그리고 모두가 잘 믿는다고 생각하고 있던 형제나 자매들에게서 실망스러운 모습을 본다고 해서 너무 상처를 받거나 놀라지 말아야 합니다. 왜냐하면 그것이 바로 우리의 원래 모습이기 때문입니다. 중요한 것은 그럼에도 불구하고 하나님께서 우리를 사용하셔서 하나님의 위대한 뜻이 이루어지게 하시는 것입니다.

3. 요나가 고백한 하나님

요나는 자기가 알고 믿은 하나님을 고백하고 있습니다.

2절 하, "주께서는 은혜로우시며 자비로우시며 노하기를 더디 하시며 인애가 크시사 뜻을 돌이켜 재앙을 내리지 아니하시는 하나님이신 줄을 내가 알았음이니이다"

요나의 이 고백은 아주 유명한 말씀입니다. 특히 이 말씀은 이스라엘 백성이 하나님께 범죄하고 회개할 때마다 하나님이 하신 말씀입니다.

하나님은 거룩하셔서 죄를 절대로 용납하지 못하시는 분입니다. 이스라엘 백성이 경험한 것은 아무리 택한 백성이고 하나님의 종이라 하더라도 하나님은 죄지은 자에 대해서 반드시 진노하신다는 것입니다. 여기서 '진노하신다' 는 것은 그 죄를 드러내시며 그 죄에 상응하는 책임을 지게 하신다는 것입니다.

그러나 하나님은 또 다른 면을 가지고 계십니다. 그것은 우리 인간이 아무리 추악한 죄를 범하고 멸망을 받아 마땅하다 하더라도 그 죄를 미워하고 하나님께 용서를 비는 마음으로 나아오기만 하면 하나님은 은혜로우시며 자비로우시며 노하기를 더디 하시는 분으로 나타나신다는 것입니다. 즉 하나님은 죄인을 용서하는 데 주저하지 않으십니다. 오히려 하나님은 죄인이 회개하고 돌아오는 것을 의인이 죄짓지 않는 것보다 더 기뻐하십니다. 그래서 예수님의 잃은 양 비유를 보면 양 한 마리가 길을 잃었을 때 목자는 아흔아홉 마리 양을 두고 길 잃은 양 한 마리를 찾으러 갑니다. 그리고 돌아온 탕자 비유에서 아버지는 아버지의 돈을 탕진한 둘째 아들이 거지가 되어서 돌아왔을 때 집을 나가지 않은 큰아들보다 더 좋아하고 환영했습니다. 하나님은 누구든지 죄를 회개하고 하나님께 나아오면 더 사랑해 주십니다.

그래서 하나님 앞에서 가장 나쁜 것이 '자존심' 입니다. 하나님 앞에서 자존심이 강한 것보다 더 절망적이고 해로운 것은 없습니다. 그래서 하나님은 요나가 하나님의 말씀에 불순종해서 도망치다가 바다에 빠졌지만 그가 물고기 배 속에서 회개하는 것을 들으시고 다시 살려 주셨습니다. 그런데 요나는 이런 하나님을 자기에게는 적용을 하면서 니느웨 사람들에게는 적용시키기 싫어했습니다.

그 이유가 무엇일까요? 요나는 하나님은 우리 이스라엘의 하나님이시고 이스라엘 백성만 사랑해야 한다고 생각했기 때문입니다. 이것은 마치 어린아이가 엄마는 자기만 사랑해야 한다고 생각하는 것과 같습니다. 사실 하나님은 그동안 이스라엘 백성만 특별하게 사랑하셨습니다. 그런데 이스라엘 백성이 하나님의 사랑만 받고 버릇이 나빠져서 하나님의 말씀을 듣지 않고 못된 사람들이 되었을 때 하나님은 이방인들을 사랑하는 척하시면서 이스라엘 백성을 시기하게 하신 것입니다.

하나님은 이스라엘 백성에게 왜 하나님의 말씀을 먹지 않고 자꾸 우상에 빠지느냐 하셨는데 이스라엘 백성은 말을 듣지 않았습니다. 그래서 하나님은 니느웨 사람들을 사랑하는 척하시면서 이스라엘 백성의 배를 아프게 하셨습니다. 우리는 하나님의 사랑에 시기심을 가져야 합니다. 우리는 다른 사람이 나보다 하나님의 말씀을 더 사랑하고, 다른 사람이 나보다 더 기도를 많이 하고, 다른 사람이 더 눈물을 많이 흘리는 것을 보면 시기해야 합니다.

그러나 그렇다고 해서 다른 사람이 하나님의 은혜를 받지 못하도록 방해하거나 막을 필요는 없습니다. 왜냐하면 하나님의 은혜는 무한하기 때문입니다. 이 세상에 있는 것은 모두 한계가 있습니다. 먹는 것도 한계가 있고, 사랑도 한계가 있고, 시간이나 돈도 한계가 있습니다. 그러나 하나님의 은혜는 한계가 없습니다. 다른 사람들이 은혜 받고 축복을 받아도 우리 것은 남아 있습니다. 그래서 우리는 다른 사람이 은혜 받지 못하게 할 필요가 없습니다.

야곱의 형 에서는 야곱에게 축복을 빼앗긴 후에 아버지 이삭에게 울면서 떼를 썼습니다. 혹시 남겨 놓은 복이 없느냐는 것입니다. 이삭은 남겨 놓은 복이 없었기 때문에 '너는 야곱의 종이 되어야 한다' 고 말을 했습니다. 그러고 나서부터 에서는 동생 야곱을 죽이려고 합니다. 그러나 에서가 알지 못한 것이 있는데 그것은 아버지 이삭이 그에게 복을 받는 방법을 알려 주었다는 것입니다. 즉 에서는 야곱을 제사장으로 삼아서 하나님께 나아가면 얼마든지 복을 받을 수 있는 것입니다. 그러나 에서는 자기가 최고가 되어야 한다고 생각했기 때문에 야곱을 미워해서 죽이려 했고, 자손 대대로 저주를 받게 됩니다. 그 이유는, 에서는 하나님 앞에서 겸손하게 되는 것이 죽어도 싫었기 때문입니다.

하나님께서 니느웨 사람들의 회개를 받으시고 그들을 멸망에서 구원해 주셨다면 이스라엘 백성도 요나의 설교를 듣고 회개하면 얼마든지 멸망에서 건져 주십니다. 그런데 이스라엘 백성은 요나의 설교는 뻔한 것이고, 케케묵은 것이며, 우리가 어떻게 창피하게 니느웨 사람들처럼 회개할 수 있느냐 하는 교만한 마음을 가지고 있었기 때문에 망하는 것입니다.

요나가 생각을 잘못한 것은 니느웨 사람들이 복을 받으면 이스라엘에 해가 될 것이라고 생각한 것입니다. 이것은 사실과 정반대였습니다. 니느웨 사람들이 복을 받았다면 이스라엘 사람들은 다른 것은 찾을 필요도 없습니다. 요나의 설교만 들어도 모두 살게 되는 것입니다.

그러나 요나는 하나님 앞에서 엄청나게 분노했습니다.

3절, "여호와여 원컨대 이제 내 생명을 취하소서 사는 것보다 죽는 것이 내게 나음이니이다"

요나는 화가 나서 하나님 앞에서 자기 생명을 가져가 달라고 하면서 떼를 썼습니다. 우리는 이것을 보면서 하나님의 위대한 역사가 나타난 후에도 우리는 얼마나 이기적이고 못된 본성으로 하나님께 화를 내는지 알아야 합니다.

위대한 하나님의 사람들이 성령에 붙들려서 사용될 때에는 아무것도 생각하지 않습니다. 그러나 아무리 위대한 하나님의 종들도 큰일이 끝난 후에 자기 자신으로 돌아오면 자기는 아무것도 얻은 것이 없고 쓸데없는 짓만 한 것 같은 자책감에 빠질 때가 많이 있습니다. 그래서 하나님의 종들에게도 위로와 격려가 필요하고, 다시 자기 자신을 하나님의 말씀으로 볼 수 있는 재충전의 시간이 필요합니다.

요나가 분노한 것은 사실 회개할 줄 모르는 이스라엘 백성의 완악함 때문이었습니다. 요나는 이스라엘 백성에게 니느웨에서 설교한 것보다 수십 배 수백 배 좋은 설교를 했지만 회개하는 모습을 본 적이 없었습니다. 그런데 니느웨 사람들은 그렇게 은혜롭지도 않은 설교를 듣고 왕부터 일반 백성까지 모두 무릎 꿇고 금식하고 회개하는 것을 보고 화가 난 것입니다. 즉 요나는 이 죄인들은 하나님의 말씀을 듣고 회개해서 구원받는데 그들보다 수백 배 수천 배 나은 이스라엘 백성은 왜 회개하지 않고 구원받지 못하느냐는 것입니다.

그때 하나님께서 요나에게 이렇게 물으셨습니다.

4절, "여호와께서 이르시되 너의 성냄이 어찌 합당하냐 하시니라"

왜 요나가 화를 내는 것이 합당하지 않습니까? 우선 이스라엘 백성이 회개하지 않는 것은 니느웨 백성들이 회개하는 것과 아무 상관이 없습니다. 이스라엘 백성이 회개하지 않는 것은 자기들이 회개하기 싫어서 하지 않는 것입니다. 이것은 순전히 이스라엘 백성들의 교만 때문입니다. 그러나 요나는 이스라엘 백성은 회개하지 않는데 니느웨 사람들이 회개하니까 화가 난 것입니다. 그러나 이것은 정당한 것이 아닙니다. 이것은 억지이고 횡포입니다. 누구든지 하나님의 말씀을 듣고 회개하면 구원받는 것입니다.

그리고 요나는 지금 지나친 추측을 하고 있습니다. 즉 만일 니느웨가 멸망하지 않으면 이스라엘을 공격한다는 것입니다. 이것은 사실이었습니다. 그러나 니느웨가 망하지 않았기 때문에 이스라엘을 공격하는 것이 아니라 이스라엘이 회개하지 않아서 망하는 것입니다. 우리는 주위의 다른 나라 때문에 망한다고 말을 해서는 안 됩니다. 주위에 아무리 강대국이 있어도 우리가 하나님을 바로 믿으면 절대로 망하지 않습니다. 중국이나 북한이나 일본이 문제가 아니라 우리가 교만해서 하나님의 말씀을 제대로 받아들이지 않는 것이 문제인 것입니다. 만일 중국이 하나님의 복을 받고 일본이 하나님의 복을 받을 수 있다면 우리가 지금 제대로 믿으면 수십 배 복을 받을 수 있습니다. 우리는 지방이나 수도나 혹은 다른 것들로 핑계할 필요가 없습니다. 중요한 것은 우리가 하나님의 말씀을 듣고 회개하면 니느웨나 일본이나 중국이나 미국보다 더 큰 부흥과 축복이 올 것입니다.

성경 토의

1. 우리는 다른 사람에게 미워하는 본심을 감추고 하나님의 위대한 사랑을 전했을 때 상대방이 은혜를 받고 큰 축복을 받는 것을 본 적이 있는가?

2. 우리는 내 교회나 우리 민족을 너무 사랑한 나머지 다른 교회나 다른 민족 가운데 큰 부흥이 일어나는 것을 시기하거나 질투한 적은 없는가?

3. 우리가 가지고 있는 정의에 대한 생각은 무엇이며, 죄인을 너무 쉽게 용서하시는 하나님의 사랑을 이상하게 생각하거나 혹은 불만을 가진 적은 없는가?

06_하나님의 놀라운 사랑

요나 4:6-11

전체적 설명

요나는 니느웨 사람들같이 다른 나라 사람들을 잔인하게 많이 죽이고 재물을 약탈한 사람들이 단지 하나님 앞에 금식하고 베옷을 입고 회개한다고 해서 쉽게 용서받는 것은 정의가 아니라고 생각해서 죽고 싶을 정도로 분노하였다. 그러나 요나의 분노는 지극히 작은 이기심으로도 얼마든지 폭발할 수 있는 것이었다. 그래서 하나님은 요나로 하여금 깨닫게 하기 위해서 한 가지 경험을 하게 하셨다. 하나님은 요나가 앉아 있는 움막에 박 넝쿨이 자라게 하시고 그늘을 만들어 더위를 피하게 하시므로 기뻐하게 하시다가 잠시 후 벌레를 보내셔서 박 넝쿨 줄기를 갉아 먹게 하시고, 그 후에 뜨거운 바람을 불게 하셔서 요나가 더위 때문에 기력을 잃게 되었을 때 죽기를 자청하여 사는 것보다 죽는 것이 낫다고 말하면서 엄청나게 분노하게 하셨다. 결국 사람들이 입으로는 아무리 정의를 외쳐도 자신의 작은 이익은 손해 보지 않으려고 더 크게 분노하는 이기주의자들인 것이다.

6절, "하나님 여호와께서 박 넝쿨을 준비하사"

설교 프리노트

하나님은 요나를 깨닫게 하시기 위해서 많은 것을 준비하셨다. 하나님은 하나님의 명령을 거역하고 도망치는 요나를 붙잡기 위해서도 많은 것을 준비하셨다. 하나님은 다시스로 가는 배도 준비하셨고, 큰 폭풍도 준비하셨다. 그리고 제비도 뽑히게 하시고, 물속에 큰 물고기도 준비하셨다. 그리고 이번에는 요나를 깨닫게 하시기 위해서 박 넝쿨과 넝쿨 줄기를 잘라먹는 벌레와 뜨거운 동풍을 준비하셨다.

요나가 니느웨 성에서 밖으로 나가 '초막'을 지었다고 하지만 이것은 제대로 된 초막이 아닌 것 같다. 왜냐하면 요나가 작은 박 넝쿨 때문에 그렇게 기뻐한 것을 보면 요나가 지은 초막은 햇빛을 제대로 가릴 수 없는 허술한 초막이 아니었을까 하는 생각이 든다. 그리고 '박 넝쿨'로 번역된 말도 그 정체가 무엇인지 정확하게 알 수 없다. 왜냐하면 박 넝쿨로 번역된 말이 히브리 어로 '키카욘'인데 성경 중에서 여기에 딱 한 번만 나오는 단어이기 때문이다. 그러나 하루 이틀 만에 길게 자라서 그늘을 만든 것을 보면 박 넝쿨 종류로 보는 것도 무난할 것이다. 그러나 해바라기같이 수직으로 빨리 자라면서 잎으로 그늘을 만드는 일년생 식물일 수도 있다.

니느웨 성은 중동에서 아주 더운 곳이었고, 성 밖은 그늘을 만들 만한 식물이 전혀 없었다. 그렇게 햇빛이 내리쬐는 곳에서 하나님께서 박 넝쿨로 그늘을 만들어서 요나의 머리를 식혀 주시니까 요나는 너무나도 기뻐하였다. 요나의 이 기쁨은 박 넝쿨로 인해 몸이 시원해진 것에서 오는 것이었다. 이처럼 사람들은 아주 작은 것으로 기뻐하고, 아주 작은 것으로 화를 낼 때가 많다. 그러면서 입으로는 정의나 대의명분 같은 것을 주장하는 것이다. 이것이 바로 우리 인간이 가진 이중성이다.

7절, "하나님이 벌레를 준비하사"

요나는 초막 옆에서 생각지도 않았던 박 넝쿨이 올라오자 이 박 넝쿨로 인해 큰 그늘이 만들어질 것이라고 생각하고 애착을 가졌다. 그러나 요나가 알지 못하는 가운데 하나님은 이 박 넝쿨 줄기를 갉아 먹을 벌레를 준비하셨고, 다음날 새벽에 박 넝쿨 줄기를 씹어서 죽게 하시므로 박 넝쿨은 곧 시들어 버렸다. 이때는 새벽이어서 요나는 박 넝쿨이 죽은 것을 몰랐다.

8절, "해가 뜰 때에 하나님이 뜨거운 동풍을 준비하셨고"

아마 그 이튿날은 뜨거운 동풍이 불면서 해가 요나의 머리 위를 따갑게 내리쬔 것 같다. 해는 머리 위에서 작열하는데 박 넝쿨은 시들어 있었다. 요나가 박 넝쿨을 조사해 보니까 벌레가 줄기를 갉아 먹어서 더 이상 아무 소용이 없게 되었다. 사실 처음에 요나는 박 넝쿨 없이 니느웨 성에서 버티어 보려고 했는데 갑자기 박 넝쿨이 생기는 바람에 좋아했다. 그러다가 그렇게 좋아했던 박 넝쿨이 어떤 벌레로 인해 죽자 요나는 그 박 넝쿨이 아깝고 박 넝쿨을 갉아 먹은 벌레가 너무 미워서 입에서 온갖 저주가 나왔던 것이다.

"요나가 혼곤하여 스스로 죽기를 구하여 가로되"

날씨는 더운데 박 넝쿨까지 죽어버리자 요나는 너무 화가 나서 죽고 싶을 정도가 되었다. 그래서 요나는 도저히 이렇게는 못살겠다고 생각해서 하나님께 죽게 해 달라고 했다. 물론 요나는 진짜 죽게 해 달라는 뜻은 아니었을 것이다. 그러나 너무 화가 나서 감정이 통제되지 않고, 죽고 싶을 정도로 화가 났던 것은 사실이었던 것이다. 하나님의 종들이나 성도들은 감정이 통제되지 않을 정도로 화가 나는 것을 대단히 조심해야 한다. 왜냐하면 스스로 감정이 통제되지 않는다는 것은 사탄이 충동질하기만 하면 무슨 죄든 지을 수 있는 상태이기 때문이다. 요나의 이런 증세는 지나친 집착에서 온 것이다.

9절, "네가 이 박 넝쿨로 인하여 성냄이 어찌 합당하냐"

요나는 자기가 아끼는 박 넝쿨이 밤사이에 작은 벌레의 공격으로 죽자 너무 아깝고 화가 나서 견딜 수가 없었다. 그래서 요나는 벌레에게도 욕을 하고 자신의 처지에 대해서도 엄청 화를 내었다. 그래서 하나님은 요나에게 너는 왜 그렇게 화를 내느냐고 물으셨다. 많은 사람이 죽은 것도 아니고 큰 성이 무너진 것도 아닌데 하나님이 보시기에 요나는 지나치게 화를 내고 있었던 것이다. 그래서 하나님은 요나에게 니느웨가 너무 쉽게 하나님께 용서받은 것에 대하여 불의하다고 화를 내던 요나가 작은 박 넝쿨과 벌레에 대하여 똑같이 화를 내는 것이 합당하냐고 질문하셨다. 즉 적어도 니느웨 성이 쉽게 용서받아서는 안 된다고 주장할 정도의 정의의 사람이라면 박 넝쿨이나 벌레 같은 것을 가지고 화를 내어서는 안 된다는 뜻이다. 그러나 사람들은 다른 사람에 대하여는 엄청난 정의를 요구하지만 자기 자신에 대해서는 작은 불편조차 참지 못할 정도로 이중적인 잣대를 가지고 있는 것이다. 그래서 사람들은 흔히 "자기가 하면 로맨스이고 남들이 하면 스캔들"이라는 말을 한다. 사람들은 자기 자신의 잘못에 대해서는 관대하지만 다른 사람의 허물에 대해서는 엄격한 잣대를 적용하기를 좋아하는 것이다.

"내가 성내어 죽기까지 할찌라도 합당하니이다"

요나는 자기가 아끼는 박 넝쿨을 말도 하지 않고 줄기를 잘라 먹은 벌레를 도저히 용서할 수가 없었다. 그래서 요나는 하나님께 자기는 지금 아무리 화를 내어도 정당하다고 답변을 하였다. 왜냐하면 벌레는 도저히 용서받을 수 없는 짓을 했다는 것이다. 그러나 이것은 요나가 지나치게 자기중심적으로 생각한 것이고, 벌레의 입장에서 보면 박 넝쿨은 맛있는 식물이었던 것이다.

10절, **"네가 수고도 아니하였고 배양도 아니하였고"**

하나님께서는 요나에게 먼저 이 식물을 객관적인 눈으로 보게 하셨다. 즉 요나가 주관적인 감정을 가지고 박 넝쿨을 보면 매우 요긴하고 아까운 식물이지만 객관적인 눈으로 보면 이것은 단지 하룻밤에 났다가 없어지는 풀 종류에 불과하고, 또 엄밀하게 따지면 자기의 것도 아니었던 것이다. 왜냐하면 요나는 이 식물의 씨를 뿌리지도 않았고 키우지도 않았기 때문이다. 그러나 요나는 자기의 편의를 위해서 박 넝쿨에 애착을 가지고 집착했던 것이다.

11절, **"니느웨에는 좌우를 분변치 못하는 자가 십이만 여명이요"**

하나님께서 요나에게 악한 성 니느웨를 아끼시는 이유를 설명하셨다. 우리 인간은 자기 것이라고 하면 작은 것 하나라도 아끼고 잃어버리지 않으려고 하지만 이 세상에 있는 것은 모두 하나님의 것이다. 그런데 인간들은 자기 것이 아닌 것은 너무 쉽게 파괴하려고 하는 것이다. 여기서 '좌우를 분변치 못하는 자' 는 어린아이들을 말한다. 물론 하나님께서는 니느웨에 있는 어른들은 악한 짓을 많이 했기 때문에 망해야 한다는 것을 알고 계셨지만 아직 아무것도 알지 못하는 12만 명이 넘는 아이들은 아끼셨다. 그리고 니느웨 성에는 인간의 잘못과는 아무 상관이 없는 소나 양 같은 짐승들도 많이 있는데 하나님은 그런 것들을 모두 아까워하신다고 말씀하셨다. 하나님의 이 말씀에 대하여 요나는 아무 할 말이 없었다.

본문 이해를 위한 질문

1. 니느웨 성 사람들에 대한 요나의 본심은 무엇이었는가?

요나는 이 악한 니느웨 사람들이 쉽게 용서받아서는 안 된다고 생각해서 그들의 회개가 위선적인 것이기를 바라서 니느웨가 망하는지 망하지 않는지 니느웨 성 밖에서 지켜보기로 하였다.

2. 하나님은 요나를 깨우치기 위해서 무엇을 준비하셨는가?

하나님은 여러 가지를 준비하셨는데 그것은 박 넝쿨과 벌레와 뜨거운 동풍이었다.

3. 하나님의 사랑은 어떤 사랑인가?

인간들이 자기 것은 아주 작은 것이라도 아끼듯이 하나님은 이 세상에 있는 모든 것을 아끼시는데, 특히 어린아이 하나나 말하지 못하는 소나 양 같은 짐승들까지 다 아끼신다.

어떤 의사는 칼럼에서 사회에서 다른 사람에게 유익을 주지 못하고 해만 끼치는 사람을 '암 같은 존재' 라고 하는데 상당히 일리가 있는 말이라고 했습니다. 즉 암세포도 분명히 우리 몸에 있는 세포인데 자기밖에 모르기 때문에 모든 영양분을 자기가 다 먹어 버리고 정상 세포보다 훨씬 빨리 자라고 정상 세포를 죽이기 때문에 본인의 생명조차 위험하게 하는 것입니다. 때로는 암세포끼리 싸워서 강한 것이 이기기도 하는데 암은 정상 세포를 다 죽이고 자기만 무한정으로 커지려고 합니다. 환자들이 항암치료를 받으면서 힘들어 하는 이유는 암세포를 죽이려면 정상 세포까지 죽이기 때문입니다. 우리는 모두 자기 자신을 사랑하고 자기 자신을 지키는 것이 정상입니다. 그런데 사람이 자신을 지나치게 사랑하여 다른 사람의 행복을 죽이기 시작하면 그때부터는 암 같은 존재가 되는 것입니다. 우리 그리스도인들도 다른 사람에게 유익을 주지 못하고 해를 끼치는 존재가 될 때가 있습니다. 대개 언제 크리스천이 이런 좋지 않은 역할을 하는가 하면 자신의 가치를 알지 못해서 다른 사람에 대하여 시기하고 질투하며 화에 차서 함부로 말할 때입니다.

우리는 인간이기 때문에 하나님을 믿는다고 하면서도 때때로 이유를 알 수 없이 화가 날 때가 많이 있습니다. 우리가 화를 내는 이유는 주로 내 마음대로 되지 않거나 자존심이 상해서입니다. 또 몸이 불편하거나 짜증이 나서 화를 낼 때도 있습니다. 그런데 야고보 사도는 '사람의 성 내는 것이 하나님의 의를 이루지 못한다' (약 1:20)고 말을 했습니다. 우리가 화를 낼 때 우리는 이미 다른 사람에게 좋지 않은 호르몬을 발산하고 있는 것입니다. 그러므로 우리는 내가 왜 화를 내는지 그 이유를 찾아서 하나님의 말씀으로 자신을 설득할 때 하나님의 축복의 사람이 될 수 있습니다. 그래서 우리가 자신에 대한 하나님의 뜻을 찾고 나 자신의 가치를 찾는 것이 아주 중요합니다. 우리가 아무리 믿음으로 훈련되고 연단되었다 하더라도 낮은 자존감을 가지고 있으면 우리는 다른 사람에게 해를 끼치게 됩니다. 또 하나님에 의해서 잘 사용되고 난 후에도 원망하거나 불평을 할 것입니다.

요나서는 여러 선지서 중에서 놀라운 특징을 가지고 있습니다. 요나서의 놀라운 특징 중 하나는, 다른 선지서는 주로 하나님의 예언적인 말씀으로 되어 있는 데 비하여 요나서는 실제로 일어난 일을 이야기 식으로 전해 주고 있다는 것입니다. 그리고 또 다른 특징은 요나가 하나님의 종으로서 자기 안에 있는 하나님에 대한 불순종과 이기심을 솔직하게 고백하고 있는 고백록의 형식으로 되어 있다는 점입니다. 그리고 세 번째 특징은 우리 주위에서 우연히 일어나는 것 같은 폭풍이나 바다에 빠지는 것이나 혹은 풀이 자라서 그늘이 생기는 것이나, 심지어는 벌레 하나가 식물의 줄기를 갉아 먹어서 죽게 하는 것도 우리를 깨닫게 하기 위해서 하나님이 하시는 일이라고 말하고 있습니다. 그래서 요나서는 계속 하나님이 바다에 큰 바람을 불게 하시고, 또 물고기를 준비하셔서 요나를 삼키게 하시고, 박 넝쿨을 준비하시고, 벌레를 준비하셨다고 말씀하고 있습니다.

요나는 하나님의 명령을 거역하고 도망쳤다가 바다에 빠져서 물고기 배 속에 들어갔다가 살아나온 후 하나님의 두 번째 명령을 받고 니느웨로 가서 하나님의 말씀을 전했습니다. 요나가 하룻길을 가면서 "40일 뒤에는 이 성이 무너진다."라고 외쳤을 때 온 성 사람들이 회개하는 역사가 나타났습니다. 그런데 요나는 니느웨 성 사람들이 하나님 앞에 회개하여 멸망에서 구원받는 것이 별로 기쁘지 않았습니다. 그냥 기쁘지 않은 정도가 아니라 너무 화가 났습니다. 요나는 그만 죽었으면 좋을 것 같다고 할 정도로 화가 많이 났습니다. 요나가 이렇게 화를 낸 것은 니느웨 성이 너무 쉽게 하나님의 용서를 받았기 때문입니다. 요나가 알기로 니느웨 성은 이 세상에서 가장 악질적인 죄를 많이 지은 곳이었습니다. 요나의 생각으로 니느웨는 이렇게 쉽게 죄를 용서받으면 안 되는 나라였습니다. 니느웨는 하나님의 말씀을 듣고서도 계속 못된 짓을 하다가 망하든지, 아니면 용서를 받더라도 엄청나게 고통을 받은 후에 겨우 용서를 받아야 했습니다. 그런데 니느웨 성 사람들이 하나님 앞에서 한번 금식하고 회개한 후에 그 모든 죄를 사함받게 되자 갑자기 심사가 뒤틀리면서 심술이 뒤룩뒤룩 생기는데 도저히 견딜 수가 없었습니다. 그래서 요나는 정말 니느웨가 망하는지 망하지 않는지 지켜보기 위해서 집으로 돌아가지 않고 니느웨 성 밖에 움막을 하나 짓고서는 니느웨가 망할 때까지 기다리기로 했습니다.

1. 요나의 심술

우리는 모든 일이 생각했던 대로 잘되었으면 만족스러워하고 기뻐해야 할 것입니다. 예를 들어 우리가 좋은 아파트를 사서 이사하기로 했는데 이사를 잘 마쳤으면 마음이 기뻐야 할 것입니다. 그러나 이사하는 과정에서 사소한 문제로 속이 상할 때가 있습니다. 이삿짐센터 사람들이 약속 시간보다 늦게 왔다든지 혹은 새 집에 곰팡이가 피어 있다든지 혹은 문짝이 떨어져 있다든지 하면 화가 날 것입니다. 특히 우리는 교회 일이나 하나님의 일을 다 마쳤는데 그 과정이 내 뜻대로 되지 않거나 원만하게 진행이 되지 못한 부분이 있으면 화가 납니다. 이 모든 일을 하나님이 하셨다고 생각하면 되는데 사람이 했다고 생각하니까 짜증이 나는 것입니다.

그 이유가 무엇일까요? 그것은 우리가 천사가 아니고 몸을 가진 인간이기 때문입니다. 우리는 때때로 어떤 일이 잘되었음에도 불구하고 몸이 피곤하면 화가 나고 짜증이 날 때가 있습니다. 즉 인간은 자존심이나 고집이나 이기심이 있기 때문에 아무리 하나님의 뜻이라 하더라도 내 마음대로 되지 않으면 화가 나는 것입니다. 그리고 우리는 아무리 결과가 좋아도 나의 이기심과 맞지 않으면 심술이 납니다. 즉 주위에서 어떤 사람이 아주 잘되고 유명하게 되었을 때 한편으로는 잘된 것처럼 말을 하지만 다른 한편으로는 왜 내가 아니고 그 사람이 잘되고 유명해졌느냐며 심술을 부립니다. 그래서 누군가가 잘되었다는 소식을 들으면 한편으로는 참 잘되었다고 하면서 그 다음부터는 그 사람을 헐뜯는 말을 해야 직성이 풀리는 것입니다.

이런 것을 보면 인간이 겉으로는 대단한 것 같지만 속으로는 얼마나 이기적이며 욕심스러운 마음을 가지고 있는지 알게 됩니다. 그래서 우리가 하나님을 믿는다고 하면서도 다른 사람이 잘된 것에 대하여 전심으로 기뻐하고 축복하는 것은 거의 불가능한 일이라는 것을 알게 됩니다.

요나는 하나님의 강권적인 명령에 의해 니느웨 성에 가서 하나님의 말씀을 외쳤습니다. 아마도 요나는 니느웨 말을 유창하게 하지 못했기 때문에 통역할 수 있는 사람을 데리고 갔든지, 아니면 돈을 주고 고용했을 것입니다. 아마도 요나는 니느웨 성에서 하나님의 말씀을 전하면서 큰 기대를 하지 않았을 것입니다. 요나는 하나님의 명령이니까 어쩔 수 없어서 하나님의 말씀을 외치지만 일단 하나님의 말씀을 외친 뒤에는 니느웨 성이 어떻게 되든 자기와는 상관이 없다고 생각했을 것입니다. 즉 요나는 니느웨 성에서 하나님의 말씀을 외친 후에 성을 빠져나가면 되는 것입니다. 그런데 문제는 니느웨 성 사람들이 요나의 설교를 듣고 반응을 보이기 시작한 것입니다. 즉 니느웨 성 사람들이 요나의 설교를 듣고 한 사람 두 사람 회개하기 시작하더니 나중에는 도시 전체가 하나님 앞에 무릎을 꿇고 회개하는 일이 일어났습니다. 단 한 사람만 하나님의 말씀을 듣고 회개하더라도 그것은 기적입니다. 그런데 만일 니느웨 성 인구가 백만 명이라고 하면 백만 번의 기적이 일어난 것입니다. 이 성 전체가 하나님 앞에 회개한 것입니다. 이것은 인류 역사상 전무한 일이고, 더욱이 선교 역사상 전례를 찾아볼 수 없는 대기적이고 큰 능력이었습니다.

하나님께서 요나를 통해서 이렇게 엄청난 일을 행하셨다면 요나는 하나님 앞에서 눈물 흘리면서 "오, 주여! 도대체 나 같은 것이 무엇이관대 하나님께서 이렇게 놀라운 일을 행하십니까? 주여, 감사합니다. 주여, 영광을 받으소서."라고 하면서 감사의 눈물을 흘려야 할 것입니다. 그런데 요나는 우리 생각과는 다르게 행동을 했습니다. 요나는 엄청나게 화를 내고 짜증을 부리다가 화가 난 채로 니느웨 성 밖에 나가서 초막을 치고 거기서 니느웨 성이 망하기를 기다린 것입니다.

5절, "요나가 성에서 나가서 그 성 동편에 앉되 거기서 자기를 위하여 초막을 짓고 그 그늘 아래 앉아서 성읍이 어떻게 되는 것을 보려 하니라"

요나는 자기가 니느웨 성에서 하나님의 말씀을 전할 때에 능력이 나타나고 사람들이 회개하는 것을 통해서 이미 니느웨는 용서받고 있다는 것을 알았습니다. 우리가 하나님의 말씀을 전할 때 하나님의 능력이 나타나는 것을 느낄 때가 많습니다. 우리는 또 기도하면서 '하나님이 이 기도를 들으시는구나.' 하는 것을 느낄 때가 많이 있습니다. 그런데 요나는 니느웨의 부흥과 회개를 인정하지 않았습니다. 그래서 요나는 니느웨는 망해야 한다고 하면서 집으로 돌아오지 않고 니느웨 성 밖에서 진을 치고 지켜보고 있었던 것입니다.

예를 들어 어떤 경기에서 상대팀 선수가 반칙을 했는데 심판이 그것을 인정하지 않고 경기를 진행시켜서 결국 지게 되었을 때 선수들이 운동장에 주저앉아서 항의한다고 해서 결과가 달라지지 않을 것입니다. 심판이 반칙 행위를 보지 못했다 하더라도 오히려 더 열심히 뛰어서 경기에서 이기면 되는 것입니다.

요나 선지는 자기의 설교를 듣고 니느웨 사람들이 울면서 회개하는데도 회개를 인정할 수 없다고 하면서 니느웨 성 밖에서 초막을 치고 거의 농성을 하면서 니느웨 성이 무너지는 것을 기다렸습니다.

그러면 도대체 요나는 무슨 심정으로 니느웨에서 하나님의 말씀을 외쳤으며, 니느웨가 성 밖에서 농성을 하고 있는 이유는 무엇일까요? 요나가 니느웨 성에서 하나님의 말씀을 외친 것은 니느웨 성 사람들을 진심으로 사랑했기 때문에 아니라 일종의 의무감이었던 것입니다. 그런데 요나는 의무감으로 하나님의 말씀을 전했는지 모르지만 니느웨 성 사람들은 요나의 말을 하나님의 말씀으로 믿고 회개했던 것입니다. 이때 요나는 기뻐했어야 할까요, 아니면 엄청나게 화를 내고 짜증을 내었어야 할까요? 즉 요나는 니느웨 성 사람들이 보잘것없는 자기 말을 하나님의 말씀으로 믿어 주고 회개한 것을 좋아해야 할까요, 아니면 그들이 자기 말을 믿어 준 것에 대하여 화를 내어야 할까요? 이것은 기뻐해야 하는 것이며, 엄청나게 좋은 일이었습니다. 왜냐하면 이것은 순전히 하나님이 행하신 일이기 때문입니다. 그런데 요나는 엄청나게 화가 났고, 니느웨 성 사람들의 회개를 인정하지 못하겠다고 하면서 밖에서 진을 치고 망하기를 기다렸던 것입니다.

그 이유가 무엇일까요? 우선 두 가지로 생각할 수 있습니다. 하나는 요나의 이기심입니다. 요나는 니느웨 성에서 단 하루 만에 이렇게 놀라운 회개가 일어나는 것을 보고 시기심이 일어났던 것입니다. 이런 놀라운 부흥은 우리 이스라엘에 일어나야 하는데 왜 이런 악한 나라에서 부흥이 일어날까 하는 것입니다. 예를 들어 어떤 목사님이 다른 교회에 가서 설교를 하는데 자기 교회 교인들은 늘 설교에 대하여 냉담하고 비판적인 데 비해 다른 교회 교인들은 울고 기뻐하고 회개하는 가운데 엄청난 부흥이 일어날 때 이 목사님의 마음은 편치가 않은 것입니다. '왜 내가 그렇게 목이 터져라 외치는 우리 교회에서는 교인들이 눈물 한 방울 흘리지 않고 좋아하지도 않는데 왜 다른 교회 교인들은 이렇게 좋아하고 복을 받을까.' 하는 것입니다.

요나는 분명 이스라엘 백성이 영적으로 부흥할 수 있도록 목이 터져라 설교했을 것입니다. 그러나 이스라엘 백성의 반응은 냉담했습니다. 그런데 이 악한 니느웨 성 사람들은 본국에서 한 것보다 훨씬 시시한 설교를 했는데도 불구하고 이렇게 은혜를 받는 것을 보고 마음이 편치가 않았던 것입니다. 예를 들어 사촌은 공부를 열심히 해서 일류대학에 합격했는데 자기 집 아이는 공부는 하지 않고 놀기만 해서 시험에 떨어졌을 때 사촌의 합격이 기쁘지 않은 것입니다. 사람들은 모두 자기 것을 더 아끼고 사랑합니다. 내가 다른 사람보다 더 복을 받고 우리 집 사람들이 더 잘되기를 바랍니다. 그래서 나는 잘되지 않았는데 다른 사람이 잘되었다고 하면 이기심 때문에 완전히 기쁘지 않습니다. 특히 영적인 부흥에 있어서 우리 교회 사람들은 하나님의 말씀의 가치를 업신여겨서 부흥의 불이 꺼지고 있는데 내가 좋아하지 않는 교회나 사람들이 하나님의 말씀을 믿고 기뻐하고 큰 부흥의 복을 받는다는 소식을 들을 때 시기심이 생기는 것입니다.

그리고 요나가 기뻐하지 못한 두 번째 이유는 정의감 때문입니다. 요나는 하나님이 다스리는 세계는 공평해야 한다고 생각했습니다. 그래서 악한 사람들은 자기가 행한 악만큼 벌을 받아야 한다고 생각했습니다. 이런 사람들이 죄 용서를 받으려면 자기가 지은 죄만큼 대가를 지불한 후에 용서를 받아야 공평하다고 생각했습니다.

사실 모든 사람의 마음속에는 어느 정도 정의감이라는 것이 있습니다. 이 정의감은 모든 인간을 공평하게 대하는 것을 말합니다. 사람들은 누구든지 공평하게 대하는 것에 대해서는 별말이 없습니다. 그런데 누군가가 어떤 사람을 공평하지 않게 잘해 주거나 못해 주면 불공평하다고 해서 화를 냅니다. 사람들이 생각하는 것은 공평한 세상이고, 사람들이 생각하는 하나님은 공평하신 하나님입니다. 사실 하나님은 얼마나 공평하신지 악인이나 의인이나 구별 없이 비를 주시고 햇빛을 내리십니다. 그리고 하나님은 죄를 지은 사람은 지위 고하를 막론하고 언젠가는 그 죄를 들추어내어서 심판하십니다.

그런데 이 하나님의 공평이 완전히 무너질 때가 있습니다. 그것이 언제인가 하면 죄인이 회개하고 하나님 앞에 돌아올 때입니다. 죄인이 회개할 때 하나님은 죄를 짓지 않은 사람보다 더 사랑하십니다. 죄를 전혀 짓지 않은 의인보다 죄를 짓고 진심으로 회개하고 돌아오는 사람에게 더 복을 주십니다. 이것의 대표적인 비유가 길 잃은 양 비유입니다.

어느 목자가 양 백 마리를 치고 있었는데 그 중에 양 한 마리가 길을 잃었습니다. 물론 그 양은 목자의 속을 썩이는 죽어라고 말을 듣지 않는 양이었을 것입니다. 그런데 목자는 착한 양 아흔아홉 마리를 들판에 두고 길 잃은 양 한 마리를 찾아다니다가 양을 찾아 그 양을 목에 감고 돌아와서 친구들과 잔치를 했습니다.

또 다른 비유가 탕자 비유입니다. 어떤 사람에게 두 아들이 있었는데 둘째 아들이 세상에 현혹되어 아버지가 살아 있는데도 불구하고 자기 몫의 유산을 달라고 해서 재산을 나누어 주었더니 먼 나라에 가서 완전히 탕진하고 거지가 되어서 돌아왔는데 아버지는 기뻐서 이 아들의 목을 안고 최고로 좋은 옷을 주고 송아지를 잡아서 잔치를 했습니다.

여기서 우리가 알게 되는 것은, 하나님은 모든 일에 공평하시지만 죄인이 회개하고 돌아오는 데 있어서는 공평하지 않으시다는 것입니다. 이것이 바로 인자하심입니다.

요나는 이미 하나님의 인자하심을 체험하였습니다. 즉 요나가 하나님의 명령을 거역하고 다른 곳으로 도망친 것은 죽어 마땅한 죄였습니다. 사실 요나는 바다에 던져졌고, 큰 물고기 배 속에 들어갔습니다. 그런데 요나는 자기는 하나님으로부터 죄를 용서받았지만 다른 사람들도 죄를 용서받을 수 있다는 것을 인정하지 않았습니다.

그런데 언제 우리의 이기심과 이기적인 정의감이 깨어집니까? 하나님은 다른 사람만 사랑하는 것이 아니라 나와 우리 자녀들을 더 사랑하신다는 것이 믿어지면 이런 심술이 없어지면서 다른 사람의 성공과 축복을 진심으로 기뻐하게 됩니다.

우리는 모두 인간이기 때문에 다른 사람이 나보다 더 잘되면 배가 아픈 것이 사실입니다. 우리 마음속에 '왜 내가 더 잘되지 않고 저 사람이 잘되는 것일까? 왜 내가 유명하게 되지 않고 저 사람만 인기를 끄는 것일까?' 하는 이기적인 마음이 생기는 것은 어쩔 수 없습니다. 그런데 나중에 하나님은 나를 더 사랑하시고 나에게 줄 복은 따로 있다는 것을 깨닫게 될 때 다른 사람이 잘되는 것에 대하여 기뻐하게 됩니다. 이때 비로소 우리는 그 못된 자기중심의 껍질에서 벗어나는 것입니다.

우리는 하나님이 죄인들을 얼마나 사랑으로 대하시는지 머리로는 절대로 이해하지 못합니다. 그래서 시편 기자도 "하나님의 인자하심을 맛보아 알찌어다"라고 했습니다. 그러므로 이 세상의 정의는 하나님의 사랑 앞에서는 아무 의미가 없습니다. 누구든지 자기가 죄인이라고 생각되는 사람은 내가 왜 죄를 짓게 되었을까 생각하지 말고 무조건 하나님 앞에 나와서 죄를 자복하고 회개하면 축복을 받을 수 있습니다.

2. 하나님의 교훈

하나님께서 생각하시는 요나의 모습과 요나 자신이 생각하는 요나의 모습 사이에는 큰 차이가 있었습니다. 즉 하나님은 요나를 사용하셔서 이 세상에서 가장 악한 나라를 살리셨지만 요나 자신은 스스로 아무것도 되는 일이 없는 사람이라고 생각하고 있었습니다. 요나는 다시스로 도망치는 것도 실패했고, 비참하게 물고기 배 속에서 사흘이나 있어야 했습니다. 거기에다가 니느웨는 40일 후면 망한다고 했는데도 망하지 않을 것 같았습니다. 요나는 자기 뜻대로 되는 것이 없으니까 짜증이 났고, 결국에는 니느웨의 회개는 반칙이고 받아들일 수 없다고 생각해서 하나님 앞에서 떼를 쓰게 되었습니다.

우리는 마음속으로 옳다고 생각하는 것이 있으면 끝까지 그것을 주장해야 정의롭다고 생각합니다. 그런데 우리는 자기가 정의롭다고 생각하는 것이 자신의 편의에 의하여 얼마나 왜곡되는지 모를 때가 많습니다.

예를 들어 내가 행한 불법은 그럴 수도 있는 것이라고 생각하지만 다른 사람이 불법을 행했을 때는 절대로 있을 수 없는 일이라고 생각하는 것입니다. 우리는 다른 사람에게 일어난 불행이나 손해는 있을 수 있는 것이라고 생각하지만 나에게 일어난 불행이나 손해는 절대로 일어나서는 안 된다고 생각하는 것입니다. 그래서 사람들은 흔히 잘못된 사랑에 대해서 "자기가 하면 로맨스요, 남이 하면 불륜"이라고 말을 하는 것입니다.

요나가 니느웨 성의 회개를 인정하지 않고 하나님에 대하여 화를 내고 있는 것은 정의감 때문이었습니다. 즉 요나는 지금까지 악한 짓을 많이 한 니느웨 성은 쉽게 용서받아서는 안 되고 무시무시한 심판을 받은 후에 용서되어야 한다고 생각했던 것입니다. 하나님은 이런 요나를 깨닫게 하시기 위해서 몇 가지를 준비하셨습니다. 하나님이 이번에 준비하신 것은 아주 작은 것이었습니다.

6절, "하나님 여호와께서 박 넝쿨을 준비하사 요나 위에 가리우게 하셨으니 이는 그 머리를 위하여 그늘이 지게 하며 그 괴로움을 면케 하려 하심이었더라 요나가 박 넝쿨을 인하여 심히 기뻐하였더니"

하나님은 굳이 요나에게 하나님의 말씀을 가지고 설득하려고 하지 아니하셨습니다. 왜냐하면 요나는 하나님이 어떤 말씀을 하셔도 듣지 않을 정도로 완악한 마음을 가지고 있었기 때문입니다. 요나는 니느웨의 회개는 반칙이며 니느웨는 망해야 한다고 생각하고 있었던 것입니다.

요나는 니느웨 성 밖에 초막을 짓고 거기에 있었다고 했는데 사실은 우리가 보는 그런 초막은 아니었던 것 같습니다. 아마도 요나는 짚 같은 것을 모아 방석 비슷한 것을 만들어서 거기에 앉아 있었던 것 같습니다. 그래서 정확하게 말하면 초막이 아니라 한 사람 앉을 만한 자리 정도였던 것입니다. 그런데 우리가 알다시피 니느웨는 엄청 더운 곳이었습니다. 니느웨 성 밖은 낮에는 온도가 50도 이상 올라갈 정도로 뜨거웠고, 그늘도 없었습니다. 요나는 완전히 땡볕에 몸을 노출시켜서 땀을 뻘뻘 흘리면서 니느웨를 지켜보고 있었던 것입니다. 그러면서 요나는 마음속으로 '이것은 말도 안 돼. 니느웨의 회개는 완전히 반칙이야. 나는 니느웨가 망하는 것을 내 눈으로 보기 전까지는 절대로 이스라엘에 돌아가지 않을 거야.' 라고 중얼거리면서 거의 의식이 몽롱해지는 것을 참으면서 버티고 있었던 것입니다. 아마 요나가 이런 식으로 계속 땡볕에 노출되어 있었더라면 얼마 가지 못해서 일사병으로 죽었을 것입니다.

그런데 하나님은 요나를 위해서 작은 박 넝쿨 하나를 준비하셨습니다. 요나가 너무나도 힘들어 하고 있는데 옆에서 갑자기 박 넝쿨 하나가 쑥쑥 자라더니 요나의 머리 위에 완벽한 그늘을 만들어 주었습니다. 이때 요나는 매우 기뻐하였습니다. 왜냐하면 건조한 날씨에는 일단 그늘에 들어가기만 하면 서늘해서 얼마든지 편안하게 있을 수 있기 때문입니다.

그런데 여기서 '박 넝쿨' 로 번역된 말이 원어로는 '키카욘' 인데 이것이 어떤 식물인지는 알 수가 없습니다. 아마도 이것이 박 넝쿨로 번역된 것은 초막을 덮을 수 있는 것은 박 넝쿨일 것이라고 생각해서 그렇게 번역을 한 것 같습니다. 그런데 만일 요나가 만든 초막이 초막이 아니라 방석 정도라면 이 키카욘은 박 넝쿨이 아니라 오동나무같이 잎이 큰 똑바로 자라는 식물이었을 것입니다. 그런데 우리는 잎이 크면서 하루 만에 크게 자라는 식물이 어떤 것인지 잘 알지 못하기 때문에 그냥 박 넝쿨이라고 해 두는 것이 더 나을지도 모르겠습니다. 어쨌든 요나는 땡볕에 더위로 고통을 받다가 갑자기 나무 그늘이 생기니까 매우 기뻐하고 좋아했습니다. 아마 요나는 마음속으로 하나님께 감사를 드렸을 것입니다. '하나님, 저에게 이런 박 넝쿨을 주셔서 시원하게 해 주시니 감사합니다. 저는 이제 좀 견딜 만하게 되었습니다.' 그러면서도 요나는 여전히 니느웨 사람들을 용서할 생각은 없었습니다.

이때 하나님은 또 다른 종을 보내셨는데, 그 종은 벌레였습니다.

7-8절, "하나님이 벌레를 준비하사 이튿날 새벽에 그 박 넝쿨을 씹게 하시매 곧 시드니라 해가 뜰 때에 하나님이 뜨거운 동풍을 준비하셨고 해는 요나의 머리에 쬐매 요나가 혼곤하여 스스로 죽기를 구하여 가로되 사는 것보다 죽는 것이 내게 나으니이다"

하나님은 어떤 벌레를 보내셔서 요나가 좋아하는 박 넝쿨을 씹게 하셨습니다. 아마 요나는 아침에 자기가 아끼는 박 넝쿨이 죽은지 몰랐을 것입니다. 그런데 하나님은 또 아주 뜨거운 동풍까지 준비하셨습니다. 그래서 아주 건조하고 뜨거운 동풍은 부는데 태양까지 뜨겁게 작열하니까 요나는 그야말로 숨을 쉴 수도 없고 더위를 피할 수도 없었습니다. 요나는 살인적인 더위에 정신을 차릴 수 없을 정도로 지치니까 스스로 죽어야 되겠다고 생각했습니다. 그러면서 요나는 하나님께 기도하기를, '사는 것보다 죽는 것이 더 나으니까 죽게 해 달라고' 했습니다. 여기서 요나가 죽게 해 달라고 기도한 것을 쉽게 풀이하면 '왕짜증' 인 것입니다. 즉 이 세상에 내 마음대로 되는 것은 하나도 없고 날씨는 거의 사람이 죽을 정도로 더우니까 차라리 죽게 해 달라는 것입니다.

여기서 우리가 알 수 있는 것은, 요나가 죽으려고 하는 것은 모든 것이 내 마음대로 되지 않는데다가 살인적인 더위로 짜증이 났기 때문이라는 것입니다. 처음에 요나는 하나님 앞에서 아주 거룩한 분노를 가졌습니다. 즉 니느웨 성 같은 악한 도시는 쉽게 용서받아서는 안 된다는 것입니다. 요나는 정의감과 거룩한 분노로 집에 가지도 않고 니느웨 성 밖에서 하나님이 하시는 것을 지켜보고 있었습니다. 이런 것을 보면 요나는 시시하게 자신의 행복이나 생활의 편의 같은 것에 구애받을 것 같지 않습니다. 그런데 요나는 그런 거룩한 분노와 똑같이 자기가 아끼는 식물이 없어졌다고 분노했습니다.

이것이 참으로 이상한 것입니다. 사람은 다른 사람에 대해서는 엄청나게 높은 기준을 요구하면서 자기 자신에 대해서는 아주 작은 것으로 똑같이 화를 내기도 하고 기뻐하기도 하는 것입니다. 어떤 사람은 정부의 공평하지 않은 정책에 대해서는 강력히 성토를 하면서 교통 범칙금은 끝까지 내지 않으려고 하는 것입니다. 우리가 이런 것을 보면 도대체 사람이 기뻐하고 화를 내는 기준은 무엇인지 이해가 되지 않습니다. 사람은 입으로 공평을 외치고 정의를 내세우지만 자기의 이익과 관계되는 이익이나 손해는 그런 정의보다 훨씬 중요하게 생각하는 것입니다. 결국 인간의 정의감이라고 하는 것은 개인의 관점에 따라서 얼마든지 변할 수 있는 것이고, 인간의 정의는 결코 절대적인 정의가 아닙니다. 아무리 공평한 사람이라 하더라도 자기와 친한 사람에게는 관대하게 대하고 자기가 싫어하는 사람에게는 엄격한 법입니다. 다시 말해서 우리 인간은 원하는 것은 모두 정의이고 공평이지만 기준 자체가 기분이나 상황에 따라서 왔다갔다하는 것입니다. 그런데 만일 인간의 생명이 사람의 기분에 따라서 좌우된다면 이것은 예사로 심각한 일이 아닐 것입니다. 결국 사람의 정의나 불의도 자기에게 얼마나 유익이 되느냐에 따라서 얼마든지 달라질 수 있다는 것입니다.

사람은 자기에게 유익이 되는 불의는 용납될 수도 있는 불의라고 생각하지만 자기에게 고통이 되고 불편하게 하는 불의는 엄청나게 나쁜 불의라고 생각하는 것입니다.

하나님께서 요나에게 물으셨습니다.

9절, "하나님이 요나에게 이르시되 네가 이 박 넝쿨로 인하여 성냄이 어찌 합당하냐 그가 대답하되 내가 성내어 죽기까지 할찌라도 합당하니이다"

요나는 처음에 하나님이 불공평하신 것에 화가 나서 죽으려고 했습니다. 그런데 이제는 작은 박 넝쿨 때문에 화가 나서 죽으려고 하고 있습니다. 왜냐하면 몸에 열이 너무 올라서 탈진할 지경이 되었기 때문입니다.

사람이 자기 자신을 볼 수 있는 방법은 자기가 다른 사람을 대하는 태도를 통해서입니다. 사람은 자기가 상태가 좋으면 다른 사람에게도 잘해 주지만 자기 상태가 좋지 못하면 다른 사람에게 함부로 대할 때가 많습니다. 특히 하나님의 백성의 상태가 좋지 못하면 다른 사람들이 실수하거나 잘못하는 것이 눈에 거슬리고 크게 보입니다. 그러나 만일 하나님의 백성이 성령 충만하고 기쁨이 충만하면 다른 사람이 실수하거나 잘못하는 것은 얼마든지 용납할 수 있는 것으로 보일 것입니다. 다른 사람을 보는 눈은 결국 자기 자신의 상태인 것입니다.

존귀한 사람은 다른 사람을 대할 때도 존귀하게 대합니다. 그러나 비천한 사람은 다른 사람이 존귀하면 깎아 내려서 비참하게 만들어야 기분이 좋아집니다. 왜냐하면 이 사람의 마음속에는 악한 마음이 들어 있기 때문입니다.

사람들이 자신에 대하여 화를 내는 이유가 무엇입니까? 모든 것이 자기 뜻대로 되지 않기 때문입니다. 사람은 자기 말 한 마디에 모든 것이 기계처럼 척척 맞아 돌아간다면 굉장히 기분이 좋아집니다. 만일 요나가 생각한 것처럼 성 밖으로 나오니까 박 넝쿨이 준비되고, 그리고 얼마 있지 않아서 성이 무너졌다면 기분이 좋았을 것입니다. 왜냐하면 모든 것이 내 마음대로 되고 있기 때문입니다. 그러나 이것은 자신을 신격화하는 것입니다. 우리는 모두 인간이고 죄인이기 때문에 모든 일이 절대로 내 마음대로 될 수 없습니다. 우리는 모든 일이 내 마음대로 혹은 내 뜻대로 되지 않는 것을 당연하게 생각하고 감사해야 합니다. 왜냐하면 우리는 결코 신이 아니기 때문입니다. 교만한 사람들은 집에서나 직장에서 자기가 말한 대로 되어 있지 않으면 고래고래 소리를 지르면서 화를 냅니다. 그 사람은 자기가 신인 줄 알고 있는 것입니다.

요나는 니느웨 성 사람들에게 40일 후면 성이 멸망한다고 했는데 그들이 회개하는 바람에 멸망하지 않으니까 화가 났습니다. 게다가 이 대단한 선지자를 시원하게 해 주는 박 넝쿨을 벌레가 먹어치우는 바람에 더 화가 나서 죽을 지경이 되었습니다. 그러나 이 모든 것이 짜증이요, 억지인 것입니다.

우리는 모두 부족한 티끌이요, 피조물이기 때문에 모든 것이 우리 생각대로 되지 않는 것이 당연한 것입니다. 뜻이 하늘에서 이루어진 것 같이 땅에서 이루어져야 하는 것입니다.

우리는 항상 자신의 계획에 대하여 그것이 하나님의 뜻이 아닐 수도 있다는 것을 전제하고 살아야 합니다. 우리가 지금은 일시적으로 하나님의 뜻이라고 생각하고 최선을 다하지만 더 분명한 하나님의 뜻이 나타나면 언제든지 나의 뜻을 포기하고 버릴 수 있어야 합니다.

3. 하나님의 놀라운 사랑

우리가 내 것이 아닌 것에 대하여 아까운 줄 모르는 것은 거기에 내 수고나 내 노력이 들어가지 않았기 때문입니다. 그러나 사람들은 자기가 수고하고 고생해서 얻은 것은 소중하게 생각하고 아낄 것입니다.

하나님께서는 이제 요나에게 조금이라도 하나님의 입장에서 한번 생각해 보라고 하셨습니다. 그러면서 하나님은 요나에게 자신의 심정을 말씀해 주셨습니다.

10-11절, "여호와께서 가라사대 네가 수고도 아니하였고 배양도 아니하였고 하룻밤에 났다가 하룻밤에 망한 이 박 넝쿨을 네가 아꼈거든 하물며 이 큰 성읍, 니느웨에는 좌우를 분변치 못하는 자가 십이만 여명이요 육축도 많이 있나니 내가 아끼는 것이 어찌 합당치 아니하냐"

요나는 자기가 심지도 않고 키우지도 않은 박 넝쿨을 아꼈습니다. 왜냐하면 이것은 당장 요나에게 필요한 것이기 때문입니다. 요나가 이곳을 떠날 때에는 이 박 넝쿨은 아무것도 아니지만 당장은 너무나도 필요한 것이었습니다. 그런데 요나는 알지도 못하는 벌레가 이 박 넝쿨을 씹어서 죽게 했을 때 너무나도 박 넝쿨이 아까워서 화가 났고 벌레가 미웠습니다. 그러나 이 풀은 하룻밤에 났다가 하룻밤에 없어지는 것이었습니다. 하나님께서는 하물며 하나님이 만든 사람은 박 넝쿨과 비교할 수 없다고 말씀하셨습니다.

이 세상에 있는 모든 것은 하나님이 만드신 것이기 때문에 하나님에게는 아까운 것이었습니다.

사람들은 곤충이 아무 가치가 없다고 생각하지만 곤충은 아주 중요한 역할을 많이 합니다. 그 중의 하나가 식물의 수정입니다. 곤충이 없으면 아마 농사는 망할 것입니다. 그뿐만 아니라 곤충은 제비 같은 새의 중요한 먹이가 됩니다. 곤충이 없으면 새들은 굶어 죽을 것입니다. 예수님께서 공중에 나는 새를 보라고 하시면서 하나님이 먹이신다고 하셨는데 하나님은 많은 새들을 곤충을 통하여 먹이시는 것입니다. 하나님은 야생동물도 사랑하십니다. 모든 야생동물들도 하나님이 만드셨고 야생동물의 입장에서는 소중한 삶이기 때문입니다.

우리 인간이 파리로봇이나 나방로봇을 만든다면 그것은 귀하게 여겨질 것입니다. 만일 인간이 로봇개를 만들었다면 그 개는 수십억 원 이상 할 것입니다. 그런데 자연 상태의 개는 성능이 로봇보다 훨씬 뛰어난 것입니다.

그런데 하나님은 하나님의 형상을 닮은 우리 인간을 얼마나 사랑하시는지 당신의 아들을 십자가에 내어 주시기까지 사랑하셨습니다. 우리 인간을 위해서 하나님의 아들이 죽으셨다는 것은 마치 야생 들개나 멧돼지를 위해서 사람이 죽는 것보다 더한 것입니다. 그런데 성경에 보면 하나님께서 이방인들을 미워하시며 무가치한 것처럼 죽게 하시는 것을 볼 수 있습니다. 그것은 하나님께서 인간의 죄에 대하여 진노하시는 것이지 인간 자체를 미워하시는 것은 아닌 것입니다. 만일 하나님은 단 한 사람의 인간이라도 구원하실 수 있다면 모든 것을 희생하실 것입니다.

하나님께서는 그 악한 니느웨 성 사람들을 사랑하셨습니다. 그래서 하나님은 이렇게 말씀하셨습니다.

'하물며 이 큰 성읍, 니느웨에는 좌우를 분변치 못하는 자가 십이만 여명이요 육축도 많이 있나니 내가 아끼는 것이 어찌 합당치 아니하냐.'

니느웨에는 좌우를 분별하지 못하는 어린아이가 12만 명이나 되었습니다. 하나님은 니느웨의 어린아이의 수를 헤아리고 계셨습니다. 하나님은 어른은 어른이라고 하지만 아직 죄를 모르는 어린아이는 어떻게 하느냐고 질문하고 계십니다. 그리고 니느웨에는 말 못 하는 짐승들도 많이 있는데 이것들은 어떻게 하느냐고 질문하고 계신 것입니다.

하나님께서 니느웨 성 사람들에 대한 애정을 말씀하시고, 심지어 가축들에 대한 사랑까지 말씀하신 이유가 무엇입니까? 하나님은 이스라엘을 더 사랑하시기 때문입니다. 이스라엘 사람들이 망하는 이유는 그들이 교만해서 하나님의 말씀을 듣지 않았기 때문입니다. 하나님은 이스라엘 백성에게 절대로 고상하게 믿으라고 말씀하시지 않습니다. 만일 이스라엘 백성이 니느웨 사람들만큼만 믿어도 얼마든지 하나님은 그들을 용서하시고 축복하실 것입니다.

우리는 다른 사람이 잘되는 것을 시기하고 배 아파할 필요가 없습니다. 하나님은 우리가 하나님을 잘 믿으면 더 많이 축복하실 것입니다. 단지 우리는 하나님에 대하여 시기할 정도로 믿음이 없는 것입니다. 우리는 다른 사람들이 잘되는 것을 배 아파하지 말고 하나님을 가장 사랑하는 성도들이 되시기 바랍니다.

성경 토의

1. 사람들은 모두 자기 자신에 대한 판단 기준과 다른 사람에 대한 판단 기준이 다르다. 왜 우리는 자기 자신에 대해서는 관대하면서 남에게는 엄격하기를 원하는가?

2. 우리는 최근 나에게 일어난 작은 피해나 손해를 통해서 자신의 이익에 너무 집착하는 나 자신을 발견한 적은 없는가?

3. 혹시 나는 과거에 피해를 입거나 상처를 입어서 용서하지 못하는 사람이나 그 가족에 대하여 너무 쉽게 망하기를 바라는 악한 마음을 가진 적은 없는가?

미가

01_야곱의 허물

미가 1:1-7

전체적 설명

미가 선지는 예수님이 태어나실 곳을 예언한 선지자로 유명하다. 미가서 5장 2절에 "베들레헴 에브라다야 너는 유다 족속 중에 작을찌라도 이스라엘을 다스릴 자가 네게서 내게로 나올 것이라"라고 하였다. 예수님이 베들레헴에서 탄생하셨을 때 동방에서 온 박사들이 유다의 왕이라면 당연히 예루살렘에서 태어났을 것이라고 생각하여 예루살렘 왕궁으로 찾아갔다가 대소동이 일어나게 되었다. 그때 헤롯은 유다의 대제사장과 서기관들을 불러서 그리스도가 어디에서 태어나실 것인지 물었고, 그들은 미가의 예언을 인용하면서 유다 지방에 있는 베들레헴이라고 대답하였다(마 2:5-6). 그 바람에 베들레헴과 그 일대에 사는 두 살 아래의 사내아이는 헤롯에 의해 모두 죽임을 당하게 된다. 그러나 미가는 거의 종교 개혁자라고 말할 수 있을 정도로 당시의 부패한 종교 지도자들에 대하여 심판하는 예언을 했는데, 특히 예루살렘 성이 파괴될 것을 예언하였다. 나중에 예레미야도 예루살렘의 파괴를 예언했는데 이때 화가 난 예루살렘의 지도자들이 예레미야를 돌로 쳐 죽이려고 했다. 그때 그 땅의 장로 중 몇 사람이 옛날 미가 선지자도 성전 파괴를 예언했지만 유다 왕 히스기야가 미가를 죽이지 않았던 것처럼 예레미야를 죽이면 안 된다고 해서 살려 준 바가 있다(렘 26:17-19). 특히 미가는 이사야와 동시대에 하나님의 말씀을 전한 선지자인데 미가서에는 이사야서와 거의 똑같은 예언이 있다. 예를 들면 미가서 4장 1-5절 말씀과 이사야서 2장 2-4절 말씀인데, 이것은 한 사람이 다른 사람의 영향을 받았다기보다는 같은 시대에 하나님의 말씀을 전하다 보면 비슷하거나 같은 메시지가 얼마든지 나올 수 있는 것이다.

설교 프리노트

1절, "유다 열왕 요담과 아하스와 히스기야 시대에 모레셋 사람 미가에게 임한 여호와의 말씀 곧 사마리아와 예루살렘에 관한 묵시라"

미가는 서두에 자신이 예언 활동을 한 시대를 먼저 밝히고 있다. 미가는 요담과 아하스와 히스기야 시대에 하나님의 말씀을 전한 선지자이다. 이때 예루살렘에는 이사야라고 하는 유명한 선지자가 있었다. 하나님께서는 부흥이 일어날 때에는 여러 명의 말씀의 종을 보내어서 하나님의 말씀을 전하게 하신다. 여기서 '사마리아와 예루살렘에 대한 묵시' 라고 한 것으로 보아 미가의 시대는 아직 북이스라엘이 망하기 전인 것을 알 수 있다. 미가는 모레셋 사람인데 이곳은 블레셋의 지배를 많이 받은 곳이다. 그래서 다른 곳에서는 가드모레셋이라고 부르기도 한다. 그래서 모레셋은 유다 지역 중에서 가장 유다답지 못한 곳이며, 이민족의 지배를 가장 많이 받던 곳이었다. 그런데 이런 곳에서 종교 개혁적인 사명을 가진 선지자가 나왔다는 것은 대단히 놀라운 일이다.

2절, "백성들아 너희는 다 들을찌어다 땅과 거기 있는 모든 것들아 자세히 들을찌어다"

여기서 '백성들' 은 세상 모든 사람들을 말한다. 이들은 하나님의 백성의 재판에 대한 방청객 자격으로 초청된 자들이다. 그리고 '땅과 거기 있는 모든 것들' 은 산이나 바위를 말하는데, 이것들은 하나님의 백성의 죄에 대한 증인들로 소환된 것들이다. 즉 하나님은 이스라엘과 유다에 대한 재판에 세상 사람들과 산과 바위를 초청하신 것이다. 즉 하나님께서는 오래 참으시다가 드디어 때가 되었을 때 하나님의 백성의 죄를 온 세상에 폭로하신다. 하나님께서는 땅과 거기에 있는 것들에게 모두 자세히 들으라고 말씀하신다. 왜냐하면 하나님의 백성이 뻔뻔스럽게도 죄를 짓고 난 후 너무나도 많이 죄를 감추어 놓았기 때문이다.

"곧 주께서 성전에서 그리하실 것이니라"

이스라엘과 유다에 있어서 가장 거짓된 곳은 바로 성전이었다. 이스라엘과 유다의 제사장들은 하나님의 이름을 빙자해서 엄청난 재물을 챙기고 있었다. 그래서 하나님께서는 성전의 죄부터 폭로하시겠다고 말씀하신다. 그러므로 교회나 하나님의 백성은 스스로 자신을 개혁하지 않으면 어느 누구도 그들을 바로잡을 수 없기 때문에 결국 하나님이 직접 심판하시게 된다.

3절, "여호와께서 그 처소에서 나오시고 강림하사 땅의 높은 곳을 밟으실 것이라"

하나님께서 그 처소에서 나오시는데, 나오시는 목적은 하나님의 백성을 심판하시기 위해서이다. 여기서 '땅의 높은 곳' 은 예루살렘 성전을 의미한다. 예루살렘 성전은 당시에 가장 높은 곳에 세워져 있었다. 이것은 예루살렘 성전이 지리적으로 높은 위치에 있는 것을 의미하기도 하지만 더 중요한 것은 예루살렘 성전의 위상이 그만큼 높다는 뜻이다. 그래서 그 어느 누구도 감히 예루살렘 성전에서 일어나는 부정에 대해서 비판을 할 수가 없었다. 그러나 이제 하나님이 예루살렘 성전을 밟을 것이다. 그것은 옛날에 하나님이 악한 이방 왕들의 목을 밟으셨던 것처럼 이제는 예루살렘 성전 지도자들의 목을 밟으실 것을 말한다.

4절, "그 아래서 산들이 녹고 골짜기들이 갈라지기를 불 앞의 밀 같고"

이것은 마치 화산이 폭발할 때 용암이 흘러내리는 모습을 연상하게 한다. 화산이 폭발해서 붉은 용암이 흘러내리면 거기에 있던 나무들은 불에 타서 재가 될 수밖에 없다. 마찬가지로 하나님의 진노를 감당할 수 있는 사람은 아무도 없다.

5절, "야곱의 허물이 무엇이뇨 사마리아가 아니뇨 유다의 산당이 무엇이뇨 예루살렘이 아니뇨"

하나님은 하나님의 백성인 이스라엘과 유다의 허물에 대하여 심판하려고 하신다. '야곱'은 북쪽 이스라엘을 의미하는데 이스라엘의 허물은 수도인 사마리아에 집중되어 있었고, 그 허물이란 순수하지 못한 금송아지 신앙이었다. 그리고 유다는 '산당'이라고 말씀하셨다. 즉 예루살렘의 신앙도 순수하지 못한 우상 종교와 혼합되어 있었다. 즉 이스라엘과 유다가 망하는 근본적인 이유는 그들의 잘못된 신앙에 있는 것이다. 결국 신앙은 하나님의 백성의 정신인데, 정신이 썩으면 모든 부분이 썩게 된다.

6절, "내가 사마리아로 들의 무더기 같게 하고"

드디어 하나님께서 이스라엘의 수도인 사마리아를 멸망시킬 것을 말씀하신다. 사마리아의 멸망은 완전하고 철저한 파괴이다. 그래서 사마리아는 사람이나 집이 전혀 없는 돌무더기가 되며, 포도나무나 심을 동산처럼 되고 말 것이다. 즉 그 화려했던 사마리아의 모든 집이나 궁전은 흔적도 없이 사라지는 것이다.

"또 그 돌들을 골짜기에 쏟아 내리고 그 지대를 드러내며"

사마리아는 산 위에 세워진 도시였다. 그런데 실제로 앗수르가 사마리아를 멸망시킬 때 다시는 성을 건설하지 못하도록 모든 돌들을 산 아래로 굴려 버려서 결국 지대가 다 드러나게 되었다. 그 말씀은 사마리아가 멸망당할 때 문자 그대로 성취되었다.

7절, "그 새긴 우상을 다 파쇄하고 그 음행의 값을 다 불사르며"

사마리아가 완전히 멸망당하는 이유는 그들이 하나님이 주신 복으로 행복하게 사는 것이 아니라 마치 여인들이 외간 남자와 음행을 하고 돈을 받아서 잘사는 것처럼 음행의 값으로 잘살기 때문에 하나님이 진노하셔서 파괴시키시는 것이다. 여기서 우리는 두 가지 사실을 기억해야 한다. 하나는 이스라엘 백성이나 유다 백성이 자기들 스스로를 어떻게 생각하든지 간에 그들은 하나님의 백성이라는 사실이다. 그리고 또 하나는 물론 이스라엘이 잘사는 것이 하나님이 주신 축복이지만 그들이 우상을 섬길 때에는 그 축복이 음행의 값으로 변질되고 만다는 사실이다. 그래서 하나님은 이스라엘 백성의 정신적인 기둥인 우상을 부술 때 그 기생의 값인 이스라엘의 축복까지 심판하신다. 결국 사마리아의 성공이나 출세는 하나님의 선물이 아니라 기생의 값이 되고 말았다. 이것은 남편이 정당하게 벌어다 준 것이 아니요, 아내가 기생짓을 해서 돈을 받아 모은 더러운 재산이었다.

본문 이해를 위한 질문

1. 하나님께서 모든 백성과 땅과 산들을 초청하시는 이유가 무엇인가?

하나님께서 그동안 깊이 감추어져 있던 이스라엘과 유다의 죄를 폭로하시고 심판하려고 하시는 것이다.

2. 하나님이 나타나실 때의 형편은 어떠한가?

하나님은 권능으로 임하시는데 땅의 가장 높은 곳을 밟으실 것이다. 그의 발밑에서 산들이 녹고 골짜기들이 갈라질 것이다.

3. 하나님은 왜 사마리아를 철저하게 멸망시키시는가?

이스라엘 백성이 하나님이 주신 축복을 가지고 우상을 숭배하였으므로 사마리아의 모든 성공은 우상의 값이 되었기 때문이다.

성경 강해

요즘 아프리카와 중동에서는 민중 혁명이 일어나면서 그동안 30년, 40년씩 독재를 했던 정권들이 무너지고 있습니다. 가장 먼저 아프리카 튀니지에서 쟈스민 혁명이라고 해서 민중 혁명이 일어나서 독재 정권을 쫓아내더니 이것이 들불처럼 다른 나라에도 퍼져서 이집트의 무바라크 정권을 무너뜨리고 리비아의 카다피까지 쫓아냈습니다.

그런데 이런 민중 혁명이 일어나게 된 원인은 빵 때문이라고 합니다. 원래 아프리카 북부는 옛날 로마 시대 때 밀이 가장 많이 생산되던 곳이었습니다. 그런데 그 후에 땅이 사막화되면서 밀농사가 어려워졌는데 러시아의 유례 없는 기근으로 밀 수입이 어려워지니까 국민들이 들고일어나서 독재 정권을 내어 쫓게 된 것입니다. 그런데 이런 오랜 독재 정권의 내막을 보면 권력자의 가족이나 그 측근들은 엄청나게 치부를 하면서 정작 국민들은 억압하고 비참하게 학대한 것을 볼 수 있습니다.

한 나라의 정권을 맡는다는 것은 정의를 실현할 수 있는 아주 좋은 기회입니다. 그리고 그런 권력자의 측근으로 발탁되었다고 하는 것도 마음껏 국민을 위하여 무엇인가를 할 수 있는 기회를 얻은 것입니다. 그러나 이 세상의 권력을 잡은 자들을 보면 모두 욕심 때문에 권력을 이용하여 치부하거나 자리를 오래 차지하는 데만 힘을 다 쏟는 바람에 악한 통치자가 됩니다. 이것은 예수 믿는 사람들에게도 마찬가지입니다. 우리가 하나님의 백성으로 택함을 받았다는 것은 이 세상에서 가질 수 있는 특권 중에서 최고의 특권입니다. 즉 우리가 하나님의 백성, 즉 하나님의 최측근으로 택함을 받았다는 것은 우리의 남은 인생을 마음껏 하나님을 위해서 바치고, 또 주위 사람들을 마음껏 축복할 수 있는 기회를 얻은 것입니다. 더욱이 우리가 목사나 장로 등의 직분을 받았다는 것은 다른 사람들보다 더 많이 하나님의 일을 할 수 있는 기회를 얻은 것입니다. 그러나 우리도 많은 경우에 자신의 이익이나 자신의 처지에 신경을 쓰느라고 하나님이 주신 기회를 전부 헛되게 날려 버릴 때가 많이 있습니다. 그동안 우리 기독교가 일반인들에게 오직 자기만을 생각하는 욕심쟁이라는 인상을 준 것이 사실인 것입니다.

우리가 하나님의 백성이 되었다는 것은 무조건 하나님의 복을 받게 된 것을 말하는 것이 아닙니다. 오히려 우리는 이제 욕심을 훌훌 털어버리고 이제는 마음껏 하나님을 위해서, 그리고 이웃을 위해서 자신을 희생하며 정의를 실천할 수 있는 기회를 얻은 것입니다. 하나님께서는 미가 선지를 통해서 하나님의 백성이 하나님의 백성으로서의 책임은 생각하지 않고 오로지 자기 복만 챙기려고 했던 것을 무섭게 심판하겠다고 말씀하셨습니다.

미가 선지는 이사야와 같은 시대에 하나님의 말씀을 전한 선지자입니다. 미가 선지가 유명하게 된 것은 예수님이 태어나실 장소를 정확하게 예언했기 때문입니다. 미가서 5장 2절을 보면 "베들레헴 에브라다야 너는 유다 족속 중에 작을찌라도 이스라엘을 다스릴 자가 네게서 내게로 나올 것이라 그의 근본은 태초에 상고에, 태초에니라"라고 했습니다.

그래서 예수님이 태어나셨을 때 유다의 왕이었던 헤롯은 예수님이 베들레헴에 태어나셨다는 것을 알아내고서는 베들레헴과 그 근방에 있는 두 살 아래의 사내아이를 모두 죽였습니다. 그리고 미가 선지가 유명하게 된 것은 예루살렘 성전의 파괴를 예언했기 때문입니다. 미가서 3장 12절을 보면 "이러므로 너희로 인하여 시온은 밭같이 갊을 당하고 예루살렘은 무더기가 되고 성전의 산은 수풀의 높은 곳과 같게 되리라"라고 했습니다. 예루살렘 성전은 하나님의 성전이기 때문에 감히 인간이 저주할 수 없었습니다. 그러나 미가 선지는 성전 파괴를 예언했고, 그 후에 예레미야 선지자도 성전 파괴를 예언했습니다. 예레미야가 성전 파괴를 예언하자 당시 관리들은 예레미야가 감히 성전을 저주했다고 죽이려고 하였으나 일부 사람들이 미가도 성전 파괴를 예언했지만 죽이지 않았다고 하면서 예레미야를 죽여서는 안 된다고 해서 예레미야가 살게 됩니다. 그리고 신약 시대에 와서는 예수님이 예루살렘 성전 파괴를 예언하시면서 "돌 하나도 돌 위에 남지 아니하리라"라고 하셨고, 스데반 집사도 더 이상 이 성전이 필요 없다고 주장했다가 돌에 맞아 죽게 됩니다.

미가 선지는 북쪽에 있는 이스라엘이 망할 것을 예언했습니다. 그러면서 유다도 지금 가고 있는 방향에서 돌이키지 않으면 이스라엘과 같이 망할 것이라고 예언했습니다. 그런데 미가와 이사야의 예언 중에 거의 같은 부분이 있습니다. 그것은 미가서 4장 1-3절에서 '말일에 여호와의 전이 서 있는 산이 모든 산꼭대기에 굳게 서게 되고 많은 사람들이 그리로 몰려가서 여호와의 율법을 배우게 되는데 그때 사람들이 칼을 쳐서 보습을 만들고 창을 쳐서 낫을 만드는 평화의 시대가 올 것이라' 고 예언을 한 것입니다.

특히 미가 선지는 당시에 유다의 지배층 사람들이 하나님이 주신 특권을 이용해서 자기 배를 불리는 것을 강하게 비판하면서 하나님이 그들을 심판할 것이라고 경고하고 있습니다. 우리가 미가의 예언을 보면 종교 개혁적

메시지라는 것을 알 수 있습니다.

1. 하나님의 말씀의 중요성

미가는 자기가 어느 시대에 하나님의 말씀을 받았고, 어떤 사람을 대상으로 하나님의 말씀을 전했는지 밝히고 있습니다.

1절, "유다 열왕 요담과 아하스와 히스기야 시대에 모레셋 사람 미가에게 임한 여호와의 말씀 곧 사마리아와 예루살렘에 관한 묵시라"

소선지서의 첫 번째 책인 호세아서는 하나님을 버리고 우상을 따라가는 이스라엘 백성을 바람난 여자 고멜에 비유해서 말씀하고 있습니다.

그 다음에 요엘서가 나오는데 요엘 선지는 앞으로 있을 무서운 메뚜기 재앙을 예고하면서 유다 백성이 모두 하나님 앞에 나와서 회개하면 하나님께서 메뚜기를 물리쳐 주시고, 그 대신 하나님의 신을 만민에게 부어 주실 것이라고 하였습니다.

그리고 세 번째 책이 아모스서인데 아모스 선지는 북쪽 이스라엘의 부패를 무르익은 여름 실과에 비유하면서 겉으로 보기에는 맛이 있지만 실제로는 곪아서 버릴 수밖에 없다고 하면서 다림줄 환상을 통해서 비뚤게 지어진 집은 부실 공사로 지어졌기 때문에 부수게 될 것이라고 말하고 있습니다.

오바댜서는 에돔 족속이 유다와 가장 가까운 관계에 있음에도 불구하고 좋은 영향은 하나도 받지 않고 유다를 시기해서 가시 노릇을 했을 때 하나님이 에돔을 망하게 할 것이라고 말씀하시는 내용입니다.

그리고 요나서는 요나가 악한 성 니느웨에 가서 말씀을 전하라는 하나님의 명령을 거역하고 정반대 방향인 다시스로 도망을 치다가 큰 폭풍을 만나서 바다에 빠지고, 물고기 배 속에서 기적적으로 사흘간 있다가 살아난 후에 니느웨에 가서 하나님의 말씀을 전하여 니느웨를 살리는 내용입니다. 이것을 통해서 하나님은 니느웨를 용서하신 것처럼 이스라엘을 용서

하실 것을 보여 주셨습니다. 즉 이스라엘은 너무 잘 믿으려고 할 필요 없이 니느웨같이 무식하게 회개하면 절대로 멸망당하지 않고 구원받는다는 것을 보여 주신 것입니다.

그러나 이스라엘이나 유다는 너무 고상하고 거창하게 믿었는데 중요한 것이 하나님의 말씀은 믿지 않았습니다. 미가 선지는 하나님의 말씀을 믿지 않는 이스라엘과 유다의 거창한 종교는 결국 우상 숭배이고, 이것은 망할 수밖에 없다고 예언하고 있습니다. 우리가 이것을 브면 소선지서 내용 하나하나가 얼마나 서로 다른 보석같이 독특하며 아름다운지 알 수 있습니다.

이스라엘 사람들은 비슷한 이름이 많았기 때문에 이름 앞에 지명을 붙이거나 혹은 '누구의 아들' 하는 식으로 불렀습니다. 미가도 비슷한 이름이 많았기 때문에 '모레셋 사람 미가' 라고 불렀습니다. 그런데 모레셋은 다른 곳에서는 '가드 모레셋' 이라고 부르기도 했는데 이것은 모레셋이 블레셋의 가드 사람들의 통치 밑에 있던 곳이라는 뜻입니다. 다시 말해서 모레셋은 유다 지역 중에서 가장 유다답지 못한 곳이며, 이민족의 지배를 가장 많이 받던 곳이었습니다. 그런데 이런 곳에서 가장 성경적이며 가장 강력한 메시지를 전하는 선지자가 나왔다는 것은 대단히 놀라운 사실입니다.

미가가 하나님의 말씀을 전한 기간은 요담부터 히스기야 때까지인데 히스기야 때 북쪽 이스라엘은 망합니다. 이스라엘은 유다와 같은 이스라엘 민족이었고, 같은 하나님을 섬기던 자들이었으나 유다보다 항상 앞서 있었고, 물질적으로도 유다보다 훨씬 부강했습니다. 그럼에도 불구하고 이스라엘이 앗수르의 공격을 이기지 못하고 완전히 멸망했다는 것은 유다 백성에게는 엄청난 충격이 아닐 수 없었습니다.

예를 들어 어느 집에 형제가 있었는데 덩치가 크고 힘이 센 형이 어느 날 깡패들에게 맞아 죽었다면 나이도 어리고 힘도 약한 동생은 깡패를 더 두려워할 것입니다. 그러나 어느 날 누군가가 동생에게 너희 형이 그냥 깡패에게 맞아 죽은 것이 아니고 깡패와 거래를 하다가 빚을 갚지 않아서 보복을 당해서 죽은 것이라고 설명을 해 주면 조금은 안심이 될 것입니다.

마찬가지로 북쪽 이스라엘의 멸망은 유다 사람들이 보기에는 너무 급작스러운 것이었습니다. 즉 이스라엘은 한창 잘나가다가 어느 날 갑자기 망한 것처럼 보였습니다. 그러나 미가 선지는 이스라엘이 갑자기 망한 것이 아니라 오래전부터 깡패들과 거래가 있었다는 것을 설명하고 있습니다. 그 거래는 바로 우상 숭배였습니다. 그리고 만일 유다도 이스라엘이 한 것을 따라 한다면 그들도 똑같이 망하게 될 것을 보여 주고 있는 것입니다. 그래서 우리는 무조건 성공적인 교회나 대형 교회를 따라가는 것이 얼마나 위험한 일인지 알아야 합니다. 우리는 다른 사람들이 보기에는 좀 답답할 정도로 우리의 것을 지켜야 합니다. 우리는 절대로 너무 세련되거나 너무 완벽하게 믿으려고 해서는 안 됩니다. 우리는 무식하게 하나님의 말씀을 믿기만 해도 부흥이 일어나고 하나님의 능력이 나타나게 되어 있습니다. 그래서 목회자나 교인들에게는 너무 잘 믿으려고 하는 욕심이 위험한 것입니다. 왜냐하면 이것은 결국 하나님의 말씀에 순종하는 것이 아니라 사람에게 잘 보이려는 신앙이기 때문입니다.

오늘 많은 사람들이 알고 싶어하는 것은 '과연 내가 지금처럼 살면 미래의 행복이 보장되는가.' 하는 것입니다. 사람들 중에는 나는 지금 어느 정도 성공했고 어느 정도 잘살고 있다고 생각하는 사람들이 많이 있습니다. 그런데 사람들에게 가장 자신이 없는 것은 '과연 내가 미래에도 이렇게 잘 살 수 있을까.' 하는 것입니다. 그것에 대하여 선지자는 세상의 이야기를 듣지 말고 하나님의 말씀을 들으라고 말하고 있습니다. 왜냐하면 하나님의 말씀 안에 우리 인생의 길이 있기 때문입니다.

이스라엘 백성은 모세를 따라 애굽에서 나온 후에 홍해 바닷가에 섰습니다. 이스라엘 백성은 애굽만 떠나면 이제부터는 잘살 수 있다고 생각했는데 뒤에는 애굽의 병거가 쫓아오고 있고, 앞에는 홍해가 그들을 가로막고 있는 것을 보고 절망해서 소리를 질렀습니다. 그때 모세는 이스라엘 백성에게 "가만히 서서 하나님이 우리를 위하여 행하시는 구원을 보라" 라고 하면서 안심을 시켰고, 기적적으로 바다가 양쪽으로 갈라지면서 바닥을 드러내어 이스라엘 백성은 바닷길을 걸어서 갔습니다.

우리 인간은 이 세상에 나의 미래의 행복이 있고 나의 미래의 축복이 있다고 생각하지만 우리의 미래의 행복은 하나님의 말씀 안에 있습니다. 우리가 하나님의 말씀을 따라가면 길이 열리게 되어 있고, 살길이 생기게 되어 있고, 하나님의 축복이 나타나게 되어 있습니다. 그러나 우리가 하나님의 말씀을 무시한다면 아무리 죽도록 일을 해도 우리는 결국 같은 자리를 계속 맴돌게 되는 것입니다. 하나님의 말씀은 우리로 하여금 바른길로 나가게 하는 능력이 있습니다.

지금 유다 백성은 이스라엘을 모델로 해서 열심히 따라가고 있습니다. 그러나 미가 선지는 이스라엘은 곧 망할 것이기 때문에 유다가 이스라엘을 따라가면 망하게 될 것이라고 예언하고 있습니다.

미가 선지는 자신의 말이 '사마리아와 예루살렘에 대한 묵시' 라고 말하고 있습니다. 그러나 얼마 가지 않아서 사마리아는 미가 선지가 예언했던 그대로 완전히 멸망해서 나라가 없어지고 맙니다. 결국 미가 선지가 예언하고 있는 것은 유다를 위한 것인데 유다가 살 수 있는 길은 사람을 모델로 해서 따라가는 것이 아니라 하나님이 자신들에게 주신 말씀을 지키는 것이라고 말하고 있습니다.

2절, "백성들아 너희는 다 들을찌어다 땅과 거기 있는 모든 것들아 자세히 들을찌어다 주 여호와께서 너희에게 대하여 증거하시되 곧 주께서 성전에서 그리하실 것이니라"

여기서 '백성들' 은 세상 모든 사람들을 말합니다. 미가 선지는 하나님의 말씀을 전하면서 온 세상 사람들에게 말하고 있습니다. 그 이유는, 하나님은 온 세상을 심판하시는 분이기 때문입니다. 여기에 보면 '땅과 거기 있는 모든 것들' 에게 하나님의 말씀을 들으라고 하고 있습니다. 그 이유는, 하나님의 말씀은 이 세상 전체에 대하여 영향을 미치는 말씀이기 때문입니다. 결국 이 세상 모든 것은 사람의 기대대로 되는 것이 아니라 하나님의 말씀대로 이루어지기 때문입니다.

그런데 여기에서 중요한 것은 '주께서 성전에서 그렇게 하신다' 는 것입니다. 즉 하나님께서는 이 세상 전체에서 성전을 구별하고 계십니다. 이는 하나님은 이 세상의 많은 사람들 중에서 하나님의 백성을 특별하게 생각하신다는 것입니다. 하나님은 이스라엘 백성과 유다 백성에게 많은 특혜를 주셨습니다. 하나님은 좀 지나치다 싶을 정도로 이스라엘 백성을 편파적으로 축복하셨습니다. 하나님은 이스라엘 백성에게 영적인 복과 물질적인 복을 다 부어 주셨습니다. 하나님께서 이스라엘 백성을 이렇게 축복하신 것은, 이제는 모든 욕심이나 걱정이나 두려움을 벗어 버리고 미친 듯이 하나님을 믿고 하나님의 뜻대로 살아 보라는 것이었습니다. 그런데 이스라엘 백성이 하나님의 축복만 챙기고 전혀 하나님의 백성답게 살지 못할 때 하나님은 온 세상 사람들을 다 불러 놓고 대망신을 시키시는 것입니다. 즉 하나님께서는 이스라엘을 망하게 하시고, 수치스럽게 하시고, 세상에서 가장 불쌍한 사람이 되게 하시는 것입니다. 그 이유는 이들이 전혀 하나님의 백성의 책임을 행하지 않았기 때문입니다.

2. 하나님의 두려운 임재

이스라엘 백성과 유다 백성이 언제나 잊지 말아야 할 것이 두 가지가 있었습니다. 그 하나는 하나님이 과연 어떤 분인가 하는 것이고, 다른 하나는 이스라엘 백성은 어떤 사람들인가 하는 것입니다.

이스라엘 백성이 시내 산 광야에서 만났던 하나님은 산 전체를 불덩이로 만드는 엄청난 하나님이었습니다. 우리는 하나님이 만드신 세상을 보면 이것을 이해할 수 있습니다. 하나님은 지구를 만드셨는데 지구 안에는 어마어마한 불덩어리가 있습니다. 그리고 하나님은 하늘의 태양을 만드셨는데 태양은 그야말로 커다란 불덩어리입니다. 그런데 이 우주에는 지구나 태양 같은 것들이 수억 개도 넘게 있습니다. 우리가 하나님을 쉽게 이해하려면 원자로를 생각하면 좋을 것입니다. 원자로는 그야말로 불덩어리입니다. 그러나 원자로는 언제나 냉각수로 식히기 때문에 폭발하지 않고 온도가 유지되면서 전기를 만들어 냅니다. 만일 냉각장치가 고장 나면 원자로가 폭발해서 방사능이 유출되어 심각한 피해를 줍니다. 우리 인간은 참으로 아름답고 모든 것이 풍족한 세상에서 살고 있지만 이 모든 것을 살게 하는 것은 어마어마한 하나님의 에너지인 것입니다. 그런데 하나님께서는 이스라엘 백성을 하나님을 에워싸는 원자로의 냉각장치같이 만드셨습니다. 그래서 하나님은 이스라엘 백성을 통해서 그 무시무시한 에너지가 축복으로 나타나도록 하셨습니다.

그런데 과연 어떻게 인간이 하나님의 이 엄청난 능력을 감당할 수 있을까요? 사실 이것이 이스라엘 백성에게 가장 큰 숙제였습니다. 우리 인간은 죄를 지을 수밖에 없는 죄인들입니다. 즉 아무리 이스라엘 백성이라 하더라도 인간은 그 본성 안에 죄의 욕망이 있기 때문에 시간이 지나면 죄의 욕망을 채우게 되어 있는 것입니다. 그래서 하나님께서 모세를 통하여 이스라엘 백성에게 주신 것이 율법의 말씀입니다. 하나님은 이스라엘 백성이 아무리 죄인이라 하더라도 모세의 율법대로 순종하기만 하면 하나님의 진노를 축복으로 만들도록 하셨습니다. 그래서 이스라엘 백성에게 가장 중요한 것은 목숨 걸고 모세의 율법을 지키는 것이었습니다.

그런데 이스라엘 백성은 하나님과의 관계를 오직 축복의 관계에서 보았습니다. 이스라엘 백성은 하나님의 말씀을 지키는 것은 별로 효력이 없는 것 같았고, 그 열정과 그 노력을 가지고 세상에 가서 살면 어마어마한 성공을 거둘 수 있다는 것을 알게 되었습니다. 이스라엘 백성은 자기들이 망하지 않고 현상 유지되는 것 자체가 얼마나 큰 복인지 알지 못했습니다. 그래서 이스라엘 백성은 현상 유지보다는 부자가 되고 더 성공하기 위해서 하나님의 말씀은 팽개쳐 버리고 전부 세상을 따라가서 세상적으로 성공하게 되었습니다. 이것은 다른 말로 표현하면 원자로를 관리하는 사람이 냉각수에는 관심이 없고 장사나 인기에 정신을 빼앗겨서 원자로가 폭발하게 되는 것과 같습니다.

3절, "여호와께서 그 처소에서 나오시고 강림하사 땅의 높은 곳을 밟으실 것이라"

드디어 하나님께서 그 처소에서 나오시는데 하나님은 가장 먼저 땅의 높은 곳을 밟으실 것입니다. 이것은 마치 엄청나게 덩치가 큰 거인이 아이들이 만들어 놓은 모래성을 밟는 것과 같습니다. 아이들이 아무리 모래로 멋진 성을 만들어 놓았다 하더라도 거인이 와서 밟으면 한순간에 무너지고 말 것입니다. 즉 '여호와께서 그 처소에서 나오신다' 는 것은 이스라엘 백성이나 주위의 이방 민족들이 철저하게 하나님을 무시하고 살았는데 하나님께서 조용히 계시니까 이방 민족들은 물론이고 이스라엘 백성조차도 하나님을 완전히 잊고 있어서 드디어 하나님께서 움직이기 시작하셨다는 것입니다. 여기서 하나님께서 움직이기 시작하셨다는 것은 드디어 이 세상의 평화가 깨어지고 전쟁의 먹구름이 밀려오기 시작한 것입니다.

그리고 여기의 '땅의 높은 곳' 은 일차적으로는 이스라엘의 수도 사마리아를 말합니다. 당시 사마리아는 자신들의 인간적인 머리를 사용해서 나라가 부강했고, 물질적으로도 부요한 상태였습니다. 그래서 주위 나라들은 함부로 이스라엘을 무시하지 못했습니다. 그런데 하나님이 진노하시니까 하나님의 진노의 심판은 다른 나라가 아니라 하나님의 백성에게 가장 먼저 나타났습니다. 그 이유는 이스라엘 백성이 하나님에게 가장 가까이 있는 자들이었기 때문입니다. 예를 들어 원자로 관리를 소홀히 하여 원자로가 터지면 원자로와 가장 가까이 있는 직원들이 가장 큰 피해를 입는 것입니다.

이스라엘 백성이 깨닫지 못했던 것은, 이스라엘 백성에게 가장 중요한 것은 세상의 성공이 아니라 하나님의 진노를 막는 것이라는 것이었습니다. 그래서 이스라엘 백성이 하나님의 말씀을 멀리하고 세상을 따라갔을 때 가장 먼저 망한 자들은 이스라엘 백성 자신들이었습니다. 우리는 이 세상이 지진이나 쓰나미로 망하지 않고 현상 유지되는 것 자체가 하나님의 기적인 줄 알아야 합니다. 하나님의 백성의 일차적인 책임은 하나님의 말씀을 맹목에 가까울 정도로 지키는 것입니다. 우리는 결코 천사가 아닙니다. 우리는 모두 죄를 지을 수밖에 없는 본성을 가지고 있고, 우리는 일시적으로는 거룩해져도 시간이 지나면 죄를 보충해야 할 정도로 죄의 본성을 가지고 있습니다. 그러나 우리가 하나님의 말씀을 붙들고 믿으면 하나님은 우리 죄도 사하여 주시고, 우리를 통해서 하나님의 진노를 축복으로 바꾸어 주십니다. 물론 처음에는 세상 사람들처럼 돈을 벌거나 잘살지 못해도 자꾸 부흥이 일어나고 하나님의 능력이 나타나면서 나중에는 물질적으로도 복을 받게 됩니다. 그럼에도 불구하고 우리의 일차적인 목표는 하나님의 말씀을 거의 맹목적으로 지키는 것입니다. 그런데 하나님의 백성이 하나님의 말씀을 멀리하고 세상을 따라갈 때 하나님의 진노를 막을 수 있는 방법이 없어집니다.

4절, "그 아래서 산들이 녹고 골짜기들이 갈라지기를 불 앞의 밀 같고 비탈로 쏟아지는 물 같을 것이니"

이것은 마치 화산이 폭발해서 용암 덩어리가 흘러내리는 것 같습니다. 요즘도 가끔 화산이 폭발하는데 화산이 폭발할 때 순식간에 엄청나게 많은 화산재가 공중으로 분출되면서 그 주변을 화산재로 덮어 버립니다. 그리고 시뻘건 용암이 강처럼 흘러내리면서 모든 나무를 태우고, 심지어는 화산재가 태양조차 막아서 화산이 폭발한 해에는 세계적인 흉작이 듭니다.

우리는 최근에 자연의 진노가 얼마나 무서운지 보았습니다. 얼마 전에 서울에 있는 어느 산에서 산사태가 났는데 그 모습이 마치 엄청나게 화가 난 마녀가 산을 할퀸 것 같았습니다.

이스라엘 백성이 생각지 못했던 것은 과연 하나님이 어떤 분이며 이스라엘 백성의 일차적인 사명이 무엇이냐 하는 것이었습니다. 이스라엘 백성이 이것을 깨닫지 못한 결과는 너무나도 참혹한 것이었습니다. 우선 이스라엘 전체가 없어져 버렸습니다. 하나님의 진노의 결과 사마리아라는 도시 전체가 사라져 버렸습니다. 그래서 우리가 알아야 할 것은, 우리의 일차적인 목표는 결코 세상에서 성공하는 것이 아니라는 것입니다. 우리는 하나님의 냉각수 역할을 다해야 하는 것입니다. 그러면 하나님은 우리에게 반드시 복을 주실 것입니다. 우리는 하나님의 복을 받더라도 우리의 사명은 하나님의 냉각수인 것을 알아야 합니다.

3. 이스라엘의 허물

하나님께서는 장차 하나님의 백성 가운데 큰 어려움이 생기는 핵심적인 이유를 말씀하셨습니다.

5절, "이는 다 야곱의 허물을 인함이요 이스라엘 족속의 죄를 인함이라 야곱의 허물이 무엇이뇨 사마리아가 아니뇨 유다의 산당이 무엇이뇨 예루살렘이 아니뇨"

이스라엘 백성은 가나안 땅에 들어와서 엄청나게 노력을 많이 했습니다. 그리고 실제로 이스라엘 백성은 성공을 거둔 것 같았습니다. 사마리아는 전 세계에서 가장 알찬 도시가 되었고, 이스라엘은 무시할 수 없는 힘을 가진 나라가 되었습니다. 그리고 유다는 이스라엘을 모델로 삼아서 열심히 따라가고 있었습니다. 그럼에도 불구하고 이스라엘이 지구상에서 완전히 사라지게 되는 것은 그들의 허물 때문이었습니다. 다시 말해서 이스라엘이 앗수르와의 전쟁에서 망한 것은 그들의 잘못 때문이었습니다. 그것은 이스라엘이 정책을 잘못 세운 것도 아니고, 정치적인 판단을 잘못한 것도 아니었습니다. 이스라엘의 허물은 이스라엘이 이스라엘이 되지 못하고 야곱으로 있었기 때문입니다.

그러면 도대체 이스라엘과 야곱은 어떤 차이가 있습니까? 야곱은 하나님을 믿기는 하지만 하나님의 말씀을 믿지 못하고 자기 머리를 더 믿었습니다. 그리고 야곱은 성공에 대한 강한 야망을 가진 사람이었습니다. 하나님께서는 야곱의 어머니 리브가가 쌍둥이를 가졌을 때에 리브가에게 '큰 자가 어린 자를 섬기리라' (창 25:23)고 말씀하셨습니다. 야곱이 이 말씀을 믿으면 하나님의 축복은 야곱에게 오게 되어 있었습니다. 그러나 야곱은 하나님의 말씀을 믿지 못해서 팥죽 한 그릇으로 형으로부터 장자권을 샀고, 나중에는 아버지를 속여서 축복을 가로챘습니다. 야곱이 밧단아람으로 가기 전에 하나님은 벧엘에서 너와 함께하겠다고 약속하셨습니다. 그러면 야곱은 하나님의 말씀을 믿어야 하는데 믿지 않고 자기 마음에 드는 라헬과 결혼하기 위해서 스스로 종이 되는 계약을 맺었습니다. 그리고 야곱은 하나님이 복을 주신다고 하셨으면 믿어야 하는데 자기 나름대로 나뭇가지를 꺾어서 양들이 새끼를 밸 때 세워 두어서 얼룩이 있고 점 있는 것들을 낳게 했습니다. 이처럼 야곱이 성공한 것은 하나님의 말씀의 능력이 아니라 자기 머리와 열심을 더 믿었기 때문입니다. 그런 야곱이 이스라엘이 된 것은 얍복 강가에서 천사와 씨름하다가 엉치뼈가 탈골되어서 더 이상 도망칠 수 없게 되었을 때 하나님의 천사에게 울면서 복을 구해서였습니다. 이때 비로소 야곱은 하나님께 완전히 항복을 했고, '이스라엘' 이란 새 이름을 얻게 되었습니다.

여기에 보면 '야곱의 허물이 무엇이뇨 사마리아가 아니뇨' 라고 했습니다. 여기서 '사마리아' 는 이스라엘 백성이 하나님의 말씀의 능력이 아니라 순전히 인간적인 수단과 방법으로 성공한 것을 말하는 것입니다.

북쪽 이스라엘은 처음부터 송아지 신상을 믿었는데 이것은 하나님을 믿지 않겠다는 뜻이 아닙니다. 이것은 이스라엘 백성이 하나님을 믿기는 믿는데 오로지 율법대로 믿는 것은 하지 않겠다는 것입니다. 왜냐하면 율법은 너무 배타적이고 우리 인간의 능력을 모두 부정하기 때문이라는 것입니다. 그래서 사마리아의 송아지 신앙은 여호와의 종교의 장점과 세상의 장점을 같이 믿겠다는 것입니다. 그래서 이스라엘 백성은 하나님의 축복의 사상과 세상의 복의 사상을 같이 믿음으로 엄청난 시너지 효과를 거두게 되었습니다. 즉 이스라엘 백성은 하나님의 능력과 축복과 자부심에다가 세상적인 지혜와 장사와 수단까지 동원하여 세상 어느 나라 사람보다 더 잘될 수 있었습니다. 그런데 이스라엘 백성이 깨닫지 못하는 것이 있었는데 그것은 그런 가운데 하나님의 진노의 화산이 터지게 되었다는 것입니다. 미가 선지는 유다에 대해서도 말하고 있습니다.

'유다의 산당이 무엇이뇨 예루살렘이 아니뇨.'

미가 선지는 지금 열심히 이스라엘을 따라가고 있는 유다도 이스라엘처럼 망할 것을 예언하고 있습니다.

요즘 우리나라 크리스천들은 하나님의 백성의 축복의 사상과 세상의 복의 사상을 다 가지려고 합니다. 즉 하나님이 축복하시면 우리는 얼마든지 세상에서 머리가 되고 성공할 수 있다는 것입니다. 그래서 우리나라 고위층에 기독교인이 아주 많습니다. 물론 이것 자체는 절대로 나쁜 것이 아닙니다. 그런데 중요한 것은 교회가 성전의 역할을 다하고 있느냐 하는 것입니다. 우리가 성전이 되려면 세상의 성공보다 하나님의 말씀을 붙들어야 합니다. 하나님의 말씀은 우리가 성전을 지키는 매뉴얼인 것입니다. 성전은 결코 눈에 보이는 화려한 건물이 아닙니다. 성전은 우리 한 사람 한 사람이 하나님의 말씀으로 변화되어서 만들어지는 공동체인 것입니다. 그러나 지금 우리나라 교회는 눈에 보이는 건물을 자랑하고 있고, 교인수가 많은 것을 자랑하고 있지 하나님의 말씀에 목숨을 걸고 하나님의 냉각수가 되려고 하지 않습니다.

북쪽 이스라엘이 세상을 따라간 결과는 철저한 파멸이었습니다.

6절, "이러므로 내가 사마리아로 들의 무더기 같게 하고 포도 심을 동산 같게 하며 또 그 돌들을 골짜기에 쏟아 내리고 그 지대를 드러내며"

사마리아는 산 위에 세워진 성이었습니다. 이스라엘 백성은 먼 곳에서 큰 돌들을 가지고 와서 사마리아를 아주 튼튼한 요새로 만들었습니다. 그런데 앗수르 사람들은 사마리아를 정복한 후에 사마리아를 돌무더기로 만들었습니다. 즉 앗수르 사람들은 사마리아에 일체 집이나 궁궐을 남겨 두지 않고 철저하게 불로 태웠습니다. 대개 농부들은 농사를 지으려는 땅에 돌이 많이 있으면 밀농사를 짓지 않고 포도를 심습니다. 결국 사마리아는 포도를 심을 정도밖에 되지 못하고, 그 안에 있던 화려하던 궁궐이나 대학이나 성전 같은 것은 하나도 남지 않게 됩니다. 더욱이 앗수르 사람들은 그 산 위에 있는 돌들을 모두 골짜기 아래로 쏟아부어서 사마리아에는 돌조차도 남아 있지 않게 됩니다. 이 지구상에서 이스라엘이라는 나라와 사마리아라는 도시는 영원히 없어지는 것입니다.

그 이유가 무엇입니까? 그들의 성공이 하나님의 축복이 아니라 음행의 값이었기 때문입니다.

7절, "그 새긴 우상을 다 파쇄하고 그 음행의 값을 다 불사르며 그 목상을 다 훼파하리니 그가 기생의 값으로 모았은즉 그것이 기생의 값으로 돌아가리라"

사마리아 사람들은 하나님을 믿는다고 하면서도 너무 똑똑하니까 하나님의 말씀을 맹목적으로 믿지 않았습니다. 그 대신 그들은 적극적으로 세상을 받아들였습니다. 그러다 보니까 사마리아 안에 이방의 신상들이 세워졌습니다. 물론 이스라엘 백성은, 그 우상은 섬기기 위한 것이 아니라 서로 교류하기 위한 것이라고 변명을 했습니다. 그러나 사마리아 안에 우상이 세워졌다는 것 자체가 하나님의 말씀의 능력을 믿지 않는다는 증거였습니다. 이스라엘 백성이 목숨 걸고 하나님의 말씀을 지키지 않았을 때 세상적으로는 복을 많이 받았지만 영적인 부흥이 없어지고 말았습니다. 영적인 부흥이 없는 이스라엘은 죽은 이스라엘이었고 하나님의 진노의 심판이 가장 먼저 나타나는 곳이 되었습니다.

하나님께서는 이스라엘의 번영과 성공이 하나님의 축복이 아니라 음행의 값이라고 말씀하셨습니다. 즉 아내는 아무것도 하지 않아도 남편이 벌어오는 돈을 받아서 생활을 할 권리가 있습니다. 아내는 남편이 돈을 벌어다 주는 것에 미안해할 필요가 없습니다. 아내는 남편의 모든 지위나 부를 함께 누릴 자격이 있습니다. 그러나 만일 아내가 술집에 나가서 돈을 벌면 어떻게 될까요? 아내가 술집에서 다른 남자의 품에 안기어서 애교를 부리면서 술을 팔아서 돈을 집에 가져오는 것은 음행의 값이고 남편은 그것을 끔찍하게 싫어할 것입니다. 만일 남편이 그 사실을 안다면 술을 팔아서 마련한 것을 전부 부수어 버릴 것입니다. 왜냐하면 이것은 남편을 욕되게 하는 것이며 수치스럽게 하는 것이기 때문입니다. 이스라엘 백성이 성공하고 돈을 많이 번 것은 순전히 하나님이 주신 축복이 아니었습니다. 이것은 말로만 하나님을 믿는 것이지 실제로는 우상에게 자기 몸을 판 대가였던 것입니다. 하나님께서는 이스라엘 백성에게 기생의 값으로 모았은즉 기생의 값으로 돌아가리라고 하셨습니다. 이것은 이스라엘 백성이 몸을 팔아서 돈을 벌었기 때문에 하나님께서 이스라엘 전체를 다른 나라에 기생의 팁 값으로 처분해 버리는 것입니다.

결국 하나님의 백성은 세상에서 성공했다고 해서 복 받았다고 말할 수 없습니다. 왜냐하면 하나님의 백성에게 가장 중요한 것은 하나님의 진노를 막는 것이기 때문입니다. 그러나 우리는 세상에서 성공하고자 하는 욕심이 있고, 또 우리는 도저히 죄를 짓지 않고서는 살 수 없는 죄의 본성을 가진 자들입니다. 그래서 우리는 가만히 있으면 자동적으로 세상으로 흘러가게 되어 있습니다. 그러므로 우리는 목숨 걸고 하나님의 말씀을 듣고 어떻게 하든지 하나님이 주시는 복으로 만족하겠다고 결심을 해야 합니다. 우리가 끝까지 하나님의 말씀을 붙들었을 때 하나님이 주시는 복은 음행의 값이 아니고 진정한 하나님의 축복인 것입니다. 하나님의 축복은 이 세상 어느 누구도 빼앗아 갈 수 없습니다. 하나님께서 그동안 이스라엘 백성이나 유다에 대하여 잠잠히 기다리셨던 것은 그들이 하나님 앞에 자발적으로 돌아와서 회개할 줄 아셨기 때문입니다. 우리의 마음속에는 야곱의 못된 기질이 있습니다. 하나님은 그것을 아시고 우리의 엉치뼈를 어긋나게 하셔서 도망가지 못하게 하시고 하나님 앞에 붙잡아 오셨습니다.

우리는 오늘 야곱이 얍복 강가에서 했듯이 하나님 앞에 울면서 우리의 인생을 모두 맡기십니다. 우리가 죄를 지을 수밖에 없는 죄인이고 우리가 아무리 잘나고 성공했다 하더라도 하나님의 말씀 없이는 망할 수밖에 없다는 것을 고백합시다. 우리가 하나님의 말씀을 붙들 때 우리 죄가 씻음 받게 하시고, 우리가 하나님의 말씀을 붙들고 기도할 때 큰 부흥을 주셔서 모든 죄와 심판을 이기는 능력이 나타나기를 바랍니다.

성경 토의

1. 우리가 하나님이 주신 축복을 자신의 정욕이나 죄 짓는 일을 위해서 사용하면 그 축복이 어떻게 되는가?

2. 교회의 비리나 타락을 스스로 청산하지 않을 때 하나님은 결국 어떻게 하시는가?

3. 우리는 하나님의 교회가 어떻게 해야 깨끗하며 순수해질 수 있다고 생각하는가?

02_유다 백성에게 닥칠 위기

미가 1:8-16

전체적 설명

미가서 1장 후반부에서 갑자기 미가의 예언은 유다 백성이 통곡하는 소리로 바뀐다. 당시 들판에서 가장 시끄럽게 울던 짐승은 들개나 타조였던 것 같다. 유다 백성이 들개나 타조같이 울부짖게 되는 것은 사마리아가 망하고 예루살렘까지 앗수르 군대가 쳐들어와서 많은 유다 백성을 사로잡아 갔기 때문이다. 미가 선지는 유다 여러 도성에 대하여 이렇게 될 것이라고 예언하고 있는데 그것은 그대로 이루어진다. 유다가 살 수 있는 길은 세상의 돈이나 인간적인 방법을 버리고 철저하게 하나님의 말씀으로 돌아가는 것밖에 없다.

설교 프리노트

8절, "이러므로 내가 애통하며 애곡하고 벌거벗은 몸으로 행하며"

여기서 미가 선지는 '내가 애통하며 애곡한다' 고 했다. 이것은 선지자의 개인적인 슬픔이나 어려움 때문에 울부짖는 것이 아니다. 선지자가 애곡하는 것은 하나님의 백성이 남쪽이나 북쪽 할 것 없이 모두 앗수르의 공격으로 완전히 망하든지, 아니면 거의 망하기 직전까지 가게 되는 것을 알았기 때문이다.

"들개같이 애곡하고 타조같이 애통하리니"

당시 들판에서 가장 요란하게 우는 짐승은 들개나 타조였다. 미가 선지는 벌거벗은 몸으로 애통하면서 울부짖는데 온 세상이 다 알도록 시끄럽게 울면서 돌아다닌다. 그 이유는 더 이상 체통을 지키면서 점잖게 있을 수 없기 때문이다.

9절, "이는 그 상처는 고칠 수 없고"

만일 가족 중 누군가가 높은 곳에서 떨어지거나 혹은 차에 치여서 다쳤는데 경상을 입었다면 병원에서 치료하면 되겠지만 심하게 다쳤다면 며칠 가지 못해서 죽게 되고 온 식구들은 애통할 것이다. 미가 선지가 심히 애통하는 이유는 이스라엘의 상처가 고칠 수 없을 정도로 깊은 상처이기 때문이다. 이번에 이스라엘이 망하면 다시는 회복되지 못할 것이다. 여기서 이스라엘의 '상처'는 이스라엘의 신앙적인 부패와 도덕적인 타락을 의미한다. 결국 정신적으로 썩은 나라는 큰 충격이 왔을 때 회복하지 못하고 마치 썩은 고목이 넘어지듯이 넘어지고 말 것이다. 그러나 더 심각한 문제는 이 상처가 유다에까지 전염되었다는 사실이다. 그래서 이스라엘이 망할 때 유다도 치명적인 타격을 입을 것을 미가 선지는 내다보고 있는 것이다. 지금 유다는 자신들이 대단히 안전하다고 생각하고 있지만 미가 선지는 유다가 결코 안전하지 못하다는 것을 알고 있다. 왜냐하면 앗수르가 유다와의 약속을 어기고 유다를 삼키기 위해서 공격할 것이기 때문이다. 하나님의 말씀을 믿지 않고 사람의 말을 믿었던 유다 백성은 어리석었던 것이다. 이번에 하나님의 두 나라의 백성 대부분이 앗수르에 의해서 모두 벌거벗고 애통하면서 포로로 잡혀 갈 것이다. 이때 얼마나 많은 사람들이 잡혀 가면서 울부짖는지 온 산이나 들판이 이들의 울부짖는 소리로 시끄러울 것이다.

10절, "가드에 고하지 말며 도무지 호곡하지 말찌어다"

'가드에 고하지 말며'라고 한 것은 이스라엘의 속담이다. 옛날 이스라엘 왕 사울과 그의 아들들이 길보아 산에서 모두 전사했을 때 다윗은 이 소식을 '가드에도 고하지 말라' 고 노래하였다(삼하 1:20). 왜냐하면 이 패전 소식은 이스라엘 백성 전체를 크게 절망하게 하는 것이었기 때문이다. 지금 하나님 앞에서 이스라엘은 이미 회복될 수 없는 것으로 판결이 났기 때문에 이스라엘에 대해서는 죽는 날만 기다릴 수밖에 없었다. 그러나 유다는 오염되어 있기는 하지만 잘 수술하면 다시 생명을 건질 수가 있었다. 그래서 미가 선지는 아직 유다가 죽은 것은 아니니까 이번에 고통을 잘 감당해서 다시 한 번 회복해 보자는 것이다.

"베들레아브라에서 티끌에 굴찌어다"

'베들레아브라' 는 유다와 이스라엘 경계에 있는 도시로 생각된다. 이제 미가 선지는 유다의 여러 도시에 대하여 경고를 내리고 있다. 이것은 마치 유다 여러 도시에 대하여 공습경보 사이렌을 울리는 것과 같다. 지금 미가가 경고하는 이 도시들은 이스라엘과 유다의 국경지대에 있는 도시들로 가장 안전한 도시들이었다. 그러나 미가 선지는 이스라엘이 멸망하기 때문에 이 도시들이 안전하지 못할 것이라고 경고하고 있다.

'아브라' 는 '먼지' 라는 뜻이며, '베들레아브라' 라고 하면 '먼지의 집' 이라는 뜻이다. 아마도 이곳은 먼지가 많이 나기로 유명했던 곳 같다. 선지자는 이곳 사람들에게 그곳 이름대로 먼지에 뒹굴라고 말하고 있다. 그 이유는 이곳에 전쟁의 먼지가 덮칠 것이기 때문이다. 아마도 베들레아브라는 한때는 먼지의 집이었지만 지금은 먼지를 찾아볼 수 없을 정도로 평화로운 곳이 되었을 것이다. 그러나 베들레아브라는 다시 먼지의 소굴이 될 것이다.

11절, "사빌 거민아 너는 벗은 몸에 수치를 무릅쓰고 나갈찌어다"

'사빌' 은 '아름답다' 혹은 '영광스럽다' 라는 뜻이다. 아마도 사빌은 장사가 잘되는 곳이어서 사람들이 옷을 잘 입었던 것 같다. 그러나 이제 사빌 사람들은 벗은 몸으로 포로로 잡혀서 떠날 것이다.

"사아난 거민은 나오지 못하고"

'사아난' 은 '떠나다' 라는 뜻을 가지고 있다. 아마 사아난에는 많은 사람들이 들락날락하면서 무역을 많이 했던 것 같다. 그러나 그들은 성에서 나오지 못할 것이다. 왜냐하면 그 성이 포위되어서 갇히든지, 아니면 많은 사람들이 붙들려 가는 바람에 더 이상 장사할 사람이 없어지기 때문이다.

"벧에셀이 애곡하여 너희로 의지할 곳이 없게 하리라"

'벧에셀' 이라는 말의 뜻이 무엇인지 분명치 않다. 그러나 '에셀' 이라는 말에 '뿌리' 또는 '근거' 라는 말이 있다. 그러나 벧에셀은 더 이상 의지할 곳이 되지 못할 것이다. 아마 이 도시는 유령 도시가 될 것이다.

12절, "마롯 거민이 근심 중에 복을 바라니"

마롯은 예루살렘의 성문이라고 불릴 정도로 예루살렘과 가까운 도시였다. 마롯은 예루살렘 앞에 있었기 때문에 늘 많은 고통을 받아야만 했다. 그래서 성 이름이 마롯(고통)이었다. 그러나 마롯 사람들은 이런 고통 가운데도 늘 하나님의 도우심으로 복을 누리곤 했다. 그러나 이제는 그런 요행은 오지 않을 것이다. 왜냐하면 이번 재앙은 하나님으로부터 온 것이기 때문이다.

13절, "라기스 거민아 너는 준마에 병거를 메울찌어다"

라기스는 예루살렘을 지키는 요새이고, 특히 유다의 마병 부대가 있는 곳이었다. 그러나 선지자는 라기스에 대하여 "라기스는 딸 시온의 죄의 근본이니 이는 이스라엘의 허물이 네게서 보였음이니라" 라고 말하고 있다. 즉 유다 백성은 라기스에 있는 마병 때문에 더 하나님을 의지하지 않고 우상에 빠지게 된 것이다. 그래서 하나님은 이스라엘 백성에게 가나안 땅에 들어가면 말의 뒷발 힘줄을 다 끊고 오직 하나님의 능력만 의지하라고 하였는데 유다는 인간의 힘을 믿으려고 했다. 결국 이스라엘이나 유다는 무엇인가 자기들이 가진 것이 있다고 생각해서 하나님을 의지하지 않고 인간의 힘을 의지하게 된 것이다.

14절, "이러므로 너는 가드모레셋에 작별하는 예물을 줄찌어다"

'가드모레셋' 은 미가의 고향인데 미가가 자기 고향 사람들에게 작별하는 예물을 주라고 하는 것은 이제 모두 포로로 붙들려 가서 다시 만나지 못할 것이기 때문이다.

"악십의 집들이 이스라엘 열왕을 속이리라"

'악십' 은 '속이다' 라는 뜻을 가지고 있는데 사람들은 늘 그곳을 안전하다고 믿었지만 이번에는 속게 될 것이다. 즉 악십은 절대로 안전하지 않게 되는 것이다.

15절, **"마레사 거민아 내가 장차 너를 얻을 자로 네게 임하게 하리니"**

'마레사 거민' 에게는 하나님이 그곳을 새로 얻을 자로 임할 것이라고 말씀하고 있다. 즉 지금까지 우상이 마레사를 지배하고 있었다면 이번에는 하나님께서 우상을 몰아내시고 마레사를 도로 차지하시는 것이다. 그리고 이스라엘 영광이 '아둘람' 까지 이를 것이라고 했는데, 아둘람은 다윗이 도망쳤던 동굴이 있는 곳을 말할 것이다. 즉 이번 일로 이스라엘의 영광이 쇠퇴하여 굴속에 숨어 버리는 것이다.

16절, **"너는 네 기뻐하는 자식으로 인하여 네 머리털을 깎아 대머리 같게 할찌어다"**

미가는 이제 유다 백성에게 이 위기를 넘기기 위해서 무엇을 어떻게 해야 하는지를 가르쳐 주고 있다. 유다 백성이 가장 먼저 해야 하는 것은 사랑하는 자식들을 위해 머리를 깎는 것이다. 즉 자기들의 머리를 대머리나 혹은 독수리같이 형편없이 깎아서 포로의 머리로 만들어 버리는 것이다. 유다가 살 수 있는 길은 모든 사치나 쾌락을 버리고 하나님 앞에 완전히 포로가 되어 끌려갈 각오를 하는 것이다. 즉 아직 편안할 때에 벌거벗고 애통하면서 들개처럼 혹은 타조처럼 슬퍼한다면 하나님께서 그들을 불쌍히 여기실 것이라는 것이다.

본문 이해를 위한 질문

1. 선지자가 벌거벗은 몸으로 애통하는 이유는 무엇인가?

그것은 곧 이스라엘과 유다의 많은 백성이 포로로 붙들려 갈 것이기 때문이다.

2. 미가 선지는 유다의 여러 도시에 대하여 어떤 경고

를 하고 있는가?

그들이 곧 포위되거나 포로로 붙들려 갈 것이기 때문에 포로가 될 준비를 하라고 경고하고 있다.

3. 유다의 죄는 어디에서부터 시작되었는가?

순전히 하나님만 의지하지 않고 말의 힘을 의지하고 인간의 힘을 의지한 데서부터 시작되었다.

성경 강해

만약 우리가 자신의 미래를 정확하게 알 수만 있다면 우리의 행동은 근본적으로 달라질 것입니다. 그런데 사람이 아무리 미래의 일을 모른다고 하지만 어느 정도는 짐작할 수 있습니다. 예를 들어 어떤 사람이 심장이 좋지 않다면 가끔 심장이 찢어질 듯한 통증을 느낄 것입니다. 또 어떤 사람이 교통사고로 큰 부상을 입는다면 운전 습관이 좋지 못해서일 수도 있습니다. 혹 어떤 사람이 경제적으로 파탄을 당했다면 돈을 모으는 것보다는 씀씀이가 헤펐기 때문일 것입니다. 그러나 사람은 자기 자신의 습관에 대해서는 익숙하기 때문에 별일 없을 것이라고 생각하고 그냥 넘어갔다가 큰 사고를 당하는 것입니다.

그런데 만일 우리가 미래에 일어날 일을 정확하게 안다면 지금의 생활 패턴이나 습관을 완전히 뜯어 고쳐서 그런 일이 생기지 않게 할 것입니다. 예를 들어 어떤 분이 자기가 10년 후에 심근경색으로 죽을 것을 안다면 그는 지금 하고 있는 일들을 모두 중단하고 운동을 해서 그 병이 생기지 않게 할 것입니다. 또 어떤 분이 몇 년 후에 큰 사고를 당해서 하반신 마비가 될 것이라는 사실을 안다면 모든 일을 포기하고서라도 취미를 다른 것으로 바꾸려고 할 것입니다. 그러나 사람들은 자신들의 미래를 정확하게 알지 못하기 때문에 별일 없기를 바라면서 자기가 하고 있는 일을 계속 하고 있는 것입니다.

그러나 우리의 미래를 어느 정도 볼 수 있게 하는 것이 있는데 그것은 바로 하나님의 말씀입니다. 우리가 하나님의 말씀을 지속적으로 들으면 지금 내가 하고 있는 일이 욕심이나 허영 때문에 하고 있는 것인지, 아니면 내가 무리를 하고 있는 것인지 혹은 내가 야망 때문에 좋지 않은 사람을 따라가고 있는 것은 아닌지 알 수 있습니다. 우리가 이것을 알고 미리 포기하면 얼마든지 미래에 임할 재앙을 피할 수 있습니다.

아마 북한 동포들이 북한이 지금 같은 나라가 될 줄 알았더라면 모두 북한을 탈출해서 남한으로 넘어왔을 것입니다. 그러나 많은 사람들이 공산주의의 환상에 빠져서 설마 하다가 수백만 명이 굶어 죽고, 체제에 조금이라도 협조하지 않는 자들은 수용소에서 인간 이하의 고통을 받으면서 살고 있는 것입니다. 그러나 옛날에도 기독교인들은 이미 공산주의가 도저히 기독교 신앙과는 공존할 수 없다는 것을 알고 남한으로 다 내려와서 남한에서 맨손으로 다시 성공하고 남한 복음화에 큰 기여를 하였습니다.

우리가 하나님의 말씀을 붙잡고 따라가는 것은 마치 등산가들이 높은 산에 오를 때 몸에 밧줄을 연결시켜서 올라가는 것과 같습니다. 아무리 산을 잘 타는 등산가라 하더라도 한순간의 실수로 절벽에서 떨어질 수 있습니다. 그때 밧줄이 없는 사람은 즉시 밑으로 떨어져 죽지만 밧줄을 몸에 감고 올라가는 사람은 밧줄에 매달려서 살 수 있습니다.

우리가 이 세상에서 하나님의 백성으로 살아가는 것은 세상에서 가장 큰 능력을 가진 분을 나의 동반자로 삼는 것입니다. 하나님은 이 세상에서 오는 모든 위험을 막을 수 있고 우리로 하여금 피하게 하실 수 있는 전능하신 분입니다. 그래서 성경은 하나님이 우리의 산성이요 피난처라고 말씀합니다. 그런데 우리가 아무리 하나님을 믿는다고 해도 위험할 때가 있습니다. 그때는 우리가 자기도 모르게 하나님의 밧줄을 끊어버리고 세상의 밧줄을 따라갈 때입니다. 세상의 밧줄은 생긴 것은 하나님의 밧줄보다 더 멋있고 튼튼한 것 같지만 실제로는 썩은 밧줄이기 때문에 위기가 오면 바로 밑으로 추락해 버립니다.

미가 선지는 이사야와 비슷한 시기에 하나님의 말씀을 예언했던 선지자입니다. 유다 백성은 히스기야 때 엄청난 일을 겪게 되는데 그것은 지금까지 유다에 비하여 언제나 크고 언제나 세상적으로 앞장섰던 이스라엘 왕국이 갑자기 앗수르에 의해서 멸망해 버리는 것입니다. 지금까지 이스라엘과 유다는 외부의 침략을 많이 받고 어려움을 겪었지만 나라가 망하는 일은 없었습니다. 그런데 히스기야 왕 때 이스라엘은 완전히 나라가 멸망해서 이 지구상에서 없어집니다. 사람들은 아마도 이스라엘의 멸망을 이해하지 못했을 것입니다. 사람들은 모두 왜 그렇게 하나님을 잘 믿고 세상적으로도 성공하고 하나님의 축복을 많이 받던 이스라엘이 갑자기 망했는지 이해하지 못했습니다. 그것에 대하여 여러 선지자들은 예언하기를, 이스라엘이 붙잡았던 것은 하나님의 밧줄이 아니었다는 것입니다. 이스라엘은 세상의 밧줄을 붙잡고 성공했는데 이 밧줄은 썩은 밧줄이었기 때문에 이스라엘을 위기에서 살리지 못했던 것입니다. 그런데 더 큰 문제는 유다가 바로 이 이스라엘의 멸망의 모델을 그대로 따라가고 있는 것입니다. 그래서 미가 선지는 유다의 여러 도시의 이름을 구체적으로 거명하면서 너희 도시들도 곧 망할 것이라고 말하고 있습니다.

이것은 오늘 우리에게도 적용이 되는 말씀입니다. 지금 우리나라는 세계적인 경제국으로 발전했고, 우리나라의 기독교도 세계적으로 유례 없는 부흥과 발전을 이루었습니다. 교인 수가 수만 명이 넘는 교회가 수두룩할 정도로 교회가 번창하고 있습니다. 그러나 우리나라의 기독교는 세상으로부터 많은 불신과 비난을 받고 있습니다. 그것은 바로 우리나라 기독교가 하나님의 말씀이라는 밧줄을 붙잡고 가는 것이 아니라 세상의 축복이라는 밧줄을 붙잡고 가고 있기 때문입니다. 미가 선지는 유다가 살 수 있는 길은 지금 우리가 망했다고 생각하고 애통하고 울면서 하나님 앞에서 몸부림치는 것이라고 말하고 있습니다. 왜냐하면 이 세상의 모든 재앙은 우리의 실력이 부족해서 오는 것이 아니라 하나님과의 관계가 막혀서 오는 것이기 때문입니다.

1. 치료될 수 없는 상처

우리는 자주 내가 어디로 가는지는 잘 알지 못해도 내 앞에 가는 사람을 보면 내가 어디로 가는지 알 수 있을 때가 많이 있습니다. 우리가 열왕기서를 보면 이스라엘이 얼마나 하나님을 떠나서 우상을 따라가고 세상을 따라갔는지 알 수 있습니다. 그러나 그것은 어떤 의미에서 선지자의 설교에 국한된 것이었고 대다수의 사람들에게 비친 이스라엘은 하나님도 잘 믿고 세상에서도 성공해서 하나님의 축복과 세상의 복을 모두 받은 가장 성공적인 나라였습니다. 그리고 유다는 열심히 이스라엘을 모델로 해서 따라가고 있었습니다. 그런데 선지자의 눈으로 보면 이스라엘은 이미 오래전에 하나님을 배반해서 우상을 섬겼고, 유다도 열심히 우상을 받아들이고 있었던 것입니다. 그래서 이때 사람들은 선지자들이 너무 현실을 비관적으로만 본다고 생각했습니다. 그러나 결국은 선지자의 예언대로 이스라엘이 먼저 망하고, 유다는 그 후 백 년 정도 지속하다가 망하고 맙니다.

그 이유가 무엇일까요? 그것은 그들이 모두 잘못된 가르침을 성공의 모델로 삼고 따라갔기 때문입니다. 이스라엘의 지도자들이 먼저 생각했던 것은 이 세상에 이렇게 복이 많은데 이 많은 복을 다 마다하고 오직 하나님의 말씀만 죽어라고 붙드는 것은 너무 비현실적이라는 것이었습니다. 그래서 이스라엘의 지도자들은 하나님의 신앙과 세상의 복을 다 취하는 노선을 택했습니다. 즉 이스라엘 백성은 열심히 하나님을 믿으면서 또 열심히 세상에서 성공하는 것을 목적으로 삼았습니다. 그 결과 이스라엘의 지도자들은 세상에서 대성공을 거두었습니다. 즉 하나님의 신앙과 세상의 복이 시너지 효과를 일으키면서 이스라엘은 잘되어 가는 것 같았습니다. 그러나 이때 이스라엘 백성이 생각하지 못한 것이 있었는데 그것은 하나님이 어떤 분이며 자기들이 어떤 자들인가 하는 것이었습니다.

이스라엘 백성이 생각하지 못했던 것은, 하나님은 원자력같이 소멸하는 불이며 이스라엘은 그 냉각수였던 것입니다. 즉 하나님은 이 세상에 더 직접적인 복을 주기를 원하시는데 이스라엘 백성이 말씀으로 냉각수 역할을 해야 하나님의 진노가 축복으로 바뀌는 것입니다. 그런데 이스라엘 백성은 하나님의 말씀을 포기하고 세상에서 직접 성공하는 것을 붙들었고, 그 결과 원자로가 녹아서 이스라엘 자신이 망하는 것입니다.

따라서 하나님의 백성이 항상 먼저 생각해야 할 것이 있습니다. 그것은 바로 하나님이 어떤 분인가 하는 것입니다. 하나님은 원자력의 수백만 배 되는 소멸하는 불이십니다. 만일 하나님의 불이 식지 않는다면 이 세상에서 살아남을 자가 단 한 명도 없을 것입니다. 사실 우리 인간에게 무서운 것은 핵무기나 쓰나미나 지진이 아니라 하나님의 진노입니다. 그런데 하나님의 백성이 세상 모든 것을 버리고 하나님의 말씀대로 행할 때 우리는 하나님의 진노를 축복으로 바꿀 수 있습니다. 즉 우리는 이 세상에서 크게 성공하는 것보다 세상이 망하지 않고 현상 유지되는 것 자체가 엄청난 복이라는 것을 알아야 합니다. 우리 하나님의 백성은 세상에 있는 것을 가짐으로 복을 받는 것이 아니라 하나님의 진노를 막을 때 나오는 성령의 축복으로 복을 받게 됩니다. 즉 우리가 하나님의 말씀에 목숨을 걸 때 마음이 뜨거워지고, 눈에서 눈물이 흐르면서 뜨겁게 기도하게 되고, 성령의 능력으로 병이 낫고, 기도 응답이 오는데 이때 작은 복들이 모여서 우리는 복을 받게 되는 것입니다.

그런데 이스라엘의 지도자들은 너무 머리가 좋아서 눈에 보이는 세상의 복들을 외면할 수가 없었습니다. 이스라엘의 지도자들은 하나님을 믿기는 하지만 말씀에 목숨을 걸 필요가 없다는 것입니다. 즉 이것은 성공하고 복받으면 되는 것이지 하나님의 말씀 때문에 바보스럽게 믿을 필요가 없다는 것입니다. 이때부터 이스라엘은 영적으로 부패하기 시작했습니다. 즉 이스라엘 백성은 겉으로는 하나님의 백성이지만 속으로는 세상 사람들과 다른 것이 없었습니다. 그런데 이것이 유다의 지도자들에게 매력적으로 보였던 것입니다. 즉 유다의 지도자들에게는 이스라엘이 크게 성공한 나라로 보였고, 자신들은 이스라엘에 미치지 못하는 부족한 나라로 생각되었던 것입니다.

이때 미가 선지는 엄청나게 큰 소리로 울부짖으면서 이스라엘과 유다의 멸망을 예언하고 있습니다.

8절, "이러므로 내가 애통하며 애곡하고 벌거벗은 몸으로 행하며 들개같이 애곡하고 타조같이 애통하리니"

옛날 이스라엘 들판에서, 특히 조용한 한밤중에 시끄러운 소리를 내는 것은 들개와 타조 무리였습니다. 이것을 보면 미가 선지는 도시 출신이 아니라 시골 출신이었던 것을 알 수 있습니다. 옛날에는 밤에 어느 집에 낯선 사람이 찾아오면 그 집 개가 짖으면서 온 동네 개들이 같이 짖어 대었습니다. 개는 그 사람이 완전히 떠날 때까지 짖어 댔습니다. 마찬가지로 타조가 갑자기 목청을 높여서 소리를 질러 대면 그 옆을 지나가던 사람들이 질겁하고 놀랄 것입니다. 그런데 들개와 타조도 갑자기 낯선 사람이 나타났기 때문에 놀라서 우는 것입니다.

요즘 우리나라의 도시에서도 대낮에 귀가 찢어질 정도로 우는 것이 있는데 그것은 바로 매미입니다. 학자들은 어린아이 손바닥에 올려놓을 정도로 작은 매미의 몸에서 어떻게 지하철이 지나갈 때와 같은 엄청난 소음을 낼 수 있는지 이해가 되지 않는다고 합니다. 아마 매미도 나름대로 스트레스를 많이 받아서 악에 받쳐서 소리를 지르는 것 같습니다.

미가 선지 당시에 이스라엘은 아직 망하지 않았고 오히려 크게 성공하고 있었습니다. 그리고 유다는 열심히 이스라엘의 성공을 모델로 삼아서 따라가고 있는 중이었습니다. 그런데 갑자기 미가 선지는 들개같이 울부짖으며 타조같이 소리를 지르면서 애통한다고 말을 하고 있습니다. 미가 선지는 무려 네 번이나 반복해서 애통한다고 말을 하고 있습니다. 즉 내가 애통하며 애곡하고 벌거벗은 몸으로 행하며, 들개같이 애곡하고 타조같이 애통하겠다고 말하고 있습니다. 아마 어느 날 미가 선지가 갑자기 옷을 모두 벗어 버리고 팬티만 입은 채로 목청을 높여서 애곡하면 모두 미가 선지가 미쳤다고 말할 것입니다. 어떻게 하나님의 말씀을 전하는 선지자가 창피하게 옷을 다 벗은 채로 돌아다니며, 더욱이 점잖아야 할 하나님의 종이 천박스럽게 타조 소리나 들개 소리를 내면서 돌아다니냐고 하면서 모든 사람이 미쳤다고 손가락질할 것입니다. 그런데 정말 중요한 것은 하나님의 선지자가 이렇게 하는 이유입니다.

왜 미가 선지는 하나님의 종답게 점잖게 있지 않고 천박스럽게 울부짖으면서 돌아다녀야 했을까요? 그것은 바로 이스라엘과 유다에 곧 닥칠 재앙 때문이었습니다.

9절, "이는 그 상처는 고칠 수 없고 그것이 유다까지도 이르고 내 백성의 성문 곧 예루살렘에도 미쳤음이니라"

미가가 애통하는 첫 번째 이유는 이스라엘 백성의 큰 상처 때문입니다. 예를 들어 어떤 아이가 사고를 당해서 크게 다쳤다고 합시다. 물론 이 아이는 죽지는 않았지만 큰 부상을 입었기 때문에 앞으로 어떻게 될지 알 수 없습니다. 그렇다면 부모는 애통할 것입니다. 그리고 우리는 어떤 사람이 큰 사고를 당했는데 병원 측에서 "생명에는 지장이 없습니다."라고 말하면 안심을 하면서 '이 사람은 죽지는 않겠구나.' 라고 생각합니다. 그러나 병원에서 "생사를 알 수 없습니다."라고 말하면 '너무 부상이 깊어서 살기 힘들겠구나.' 라고 생각하게 됩니다.

미가가 보니까 이스라엘이 상처가 너무 커서 살 수가 없었습니다. 여기서 '그 상처는 고칠 수 없다' 고 했는데 이는 아무리 치료를 해도 살 수 없다는 뜻입니다. 그것은 이스라엘의 영적인 상태를 말하는 것입니다. 하나님은 부흥의 불이 꺼져 가고 있는 이스라엘을 살리시기 위해서 엘리야나 엘리사 같은 능력의 종들을 보내셨습니다. 그리고 호세아나 아모스나 요나 같은 선지자를 보내어 말씀을 전하셨습니다. 그러나 이스라엘은 세상적인 복만 잔뜩 있을 뿐 영적인 부흥의 불은 완전히 꺼져 있었습니다. 이것은 이스라엘이 더 이상 하나님의 냉각수 역할을 하지 못한다는 것을 의미합니다. 얼마 있지 않아 이스라엘은 폭발하고 말 것입니다.

결국 이스라엘 백성이 잘못 생각한 것은, 이스라엘의 성공은 세상적인 성공이 아니라는 것입니다. 이스라엘의 성공은 믿음에서 성공한 것이 제대로 된 성공이며, 말씀의 부흥이 제대로 된 성공인 것입니다. 즉 하나님의 백성은 교회가 크든지 작든지 하나님의 말씀대로 살아서 회개가 일어나고 부흥이 일어나면 성공한 것입니다. 왜냐하면 하나님의 백성 안에 부흥이 일어나고 있다는 것은 하나님의 축복이 임하고 있다는 것을 의미하기 때문입니다. 이 세상에 하나님의 축복이 임하는 이상 하나님의 백성이나 세상은 절대로 망할 수가 없습니다.

그런데 미가 선지가 치료할 수 없는 상처라고 말한 것은 무엇을 의미하는 것일까요? 그동안 이스라엘 백성은 큰 교통사고를 당하지도 않았고 높은 데서 떨어진 적도 없는데 도대체 어떻게 해서 치료할 수 없는 큰 부상을 입게 되었을까요? 그 하나는 그들이 하나님의 말씀에 전적으로 헌신하지 않았을 때 자신들 안에 일어난 죄를 막을 수 없었고 부패를 막을 수 없었던 것입니다. 그리고 이스라엘 백성이 전적으로 하나님의 말씀에 헌신하지 않고 세상의 성공에 욕심을 내었을 때 하나님의 진노를 막을 수 없게 되었던 것입니다. 즉 이스라엘 백성 안에는 부패의 상처가 깊어져 가고 있었는데 본인들은 그것을 전혀 느끼지 못하고 있었던 것입니다.

우리 하나님의 백성은 반드시 두 가지를 기억해야 살 수 있습니다. 그 한 가지는 우리에게 일어나는 모든 일을 영적인 눈으로 보아야 한다는 것입니다. 즉 우리가 아무리 세상적으로 성공하고 물질적인 복을 받는다 하더라도 부패하고 있으면 이것은 고칠 수 없는 병에 걸린 것입니다. 즉 우리가 하나님의 말씀보다 돈을 좋아하고 사람들의 인기를 좋아한다면 부패하고 있는 것입니다. 그리고 이것은 쉽게 고칠 수 있는 병이 아닙니다. 그리고 또 하나는, 우리는 인간인 이상 죄를 짓지 않을 수 없다는 것입니다. 우리가 아무리 하나님의 백성이고 죄 용서를 받았다고 하지만 죄는 우리의 본성이기 때문에 죄를 짓지 않을 수 없습니다. 그래서 우리는 매일 하나님의 말씀 앞에 죄 용서를 받아야 썩지 않을 수 있습니다. 따라서 우리 눈에서 눈물이 없어지고 우리가 세상 성공에 도취되어 있다는 것은 이미 우리 안에 죄가 퍼지고 있는 증거인 것입니다.

이스라엘 백성은 겉으로 보기에는 성공한 나라였고 복을 받은 민족이었습니다. 그러나 실제로는 부패했고, 썩었으며, 치료할 수 없는 상처를 가진 환자였습니다. 미가 선지가 보기에 이스라엘은 치료 시기를 놓쳤고 유다는 잘하면 살릴 수가 있었는데 유다를 살리려면 거의 죽다가 살아나는 대수술을 해야 하는 것입니다. 그래서 미가 선지는 들개같이 애통하고 타조같이 울면서 돌아다니겠다고 말하고 있습니다. 이것은 다른 말로 하면 유다가 살 수 있는 유일한 길은 세상적인 성공의 욕심을 모두 버리고 하나님의 대수술을 받는 수밖에 없는 것입니다. 이때 유다 백성은 너무 아파서 모두 옷을 벗어던지고 들개같이 타조같이 애통하게 될 것입니다. 그런데 참으로 놀라운 것이, 모든 것이 미가 선지가 예언한 대로 된 것입니다. 즉 앗수르 군대가 먼저 이스라엘을 공격했는데 앗수르는 이스라엘을 전멸시켰습니다. 앗수르라는 칼날은 이스라엘을 죽이는 칼날이 되었습니다. 그런데 그 앗수르가 유다도 공격해서 유다의 많은 도시를 쑥대밭으로 만들었습니다. 그러나 앗수르 군대는 예루살렘의 벽은 넘지 못하고 그 대신에 예루살렘에 있는 히스기야와 그 백성에게 욕이란 욕은 다 하고 하룻밤 사이에 18만 5천 명이 죽었습니다. 그래서 유다는 다시 일어섰고, 그 후에 다시 백년 정도 목숨을 유지합니다. 이것을 보면 아무리 하나님의 백성이라고 하지만 하나님의 말씀을 붙든다는 것이 얼마나 어려우며 하나님의 백성이 부패한 것을 치료하는 것이 얼마나 고통스러운지 알아야 합니다. 결국 하나님의 백성이 망하지 않는 방법은 똑똑하고 성공한 사람들이 뭐라고 하든지 간에 성경 하나만 붙들고 놓지 않는 것입니다. 이것이 나중에 어마어마한 수술을 피할 수 있는 길인 것입니다.

지금 우리나라에서 가장 멋지게 보이고 성공적이라고 하는 교회들이 실제로는 이스라엘이 갔던 그 노선을 가고 있다는 것을 알아야 합니다. 우리가 살 수 있는 길은 미리 우리 자신의 욕심을 하나님의 말씀으로 수술하는 것입니다. 그리고 우리 눈에 아무리 번쩍이고 좋은 것이 많이 보여도 바보같이 하나님의 말씀을 붙들고 부흥이 일어나는 성공을 붙드는 것입니다.

2. 유다의 수술을 받는 도시들

환자의 몸에 암 덩어리가 있어서 병원에서 수술을 받으려고 하면 의사는 암 덩어리만 떼어내는 것이 아니라 암 주위의 정상적인 세포까지 떼어냅니다. 그렇게 해야 눈에 보이지 않게 전이되었을지도 모르는 암세포를 완전히 제거할 수 있기 때문입니다. 이때 정상적인 세포들은 억울하다고 말할지 모릅니다. 그러나 이것은 어쩔 수 없는 것입니다. 그런데 얼마 전에 우리나라에 퍼졌던 구제역은 소나 돼지의 입장에서 보면 더 억울한 일일 것입니다. 왜냐하면 어느 지역에서 돼지나 소가 구제역에 걸리면 일정 반경 안에 있는 모든 소나 돼지는 아무 이유 없이 살처분당해서 땅에 파묻히기 때문입니다.

마찬가지로 이제 드디어 하나님께서 유다를 수술하는 날짜를 정하시게 되었습니다. 이때 하나님께서는 미가 선지를 통해서 유다의 어느 부분까지 수술할 것인지 발표하셨습니다. 그것이 바로 오늘 본문에 나오는 여러 도시의 이름입니다. 이 도시들은 대개 유다에서 가장 안전한 도시들이었고 그렇기 때문에 유다 부자들이 땅 투기를 많이 한 도시들이었습니다. 그리고 이 도시들은 이스라엘을 가장 많이 모방한 도시들이었습니다. 그러나 결국 이 도시들은 이스라엘의 암세포가 많이 있는 것으로 판명되어서 앗수르의 공격으로 멸망하게 됩니다.

10절, "가드에 고하지 말며 도무지 호곡하지 말찌어다 베들레아브라에서 티끌에 굴찌어다"

여기에서 '가드에 고하지 말며' 는 일종의 속담입니다. 옛날 이스라엘 왕 사울과 그의 아들들이 길보아 산에서 모두 전사했을 때 다윗은 이 패전 소식을 가드에 고하지 말라고 했습니다. 왜냐하면 블레셋 가드 사람들이 사울과 그의 아들들이 자기들의 손에 의해서 죽었다는 사실을 알면 좋아하고 기뻐할 것이 분명하기 때문입니다. 물론 블레셋 사람들은 그 다음날 죽은 사람들을 조사하다가 사울 왕과 그의 아들들의 시체를 발견하고 끌고 가서 목을 자르고 남은 시체를 성벽에 박아 두었습니다. 그럼에도 불구하고 그때 다윗이 가드에 고하지 말라고 한 것은, 이스라엘이 망한 것은 결코 블레셋이 잘했기 때문이 아니라 이스라엘이 하나님의 말씀에 불순종했기 때문에 블레셋이 하나님을 훼방하게 해서는 안 된다는 뜻이었습니다. 즉 하나님의 백성이 망하는 것은 자기들이 하나님의 말씀을 믿지 못하고 세상을 따라갔기 때문이지 하나님이 부족하거나 무능하셔서 망하는 것이 아닌 것입니다. 그래서 우리는 우리에게 일어난 시련을 조용히 감당해야 합니다. 다시 말해서 우리는 우리에게 좋지 않은 일이 일어났을 때 세상적인 눈으로 판단해서는 안 되고 하나님이 주시는 시련으로 생각해서 조용히 감당을 해야 하는 것입니다. 우리는 우리에게 좋지 않은 일이 일어났을 때 가장 판단하기 어려운 것이 과연 이것이 우연히 일어난 것일까, 아니면 하나님이 주시는 연단이고 시험일까 하는 것입니다. 그러나 하나님의 백성에게 일어나는 일은 아무리 고통스럽고 아픈 일이라 하더라도 그것은 하나님이 수술하시고 치료하시는 것이기 때문에 어느 정도 시간이 지나고 통증이 가라앉으면 다시 일어설 수 있습니다. 그래서 우리는 우리에게 일어나는 모든 일을 신앙의 눈으로 판단해야 감당할 수 있습니다. 우리가 어려운 일 가운데 예배를 드리면서 하나님의 말씀을 들으면 사람에게서 받을 수 없는 위로를 받게 됩니다. 이것이 바로 하나님이 우리를 치료하시는 것이고, 우리가 낫고 있는 과정인 것입니다.

미가 선지가 가장 먼저 가드에 말하지 말라고 한 것은 이번에 당하는 시련을 하나님이 주시는 연단으로 보아야지 세상적인 눈으로 보아서는 안 된다는 뜻입니다. 그리고 미가 선지는 '베들레아브라에서 티끌에 굴지어다' 라고 했습니다. 베들레아브라가 어디인지 정확하게 알 수는 없지만 유다와 이스라엘 경계선 부근의 아마도 이스라엘 문화를 가장 많이 배운 도시였던 것 같습니다. 여기서 '아브라' 라는 말은 '먼지' 라는 뜻입니다. 아마도 이곳은 처음에 먼지가 많기로 유명했는데 나중에 잘사는 사람들이 와서 별장 같은 것을 많이 지은 것 같습니다. 처음에 먼지투성이 땅은 땅값이 아주 쌌을 것입니다. 그런데 부자들이 와서 별장을 많이 지어서 도시가 멋있게 변하면서 땅값이 많이 오르고 아주 잘사는 동네로 변했을 것입니다. 그런데 하나님은 먼저 베들레아브라의 티끌에서 뒹굴라고 하셨습니다. 왜냐하면 이제 이 별장들은 모두 다시 티끌로 변할 것이기 때문입니다. 그러면 여기에 투자했던 부자들은 투자했던 돈이 아까워서 모두 티끌에 뒹굴게 될 것입니다.

그래서 하나님의 백성은 돈이 있다고 해서 아무 곳에나 투자를 해서는 안 됩니다. 하나님의 백성은 돈이 있다고 해서 집이나 땅이나 별장 같은 데 투자를 해서는 안 되고 그냥 가지고 있어야 합니다. 왜냐하면 나의 그 돈을 하나님이 어디에 사용하실지 모르기 때문입니다. 하나님의 백성이 먹을 것을 덜 먹고 쓸 것을 덜 써서 돈을 악착같이 모으는 것은 죄가 아닙니다. 그런데 사람의 심리는 돈을 가지고 있기만 하면 다른 사람이 달라고 할 수도 있고, 또 빨리 부자가 될 수 없으니까 부자들이 하는 것을 따라서 투기를 하기 쉽습니다. 그런데 그런 것은 조심하는 것이 좋습니다. 왜냐하면 우리는 우리의 미래를 알 수 없기 때문입니다. 단지 우리는 할 수 있으면 영적인 데 투자를 하는 것이 좋습니다. 즉 하나님이 우리에게 주신 축복은 잘 가지고 있으면서 우리의 시간과 열정을 하나님의 말씀과 기도에 투자해서 영적인 부흥이 일어나게 하는 것입니다. 그래야 우리에게 주어진 축복이 없어지지 않습니다. 그리고 우리는 우리가 가진 것으로 다른 사람들에게 작은 사랑을 베푸는 것이 좋습니다. 우리가 다른 사람에게 사랑을 베푸는 것이 우리가 풍성한 축복을 받은 증거인 것입니다.

요즘 고급 아파트의 창문이나 문은 밀폐가 잘되어서 먼지가 들어올 수 없습니다. 그러나 우리는 집에 먼지가 없는 것을 좋아하기보다는 우리 눈에서 쉴 새 없이 눈물을 흘려서 마음의 때를 씻어 내는 일을 해야 합니다. 그래야 우리는 먼지 구덩이에서 뒹굴지 않을 수 있습니다.

하나님께서는 하나님의 말씀에 불순종하고 마귀에게 사용된 뱀에게 종신토록 티끌을 먹을 것이라고 말씀하셨습니다. 사람이 존귀해지는 것은 좋은 집이나 부자 동네에 살아서가 아닙니다. 우리는 하나님 앞에 많은 눈물을 흘려야 마음이 깨끗해질 수 있습니다. 하나님은 이런 사람들에게 평화를 선물로 주십니다.

11절, "사빌 거민아 너는 벗은 몸에 수치를 무릅쓰고 나갈찌어다 사아난 거민은 나오지 못하고 벧에셀이 애곡하여 너희로 의지할 곳이 없게 하리라"

'사빌' 은 '아름답다' 라는 뜻입니다. 혹은 '영광스럽다' 라는 뜻도 있습니다. 아마 사빌은 상업적으로 번창해서 집들이 아름다웠던 것 같습니다. 요즘 중국의 상해 같은 곳은 도시가 너무나도 아름답게 변하고 있습니다. 그러나 '사빌' 이라는 말은 하나님의 은혜로 아름다운 것이 아니라 장사가 잘되고 경기가 좋기 때문에 부유하게 보이는 것을 말하는 것입니다. 그러나 미가 선지는 사빌 사람들이 벌거벗어 수치스러운 모습으로 포로로 잡혀서 떠날 것이라고 했습니다. 왜냐하면 사빌 사람들이 하나님의 축복을 등한시했기 때문입니다.

그리고 '사아난' 은 '떠나다' 라는 뜻을 가지고 있습니다. 사아난 사람들은 무역을 하느라고 그 도시를 들락거렸던 것 같습니다. 그러나 그들은 성에서 나오지 못할 것입니다. 왜냐하면 그곳 사람들이 많이 죽거나 포로가 되어서 아무도 거기서 나오는 사람이 없게 될 것이기 때문입니다. 참 놀라운 것이 경기가 좋을 때에는 사람들이 그렇게 뻔질나게 들락거리던 집이나 회사도 부도가 나면 유령의 집으로 변해 버리는 것입니다.

'벧에셀' 이라는 도시도 유다와 이스라엘 경계선 부근의 도시로 추정됩니다. 여기서 '에셀' 이라는 말은 '뿌리' 또는 '근거' 라는 뜻입니다. 즉 원래 벧에셀은 아주 뿌리가 깊은 도시였던 것입니다. 즉 벧에셀은 하나님의 말씀의 뿌리나 신앙의 뿌리가 깊은 곳이었는데 어느 순간 이스라엘의 유행이 들어오면서 그 깊은 신앙의 뿌리는 다 뽑혀 버리고 대신 이스라엘의 싸구려 나무가 심겨진 것입니다. 그러나 벧에셀은 더 이상 의지할 곳이 되지 못할 것이라고 말씀합니다. 다시 말해서 하나님이 축복하시면 아골 골짜기도 소망의 문이 되지만 하나님의 축복이 없으면 아무리 잘나가던 사람이나 회사나 나라도 모두 뿌리째 뽑혀서 흔적도 없어지는 것입니다.

12절, "마롯 거민이 근심 중에 복을 바라니 이는 재앙이 여호와께로 말미암아 예루살렘 성문에 임함이니라"

아마도 마롯은 예루살렘 부근에 있었기 때문에 상대적으로 손해를 많이 본 곳이었던 것 같습니다. 예를 들어 형제들 중에서도 누구 한 사람이 너무 똑똑하거나 유명하면 다른 형제들은 거기에 치여서 제대로 기량을 발휘하지 못할 것입니다. 그래서 그는 평생 동안 다른 사람의 주목을 받지 못하고 별 볼일 없는 존재로 살아갑니다. 아마도 마롯 거민이 그런 사람들이었던 것 같습니다. 즉 예루살렘이 너무 유명하다 보니까 마롯은 늘 잊힌 존재였던 것입니다.

그런데 마롯은 근심 중에 하나님의 복을 바라보게 됩니다. 왜냐하면 마롯은 사람들의 주목을 덜 받았기 때문에 그만큼 덜 부패했고 정신적으로도 건강할 수 있었기 때문입니다. 우리는 많은 사람의 주목을 받는 것이 얼마나 우리를 피곤하게 하고 우리 영혼을 병들게 하는지 알아야 합니다. 그래서 사실 지혜로운 자는 때때로 덜 유명해지는 길을 택해서 끝까지 건강하게 살아남는 것을 선택합니다. 물론 사람들마다 하나님께 사용되는 방법이 많이 다릅니다. 어떤 사람은 언제나 온 열정을 다해서 일을 하는 바람에 일중독이라는 말을 듣고 온몸에 병을 달고 다니면서 사는 사람이 있는가 하면, 어떤 사람은 사람들의 주목을 피해서 조금 덜 유명한 위치에서 자신의 페이스를 지켜 가면서 좀 더 오래 하나님 뜻대로 사용되기도 합니다. 마롯은 예루살렘에 치이는 바람에 이번 수술에서 살아남게 됩니다.

라기스는 예루살렘을 지키는 요새이고, 특히 그곳은 유다의 마병 부대가 있는 곳이었습니다.

13절, "라기스 거민아 너는 준마에 병거를 메울찌어다 라기스는 딸 시온의 죄의 근본이니 이는 이스라엘의 허물이 네게서 보였음이니라"

라기스는 이스라엘에서 가장 중요한 마병 부대가 있었기 때문에 예루살렘이 가장 의지하는 도시였습니다. 즉 유다는 모든 힘과 군사력을 라기스의 마병에 의지하고 있었던 것입니다. 그러나 하나님은 유다 백성에게 말이나 마병을 의지하지 말라고 하셨습니다. 왜냐하면 유다 백성이 마병을 가지고 있으면 그만큼 기도를 하지 않게 되기 때문입니다. 물론 유다 백성에게 가장 좋은 것은 아예 말이나 마병을 두지 않고 기도로 나라를 지키는 것입니다. 그러나 당시 국제적인 사정을 볼 때 유다 왕이나 백성들이 아무리 신앙이 좋다 하더라도 전혀 말이나 마병을 두지 않는 것은 불가능했습니다. 그렇다면 유다 왕이나 백성들은 마병을 두더라도 "하나님, 우리가 믿음이 부족해서 마병을 두었습니다. 우리의 믿음이 부족한 것을 용서해 주시기 바랍니다. 그러나 저희는 이 말을 의지하지 않고 여호와를 의지하겠습니다."라고 하면 하나님은 전혀 뭐라고 하지 않으십니다. 그런데 미가 선지는 라기스 때문에 딸 시온이 죄를 짓게 되었다고 했습니다. 이것은 유다가 말과 마병을 가지고서 기도하지 않고 부흥을 의지하지 않고 인간적인 힘으로 나라를 지키려고 하다가 교만해졌다는 뜻입니다. 결국 라기스도 망하게 됩니다.

14-15절, "이러므로 너는 가드모레셋에 작별하는 예물을 줄찌어다 악십의 집들이 이스라엘 열왕을 속이리라 마레사 거민아 내가 장차 너를 얻을 자로 네게 임하게 하리니 이스라엘의 영광이 아둘람까지 이를 것이라"

가드모레셋은 미가의 고향입니다. 본문 말씀은 미가가 자기 고향 사람들을 다시 만나지 못할 것이기 때문에 이별의 선물을 주라는 것입니다. 그리고 '악십'은 '속이다'라는 뜻을 가지고 있는데, 사람들은 늘 그곳을 안전하다고 믿었지만 이번에는 속게 될 것이라고 합니다. 그리고 하나님은 마레사를 얻을 자로 임하실 것이라고 했습니다. 즉 마레사를 빼앗는 자는 앗수르가 아니라 하나님이신 것입니다. 하나님이 마레사를 치실 때 이스라엘의 영광은 가장 비참하게 됩니다. 즉 이스라엘의 영광은 아둘람 굴로 피하게 되는데 아둘람은 다윗이 도망칠 때 숨었던 굴이 있는 곳이었습니다. 즉 이제는 유다의 왕이 옛날 다윗이 사울을 피해서 굴로 도망쳤듯이 이제는 어딘가 숨어서 밖으로 나오지도 못하게 되는 것입니다. 이것이 바로 유다가 이스라엘의 부패한 신앙을 따라간 결과였습니다.

미가는 이스라엘과 유다의 이러한 재앙이 하나님께로부터 온 것이라는 것을 강조하고 있습니다. 이 재앙의 주인공은 앗수르가 아니라 하나님이십니다. 앗수르는 하나님께서 부리시는 하수인에 불과할 따름입니다.

하나님께서 자기 백성을 이토록 철저하게 파멸시키시는 이유가 무엇입니까? 그것은 그들이 여호와의 말씀을 버리고 눈에 보이는 세상의 출세와 영광을 따라갔기 때문입니다. 하나님의 백성의 일차적인 성공은 세상적인 성공이 아니라 부흥이 일어나는 것입니다. 반대로 이스라엘 백성이 영적인 부흥을 버리고 세상 성공으로 만족하는 것은 이미 부패하고 있는 증거인 것입니다. 하나님은 결국 이들을 수술하실 것입니다. 그래서 하나님이 주시지 않고 우리 스스로 취한 성공은 나중에 다 없어집니다. 그러므로 우리는 절대로 세상의 부귀영화를 부러워해서는 안 됩니다. 오히려 우리는 그것이 없는 것을 기뻐하고 당당하게 생각해야 합니다.

3. 하나님의 백성이 살 수 있는 길

미가는 유다 백성에게 어떻게 해야 살 수 있는지 가르쳐 주고 있습니다.

16절, "너는 네 기뻐하는 자식으로 인하여 네 머리털을 깎아 대머리 같게 할찌어다 네 머리로 크게 무여지게(개역개정: 벗어지게) 하기를 독수리같게 할찌어다 이는 그들이 사로잡혀 너를 떠났음이니라"

유다 백성이 살 수 있는 길은 지금이라도 세상의 성공을 자랑하지 말고 하나님 앞에서 애통하며 슬퍼하는 것입니다. 유다 백성은 슬픔을 표시할 때 머리를 밀었습니다. 그런데 부모가 가장 슬퍼할 때는 자식이 죽거나 사고를 당해서 큰 수술을 해야 할 때입니다.

'네 기뻐하는 자식' 은 유다 사람들의 자식들을 말합니다. 유다 백성은 만약 지금 회개하지 않으면 그들이 자식들로 인하여 머리를 빡빡 깎고, 자식들은 포로로 붙들려 갈 것입니다. 그래서 부모가 자식을 살리는 길은 지금 자기들이 포로로 붙들려 가는 자처럼 하나님 앞에서 자신들을 낮추는 것입니다.

여기에 보면 '머리를 독수리같이 무여지게 하라' 고 했는데 독수리는 털갈이를 할 때에 머리에 있는 털이 모두 빠지기 때문에 완전히 대머리가 됩니다.

선지자는 유다가 살 수 있는 길을 말해 줍니다. 만약 유다 백성이 전부 전쟁 포로로 붙들려 가기를 원치 않는다면 지금 스스로 포로인 것처럼 하나님 앞에서 회개하라는 것입니다. 즉 유다 백성이 망하지 않으려면 세상적으로 더 높아지고 더 성공하려고 할 것이 아니라 미가 선지처럼 아직 편안할 때에 하나님 앞에 나와서 들개처럼 혹은 타조처럼 소리 지르고 애통하면서 회개하라는 뜻입니다. 그러면 하나님께서 반드시 그들을 용서해 주신다는 것입니다.

오늘 많은 사람들이 자식들을 위하여 돈을 모으고, 어떻게 하든지 자식들이 잘살 수 있도록 재산을 축적하고 있는데 본문 말씀은 그렇게 하지 말고 그 아이들이 포로 되어 간 것처럼 자기 머리를 밀고 하나님 앞에 아무 소망이 없는 사람처럼 겸손하게 자신을 낮추라고 말씀하고 있습니다. 그러면 하나님께서 우리를 반드시 불쌍히 여기시고 우리를 지켜 주실 것입니다. 왜냐하면 우리가 하나님의 뜻을 알고 있기 때문입니다. 즉 하나님 앞에서는 세상적인 성공이나 자랑은 통하지 않고 오직 우리 안에 있는 부패가 문제인 것입니다. 그런데 부패가 없는 사람은 아무도 없습니다. 오직 이 부패의 곰팡이나 바이러스를 막을 수 있는 것은 애통하며 우는 것밖에 없습니다. 즉 우리가 세상을 덜 사랑하고 하나님이 주신 것으로 만족하고 다시 한 번 우리 속을 하나님의 말씀으로 채울 때 우리는 이미 수술이 되고 있는 것입니다.

하나님의 백성은 하나님의 긍휼을 먹고사는 사람들입니다. 하나님께서 긍휼을 베풀어 주시지 않는다면 우리는 망할 수밖에 없는 사람들입니다. 우리가 기도할 수 있는 것은 오직 하나님께서 우리를 불쌍히 여겨 달라는 것입니다. 그리고 하나님께서 우리를 불쌍히 여기실 수밖에 없을 정도로 자기 자신을 있는 그대로 하나님 앞에 내어 놓는 것입니다. 그러면 하나님께서 우리의 산성이 되어 주실 것입니다. 이것이 하나님의 종교의 모순입니다. 하나님은 잘난 사람들은 싫어하시고 못나고 바보 같은 사람들에게 은혜를 주시는 것입니다. 그래서 우리가 살고 싶으면 못나고 바보 같은 사람 축에 들어야 하는 것입니다.

오늘 우리 사회는 언제 어디서 무너질지 모르는 불안한 사회입니다. 우리 사회가 부패한 것은 그렇다손 치더라도 종교 사회의 부패는 더욱 심각합니다. 그러나 더 무서운 것이 있는데 그것은 우리 마음이 부패로 썩어 가고 있는 것입니다. 이 부패는 세상 성공으로 막을 수 없고, 유학이나 학위나 운동권으로 막을 수가 없습니다. 우리 안의 부패를 막는 길은 하나님 앞에서 우는 것밖에 없습니다. 마치 신병 훈련소의 신병이나 포로로 붙들린 사람이나 중병에 걸려서 수술받은 사람처럼 우는 것입니다. 그리고 하나님이 기뻐하지 않으셔서 포기하라고 하시는 것이 있으면 아낌없이 포기해야 합니다. 또한 하나님이 우리로 하여금 고생하라고 하실 때 기꺼이 고생을 해야 합니다. 그것이 바로 우리가 하나님의 손에 가볍게 수술을 받고 사는 길입니다.

하나님은 우리를 엄청나게 사랑하고 계십니다. 그래서 하나님은 우리로 하여금 이스라엘의 길을 가지 못하게 하셨습니다. 이제 우리에게 필요한 것은 하나님 앞에서 스스로 더 낮아지는 것입니다. 우리는 이러한 재앙이 오기 전에 미리 나의 욕심을 포기하고 타조같이, 들개같이 울어야 합니다.

우리가 행복을 추구하고 행복을 누리기를 원하는 것 자체는 큰 죄가 아닐지 몰라도 하나님께서 '아, 나는 더 이상 이 사람들에게 필요치 않은 존재이구나.' 하고 생각하시고 우리를 떠나실 것입니다. 그리스도인들의 아름다움은 어디에 있습니까? 자기가 추구할 권리를 다 추구하지 않는 것입니다. 우리는 우리가 누릴 권리를 다 누리지 말아야 합니다. 어떻게 하든지 우리는 낮은 위치에서 하나님께서 나를 항상 불쌍히 여기시며 하나님께서 나를 돕지 않으면 안 되게 만들어야 합니다. 장애를 가진 분들은 장애를 기뻐하시기 바랍니다. 비정규직인 분들은 그것을 가지고 감사하시기 바랍니다. 우리는 하나님께서 우리를 불쌍히 여기시도록 만들어야 우리가 살 수 있습니다.

성경 토의

1. 우리가 살기에 가장 안전하고 우리의 행복을 끝까지 지켜 줄 수 있는 곳은 어디라고 생각하는가?

2. 우리는 자녀들을 위하여 무엇을 남겨주려고 하고 있으며, 자녀들이 끝까지 행복하게 사는 길은 무엇이라고 생각하는가?

3. 우리는 어떻게 하면 미가 선지같이 미래를 내다볼 수 있으며, 그것을 대비하는 방법은 무엇인가?

03_유다 백성의 탐욕

미가 2:1-7

전체적 설명

인간은 누구나 좋은 것을 가지고 싶어한다. 그러나 아무리 욕망이 있고 욕심이 있다 하더라도 다른 사람이 가진 것을 빼앗아서 자기 욕망을 채우려고 하는 것은 분명히 죄이다. 하나님은 이스라엘 백성에게 "이웃을 내 몸같이 사랑하라"라고 하셨다. 이것은 다른 사람의 행복을 나의 행복처럼 소중하게 생각하라는 뜻이다. 특히 하나님은 모든 이스라엘 백성이 형제와 자매라고 말씀하셨다. 가족들은 서로 도와주고 지켜 주어야지 가진 것을 빼앗아서 자기 욕망을 채워서는 안 된다. 그러나 유다 백성은 다른 이스라엘 백성을 욕심의 대상으로 삼았다. 그 결과 유다 백성이 당장은 유익을 얻는 것 같았지만 결국에는 하나님으로부터 버림을 당하게 된다.

설교 프리노트

1절, "침상에서 악을 꾀하며 간사를 경영하고"

사람들은 누구나 미래에 대하여 어떤 계획을 가지려고 한다. 즉 어떻게 회사를 더 키우고, 어떻게 집을 더 넓히며, 어떻게 아이들에게 더 좋은 교육을 받게 할 것인지를 계획한다. 물론 사람이 계획을 세운다고 해서 그대로 된다는 보장은 없지만 그래도 계획을 세우면 노력이라도 하게 될 것이다. 그러나 만일 어떤 사람이 어떻게 해서 남의 것을 빼앗아 자기 것으로 만들며, 어떻게 해서 다른 사람을 망하게 하여서 그것을 차지할 것인가 하는 것을 생각한다면 그것은 악한 계획이 될 것이다. 사람이 다른 사람을 망하게 하는 생각을 가지는 것은 나쁘지만 사람의 마음속에는 시기심이나 심술 같은 것이 있어서 남이 못되고 자기가 잘되는 것을 생각할 때가 많이 있다. 그러나 사람은 생각은 그렇게 하더라도 실천에 옮기지는 못한다. 그런데 남을 망하게 하고 남의 것을 빼앗는 계획을 실천에 옮기는 사람들은 전문 사기꾼이나 악당들일 것이다. 그러나 유다의 지도자들은 남을 망하게 하는 계획을 세우고 그것을 실천에 옮기는 일을 하고 있었다. 그들은 권력을 가지고 있었으므로 마음만 먹으면 남의 것을 가질 수 있었기 때문이다.

"날이 밝으면 그 손에 힘이 있으므로"

대개 사람들이 악한 생각을 하더라도 실천에 옮길 수 없는 이유는 자신에게 그럴 만한 힘이 없기 때문이다. 그러나 권력을 가진 자들은 마음먹기에 따라서 얼마든지 다른 사람을 망하게 할 수도 있고 그들의 것을 자기 것으로 만들 수도 있다. 그래서 권력을 가진 자는 권력을 다른 사람을 섬기기 위한 도구로 생각해야지 그 권력을 이용해서 자기 자신을 유익하게 해서는 안 되는 것이다. 그것은 범죄 행위에 속하므로 하나님은 그런 자에게 "화가 있을찌어다"라고 말씀하셨다.

2절, "밭들을 탐하여 빼앗고 집들을 탐하여 취하니"

옛날에는 투자에 비해 수입이 가장 많은 것이 농사였다. 그래서 옛날에는 땅을 가지고 농사를 짓는 사람들이 가장 잘살았다. 그러나 이스라엘 백성은 하나님께서 각자에게 땅을 분배해서 기업으로 주셨기 때문에 어느 누구도 땅을 더 많이 가질 수가 없었다. 그래서 유다나 이스라엘에서는 아무리 돈이 많이 있어도 부자가 되는 데 한계가 있었다. 그래서 권력을 가진 자들은 가난한 자들의 땅을 탐내기 시작했다. 즉 흉년이 들면 먹을 것이 없으니까 가난한 자들이 양식을 빌리는데 그때 높은 이자를 요구하고, 이자나 원금을 갚지 못할 때에는 땅을 내어 놓게 하는 것이다. 권력자들은 가난한 자들은 땅을 가질 자격이 없고 행복할 자격이 없다고 생각했던 것이다.

"사람과 그 집 사람과 그 산업을 학대하도다"

사람에게는 누구나 가족이 있고, 또 하는 일들이 있다. 그러나 부자들이 땅을 빼앗아 버리니까 가난한 사람들은 그 집 전체가 몰락할 수밖에 없었다. 즉 한 사람의 불행이 가족 전체의 불행이 되는 것이다.

3절, **"내가 이 족속에게 재앙 내리기를 계획하나니"**

유다 백성은 잠시 하나님을 생각하지 않고 사람만 이기면 되는 것으로 생각했지만 유다의 권력자들은 하나님의 미움을 받게 되었다. '이 족속' 이라는 말 속에는 상당한 경멸의 의미가 들어 있다. 하나님께서는 유다 사람들을 부르실 때 꼭 '내 백성' 이라고 부르셨다. 그러나 이제 하나님은 유다 백성을 경멸하시면서 이방인같이 취급하고 계신다. 우리가 하나님의 사랑을 받으려면 사랑받을 행실을 해야 한다. 우리가 하나님의 사랑을 받는 비결은 하나님의 말씀을 존중하고 그 말씀에 자신을 쳐 복종시키는 것이다. 그러나 하나님을 두려워하지 않고 자기 힘만 가지고 다른 사람의 행복을 빼앗을 때 하나님은 그들을 경멸하시고 재앙을 내릴 준비를 하신다. 그들은 정말 하나님 앞에서 한심한 사람들인 것이다.

"너희의 목이 이에서 벗어나지 못할 것이요"

여기서 '목' 이라고 하는 것은 그들의 자유가 박탈당하는 것을 의미한다. 즉 하나님은 그들의 목에 노예의 쇠사슬을 매셔서 강제 노동을 시키시는 것이다. 이것은 두 가지 방향으로 나타나는데, 하나는 하나님이 그들을 여기에 그대로 살게 하시면서 강대국에게 조공을 아주 많이 바치게 하는 방식이고, 또 하나는 아예 그들이 노예로 끌려가서 강제 노동을 하는 방식이다. 즉 지금 유다는 '재앙의 때' 라고 말씀하고 있다. 이것은 재앙을 앞두고 하나님이 유다 백성의 자세를 시험해 보고 계신 것이다. 그래서 우리가 잘살게 되었을 때에도 하나님이 나의 믿음을 시험하시는 것이라고 생각해서 더 겸손하고 더 하나님의 말씀에 충성해야 노예의 멍에를 매지 않게 된다.

4절, **"그때에 너희에게 대하여 풍사**[개역개정: 조롱하는 시]**를 지으며 슬픈 애가를 불러 이르기를"**

'풍사'는 원래 '비유' 또는 '속담'을 의미한다. 그러나 여기서는 유다 백성의 넋두리, 또는 많은 이방 민족들 사이에 떠돌아다니는 소문이라고 생각할 수 있다. 결국 유다가 앗수르의 공격을 당하고 많은 소문이 돌게 되는데 그것은 유다 백성이 완전히 망하게 되었다는 것이다. 그런데 유다 백성이 망한 것은 그냥 망한 것이 아니라 한창 잘살다가 갑자기 망한 것인데 모두 그 영문을 모르겠다는 것이다.

여기에 보면 그 소문이 세 가지로 나타난다. 그것은 그들이 완전히 망했다는 것과 '내 백성의 산업이 내게서 떠났다'는 것과 '우리 밭을 패역자들이 가져갔다'는 것이다. 그러나 유다 백성은 자신들의 산업이라고 말하기 이전에 자기들이 다른 사람의 재산을 빼앗은 것을 생각지 못하고 있는 것이다. 유다 백성은 자신들은 하나님의 백성으로서 신앙이 좋다고 믿고 있었다. 그리고 '패역자'는 하나님을 믿지 않는 악한 이방 민족들인데 그들은 왜 하나님이 하나님의 백성을 망하게 하시며 반대로 악한 이방 민족이 다 가져가게 하시는지 이해를 하지 못하는 것이다. 그러나 그것은 유다 민족 자신들이 하나님의 말씀을 지키지 않았기 때문이다. 이것은 물론 하나님에게도 큰 수치이지만 하나님은 하나님의 이름이 훼방당하는 일이 있어도 말씀을 떠난 자들을 지켜 주지 아니하신다. 왜냐하면 하나님의 백성이 하나님의 말씀을 지키지 않는 것이 더 큰 훼방이기 때문이다.

5절, **"여호와의 회중에서 제비를 뽑고 줄을 띨 자가"**

'여호와의 회중에서 제비를 뽑는다'는 것은 정식 이스라엘 백성의 자격을 얻고 이스라엘 백성 중에서 땅을 차지하는 사람들을 뽑는다는 것이다. 즉 누구든지 하나님의 땅을 차지하려면 적어도 하나님의 말씀을 지키는 것이 기본이다. 그러나 하나님의 말씀을 지키지 않는 자는 가나안 땅을 차지할 자격이 없어지는 것이다. 하나님은 유다 백성에게 하나님의 산업을 차지할 자격이 없다고 말씀하신다. 왜냐하면 자신들의 탐욕을 자제하지 않았기 때문이다. 하나님은 이들을 징계하기 위하여 패역자들을 사용하셨다.

본문 이해를 위한 질문

1. 왜 유다 백성은 밤에 침상에 누워서 다른 사람들의 밭이나 집을 차지할 계획을 세우고 그것을 실행했을까?

유다 백성 중에서 권력을 가진 자들이 그 권력을 이용해서 더 부자가 되려고 생각했기 때문이다. 이것이 당시에는 유능하고 성공하는 기준이었던 것이다.

2. 유다의 성공한 사람들과 하나님의 생각은 어떻게 달랐는가?

하나님은 그들의 목에 노예의 쇠사슬을 맬 생각을 하고 계시며, 그들의 일거수일투족을 살펴보고 계신다.

3. 결국 유다 백성은 어떻게 되는가?

유다 백성은 자기들이 차지한 땅과 재물을 패역자들에게 빼앗기고, 가나안 땅에서도 쫓겨나게 된다.

성경 강해

일본 사람들은 일본 원전이 전 세계에서 가장 안전한 원전이라고 자랑했습니다. 그러나 일본 동북부 지방에 쓰나미로 원전의 전기가 끊어지고 원전을 냉각수로 식히지 못하니까 원자로가 차례로 폭발했습니다. 얼마 전 일본 총리가 한 말에 의하면, 그때 만일 사람들이 끝까지 원전을 식히지 않았더라면 도쿄는 폐허가 되었을 것이라고 합니다. 한때 사람들은 원전이 이 지구상에서 가장 안전하고 저렴한 에너지라고 추켜세웠습니다. 그러나 사람들은 비로소 원전의 무시무시한 위력을 깨닫게 되었습니다.

하나님은 이스라엘 백성을 광야에서 인도하여 내신 후에 하나님을 체험하게 하셨습니다. 하나님은 마치 어마어마한 원전 같은 능력을 가진 분이었습니다. 그런데 하나님은 이스라엘 백성에게 원전을 식히는 냉각수의 사명을 주셨습니다. 이스라엘 백성이 하나님을 감당할 수 있는 비결은 완전한 의인이 되거나 완전한 종교 행위를 하는 것이 아니었습니다. 오직 하나님의 말씀을 가장 중요한 것으로 믿고 순종하면 이스라엘 백성은 하나님의 진노를 축복으로 바꾸는 사람들이 될 수 있었습니다. 그런데 이스라엘 백성이 주의해야 할 것은, 만일 이스라엘 백성이 하나님의 말씀을 버리면 자기 자신들이 먼저 망한다는 것이었습니다. 결국 이스라엘 백성은 하나님의 축복이냐 세상의 복이냐를 선택할 수 있는 것이 아니었습니다. 이스라엘 백성은 무조건 하나님의 복을 붙잡아야 세상의 복도 가질 수 있었습니다.

그런데 실제로 이스라엘 백성이 세상을 보니까 세상 사람들은 하나님의 말씀이 없어도 너무나도 잘살고 있었고, 자신들도 얼마든지 세상 사람들 이상으로 잘살 자신이 있었습니다. 결국 이 욕심 때문에 이스라엘 백성은 하나님의 축복을 잃어버리고 망하는 길을 택하게 됩니다.

이스라엘은 일찍 세상적인 방법을 받아들여서 유다와는 비교가 되지 않을 정도로 나라가 부요해지고 커졌습니다. 즉 이스라엘의 지도자들이 가지고 있었던 생각은 우리가 무식하게 성경만 붙들지 말고 하나님을 믿는 신앙과 세상의 복을 함께 받아들이자는 것이었습니다. 즉 이스라엘의 부자나 지도자들이 가졌던 생각은 하나님을 믿는 신앙을 가지고 있으면서 세상적인 복까지 받자는 것이었습니다. 이것이 당시 시대적인 상황과 맞아떨어지면서 이스라엘은 엄청나게 잘살게 되었습니다. 그러나 이스라엘이 이렇게 잘살게 된 것은 결코 하나님의 축복이 아니었습니다. 이것은 이스라엘 백성이 자신들의 사명을 포기하고 하나님의 재앙을 부르는 길이었습니다.

그런데 문제는 유다도 이스라엘을 모델로 해서 닮아 가고 있었다는 것입니다. 이때 미가 선지는 유다의 지도자들이나 부자들을 향해서 지금 너희가 추구하고 있는 것은 복이 아니고 멸망이라고 말하고 있습니다. 지금 유다는 살기 위해서 더 많은 것을 가질 것이 아니라 살빼기를 해야 한다는 것입니다. 즉 유다 백성은 할 수 있는 대로 활동을 줄이고 욕심을 포기하면서 하나님의 말씀을 붙들라는 것입니다. 그러면 유다의 영성은 살아나면서 멸망의 위기에서 벗어날 수 있는 것입니다.

1. 좋은 것을 더 가지고 싶은 욕심

1절, "침상에서 악을 꾀하며 간사를 경영하고 날이 밝으면 그 손에 힘이 있으므로 그것을 행하는 자는 화 있을찐저"

하나님께서는 미가 선지를 통해서 어떤 사람에 대하여 화가 있을 것이라고 하면서 책망하십니다. 그 사람들은 바로 밤에 침상에서 잠은 자지 않고 악한 계획과 간사한 경영을 세우고 아침이 되면 즉시 그 계획을 밀어붙여서 가지고 싶은 것을 가져 버리는 사람들입니다. 그런데 우리가 생각하기에는 이 사람들이 이렇게 하는 것이 크게 잘못된 것 같지 않습니다. 왜냐하면 우리는 무엇인가 사야 할 것이 있으면 낮에 여러 가지 자료를 준비해서 밤에 어느 것이 더 싸고 좋을지 곰곰이 생각하다가 아침이 되면 바로 가서 계약을 하기 때문입니다. 예를 들어 어떤 사람이 새 냉장고가 필요하면 밤에 여러 가전제품 회사의 팸플릿을 가지고 와서 성능이나 가격을 비교해 보다가 아침이 되면 대리점에 가서 물건을 보고 마음에 들면 계약을 하는 것입니다.

우리는 그렇게 하는 것을 탐욕스럽다거나 나쁘다고 말하지 않습니다. 그러나 만일 어떤 사람이 고가의 집이나 차를 구입하려고 하는데 밤에 곰곰이 생각하다가 아침이 되자마자 바로 나가서 수억 원이나 하는 집을 계약해 버리거나 아주 비싼 차를 계약하는 것은 좀 심하다고 생각할 것입니다. 왜냐하면 집이나 차는 몇 년이나 몇 달을 벌어야 살 수 있는 아주 비싼 것들이기 때문에 오랜 시간에 걸쳐 계획을 세우고 난 후에 결정을 해야 하기 때문입니다.

하나님은 유다의 지도자들이나 부자들이 밤에 무엇인가를 생각했다가 아침 일찍 일을 저질러 버리는 것 자체를 나쁘다고 말씀하시는 것이 아닙니다. 왜냐하면 사람은 무엇이든지 자기가 좋아하는 것이 있으면 가지고 싶고, 또 그것을 자기 것으로 만들 때까지는 계속 욕망이 생기기 때문입니다. 우리가 아무리 하나님의 백성이라 하더라도 좋은 집을 보면 거기서 살고 싶고, 좋은 차나 보석이나 물건이 있으면 사고 싶어하는 것은 어떻게 보면 당연한 욕망이라고 볼 수 있습니다. 그러나 하나님께서 책망하시는 것은 어느 것이 우선되어야 하느냐 하는 것입니다. 즉 하나님의 백성에게 가장 중요한 것은 아무리 가지고 싶고 내 것으로 만들고 싶다 하더라도 그들에게는 더 중요한 것이 있다는 것입니다. 그것은 하나님의 말씀을 듣고 은혜를 받는 것입니다. 우리가 하나님의 말씀을 듣고 은혜를 받으면 참으로 이상한 일이 일어나는데, 그것은 하나님의 말씀을 듣기 전에는 그렇게 가지고 싶던 것이 시시해지면서 하나님이 주시면 가지고, 주시지 않으면 안 가져도 된다는 마음의 여유가 생기는 것입니다. 이것이 바로 우리가 욕망에서 벗어날 수 있는 방법입니다. 경제학 용어에 한계효용체감의 법칙이라는 것이 있습니다. 이것은 사람이 무엇인가를 가질수록 만족감이 급격하게 떨어지는 것을 말합니다.

여기에 하나님의 백성과 그렇지 않은 사람의 차이가 있습니다. 일단 사람은 누구든지 가지고 싶은 것이 있으면 욕망을 느끼게 되어 있습니다. 그런데 하나님의 백성은 은혜를 받는 순간 그 욕망이 갑자기 가라앉게 됩니다. 그리고 그 물건을 샀을 때 만족감도 더 떨어집니다. 즉 그런 물건을 더 이상 살 필요를 느끼지 못하는 것입니다. 그런데 하나님의 말씀을 듣지 않은 사람은 물건을 가질수록 그것이 필요가 없음에도 불구하고 더 많이 가지고 싶어합니다. 더 많은 만족감을 느끼려고 하는 것입니다.

하나님께서 유다 백성에게 약속하신 것은 '너희는 하나님의 말씀만 죽어라고 붙들어라. 그리하면 내가 너희를 복의 근원이 되게 하고 너희에게 필요한 모든 것을 다 채워 주겠다' 는 것입니다. 그래서 하나님의 백성은 이 세상에 아무리 좋은 복이 있어도 그것을 돌처럼 생각해야 합니다. 하나님의 백성은 눈앞에 아무리 좋은 것이 있어도 그것을 가지려고 덤벼들어서는 안 됩니다. 먼저 하나님의 은혜를 구하고 하나님의 의를 구할 때 하나님은 우리에게 필요한 좋은 것을 하나씩 채워 주십니다. 그러면 우리와 하나님 사이에는 문제가 생길 수가 없습니다.

그런데 하나님의 백성에게는 두 단계에 걸쳐서 위험이 찾아옵니다. 하나는 우리에게 아무것도 없을 때입니다. 이때 우리는 다른 사람들은 세상으로 달려가서 좋은 것을 다 차지하는데 나는 왜 바보같이 아무것도 가지지 못하고 가난하게 있어야 하는가 하고 생각합니다. 그래서 우리는 나도 하나님의 말씀을 내려놓고 세상으로 달려 나가서 세상 사람들과 똑같이 성공해서 내가 결코 바보나 무능한 사람이 아니라는 것을 보여 주고 싶어합니다. 그러나 하나님은 우리를 계속 붙잡으셔서 세상으로 나가지 못하게 하실 것입니다. 그리고 또 한 번의 위기는 우리가 하나님의 축복으로 성공한 후에 찾아옵니다. 이때 우리는 옛날같이 하나님 앞에서 울고 매달리기보다는 세상에서 성공을 누리고 싶어하고, 더 이상 하나님에게 매달리려고 하지 않습니다. 그러면 우리는 다시 타락하게 됩니다.

하나님께서 미가 선지를 통해서 유다의 부자나 지도자들을 경고하시는 것은 지금 그들이 이미 망한 이스라엘을 따라가고 있기 때문입니다. 즉 이스라엘의 부자나 지도자들은 하나님의 신앙으로 세상에서 축복받고 부자가 되는 것을 목적으로 삼았습니다. 그러나 이것은 이스라엘 백성이 하나님의 냉각수 역할을 하지 못하는 것이었습니다.

이스라엘 백성이 재앙을 당하지 않으려면 너무 눈에 보이는 축복으로 달려가지 말았어야 했습니다. 이스라엘 백성은 우선순위를 하나님의 말씀에 두어서 너무 부자가 되거나 너무 많은 돈을 자기 자신을 위해서 쓰는 것을 조심했어야 하는 것입니다. 그러나 이스라엘 부자들이나 지도자들은 할 수 있는 한 모든 것을 가지고 모든 것을 누린 결과 자기들도 모르는 사이에 영적인 부흥을 잃어버리게 되었습니다. 유다의 부자들은 무엇인가 가지고 싶은 것이 있으면 밤새 생각했다가 아침이 되면 휑하니 달려가서 일을 저질러 버렸습니다. 즉 이미 유다의 부자들은 하나님의 말씀은 등한시하고 욕심에 중독되어 있었습니다.

오늘 본문에 보면 '그 손에 힘이 있으므로' 라고 말씀하고 있습니다. '그 손에 힘이 있다' 는 것은 그들에게 돈이 있고 권력이 있고 법적인 자격이 있다는 뜻입니다. 물론 하나님의 백성이라고 해서 사치품이나 명품을 전혀 사지 말아야 한다는 뜻은 아닙니다. 하나님의 백성도 인간인 이상 좋은 것이 있으면 가지고 싶어할 수 있습니다. 그러나 하나님의 백성은 돈이 있다고 해서 사고 싶은 것을 다 살 수 있는 것이 아닙니다. 왜냐하면 우리가 가지고 있는 것은 우리의 것이 아니고 하나님께서 맡겨 놓으신 것이기 때문입니다. 하나님의 백성은 그 손에 있는 힘을 쓰는 것이 중요한 것이 아니고 하나님의 말씀을 듣고 은혜 받는 것이 더 중요합니다. 그리고 이스라엘 백성은 하나님이 주신 힘은 가능한 한 쓰지 않는 것이 겸손하고 좋은 것입니다.

하나님의 백성도 인간이기 때문에 무엇인가에 집착할 때가 있습니다. 그래서 밤새도록 생각하다가 드디어 그것을 사기로 결심을 했다고 합시다. 그러나 아침이 되면 그 마음이 변합니다. 왜냐하면 아침에 새로운 하루가 시작되면서 하나님이 새 마음을 주시기 때문입니다. 그래서 마음속으로 그것이 그렇게 꼭 필요한 것은 아니었다는 것을 생각하게 됩니다. 그리고 어떤 사람은 누군가의 행동이 미워서 그전날 '내일 이 사람을 만나자마자 이야기해야 되겠다.' 고 결심을 합니다. 그런데 막상 다음날 그 사람을 만나면 굳이 그런 이야기를 해서 기분 나쁘게 할 필요가 없다는 생각이 들면서 입을 다물게 됩니다. 결국 우리의 마음은 절대적이지 않은 것입니다.

그런데 유다의 부자나 지도자들은 그렇지가 않았습니다. 이들은 무엇인가 해야 되겠다고 결심을 하면 밤새도록 생각하다가 아침이 되면 그것을 해야만 직성이 풀렸습니다. 그 이유는 이미 그들이 이런 욕심에 중독되었기 때문입니다. 즉 유다 백성이 욕심에 중독되었다는 것은 이미 그들이 하나님의 말씀의 영향을 받지 않고 있다는 뜻입니다. 이것은 유다의 부자나 지도자들이 자신들은 성공한 사람이요, 자신들의 생각이나 욕망은 절대적으로 옳다는 생각을 가지고 있었던 것입니다. 그것은 바로 성공주의였습니다. 즉 그들은 더 커져야 하고, 더 부자가 되어야 하며, 더 유명해져야 한다고 생각하고 있었던 것입니다.

하나님의 백성에게 성장주의 혹은 성공주의는 무서운 암세포와 같습니다. 암세포는 성장이 통제되지 않아서 주위에 있는 정상 세포들을 죽이고, 나중에는 본인의 목숨까지 해칩니다. 마찬가지로 오늘 우리 시대의 성공은 더 이상 통제가 되지 않는 것이 문제인 것입니다. 가난할 때에는 돈 구경하기가 어렵지만 크게 성공하면 돈이 관리가 되지 않을 정도로 벌게 됩니다. 이렇게 통제가 되지 않는 축복은 축복이 아니라 재앙인 것입니다. 원자로에서 우라늄 핵이 분열하면서 열이 생기는 것은 좋은 것이지만 점점 가속도가 붙어서 열이 올라가면 폭발합니다. 마찬가지로 오늘 사람들은 성공하지 못한 것이 문제가 아니라 성공한 것이 문제인 것입니다. 그래서 하나님은 사랑하는 백성에게 인생의 공백을 주셔서 속도를 조절하게 하시는 것입니다.

2. 유다 백성이 탐내었던 것

유다의 부자들이나 지도자들이 밤을 새워 가면서 생각을 하고 작전을 짰던 것은 어떻게 하면 이웃의 땅을 차지하고 그들의 집을 빼앗을 수 있느냐 하는 것이었습니다.

2절, "밭들을 탐하여 빼앗고 집들을 탐하여 취하니 그들이 사람과 그 집 사람과 그 산업을 학대하도다"

하나님께서는 모든 이스라엘 백성에게 땅을 분배해 주셨습니다. 그러면서 하나님은 이스라엘 백성에게 힘이 있다고 해서 남의 땅을 빼앗지 말라고 하셨습니다. 이것은 다른 말로 표현하면 하나님의 백성은 다른 사람의 행복을 소중하게 생각하라는 뜻입니다. 그러나 사람의 능력은 모두 똑같은 것이 아닙니다. 그 중에는 똑똑해서 능력이 있는 사람이 있는가 하면, 덜 똑똑해서 능력이 부족한 사람도 있습니다. 그런데 덜 똑똑하거나 능력이 부족한 사람이 힘은 없는데 땅이나 집을 가지고 있으면 옆에 있는 똑똑하고 유능한 사람이 욕심을 내게 됩니다. 하나님은 유다 백성에게 남의 땅이나 집을 탐내지 말라고 하셨습니다. 그런데 당시 가나안의 법을 보면 힘이 있고 똑똑한 사람은 얼마든지 다른 사람의 땅이나 집을 더 가질 수 있었습니다. 왜냐하면 어려울 때 양식이나 돈을 빌려 주고 이자를 받았기 때문입니다. 그런데 대개 가난한 자들은 이자를 낼 형편이 되지 못하기 때문에 결국 밭이나 집을 저당 잡혔다가 빼앗기는 것입니다. 그래서 원래 유다 백성은 다른 사람이 아무리 가난하고 능력이 부족하다 하더라도 그들의 밭이나 땅을 가질 수 없었습니다. 그 대신 유다 백성은 오직 하나님의 말씀을 붙들고 영적인 부흥을 일으켜야 하며, 오히려 자기 것을 가지고 가난하고 어려운 자를 도와주어서 먹고살 수 있게 했어야만 했습니다. 그런데 이것은 말로는 쉽지만 실제로는 너무나도 어려웠습니다. 유다의 잘사는 사람들의 고민은 율법대로 가난하게 살 것인가, 아니면 세상 법으로 더 많은 땅이나 집을 가질 것인가 하는 것이었습니다. 결국 유다의 잘사는 사람들이 밤새 고민한 것은 교묘하게 하나님의 율법에서 빠져나와서 세상 법으로 다른 사람의 밭이나 집을 자기 것으로 만드는 것이었습니다. 이것이 유다의 부자들이 더 부자가 되는 방법이었습니다.

그러나 오늘 우리에게는 좀 문제가 다릅니다. 그 이유는 오늘 우리가 사는 땅은 가나안 땅이 아니기 때문입니다. 그래서 돈이 있는 사람은 얼마든지 합법적으로 주위에 있는 집이나 땅을 더 살 수 있습니다. 누구든지 정당하게 땅이나 집을 사고 세금을 낸다면 전혀 문제가 될 것이 없습니다. 그러나 오늘 우리가 생각해야 하는 것은 하나님께 은혜 받는 것을 팽개치면서 세상적으로 부자가 되고 영향력을 넓히는 것이 과연 하나님이 기뻐하시는 뜻일까 하는 것입니다. 아마 하나님께서는 우리가 세상적으로 부자가 되지 못할지라도 믿음과 말씀에 더 부요한 자가 되기를 원하실 것입니다. 그렇다면 우리는 조금씩 세상일을 줄여 가면서 내 마음이 세상으로 빼앗기지 않고 더 하나님께 은혜 받는 일에 집중할 수 있도록 해야 우리 마음이 탐욕으로 악해지지 않을 것입니다. 하나님의 백성이 계속 세상 욕심을 향해서 나가면 마음이 더 강퍅해지고 더 답답해지게 되어 있습니다. 그때 우리가 하나님 앞에서 내 소유 중 일부를 과감하게 내어 놓아 하나님이 주신 축복을 다른 사람과 나눈다면 우리의 영혼은 병들지 않을 것입니다.

그런데 오늘 더 문제가 되는 것은 교회 자체가 성장주의에 빠지는 것입니다. 물론 모든 교회는 성장하기를 원하고, 교회가 커지기를 바랍니다. 그리고 하나님께서 교회를 축복하시고 부흥이 되면 교인도 더 많아지고, 더 멋진 예배당을 가질 수도 있습니다. 그런데 어느 순간 교회가 마치 노다지나 되는 것처럼 큰 예배당을 지어서 많은 교인이 모이면 이것을 성공한 것이요, 축복받은 것처럼 생각합니다. 그런데 이것이 당연한 것으로 받아들여져서 목회자나 교인들이 무한정으로 교회를 키우려고 하는데 이것은 결코 하나님이 기뻐하시는 교회의 모습이 아닌 것입니다. 하나님이 교회에 원하시는 것은 크기가 아니라 기능인 것입니다. 즉 하나님께서는 교회가 크든 적든 그 안에 하나님의 말씀이 중심이 되고 교인들이 한 사람씩 변화되어서 영적 부흥이 일어나는 것을 바른 교회의 모습으로 생각하시는 것입니다. 그런데 교회가 양적인 부흥만을 목표로 해서 넓은 땅을 사고 거대한 건물을 지어서 많은 사람을 모으는 것만 목표로 할 때 이것은 결국 이스라엘이나 유다의 지도자들이나 부자들이 빠진 탐욕의 함정에 빠진 것입니다. 물론 하나님이 우리를 축복하시면 모든 좋은 것을 주실 것입니다. 그러나 그것은 모두 이차적인 복이 되어야지 이것이 일차적인 목표가 되면 진정한 부흥이 아니라 탐욕의 열매가 맺힌 것입니다. 즉 이 사람들은 건강하게 된 것이 아니라 비만해진 것이고, 영적으로 병이 든 것입니다.

하나님의 백성이 이것을 깨달았을 때에는 빨리 '다운사이징'(downsizing)으로 들어가야 합니다. 즉 어떻게 하면 군살을 뺄 것인가 하는 것입니다. 1990년대 후반에 우리나라 기업들은 부채를 가지고 기업을 엄청나게 키우고 확장시켰는데 IMF 경제위기가 터졌습니다. 이때 기업이나 은행이 무너지는 바람에 실업자들이 거리로 내몰렸습니다. 그때 우리나라는 너무나도 고통스럽게 구조조정을 했기 때문에 이번에 미국의 금융위기는 다른 어떤 나라보다 빨리 극복할 수 있었습니다. 즉 기업도 불필요한 회사는 처분하고 불필요한 인력은 정리해서 비용을 줄여야 살아남을 수 있는 것입니다.

마찬가지로 하나님의 백성은 부나 세상적인 활동이 내 믿음을 갉아 먹고, 나에게 죄를 짓게 하며, 기도할 시간이나 말씀을 들을 시간을 빼앗고 있다고 생각되면 고통스럽지만 과감하게 외부 활동을 정리해야 합니다. 이것은 때때로 건강이 좋지 못한 것이나 영성이 떨어진 것으로 스스로 진단할 수가 있습니다. 우리는 다른 사람이 보기에 이해가 되지 않을 정도로 외부 활동을 줄이고 스스로를 세상과 단절시켜서 영성을 회복해야 합니다. 이때 우리는 이미 세상의 활동에 중독되어 있어서 거의 미칠 지경으로 답답함을 느끼겠지만 우리는 자신을 세상에서 고립시켜야 살아남을 수 있습니다.

그러나 교회가 다운사이징하는 것은 개인이 하는 것보다 훨씬 어렵습니다. 교회가 너무 외적인 활동이 많고 하나님의 말씀은 없을 때 교인들은 힘들어지고 영적으로 병들어 갑니다. 이때 교회는 어떤 좋지 않은 사건을 통해서 우리가 겉으로는 크고 유명하지만 속으로는 병들었다는 것을 깨닫게 될 때가 있습니다. 이때 온 교인이 하나님 앞에 기도 운동을 하면서 목회자가 오직 하나님의 말씀 하나에 목숨을 거는 결단을 해야 교회가 조금씩 살아날 수 있습니다. 나중에 교회가 병들면 마치 엄청난 부자가 화려한 병실에 입원해서 온몸에 주사를 꽂고 있는 것처럼 교회는 크고 교인들은 많지만 영적으로는 무기력한 상태에 빠져서 큰 어려움을 겪게 됩니다.

3. 하나님의 계획

하나님의 백성이 진정으로 축복의 사람들이 되려면 이 세상의 성공이나 부를 돌 보듯이 해야 합니다. 하나님의 백성이 하나님의 말씀을 버리고 세상으로 뛰어들어서 세상 사람들과 똑같이 부자가 되고 잘살려고 하다가는 결국 가장 먼저 망하게 됩니다. 우리가 하나님의 진노를 바꿀 수 있는 방법은 오직 하나님의 말씀밖에 없기 때문입니다.

3절, "그러므로 여호와의 말씀에 내가 이 족속에게 재앙 내리기를 계획하나니 너희의 목이 이에서 벗어나지 못할 것이요 또한 교만히 다니지 못할 것이라 이는 재앙의 때임이니라 하셨느니라"

하나님께서는 이미 이스라엘이 멸망한 후에 유다에 대해서도 오직 재앙밖에 내릴 것이 없다고 말씀하고 있습니다. 여기에 보면 하나님은 유다 족속을 '이 족속' 이라고 부르고 있습니다. 하나님께서는 유다 사람들을 부르실 때 꼭 '내 백성' 이라고 부르셨습니다. 그러나 여기서 '이 족속' 이라고 부르신 것은 이미 이들은 내 백성이라고 볼 수 없다는 뜻입니다. 즉 이 사람들은 세상 사람들이지 하나님의 백성이 아닌 것입니다.

하나님께서는 그들의 '목' 이 재앙에서 벗어나지 못할 것이라고 말씀하십니다. 즉 유다 백성이 하나님의 말씀의 능력을 믿지 못하고 자기 힘으로 부자가 되고 자기 힘으로 성공하려고 했을 때 그들의 목에는 재앙이라는 사슬이 감기게 되는 것입니다. 목에 쇠사슬을 감은 자들은 죄수가 아니면 노예입니다. 하나님의 백성은 목에 하나님의 말씀의 사슬을 매어야 합니다. 우리가 하나님의 말씀을 목에 매면 우리 정욕대로 살지 못하지만 우리는 절대로 사람의 노예가 되지 않습니다. 그리고 우리가 누리고 있는 축복을 어느 누구도 빼앗아 가지 못합니다. 왜냐하면 하나님의 능력이 우리와 함께 있기 때문입니다. 그래서 우리는 반드시 두 개의 사슬 중에 하나는 매어야 합니다. 하나님의 말씀의 사슬을 매든지, 아니면 노예의 사슬을 매야 하는 것입니다.

유다 백성이 하나님의 말씀을 버리고 세상을 따라가면 좋을 것이라고 생각했으나 이상하게 좋지 않은 일이 생기기 시작했습니다. 그 하나는 아주 강한 나라가 쳐들어와서 엄청난 세금을 매기는 것입니다. 그래서 유다 백성은 한편으로는 부자가 되었는데 다른 한편으로는 세금을 더 많이 내서 별로 덕을 본 것도 없게 됩니다. 그러나 그것이 끝이 아니었습니다. 그 후에는 결국 이 세금의 올무에서 벗어나려고 전쟁을 벌이다가 지는 바람에 모든 백성이 포로로 붙들려 가는 것입니다. 결국 유다 백성이 하나님의 말씀을 듣지 못하면 인간적인 방법으로 굴레를 벗으려고 하다가 완전히 망하고 마는 것입니다.

우리는 어려운 일을 당할 때 무조건 그 어려움에서 벗어나려고 몸부림치려고 하기보다 그 어려움을 잘 받아들이면서 하나님의 말씀에 순종하면 어느 순간 그 굴레가 벗어집니다. 그러나 하나님의 말씀에 무지한 자들은 억지로 굴레를 벗으려고 하다가 그나마 가지고 있던 복까지도 다 잃어버립니다. 우리에게 어떤 어려움이 닥쳤을 때 우리는 그 이유를 다 알 수 없습니다. 그러나 그 어려움을 일단 받아들이고 잘 순응할 때 우리는 어느 정도 연단을 받은 후에 굴레를 벗게 되는 것입니다.

4절, "그때에 너희에게 대하여 풍사를 지으며 슬픈 애가를 불러 이르기를 우리가 온전히 망하게 되었도다 그가 내 백성의 산업을 옮겨 내게서 떠나게 하시며 우리 밭을 나누어 패역자에게 주시는도다 하리니"

'풍사' 는 원래 '비유' 또는 '속담' 을 의미합니다. 그런데 여기서는 많은 사람들에게 널리 알려진 말을 의미합니다. 당시 사람들 사이에는 한 가지 말이 유행하게 되는데 그것은 바로 "우리가 온전히 망하게 되었다" 하는 것입니다. 유다가 망한 것은 많은 사람들에게 놀라운 충격이고, 유명한 가십거리였습니다. 그 이유는 많은 나라 사람들이 하나님은 유다를 끝까지 지켜 주실 것이라고 믿었기 때문입니다. 그러나 유다를 망하게 하신 장본인이 하나님이라는 것을 알게 되었을 때 사람들은 충격을 받습니다. 하나님께서 유다 사람들의 산업을 빼앗으시며 그들의 밭을 패역자들에게 나누어 주시는 것입니다. 사실 이것은 과장된 표현입니다. 하나님은 유다를 직접 망하게 하지 않으십니다. 그러나 하나님은 유다가 망할 때 전혀 도와주지 않으시는 것입니다. 그 이유는 유다가 세상에서는 성공했을지 몰라도 하나님을 모시는 데는 실패했기 때문입니다. 하나님의 백성에게 가장 중요한 것은 하나님의 말씀을 붙드는 것입니다. 하나님의 백성이 하나님의 말씀을 붙드는 데 실패하면 이 세상에서 가장 악한 자들이 그들을 망하게 할 것입니다.

그리고 그들 중에는 '여호와의 회중에서' 제비를 뽑을 자가 없을 것이라고 말씀하십니다. 그것은 그들 중에서 하나님의 백성으로 영원한 분깃을 차지할 자가 없다는 것입니다. 그 이유가 무엇입니까? 이들은 더 이상 하나님의 백성의 자격이 없기 때문입니다. 우리가 알아야 할 것은, 하나님은 우리가 하나님 앞에서 전혀 죄짓지 않는 완전한 사람이 될 것을 요구하시는 것이 아니라는 것입니다. 하나님은 우리에게 전혀 세상 욕심을 내지 말라고 말씀하시는 것도 아닙니다. 하나님이 우리에게 요구하시는 것은 하나님의 백성의 일차적인 사명은 하나님의 말씀을 붙드는 것이라는 것입니다. 우리에게 있어서 세상의 성공과 축복은 신앙의 결과로 주어지는 것입니다. 그래서 우리는 두 가지 모두 열심히 해야 합니다. 즉 우리는 하나님의 말씀도 열심히 듣고 우리에게 주어진 일도 열심히 해야 합니다. 그런데 우리가 성공을 하면 더 큰 성공을 향해서 가속 페달을 밟습니다. 이때 우리는 비록 다른 사람을 실망시키는 한이 있더라도 자기 자신을 지키기 위해서 세상일에 어느 정도 제동을 걸어야 합니다. 그리고 너무 많은 부를 누리고 있다고 생각되면 수입을 어느 정도 줄이고 다른 사람에게 더 많은 혜택이 돌아가게 하면서 하나님 앞에 더 매달려야 합니다. 그러면 하나님은 우리의 중심을 보시고 우리를 더 사랑하시며, 더 축복하시고, 더 능력을 주십니다.

하나님은 유다 백성에게 하나님의 산업을 차지할 자격이 없다고 말씀하십니다. 그 이유는 이들이 탐욕을 자제하지 않았기 때문입니다. 하나님의 백성은 자신의 성공이나 출세를 위해서 다른 사람의 행복을 빼앗지 말아야 합니다. 그런데 대개 다른 사람의 행복을 우습게 생각하는 사람이 지위가 있고 권력이 있는 사람들입니다. 이런 사람들은 자기가 대단하다고 생각하기 때문에 여성들의 행복이나 가난한 사람의 행복을 빼앗는 것은 당연하다고 생각하기 쉽습니다. 그러나 이것이 바로 망하는 길인 것입니다. 이 세상에 자신의 생명이나 행복을 중요하게 생각하지 않는 사람은 아무도 없습니다. 하나님의 백성이 일차적으로 해야 할 것은 다른 사람의 행복을 다치지 않게 하는 것입니다. 우리의 사랑은 내가 좋아하는 사람에게 잘해 주는 것이 아니라 다른 사람의 행복을 빼앗지 않는 것입니다. 그리고 나의 부나 나의 소유를 헐어서 다른 사람과 같이 하나님이 주신 축복을 나누는 것입니다. 그렇게 하기만 해도 우리는 절대로 하나님의 축복을 빼앗기지 않습니다.

하나님은 이스라엘 백성을 애굽에서 이끌어 내신 후에 십계명을 지키게 하셨습니다. 그러면서 이스라엘 백성이 십계명만 지키면 절대로 망하지 않는다고 하셨습니다. 그 십계명의 내용은 두 가지였습니다. 하나는 하나님만 섬기라는 것입니다. 즉 이방인들이 그들의 신을 섬겨서 아무리 큰 나라가 되고 아무리 부자가 되어도 그것을 부러워하거나 따라가지 말라는 것입니다. 왜냐하면 이스라엘은 세상 나라와 다르기 때문입니다. 즉 이스라엘은 하나님의 능력을 가진 백성이기 때문입니다. 그리고 다른 하나는 이스라엘 사람들을 내 형제와 자매로 생각하라는 것입니다. 형제와 자매를 살인하거나 폭행하는 사람은 없기 때문입니다. 그리고 자기의 누이를 간음하려고 하지 않을 것이며, 자기 자식의 재산을 탐내거나 사기 치지 않을 것이기 때문입니다.

결국 이스라엘이나 유다가 망한 것은 이 간단한 하나님의 말씀의 능력을 믿지 못했기 때문입니다. 이스라엘 백성이나 유다 백성은 자기들 힘으로 자기 행복을 지키려고 하니까 하나님의 말씀을 믿을 수 없었고, 결국 탐욕을 부리다가 이미 주어진 하나님의 복까지 잃어버리고 말았습니다. 우리는 하나님이 나에게 복을 주실 것을 믿어야 합니다. 그리고 우리는 하나님이 주시는 것으로 만족해야 합니다.

하나님께서 그 백성을 볼 때 너무나도 낯선 모습이었습니다. 그래서 하나님께서는 다른 사람들에게 이 낯선 불량배들을 이 땅에서 쫓아내라고 말씀하고 있습니다. 하나님께서 이들을 용납하실 수 없는 가장 큰 이유는 그들이 더 이상 하나님의 말씀을 들으려고 하지 않기 때문입니다.

6절, "그들이 말하기를 너희는 예언하지 말라 이것은 예언할 것이 아니어늘 욕하는 말을 그치지 아니한다 하는도다"

유다 백성은 선지자를 향해서 "너희는 예언하지 말라"라고 말하고 있습니다. 유다 백성은 하나님의 말씀을 들으니까 기분이 나쁘다는 것입니다. 유다 백성은 자기들이 잘사는 것이 성공이고 하나님의 축복이라고 생각하고 있었던 것입니다. 그래서 유다 백성은 이것을 자랑하고 싶고 인정받고 싶은데 선지자들이 자꾸 틀렸다고 하니까 기분이 나빴던 것입니다.

하나님께서는 하나님의 모든 복을 하나님의 말씀에 다 담아서 주셨습니다. 그런데 하나님의 말씀은 겉으로 보기에는 죄짓지 말라는 책망의 말씀으로 되어 있지만 그 안에는 무지무지한 축복의 내용이 들어 있습니다. 이것은 마치 어느 부자가 자신의 전 재산을 팔아서 몇 개 안 되는 다이아몬드를 사서 아주 허름한 주머니에 넣은 것과 같습니다. 그 부자의 모든 재산은 그 주머니 안에 들어 있습니다. 그러나 그 주머니는 너무 평범한 것이기 때문에 사람들은 그 주머니를 주의해서 보지 않습니다. 하나님은 그의 모든 능력과 축복을 아주 평범한 사람들의 언어 속에 넣어 주셨습니다. 그러나 사람들은 평범한 언어 속에 들어 있는 하나님의 축복을 잔소리라고 생각해서 듣기 싫어하게 되었습니다. 유다 백성은, 하나님의 말씀은 케케묵은 말씀이고 좋은 것은 모두 세상에 있다고 생각했던 것입니다. 그러나 하나님의 백성이 하나님의 말씀을 버릴 때에는 하나님의 말씀만 버리는 것이 아니라 모든 축복까지 잃어버리게 됩니다.

유다에는 하나님의 말씀을 바로 전하는 선지자가 있었습니다. 이들은 유다 백성의 교만과 죄를 지적하면서 결국 예루살렘이 망하고, 성전은 무너지며, 하나님의 백성은 포로로 잡혀 갈 것이라고 예언했습니다. 그러나 유다 백성은 그 예언을 받아들이지 않고 절대로 그런 일은 일어나지 않는다고 반대하고 있는 것입니다. 그 이유가 무엇입니까? 그들은 하나님이 자기들을 망하게 할 리가 없다고 믿었기 때문입니다. 그러나 하나님의 백성이 말씀을 버리면 그들이 가장 먼저 망하게 됩니다.

유다 사람들이 가지고 있는 확신은, 하나님은 늘 자비로우시고 유다를 사랑하시기 때문에 절대로 유다를 망하게 하지 않으신다는 것이었습니다. 그러나 아무리 유다나 이스라엘 백성이라 하더라도 하나님의 말씀을 붙들지 않으면 그들 자신에게도 화가 올 수 있었습니다.

7절, "너희 야곱의 족속아 어찌 이르기를 여호와의 신이 편급(개역개정: 성급)하시다 하겠느냐 그의 행위가 이러하시다 하겠느냐 나의 말이 행위 정직한 자에게 유익되지 아니하냐"

여기서 '여호와의 신의 편급하시다 하겠느냐' 는 것은 유다 사람들이 스스로 하는 말입니다. '편급하다' 라는 말은 '조급하다' 혹은 '부족하다' 라는 뜻을 가지고 있습니다. 이는 비록 그들이 잘못을 행했다 하더라도 어찌 하나님께서 그렇게 조급하게 자기들을 심판하시겠는가 하는 뜻이 있는가 하면, 어떻게 하나님이 능력이 부족하셔서 자기들을 망하게 하실 수 있느냐는 것입니다. 그들은 하나님께서 절대로 자기들을 망하게 하실 리가 없다고 믿었던 것입니다. 선지자가 이런 식으로 좋지 않게 설교하는 것은 미가 선지자 자신이 모든 것을 너무 부정적으로 보기 때문이지 하나님은 절대로 그런 분이 아니라는 것입니다. 유다 사람들은 하나님에 대한 강한 확신을 가지고 있었습니다. 그래서 그들은 안전하다고 믿었습니다. 그러나 중요한 것은 하나님의 태도입니다. 하나님께서 유다 백성을 포기하시면 사람이 아무리 애를 쓴다고 해도 건질 수가 없었습니다.

그러나 하나님은 정직한 자에게는 한없이 유익한 분입니다. 즉 하나님은 정직하게 하나님의 말씀을 붙드는 자에게는 큰 능력이 되시고, 축복이 되시고, 은혜가 되시는데 우리가 하나님의 말씀만 목숨 걸고 붙들 때 하나님은 우리에게 부흥을 주십니다. 이때 우리는 모든 마귀의 시험을 이길 수 있고 인간의 힘으로는 불가능한 모든 것을 응답받게 됩니다. 부흥이 일어나고 있는 하나님의 백성은 절대로 망하지 않습니다. 하나님은 그들에게 모든 아름다운 복을 주실 것이며 전쟁이나 쓰나미나 지진이 일어나지 않게 하실 것입니다. 이때는 평화의 시대가 될 것이며, 이때 하나님의 백성은 가장 위대한 백성이 될 것입니다. 즉 하늘에서 복이 부어지기 때문에 모든 황무지가 옥토가 될 것이며, 모든 사람의 정신병이나 알코올 중독이 치료되고, 자살이나 미친 것이나 가난이나 비참함이 없어질 것입니다. 그러나 하나님의 백성이 물질적인 복만 믿고 하나님의 말씀을 등한히 하면 하늘에서부터 복이 없어지면서 먼저 인간의 마음이 황폐해질 것입니다.

하나님은 우리가 완전히 거룩할 것을 기대하시지 않습니다. 하나님은 우리가 고집을 버리고 회개하면 너무나도 좋아하시면서 모든 허물을 용서해 주십니다. 그러나 우리가 스스로 잘 믿는다고 생각하면서 하나님의 말씀을 떠나면 하나님은 가슴 아파하시며 안타까워하십니다. 그런데 우리가 끝까지 하나님을 버리면 어느 순간 부흥이 없어지면서 비참해지기 시작합니다. 그래서 하나님의 백성이 정신을 차리지 않으면 가장 비참한 상태에 빠지게 됩니다.

우리는 하나님의 말씀을 잃어버리기 쉽습니다. 하나님의 은혜는 너무나도 쉽게 사라집니다. 왜냐하면 하나님의 은혜는 매우 귀한 것이기 때문입니다. 우리는 미련하게 이 세상의 복에 눈멀지 말고 세상 복을 돌처럼 생각하고 끝까지 하나님을 의지하는 데 성공하는 성도들이 되시기 바랍니다.

성경 토의

1. 우리가 다른 사람이 잘되는 것에 대하여 시기하는 것과 실제로 남의 것을 차지하는 것 사이에는 어떤 차이가 있는가?

2. 끊임없이 잘되려고 하고 끊임없이 부자가 되려고 하는 데 대하여 인간들이 보는 입장과 하나님이 보시는 입장에 어떤 차이가 있는가?

3. 요즘 교회가 끝없이 커지려고 하는 것은 과연 부흥인가, 아니면 탐욕인가?

04_원수 같은 내 백성

미가 2:6-13

전체적 설명

만일 우리 집 대문 앞에 더러운 거지가 술에 취한 채 곯아떨어져 있다면 우리는 아마 그 거지를 흔들어 깨우면서 "여기는 아저씨가 있을 곳이 아니에요. 다른 곳으로 가세요."라고 하면서 쫓아낼 것이다. 마찬가지로 이스라엘 백성이 가나안 땅에 계속 있으려면 하나님의 말씀을 사모하며 다른 이스라엘 백성을 해치지 말아야 하는데 이스라엘 백성은 그렇지 못했다. 이스라엘과 유다 백성은 자신들이 다른 민족과 달라야 한다는 것을 생각하지 못했다. 이스라엘 백성은 하나님의 땅에서 하나님의 백성이 해서는 안 되는 짓들을 했기 때문에 하나님께서는 유다 백성이나 이스라엘 백성을 다른 곳으로 쫓아내고 계신다. 그러면서 하나님은 이미 유다 백성이나 이스라엘 백성 때문에 땅이 많이 더러워졌다고 말씀하신다. 그러면서도 하나님은 장차 이스라엘 백성을 양 떼같이 모으실 것인데 그때 너무 양들이 많아서 길을 열 수 없을 정도가 될 것이라고 하신다. 하나님께서는 이스라엘과 유다 백성을 이 땅에서 쫓아내시는데 어떻게 하나님의 백성이 다시 양 떼같이 많아질 수 있을까? 그것은 하나님께서 고난 가운데 다시 하나님의 말씀에 순종하는 백성들을 만들어 내시기 때문이다.

6절, "그들이 말하기를 너희는 예언하지 말라"

설교 프리노트

유다 백성이 하나님 앞에서 치료를 받을 수 없는 이유는 하나님의 말씀을 듣기 싫어했기 때문이다. 여기서 '그들'은 유다 백성을 의미한다. 유다 사람들이 선지자들에 대하여 "너희는 예언하지 말라"라고 말하고 있다. 왜 유다 백성은 선지자들에게 예언하지 말라고 했을까? 보통 이방의 선지자들이 예언하는 것은 점을 치듯이 미래를 자기 나름대로 알아 내어서 알려 주는 것이다. 그러나 하나님의 선지자들의 예언은 주로 하나님의 백성이 하나님의 말씀대로 살지 못한 것을 책망하는 것이다. 그러니까 유다 백성은 하나님의 선지자들이 하는 말을 잔소리라고 생각해서 듣기 싫어한 것이다.

사람들은 누구나 하루하루를 그냥 살아가는 것이 아니라 어떤 길을 걷고 있다. 마찬가지로 하나님의 백성에게는 하나님의 백성으로 걸어가야 할 길이 있다. 하나님의 백성이 걸어갈 길은 세상에서 성공하고 출세하는 길이 아니라 하나님의 말씀에 순종하는 길이다. 그런데 하나님의 백성이 하나님의 말씀의 길을 버리고 출세의 길로 갈 때 선지자는 그들이 망할 것이라고 책망한다. 그러나 사람들은 비록 자기가 틀린 길로 가더라도 칭찬해 주고, 격려해 주고, 축복해 주기를 바라지 책망하는 것을 듣기 싫어한다. 그래서 선지자의 예언에는 죄에 대한 책망이 들어 있고, 그럼에도 불구하고 회개하지 않을 때에는 미래에 있을 하나님의 심판을 예언하게 된다. 그러나 예언의 말씀 속에는 이런 부정적인 것만 들어 있는 것이 아니다. 하나님의 백성이 아무리 고난 가운데 빠져 있다 하더라도 그들이 지금 하나님의 말씀을 붙들면 반드시 하나님의 축복이 회복되는 것이다. 그래서 선지자의 예언은 교만하려고 하는 자들에 대하여 끊임없이 경고하며, 낙심하여 절망하려고 하는 자들을 끊임없이 붙들어 주는 일을 한다.

"이것은 예언할 것이 아니어늘 욕하는 말을 그치지 아니한다 하는도다"

유다 백성은 선지자가 예언하는 것을 자기들에게 욕하는 말로 들었다.

유다 백성은 '이것은 예언할 것이 아니라' 고 말하고 있다. 이것은 선지자가 결코 그런 식으로 예언해서는 안 된다는 뜻이다. 그런데 여기서 '이것' 은 유다 백성이 하나님의 말씀을 떠났기 때문에 예루살렘은 망하고 성전은 무너진다는 것이다. 유다 백성은 예루살렘 성이나 성전을 절대적으로 신성한 것으로 생각하고 있는데 그것이 무너질 것이라고 하니까 도저히 받아들일 수가 없는 것이다.

'욕하는 말을 그치지 아니한다' 는 말은 여러 가지로 번역이 가능하다. 그러나 가장 그럴듯한 번역은 '결코 욕이 우리에게 돌아오지 아니한다' 이다. 다시 말해서 그런 일은 자기들에게 결코 일어나지 않을 것이라는 뜻이다. 즉 유다에는 하나님의 말씀을 바로 전하는 선지자가 있었다. 이 선지자는 유다 백성의 교만과 죄를 지적하면서 결국 예루살렘이 망하고, 성전은 무너지며, 하나님의 백성은 포로로 잡혀 갈 것이라고 예언했다. 아마도 이 예언을 한 선지자는 미가를 비롯한 아주 소수의 선지자였을 것이다. 그러나 유다 백성은 그 예언을 받아들이지 않고 그들을 위협하여 더 이상 그런 예언을 하지 말라고 했다.

7절, "어찌 이르기를 여호와의 신이 편급하시다 하겠느냐"

유다 백성은 나름대로 하나님에 대하여 믿는 바가 있었는데, 그것은 하나님은 결코 선지자가 말하는 것처럼 옹졸하시거나 속이 좁은 하나님이 아니라는 것이다. 여기서 '편급하다' 라는 말은 '조급하다' 혹은 '부족하다' 라는 뜻을 가지고 있다. 즉 유다 백성은 비록 그들이 잘못을 행했다 하더라도 하나님께서는 그렇게 조급하게 자기들을 심판하지 않으신다는 것이다. 혹은 하나님은 능력이 많으시기 때문에 결코 자기 백성을 망하게 하지는 않으신다는 것이다. 즉 하나님은 그들을 향하여 말할 수 없이 자비하시기 때문에 그들이 좀 잘못을 하더라도 절대로 망할 수가 없다는 것이다. 유다 백성이 잘살고 못사는 것은 오직 그들의 능력과 결단에 달려 있는 것이지 하나님께서는 항상 그들을 사랑하시게 되어 있다는 것이다.

그리고 '그의 행위가 이러하시다' 라는 말은 하나님께서 그런 식으로 일

하실 리가 없다는 뜻이다. 즉 선지자가 유다 백성에 대하여 나쁘게 설교하는 것은 선지자들의 성격이 부정적이어서 모든 것을 부정적으로 생각하기 때문이지 하나님은 절대로 그런 분이 아니라는 것이다.

8절, "근래에 내 백성이 대적같이 일어나서"

하나님께서는 최근에 유다 백성이 하는 짓이 전혀 하나님의 백성 같지 않다고 말씀하신다. 즉 유다 백성이 최근에 하고 있는 짓들을 보면 마치 노상강도나 할 만한 짓을 하고 있는 것이다. 아마 얼마 전에 유다 옆으로 전쟁을 피하여 가는 사람들의 행렬이 있었던 모양인데, 이때 유다 백성은 그들을 평안히 가게 하지 않고 그들에게 비싼 통행료를 요구했든지 해서 그들의 겉옷을 빼앗았다. 당시의 겉옷은 단순히 옷이 아니라 이불이 되기도 하고 바람을 막는 것이 되기도 했다. 그런데 유다 백성은 전혀 저항할 힘이 없는 피난민들을 그냥 지나가게 하지 않고 무리한 요구를 했고, 돈을 내지 못하는 자들에게서는 그들의 겉옷을 빼앗았다. 하나님이 보시기에 그들이 한 짓은 전혀 하나님의 백성이 할 행동이 아니었다.

그뿐만 아니라 유다 백성은 빚을 갚지 못하는 부녀들을 그 집에서 내어 쫓았다. 본문에는 '그 즐거운 집' 이라고 말씀하고 있다. 즉 그들은 아주 단란한 가정이었던 것이다. 그러나 이들이 빚을 갚지 못했을 때 유다 백성은 그들을 노예로 팔아 버림으로 그들의 행복을 빼앗았다. 그것은 전혀 하나님의 백성답지 못한 행동이었다. 하나님은 유다 백성에게 그들이 그 어린 자녀에게서 나의 영광을 영영히 빼앗았다고 말씀하고 있다. 여기서 '나의 영광' 은 '나의 선물' 이라고 볼 수도 있다. 결국 이 선물은 하나님이 주신 땅을 의미한다.

10절, "이것이 너희의 쉴 곳이 아니니 일어나 떠날찌어다"

하나님께서는 유다 백성에게 이곳은 너희가 쉴 곳이 아니기 때문에 다른 곳으로 가라고 말씀하신다. 왜냐하면 유다 백성은 지금 자기들이 있어서는 안 되는 곳에서 쉬고 있기 때문이다. 유다 백성이 가나안 땅에 있으려면 하나님의 백성다운 생활을 해야 하는데 그들은 전혀 하나님의 백성다운 모습이 아니기 때문이다. 하나님은 유다 백성 때문에 이미 그 땅이 더러워졌다고 말씀하고 있다. 결국 하나님이 이 땅을 깨끗하게 하시려면 더러운 자들부터 내어 보내야 하는 것이다. 하나님은 반드시 이 일을 '시행하겠다' 고 말씀하신다. 즉 하나님은 이미 결정을 하신 것이다.

11절, "사람이 만일 허망히 행하며 거짓말로 이르기를"

유다 백성은 여전히 선지자를 원하고 있었다. 그러나 그들이 원하는 선지자는 하나님의 말씀을 바로 전하는 선지자가 아니었다. 유다 백성이 원하는 선지자는 허망하게 행하고 포도주와 독주에 대하여 예언하는 자였다. 여기서 '허망하다' 는 것은 하나님의 계시에 의한 예언이 아니라 자기 생각을 말하는 것이다. 즉 이런 선지자는 사람들이 원하는 희망 사항을 예언하는 자들이다. 그리고 '포도주와 독주' 는 사람을 흥분시키는 술을 말한다. 그런데 이 거짓 선지자들은 말로써 사람을 흥분시켜서 은혜를 받은 것처럼 느끼게 만드는데 유다 백성은 그런 예언을 좋아하였다. 요즘으로 치면 거의 개그와 같은 설교를 좋아하고 은혜 받았다고 생각하는 것이다.

12절, "야곱아 내가 정녕히 너희 무리를 다 모으며"

하나님께서 지금 당장은 유다 백성이나 이스라엘 백성을 포로로 붙들려 가게 하셔서 흩어 버리시지만 정녕 이스라엘의 남은 자들을 모으실 것이라고 말씀하신다. 여기서 '정녕 모은다' 라는 말은 히브리 어로 '모으고 또 모으다' 라는 뜻이다. 즉 하나님께서는 여기저기에 흩어져 있는 이스라엘 백성을 하나씩 찾아서 그들을 다시 모으신다는 것이다. 그런데 여기에서 두 번째로 '모은다' 라는 말은 히브리 어로 '찾아내다' 라는 뜻이다. 즉 하나님께서는 하나씩 둘씩 끝까지 찾아내어서 모으시는 것이다. 우리가 생각하기에는 이스라엘이 망하지 않고, 또 유다가 포로 되어 가지 않고 하나님이 원하시는 모습이 회복되면 좋을 것 같다. 그러나 실상은 그렇지가 않다. 결국 치명적인 것은 그들이 하나님의 예언의 말씀을 들으려고 하지 않은 것이다. 이스라엘이나 유다가 하나님의 말씀을 듣기만 하면 치료될 수 있는데 그들의 마음이 너무 교만해서 예언을 들으려고 하지 않았기 때문에 더 비싼 대가를 지불하게 되는 것이다.

"보스라 양떼 같게 하며"

미가 선지는 예루살렘의 멸망으로 유다가 완전히 망하는 것이 아니라 오히려 더 많아질 것이라고 말한다. 여기서 '보스라'는 모압의 지명으로, 양이 많기로 유명한 곳이다. 우리 생각에 이스라엘이 멸망하고 유다가 포로 되어 간다면 하나님의 백성의 수는 적어져야 할 것이다. 그런데 하나님께서는 오히려 하나님의 백성의 수가 더 많아질 것이라고 말씀하신다. 그 이유는, 하나님은 양을 보시는 분이 아니기 때문이다. 하나님은 오히려 지금이 더 하나님의 참 백성이 적을 수밖에 없다고 생각하신다. 왜냐하면 지금 사람들의 눈에 보이는 하나님의 백성은 진정한 하나님의 백성이 아니기 때문이다. 그러나 이스라엘이 멸망하고 유다가 포로로 잡혀 가면 하나님의 백성이 정신을 차리게 된다. 즉 그때서야 유다 백성이 비로소 하나님의 말씀을 붙들며 하나님을 두려워하는 신앙을 가지게 될 것이다.

13절, "길을 여는 자가 그들의 앞서 올라가고"

여기서 '길을 여는 자'는 의역된 표현이다. 원래 의미는 '터뜨리는 자'이다. 즉 많은 사람들이 앞으로 나아가려고 하는데 앞에 장애물이 있어서 도저히 갈 수가 없을 때 힘이 센 사람이 가서 그 장애물을 부수면 길이 생긴다. 그는 담이 있으면 담을 부수어 버리고, 절벽이 있으면 그 절벽에 터널을 뚫어서 길을 낼 것이다. 하나님의 백성은 포로 된 상태에서 빠져나갈 수가 없다. 그들은 마치 독 안에 든 쥐와 같이 꼼짝 못 하고 있는데 아주 힘이 센 장수가 와서 그 담을 부수어서 그들을 이끌어 내시는 것이다.

"그들의 왕이 앞서 행하며 여호와께서 선두로 행하시리라"

이때 하나님께서는 친히 그들의 목자가 되어 주시며 그들의 모든 삶을 책임져 주실 것이라고 말씀하신다. 우리가 하나님의 양이 되기만 하면 하나님이 우리의 목자가 되셔서 우리 삶을 책임지고 인도해 주실 것이다. 우리는 우리 앞에서 걸어가시는 하나님의 뒤를 따라가기만 하면 되는 것이다.

본문 이해를 위한 질문

1. 유다 백성은 선지자의 예언에 대하여 어떤 태도를 보이고 있는가?

유다 백성은 선지자의 예언이 자기들을 욕하는 것이라고 생각해서 예언하지 말라고 했다.

2. 유다 백성에 대한 하나님의 생각은 어떠한가?

하나님은 유다 백성의 태도가 전혀 하나님의 백성답지 않기 때문에 더 이상 여기에 있으면서 땅을 버려서는 안 된다고 말씀하신다.

3. 하나님은 앞으로 유다나 이스라엘 백성을 어떻게 하실 것인가?

하나님은 그들이 보스라의 양 떼같이 많아지게 하시고 그들의 목자가 되셔서 인도하실 것이다.

성경 강해

옛날에 "적과의 동침"이라는 영화가 상영된 적이 있습니다. 그 줄거리는 부자인 남편과 미모의 아내가 해변가의 아름다운 집에서 생활을 하는데 남편이 완벽주의인데다가 의처증까지 있어서 자기 아내를 완전히 지배해야 하고 아내가 조금이라도 자기의 뜻을 거스르거나 다른 사람에게 친절하기만 해도 참지 못해서 구타를 하기 때문에 아내가 남편에게서 벗어나기 위해서 바다에 빠져 죽은 것으로 가장해서 도망을 쳐서 다른 곳에서 새로운 생활을 시작하는 내용입니다. 그런데 이 남편이 죽은 줄로만 알았던 아내가 살아 있다는 것을 알고는 찾아와서 죽이려고 하다가 결국 아내의 총에 죽습니다. 결국 이 부인에게 있어서 적은 다른 사람이 아니라 자기 남편이었던 것입니다.

옛날에는 생활 능력이 전혀 없는 남편이 술만 마시면 성격이 포학해져서 아내를 때리는 가정이 많았습니다. 제가 어렸을 때에 본 부부도 아내는 인물도 좋고 신앙도 좋은 분이었는데 남편은 말로만 교회에 다니지 정말 성격이 포학했습니다. 그리고 술만 마시면 누구에게든지 시비를 걸었고, 아내를 두들겨 팼습니다. 저는 그때 어린 심정으로도 그 인물 좋은 부인이 너무나도 불쌍했고, 특히 술만 마시면 아내를 때리고 아무나 붙들고 시비를 거는 그 사람이 왜 빨리 죽지 않는지 이해를 하지 못했습니다.

오늘 본문을 보면 하나님께서 유다의 지도자들이나 잘사는 사람을 볼 때 도무지 이해할 수 없는 것을 말씀하고 있습니다. 그것은 유다 백성이 말로는 하나님을 믿는다고 하면서도 실제로는 전혀 신앙이 없는 자들처럼 포학하게 행동을 하고 있기 때문입니다. 유다 백성은 누군가가 전쟁을 피해서 피난을 가면 나타나서 돈을 뜯어내거나 옷을 빼앗았고, 또 자기 집에서 평안하게 사는 사람들이 있으면 무슨 수를 써서라도 그들을 그 집에서 쫓아내는 짓을 하고 있었던 것입니다.

원래 하나님께서 이스라엘 백성을 구원하신 목적은 두 가지였습니다. 하나는 온 세상 사람들이 우상을 섬기고 미신을 믿어도 이스라엘 백성만이라도 하나님을 믿게 하기 위해서입니다. 그리고 또 하나는 이스라엘 백성은 서로 형제나 누이의 관계이기 때문에 서로가 서로를 사랑하고 지켜 주는 것이었습니다. 그런데 사실 모든 사람의 마음속에는 남에게 좋은 것이나 멋진 것이 있으면 그것을 빼앗아서 자기 것을 만들려고 하는 습성이 있습니다. 그런데 이스라엘 백성이 다른 이스라엘 백성의 좋은 것을 빼앗지 않고 지켜 주는 것은 하나님께서 이들의 마음속에 새로운 유전인자(DNA)를 주셨기 때문입니다. 그런데 하나님은 우리에게 하나님의 말씀을 통해서 새로운 유전인자를 공급받게 하십니다. 그러나 아무리 하나님의 백성이라 하더라도 하나님의 말씀을 듣지 않으면 세상 사람들의 탐욕적인 본성을 가지게 되고, 결국 무자비한 탐욕자들이 되는 것입니다. 하나님께서는 유다 백성이 너무나도 탐욕적인 것을 보시고, "너희는 여기에 어울리는 자들이 아니다."라고 하시면서 그들을 가나안 땅에서 쫓아내시는 것입니다.

1. 하나님의 말씀을 싫어하는 사람들

사람들마다 좋아하는 음식이 다릅니다. 우리나라에 시집온 베트남 여성들의 이야기를 들어보면 처음에 우리나라에 와서는 몇 달 동안 음식을 먹지 못해서 오직 컵라면과 콜라만 먹고 살았다고 합니다. 그런데 이제는 한국 음식에 적응이 되어서 김치도 잘 담그고 된장도 잘 끓여 먹을 수 있게 되었다고 합니다.

우리나라 사람들 중에도 육식을 좋아하는 사람은 육류가 있어야 음식을 먹고, 채식주의자들은 반대로 육류에는 전혀 손을 대지도 않습니다. 이슬람주의자들은 절대로 돼지고기를 입에 대지 않는데 그들은 정말 돼지고기를 싫어한다고 합니다.

마찬가지로 인간들이 죄를 지어서 하나님을 떠난 후에는 정말 하나님의 말씀을 싫어하게 되었습니다. 인간들은 하나님의 말씀을 이해하지도 못할 뿐 아니라 하나님의 말씀이 가지고 있는 모든 사상을 싫어하게 되었습니다. 인간들은 자기 자신도 모르게 하나님의 거룩하심이나 하나님의 사랑 같은 것을 너무나도 싫어하게 되었습니다. 그런데 이스라엘 백성에게 나타난 가장 큰 기적은 그들이 하나님의 말씀을 듣고 그 말씀을 사랑하게 된 것입니다. 그러나 이스라엘 백성도 처음부터 하나님의 말씀을 믿었던 것은 아니고 애굽에서 고된 종살이를 하면서 하나님이 행하시는 열 가지 기적과 홍해가 갈라지는 기적을 보고서야 비로소 하나님의 말씀을 조금씩 믿게 되었습니다.

하나님의 백성에게 가장 중요한 일은 하나님을 위해서 많은 일을 하는 것이 아닙니다. 하나님의 백성에게 가장 중요한 것은 그들의 본성이 하나님의 유전인자로 변하는 것입니다. 이것은 하나님의 말씀을 듣는 것을 통해서 이루어집니다. 우리는 하나님의 말씀을 들으면서 이리 같은 본성에서 양 같은 본성으로 변하게 됩니다. 그런데 참으로 무서운 것이 아무리 이스라엘 백성이라 하더라도 하나님의 말씀으로 거듭나지 못한 사람은 그 마음속에 사나운 본성이 있고 이들은 하나님의 말씀을 듣는 것을 싫어하게 되는 것입니다.

하나님의 백성에게 있어서 하나님의 말씀이 얼마나 중요한가 하면, 진정으로 거듭난 자는 하나님의 말씀을 듣지 못하면 무서운 영적인 침체가 오고 무기력하게 되어서 아무것도 할 수가 없게 됩니다. 이런 사람들이 하나님의 말씀을 듣지 못하다가 듣게 되면 마치 목마른 사슴이 시냇물을 마시듯이 좋아서 미치려고 합니다. 그런데 진정으로 거듭나지 못한 사람은 아무리 하나님의 말씀을 듣지 않아도 크게 침체되지 않습니다. 왜냐하면 이 사람들은 하나님을 위해서 하는 일이 많기 때문입니다. 이들은 하나님을 위하여 일을 많이 하고 사업을 많이 벌이는 것이 자신들이 사는 길이라고 생각합니다. 그러다가 이 사람들이 하나님의 말씀을 들으면 목사나 선지자가 자기들을 친다고 생각해서 마음에 상처를 입습니다. 왜냐하면 하나님의 말씀은 우리가 하는 일들이나 업적을 인정하지 않고 무조건 하나님을 의지하라고 하기 때문입니다.

미가 선지 당시의 이스라엘 백성이나 유다 백성은 이 세상에서 하나님을 가장 잘 믿는 사람들이었습니다. 당시 이스라엘 백성이나 유다 백성의 종교적인 열정은 엄청났고, 그들은 자신들이 세상에서 하나님의 복을 가장 많이 받았다고 자랑하고 있었습니다. 그러나 놀라운 것은 이스라엘 백성이나 유다 백성이 하나님의 말씀을 듣는 것을 너무나도 싫어하고 있었다는 사실입니다. 이것이 의미하는 것이 무엇입니까? 그것은 이스라엘 백성이나 유다 백성이 겉으로는 하나님을 잘 믿는 것 같지만 그들의 본성은 하나님의 본성이 아니었다는 것을 말해 주는 것입니다.

6절, "그들이 말하기를 너희는 예언하지 말라 이것은 예언할 것이 아니어늘 욕하는 말을 그치지 아니한다 하는도다"

당시 유다 백성이나 이스라엘 백성은 미가 같은 선지자가 하나님의 말씀을 전하는 것을 아주 듣기 싫어했습니다. 그들은 하나님의 선지자들을 향해서 "너희는 예언하지 말라"라고 소리를 질렀습니다. 그 예언은 죄악에 대한 심판이었기 때문에 그들에게는 욕으로 들려서 싫다는 것입니다.

여기서 하나님의 백성의 미묘한 차이가 드러납니다. 즉 그 안에 진정으로 하나님에 대한 믿음이 있는 사람들은 하나님의 본성에 목말라 합니다. 그래서 이런 사람들은 인간적인 칭찬보다 하나님의 말씀 자체를 듣기를 원합니다. 그래서 이런 사람들은 하나님께서 우리의 죄를 무섭게 책망하시든지, 아니면 하나님의 거룩하신 성품에 대하여 말씀하시든지, 우리 영혼에 대하여 힘 주시는 말씀을 하시든지 무슨 말씀을 하시더라도 힘을 얻게 됩니다. 왜냐하면 하나님의 말씀 안에는 하나님의 본성이 있고, 이 하나님의 본성이 우리 안에 채워질수록 우리는 힘을 얻고 능력을 얻기 때문입니다. 그러나 아무리 이스라엘 백성이고 유다 백성이라 하더라도 진정한 믿음이 없는 사람은 듣기에 좋은 말씀만 들으려고 합니다. 그래서 선지자의 말씀이 자기를 알아주고 자기를 칭찬해 주는 말씀일 때에는 엄청나게 좋아하지만 죄를 책망하거나 인간의 무능력을 설교할 때에는 기분 나빠 하고 괜히 자기 자신을 치는 것 같은 느낌을 가지는 것입니다. 그래서 진심으로 하나님의 말씀의 맛을 보지 못한 사람은 결국 자기를 칭찬해 주고 알아주는 말씀만 가려서 듣는 것입니다. 우리는 이런 말씀이라도 자꾸 들으면 좋은 것이 아닌가 생각하기 쉽습니다. 그러나 이런 영적인 편식은 우리의 믿음을 자라지 못하게 합니다.

미가 선지가 유다 백성과 이스라엘 백성에게 그들이 듣기 좋아하는 말씀을 전하지 않고 듣기 싫어하는 설교를 했을 때 유다 백성은 미가 선지에게 예언하지 말라고 하면서 이것은 예언이 아니고 우리를 욕하는 것이라고 반발했습니다. 하나님의 말씀을 듣고 기뻐할 수 있다는 것은 하나님의 백성만 가질 수 있는 최고의 축복입니다. 왜냐하면 우리는 하나님의 말씀을 듣는 가운데 우리의 속사람이 하나님의 능력으로 채워지기 때문입니다. 그러나 하나님의 백성이 하나님의 말씀을 듣는데 이것이 자신들을 욕하고 대적하는 소리로 들린다면 이 사람들의 마음속에는 하나님의 본성이 있는 것이 아니라 여전히 인간의 본성이 있는 것입니다.

사실 우리가 하나님의 말씀의 맛을 알게 되는 것은 쉽게 되는 것이 아닙니다. 우리는 아주 오랜 기간 신앙생활을 하고 하나님의 말씀을 들어도 그 맛을 모를 때가 많이 있습니다. 물론 우리는 하나님의 말씀을 중요하게 생각하고, 또 좋은 설교를 들으면 굉장히 은혜가 되고 힘이 될 때가 있습니다. 그러나 하나님의 말씀이 진정으로 나의 양식이 되고 힘이 되려면 고난을 통과하면서 하나님만 붙들고 죽었다가 살아나는 체험을 해야 합니다.

그것은 사람의 머리로는 도저히 이해할 수 없는 것이고, 또 억지로 만들 수 있는 것도 아닙니다. 그런데 우리에게 가장 중요한 것은 바른 말씀을 듣는 체험이 있어야 하는 것입니다. 진짜 하나님의 말씀을 들으면 우리의 영혼이 쭈뼛해지면서 온 신경이 살아납니다. 그리고 어느 순간부터 하나님의 말씀을 듣지 않으면 힘을 낼 수 없고, 하나님의 말씀을 듣기 위해서라면 어떤 희생도 감수하게 되는데 이것이 내 안에 하나님의 본성이 임하고 있는 것입니다. 이때 우리는 죄인이지만 죄가 싫어지고, 더럽고 추잡한 것을 혐오하게 되며, 더욱더 하나님을 사랑하며 더욱더 은혜 받고 싶어집니다. 그러나 만일 우리가 믿는다고 하면서도 하나님의 말씀을 싫어하고 우리 자신을 업적이나 자랑으로 장식할 때, 겉으로는 하나님을 잘 믿는 것 같지만 속으로는 세상 사람들과 똑같이 욕심을 위해서 살게 되고 속으로는 무시무시한 탐욕을 가진 사람이 되는 것입니다. 그러나 사람은 다른 사람의 마음을 볼 수 없기 때문에 그 사람을 매우 신앙이 좋고 경건한 사람이라고 생각하지만 하나님은 그 사람을 너무나도 하나님과 다르다고 생각하시는 것입니다. 결국 하나님의 백성이 이중적인 신앙을 가지게 되는 것입니다. 즉 기도도 잘하고, 헌금도 잘 바치면서 모범적으로 신앙생활을 하는 반면 세상적인 성공이나 명예나 돈을 추구하면서 세상 사람들과 다를 바가 없이 행동하는 것입니다. 이런 사람들은 믿음에 실패한 사람들인 것입니다.

7절, "너희 야곱의 족속아 어찌 이르기를 여호와의 신이 편급하시다 하겠느냐 그의 행위가 이러하시다 하겠느냐 나의 말이 행위 정직한 자에게 유익되지 아니하냐"

여기서 '야곱 족속'은 유다와 이스라엘 모두를 말하는 것입니다. 즉 야곱 족속은 바른 말씀을 전하는 선지자들의 말을 듣고 '하나님은 너무 편급하시다'라고 반발한다는 것입니다. 여기서 '편급하다'라는 말은 '속이 좁고 성질이 급하다'라는 뜻으로, 이스라엘 백성은 하나님을 자기들이 무슨 짓을 하더라도 사랑하시고 축복하시는 하나님인 줄 알고 있었는데 하나님은 이스라엘 백성이 하나님의 말씀에 일치할 것을 요구하시며, 만일 이스라엘 백성이 하나님의 말씀에 조금이라도 맞지 않으면 진노하시는 속이 좁은 하나님이라는 것입니다. 이것은 이스라엘 백성이 하나님의 축복의 수준을 너무 낮게 생각해서 말하는 것입니다. 요즘 유명한 브랜드의 명품은 일정한 조건이 충족되지 않으면 일체 명품 가게를 허락하지 않을 뿐 아니라 절대로 가격을 깎아 주는 일이 없습니다. 자신들의 제품은 그만큼 가치가 있다는 것입니다. 그런데 하나님의 축복은 명품 중에 명품입니다. 하나님은 우리가 잡다한 열정과 관심을 가지는 것보다는 하나님의 말씀에 정확하게 일치되는 것을 원하십니다. 우리의 신앙이 하나님의 말씀에 정확하게 일치하고 우리 생명을 바쳐서 하나님의 말씀을 붙들 때 우리 안에 부흥의 축복이 일어나며 하나님의 능력과 축복을 독점하게 됩니다. 사람들은 하나님은 절대로 이렇게 편협하실 리가 없다고 말을 하지만 실제로 하나님은 이런 분입니다.

오늘 세상의 믿지 않는 사람들은 기독교가 다른 종교를 인정하지 않고 자기만 옳다고 한다고 비난하지만 하나님은 절대로 자기 자신이 우상과 같이 취급받는 것을 원치 않으십니다. 그런데 하나님의 백성은 하나님의 유일하신 것을 믿는 것은 좋은데 본성이 교만해서 하나님을 오해하게 할 때가 많습니다. 우리가 알아야 할 것은, 하나님에 대한 신앙은 특별하지만 이 신앙은 교만하거나 독선적이지 않고 겸손한 것이 특징이라는 것입니다. 우리의 어려운 점은 어떻게 이 신앙이 특별한데 겸손하기까지 하느냐는 것입니다. 그러나 우리 속을 하나님의 말씀으로 채우고 우리 안에 자신감이 있으면 우리는 얼마든지 특별하면서도 겸손할 수가 있습니다. 하나님의 말씀은 '행위 정직한 자에게 유익이 된다' 고 하셨습니다. 이것은 우리 신앙이 정확하게 하나님의 말씀에 일치되고 거기에 우리의 모든 것을 희생할 때 하나님의 말씀은 어마어마한 능력을 발휘하게 된다는 것입니다.

2. 세상 사람들과 다를 바 없는 이스라엘 백성

아무리 이스라엘 백성이라 하더라도 그 속에 죄인의 본성을 가지고 있습니다. 그런데 하나님께서는 하나님의 말씀을 통해서 이스라엘 백성에게 하나님의 본성을 주셨습니다. 그런데 만일 이스라엘 백성이 하나님의 말씀을 싫어하여 듣지 않으면 어떻게 될까요? 이때 이스라엘 백성은 이중성을 가지게 됩니다. 즉 한편으로는 아주 하나님을 잘 믿는 사람들이지만 다른 한편으로는 아주 이기적이고 악독한 사람들이 되는 것입니다.

8-9절, "근래에 내 백성이 대적같이 일어나서 전쟁을 피하여 평안히 지나가는 자들의 의복 중 겉옷을 벗기며 내 백성의 부녀들을 너희가 그 즐거운 집에서 쫓아내고 그 어린 자녀에게서 나의 영광을 영영히 빼앗는도다"

아마도 이때 앗수르가 이스라엘에 쳐들어왔다면 이스라엘 백성 중에 전쟁을 피해서 도망치는 사람들이 많았을 것입니다. 나중에는 앗수르 군대가 유다까지 쳐들어왔기 때문에 유다 백성 중에도 전쟁을 피해서 도망을 치는 사람들이 많이 있었을 것입니다. 그런데 유다 백성은 이렇게 전쟁이 나서 피난 가는 사람들을 위해서 음식을 주거나 혹은 물을 마시게 하는 것이 아니라 겉옷을 빼앗는 일을 했던 것입니다. 아마도 유다 백성은 지나가는 사람들에게 통행세 같은 것을 요구했던 것 같습니다. 그런데 당시 사람들에게 겉옷은 단순한 옷이 아니라 밤에 잠을 잘 때에는 담요나 이불 같은 역할을 했습니다. 사람이 전쟁이 나서 피난을 가면 누구든지 돕는 것이 인지상정입니다. 그런데 유다 백성 가운데 어떤 사람들은 규정을 내세우면서 피난 가는 사람들에게서 겉옷을 빼앗는 짓을 했던 것입니다.

우리나라 사람들이 얼마나 인정이 많은가 하면, 일본에 쓰나미가 덮쳐서 많은 사람이 죽거나 집을 잃었을 때 자진해서 돈을 모으고 생수나 모포를 준비해서 일본에 보내려고 했습니다. 그런데 일본 공무원들은 원조를 거부했습니다. 일본 공무원들은 외국의 의사들이 오는 것은 규정에 없고, 외국의 구조견이 오는 것은 광견병법에 저촉되고, 외국 물품은 품질 검사가 되지 않아서 안 된다고 하면서 못 오게 했습니다. 우리나라 사람들 같았으면 생존자들이 먹을 것과 마실 것, 담요 같은 물품과 의사나 구조견을 감사하는 마음으로 받아들였을 텐데 일본 사람들은 모든 것을 매뉴얼대로 해야 한다며 거절했습니다.

하나님의 백성에게 매뉴얼은 사랑의 매뉴얼밖에 없습니다. 야고보 사도에게는 굶주리고 있는 사람에게 먹이는 것이 매뉴얼이고, 옷이 없어서 떨고 있는 사람에게 입히는 것이 매뉴얼이며, 피를 흘리고 있는 사람을 치료해서 살리는 것이 매뉴얼인 것입니다. 예수님께서는 제자들이 안식일에 배가 고파서 밀 이삭을 손으로 훑어서 먹었을 때 바리새인들이 정죄하는 것을 반박하셨습니다. 즉 예수님은 안식일이 사람을 위해서 있는 것이지 사람이 안식일을 위해서 있는 것이 아니라고 하셨습니다. 즉 사람은 일이나 돈에 대한 욕심 때문에 마땅히 쉬어야 하고 하나님을 찾아야 함에도 불구하고 욕심에 매여서 죽기 때문에 안식일을 주신 것입니다. 그러나 안식일에 피를 흘리고 있고 먹을 것이 없어서 사람이 굶고 있는데 안식일이라고 해서 아무런 도움도 주지 않는 것은 안식일이 아니라는 것입니다.

하나님께서 우리에게 주신 최고의 선물은 우리에게 사랑을 알게 하신 것입니다. 하나님은 사랑받을 자격이 전혀 없는 우리를 사랑하심으로 우리가 사랑받을 자격이 있는 사람이라는 것을 알게 하셨습니다. 그리고 하나님께서는 하나님이 우리를 사랑하신 것 같이 다른 사람도 사랑받을 자격이 있다는 것을 알게 하셨습니다.

우리가 하나님을 알기 전에는 자신의 성공과 행복만을 위해서 달려갔습니다. 우리는 마치 야생동물처럼 다른 사람들과의 경쟁에서 이겨야 성공했고, 다른 사람들과 싸워서 이겨야 나의 행복을 지킬 수 있었습니다. 그런데 우리가 하나님을 믿었을 때 우리는 사랑을 알게 되었습니다. 하나님은 우리에게 사랑을 선물로 주셨습니다. 우리가 하나님의 말씀으로 우리 마음을 채우면 채울수록 다른 사람이 행복해하는 것이 그렇게 기쁠 수가 없습니다.

그러나 아무리 하나님을 믿는다고 하면서도 마음속에 하나님의 말씀이 없으면 교묘하게 자신의 이익을 챙기게 됩니다. 그리고 이런 사람은 교묘하게 하나님의 말씀으로 다른 사람을 정죄하고 판단합니다. 이것이 하나님에게는 너무나도 이상한 것이었습니다.

남들은 피난을 가는데 그들은 아직 피난 가지 않으면 그것만 해도 얼마나 대단한 일입니까? 그런데 유다 백성은 전쟁을 피해서 이동하는 사람들의 물건을 통행세 명분으로 빼앗았습니다.

그뿐이 아니라 유다 백성은 빚을 갚지 못하는 부녀들을 그 집에서 내어 쫓았습니다. 본문에는 '그 즐거운 집' 이라고 말씀하고 있습니다. 이것은 아주 단란한 가정을 말하는 것입니다. 그런데 유다의 돈이 있는 사람들은 가난한 사람들이 빚을 갚지 못하니까 그들을 노예로 팔아 버렸습니다. 물론 이 사람들의 말은 일리가 있었습니다. 즉 가난한 사람들의 사정을 봐주기 시작하면 끝이 없다는 것입니다. 그리고 이들이 빚을 갚지 못하는 것은 자기들의 책임이라는 것입니다. 그러나 하나님의 백성은 계산이 정확하다고 해서 다 바른 것이 아닙니다. 때로 하나님의 백성은 계산이 틀릴 때도 있어야 합니다. 즉 하나님의 백성은 가난한 자들을 위해서는 계산이 좀 틀려야 하는 것입니다. 그러나 유다 백성은 칼같이 자기들이 챙길 것은 다 챙겼습니다.

하나님께서 유다 백성에게 원하신 것은 이런 것이 아니었습니다. 하나님께서는 물론 유다 백성에게 가난한 사람들을 다 책임지라는 것은 아니었습니다. 하나님은 유다 백성에게 약간의 융통성을 기대하셨던 것입니다. 그러나 유다 백성은 자기 이익을 챙기는 데 있어서는 인정사정이 없었던 것입니다.

우리가 하나님의 말씀을 자꾸 들으면 손해를 볼 때가 많습니다. 돈을 많이 벌 수 있는 기회를 놓치기도 하고, 명예를 얻을 수 있는 기회를 놓치기도 합니다. 그리고 어떤 때에는 손해 볼 짓만 골라서 하기도 합니다. 그러니까 하나님은 우리의 하나님이 되어 주시는 것입니다. 만일 우리가 이 세상에서 일체 손해를 보지 않고 다른 사람에 대해서도 언제나 강압적이고 바늘로 찔러도 피가 나오지 않을 정도로 똑똑한 사람이라면 하나님은 우리 하나님이 되실 필요가 없는 것입니다. 그래서 우리는 조금은 바보스럽고 연약한 부분이 많은 것이 실제로 유익인 것입니다.

하나님께서 이들에게 이렇게 말씀하십니다.

10절, "이것이 너희의 쉴 곳이 아니니 일어나 떠날찌어다 이는 그것이 이미 더러워졌음이라 그런즉 반드시 멸하리니 그 멸망이 크리라"

하나님께서는 너무나도 철저하고 이기적인 유다 백성에게 "참 잘하고 있다. 여기서 천년만년 오래 살도록 하라." 하고 축복하지 않으셨습니다. 오히려 하나님은 유다 백성에게 "여기는 너희가 있을 곳이 아니니까 일어나서 다른 곳으로 가라."고 말씀하신 것입니다. 즉 하나님께서는 유다 백성에게 가나안 땅은 어리숙하고 바보 같은 하나님의 백성이 있는 곳이지 너희같이 철저한 사람들이 살 곳이 아니라고 하시면서 너희는 너희에게 맞는 바벨론 땅으로 포로 되어 가라고 말씀하시는 것입니다.

왜 유다 백성이 그렇게 강하고 악독한 사람들이 되었을까요? 그들은 하나님을 바라보지 않고 세상만 바라보았고, 그러한 세상에서는 어리숙해서는 절대로 살 수 없다는 결론을 내린 것입니다. 그래서 이스라엘 백성이나 유다 백성은 강한 사람이 되기 위해서 마음을 아주 독하게 먹었습니다. 그런데 하나님은 이 가나안 땅은 독한 사람은 살 곳이 못된다고 하면서 그들을 이방 땅으로 쫓아내셨던 것입니다. 우리는 교회 안에서 바보 같고 어리숙한 사람들을 절대로 쫓아 내어서는 안 됩니다. 왜냐하면 교회는 바로 그런 사람들이 복을 받는 곳이기 때문입니다.

우리는 이 세상을 보면 어리숙해서는 살아남기가 어려울 것이라고 걱정할 것입니다. 그러나 우리가 살아남을 수 있는 방법은 어리숙해지는 것입니다. 왜냐하면 우리가 바보스럽고 어리숙해야 하나님이 나와 함께하시기 때문입니다. 그래서 우리는 믿어야 합니다. 우리는 우리 주위에 아무리 사납고 무서운 사람들이 돌아다녀도 하나님을 붙들면 끝까지 살아남을 뿐 아니라 하나님이 풍성한 삶을 주신다는 것을 믿어야 하는 것입니다.

유다 백성은 무엇이라고 말하고 있습니까?

11절, "사람이 만일 허망히 행하며 거짓말로 이르기를 내가 포도주와 독주에 대하여 네게 예언하리라 할 것 같으면 그 사람이 이 백성의 선지자가 되리로다"

여기서 '사람'은 이스라엘 백성을 말합니다. 지금 이스라엘 백성이 바라는 것은 정확한 하나님의 말씀이 아닙니다. 그들은 모두 허망하게 말하며 거짓되게 행하고 있습니다. 즉 이스라엘 백성은 하나님의 말씀을 붙잡지 않고 세상의 방법을 붙들고 살아가고 있는 것입니다. 그러면서 이들은 선지자들에게 요구하기를, '포도주와 독주에 대하여 예언을 하라' 고 말을 합니다. 이것은 누구든지 마시면 기분이 좋아지는 포도주나 독주와 같은 설교를 해 달라는 것입니다. 사람은 이상하게 누군가가 칭찬을 해 주고 엉터리라도 축복을 해 주면 마치 술 취한 것처럼 기분이 좋아집니다. 술 취한 사람들은 절대로 술에서 깨는 것을 원치 않습니다. 왜냐하면 이 사람들은 현실을 보지 않으려고 술을 마시는 것이기 때문입니다. 그래서 누군가가 술이 확 깨는 소리를 하면 화가 나서 저주를 퍼붓습니다. 우리나라 사람들은 경제가 어려울수록 술을 많이 마십니다. 사람들이 술에 취하는 이유는 거짓된 기분이지만 행복해지고 싶고 현실을 잊고 싶어서입니다. 그러나 하나님의 백성은 현실을 인정하고 직시해야 합니다. 왜냐하면 우리가 비록 고통스러워도 현실을 인정할 때 하나님이 우리를 도우시고, 우리는 거기에서 새로운 출발을 하게 되기 때문입니다.

3. 하나님의 새로운 계획

하나님께서 이스라엘 백성에게 다른 이스라엘 백성을 형제와 자매, 즉 자기 몸처럼 사랑하라고 하셨습니다. 왜냐하면 하나님의 사랑과 축복은 너무 커서 혼자 독차지할 수 없기 때문입니다. 그래서 우리가 하나님의 너무 큰 사랑을 받으면 우리는 다른 사람에게 하나님의 사랑을 나누어 주게 되어 있습니다. 예를 들어 보육원에서 부모가 없이 자란 아이들은 어려서부터 자기 것을 챙기면서 자란다고 합니다. 부모가 없는 아이들은 자기 것을 자기가 챙겨야 하기 때문에 어떤 때에는 싸워서라도 자기 것을 지켜야만 합니다. 그런데 어느 사랑이 많은 부자가 보육원에 있는 아이들을 모두 입양해서 자기 자녀로 삼고 말할 수 없이 많은 옷과 좋은 것들을 주었다면 이제는 더 이상 자기 것을 챙기려고 싸우거나 다툴 필요가 없을 것입니다.

그래서 우리는 다른 사람의 것을 탐내거나 시기할 필요가 없는 것입니다. 우리에게는 하나님께서 주실 어마어마한 복이 있기 때문입니다. 그런데 이스라엘 백성이나 유다 백성은 이것을 믿지 못해서 남의 것을 빼앗고 챙기다가 결국 가나안 땅에서 쫓겨나고 말았습니다. 그런데 하나님은 앞으로 이런 하나님의 백성을 어마어마하게 많이 생기게 하겠다고 말씀하셨습니다.

12절, "야곱아 내가 정녕히 너희 무리를 다 모으며 내가 정녕히 이스라엘의 남은 자를 모으고 그들을 한 처소에 두기를 보스라 양떼 같게 하며 초장의 양떼 같게 하리니 그들의 인수가 많으므로 소리가 크게 들릴 것이며"

하나님께서 정녕 이스라엘의 남은 자들을 모으실 것이라고 말씀하십니다. 여기서 '정녕 모은다' 라는 말은 히브리 어로 '모으고 또 모으다' 입니다. 즉 하나님은 하나님께 감사할 줄 모르고 하나님의 말씀을 믿지 않고 욕심을 부리던 이스라엘 백성을 전부 들판에 흩어 버리시는 것입니다. 이스라엘 백성이 전 세계에 포로가 된 후에 비로소 깨달은 것이, 가나안 땅에 있을 때가 행복했고, 하나님의 말씀을 들을 때가 좋았다는 것이었습니다. 특히 이스라엘 백성은 하나님께서 자기들에게 주셨던 하나님의 말씀이 그렇게 복된 말씀인데 자기들은 그것을 너무나도 가치 없게 생각해서 버렸다는 것을 비로소 깨달은 것입니다. 예를 들면 조상 대대로 내려오던 희귀한 책자의 가치를 몰라서 벽지로 사용하거나 혹은 폐지로 고물상에 팔아 버리는 것과 같은 것입니다.

마찬가지로 이스라엘 백성이 하나님의 축복을 빼앗기고 전 세계에서 노예 생활을 하면서 비로소 깨닫게 되는 것이 자기들에게 있었던 하나님의 말씀이 귀한 보물이었고 하나님이 주셨던 복이 귀한 것이었는데 자기들이 그것을 믿지 못했다는 것입니다. 결국 이스라엘 백성과 유다 백성이 하나님의 말씀의 가치를 알게 되는 것은 오히려 하나님의 축복을 잃고 난 후의 일이었습니다.

'야곱아 내가 정녕히 너희 무리를 다 모으며 내가 정녕히 이스라엘의 남은 자를 모으고 그들을 한 처소에 두기를 보스라 양떼 같게 하며 초장의 양

떼 같게 하리니 그들의 인수가 많으므로 소리가 크게 들릴 것이며.'

하나님이 야곱의 무리를 정녕히 모은다고 하셨는데 여기서 '정녕히 모은다' 는 것은 모으고 또 모으는 것을 말합니다. 즉 하나님께서 전 세계에 흩어져 있는 하나님의 백성을 일일이 찾아가셔서 전부 찾아내실 뿐 아니라 그들을 다시 하나님의 백성으로 회복시켜 주시는 것을 말합니다. 그리고 하나님께서는 이스라엘 백성이 보스라의 양 떼같이 많아지게 하실 것이라고 하셨는데 보스라는 모압의 지명입니다. 보스라에는 아마 사람의 수보다 양의 수가 더 많을 것입니다.

아마 뉴질랜드를 여행해 본 분들은 사람의 수보다 양의 수가 더 많은 것을 보고 놀라셨을 것입니다. 뉴질랜드 상공에서 보면 푸른 초장에 밥풀 같은 것들이 잔뜩 붙어 있는데 그것이 전부 양인 것입니다.

우리가 잘 이해가 되지 않는 것은 이스라엘과 유다가 하나님의 말씀을 믿지 못해서 결국 양이 되지 못하고 이리로 되돌아갔기 때문에 나라가 망해서 포로로 붙들려 가서 이스라엘과 유다가 망했다면 하나님의 양들은 없어져야 하는데 어떻게 이렇게 많은 양이 생기게 되었을까 하는 것입니다. 바로 이것이 하나님의 말씀의 능력인 것입니다. 하나님의 백성은 어떤 곳에 있든지 하나님의 말씀의 가치를 깨닫고 그 말씀을 붙들기만 하면 부흥이 일어나게 되어 있습니다. 그래서 이스라엘 백성이 포로로 붙들려 간 곳에서 하나님의 말씀의 가치를 깨닫고 부흥이 일어나게 되는 것입니다. 그러나 더 중요한 것은 결국 이스라엘 백성이 하나님의 말씀을 듣지 못해서 하나님의 복을 놓치게 되었다면 하나님은 앞으로 하나님의 말씀을 폭포수같이 부어 주실 때가 온다는 것입니다. 그것이 바로 오늘 신약 시대의 우리에게 주시는 복입니다. 우리에게 보혜사 성령님이 오셨다는 것은 마치 거대한 축복의 폭포가 부어진 것과 같습니다. 보혜사 성령님은 우리의 영적 지각을 수백 배 내지 수천 배 크게 해 주셔서 모든 하나님의 말씀을 깨닫게 해 주십니다. 우리는 막연하게 하나님의 말씀을 지켜야 한다는 것이 아니라 하나님의 말씀이 가지고 있는 그 어마어마한 매력과 위력을 속속들이 다 알게 되는 것입니다. 그래서 오늘 이 신약 시대에는 하나님의 말씀을 믿는 양 떼가 얼마나 많아지는가 하면 보스라의 양 떼같이 많은 사람들이 하나님의 말씀을 믿게 되고 우리 같은 이방인들이 하나님의 말씀에 정통한 사람이 되는 것입니다.

그런데 오늘 우리가 두려워해야 하는 것은 하나님이 이런 축복의 시대에 우리에게 말씀과 성령을 주셨는데 우리 중에는 아직도 미련하게 자신의 머리나 세상의 복을 더 믿는 자들이 있는 것입니다. 이 세상의 복이 아무리 훌륭하고 인간들의 지혜가 아무리 뛰어나다 하더라도 하나님의 말씀과는 비교할 수가 없습니다. 하나님의 말씀은 겉으로 보기에는 평범한 언어로 되어 있고 전혀 가치가 없는 것 같습니다. 오히려 세상의 지식과 성공이 우리를 지혜롭게 하고 우리를 행복하게 할 것 같습니다. 그러나 우리는 거기에 속아서는 안 됩니다. 우리는 아담과 하와가 뱀에게 속아서 선과 악을 알게 하는 나무의 열매를 따 먹은 것처럼 어리석은 짓을 해서는 안 됩니다. 이 세상에서 가장 지혜로운 것은 평범하게 보이는 하나님의 말씀의 가치를 아는 것이고, 이 세상에서 가장 똑똑한 것은 부흥의 능력을 받는 것이며, 이 세상에서 가장 지혜로운 자는 죄에 빠지지 않는 자입니다.

오늘 말씀을 보면 양들의 수가 얼마나 많은지 소리가 크게 들릴 것이라고 했습니다. 오늘 우리는 우리의 음성을 하나님께 들리게 해야 합니다. 하나님이 우리에게 말씀하실 때 우리는 응답해야 하는 것입니다. 지금까지는 이 세상에서 너무 기가 죽어서 살아 있는지 죽었는지 알 수가 없었습니다. 우리는 이 세상에서 도저히 믿음으로 살 자신이 없었습니다. 그러나 하나님 앞에서 우리는 자신감을 되찾아야 합니다. 우리는 너무나도 많아서 도저히 시끄러워서 참을 수 없을 정도로 소리를 내야 하는 것입니다. 오늘 우리는 가만히 있으면 안 됩니다. 소리를 내야 합니다. 우리의 믿음을 사장시켜서는 안 됩니다. 우리는 하나님 앞에서 아주 시끄럽게 소리를 내야 합니다.

그런데 여기에 보면 아주 특별한 한 사람이 나타나는 것을 볼 수 있습니다. 그는 바로 '길을 여는 자' 인 것입니다.

13절, "길을 여는 자가 그들의 앞서 올라가고 그들은 달려서 성문에 이르러서는 그리로 좇아 나갈 것이며 그들의 왕이 앞서 행하며 여호와께서 선두로 행하시리라"

'길을 여는 자'는 의역한 것입니다. 원래 의미는 '터뜨리는 자' 입니다. 즉 많은 사람이 앞으로 나아가려고 하는데 앞에 엄청나게 큰 장애물이 있다고 합시다. 그때 아주 힘이 센 사람이 앞으로 나아가서 그 장애물 부수면 길이 생깁니다. 이 사람은 큰 담이 있으면 담을 부수어 버리고, 큰 절벽이 있으면 그 절벽에 터널을 뚫어서 길을 내는 것입니다. 그래서 우리말 성경에 '길을 여는 자'라고 의역한 것은 대단히 뛰어난 번역입니다.

우리가 하나님을 알기 전에는 완전히 죄에 갇혀 있었고 사탄의 저주에 갇혀 있었습니다. 우리는 마치 독 안에 든 쥐와 같아서 어디로든 갈 수가 없었습니다. 그런데 하나님께서 아주 힘이 센 한 분을 보내어 주셔서 우리가 갇힌 그곳을 부수고 우리를 이끌어 내신 것입니다.

하나님께서 우리에게 아무리 좋은 것을 주셔도 인간들은 죄의 포로가 될 수밖에 없습니다. 사실 하나님께서 이스라엘 백성에게 주신 이 율법은 하나님께서 인간들에게 주실 수 있는 최고의 선물이었습니다. 그러나 이런 최고의 선물을 가지고서도 이스라엘 백성은 죄의 포로가 될 수밖에 없었습니다. 이스라엘 백성은 속에서부터 끓어오르는 욕구를 억제할 수가 없었습니다.

모든 인간은 욕망의 포로들입니다. 인간들은 모두 2만 볼트 고압 전류가 흐르는 철망 안에 갇힌 죄수들입니다. 모든 인간은 영원히 이 죄의 수용소를 벗어날 수 없습니다. 그러나 하나님께서는 그리스도를 보내셔서 죄의 담을 허무시고 우리를 영원한 저주에서 이끌어 내셨습니다.

이제 하나님은 우리로 하여금 참 하나님을 예배하게 하셨습니다. 우리가 하나님을 예배할 때 우리는 가장 아름답고, 가장 순수하며 깨끗할 수 있습니다. 그러나 길을 여는 자는 우리 인생 앞을 달려가고 있습니다. 그러면 우리 앞에 있는 모든 장애가 다 부수어질 것입니다. 여호수아는 바로 그 주님의 능력으로 가나안 땅을 정복할 수 있었습니다.

여기에 보면 그들이 달려서 '성문에 이른다'고 말을 하고 있습니다. 이 성문은 하나님의 성문을 말합니다. 즉 '길을 여는 자'는 우리를 하나님 앞으로 가게 하셨습니다. 하나님의 성문은 어떤 인간도 열 수가 없었습니다. 그러나 예수님은 천국의 문을 여시고 성전의 휘장을 찢어서 우리가 마음대로 하나님 앞에 나아갈 수 있게 하셨습니다. 모든 복은 이 세상에 있는 것이 아니라 하나님 앞에 있습니다. 예수님은 천국은 세례 요한 때부터 지금까지 침노하는 사람들이 차지할 것이라고 말씀하셨습니다(마 11:12). 여기서 침노한다는 것은 무더기로 몰려가서 복을 받는 것을 말합니다. 얼마 전에 어느 백화점이 개점행사를 했을 때 사람들이 무더기로 몰려가서 사은품을 받으려고 하는 바람에 교통이 마비되었다고 합니다. 우리는 백화점 사은품이 아니라 천국의 복의 핵심을 가진 자들이 되었습니다. 우리는 시시한 이방인들같이 세상의 것으로 만족하지 마시기 바랍니다. 우리는 하나님의 모든 축복의 진수를 가져야 하겠습니다.

그런데 참으로 놀랍게도 우리가 그 축복의 가치를 알 때는 세상에서 잘 될 때가 아니라 가난하고 어려울 때입니다. 오히려 이 세상의 복은 우리 눈을 어둡게 하고 술이나 포도주처럼 자기만족이나 성공에 취하게 하지만 가난과 궁핍은 우리의 눈을 뜨게 해서 하나님의 축복에 정신을 차리게 합니다.

이제 우리에게 왕이 있습니다. 이 왕은 인간 통치자가 아니라 여호와이십니다. 여호수아가 하나님의 사자를 앞세우고 가나안 땅을 정복했듯이 우리 앞에는 하나님이 계신 것입니다. 하나님께서 우리 선두에서 우리를 인도하실 것입니다. 즉 하나님이 우리 인생을 책임져 주시고 축복해 주실 것입니다. 우리는 이것을 믿어야 합니다. 오늘 우리에게 가장 중요한 것은 하나님의 말씀의 가치를 깨닫고 하나님의 양이 되는 것입니다. 우리는 우리 주위에서 맹수 소리를 내면서 성공을 향하여 달려가는 자들을 부러워해서는 안 됩니다. 차라리 우리는 가난하고 가진 것이 없어야 오히려 말씀의 가치를 깨닫고 더 부요한 자가 될 수 있습니다. 우리는 오늘 하나님을 나의 목자로 삼고 이제 다시는 세상을 부러워하지 않으며 모든 장애와 시험을 이기는 성도들이 되시기 바랍니다.

성경 토의

1. 요즘 텔레비전 방송이나 혹은 일부 부흥회에서 거의 개그맨 수준의 유치한 설교들이 인기를 끌고 있는데 그런 것에 대하여 우리는 어떻게 생각해야 하는가?

2. 우리가 하나님의 백성답게 행동하는 것은 무엇이며, 우리가 하나님의 백성답지 않게 행동하면 하나님은 어떤 일을 하실까?

3. 진정으로 하나님의 백성이 많아지는 방법은 무엇이며, 우리가 어떻게 해야 하나님을 목자로 모시고 아름다운 생활을 할 수 있는가?

05_잘못된 인도자

미가 3:1-8

전체적 설명

나라를 이끄는 사람이 나라를 잘못된 길로 인도하면 국민 전체가 그 길을 따라갈 수밖에 없다. 특히 이스라엘 백성의 왕은 자기 마음대로 나라를 다스리는 절대자가 아니라 하나님을 대신해서 백성들을 보호하고 믿음의 길로 인도하는 목자였다. 그래서 이스라엘이나 유다의 지도자에게 가장 중요한 조건은 세상적인 리더십이나 세상적인 지식이 아니라 하나님의 말씀에 대한 절대적인 헌신이고 백성들에게 영적 부흥을 일으킬 수 있는 믿음이었다. 그러나 이스라엘이나 유다의 지도자들은 마치 세상의 지도자들처럼 자신의 권력을 이용해서 자기 배를 채우는 탐욕스러운 지도자들이었다. 그래서 미가 선지는 이스라엘과 유다의 지도자들을 마치 정육점에서 고기를 다지는 상인이나 입에 고기나 뼈를 물려 주면 잠잠하고 그렇지 않으면 계속 으르렁거리거나 짖으면서 위협하는 사나운 개로 비유하고 있다. 결국 이 사람들은 하나님의 백성의 지도자가 될 자격이 없기 때문에 자기 자신들이 하나님의 영감을 잃게 되며, 결국 망하게 될 것이다.

설교 프리노트

1절, "야곱의 두령들과 이스라엘 족속의 치리자들아 청컨대 들으라"

여기서 '야곱의 두령들과 이스라엘 족속의 치리자'는 이스라엘과 유다 전체의 지도자와 통치자들을 말한다. 즉 나라는 이스라엘과 유다로 나누어져 있지만 그들은 모두 야곱의 자손들이며 이스라엘 족속이기 때문이다. 이스라엘 자손들은 모두 하나님의 백성이기 때문에 원칙적으로 이스라엘의 왕은 하나님 자신이시다. 그래서 기드온은 이스라엘 백성이 자신들의 왕이 되어 달라고 요구했을 때 거절하면서 하나님이 영원히 이스라엘을 다스리실 것이라고 대답했다(삿 8:23). 그러나 인간들은 미련해서 하나님이 눈에 보이지 않으니까 어떻게 하는 것이 하나님의 말씀에 순종하는 것인지 모르고 자기 소행대로 행하게 되었다. 그래서 하나님은 이스라엘 백성에게 인간 왕을 주시고 인간 지도자를 주셨는데 이들은 이스라엘 백성 앞에서 먼저 하나님의 말씀에 순종하는 본을 보이고 백성들로 하여금 하나님의 말씀에 순종하게 하는 인도자였던 것이다. 그리고 모든 권력자들도 백성들을 억압하고 지배하는 자가 아니라 그들의 어려움을 상담해 주고 해결해 주는 도우미들이었던 것이다. 그러나 세월이 흐르면서 이스라엘의 통치자들은 섬김의 자세가 없어지고 지배하고 군림하려고 했다. 그 이유는 섬기고 본을 보이는 것보다는 지배하고 큰소리치는 것이 훨씬 쉽고 본인에게 유익이 많았기 때문이다.

"공의는 너희의 알 것이 아니냐"

이스라엘이나 유다의 권력자들에게 가장 중요한 것은 섬김의 자세였고, 굳이 섬김의 자세까지 가지는 않는다 하더라도 최소한도로 지켜야 하는 것이 '공의' 였다. 여기서 '공의' 는 자기편이나 자기와 관계되는 사람이라고 해서 더 봐주는 것이 아니라 모든 것을 객관적으로 공정하게 판단하는 것을 말한다. 사실 사회에서 모든 것이 제대로 돌아가지 않는 이유는 불의가 정의의 흐름을 막고 있기 때문이다. 이때 권력을 가진 자가 옳은 것을 옳다고 하고 틀린 것을 틀렸다고 판단해 주기만 해도 사회의 모든 흐름은 정상적으로 흘러갈 수 있다. 그러나 권력을 가진 자가 왜곡되게 판단할 때 세상은 흐름이 막히고 불만이 쌓이게 된다. 그러나 이스라엘이나 유다의 권력자들은 공의에 대하여 관심이 없었다. 이스라엘이나 유다의 지도자들이 관심을 가지는 것은 얼마나 자기들의 주머니를 채우느냐 하는 것이었다.

3절, "그들의 살을 먹으며 그 가죽을 벗기며 그 뼈를 꺾어 다지기를 남비와 솥 가운데 담을 고기처럼 하는도다"

오늘 본문은 마치 정육점을 보는 듯하다. 즉 손님이 정육점에 가면 정육점 직원이 손님에게 "고기를 어떻게 드릴까요?" 하고 물을 것이다. 그러면 손님은 자기에게 필요한 대로 "불고깃거리로 세 근 주시고 국거리로 두 근 주세요. 그리고 한 근은 아주 잘게 다져 주세요. 또 곰국을 끓일 수 있도록 뼈도 좀 주세요."라고 말할 것이다. 그러면 정육점 직원은 아주 날랜 솜씨로 칼을 줄에 갈아서 날카롭게 만든 후에 고기를 잘라서 어떤 것은 불고깃거리로 썰고, 어떤 것은 국거리로 만들고, 또 뼈는 고을 수 있도록 잘라서 줄 것이다. 그런데 본문은 유감스럽게도 정육점의 모습이 아니라 유다와 이스라엘 지도자들이 백성들을 대한 태도를 보여 준다. 그래서 2절에 보면 '내 백성의 가죽을 벗기고 그 뼈에서 살을 뜯어' 라고 말하고 있다. 이스라엘과 유다의 권력자들은 백성들을 철저하게 뜯어먹는 대상으로 생각했는데 어떤 사람은 불고깃거리로 생각했고, 또 어떤 사람은 국거리로, 또 어떤 사람은 곰탕거리로 생각을 했던 것이다. 즉 이스라엘과 유다의 통치자들은 백성들을 부자는 부자대로, 가난한 사람들은 가난한 사람대로 최대한으로 우려먹었던 것이다. 즉 이들은 백성들을 섬김의 대상으로 생각한 것이 아니라 자신들의 욕망을 채울 수 있는 먹잇감으로 생각했던 것이다. 그래서 통치자들은 필요에 따라 각기 다른 사람들을 불렀고, 그들을 최대한으로 이용해서 뜯어먹었다.

4절, "그 때에 그들이 여호와께 부르짖을찌라도 응답지 아니하시고"

이스라엘과 유다의 지도자들의 이익만 생각했지 하나님이 자기들을 어떻게 생각하시는지는 생각하지 않았다. 그들은 평소에 눈에 보이지 않는 하나님을 두려워하지 않았고, 하나님의 도우심이 그렇게 중요하다고 생각하지 않았던 것이다. 그러나 위정자들이나 권력자들도 언젠가는 하나님의 도우심이 필요할 때가 있다. 그런데 이 위정자들이나 통치자들은 그들에게 하나님의 도우심이 가장 절실할 때 하나님이 그들의 기도를 듣지 아니하신다는 것을 알지 못했다. 그들은 하나님을 자기들이 요구하기만 하면 언제든지 들어주시는 분으로 생각했다. 그러나 이스라엘과 유다의 위정자들은 그들이 가장 다급하게 하나님을 필요로 할 때 하나님은 응답하지 않으실 것이라고 했다. 왜냐하면 자기들이 너무나도 많이 하나님의 마음을 상하게 하고 하나님의 뜻을 거스렸기 때문이다.

"그들의 행위의 악하던 대로 그들 앞에 얼굴을 가리우시리라"

유다나 이스라엘의 통치자들이 나름대로 열심히 하나님 앞에서 기도를 하는데 하나님은 얼굴을 가리시고 그들의 말을 듣지 아니하실 뿐 아니라 그들을 보는 것조차 싫어하신다. 그 이유는 그들의 행위가 지금까지 너무 악했기 때문이다. 만약 그들이 하나님의 응답을 받으려면 지금까지 저지른 모든 악을 청산해야 하는 것이다.

5절, "내 백성을 유혹하는 선지자는"

하나님께서 이스라엘 백성에게 주신 최고의 선물은 언제나 새로운 하나님의 말씀을 전해 주는 선지자였다. 선지자의 말씀은 모든 미신을 이기고 이방 나라의 공격도 이겨 내는 능력의 말씀이었다. 그래서 이스라엘의 바른 선지자 한 명의 가치는 백만 대군 이상으로 위력이 있었다. 그러나 이스라엘이나 유다의 선지자들은 '백성을 유혹하는 선지자' 였다. 여기서 백성을 '유혹한다' 는 것은 마치 낚시하는 사람들이 물고기를 잡을 때 미끼를 가지고 유인하는 것처럼 하나님의 백성을 근거 없는 축복 사상으로 유혹한다는 것이다. 사람들은 아무래도 하나님의 선지자들에게 칭찬받거나 인정받는 것을 좋아하고, 할 수만 있으면 자기가 축복의 길을 가고 있다고 믿고 싶어한다. 그런데 이런 거짓 선지자들은 하나님의 말씀을 대언하는 것이 아니라 사람들이 듣고 싶어하는 말을 전해 줌으로 스스로 축복을 받고 있다고 믿게 만든다. 그런데 이런 거짓 선지자들은 하나님의 백성이 가장 위험한 곳을 향하여 가는데도 가장 안전한 것처럼 믿게 만든다.

"이에 물면 평강을 외치나"

거짓된 선지자들은 백성들에게 거짓된 예언을 하여 망하는 길을 가게 할 뿐 아니라 자기들의 말을 듣지 않는 자들을 저주함으로 결국 바른길을 가려고 하는 자들을 가지 못하게 만든다. 미가 선지는 당시의 거짓 선지자들을 아주 탐욕스럽고 사나운 개에 비유하고 있다. 즉 사납고 탐욕스러운 개는 입에 뼈다귀나 고깃덩어리를 던져 주면 잠잠하지만 먹을 것을 던져 주지 않으면 계속 사납게 짖어대면서 덤벼들려고 하는 것이다.

6절, "그러므로 너희가 밤을 만나리니 이상을 보지 못할 것이요"

하나님께서는 탐욕스러운 선지자들이 '밤을 맞이할 것이라' 고 말씀하신다. 여기서 '밤' 은 하나님의 음성을 듣지 못하는 상태를 말한다. 즉 선지자는 하나님이 주시는 영감으로 사는 사람들인데 그들에게서 하나님의 영감이 없어지는 것이다. 예를 들어 성악가가 성대에 문제가 생겨 노래를 부를 수 없게 된다면 그는 성악가로서 더 이상 활동하지 못할 것이다. 그리고 장사하는 사람이 셈을 할 수 없다면 그는 더 이상 장사를 하지 못할 것이다. 물론 선지자들에게 영감이 임하는 것을 다른 사람들은 잘 알지 못하지만 하나님은 이런 선지자들에게서 영감과 능력을 빼앗아 가셔서 멍청한 사람으로 만들어 버리신다.

"흑암을 만나리니 점치지 못하리라"

하나님께서는 선지자들의 이런 짓을 제대로 된 하나님의 말씀이 아니라 점을 치는 것으로 생각하신다. 그러나 하나님께서 이들에게 영적인 무지를 주시면 점치는 엉터리 예언까지도 하지 못하게 되는 것이다. 즉 이들은 다른 사람들의 문제를 상담해 주기는커녕 자신들의 문제로 정신을 차리지 못하게 되는 것이다. 그래서 사람들은 자신의 일도 모르는 선지자가 엉터리인 것을 알고 아무도 상대해 주지 않게 되는 것이다.

"이 선지자 위에는 해가 져서 낮이 캄캄할 것이라"

다른 데는 해가 떠서 환한데 이 선지자 위에는 해가 뜨지 않아서 하루 종일 캄캄하게 될 것이다. 이것은 마치 이스라엘 백성이 출애굽할 때 애굽 사람들에게 흑암이 있었던 것처럼 이 선지자들은 아무것도 해결하지 못하고 두려움과 불안에 빠져서 캄캄한 방구석에 처박혀서 나오지도 못한다는 것이다.

7절, "선견자가 부끄러워하며 술객이 수치를 당하여"

'선견자'는 하나님이 주시는 환상을 보는 사람을 말하는데 이들이 영감을 잃으니까 술객, 즉 점쟁이가 되고 말았다. 그런데 그들이 하는 말이 하나도 맞지 않으니까 수치를 당하게 되는 것이다. 결국 이들의 입은 다물어지고 만다. 즉 이들이 아무 말도 하지 못하는 것은 하는 말마다 다 틀리기 때문이다.

8절, "오직 나는 여호와의 신으로 말미암아 권능과 공의와 재능으로 채움을 얻고"

이것은 수많은 거짓 통치자와 거짓 선지자 중에서 차별화된 하나님의 선지자의 가치를 말한다. 즉 미가 선지에게는 여전히 하나님의 신이 임하며, 하나님은 바른 선지자에게 권능과 공의와 재능을 주셔서 이스라엘과 야곱이 무엇이 잘못되었고 무엇이 틀렸는지 보여 주실 것이다. 하나님은 정직한 선지자에게 악을 이길 수 있는 능력을 주시고, 절대로 불의의 세력에 굴복하지 않게 하시며, 어려움을 해결할 수 있는 재주로 채워 주신다.

본문 이해를 위한 질문

1. 이스라엘과 유다의 통치자들은 무엇을 버렸는가?

이들은 하나님의 백성을 겸손한 자세로 섬겨야 함에도 불구하고 공의를 버리고 오히려 백성들을 탐욕을 채우는 대상으로 생각했다.

2. 이스라엘과 유다의 선지자들은 어떤 상태에 있었는가?

그들은 거짓된 축복으로 백성들을 유혹했으며, 입에 무엇인가 주지 않으면 저주하고 사납게 덤벼들어서 백성들로 하여금 바른길을 가지 못하게 했다.

3. 유다와 이스라엘의 거짓된 선지자에 대한 하나님의 태도는 무엇인가?

하나님은 그들의 부르짖는 기도에 응답지 아니하시며 선지자들의 영감을 어둡게 하셔서 더 이상 점치는 일을 하지 못하게 하실 것이다.

성경 강해

얼마 전에 우리나라의 어느 유명한 대형 교회에서 목회자들 사이에 폭행 사건이 일어났을 때 어느 주요 일간 신문에 "길을 잃은 목자"라는 제목의 사설이 실렸습니다. 그 사설의 내용은 사람들이 세상을 살다가 인생의 길을 잃고 방황하게 되었을 때 목회자를 찾아가서 길을 물어야 하는데 이제는 목회자들 자신이 길을 잃고 방황하고 있다는 것입니다. 이것은 사실 굉장히 무서운 이야기입니다. 예를 들어 사람들이 버스를 탈 때에는 운전기사가 운전을 잘하고 길을 잘 알아서 안전하게 목적지에 데려다 줄 것이라고 믿기 때문입니다. 그런데 사람들이 버스를 탔는데 운전기사가 운전할 줄도 모르고 길도 모르는 사람이라면 그 버스에 탄 사람들의 목숨은 굉장히 위태로울 것입니다. 마찬가지로 사람들이 비행기를 타는 것은 비행기 조종사가 조종에 능숙하고 길을 잘 알아서 자신을 안전하게 목적지까지 데려다 줄 것을 믿기 때문입니다. 그런데 막상 사람들이 비행기를 탔는데 비행기 조종사가 전혀 조종할 줄도 모르고 길도 모른다면 그 비행기를 탄 사람들의 목숨은 모두 위태로울 것입니다.

요즘 우리나라의 정치나 사회나 교회에서 자주 볼 수 있는 현상은 지도자가 앞을 전혀 보지 못하고 있다는 것입니다. 그 대신 지도자는 어떻게 해서든지 자기 자리나 지키려고 하고, 자기 이권이나 챙기려고 합니다. 그러면 나라 전체가 동반추락을 하게 될 것입니다.

우리나라의 전력회사는 집이나 공장에 전기를 공급해 주는 일을 합니다. 그런데 우리나라에 전력을 공급하는 회사가 전혀 예고도 없이 전기를 끊어버린 일이 있었습니다. 현대인의 생활에서 전기가 차지하는 비중은 절대적입니다. 만일 현대 도시 사회에 전기가 끊어진다면 도시 전체가 마비될 것입니다. 예를 들어 엘리베이터가 운행이 되지 않을 것이고, 모든 냉장고가 정지될 것이며, 공장은 가동이 중단될 것입니다. 그런데 얼마 전에 사람들이 전기를 너무 많이 써서 위험 수위에 가까이 가니까 전력회사의 누군가가 아무 예고 없이 전기를 끊어 버렸습니다. 그래서 천 개가 넘는 엘리베이터에 사람들이 갇혀서 구조대가 출동하고, 수족관의 물고기가 죽고, 병원에서는 수술을 중단해야 하는 사태가 발생했습니다. 우리가 가정에서도 전기 소켓을 내릴 때에는 다른 식구들에게 전기를 내린다고 알린 후에 소켓을 내리는데 국가 전체의 전기를 책임지는 사람이 전혀 예고 없이 전기를 끊어 버리는 일이 발생한 것입니다.

또 사람들이 은행에 저금을 하는 것은 자기 돈을 안전하게 지켜 줄 것이라는 믿음이 있기 때문입니다. 그러나 우리나라에서 저축은행에 돈을 맡겼던 많은 사람들이 돈을 돌려받지 못하게 되었습니다. 왜냐하면 저축은행들이 줄부도가 났기 때문입니다. 그런데 아무도 그런 것에 대하여 책임을 지는 사람이 없는 것입니다. 이런 것을 보면 책임을 맡은 사람이 책임을 맡지 않은 사람과 다른 것이 없는 것 같습니다. 우리는 이것을 '도덕적 해이' 라고 말을 하지만 실제로는 훨씬 심각한 문제인 것입니다.

1. 유다의 지도자관

유다의 지도자들은 다른 나라의 지도자들과 분명한 차이가 있었습니다. 그것은 다른 나라의 통치자들은 국민 위에서 군림하는 통치자인 데 반해 이스라엘의 통치자들은 군림하는 자들이 아니었다는 것입니다. 즉 다른 나라의 왕이나 장관들은 국민 위에서 국민을 지배하는 사람들이었습니다. 그러나 이스라엘의 지도자들은 결코 군림하는 자들이 아니었습니다.

1절, "내가 또 이르노니 야곱의 두령들과 이스라엘 족속의 치리자들아 청컨대 들으라 공의는 너희의 알 것이 아니냐"

하나님께서는 야곱의 두령들과 이스라엘의 지도자들을 불러서 책망을 하십니다. 그것은 이스라엘의 지도자들이 자신들의 원래 모습을 버렸다는 것입니다. 즉 원래 이스라엘의 지도자들은 지배하거나 군림하는 자들이 아닌데 세상 지도자들과 똑같이 되어 버렸다는 뜻입니다.

한 가지 예를 들면 옛날 일본은 사무라이, 즉 무사들이 지배하는 사회였습니다. 사무라이에게는 세 가지 특권이 있었는데, 칼을 허리에 차고 다닐 수 있는 특권과 백성들의 목을 칠 수 있는 특권 그리고 할복자살을 할 수 있는 특권이었습니다. 즉 사무라이들은 누구든지 목을 칼로 칠 수 있었던 것입니다. 이렇듯 옛날 모든 나라의 주인은 권력을 가진 자였고, 그들은 모든 것을 자기 마음대로 할 수 있었으며, 백성들은 그들의 눈치를 보면서 목숨만 부지하는 상태였습니다. 그런데 이스라엘만은 달랐습니다. 즉 이스라엘의 왕은 하나님이셨습니다. 그리고 이스라엘의 통치자들은 하나님이 세우신 대리인들이었습니다. 즉 이스라엘의 통치자들은 하나님을 대신해서 이스라엘 백성을 바른길로 인도하는 도우미였던 것입니다.

그래서 이스라엘의 통치자들은 두 가지에 대하여 분명한 믿음을 가지고 있어야 했습니다. 그 하나는 이스라엘 백성이 하나님의 말씀을 붙들고 말씀에 순종하면 반드시 이스라엘에 부흥이 오고 축복이 온다는 것입니다. 그러나 사실 이스라엘 백성 한 사람 한 사람은 게으르고 무지해서 하나님의 말씀에 순종하는 것이 잘 되지 않습니다. 이때 이스라엘의 통치자가 하나님의 말씀에 목표를 두고 자기 자신이 앞장서서 가면 백성들이 따라오게 됩니다. 그러면 이스라엘에 부흥이 오고 축복이 오는 것입니다. 그래서 이스라엘의 지도자는 이것을 자기 자신이 믿어야 했습니다. 즉 이스라엘의 부흥과 축복은 지도자의 능력이나 계획에 달린 것이 아니라 하나님의 말씀을 붙드는 데 달렸다는 것입니다.

그러나 이스라엘의 지도자들에게 가장 힘든 것은, 세상 나라 지도자들은 아무도 이렇게 하지 않는다는 것이었습니다. 다른 나라의 지도자들은 원대한 계획을 세워 백성들을 동원하고 세금을 거두어서 강한 나라로 만들어야 성공을 한 것입니다. 그런데 이스라엘의 지도자들이 하나님의 말씀만 붙든다는 것은 결국 다른 사람이 보기에는 아무것도 하지 않는 것과 같은데 어떻게 아무것도 하지 않으면서 나라가 강해지고 부흥이 올 수 있느냐는 것입니다. 그래서 이스라엘의 지도자가 끝까지 하나님의 말씀을 붙들고 가려면 자기 자신이 먼저 하나님의 말씀에 대한 체험이 있어야 하고 확신이 있어야 하는 것입니다. 이스라엘의 지도자가 하나님의 말씀에 대한 확신이 없으면 자연스럽게 세상 통치자의 길을 갈 수밖에 없는 것입니다.

그리고 이스라엘 지도자의 두 번째 특징은 공평입니다. 즉 이스라엘의 지도자들은 자기와 친한 사람이라고 해서 잘 봐주어서도 안 되고, 자기가 좋아하지 않는 사람이라고 해서 불리하게 해서도 안 됩니다. 왜냐하면 이스라엘의 지도자들은 하나님의 결정을 대신하는 사람이기 때문입니다. 그래서 이스라엘의 통치자들은 아무리 가까운 사람이라 하더라도 틀린 것은 틀렸다고 판정해야 하고, 반대로 평소에 자기가 싫어하던 사람이라 하더라도 옳은 것은 옳다고 판정을 해야 합니다. 그래야 이스라엘 사회에서 정의가 강물처럼 흐르는 것입니다. 사람들은 정의가 실현되는 것을 볼 때 가슴이 후련해지고 하나님이나 사회에 대한 신뢰를 가지게 됩니다.

그래서 하나님의 종들은 어느 누구도 억울하지 않도록 공정하게 판결을 내려 주어야 하고, 특히 악한 자와 결탁하거나 악한 자의 말에 속아서 엉터리 판결을 내려서는 안 됩니다. 만일 하나님의 종들이 이해관계 때문에 악한 자의 편을 들어주면 그때부터 이스라엘은 다른 나라와 다를 것이 없기 때문에 무시를 당하고 멸시를 당합니다. 그리고 자칫하면 이스라엘 안에서 부흥의 불이 꺼지게 됩니다.

예를 들어 양이나 소를 치는 목자들은 살진 양이나 마른 양에게 공평하게 먹이를 주어야 합니다. 왜냐하면 목자의 책임은 양들이 한 마리도 죽지 않고 모두 튼튼하게 자라게 하는 것이기 때문입니다. 그런데 만일 목자가 살진 양이나 소의 편을 들어서 살진 것만 더 많이 먹게 하고 마른 것은 더 말라 죽게 한다면 이것은 자기 자신에게 손해인 것입니다. 즉 목자는 양이나 소에게 잘 보이려고 할 필요가 없는 것입니다. 목자는 모든 양이나 소를 안전하게 먹이는 것 자체로 충분한 것입니다.

그래서 이스라엘의 지도자는 이스라엘 백성이 자기 길을 찾아서 행복하게 살게 하는 것 자체가 목적이 되어야지 백성들로부터 많은 돈을 받거나 혹은 그들의 인기를 얻는 것을 목적으로 삼아서는 안 되는 것입니다.

하나님께서는 이스라엘의 통치자들에게 "공의는 너희의 알 바 아니냐" 라고 말씀하고 있습니다. 즉 이스라엘의 지도자들은 적어도 공의에 있어서는 전문가들이 되어야 한다는 것입니다. 이스라엘의 지도자들은 이스라엘 안에서 공의를 실천하고 책임지는 사람들이었습니다. 즉 그들은 이스라엘 사회에서 가장 공평한 사람들이어야 했습니다. 그런데 이스라엘의 지도자들은 전혀 공의가 무엇인지 모르고 있습니다. 그들은 공의에 대해서는 관심이 없었던 것입니다.

그러면 이스라엘의 지도자들이 관심을 가지는 것은 무엇이었을까요? 그것은 어떻게 하면 자신들의 권력을 이용해서 최대한으로 덕을 볼 수 있느냐 하는 것이었습니다. 권력은 바로 힘이기 때문에 권력을 이용하여 사람들을 지배할 수 있고 다른 사람의 신상이나 이해에 중요한 결정을 마음대로 내릴 수가 있습니다. 그래서 권력을 가진 사람은 저절로 큰소리를 치게 되어 있고, 사람들은 권력자에게 잘 보이기 위해서 돈을 싸들고 오게 되어 있는 것입니다. 그러나 하나님의 종들은 이 권력이 자기 권력이 아니기 때문에 절대로 권력을 이용하여 이득을 보려고 해서는 안 되고 다른 사람들이 바른길을 찾아가고 행복해하는 것으로 만족해야 합니다. 그러나 세상적인 눈으로 보면 권력이 있으면서도 군림하지 않고 자기 이익을 챙기지 않는 사람은 오히려 무능한 사람으로 보이고 약한 사람으로 보이기 때문에 업신여김을 당합니다. 그래서 하나님의 종들은 다른 사람들에게 무시를 당하고 혹은 업신여김을 당하는 한이 있어도 끝까지 섬기는 자세를 지키는 것이 중요한 것입니다.

그러나 유다의 통치자들은 다른 사람을 섬기고 봉사하는 통치가 아니라 다른 사람을 이용해서 자기 욕심을 채우는 통치를 했습니다.

2-3절, "너희가 선을 미워하고 악을 좋아하여 내 백성의 가죽을 벗기고 그 뼈에서 살을 뜯어 그들의 살을 먹으며 그 가죽을 벗기며 그 뼈를 꺾어

다지기를 남비와 솥 가운데 담을 고기처럼 하는도다"

유다의 통치자들은 선을 미워하고 악을 좋아했다고 했습니다. 이것은 유다의 통치자들이 의도적으로 악한 짓을 많이 했다는 뜻입니다. 그 이유가 무엇입니까? 그들의 마음속에 야망이 있고 욕심이 있었기 때문입니다.

여기에 보면 유다의 통치자들은 유다 백성의 가죽을 벗기고 뼈에서 살을 뜯어낸다고 하였습니다. 그리고 뼈를 다져서 냄비나 솥에 넣고 고기를 삶는다고 하였습니다. 이것은 정육점에서나 볼 수 있는 장면입니다. 정육점에는 여러 종류의 고기들이 있습니다. 그래서 손님이 정육점에 가면 점원이 손님에게 "고기를 어떻게 드릴까요?"라고 묻습니다. 그러면 손님은 점원에게 "불고깃거리로 세 근 주시고 국거리로 두 근 주세요. 그리고 한 근은 아주 잘게 다져 주세요. 또 곰국을 끓일 수 있도록 뼈도 좀 주세요."라고 말할 것입니다. 그러면 정육점 점원은 칼을 쓱쓱 간 후에 아주 날랜 솜씨로 고기를 잘라서 어떤 것은 불고깃거리로, 어떤 것은 국거리로, 또 어떤 것은 잘게 다져서 주고, 뼈도 잘라서 줄 것입니다.

이스라엘이나 유다의 지도자들은 백성들을 볼 때 완전히 정육점의 고기를 대하듯이 대했습니다. 즉 이스라엘의 통치자들은 어떤 사람은 불고깃거리로, 어떤 사람은 국거리로, 또 어떤 사람은 곰탕거리로 생각했습니다. 이스라엘의 지도자들은 부자는 부자대로, 가난한 사람은 가난한 사람대로 자신들의 권력을 이용해서 최대한으로 우려먹었습니다. 유다나 이스라엘의 통치자들은 백성들을 섬김의 대상으로 생각한 것이 아니라 자신들의 욕망을 채울 수 있는 대상으로 생각했습니다. 통치자들은 필요에 따라 각기 다른 사람들을 불렀습니다. 그러고는 그들을 최대한으로 이용해 먹었던 것입니다.

이스라엘에서 가장 중요한 것이, 모든 사람은 행복할 권리가 있다는 것입니다. 즉 약한 사람은 약한 사람대로, 가난하거나 무식한 사람은 가난하고 무식한 대로 자기에게 맞는 사람을 만나 가정을 이루어서 행복하게 살 권리가 있습니다. 그래서 이스라엘의 통치자들에게 가장 중요한 것은 다른 사람의 행복을 침해하지 않는 것입니다. 그것만 해도 대단한 것입니다.

왜 우리가 다른 사람의 삶에 지나치게 관여하지 않고 가만히 있습니까? 그것은 그들의 행복을 침해하지 않기 위해서입니다. 거기서 한 걸음 더 나아가면 그들의 어려움이 무엇이며, 고통이 무엇이고, 혹시 내가 도울 수 있는 것이 무엇인지 알아 보는 것입니다.

그러나 이스라엘이나 유다의 지도자들은 겉으로는 사랑을 이야기하지만 속으로는 어떻게 하면 다른 사람을 최대한으로 우려먹을 것인가를 생각했습니다. 그들은 사람을 볼 때에 이 사람은 불고깃거리인가, 등심용인가, 아니면 우거지 뼈국용인가를 생각한 것입니다.

2. 이스라엘의 성장주의

하나님은 이스라엘의 지도자들에게 공평을 원했고 섬김의 자세를 원하셨습니다. 그러나 이스라엘의 지도자들은 어느새 지배하고 군림하는 자들로 변해 있었습니다. 이들이 이렇게 변한 이유가 무엇일까요? 가장 중요한 이유는 그들의 마음속에 욕심이 들어왔던 것입니다. 즉 유다 백성의 성공은 하나님 앞에서 커지고 강해지는 것이 아니었습니다. 유다 백성의 성공은 그들이 하나님의 말씀을 붙들어서 영적 부흥이 일어나는 것이었습니다. 그런데 유다가 이스라엘을 보니까 인간적인 방법으로 열 배 이상의 큰 나라가 되었습니다. 이것이 별것 아닌 것처럼 생각될지 몰라도 실제로 열 배 차이는 엄청난 것입니다. 세상 모든 나라나 통치자들은 그러한 이스라엘을 대단하다고 생각했고, 하나님의 말씀을 붙드는 것은 너무 융통성이 없고 케케묵은 것이라고 생각했던 것입니다. 뿐만 아니라 유다의 지식인들도 외국에서 공부하고 돌아와 보니까 전 세계에서 하나님의 말씀을 붙드는 백성은 자기들밖에 없고 자기들이 너무나도 무식하게 생각되었던 것입니다. 그래서 유다 안에도 변화가 일어나게 되었습니다. 그것은 하나님의 신앙을 버리는 것이 아니라 세상의 장점을 받아들여서 유다를 발전시키자는 것입니다. 그렇게 하려면 일일이 가난한 자들에게 신경을 쓸 수가 없었습니다. 즉 나라를 키우고 건물을 지어야 하니까 아무래도 돈이 있고 유능한 사람들이 중심이 될 수밖에 없었고 가난한 사람들은 더 밀릴 수밖에 없었습니다. 그리고 지도자도 많은 사람을 만나 회의를 많이 하려면 돈을 많이 쓰게 되니까 사람들에게 돈을 많이 요구하게 되고, 돈을 많이 주는 사람들을 더 좋아하게 되었던 것입니다.

바로 이것이 오늘 우리 한국 교회가 겪고 있는 성장주의와 비슷한 것입니다. 우리 한국 교회는 지금 교회만 크게 지으면 얼마든지 많은 교인이 올 수 있는 형편입니다. 왜냐하면 이미 우리나라에는 많은 기독신자들이 있기 때문입니다. 이 사람들은 하나님의 말씀보다는 예수도 믿으면서 세상적으로 복을 받고 성공하는 것을 목적으로 생각합니다. 그런데 문제는 이제 대형 교회는 너무 많은 사람들이 몰려와서 통제가 되지 않는 것입니다. 사람도 통제되지 않고, 헌금도 통제되지 않고, 목회자 자신도 통제가 되지 않는 것입니다. 결국 사람이나 돈이 통제되지 않는다는 것은 전체적으로 추락의 길을 가고 있는 것입니다. 그럼에도 불구하고 지도자들은 자리만 차지하고 있으면 엄청난 돈과 명예와 권력을 가질 수 있으니까 그것만 생각하는 것입니다.

결국 유다의 통치자들은 성공을 위해서 하나님의 말씀을 버렸습니다. 그랬더니 하나님께서도 이들을 버리셨습니다. 하나님께서는 이들의 기도를 듣지 않으실 것이라고 말씀하셨습니다.

4절, "그 때에 그들이 여호와께 부르짖을찌라도 응답지 아니하시고 그들의 행위의 악하던 대로 그들 앞에 얼굴을 가리우시리라"

유다의 지도자들에게 가장 중요한 것은 돈이나 사람들의 인기가 아니라 하나님의 응답이 있어야 하는 것입니다. 하나님의 응답을 잃어버린 지도자는 자기 혼자의 힘으로 백성들을 전혀 알지 못하는 길로 데리고 가야 하는 미숙한 지도자와 같습니다. 하나님께서는 유다의 지도자들이 성공주의로 나갔을 때 그들이 부르짖을지라도 응답하지 않겠다고 하셨습니다. 그리고 그들이 큰 행사를 할 때 얼굴을 가리겠다고 하셨습니다. 왜냐하면 그것은 하나님이 원하시는 예배나 행사가 아니기 때문입니다. 하나님께서는 정직한 마음의 기도를 들으시는 것을 좋아하십니다. 그런데 어떻게 해야 우리 마음이 하나님 앞에서 정직할 수 있을까요? 그것은 오직 하나님의 말씀을 듣는 것밖에 없습니다. 하나님의 말씀은 마치 잿물과 같고 불덩어리와 같아서 우리 마음속에 있는 죄를 다 태워 버립니다. 우리가 하나님의 말씀에 큰 충격을 받고 내가 정말 하나님 앞에 아무것도 아니구나 하는 것을 깨닫고 기도할 때 하나님은 우리 기도를 들어주십니다.

하나님께서 어떤 사람의 기도를 들으십니까? 다른 사람에게 선을 베푸는 자의 기도를 들으십니다. 여기서 다른 사람에게 선을 베푼다는 것은 이미 하나님의 말씀에 한 방 맞고 욕심을 버렸다는 것입니다. 사람이 욕망에 차 있으면 절대로 다른 사람의 행복이 눈에 들어오지 않습니다. 그런데 우리가 하나님의 말씀으로 충격을 받으면 내 생각이나 욕강이 너무 악하다는 것을 깨닫고 그때 비로소 다른 사람의 행복을 생각하게 됩니다. 우리가 다른 사람의 행복을 위해서 기도할 때 하나님은 그 기도를 들어주십니다.

요즘 우리나라에서 높은 자리에 있는 사람이 부하직원을 성추행하는 문제가 자주 발생하는데 그 이유가 무엇일까요? 그것은 사람이 높은 자리에 있으면 마치 자기가 대단한 사람인 것 같은 착각이 들면서 다른 사람의 행복이나 인격은 무시해도 되는 것처럼 생각되기 때문입니다. 그래서 특히 하나님의 말씀이 없이 권력을 가지거나 높은 자리에 올라가는 것은 백퍼센트 죄짓는 자리라고 생각해야 하는 것입니다.

기도라고 하는 것이 무엇입니까? 하나님의 말씀에 대한 우리의 반응입니다. 결국 유다의 지도자들은 성장주의로 나가면서 성공은 했지만 하나님을 잃어버리게 되었습니다. 즉 유다의 지도자들은 기도 응답을 잃어버렸고, 더 중요한 것이 부흥의 불이 꺼지게 되었습니다. 이스라엘이나 유다에서 부흥의 불이 꺼졌다는 것은 이미 하나님의 재앙이 일어나기 시작한 것입니다.

결국 사람들은 자기 인생을 책임질 수가 없습니다. 우리는 교회 구석구석에서 일어나는 일을 다 알 수 없고, 부모는 자녀들에게 일어나는 일을 전부 지켜 줄 수 없습니다. 우리는 우리가 잠을 자는 동안이나 무의식중에 무슨 일이 일어나는지 아무도 모릅니다. 이 모든 것을 하나님이 지켜 주셔야 하는데 사람들이 성장의 욕심을 내는 동안에 이것을 잃어버리고 만 것입니다.

우리는 하나님이 도와주시지 않으면 여기저기에서 빵빵 터지는 것을 도저히 막을 수가 없습니다. 하나님은 어떤 사람을 도와주십니까? 하나님은 참으로 하나님의 말씀을 믿고 순종하는 사람을 도와주십니다.

우리가 사는 이 세상은 우리의 힘으로는 통제할 수 없는 너무나도 많은 악들이 있습니다. 그런데 우리가 죽어라고 하나님의 말씀을 붙들면 하나님이 이 모든 것을 통제해 주셔서 우리의 삶을 안전하고 행복하게 하십니다. 그래서 우리는 너무 잘되는 것을 좋아할 것이 아니라 통제되는 삶을 좋아해야 합니다.

우리가 그동안 편안할 수 있었던 것은 내가 알지 못하는 그 시간에 하나님이 모든 위험으로부터 지켜 주셨기 때문입니다. 그러나 권력자들이 자신의 권력을 봉사의 기회로 보지 않고 자기 욕심을 채우는 기회로 삼을 때 하나님은 더 이상 그 사람을 도와주지 않으십니다. 그런 통치자는 처음에는 모든 것이 잘되는 것 같지만 끝에 가서는 결국 추락하게 되어 있습니다. 그는 자기 자신이 얼마나 무서운 기계인지 몰랐던 것입니다.

우리는 높은 위치에 있는 사람들을 위하여 기도할 필요가 있습니다. 그 이유는 사탄이 쉴 새 없이 그들을 교만하게 하여 하나님을 대적하도록 충동질하기 때문입니다. 세상에서 가장 바람이 심하게 부는 곳은 높은 곳인 것입니다.

사탄이 권력자들이나 악한 자들을 충동질해서 세상을 휘젓기 시작하면 얼마든지 성도들의 평안한 삶을 빼앗을 수 있습니다. 그러나 우리가 기도를 하면 권력자 주위에 건전한 판단력을 가진 사람들이 있어서 공정하지 않은 결정을 내리지 않게 할 것입니다.

통치자가 정상적인 판단을 하지 못하는 것은 사탄의 역사입니다. 그가 오판을 하면 전쟁이 터질 수도 있고, 무리한 정책을 세워서 백성들을 억압할 수도 있습니다. 그래서 우리는 통치자들이 분별력을 잃지 않도록 기도

해야 합니다. 사탄은 어떻게 해서든지 우리 마음의 평안을 빼앗아 가려고 합니다. 이 평안은 하나님께서 우리에게 주신 선물입니다. 그래서 우리는 나 자신을 위하여 기도할 뿐만 아니라 우리나라의 평안을 위해서도 기도해야 합니다.

반대로 권력자들의 도덕적인 타락은 하나님의 아주 무서운 심판입니다. 만일 권력이 썩으면 온 세상이 썩게 되어 있습니다. 왜냐하면 우리 속담에 윗물이 맑아야 아랫물도 맑다고 했는데 권력이 썩는 것은 윗물이 썩는 것이기 때문입니다. 그래서 깨끗한 권력자들은 하나님이 주신 선물입니다. 그러나 사람들이 교만해지면 자연스럽게 권력자들이 타락해서 백성들을 학대하고 전쟁을 일으키려고 하고 많은 악을 저지릅니다. 그래서 이런 사람은 자기도 망할 뿐 아니라 다른 사람들도 망하게 합니다. 그래서 우리는 권력자들이 하나님의 징계의 수단이 되지 않도록 기도해야 합니다. 우리는 권력자들이 공의를 사랑하도록, 열정을 품고 자기 일을 책임감 있게 하도록 기도해야 합니다.

3. 선지자의 사명

우리가 바른 방향으로 움직이려면 다른 어떤 것보다 우리의 눈이 모든 것을 바로 보아야 합니다. 제가 어렸을 때 고모님의 눈이 사시안이었는데 앞에 있는 유리를 보지 못해서 이마로 유리를 들이받는 바람에 큰 상처를 입고 피를 흘리셨던 적이 있습니다. 자동차가 밤에 달리려면 헤드라이트를 켜야 합니다. 헤드라이트를 켜지 않은 채 달리면 앞에 길이 있는지, 웅덩이가 있는지, 절벽이 있는지 알지 못하기 때문에 대형 사고를 당합니다. 마찬가지로 이스라엘 사회는 움직이는 사회였습니다. 그래서 이스라엘 사회가 바른 방향으로 나아가기 위해서는 하나님의 말씀을 전해 주는 사람이 필요했습니다. 그 사람이 바로 선지자였습니다. 그래서 선지자는 이스라엘 사회의 헤드라이트와 같은 사람이었고, 이스라엘 사람들의 눈이었습니다.

그래서 이스라엘의 선지자는 어려운 환경 속에서 하나님의 말씀을 캐내어서 이스라엘 백성에게 무료로 나누어 주어야 했는데 그들에게는 백성들이 하나님의 말씀을 듣고 은혜 받고 축복받는 것 자체가 보상이었습니다. 그러므로 선지자는 하나님께서 그 백성에게 주신 가장 위대한 선물이었습니다.

선지자들은 이스라엘 백성의 안내인이었고, 하나님의 축복으로 돌아오게 하는 지혜자였습니다. 선지자는 결코 자신의 어떤 사상을 가지고 말하는 사람이 아니었습니다. 선지자는 언제든지 하나님의 말씀이 그에게 임하면 그는 말씀을 전하지 않을 수 없는 강한 부담을 느끼곤 했습니다.

그런데 선지자의 특징이 생활면에서 아무런 대책이 없다는 것이었습니다. 왜냐하면 선지자는 하나님의 말씀이 임하면 하나님의 말씀에 붙들려서 직업을 포기하고 하나님의 말씀만 전해야 했기 때문입니다. 그리고 선지자는 먹고사는 것을 전적으로 하나님께서 공급하시는 것에 의존해야만 했습니다.

선지자의 위기는 바로 여기에 있었습니다. 즉 선지자가 바른 하나님의 말씀을 전하면 사람들이 하나님의 말씀을 믿고 순종해서 부흥이 일어나고 축복이 일어납니다. 그러면 사람들이 자기들이 복 받은 것을 선지자에게 나누어 주어서 선지자도 먹고살게 됩니다. 그러나 사람들이 선지자의 말씀을 거부하면 선지자는 먹고살 수가 없었습니다. 그래서 바른 말씀을 전하는 선지자들은 늘 가난해서 굶든지, 아니면 엘리야처럼 까마귀가 물고 온 떡을 먹고살아야 하는데 그것이 쉬운 것이 아니었습니다. 특히 보통 사람들은 하나님의 말씀을 듣는 것을 부담스러워했습니다. 여기서 선지자들은 성장주의에서 엄청난 매력을 발견하게 되었습니다. 그것은 선지자들이 백성들에게 무조건 축복을 설교하는 것입니다. 그러면 사람들이 힘을 내고 용기를 내어 일을 더 열심히 해서 돈을 더 잘 벌게 되는 것입니다. 그리고 사람들은 자기에게 좋은 설교를 해 주고 인정해 주었던 선지자에게 보상을 해 주고, 그러면 이 선지자는 성공한 선지자가 되는 것입니다.

선지자가 여기서 더 타락하면 아예 자기 말을 잘 듣고 잘 바치는 사람에게는 축복을 예언하지만 자기 말을 잘 듣지도 않고 잘 바치지도 않는 자에게는 저주를 퍼붓는 것입니다. 이렇게 될 때 이스라엘 전체가 눈이 멀게 되고, 우리 사회 전체가 앞을 보지 못하는 사회가 됩니다.

5절, "내 백성을 유혹하는 선지자는 이에 물면 평강을 외치나 그 입에 무엇을 채워주지 아니하는 자에게는 전쟁을 준비하는도다"

여기 '이에 문다' 라는 말에서 미가가 이 거짓 선지자들을 무엇으로 생각하고 있는지 짐작할 수 있습니다. 미가는 이들을 '개' 로 생각한 것입니다. 즉 개는 사람이 뼈나 고기 같은 것을 던져 주면 기분이 좋아서 꼬리를 흔들어 댑니다. 그러나 사람이 뼈나 고기를 주지 않거나 특히 배가 고프면 아주 시끄럽게 짖어 댑니다. 이스라엘이나 유다의 선지자들은 백성들이 돈이나 먹을 것을 갖다 주면 축복을 설교했습니다. 그러나 자기에게 잘 대접해 주지 않고 무엇인가 갖다 바치지 않으면 전쟁을 준비한다고 했습니다.

선지자들은 하나님의 백성이 어디로 가야 안전하고 바른길을 갈 수 있는지 안내해 주는 안내판입니다. 선지자들은 자신들에게 하나님의 말씀이 주어진 것 자체로 만족해야지 이스라엘 백성에게 대가를 얻으려고 해서는 안 됩니다. 왜냐하면 선지자가 하나님을 의지하지 않으면 절대로 바른 말씀을 전할 수 없기 때문입니다. 그러나 선지자가 타락하면 이것을 하나의 직업으로 생각해서 하나님의 말씀을 가지고 자기가 잘 먹고 잘살려고 하게 되는 것입니다.

선지자들은 이방의 점쟁이들과 다를 바가 없었습니다. 점쟁이들이 점을 치는 것은 복채를 두둑하게 받아 내려고 하는 것입니다. 점쟁이들은 돈만 많이 주면 얼마든지 좋은 점괘가 나오게 할 수 있습니다. 그래서 이스라엘에서 가장 위험한 것이 거짓 선지자입니다. 왜냐하면 거짓 선지자는 미래에 대하여 전혀 알지 못하면서 하나님의 말씀이라고 전하는데 그것은 책임질 수 있는 하나님의 말씀이 아니기 때문입니다. 거짓 선지자는 일단 사람이 듣기에 좋은 말을 하지만 사실은 죄를 지으러 가는 사람을 축복하고, 믿음의 연단을 받는 사람을 실패한 사람으로 정죄합니다. 그래서 선지자는 적어도 자기가 먹고사는 문제를 하나님께 맡긴 사람이어야 합니다. 선지자는 하나님의 말씀과 그 백성을 너무나도 사랑하기 때문에 오직 바른 하나님의 말씀을 전하는 것 자체가 목적이 되어야 하고, 백성들이 바른 말씀으로 돌아오는 것이 보상이고 상급인 것입니다. 그 외에 다른 것을 기대해서는 안 됩니다. 그래서 선지자는 하나님의 말씀 때문에 얼마든지 가난할 수 있어야 하고, 하나님의 말씀만 바로 전하면 반드시 부흥이 일어난다는 것을 믿어야 합니다. 선지자는 오직 하나님의 말씀 하나를 위해서 모든 것을 버릴 수 있어야 합니다. 그래서 선지자의 성공은 절대로 부자가 되거나 유명해지는 것이 아닙니다. 선지자의 성공은 바른 하나님의 말씀을 전하는 것 자체가 성공이고, 백성들이 그 말씀을 듣고 기도하면 대성공인 것입니다.

하나님께서는 먼저 이 거짓 선지자들을 심판하십니다.

6-7절, "그러므로 너희가 밤을 만나리니 이상을 보지 못할 것이요 흑암을 만나리니 점치지 못하리라 하셨나니 이 선지자 위에는 해가 져서 낮이 캄캄할 것이라 선견자가 부끄러워하며 술객이 수치를 당하여 다 입술을 가리울 것은 하나님이 응답지 아니하심이어니와"

하나님의 선지자들에게 있어서 생명처럼 중요한 것이 하나 있습니다. 그것은 하나님의 영감입니다. 즉 선지자에게는 언제나 살아 있는 하나님의 말씀이 있어야 합니다. 선지자에게서 영감이 없어지면 그는 죽은 것입니다. 그래서 선지자는 자기가 살기 위해서 목숨을 걸고 하나님의 말씀 하나에 매달려야 합니다. 그러나 돈을 사랑하고 명예를 사랑하고 하나님의 말씀을 버린 선지자는 하나님의 영감을 잃게 됩니다. 즉 그가 하나님의 말씀을 전할 때 이미 능력이 없고 감동이 없는 것을 본인도 느끼는 것입니다. 이 세상에서 가장 비참한 것이 성령의 능력 없이 설교를 계속 해야 하는 것입니다.

민수기에 보면 영감을 잃고 돈에 매수되어 가는 발람 선지를 나귀가 책망한 이야기가 나옵니다. 선지자는 정치인이나 부자나 누구든지 잘못된 길로 가려고 할 때에 책망을 할 수 있어야 하는데 자기 자신이 잘못된 길을 간다면 짐승의 책망을 받게 됩니다. 왜냐하면 그는 많은 사람을 망하는 길로 인도하고 있기 때문입니다. 사울 왕이 하나님의 말씀에 불순종했을 때 그는 성령의 감동 없이 이스라엘을 통치해야만 했습니다. 그때 사울 왕은 우울증으로 시달리면서 여러 차례 발작을 일으켰고, 나중에는 무당을 찾아갑니다. 그런데 하나님의 선지자에게 하나님의 말씀의 영감이 없어지는 것은 이미 죽은 것입니다. 그런데 그는 선지자이기 때문에 능력이 없고 감동이 없는 죽은 설교를 계속 해야 하는 것입니다. 그리고 백성들은 이미 어미가 죽었는데도 불구하고 그 죽은 어미의 젖에서 썩은 피를 계속 빨아 먹고 있는 것입니다.

하나님은 거짓 선지자들에 대하여 그들이 밤을 맞이할 것이라고 말씀하십니다. 밤이 되면 아무것도 보이지 않습니다. 이는 이스라엘에서 돈을 사랑한 선지자는 미래에 대하여 아무것도 보지 못한다는 것입니다. 즉 엉터리 선지자는 나라의 미래는 물론이고 자신의 미래에 대해서도 아무것도 모르는 것입니다.

하나님께서는 이 선지자들 위에는 해가 져서 캄캄할 것이라고 말씀하셨습니다. 즉 다른 곳은 다 환한데 이 선지자들과 그의 말을 따르는 자들에게는 빛이 없는 것입니다.

하나님은 이런 선지자를 점쟁이라고 말씀하고 있습니다.

'선견자가 부끄러워하며 술객이 수치를 당하여 다 입술을 가리울 것은 하나님이 응답지 아니하심이어니와' (7절).

이들이 부끄러워서 다 입술을 가리울 것은 그들의 말이 하나도 맞는 것이 없기 때문입니다. 결국 그들이 말한 것은 전부 엉터리이고 거짓말도 들통이 나서 할 말이 없는 것입니다.

미가는 자기 자신에 대하여 확신에 차 있습니다.

8절, "오직 나는 여호와의 신으로 말미암아 권능과 공의와 재능으로 채움을 얻고 야곱의 허물과 이스라엘의 죄를 그들에게 보이리라"

당시 많은 선지자들은 자기 마음대로 예언을 했습니다. 그 예언들은 모두 듣기 좋으라고 하는 소리였습니다. 그러나 미가는 자기는 여호와의 신으로 예언할 것이며, 자기 안에 하나님의 권능과 공의와 재능으로 채움 받았다고 말하고 있습니다. 이것은 모두 거짓을 이길 수 있는 하나님의 능력을 의미합니다.

하나님의 말씀은 눈에 보이지 않는 것에 대하여 말씀하시는 것입니다. 그래서 사람들이 그것을 받아들이면 다행이지만 거부하면 할 수가 없습니다. 그러나 하나님께서는 사람들의 무관심과 거부를 극복할 수 있는 능력과 용기와 열정을 주십니다. 하나님의 말씀을 전하는 자에게는 힘이 있고 능력이 있습니다. 왜냐하면 성령님이 함께 말씀하시기 때문입니다. 그래서 우리는 하나님의 말씀을 전하면서 사람들이 받아들이지 않으면 어떻게 하나 혹은 능력이 나타나지 않으면 어떻게 하나, 사람들이 은혜 받지 못하면 어떻게 하나 하고 두려워할 필요가 없습니다. 왜냐하면 성경을 가지고 말할 때 말씀하시는 이는 내가 아니고 성령이시기 때문입니다. 성령께서 듣는 모든 자에게 은혜 주시고 응답을 주시기 때문입니다.

요즘 훌륭하고 매끄러운 말로 된 설교들이 참 많습니다. 그러나 하나님의 말씀은 그렇게 좋은 말로 되어 있지 않습니다. 하나님의 말씀은 영혼을 사로잡는 말씀입니다. 하나님의 말씀은 교인들의 마음에 감동을 불러일으켜서 하나님 앞에서 울고 부르짖게 합니다. 이것이 우리 신앙에서 가장 위대한 것이고 이것 이상의 축복은 없습니다.

오늘날 목회를 직업으로 생각하고 목회를 하는 분들이 있다면 대단한 불행이 아닐 수 없습니다. 목회자의 일차적인 관심은 자신의 성공이 아니라 성도들이 하나님의 말씀을 바로 듣고 눈이 열리는 것이며, 이 사회가 바른 길로 가는 것이어야 합니다.

결국 목회자의 상급은 이렇게 말씀을 듣고 돌아온 사람들입니다. 이들이 그의 영광이요 면류관입니다. 하나님 앞에 돌아오지 않은 사람을 많이 데리고 있는 것은 하나님 앞에서 큰 의미가 없을 것입니다.

오늘 우리 사회는 성공주의의 늪에 빠져서 방향을 잃고 헤매고 있습니다. 교회도, 사회도, 정치도 늪에 빠져서 허우적거리고 있습니다. 이때 하나님의 말씀이 빛이 되고 밧줄이 되어서 우리를 이끌어 내실 줄 믿습니다.

오늘 우리에게 가장 위대한 것은 하나님의 말씀에 은혜 받는 것입니다. 우리가 하나님의 말씀 앞에 모든 것을 내려놓고 부르짖을 때 다시 하나님의 영광이 나타나서 하나님의 능력이 나타날 것입니다.

성경 토의

1. 오늘 우리나라의 교회는 대형화되고 목회자들도 교육 수준이 높은데 교인들의 목자로는 어떤 형편에 있다고 생각하는가?

2. 목회자가 교인들이 하나님의 축복을 받게 하는 데 가장 중요한 것은 무엇이며, 하나님은 정직한 설교자에게 어떤 능력을 주시는가?

3. 오늘 교인들이 듣기에 재미있고 우스운 설교를 하는 것이 진정한 하나님의 말씀이라고 생각하는가? 그리고 입을 벌릴 때마다 축복을 설교하는 목회자는 과연 하나님의 축복을 전하는 자라고 생각하는가?

06_예루살렘의 건축 재료

미가 3:9-12

전체적 설명

미가의 가장 무서운 예언은 예루살렘이 파괴된다는 것이었다. 유다 백성은 예루살렘이야말로 하나님의 도성이며 하나님의 이름이 있는 곳이기 때문에 하나님께서 자신의 이름 때문에 예루살렘을 멸망시키지 않으실 것이라고 믿었다. 그러나 미가 선지는 마치 부실 공사로 지어진 집은 철거하고 다시 지어야 하는 것처럼 예루살렘은 재료를 잘못 사용해서 지어진 도시이기 때문에 철거해야 한다고 주장했다. 즉 예루살렘은 정직과 공평으로 지어져야 하는데 피와 죄악으로 지어졌기 때문에 마치 사람이 밭을 갈 듯이 철저하게 파괴된다는 것이다.

설교 프리노트

9절, "야곱 족속의 두령과 이스라엘 족속의 치리자"

사람들은 나름대로 이 세상을 살아가면서 인생이라는 집을 지으면서 살아간다. 사람들은 겉으로 나타난 결과만 보고 출세했다거나 혹은 성공했다고 평가를 하지만 하나님은 사람들이 자신의 인생을 어떤 소재를 사용해서 만들었는지를 중요하게 생각하신다. 여기의 '야곱 족속의 두령과 이스라엘 족속의 치리자'는 유다의 지도자들을 말한다. 이들은 유다 사회를 이끌어 가는 사람들인데 하나님은 그들이 무엇을 재료로 해서 유다 사회를 건설하였는지를 보시고 그들의 가치를 평가하신다.

"곧 공의를 미워하고 정직한 것을 굽게 하는 자들"

집을 짓는 자들은 가능한 한 좋은 재료를 사용해서 집을 튼튼히 지어야 하는데 욕심이 있는 건축자들은 싸구려 재료를 사용해서 집을 짓는다. 왜냐하면 그 집이 자기가 살 집이 아니기 때문에 집을 지으면서 많은 이윤을 챙기려고 하기 때문이다. 유다의 치리자들은 유다를 건설할 때에 바른 재료를 쓰지 않고 공의를 미워하고 정직한 것을 굽게 하였다. 왜냐하면 유다의 지도자들은 유다 사회가 정직한 사회가 되는 것보다는 효율성이나 이윤의 극대화 같은 것을 더 중요하게 생각했던 것이다. 즉 유다의 지도자들은 유다 사회를 하나님의 백성의 공동체로 생각하지 않고 돈을 목적으로 하는 기업이나 성공을 위한 정치판으로 생각했던 것이다. 그러나 유다 사회는 하나의 교회요, 하나님의 백성의 공동체였기 때문에 수익성이나 성장보다는 정직과 공평이 더 중요한 과제였다. 결국 하나님의 백성의 공동체는 하나님의 말씀으로 세워지는 믿음의 공동체이어야 하고, 이스라엘의 두령들은 목회자의 마음을 가져야 하는 것이다.

10절, "시온을 피로, 예루살렘을 죄악으로 건축하는도다"

지금 예루살렘의 외모는 아주 멋있게 건축되었다. 즉 예루살렘이나 유다 사회는 아주 강한 사회가 되었다. 그러나 하나님께서는 도대체 유다나 예루살렘이 어떤 과정을 통해서 성공한 사회가 되었느냐 하는 것을 중요하게 보신다. 즉 유다와 예루살렘 사회가 하나님의 말씀으로 영적 부흥이 일어나면서 복을 받았다면 그보다 더 좋은 것은 없을 것이다. 그러나 유다 사회는 세상의 원리를 가지고 와서 잘사는 나라가 되었다. 즉 유다는 약한 자들이 강해진 것이 아니라 약한 자들을 제거시킴으로 강해진 것이다. 유다 사회의 지도자나 통치자들은 공의나 정직보다는 강하고 힘이 있는 것을 좋아했다. 그리고 그들은 가난을 부끄러운 것이라고 생각했고, 힘이 없는 것은 게으름의 결과라고 생각했다. 그래서 유다의 지도자들은 가난하고 힘이 없는 자들을 돌보아주지 않고 종으로 팔아 버렸던 것이다. 하나님이 보시기에 유다 사회는 정직과 공평으로 지어진 집이 아니라 피와 불의로 지어진 집이었다.

11절, "그 두령은 뇌물을 위하여 재판하며 그 제사장은 삯을 위하여 교훈하며 그 선지자는 돈을 위하여 점치면서"

유다 사회는 그냥 부패한 것이 아니라 철저한 정치와 종교의 유착으로 악의 고리가 형성되어 있었다. 여기에 세 직책, 즉 두령과 제사장과 선지자가 나오는데 이들은 모두 한결같이 하나님 앞에서 자신의 사명을 지킨 것이 아니라 공모하여 백성들을 뜯어 먹으면서 자기들의 배를 불렸다. 만일 여기에 나오는 직책을 가진 사람들 중에서 어느 한 쪽이라도 정직했더라면 유다는 덜 부패했을 것이다. 그러나 두령은 재판을 할 때 뇌물을 준 사람에게 유리하게 판결을 했고, 제사장은 율법을 가르치지만 살아 있는 율법을 가르치는 것이 아니라 월급을 받기 위하여 가르쳤다. 그리고 선지자들은 돈만 많이 갖다 주면 얼마든지 축복의 말씀을 많이 해주었다. 그리고 그들은 유다 사람들을 안심시키기를, 하나님이 우리 중에 계시기 때문에 재앙이 우리에게는 임하지 않는다고 했다.

"여호와께서 우리 중에 계시지 아니하냐 재앙이 우리에게 임하지 아니하리라"

하나님의 백성은 우리의 신앙이 철저하게 계약 관계라는 것을 이해할 필요가 있다. 대개 혈연관계는 무조건적인 관계이며, 옳든지 틀리든지 지속된다. 그러나 계약 관계는 약속을 어기는 순간 깨어진다. 하나님과 그 백성의 관계는 혈연관계가 아니라 계약 관계이다. 그러나 이스라엘 백성이나 모태 신앙을 가진 자들 중에는 신앙을 혈연관계처럼 생각해서 아무리 하나님께 반항하고 죄를 지어도 명목상 하나님의 백성인 이상 하나님은 자기를 버리시지 못할 것이라고 믿는 자들이 있다.

12절, "이러므로 너희로 인하여 시온은 밭 같이 갊을 당하고 예루살렘은 무더기가 되고 성전의 산은 수풀의 높은 곳과 같게 되리라"

미가의 예언 중에서 가장 무서운 부분이 바로 이 부분이다. 그동안 그렇게 이스라엘 자손들이 하나님의 성으로 자랑하던 예루살렘이 마침내 죄로 인하여 무너지는데 그냥 무너지는 것이 아니라 마치 농부가 밭을 갈 듯이 철저하게 파괴되는 것이다. '예루살렘은 무더기가 된다' 고 했는데 이것은 마치 사용하지 않는 건물을 철거한 후에 건축 폐기물 덩어리가 남는 것과 같은 것이다. 그리고 예루살렘은 사람들에게 버림을 받아서 더 이상 아무도 찾지 않는 수풀이 된다. 이것이 유다 백성에게는 가장 무서운 말씀이었다. 즉 하나님은 자신의 이름이 걸려 있는 예루살렘도 그 백성이 하나님의 말씀에 불순종할 때에는 버리시는데 하나님이 버리실 때에는 그냥 버리시는 것이 아니라 쓰레기 더미나 건축 폐기물 덩어리가 되게 하신다.

본문 이해를 위한 질문

1. 유다의 지도자들은 유다 사회를 어떤 재료를 사용해서 건축했는가?

유다의 지도자들은 유다 사회를 정직과 공의로 건축하지 않고 피와 죄악으로 건설하였다.

2. 유다 사회 안에는 어떤 악의 고리가 있었는가?

두령과 제사장과 선지자들이 모두 타락해서 돈을 위해서 악을 두둔하며 바른 하나님의 말씀을 지키지 않았다.

3. 하나님은 잘못 건축된 유다 사회를 어떻게 하려고 하시는가?

하나님은 유다와 예루살렘을 마치 밭을 갈 듯이 갈아엎어서 쓰레기 더미가 되게 하실 것이다.

성경 강해

요즘 우리나라 대도시에는 어마어마하게 높은 빌딩들이 들어서고 있습니다. 이런 큰 빌딩들은 대개 공터나 혹은 허름한 집을 헐고 그곳에 세웁니다.

처음에는 아무도 찾아오지 않던 버려진 땅이었는데 학교나 병원이나 백화점 같은 큰 건물을 짓고 그 안을 새 물건이나 지식이나 기술로 채우면 많은 사람이 몰려와서 이용하고 도움을 받게 됩니다.

여기서 우리는 집이라고 하는 것은 무조건 크게 짓는다고 해서 좋은 것이 아니라 그 안을 채우는 것이 무엇이냐 하는 것이 더 중요한 것을 알게 됩니다. 예를 들어 백화점을 아무리 크게 지었다 하더라도 그 안에 있는 물건들이 다 시시한 것들이면 그 백화점을 찾는 사람들이 많지 않을 것입니다. 또 어느 곳에 큰 대학을 세웠는데 그 안에 있는 지식이 시시하면 사람들이 오지 않아서 버려진 대학이 될 것입니다. 마찬가지로 어느 곳에 병원을 아주 크게 지었는데 의료 기술이 좋지 못하면 그 병원은 사람들이 찾지 않아 나중에는 버려진 병원이 되고 말 것입니다.

하나님은 이스라엘 백성이 아무것도 없는 광야에서 성막을 짓게 하셨습니다. 이 성막은 이동할 수 있는 조립식이었는데 이스라엘 백성은 이 성막을 통해서 하나님께 죄 용서를 받고 하나님의 축복을 받을 수 있었습니다. 그런데 이스라엘 백성이 가나안 땅에 정착하면서 천막으로 지은 성전은 초라하게 느껴졌습니다. 그래서 다윗과 솔로몬은 천막으로 지어진 성전을 대리석과 백향목으로 다시 지었습니다. 그러나 이렇게 웅장하게 지은 성전은 이스라엘 백성에게 오해할 수 있는 소지를 주었습니다. 그 첫 번째가 원래 성전은 움직이는 것이었는데 돌과 나무로 지음으로 마치 하나님이 그 장소에만 계신 것 같은 인상을 주었던 것입니다. 그리고 더 중요한 것은, 진짜 성전은 이스라엘 백성 한 사람 한 사람이 변화되어서 만들어지는 공동체였는데 이스라엘 백성은 화려한 건물만 지으면 충분한 것으로 생각했던 것입니다.

요즘도 우리나라에서는 많은 건물을 짓고 있습니다. 정부에서는 신도시에 정부 청사를 짓고 있고, 대학은 새로운 연구시설이나 강의실을 짓고 있으며, 병원은 더 크고 현대화된 병동을 지으려고 애를 쓰고 있습니다. 마찬가지로 하나님의 백성은 모두 성전을 짓는 사람들입니다. 하나님의 백성이 성전을 짓는다는 것은 세 가지 과정으로 이루어진다고 볼 수 있습니다.

첫 번째 과정은 우리 한 사람 한 사람이 하나님의 말씀을 들어서 변화되는 것입니다. 물론 이 변화 안에는 우리가 예수 믿어서 중생하는 것이 포함됩니다. 그러나 우리는 예수 믿는 것만으로 다 된 것이 아니고 하나님의 말씀을 들음으로 우리의 인격과 속사람이 변화되어야 합니다. 그러고 난 후에 우리는 함께 모여서 공동체를 만들어야 합니다. 그런데 개인적으로는 뛰어난 사람들도 공동체에서는 너무 튄다거나 혹은 성격이 모나서 연합이 되지 않는 분들이 있습니다. 그러나 우리가 하나님의 말씀을 듣고 성령 충만하면 다른 사람을 나보다 낫게 여기면서 견고한 공동체로 연합됩니다. 그리고 세 번째 단계에서 우리가 함께 모여서 말씀을 듣고 죄를 자백하면서 회개할 때 하나님은 우리를 그릇처럼 사용하셔서 하나님의 성령과 능력을 충만하게 채워 주십니다. 이것이 바로 성전을 짓는 것입니다.

우리는 일본의 방사능 누출 사건으로 원자로에 대해서 많은 것을 알게 되었습니다. 우리가 보통 원자로라고 알고 있는 건물은 사실 원자로를 싸고 있는 껍데기입니다. 그 안에는 분해하면서 열을 발생하는 핵 시설이 있고, 그것을 식히는 냉각장치가 있습니다. 그런데 원자로에서 냉각이 되지 않으니까 그 시설 안에 열이 가득 차서 결국 폭발했습니다. 일본에서 네 개의 원자로가 폭발하는 바람에 전기가 부족해서 여름에도 에어컨을 가동하지 못하고, 지하철도 운행을 줄이고, 심지어 회사에서는 복사기도 사용하지 않으면서 절전을 했습니다. 하나님의 백성은 원자력보다 훨씬 무섭고 강력한 하나님을 모시는 성전을 짓는 사람들입니다. 그런데 우리가 이 하나님의 성전을 하나님의 말씀대로 짓지 않고 껍데기만 만들고 만족할 때 하나님의 진노는 폭발하는 것입니다.

미가 선지 당시에 예루살렘 성전은 전혀 이상이 없는 것 같았습니다. 예루살렘 성전은 여전히 웅장했고, 예루살렘은 어느 때보다도 번창하고 부강해지는 것 같았습니다. 그러나 하나님께서는 유다의 지도자들을 향해서 지금 예루살렘이 잘못 지어지고 있다고 말씀하고 있습니다. 그 이유는 유다 백성이 제대로 된 원자로를 짓는 것이 아니라 부실 원자로를 지어서 곧 폭발하게 되었기 때문입니다.

이 세상에 있는 하나님의 백성은 반드시 성전을 지어야 합니다. 이것은 우리 자신이 먼저 변하고 바른 신앙으로 부흥이 일어나는 것을 말합니다. 그러나 하나님의 백성이 진정한 영적 부흥의 가치를 모르고 돈이나 벌고 이름이나 내려고 할 때 이 세상에는 하나님의 재앙이 터지게 됩니다. 다시 말해서 하나님의 백성에게 영적인 부흥은 일어나도 되고 일어나지 않아도 되는 것이 아닙니다. 하나님의 백성에게 영적 부흥이 일어나지 않으면 재앙으로 망하는 것입니다.

1. 예루살렘의 건축자들

건축 현장을 몇 차례 따라가서 공사를 도운 적이 있는 한 형제가 이런 말을 했습니다. "목사님, 건물은 꼭 살아 있는 사람의 몸과 비슷한 것 같습니다. 집을 지을 때 처음에는 뼈대에 해당하는 철근을 먼저 넣고, 그 위에 신경에 해당하는 전기나 하수구 혹은 배관 공사를 하고, 그 다음에 살에 해방하는 콘크리트를 입히고, 그 다음에 외벽에 타일을 입힙니다."

그러고 보니 건물이라고 해서 다 똑같은 것이 아닌 것 같습니다. 건물 중에는 죽은 건물이 있고 살아 있는 건물이 있습니다. 전기가 끊어지고 수도가 끊어져서 사람들이 살지 않는 건물은 금방 폐허가 되고 맙니다.

마찬가지로 어느 사회든지 사람들이 모여 산다고 해서 제대로 된 사회가 되는 것이 아닙니다. 그 사회를 구성하는 뼈대가 있고, 신경 조직이 있고, 혈액이나 영양분이 공급되어야 사회는 건강하게 유지될 수 있습니다. 예를 들어 우리 사회에서 교통이 마비되면 아무것도 할 수가 없고, 전기가 끊어지면 온 도시가 마비되고 말 것입니다. 그리고 사회가 건강하게 유지되려면 그 사회의 구성원 한 사람 한 사람이 먹고살 수 있는 일자리가 있어야 하고, 잠을 잘 수 있는 집이 있어야 합니다. 사람들은 집이 있고 직장이 있으면 얼마든지 살아갈 수 있을 것입니다.

그런데 최근에 우리나라 사람들이 깨닫게 된 것이 이 모든 사회를 이끌어 가는 것이 정치라는 것입니다. 즉 정치는 사회 전체를 끌고 가는 엔진에 해당합니다. 엔진이 거꾸로 가면 사회 전체가 뒤로 가고, 엔진이 좌회전하면 사회 전체가 왼쪽으로 가는 것입니다. 그래서 지금 우리나라 사람들은 어떻게 하든지 우리나라를 운전하는 운전대를 서로 잡으려고 치열하게 싸우고 있습니다. 그런데 우리가 성경을 통해서 깨닫게 된 것은 누가 이 나라의 운전대를 잡든지 간에 하나님의 축복이 있어야 행복할 수 있다는 것입니다. 즉 하나님의 축복이 없고 죄만 짓는 사회는 누가 운전대를 잡든지 멸망으로 갈 수밖에 없습니다. 결국 하나님의 백성은 사회에 하나님의 축복이 오게 할 수 있는 사람들입니다. 그런데 우리에게 하나님의 축복이 지속적으로 오게 하려면 열심히 노력만 해서는 안 되고 하나님의 성전을 지어야 합니다. 그 성전은 바로 우리 한 사람 한 사람이 변화되어서 만들어지는 눈에 보이지 않는 성전인 것입니다.

그런데 미가 선지 때 하나님이 예루살렘을 보니까 유다의 지도자들은 제대로 된 하나님의 성전을 짓지 않고 있었습니다.

9절, "야곱 족속의 두령과 이스라엘 족속의 치리자 곧 공의를 미워하고 정직한 것을 굽게 하는 자들아 청컨대 이 말을 들을찌어다"

여기서 '야곱 족속의 두령과 이스라엘 족속의 치리자' 는 이스라엘과 유다라는 사회를 이끌어 나가는 지도자들을 말합니다. 결국 이스라엘과 유다를 이끌어 가는 지도자들에게 가장 중요한 것은 당장 눈앞에 보이는 성과가 아니라 이스라엘과 유다가 가지는 특성이었습니다. 즉 유다나 이스라엘은 일반 사회임과 동시에 하나님의 성전이라는 사실입니다. 즉 유다나 이스라엘의 지도자들은 도대체 하나님의 백성은 어떻게 해서 복을 받는지 그 원리에 정통한 것이 필요했습니다. 즉 하나님의 백성 한 사람 한 사람은 먼저 하나님의 성전 벽돌로 만들어지는 것이 가장 중요한 일이었습니다. 그래서 이스라엘과 유다의 지도자들은 자신들의 역할이 성전의 기둥이고 문틀이기 때문에 가장 중요한 것은 먼저 이스라엘과 유다 안에 하나님의 말씀의 부흥이 일어나도록 지키는 일을 해야 합니다. 이것을 위해서 지도자들은 말씀을 전하는 자들을 지켜 주어야 하고, 이단이 들어오지 못하게 해야 하며, 먼저 자기 자신들이 하나님의 말씀으로 든든한 기둥이 되어야 했습니다.

그러고 난 후에 이스라엘과 유다는 일반 사회의 기능을 해야 하는 것입니다. 즉 사람들은 농사를 짓고, 장사를 하고, 나라를 지키고, 학생들은 공부를 해야 하는 것입니다. 이것은 세속적인 것이 아니고 참 좋은 것이었습니다. 왜냐하면 하나님의 백성이 직업을 가진다는 것은 하나님의 창조에 동참하는 것이고, 또 이것을 통해서 다른 사람들을 섬길 수 있기 때문입니다. 그래서 유다와 이스라엘 사회에서 권력이라고 하는 것은 다른 사람을 섬기는 것이고 다른 사람의 행복을 지켜 주는 것이지 결코 군림하는 것이 아니었습니다. 그뿐만 아니라 하나님의 백성이 직업을 가지고 돈을 버는 것은 다른 사람을 행복하게 하기 위한 것이지 결코 돈 자체가 목적이 아니었습니다. 물론 사람들이 일을 해서 돈을 받는 것은 당연한 것입니다. 왜냐하면 돈을 받지 않으면 그런 봉사가 오래 지속되기 어렵고, 돈을 주고받을 때 서로 책임을 느끼기 때문입니다. 그러나 하나님의 백성은 직장에 다니는 것이 반드시 돈을 벌기 위해서가 아니고, 남을 지배하거나 군림하려는 목적으로 권력의 자리에 앉는 것이 아닌 것입니다. 권력은 다른 사람을 행복하게 하기 위해서 수고하는 것이고 봉사하는 것이지 절대로 남을 지배하는 것이 아니었습니다. 그런데 이스라엘과 유다의 지도자들은 공의를 미워하고 정직을 굽게 하면서 사회를 이끌어 나갔습니다. 여기서 이스라엘과 유다의 지도자들이 공의를 미워하고 정직을 굽게 했다는 것은 하나님의 원리에 따라서 이스라엘과 유다를 이끌어 나가지 않았다는 뜻입니다.

왜 유다와 이스라엘의 지도자들은 하나님의 말씀에 따라서 사회를 이끌어 가지 않았을까요? 우선 우리가 알아야 할 것은, 지도자들이 하나님의 말씀대로 했을 때 반드시 사람들에게 존경과 인정을 받은 것이 아니라는 것입니다. 오히려 사람들은 큰소리를 치고 세상적인 방법으로 군림해야 아무 말이 없고 군소리 없이 따라오지 하나님의 말씀대로 겸손하면 오히려 지도력이 부족하고 실력이 없다고 무시를 당하고 손해를 볼 때가 많이 있습니다. 그러니까 아무리 하나님의 백성이라 하더라도 세상적인 방법으로 할 때 더 잘 먹혀 들어가는 것입니다. 그러나 하나님의 종들은 이것을 이해해야 합니다.

그런데 더 중요한 것은 이스라엘과 유다의 지도자들의 마음에 욕심과 야망이 들어왔다는 것입니다. 즉 우리가 하나님의 말씀대로 한다면 발전을 포기해야 할 때가 많습니다. 즉 하나님은 우리에게 욕심을 내지 말라고 하시고, 남의 것을 탐내지 말라고 하시고 자기에게 주어진 것으로 족하라고 하셨는데 이렇게 하면 크게 성공할 수가 없는 것입니다. 대개 어떤 사회나 단체가 발전하려면 욕심을 내야 하고, 약한 자를 희생시켜야 한다고 생각합니다. 원래 이스라엘의 지도자들은 이스라엘과 유다 사회를 더 크게 만드는 것보다는 현상 유지하면서 내실을 다져야 하는데 사실 그것을 알아주는 사람이 아무도 없었던 것입니다.

이것은 오늘날도 마찬가지입니다. 목회자들이 교회를 대교회로 키우려면 교인 한 사람 한 사람이 변화되어서 벽돌이 되는 것을 목표로 삼아서는 안 되는 것입니다. 교회가 대교회로 발전하려면 돈이 많이 필요하기 때문에 교인들에게 자꾸 헌금을 강조하고, 믿음이 없고 말씀대로 살지 않아도 헌금을 많이 하는 사람을 중직자로 세우는 것입니다. 그러나 이스라엘과 유다의 지도자들이 이렇게 하는 것은 이스라엘의 중요한 특성을 무시하는 것이었습니다.

하나님의 백성의 특징은 반드시 하나님의 도움이 있어야 살아갈 수 있다는 점입니다. 이스라엘이나 유다 백성은 자기들이 아무리 성공하고 힘이 있어도 하나님의 도움이 없으면 아무것도 할 수가 없었습니다. 그래서 성경은 계속 예루살렘을 '처녀 시온' 이라고 부르고 있습니다. '처녀' 의 특징이 무엇입니까? 처녀는 아무리 예쁘고 날씬해도 힘이 없고 돈이 없습니다. 그래서 부모님이 지켜 주고, 또 부모님이 모든 것을 주니까 품위 있게 살 수 있는 것이지 처녀 혼자의 힘으로는 힘이 센 깡패를 이길 수가 없습니다. 다시 말해서 하나님의 백성의 특징은 자립성이 없는 것입니다. 이스라엘 백성이나 유다 백성이 아름다운 것은 하나님께서 사랑해 주시고 지켜 주시니까 아름다운 것이지 그것이 결코 자신들의 힘이 아니었던 것입니다. 그런데 이스라엘 백성과 유다 백성이 가만히 생각해 보니까 자신들이 계속 처녀로 있으면 너무 불안했던 것입니다. 특히 이스라엘과 유다 주위에는 늘 깡패 같은 나라들이 기웃거리고 있어서 하나님만 의지해서는 안 되겠다고 생각한 것입니다. 그래서 유다와 이스라엘의 지도자들은 처녀 이스라엘이 아니라 아주 강한 이스라엘이 되기로 한 것입니다. 이스라엘은 다른 사람과 머리채를 잡고 싸워서 이길 수 있는 독한 사람이 되었던 것입니다. 그리고 하나님의 백성으로서 차별당하는 것이 싫으니까 세상 사람들과 똑같이 경쟁하고, 우상도 받아들이고, 술도 마시고, 욕도 하고, 거짓말도 했던 것입니다. 다시 말해서 이스라엘과 유다의 지도자들이 한 것은 이스라엘과 유다를 세상 나라와 똑같이 경쟁적인 사회로 만든 것입니다.

그 결과는 엄청난 성공이었습니다. 즉 모든 이스라엘 백성과 유다 백성이 성전의 벽돌이 되지 않고 세상에 나가서 세상 사람들과 똑같이 경쟁해서 이기고, 그 돈으로 헌금을 하니까 이스라엘과 유다는 당장 부자 나라가 될 수 있었습니다. 그런데 이스라엘과 유다의 눈에 보이지 않게 무엇인가 빠져나가는 것이 있었습니다. 그것은 바로 하나님의 능력이었습니다. 이스라엘과 유다는 사소한 것에서는 덕을 보고 있었지만 가장 중요한 하나님의 능력을 잃고 있었습니다.

우리가 하나님을 의지할 때 가장 문제가 되는 것이 불안한 것입니다. 우리는 결코 스스로 완전해질 수가 없습니다. 왜냐하면 하나님의 처녀이기 때문입니다. 그런데 우리는 하나님이 언제 나에게 필요한 것을 해 주실지 알지 못합니다. 즉 하나님은 나를 처녀 귀신으로 늙어서 죽게 할 것인지, 아니면 몇 년 후에 다른 사람들같이 멋진 가정을 가지게 하실지 알 수가 없는 것입니다. 이때 사람들은 하나님을 기다리는 것이 너무 불안하니까 세상적인 방법으로 안정을 찾고 이것을 하나님의 축복이고 부흥이라고 믿어버린 것입니다. 그러나 하나님은 이것이 정직을 버린 것이라고 말씀하고 있습니다. 이것은 하나님이 주신 부흥이 아니고 하나님이 주신 축복이 아닌 것입니다.

그래서 미가 선지는 이렇게 책망을 하고 있습니다.

10절, "시온을 피로 예루살렘을 죄악으로 건축하는도다"

즉 예루살렘은 지금 아주 멋있게 건축되었습니다. 예루살렘의 집들은 훌륭하게 잘 지어졌고, 그 안은 많은 돈이나 비싼 가구들로 채워졌습니다. 다시 말해서 예루살렘이나 유다는 아주 강한 사회가 되었습니다. 그러나 하나님은 그 재료가 무엇이냐고 질문하셨습니다. 즉 시온과 예루살렘을 지은 재료가 무엇이냐 하는 것입니다. 시온은 피로, 예루살렘은 죄악으로 지어졌다는 것입니다. 즉 하나님이 보시기에 시온이나 예루살렘은 겉으로 보기에는 잘 지어진 집인 것 같은데 실제로는 잘못 지어진 집이었던 것입니다. 즉 하나님의 집은 정직과 공평으로 지어야 제대로 지어진 것인데 예루살렘의 집들은 날림과 부실로 지어진 집이었던 것입니다. 그리고 가장 중요한 것이, 지도자나 백성들 자신이 성전의 벽돌이 되지 못한 것입니다. 그들은 자기들 속을 하나님의 말씀과 영광으로 채워야 하는데 돈으로만 채웠던 것입니다. 예를 들어 어떤 대학이 있는데 학생들에게 가르치는 것은 형편없으면서 돈으로만 강의실을 채우고 있다면 그것은 잘못 지어진 대학인 것입니다.

오순절 때 베드로와 요한이 한 말이 무엇입니까? "은과 금은 없거니와 나사렛 예수의 이름으로 일어나라"(행 3:6)라는 것이었습니다. 하나님의 백성의 속은 은과 금으로 채워서는 안 되고 나사렛 예수의 능력으로 가득 차 있어야 하는 것입니다.

사도 바울은 건축자들이 집을 짓는데, 어떤 사람은 금이나 은이나 보석으로 짓는 반면, 어떤 건축자는 나무나 풀이나 짚으로 세운다고 했습니다. 그런데 나중에 각 사람의 공적을 불로 시험하는데 나무나 풀이나 짚으로 세운 집은 타서 없어지지만 금이나 은이나 보석으로 지은 집은 그대로 남아 있게 된다고 했습니다.

사도 바울 당시에도 교인 한 사람 한 사람이 변화되어서 성전 벽돌이 되는 것은 시간도 오래 걸리고 힘이 들었던 것 같습니다. 그래서 교회의 지도자들 중에 세상의 유행이나 방법으로 빨리 교회를 부흥시키고 유명해지는 사람들이 많이 있었던 모양입니다. 그러나 결국 위기가 오면 인간의 지식이나 방법으로 지은 교회나 이스라엘은 무너지게 되어 있습니다. 그 이유는 그 안에 하나님의 능력이 없기 때문입니다. 우리가 이 세상에서 당하는 위기는 하나님의 힘으로만 벗어날 수 있습니다. 그런데 우리가 하나님의 힘으로 위기를 벗어나려면 반드시 눈에 보이지 않는 하나님의 성전을 지어야 하는 것입니다.

2. 자기 자리를 떠난 지도자들

11절, "그 두령은 뇌물을 위하여 재판하며 그 제사장은 삯을 위하여 교훈하며 그 선지자는 돈을 위하여 점치면서 오히려 여호와를 의뢰하여 이르기를 여호와께서 우리 중에 계시지 아니하냐 재앙이 우리에게 임하지 아니하리라 하는도다"

하나님께서는 이스라엘 백성에게 세 부류의 지도자를 주셨습니다. 그래서 이스라엘 백성은 세 부류의 사람들의 머리에 기름을 부었습니다. 그 세 부류는 왕과 제사장과 선지자였습니다. 본문 말씀에는 두령과 제사장과 선지자로 나타나고 있습니다.

원래 하나님은 모세를 이스라엘의 지도자로 세우시면서 장차 모세 같은 지도자가 나올 것이라고 하셨습니다. 하나님께서 이스라엘에게 주신 가장 강한 능력은 선지자의 말씀의 능력이었습니다. 그래서 사무엘서는 사울과 다윗을 중심으로 한 이스라엘 왕의 역사인데 실제로는 선지자의 역사부터 시작됩니다. 이것은 선지자가 왕보다 위에 있다는 뜻입니다. 그래서 이스라엘의 초대 왕인 사울과 2대 왕인 다윗에게 사무엘 선지가 기름을 부었습니다. 선지자는 왕이 하나님의 말씀에서 벗어나 다른 길을 가면 책망했습니다. 그리고 제사장은 하나님께 예배하며 성전 제사를 전담하는 자였습니다. 그런데 다윗이 이스라엘의 왕이 될 때에는 다윗에게 나타난 성령의 능력이 너무 강력했기 때문에 다윗의 지도력 밑에 선지자직이나 제사장직이 모두 예속되다시피 했습니다. 이것은 이스라엘의 장래를 위해서 결코 바람직한 것이 아니었습니다.

이스라엘의 왕이나 두령은 백성들을 하나님의 말씀으로 인도하는 목자였습니다. 목자는 양이나 소에게 보수를 받지 않습니다. 목자는 주인에게 보수를 받으면 되는 것입니다. 하나님이 왕에게 주시는 보수는 부흥이고, 능력이며, 축복이었습니다. 하나님은 다윗에게 약속하시기를, 온 백성이 반대하더라도 왕 한 사람이 하나님의 말씀에 충성하면 부흥을 주겠다고 약속하셨고, 왕이 믿음으로 전쟁에 나가면 무조건 이기게 하겠다고 약속하셨습니다. 그래서 이스라엘 왕의 보수는 말이나 군대나 여자가 많은 것이 아니라 하나님의 능력이 함께 있는 것이었습니다. 그리고 선지자는 하나님의 말씀이 임하면 다른 일을 할 수가 없었습니다. 그는 하나님의 말씀을 전하는 것이 직업이었고, 그것 자체가 보수였습니다. 그래서 선지자는 하나님의 말씀을 설교하는 대가로 보수를 받을 수 없었고, 가난할 것을 각오해야 했습니다. 왜냐하면 하나님의 말씀은 그만큼 위대한 것이기 때문입니다. 선지자는 모든 것을 버리고 하나님의 말씀을 붙들어야 그 입에서 나오는 하나님의 말씀이 능력이 있었습니다. 그리고 제사장은 백성의 죄를 대신해서 짐승을 죽여서 피를 흘리고, 그것을 하나님 앞에서 태우는 것이 사명이었습니다. 그래서 제사장은 언제나 피를 보는 직업이었습니다.

왕과 제사장과 선지자는 각기 서로 다른 곳에서 하나님의 성전의 기둥 역할을 해야 했습니다. 그래서 왕이나 선지자나 제사장은 모두 자기 위치를 지켜야 했고, 특히 돈이나 명예로 자기 위치를 이탈하거나 혹은 부패하면 나라 전체가 썩게 된다는 것을 알아야 했습니다.

그런데 유다와 이스라엘의 지도자들은 모두 돈을 위해서 하나님의 일을 했습니다. 두령은 뇌물을 위하여 재판하고, 제사장은 삯을 위하여 교훈하며, 선지자는 돈을 위해서 점을 친다고 했습니다. 그러면서 사람들이 돈을 많이 주면 하나님이 우리 가운데 계시기 때문에 재앙이 오지 않는다고 예언했습니다.

우리가 알아야 할 것은, 우리는 언제나 죄를 짓기 때문에 언제나 하나님의 말씀의 책망을 들어야 한다는 것입니다. 죄는 우리 마음 안에 있기 때문에 우리는 돌아서면 죄를 짓고, 또 돌아서면 죄를 짓습니다. 그래서 우리는 언제나 선지자의 책망을 들어야 하고, 제사장 앞에 가서 눈물의 제사를 드려야 하며, 하나님이 세운 두령의 지도력에 복종해야 합니다. 그런데 사람이 가진 것이 아무것도 없을 때에는 하나님의 말씀 앞에 겸손하지만 세상에서 성공하면 자기 자신을 하나님의 종과 대등한 위치에 두고 싶어합니다. 그래서 사업에 성공한 사람은 자기가 성공한 것에 대하여 하나님의 사람으로부터 칭찬을 받고 싶어하고, 오히려 하나님의 사회 안에서 세상에 뒤떨어지고 답답한 부분을 개혁해야 한다고 생각하게 됩니다. 그래서 하나님의 백성에게 가장 무서운 것은, 과연 하나님의 세계를 볼 수 있는 눈이 있느냐 없느냐 하는 것입니다. 우리가 하나님의 세계와 그 영광을 보지 못하면 자신의 성공이 대단하게 느껴지고 하나님의 백성의 사회가 시대에 뒤떨어진 채 헤매고 있는 것처럼 보입니다. 그러나 우리가 하나님의 세계를 보면 우리가 자꾸 세상으로 흘러가고 있고, 죽어라고 하나님의 말씀을 붙들어도 하나님의 말씀에서 떠내려가는 것을 보게 됩니다. 그러다가 죽을 각오를 하고 하나님의 말씀을 붙들면 부흥의 불이 일어납니다. 이것이 이스라엘을 살리는 불인 것입니다.

그래서 하나님의 백성에게 중요한 것은 자기에게 주어진 말씀과 사명을 중요하게 생각해서 이 세상에서 전혀 사람들의 인정을 받지 못하고 가난하게 지낼 수 있느냐 하는 것입니다. 즉 하나님의 종들은 하나님이 자기에게 주신 사명이 너무 좋아서 명예나 돈이 없어도 자기 직분을 지킬 수가 있는 것입니다. 그런데 돈을 위해서 설교하고 명예를 위하여 날뛸 때 하나님 나라의 기둥이 썩고 부러지기 때문에 아무리 백성들이 노력해도 성전을 바로 세울 수가 없게 됩니다.

그래서 하나님의 종들은 백성들과 가까울 수가 없습니다. 하나님이 레위 족을 제사장으로 세우신 것은 시내 산 밑에서 이스라엘 백성이 금송아지 우상을 만들어 놓고 술 마시고 춤추고 뛰노는 것을 보고 모세가 하나님의 편에 선 자가 누구냐고 할 때에 레위 인들이 칼을 차고 나가서 동족을 죽였기 때문입니다. 특히 비느하스 같은 사람은 이스라엘 두령이 모압 여자를 이스라엘 진 안으로 끌고 들어와서 음행을 할 때 따라 들어가서 두 사람을 창으로 찔러 죽이고 염병을 막았습니다.

발람 선지는 돈에 매수되어서 이스라엘 백성을 저주하려고 했습니다. 또 여로보암 때 이름 없는 선지자는 여로보암의 손이 굳어지게 하고 제단이 깨어지게 했지만 아무 대접도 받지 말라는 하나님의 말씀을 거역하고 거짓된 늙은 선지자의 대접을 받았다가 길에서 사자에게 물려 죽고 말았습니다.

예수님은 제자들을 보내시면서 돈도 가지지 말고 지팡이나 여벌 옷도 가지지 말고 철저하게 빈손으로 가라고 하셨습니다. 그리고 어느 집에 들어가든지 병자를 고치고 귀신을 쫓아내는데 너희도 거저 받았으니까 거저 주라고 하셨습니다.

하나님의 종들도 인간이기 때문에 먹을 것이나 입을 것이나 집을 성도들로부터 공급받았습니다. 그러나 그것을 위해서 설교하거나 축복을 해서는 안 되는 것입니다. 하나님의 종들은 죄와 싸우는 사람들이며, 성도들로 하여금 죄를 이길 수 있게 해야 합니다. 그렇기 때문에 돈을 위해서 예언하거나 축복해서는 안 되고, 틀린 것은 틀렸다고 분명히 해야 하는 것입니다.

그러나 우리나라는 이미 성공주의가 만연되어서 설교를 통해서 책망받는 것을 싫어합니다. 특히 사회적으로 지위가 있고 돈을 많이 번 사람들이 그러한 설교를 싫어합니다. 이때 목회자는 교인들을 다 놓치는 한이 있어도 바른 말씀을 설교해야 하는 것입니다.

3. 예루살렘의 결과

그전에는 사람들이 예루살렘을 방문했을 때 이구동성으로 예루살렘의 아름다움을 노래했습니다. 그 이유는 예루살렘의 외모가 가장 아름다웠기 때문입니다. 당시 주위에는 예루살렘보다 더 멋진 성들이 많이 있었습니다. 그럼에도 불구하고 사람들이 예루살렘을 가장 아름답고 거룩한 성으로 노래했던 것은 사람들이 예루살렘에서 하나님의 말씀을 듣고 잃어버렸던 자신을 되찾았기 때문입니다.

이 세상에서 가장 귀한 것은 자기 자신입니다. 옛날 사람들은 자기 자신을 찾기 위해서 많은 방황을 했고, 또 순례의 길을 떠나기도 했습니다. 사람들은 예루살렘에서 하나님의 말씀을 듣고 자기 자신을 찾았고, 또 예루살렘 사람들의 도덕적인 면을 통해서 인간의 아름다움을 발견했던 것입니다.

그런데 예루살렘이 그 안을 하나님의 말씀과 성령의 능력으로 채우지 않고 돈과 탐욕으로 채웠을 때 하나님은 예루살렘을 버릴 것이라고 말씀하셨습니다.

12절, "이러므로 너희로 인하여 시온은 밭 같이 갊을 당하고 예루살렘은 무더기가 되고 성전의 산은 수풀의 높은 곳과 같게 되리라"

하나님께서는 시온을 밭을 갈 듯이 갈아 버려서 아무것도 남지 않게 하실 것이고, 예루살렘은 돌이나 쓰레기 무더기가 되고, 성전이 있는 산은 사람이 오지 않는 수풀 더미가 되게 할 것이라고 말씀하셨습니다. 이 말씀이 예루살렘이 공식적으로 망하는 것을 가장 먼저 예언한 말씀입니다.

예루살렘은 하나님의 이름이 있는 곳이며, 하나님의 존재를 상징하는 곳이었습니다. 그러나 아무리 예루살렘이라 할지라도 하나님의 말씀대로 살지 않고 하나님의 말씀대로 변화되지 않을 때에는 하나님이 이들을 완전히 버리겠다고 말씀하셨습니다. 이스라엘과 유다 백성이 믿는 것은 설마 하나님께서 우리를 버리시겠느냐 하는 것이었습니다. 물론 하나님은 웬만해서는 이스라엘이나 유다 백성이 하나님의 말씀에 백퍼센트 순종하지 않아도 멸망시키지 아니하십니다. 그러나 하나님의 백성이 끝까지 회개하지 않을 때 하나님은 자신의 이름이 망신을 당하는 일이 있어도 하나님의 백성의 죄를 폭로하시고 심판하십니다.

하나님은 처음 우리를 부르실 때 우리가 하나님의 말씀에 온전히 순종하지 못한다는 것을 알고 부르셨습니다. 그러나 하나님이 가장 싫어하시는 것은 우리가 하나님 앞에서 정직하지 못한 것입니다. 그래서 우리는 하나님의 말씀대로 살지 못했으면 말씀대로 살지 못했다고 시인하면 되는 것입니다. 우리에게 중요한 것은 다른 사람의 평판이 아니라 하나님 앞에서 죄 씻음을 받는 것입니다. 그래서 구약 시대에는 다른 사람들이 뭐라고 하든지 죄를 지었으면 죄를 지었다고 시인하고 양과 소를 끌고 가서 그 머리에 안수하고 제물로 바치면 되었습니다. 그러나 오늘 시대에는 우리가 죄를 지어도 소나 양을 끌고 예루살렘까지 가지 않아도 되니 얼마나 편리해졌습니까? 우리는 하나님 앞에서 정직한 마음으로 내 죄를 인정하고 죄를 청산하면 되는 것입니다.

하나님은 우리가 백퍼센트 하나님의 말씀대로 살지 못하는 것에 진노하시는 것이 아닙니다. 하나님은 우리가 죄를 짓지 않겠다고 약속해 놓고 또 죄를 짓는 것에 진노하시지 않습니다. 하나님이 진노하시는 것은 우리가 하나님 앞에 정직하지 않고 오히려 다른 사람의 죄를 비난하고 욕하면서 거룩한 체하는 것입니다.

그런데 왜 예루살렘은 하나님 앞에 솔직하지 못했을까요? 그것은 그들이 자신들을 다른 사람들과만 비교했지 하나님 앞에서 자신의 모습을 정직하게 보지 못했기 때문입니다. 우리가 하나님의 말씀을 멀리하면 사람들의 평가에 집중하기 때문에 나중에는 인정을 받기 위해서 거짓말까지 하게 됩니다. 그리고 자꾸 사람들에게 인정을 받으려고 하다가 나중에는 부정까지 저지르게 됩니다. 왜냐하면 사람들에게 인정받는 것을 생명보다 더 중요하게 생각하기 때문입니다. 그러나 우리가 하나님을 가까이하면 사람들의 반응에 흔들리지 않습니다. 하지만 예루살렘 사람들은 체면만 생각하다가 결국 시기를 놓쳐서 멸망을 당하는데 예루살렘이 밭을 갈 듯이 갈아엎어지게 됩니다.

그리고 예루살렘은 거대한 쓰레기 더미가 되고 숲으로 뒤덮이게 됩니다. 그런데 감사한 것은, 이 말씀을 듣고 히스기야나 왕들이 회개를 해서 히스기야 때는 망하지 않고 오히려 앗수르 군대 18만 5천 명을 이기게 됩니다. 말씀이 살아 있고 눈물의 기도가 살아 있는 성전은 핵무기보다 더 능력이 있습니다. 우리나라는 총이나 대포로 지킬 수 없습니다. 우리나라를 지킬 수 있는 것은 하나님의 불말과 불병거인 것입니다. 그러나 예루살렘도 백년 뒤에는 미가 선지 같은 바른 말씀이 없어지고 눈물의 기도가 없어지면서 망하게 됩니다. 신약 시대에 와서는 예수님께서도 예루살렘 성전을 자랑하는 제자들에게 돌 하나도 돌 위에 남지 않고 다 무너지리라고 하셨습니다. 그런데 그 말씀대로 예루살렘 성전은 주후 70년에 불타게 됩니다.

오늘 우리나라 목회자나 교인들은 많은 돈을 들여서 열심히 큰 예배당을 짓고 있습니다. 그러나 멋있고 큰 예배당을 짓는 것보다 더 중요한 것은 그 예배당을 무엇으로 채우느냐 하는 것입니다. 결국 한 사람 한 사람이 하나님의 말씀으로 변화되어서 벽돌이 되지 않으면 그 성전은 아무 소용이 없게 됩니다. 그러므로 하나님의 백성이 세상을 사랑하는 것은 큰 위기입니다. 우리는 둘 중의 하나를 선택해야 합니다. 즉 하나님의 말씀을 붙들고 부흥을 일으키느냐, 아니면 세상을 따라가서 망하느냐 하는 것입니다. 즉 하나님의 말씀을 내려놓고 부흥하고 커지고 유명해지는 것은 복을 받는 것이 아니고 망하는 것입니다. 이것은 교회만 망하는 것이 아니라 사회 전체가 망하는 것으로 나타날 것입니다.

우리는 우리 자신의 위치를 지켜야 합니다. 우리는 성전 벽돌이 되어야 합니다. 그래서 우리 안에 하나님의 영광이 충만하게 해서 하나님의 심판을 이기고 다시 부흥을 일으키는 성도들이 되시기 바랍니다.

성경 토의

1. 오늘 한국 교회는 세계적인 성장을 자랑하고 있는데 무엇을 재료로 하여 교회가 이렇게 커졌다고 생각하는가?

2. 오늘 우리 한국 사회는 무엇으로 지어지고 있으며, 하나님의 눈으로 볼 때 어떤 건물로 지어지고 있다고 생각되는가?

3. 왜 교회 안에 세상적인 경영 방식이나 성공의 방식이 들어오면 안 된다고 생각하는가?

07_마지막 날의 축복

미가 4:1-5

전체적 설명

미가 선지는 한편으로 하나님의 말씀을 버리고 세상을 따르므로 변질된 예루살렘의 멸망을 예언함과 동시에 마지막 날에 다시 하나님 나라가 회복되며 만민들이 거기로 몰려가서 하나님의 말씀을 배우고 구원 얻을 것을 예언하고 있다. 이것은 예루살렘의 멸망이 결코 하나님의 실패가 아니며 오직 유다 백성 자신의 실패임을 보여 준다. 즉 유다는 하나님을 배신하고 망하지만 하나님은 절대로 실패하지 않으시며, 하나님의 작정하신 뜻을 이루신다. 특히 본문의 예언은 이사야 선지도 똑같이 예언한 바가 있다(사 2:2-6). 여기서 장차 회복될 '여호와의 전'이나 '여호와의 산'은 모두 신약 교회를 의미한다.

설교 프리노트

1절, "말일에 이르러는 여호와의 전의 산이 산들의 꼭대기에 굳게 서며"

여기서 '말일'은 정확한 시간을 알 수 없는 미래의 어느 시점을 말한다. 이것이 나중에는 그리스도가 오시는 때를 의미하게 되고, 한 걸음 더 나아가서는 예수님이 오셔서 십자가를 지시고 부활하신 후부터 다시 오실 때까지의 시점을 의미한다. 미가 선지는 이미 앞에서(미 3:12) 예루살렘이 파괴될 것을 예언한 바가 있다. 그러나 예루살렘 성전의 파괴는 하나님을 아는 모든 사람에게 대단히 어려운 문제를 제기한다. 왜냐하면 예루살렘 성전은 하나님의 보좌요, 하나님께서 온 세상을 다스리시는 곳이기 때문이다. 사람들은 만일 하나님의 보좌가 완전히 파괴되어 버린다면 이 세상에 대한 하나님의 통치도 끝나고 인간을 구원하시겠다던 하나님의 약속도 실패하는 것이 아닌가 하고 생각한다. 그러나 미가 선지는 본문의 예언을 통해서 예루살렘 성전이 파괴된다고 해서 이 세상에 대한 하나님의 통치가 끝나는 것도 아니고, 인간에 대한 하나님의 구원도 실패하는 것이 아니라고 말하고 있다. 오히려 말일에 하나님께서 크게 성전을 들어서 사용하실 때가 있는데, 그때에는 하나님의 성전이 모든 산들의 꼭대기에 설 것이라고 약속하고 있다. 여기서 '산' 은 이 세상의 지식이나 권세가 모여 있는 세력을 의미한다. 왜냐하면 옛날에는 지식을 연마하거나 도를 닦을 때 산에 모여서 할 때가 많았고, 또 세상에 나와서도 파벌을 이루어서 세력을 형성하기 때문이다. 즉 장차 이 세상에 많은 지식이나 권력이나 세력이 있지만 하나님의 성전은 그들 위에 높이 들려질 것이다.

2절, **"곧 많은 이방이 가며 이르기를 오라 우리가 여호와의 산에 올라가서"**
새로운 여호와의 성전 시대에 일어날 놀라운 특징은 많은 이방인들이 여호와의 산에 올라 하나님의 말씀을 배우게 되는 것이고, 둘째는 여기서 하나님의 말씀의 폭발적인 부흥이 일어나는 것이다. 요엘 선지는 이것에 대하여 "그 후에 내가 내 신을 만민에게 부어 주리니 너희 자녀들이 장래 일을 말할 것이며 너희 늙은이는 꿈을 꾸며 너희 젊은이는 이상을 볼 것이며"(욜 2:28)라고 했다. 여기서 꿈을 꾸거나 이상을 보거나 장래 일을 말한다는 것은 모두 하나님의 선지자들이 하나님의 말씀을 받는 방식을 말한다. 따라서 앞으로 이루어질 새로운 성전 시대의 특징은 성령이 부어짐과 동시에 모든 사람의 마음에 하나님의 말씀이 충만하게 임하는 것이다.

"야곱의 하나님의 전에 이르자 그가 그 도로 우리에게 가르치실 것이라"

새 성전의 시대에는 많은 이방인들이 자기들도 야곱의 하나님에게 가기만 하면 하나님의 도를 배울 수 있다는 것을 알게 된다. 그래서 그때에는 구름 떼와 같이 많은 이방인들이 하나님의 말씀을 배우러 시온에 몰려온다. 즉 많은 이방인들의 귀에 들린 소식은 하나님의 산에 가면 하나님의 도를 배우게 되는데 그것이 바로 생명의 길이요, 영원히 가치 있는 길이라는 것이다. 여기서 '그가 그 도로 우리에게 가르치실 것이라' 고 한 것은 하나님께서 직접 도를 가르쳐 주신다는 것이다. 앞으로 때가 되면 하나님이 직접 인간에게 하나님의 진리를 가르쳐 주시는 시대가 오는 것이다. 이것이 바로 예수님이 육신을 입고 이 세상에 오셔서 하신 일이다. 예수님은 하나님이시고 하나님의 말씀을 인간들에게 직접 들려주시고 가르쳐 주셨다.

3절, "그가 많은 민족 중에 심판하시며 먼 곳 강한 이방을 판결하시리니"

하나님은 이 세상에 오셔서 많은 민족 중에 심판하시며 먼 곳 강한 이방을 판결하실 것이다. 즉 하나님은 이 세상에서 자기 힘만 믿고 사는 자들을 심판하셔서 평화가 오게 하시는데 가장 대표적인 강한 이방이 '마귀' 이다.

"무리가 그 칼을 쳐서 보습을 만들고 창을 쳐서 낫을 만들 것이며"

이 세상에서 가장 이상적인 평화의 상태는 모든 무기를 버리고 아예 전쟁 연습조차 하지 않는 것이다. 그래서 사람들이 칼을 쓸 일이 없기 때문에 칼을 쳐서 삽을 만들고 창을 쳐서 낫을 만들며 전투기가 레저용 비행기가 되고 탱크가 건설용 불도저가 된다면 사람들은 더 이상 전쟁을 두려워하지 않을 것이다. 그러나 가장 무서운 전쟁은 하나님과 인간 사이의 전쟁이며, 하나님과 인간 사이의 반목이고, 미움이고 증오이다. 그러나 새로운 성전의 시대가 오면 하나님과 우리 사이의 적대관계가 완전히 해결된다.

4절, "각 사람이 자기 포도나무 아래와 자기 무화과나무 아래 앉을 것이라"

이스라엘 백성의 가장 행복한 상태는 '각 사람이 자기 포도나무와 무화과나무 아래' 있는 것이다. 즉 이들은 임금을 받고 일하는 노동자나 종이 아니고 자기 과수원을 가지고 있는 사람들이다. 이 사람들은 자기가 수고한 모든 열매를 자기가 가질 수 있다. 왜냐하면 이제는 더 이상 노예나 종이 아니라 자기가 주인이기 때문이다. 옛날 우리나라에서 가장 평화롭고 행복한 모습은 정자나무 아래의 평상에 드러누워서 이야기하거나 장기를 두는 모습일 것이다. 이처럼 새로운 성전 시대에 인간들은 진정한 행복을 누릴 것이다. 왜냐하면 하나님이 우리에게 말씀과 성령을 부어주시기 때문이다. 우리에게 가장 중요한 것은 자신의 가치를 되찾는 것이다. 사람들은 하나님 앞에서 자신의 가치를 찾아야 한다. 그렇지 않으면 언제나 남의 인생을 살아 주는 것과 같은 것이다. 즉 이것은 아무리 큰 과수원에서 일을 한다 하더라도 남의 과수원에서 일해 주는 것밖에 되지 않는다. 그러나 아무리 작은 과수원에서 일하더라도 그것이 자기 과수원일 경우에는 진정한 만족이 있다.

5절, "만민이 각각 자기의 신의 이름을 빙자하여 행하되"

이 말씀은 이 세상 모든 사람이 자기 나름대로의 신앙을 가지고 있다는 뜻이다. 즉 이것은 이 세상 모든 사람이 자기 나름대로 신을 모시고 신앙심을 가지고 살아간다는 뜻이다. 그러나 그 신앙은 자기 신념에 불과하다. 하지만 새 성전에서 하나님의 말씀을 직접 배운 자들은 살아 계신 하나님을 믿고 의지하며 살아가게 된다.

본문 이해를 위한 질문

1. 말일에 어떤 일이 일어나는가?

여호와의 전의 산이 회복되어서 세상의 모든 산보다 높아진다.

2. 새 성전의 시대에는 어떤 일이 일어나는가?

많은 이방인이 여호와의 산에 가서 하나님으로부터 직접 하나님의 도를 배우게 된다.

3. 하나님은 새 성전을 통해서 인간들에게 어떤 복을 주시는가?

하나님은 전쟁이 없어지게 하시고 모든 인간이 자기 스스로에게 만족해서 행복한 삶을 살게 하신다.

성경 강해

얼마 전에 세계적인 기업가인 애플사의 스티브 잡스가 병으로 죽는 것을 보고 전 세계 사람들은 아무리 돈이 많고 머리가 좋아도 병은 이길 수 없다는 것을 실감했을 것입니다. 최근에는 의술이 많이 발달하고 약이 많이 개발되어서 옛날에는 죽을 수밖에 없었던 환자들을 많이 살려 내고 있습니다. 그럼에도 불구하고 우리는 너무나도 귀한 생명들을 병으로 잃고 있습니다. 그러나 사람들에게는 병보다 더 무서운 것이 있습니다. 그 하나는 전쟁이고, 다른 하나는 재앙입니다. 사람들은 경치가 좋은 곳에서 남을 해치지 않고 행복하게 살면 그것이 천국이라고 생각하지만 누군가가 남을 해치려고 하는 공격적인 의지를 가지고 있는 이상 전쟁은 터지게 되어 있습니다.

아마 이 세상에서 경치가 좋은 곳 중에 하나가 인도네시아의 발리 섬일 것입니다. 어떤 사람은 전 세계를 여행하다가 발리보다 더 좋은 곳이 없어서 발리에 정착했다는 사람도 있습니다. 그러나 몇 년 전에 발리 섬에서 폭탄 테러가 일어나면서 많은 관광객이 죽거나 다쳤습니다. 그때 어떤 발리 주민은 자기들은 신들에게 자기들을 지켜 주도록 그동안 열심히 기도했는데 왜 이런 일이 일어났는지 알지 못하겠다고 말했습니다. 그들은 우상에게 복을 달라고 기도했던 것입니다.

우리나라는 60년 전에 한국전쟁으로 3백만 명 이상이 죽거나 다치고 전 국토가 폐허가 되는 엄청난 피해를 입었습니다. 그리고 양쪽은 당분간 휴전을 하기로 했는데 놀랍게도 평화가 60년 이상 지속되면서 남한은 엄청난 경제 성장을 하고, 또 교회는 크게 부흥되었습니다. 그동안 북한은 여러 차례 도발을 하고, 심지어는 핵무기까지 만들었지만 이 땅에 평화가 유지되는 것은 하나님의 은혜가 아니고서는 불가능한 일인 것입니다.

우리는 이 세상에 세 가지만 없으면 이 세상은 너무나도 살기 좋은 세상이라고 생각할 것입니다. 우리 인간에게 병이 없으면 모두 최소한도 자신의 수명만큼은 살 수 있을 텐데 병 때문에 가까운 가족을 잃고, 또 자기 자신도 죽어야 하는 것입니다. 그리고 또 하나는 전쟁이 없으면 인간들은 너무나도 행복하게 살 수 있을 텐데 사람들은 전쟁을 일으켜서 서로 죽이고 모든 사람의 행복을 파괴하는 것입니다. 그리고 또 하나는 재앙입니다. 일본 사람들은 지리적인 특성 때문에 전쟁과는 거리가 던 편이었습니다. 그러나 일본에 쓰나미가 밀어닥쳤을 때 쓰나미가 덮친 지역에 살던 사람들은 모든 행복을 잃었고, 더욱이 원전의 방사능 누출은 일본 사람들에게 많은 두려움을 안겨 주었습니다.

우리 인간은 전혀 자신들의 노력 없이 이 아름다운 세상에서 살게 되었습니다. 그런데 우리 인간은 여러 가지 질병이나 재난 때문에 행복을 잃어버리기도 하고 혹은 죽어야 하는 고통 가운데 살아가고 있습니다. 우리 인간에게 가장 중요한 숙제는 우리가 이 세상에서 이런 재난을 피하거나 막을 수 있는 방법을 찾는 것입니다. 그런데 우리 인간은 이 지구 위에서 수천 년을 살면서도 아직 모든 불행을 없앨 수 있는 해답을 찾지 못했습니다. 그런데 놀랍게도 오늘 본문에서 미가 선지가 그 해답을 주고 있습니다. 오늘 미가 선지가 한 말이 얼마나 유명한 말인지 유엔 본부에도 적혀 있다고 합니다. 그것은 바로 4장 3절 하반절에 있는 "무리가 그 칼을 쳐서 보습을 만들고 창을 쳐서 낫을 만들 것이며 이 나라와 저 나라가 다시는 칼을 들고 서로 치지 아니하며 다시는 전쟁을 연습하지 아니하고"라는 말씀입니다. 이 말씀은 미가와 거의 동시대에 하나님의 말씀을 전했던 이사야의 예언과 일치합니다. 이사야 2장 4절 하반절에 "무리가 그 칼을 쳐서 보습을 만들고 그 창을 쳐서 낫을 만들 것이며 이 나라와 저 나라가 다시는 칼을 들고 서로 치지 아니하며 다시는 전쟁을 연습지 아니하리라"라고 했습니다. 만일 사람들이 이제 전쟁이 필요 없기 때문에 칼을 쳐서 농사짓는 삽으로 만들고, 또 창을 녹여서 풀을 베는 낫으로 만든다면 얼마나 좋을까요? 만일 우리나라에 전쟁이 완전히 없어져서 휴전선도 없어지고, 모든 탱크로 땅을 파는 불도저를 만들고, 군함으로 유람선을 만들고, 전투기를 여객기로 사용한다면 우리는 더 이상 걱정할 것이 없을 것입니다. 그러나 여전히 우리나라는 북한과 대치 중에 있고, 여차하면 전쟁이 터질 수 있는 긴장 가운데 있습니다. 더욱이 북한이 가지고 있는 핵무기는 우리에게 어떤 치명적인 영향을 줄지 아무도 모르고 있습니다.

그런데 정말 전 세계가 놀랐던 일은 갑자기 구소련이 붕괴된 것이었습니다. 그동안 구소련은 미국과 엄청난 군비경쟁을 하면서 전 세계를 멸망시킬 수 있는 핵무기를 수도 없이 만들었습니다. 그러다가 갑자기 소련이 붕괴되면서 소련이 쓰던 잠수함들이 다른 나라에 팔렸고, 심지어는 항공모함도 고철로 팔렸습니다. 구소련이 가지고 있던 많은 미사일들은 고철로 분해되어서 용광로 속으로 들어갔습니다. 이제 러시아는 더 이상 미국과 전쟁 상대가 되지 못합니다. 오히려 미국이 가장 두려워하는 대상은 중동에 있는 알카에다인 것입니다.

미가 선지는 인간들이 불행할 수밖에 없는 이유는 다른 데 있는 것이 아니라 하나님의 말씀을 배우지 못했기 때문이라고 단정하고 있습니다. 즉 인간들은 가만히 있는다고 해서 평화나 행복이 주어지는 것이 아니라 평화와 행복을 찾아서 가야 하는데 바로 그 평화와 축복의 길이 하나님께로 가는 길인 것입니다.

미가 선지는 유다 백성에게 앞으로 어떤 한 날이 이르게 될 텐데 그때 하나님께서 우리 인간에게 직접 하나님의 말씀을 가르쳐 주는 날이 올 것이라고 했습니다. 그때 우리 인간은 비로소 하나님께로 가는 길을 발견하여 하나님 앞에서 더 이상 전쟁하지 않고, 더 이상 서로 미워하지 않는 완전한 평화를 누리게 될 것이라고 했습니다. 그런데 미가 선지나 이사야 선지가 예언했던 그 평화의 시대가 바로 오늘 이 신약 시대인 것입니다. 그래서 우리는 하나님의 말씀으로 우리의 모든 불행을 치료받고 하나님이 주시는 참된 평화를 누려야 하겠습니다.

1. 마지막 때의 축복

미가 선지는 마지막 때가 되면 이 세상에 큰 변화가 일어날 것이라고 예언했습니다. 그것은 이 세상의 많은 산 중에서 여호와의 전이 있는 산이 모든 산꼭대기보다 더 높아지고, 모든 사람이 거기로 몰려가는 일이 일어나는 것입니다.

1절, "말일에 이르러는 여호와의 전의 산이 산들의 꼭대기에 굳게 서며 작은 산들 위에 뛰어나고 민족들이 그리로 몰려갈 것이라"

여기의 '말일'은 미래의 어떤 시점을 말합니다. 미래의 어떤 시기가 오면 여호와의 전이 있는 산이 점점 높아지는데 그 산이 얼마나 높아지는가 하면, 이 세상에 있는 모든 산들의 꼭대기까지 올라가는 것입니다. 미가 선지는 놀랍게도 얼마 있지 않아서 예루살렘의 성전이 폐허가 될 것을 예언했습니다.

"이러므로 너희로 인하여 시온은 밭 같이 갊을 당하고 예루살렘은 무더기가 되고 성전의 산은 수풀의 높은 곳과 같게 되리라"(3:12).

미가 선지는 얼마 있지 않으면 시온은 밭처럼 갈아지고, 예루살렘은 쓰레기 더미가 되고, 성전이 있던 산은 완전히 버려져서 울창한 숲이 될 것이라고 했습니다. 그런데 어느 날 이 성전의 산이 다시 살아나기 시작하는데 점점 높아져서 나중에는 모든 산보다 더 높아질 뿐 아니라 많은 사람들이 구름 떼같이 찾아오는 유명한 산이 될 것이라고 예언을 하고 있습니다.

일본의 북해도, 즉 홋카이도는 지진이나 화산으로 유명한 곳입니다. 그곳에 가면 지금도 땅에서 연기가 나오는 산이나 땅을 볼 수 있습니다. 그 중에 '소화신산'이라는 데가 있는데 이곳은 몇십 년 전만 해도 평지였고 밀밭이었는데 어느 날부터 이 밭이 조금씩 올라오기 시작했다고 합니다. 그곳에서 우체국장을 하던 분이 지질에 관심이 있어서 이 땅이 솟아오르는 것을 매일 관측해서 기록해 놓았습니다. 그런데 나중에 이 땅은 점점 솟아오르더니 제법 높은 산이 되었고, 지금은 일본의 천연기념물이 되었습니다. 지질학적으로 화산이 폭발하거나 마그마가 분출하지 않고 이렇게 산이 되는 경우는 전 세계에 이 산 하나밖에 없다고 합니다. 그래서 지금은 많은 관광객이 이곳에 몰려와서 구경을 하고 사진을 찍어 가고 있습니다.

그리고 전에는 고속도로였는데 불과 10년 전에 지진이 나면서 아스팔트 한 조각만 높이 올라가서 무슨 기념비처럼 되어 있는 곳이 있습니다. 거기에 가 보면 평지였던 곳이 지진으로 인해 불룩 솟아 산이 되어 있고 평지에 있던 유치원은 언덕 같은 곳에 버려진 채로 방치되었는데 일본 사람들은 그것을 없애지 않고 그대로 두었습니다. 지난 3월 11일 발생한 대지진 때 그곳에 있었던 사람들이 하는 말을 들어보니까 도쿄 시내 아스팔트가 물결처럼 움직이고 건물들이 흔들리는데 가장 당황해하는 사람들이 한국 사람들이었다고 했습니다.

미가 선지는 앞으로 영적으로 큰 지진이 일어나는데 그동안 거의 버려져서 폐허로 방치되어 있던 성전의 산이 점점 높이 올라가서 이 세상에서 가장 높은 산이 될 것이라고 했습니다. 여기서 우리는 미가 선지의 상반된 예언을 보게 됩니다. 즉 미가 선지는 성전이 밭을 갈 듯이 갈아엎어져서 평지가 되고 사람들에게 철저하게 외면당하고 버려진다고 했는데 또 언젠가는 성전 산이 점점 높아져서 가장 높은 산이 되고 많은 사람들이 몰려가는 유명한 곳이 될 것이라고 예언하고 있는 것입니다.

그러면 도대체 왜 지금 이 성전이 파괴되고, 또 왜 장차 성전이 다시 높아지게 되는지 우리는 생각을 해 보아야 하는 것입니다. 지금까지 예루살렘 성전은 하나님의 말씀이 있고 인간의 죄를 씻어 주는 하나님의 집이었습니다. 인간에게 가장 중요한 문제가 죄를 씻는 것인데 대개 인간들은 죄를 지으면 감옥에 들어가서 몸으로 죗값을 때워야 합니다. 그러나 하나님의 성전은 제사를 통해서 인간의 죄를 마치 소방 호스로 씻어 내듯이 깨끗이 씻어냅니다. 하지만 유대 인들은 하나님의 말씀이 너무 케케묵었다고 생각해서 세계화하기로 했습니다. 즉 유다의 지도자들도 이스라엘의 지도자들처럼 성공의 길을 가기로 한 것입니다. 여기서 '성공의 길'은 하나님의 말씀을 붙드는 대신에 하나님의 축복과 세상의 성공을 함께 붙드는 것이었습니다. 그런데 유다 백성이 하나님의 말씀을 목숨 걸고 붙들지 않을 때 유다 백성은 하나님의 진노를 축복으로 바꾸는 데 실패했습니다. 즉 하나님이 원자로라고 하면 이스라엘 백성은 원자로를 식히는 냉각수인데 유다 백성이 하나님의 말씀에 전념하지 않으니까 원자로가 터지게 된 것입니다. 그래서 하나님의 백성은 세상의 성공을 가장 중요하게 생각할 것이 아니라 하나님의 말씀에 순종하는 것을 가장 중요하게 생각해야 하는 것입니다. 이는 일본 사람들이 아무리 기술이 뛰어나다고 하지만 쓰나미가 밀려오고 원자로의 냉각수가 고장 나니까 원자로가 폭발하면서 방사능이 누출되는 것과 같은 것입니다. 구소련의 체르노빌 원자로에서 방사능이 누출되었을 때 당장 죽은 사람은 몇십 명이 되지 않았습니다. 그러나 체르노빌 원전 사고로 10년 동안 백만 명이 죽었던 것입니다. 결국 인간의 모든 불행의 원인은 하나님의 진노를 축복으로 바꾸는 데 실패한 것입니다. 다시 말해 이 세상 사람들이 망하는 이유는 하나님의 말씀 자체를 몰라서, 즉 하나님의 말씀에 순종하는 것을 몰라서 망하는 것입니다. 그리고 유다나 이스라엘 백성이 망하는 것은 하나님의 말씀을 알기는 알지만 그 가치를 알지 못해서 순종하기 싫어서 망하는 것이었습니다.

여기서 우리가 알 수 있는 것은, 누구든지 하나님의 말씀을 바로 알고 그 말씀을 생명처럼 붙들기만 하면 얼마든지 재앙을 이기고, 병을 이기고, 전쟁을 이기고 행복하게 살 수 있다는 것입니다. 그러면 앞으로 '말일' 이 되었을 때 어떤 일이 일어나게 될까요? 그때는 우리가 눈으로 보는 지진이 아니라 영적인 대지진이 일어나는 것입니다. 이때 하나님의 말씀이 모든 사람에게 공개되고 사람들이 하나님의 말씀을 알아들을 수 있는 지혜가 주어지는 것입니다.

이것을 분명하게 예언한 선지자가 요엘 선지입니다.

"그 후에 내가 내 신을 만민에게 부어 주리니 너희 자녀들이 장래 일을 말할 것이며 너희 늙은이는 꿈을 꾸며 너희 젊은이는 이상을 볼 것이며" (욜 2:28).

미가 선지가 '말일' 이라고 말한 것이나 요엘 선지가 '그 후' 라고 말한 것은 같은 것입니다. 이것은 미래의 어떤 시점에 우리 인류에게 참으로 놀라운 일이 일어나는데 그것은 하나님의 신이 거의 무차별적으로 많은 사람들에게 부어져서 모든 사람이 하나님의 말씀을 깨닫고 하나님의 말씀의 가치를 알게 된다는 것입니다.

우리 인간에게 가장 어려운 것은 도대체 하나님의 성령이 무엇이며, 왜 성령이 인간에게 와야 하느냐 하는 것입니다. 우리가 그것을 알기 위해서는 기계를 예로 들어서 설명하면 될 것입니다. 요즘 공장에는 많은 최첨단 기계들이 있습니다. 또 많은 공장에서는 인간의 손보다 더 정밀한 로봇으로 작업을 합니다. 그런데 이 모든 것을 움직일 수 있는 동력은 전기입니다. 우리나라의 반도체 공장에서 정전 사고가 나서 30분간 전원이 공급되지 않는다면 그 피해액은 수천억 원이 넘는다고 합니다.

마찬가지로 우리 인간은 하나님이 만드신 피조물 중에서 최고의 피조물이지만 전기가 끊어져서 녹이 슬고 죽은 채로 방치되어 있는 기계와 같습니다. 그리고 그 부품이 심각하게 고장이 나서 거의 구제불능 상태에 있는 것입니다. 그런데 우리 인간 안에 있는 죄만 해결되면 하나님은 우리에게 성령을 부으셔서 우리 안의 고장 난 것을 고치시고 우리에게 다시 무궁무진한 에너지를 공급해 주셔서 능력 있게 하십니다.

하나님께서는 앞으로 새로운 때가 올 것이라고 말씀하셨습니다. 그때는 어느 특정인만이 아니라 예수를 믿는 모든 사람에게 거의 무제한적으로 성령이 부어질 뿐만 아니라 성령이 떠나지 아니하시고 언제나 우리와 함께하시는 것입니다. 그런데 이 축복의 때가 이루어지려면 의로운 제사가 드려져야 합니다. 즉 하나님께서 예루살렘 성전을 폐하시는 이유는 더 완전한 제사가 준비되어 있기 때문입니다. 이것은 바로 하나님의 아들이 인간의 몸으로 오셔서 자신을 드리는 것입니다. 이때부터 말일의 축복이 우리에게 이루어지게 됩니다.

2. 말일에 나타날 말씀의 역사

이 새 성전의 가장 큰 특징은 모든 사람이 하나님의 말씀의 가치를 깨닫고 말씀을 듣기 위해서 성전으로 몰려가는 것입니다.

2절, “곧 많은 이방이 가며 이르기를 오라 우리가 여호와의 산에 올라가서 야곱의 하나님의 전에 이르자 그가 그 도로 우리에게 가르치실 것이라 우리가 그 길로 행하리라 하리니 이는 율법이 시온에서부터 나올 것이요 여호와의 말씀이 예루살렘에서부터 나올 것임이라”

우리 인간에게 가장 치명적인 문제는 하나님의 말씀을 모른다는 것입니다. 우리 인간이 하나님께 갈 수 있는 유일한 길은 하나님의 말씀을 믿는 것입니다. 하나님은 태양보다 더 뜨거운 분이어서 우리 인간의 몸으로는 절대로 하나님께 가까이 갈 수 없습니다. 그런데 하나님이 우리에게 하나님께 갈 수 있는 유일한 길을 주셨는데 그것은 하나님의 말씀입니다. 그러나 인간들은 하나님의 말씀의 가치를 모를 뿐 아니라 들어도 이해하지 못합니다. 그런데 앞으로 한 시점이 오면 그때 많은 이방인들까지도 하나님의 말씀의 가치를 깨닫고 여호와의 산으로 몰려와서 하나님의 말씀을 들으려고 하는 것입니다. 이때는 많은 이방인들이 다른 이방인들을 초청해서 같이 시온으로 가자고 하면서 데리고 갑니다.

많은 이방인들이 이렇게 하나님의 말씀을 좋아하게 되는 것은 하나님의 말씀을 이해할 수 있는 영이 그들에게 주어지기 때문입니다. 그래서 요엘 선지도 하나님의 영이 우리에게 임하면 우리 자녀들이 장래 일을 말할 것이요, 늙은이는 꿈을 꾸며, 젊은이는 이상을 볼 것이라고 예언했습니다.

예수님이 십자가 위에서 죽으심으로 인간의 죄를 용서받게 하셨을 때 하나님은 우리 인간에게 성령을 부어 주시는데 그때 우리는 삼손같이 힘이 생기거나 적을 내어 쫓는 능력을 받는 것이 아닙니다. 하나님께서 우리에게 성령을 부어 주실 때 가장 중요한 것은 하나님의 말씀을 이해하는 능력이 생기는 것입니다. 요엘 선지가 말했던 자녀들이 장래 일을 말하고, 늙은이는 꿈을 꾸고, 젊은이는 이상을 보게 된다는 것은 모두에게 하나님의 말씀을 이해할 수 있는 능력이 생기게 된다는 것입니다. 즉 이스라엘이 망하고 유다가 망한 이유는 그들에게 하나님의 말씀이 있었지만 그들이 하나님의 말씀의 가치를 몰랐기 때문입니다. 그들이 하나님의 말씀의 가치를 몰랐던 이유는 하나님의 말씀을 잘 알아들을 수 없었기 때문입니다. 우리가 이 세상에서 불행을 이기고 아름다운 축복의 삶을 살려면 길을 바로 찾아가야 합니다. 그 길이 바로 하나님의 말씀을 배우고 하나님의 말씀에 순종해서 사는 길인 것입니다.

이때 많은 이방인들이 가면서 말하기를, "오라 우리가 여호와의 산에 올라가서 야곱의 하나님의 전에 이르자 그가 그 도로 우리에게 가르치실 것이라 우리가 그 길로 행하리라"라고 합니다. 그날에 많은 이방인들이 이제 우리가 하나님의 산에 가기만 하면 누구든지 하나님의 율법을 배울 수 있고, 하나님의 율법을 알면 복을 받을 수 있다는 것을 깨닫게 되는 것입니다. 많은 이방인들이 하는 말이, 그때 하나님께서 직접 그 도를 우리에게 가르쳐 주신다는 것입니다. 이것은 온 천지를 지으신 분이 직접 우리에게 우리가 망하지 않고 살 수 있는 길을 가르쳐 주시는 것입니다.

옛날에 대입 학원에서 유명한 책을 쓴 저자가 직접 강의를 할 때가 있었습니다. 그때 학생들은 저자의 강의를 듣기 위해서 구름 떼처럼 학원에 몰려갔습니다. 얼마 전에 성문 영어의 저자인 송성문 선생이 돌아가셨습니다. 그분이 학원에서 강의를 할 때 학생들이 구름 떼처럼 몰려와서 강의를 들었는데 저도 그 중에 있었습니다. 그분은 나중에 책을 팔아서 번 돈으로 우리나라 국보급 문화재를 많이 수집했고, 돌아가실 때 그것을 모두 박물관에 기증했습니다. 우리가 작품 전시회를 가면 그 작품을 만든 조각가나 공예가가 직접 나와서 작품에 대하여 해설을 해 줄 때가 있습니다. 작품을 그냥 보고 나오는 것과 작가 자신이 그 물건을 만든 의도와 과정, 재료 같은 것을 자세히 설명해 주는 것과는 관람의 격이 달라질 것입니다.

그런데 언제인가 온 세상을 만든 작가이신 하나님 자신이 직접 인간으로 오셔서 우리에게 도를 가르쳐 주시는 것입니다. 그 하나님은 성부가 아니라 성자입니다. 성자는 천지창조의 사역 때에 기술자로 직접 제작에 참여 하셨고, 특히 우리 인간을 만드시고 지구를 만드신 장본인이었던 것입니다. 바로 그 저자가 오셔서 우리 몸에 대하여, 우리 영혼에 대하여, 우리가 살아가야 할 길에 대하여 말씀하실 때 이것은 이 세상의 어떤 가르침과 비교가 되지 않는 확실한 가르침이 될 것입니다.

가끔 텔레비전에 의사나 연구를 많이 하신 교수가 나와서 건강에 대하여 강의를 할 때가 있습니다. 그러나 그분이 아무리 연구를 많이 했다 하더라도 우리 몸을 만든 장본인은 아닙니다. 그는 그저 우리 몸에 대하여 간접적으로 배웠을 뿐인 것입니다. 그러나 예수님은 우리의 몸을 만드신 분이고, 우리 인생을 설계하신 분이며, 우리 정신과 감정을 직접 만드신 것입니다. 그 하나님이 직접 우리에게 오셔서 우리가 살아가야 할 도를 가르치시는데 이것은 우리가 사는 길이고, 망하지 않는 길이며, 우리가 가장 행복하게 사는 길인 것입니다.

예수님이 가르쳐 주신 이 도는 우리가 세상을 믿고 사는 것이 아니고 내 돈이나 내 직위나 내 학벌을 믿고 사는 것이 아닙니다. 우리가 세상을 믿고 사는 것은 우리 자신을 과소평가하는 것입니다. 우리 인간은 우리가 생각하는 것보다 엄청나게 복잡하게 만들어져 있습니다. 우리가 망하지 않고 가장 행복하게 사는 길은 하나님의 말씀으로 내 속을 채우고 하나님을 믿고 사는 것입니다. 그러면 우리는 모든 시험과 모든 불행을 이기고 진정으로 행복하게 살 수 있습니다. 우리에게 중요한 것은 하나님의 말씀을 배우는 것입니다. 그래서 예수님은 돈이 많은 부자 청년에게 모든 재산을 팔아서 가난한 자에게 주고 나를 좇으라고 말씀하셨습니다.

요셉은 애굽에서 감옥의 노예로 있을 때 바로의 꿈을 해석해서 7년 대흉년에서 애굽 사람들을 살려 내고 애굽의 국부 같은 존재가 되었습니다. 결국 사람들에게 중요한 것은 지금 내가 얼마나 가지고 있느냐 하는 것이 아니라 앞으로 올 재앙을 어떻게 피하며 어떻게 이기느냐 하는 것입니다. 그것은 오직 하나님의 말씀을 듣고 따라가는 것밖에 없습니다.

아브라함 때 큰 전쟁이 일어났는데 소돔과 고모라의 들판을 믿고 살던 자들은 모두 전쟁에 져서 포로가 되었습니다. 그러나 헤브론 골짜기에 있던 아브라함은 하나님이 얼마나 안전하게 보호하셨던지 전쟁이 난 줄도 몰랐습니다. 아브라함은 조카가 포로가 되었다는 말을 듣고 일꾼들을 데리고 가서 군인들을 쳐부수고 포로들을 구출했습니다. 그때 소돔 사람들은 정신을 차렸어야 했는데 여전히 하나님의 말씀을 믿지 않고 소돔 들판을 믿고 살다가 유황불로 망하고 말았습니다. 앞으로 이 세상에 일어날 가장 놀라운 일은 이 세상과 우리 인간을 만드신 하나님이 직접 오셔서 우리가 살 수 있는 길을 가르쳐 주시는 것입니다.

아마 사람들 중에는 머지않은 미래에 비참하게 죽으려고 하는 사람은 없을 것입니다. 길을 가다가 깡패에게 맞아 죽거나, 아니면 나쁜 사람에게 납치되어 생매장당해서 죽는 것을 원하는 사람은 없을 것입니다. 우리는 사실 미래가 불안합니다. 미래가 불안한 사람은 다 시온으로 와서 하나님의 말씀을 배우면 하나님께서 절대적으로 안전한 삶을 주실 것입니다.

오늘 우리에게 필요한 것은 분명한 하나님의 말씀입니다. 하나님의 말씀을 바로 듣지 못했을 때 얼마나 많이 미신에 속았습니까? 우리는 하나님의 말씀을 몰랐을 때 정치인들의 말에 속았고, 엉터리 학자들에게 속았습니다. 그러나 우리는 온 세상을 만드신 작가로부터 직접 진리를 배우게 됩니다. 우리가 유명한 작가에게 직접 배우면 우리 자신이 대가가 될 것입니다. 하나님은 우리 한 사람 한 사람을 진리의 대가로 만들어 주십니다. 그런데 우리가 무엇 때문에 세상의 지식에 열등감을 느끼고 스스로 무식하다고 비하하면서 세상을 부러워하겠습니까? 여기서 '여호와의 산이 모든 산의 꼭대기에 선다' 는 것은 하나님의 말씀이 최고의 권위를 가지는 지식이라는 뜻입니다. 이 세상에 하나님의 말씀보다 더 높은 지식은 없는 것입니다.

3. 진정한 평화

하나님께서 우리에게 하나님의 말씀을 주실 때 우리는 더 이상 전쟁과 재앙을 두려워하지 않는 평화의 시대에 살게 될 것입니다.

3절, "그가 많은 민족 중에 심판하시며 먼 곳 강한 이방을 판결하시리니 무리가 그 칼을 쳐서 보습을 만들고 창을 쳐서 낫을 만들 것이며 이 나라와 저 나라가 다시는 칼을 들고 서로 치지 아니하며 다시는 전쟁을 연습하지 아니하고"

여기서 하나님은 '많은 민족 중에 심판하시며 먼 곳 강한 이방을 판결하신다' 고 하였습니다. 이것은 이 세상에 진정한 평화가 오게 하려면 아무리 먼 곳에 있다 하더라도 우리를 미워하고 공격하려고 하는 자를 이겨야 평화가 주어진다는 뜻입니다. 즉 어떤 사람이 전쟁을 일으키려고 하는데 우리만 총을 버리고 무기를 내려놓는다고 해서 평화가 오는 것은 아닙니다. 오히려 우리가 무기를 버리면 상대방은 얼씨구나 좋다고 하면서 마음껏 공격해 와서 사람을 죽이고 모든 것을 빼앗아 갈 것입니다. 그러므로 이 세상에 진정한 평화가 오게 하려면 악한 자를 모두 찾아서 없애야 합니다. 그러나 이 세상에서 악한 자를 모두 없앤다는 것은 불가능한 일입니다. 단지 이 세상에서 할 수 있는 것은 악한 자가 우리 가까이 오지 못하도록 무력으로 막는 수밖에 없는 것입니다. 그래서 국가에서는 죄를 지은 사람은 감옥에 가두어 격리시키고, 또 군대를 만들어서 적이 쳐들어오지 못하도록 막음으로써 평화를 유지합니다. 그러나 하나님은 우리의 가장 무서운 원수인 사탄의 세력을 꺾으심으로 우리에게 평화를 주셨습니다. 사탄은 사람들을 속여서 서로 미워하게 만들고, 모든 사람으로 하여금 자기 자신을 피해자라고 생각하게 만듭니다. 그러나 하나님의 말씀은 모든 것의 원인을 밝힙니다. 우리 인간의 모든 죄의 원인은 우리 인간이 하나님을 인정하지 않고 하나님을 거역한 것입니다. 우리 인간은 서로 미워할 필요가 없습니다. 우리가 하나님의 말씀을 듣고 순종하면 하나님이 우리의 모든 불행을 해결해 주십니다. 그래서 우리는 같은 인간을 미워할 필요가 없는 것입니다.

사람은 죄인이지만 그래도 하나님께서는 사람을 귀하게 생각하십니다. 하나님은 죄에 빠져 있는 우리 인간을 여전히 사랑하십니다.

우리가 상대방을 알고 나면 그가 더 이상 두렵지 않습니다. 예를 들어 어떤 청년이 아무리 키가 크고 우락부락하게 생겼다 하더라도 가족들은 그를 두려워하지 않습니다. 그 이유는 가족들은 그를 너무나도 잘 알기 때문입니다.

진정한 평화가 임한다는 것은 이 세상에 모든 폭력과 전쟁이 없어진다는 뜻이 아닙니다. 그러나 하나님의 말씀이 비추어지면 인간들은 서로 미워할 이유가 없어집니다. 결국 우리 인간의 원수는 마귀이지 인간이 아닌 것입니다. 우리 인간은 모두 약한 존재입니다. 우리는 모두 서로 도움이 필요하고 이해가 필요합니다.

그동안 사람에게 있어서 가장 어려운 문제가 무엇이었는가 하면 바로 분노를 해결할 길이 없었던 것입니다. 분노는 한번 생기면 누군가를 때리거나 해치기 전에는 없어지지 않습니다. 사람들이 싸우는 이유는 바로 이 분노와 증오 때문입니다. 그런데 예수님의 십자가는 하나님의 진노를 해결해 버렸습니다. 그리고 하나님이 우리 인간에 대하여 진노하시지 않으니까 우리 인간끼리 미워해야 할 이유가 없는 것입니다. 왜냐하면 이 세상에서 우리 인간 때문에 가장 많이 상처를 입으신 분은 하나님이며 하나님만이 진정으로 분노할 자격이 있는 분이기 때문입니다. 그런데 하나님이 진노하시지 않으면 우리 인간은 서로 미워해야 할 이유가 없어지게 됩니다.

그런데 우리는 아직도 깨닫지 못하고 무지한 가운데서 화를 내며 분노하는 상대방을 볼 때 불쌍한 마음이 듭니다. 우리는 그러한 사람을 볼 때 '나도 언젠가는 저런 때가 있었는데' 하면서 그를 이해하려고 애를 쓰게 됩니다.

진정한 평화는 내면에서 먼저 일어납니다. 그래서 사람들은 무엇보다 마음속에 있는 칼을 삽으로 바꾸어야 합니다. 우리가 다른 사람을 향한 분노를 버리면 모든 사람을 우리의 친구로 만들 수 있습니다. 그래서 우리의 인생은 수백 배 수천 배 그 폭이 넓어지는 것입니다.

하나님이 우리에게 주시는 또 다른 선물은 자기 자신에 대하여 만족을 느끼는 것입니다. 이스라엘 백성에게 있어서 이상향을 나타내는 표현이 있습니다. 그것은 사람들이 모두 자기 포도나무와 무화과나무 아래서 쉬는 것입니다.

4절, "각 사람이 자기 포도나무 아래와 자기 무화과나무 아래 앉을 것이라 그들을 두렵게 할 자가 없으리니 이는 만군의 여호와의 입이 이같이 말씀하셨음이니라"

모든 사람이 자기 포도나무와 무화과나무 아래 있다는 것은 이들이 임금을 받고 일하는 노동자가 아니라는 뜻입니다. 즉 이들은 모두 자기 과수원과 자기 밭을 가지고 있는 주인인 것입니다.

하나님께서는 예수님이 오신 이 복음의 시대에 우리에게 진정한 만족을 주십니다. 그것은 우리가 하나님의 말씀을 통해서 그동안 잃어버렸던 나 자신의 가치를 되찾기 때문입니다. 성령께서는 우리에게 돈을 주시지 않습니다. 또 건강을 주시지도 않습니다. 그러나 우리 한 사람 한 사람이 하나님 앞에서 얼마나 소중한 사람인지 깨닫게 하십니다. 그래서 우리는 내 영에 진정한 만족이 있고 감사가 있습니다. 예를 들어 우리가 길을 잃고 헤매고 있다가 길을 찾았을 때 얼마나 기쁘고 감사한지 모릅니다. 사람들은 사실 모두 길을 잃고 불안하게 어디론가 가고 있습니다. 오늘 모든 사람의 마음속에는 길을 찾지 못한 불안과 두려움이 있습니다. 그러나 우리가 예수님을 만났을 때 우리는 방황을 끝내고 소중한 나 자신을 다시 찾게 됩니다. 이것은 돈으로 환산할 수 없고, 지위나 재산으로 바꿀 수 없습니다. 지금 사람들은 방황하고 있기 때문에 가능한 한 더 많은 것을 가지고 있으려고 합니다. 그러나 예수님이 말씀하셨듯이 온 천하를 다 가져도 자기 영혼을 잃으면 무슨 소용이 있습니까?

하나님 앞에서 우리 한 사람 한 사람은 모두 독특한 가치를 가지고 있습니다. 어느 누구도 다른 사람의 삶을 부러워할 필요가 없습니다. 그는 그대로의 삶이 있고, 나는 나대로의 삶이 있습니다. 그래서 모든 사람은 하나님 앞에서 자신의 가치를 찾아야 합니다. 이때 하나님의 백성은 이제 다시는 세상을 따라가지 아니하고 하나님만 믿겠다고 결심하게 됩니다.

5절, "만민이 각각 자기의 신의 이름을 빙자하여 행하되 오직 우리는 우리 하나님 여호와의 이름을 빙자하여 영원히 행하리로다"

세상의 많은 사람들은 자기 나름대로 신을 믿고 있고, 그 신의 이름으로 잘살고 있다고 생각합니다. 그런데 알고 보니까 세상 모든 사람이 믿는 신은 자기 자신들이 만든 것이었고 자신들이 원하는 것을 신으로 생각한 것입니다. 즉 사람들이 만든 우상은 자기 안에 있는 욕망이나 감정을 형상화한 것입니다. 그래서 인간이 믿는 신들은 아무리 깨끗하고 고상하다 하더라도 모두 인간의 욕망의 화신인 것입니다. 우리가 사춘기 때 어떤 이성을 사랑하는 것은 사실 내 마음속에 있는 욕망인 것입니다.

그런데 복음은 하나님이 직접 이 세상에 오셔서 우리에게 하나님의 도를 가르쳐 주신 것입니다. 하나님은 우리에게 도만 가르치신 것이 아니라 우리의 죗값까지 치러 주셨습니다.

저는 가끔 식당에 가서 식사를 하는데 교인들이 식사비를 대신 지불할 때가 있습니다. 음식을 맛있게 먹은 사람이 식사비를 지불해야 하는데 다른 분이 먼저 내고 가신 것입니다. 우리는 예수님께서 우리의 죗값을 다 지불하셨기 때문에 하나님의 말씀을 믿고 그대로 살기만 하면 됩니다. 그래서 세상 사람들이 아무리 성공하고 잘살아도 우리가 하나님을 아는 복과는 비교되지 않습니다. 즉 그들은 여전히 고장 난 기계이고 동력이 꺼진 고물 기계인 것입니다. 이제야 비로소 우리는 여호와의 이름을 믿고 하나님만 의지해서 살겠다고 결심을 하게 됩니다.

미가 선지가 예언한 이 말씀은 오늘 신약 시대 교회를 예언한 것입니다. 우리는 이미 시온에 올라와 있고, 하나님의 도를 배우고 생명의 길을 가고 있습니다. 우리는 세상을 부러워할 필요가 없습니다. 우리는 죽을 때까지 하나님만 믿고 의지함으로 전쟁도 이기고, 재앙도 이기고, 질병도 이기는 축복의 삶을 사시는 성도들이 다 되시기 바랍니다.

성경 토의

1. 미가가 예언한 새로운 여호와의 성전은 어떻게 성취되었는가?

2. 오늘날 우리는 어떻게 하면 나라 사이의 전쟁을 예방하고 하나님이 주신 평화를 지킬 수 있는가?

3. 우리는 어떻게 해야 자신의 삶에 만족할 수 있으며, 우리가 예수님을 믿게 될 때 어떤 축복이 주어지는가?

08_예루살렘의 회복

미가 4:5-13

전체적 설명

하나님께서는 겉으로는 하나님을 믿는다고 하지만 실제로는 하나님을 불신하고 세상을 믿고 사는 예루살렘을 파괴시키시고 새로운 시온, 즉 예루살렘을 건설할 것을 약속하신다. 즉 하나님의 백성에게 가장 심각한 것은 하나님에 대한 감사를 잃어버리는 것이다. 하나님의 은혜를 당연하게 생각하는 이스라엘 자손들은 더 이상 하나님의 말씀에 목숨을 걸 이유가 없는 것이다. 하나님께서 이 세상에서 쫓겨나고 병든 자들을 다시 모아서 사랑하실 때 그들은 하나님의 은혜에 감사하고, 죽도록 하나님의 말씀을 붙듦으로 능력 있는 하나님의 새 백성이 된다.

설교 프리노트

5절, "오직 우리는 우리 하나님 여호와의 이름을 빙자하여 영원히 행하리로다"

새로운 하나님의 백성의 특징은 이 세상에서 다른 것은 절대로 의지하지 아니하고 오직 하나님만 믿고 산다는 것이다. 그 이유는, 그들은 많은 고난과 연단을 통과하면서 이 세상의 성공이나 자랑은 헛것이며 하나님만이 우리에게 진정한 축복을 주시는 분인 것을 알기 때문이다. 처음에는 이스라엘 백성이 하나님의 은혜에 감사하면서 말씀대로 살았다. 왜냐하면 하나님께서 가나안 땅도 주시고 어려울 때도 도와주셨기 때문이다. 그러나 이스라엘 자손들이 하나님이 주시는 것으로 만족하지 못하고 욕심을 부리니까 하나님의 신앙이 답답하게 되었다. 그래서 이스라엘 자손들은 하나님의 이름을 부끄럽게 생각하고 세상이 발전하고 잘사는 것을 부러워하였다. 그러나 이스라엘 자손들이 모든 것을 잃고 고생을 해 보니까 하나님을 믿는 신앙이 얼마나 가치 있고 소중한지 깨닫게 된 것이다. 하나님은 절대적으로 우리의 삶의 중심이 되기를 원하신다. 하나님은 사람들에게 이용당하지 않으신다. 하나님은 우리가 하나님의 말씀을 듣고 그 말씀대로 살기를 원하신다.

6절, "그 날에는 내가 저는 자를 모으며 쫓겨난 자와 내가 환난 받게 한 자를 모아"

하나님은 새로운 예루살렘을 건설하실 때 세상에서 가장 똑똑하고 잘나가는 자들을 모아서 건설하시는 것이 아니라 장애인이나 빚을 갚지 못해서 쫓겨난 자들 그리고 하나님이 환난 받게 하신 자들을 모아서 예루살렘 거민이 되게 하신다.

옛날에 장애인들은 많은 멸시와 천대를 받았다. 왜냐하면 장애인들은 노예로서 생산 가치가 없었기 때문이다. 노예로 팔려가더라도 장애인을 사주는 사람이 없기 때문에 대개 버림을 받아서 굶어 죽을 수밖에 없을 것이다. 그러나 하나님은 이런 자들을 불쌍히 여겨 주신다. 여기서 '쫓겨난 자' 는 빚을 갚지 못해서 종으로 팔려간 자를 말한다. 그리고 '환난을 당한 자' 도 집안에 어려움을 당해서 식구들이 뿔뿔이 흩어져 버리고 인생이 풍비박산이 난 사람들을 말한다. 이들은 모두 예루살렘의 가난한 자들이었다. 그러나 하나님은 이런 인생의 실패자들을 다시 모아서 새 예루살렘을 건설하겠다고 말씀하신다. 그 이유는 적어도 그들은 하나님의 말씀의 가치를 알고 그 말씀으로 살려고 하는 자들이기 때문이다. 그래서 하나님의 백성이 끝까지 은혜를 붙들려면 많은 고난과 환난을 통과해서 하나님의 말씀의 가치를 알아야 한다.

7절, "그 저는 자로 남은 백성이 되게 하며"

이제 선지자의 예언에서 조금씩 중요하게 나타나기 시작하는 것이 '남은 자' 의 사상이다. 원래 '남은 자' 라고 하는 것은 환난을 당했을 때 전쟁에서 죽거나 포로로 붙들려 가지 않고 끝까지 남은 자를 말한다. 전쟁이 끝났을 때 사람이 죽어 버리면 아무 소용이 없지만 살아 있기만 하면 고향에 돌아가서 그리운 가족을 만나 다시 행복한 삶을 꾸릴 수 있을 것이다. 특히 전쟁에서 큰 부상을 입지 않고 온전한 몸으로 돌아오기만 하면 모든 것을 다시 시작할 수 있을 것이다. 그러나 선지자가 말하는 '남은 자' 는 죽지 않고 남은 자나 신체가 온전한 자를 말하지 않는다. 여기 '남은 자' 는 이런 환난을 통과한 후에 끝까지 하나님 한 분을 의지하는 신앙을 가지고 있는 자를 말한다. 이들이 이런 환난 가운데서도 끝까지 하나님을 의지할 수 있는 것은 하나님께서 그들에게 믿음을 주셨기 때문이다.

"멀리 쫓겨났던 자로 강한 나라가 되게 하고"

망해서 먼 곳으로 쫓겨났던 자들이 빚을 갚고 돌아오는 것만 해도 다른 사람들의 눈에는 신기하고 놀랍게 보일 것이다. 그런데 만일 그들이 강한 나라로 발전하면 더 신기해할 것이다. 그런데 하나님께서는 장차 이스라엘 자손들만이 아니라 이 세상의 부족하고 소외된 자들에게 복음을 주시고 그들로 하나님의 백성이 되게 하셔서 하늘의 복을 쏟아부어 주실 것이다.

"나 여호와가 시온산에서 이제부터 영원까지 그들을 치리하리라"

하나님은 드디어 택하신 백성에게로 돌아오셔서 그들의 목자가 되어 주신다. 그러나 이제 하나님은 다시는 그들을 버리지 아니하시고 영원까지 지켜 주실 것이다. 하나님께서 그렇게 하실 수 있는 이유는 이미 하나님이 큰일을 행하셨기 때문이다. 그것은 하나님께서 아들을 보내셔서 우리 인간 속에 있는 죄를 뿌리 뽑으시고 우리의 본성을 바꾸시기 때문이다.

8절, "너 양떼의 망대요 딸 시온의 산이여"

하나님은 이제 다시 예루살렘을 회복시키신다. '양 떼의 망대' 라고 하는 것은 양들이 들판에서 돌아와서 안전하게 쉴 수 있는 곳을 말한다. 지금까지 예루살렘은 양 떼의 망대가 되지 못하고 오히려 강도의 소굴처럼 되어서 양들을 도살하거나 경매하는 곳이 되었다. 그러나 이제는 강한 목자가 계시기 때문에 어느 누구도 양들을 해치지 못할 것이다.

원래 예루살렘은 하나님의 양 떼의 망대였다. 망대는 모든 위험을 미리 볼 수 있을 뿐만 아니라 그 안으로 많은 양들이 피할 수도 있다. 망대는 아주 튼튼하고 높게 만들어져 있어서 아무리 맹수들이 덤빈다 하더라도 매우 안전한 것이다.

"이전 권능 곧 딸 예루살렘의 나라가 네게로 돌아오리라"

'이전 권능' 은 다윗과 솔로몬 때의 이스라엘의 번영과 축복을 말한다. 그러나 이스라엘이 다윗과 솔로몬 때 전 세계적으로 유명했던 것은 반드시 국력 때문만이 아니었다. 다윗과 솔로몬 때 이스라엘은 정의로운 나라였고 하나님의 말씀이 넘치는 곳이었다. 사람들은 이스라엘을 믿을 수 있었고, 거기에 가면 자신의 인생을 되찾을 수 있었기 때문에 좋아하였다. 그리고 예루살렘은 다시 하나님의 '딸 시온' 이 된다. 여기서 '딸 시온' 은 비록 인간적으로는 약하지만 하나님에게는 가장 사랑받고 가장 소중한 사람을 말한다. 우리는 약할 때 하나님 앞에서 더 사랑받는 자들이 될 수 있다.

10절, "딸 시온이여 해산하는 여인처럼 애써 구로하여 낳을찌어다"

하나님은 한편으로는 예루살렘의 회복을 말씀하시지만 지금 당장은 예루살렘이 고통을 받아야 할 것을 말씀하신다. 그러나 이것은 결국 아기를 밴 여인이 해산하는 고통을 겪어야 하는 것과 같은 것이다. 만삭이 된 여인은 결국 아기를 낳아야 아기도 살고 자신도 살 수 있다. 마찬가지로 죄로 배가 부른 유다 백성은 먼 곳에 가서 이 죄를 버려야 하나님의 축복을 회복할 수 있다. 그래서 지금 유다 백성이 환난당하는 것은 마치 아이를 낳는 여인의 고통처럼 미래가 있는 고통이다.

하나님께서는 유다 백성에게 많은 고통을 당하게 하신다. 즉 하나님은 유다 백성이 해산의 수고를 하여 아이를 낳는 여인처럼 이방인들로부터 많은 환난을 당하게 하신다. 유다 백성은 평안히 살던 성에서 쫓겨나 들에서 살게 되고, 거기서도 쫓겨나 바벨론까지 가서 종살이를 하게 될 것이다. 그러나 유다 백성은 그 바벨론 땅에서 하나님의 은총을 되찾게 된다.

11절, "이제 많은 이방이 모여서 너를 쳐 이르기를"

이방인들은 예루살렘이 멸망하는 것을 보고 유다 백성이 완전히 망했다고 생각했다. 그래서 이방인들은 유다 백성이 더 망해서 "시온이 더럽게 되며 그것을 우리 눈으로 바라보기를 원하노라"라고 한다. 그러나 이 모든 것은 하나님이 주의 백성을 정결케 하는 과정에 불과하다. 믿지 않는 자들은 항상 하나님의 백성에 대하여 시기와 질투의 마음을 가지고 있다. 그 이유는 바로 하나님의 백성이 가지고 있는 거룩함에 대한 시기심 때문이다. 그래서 하나님의 백성이 믿지 않는 자들에게 미움을 받지 않으려면 더 겸손해야 한다.

12절, "그들이 여호와의 뜻을 알지 못하며 그 모략을 깨닫지 못한 것이라"

세상 사람들은 하나님의 백성이 당하는 환난이 멸망이 아니라 그들을 치료하는 과정이라는 것을 알지 못한다. 그래서 그 마음속에 하나님의 말씀이 있는 사람들은 시련을 받을수록 더욱더 하나님께 가까이 다가가게 된다. 연단이 끝난 후에 하나님은 이들을 다시 회복시키시고, 또 흩으셨던 자들을 모으셔서 강한 나라가 되게 하신다.

13절, "딸 시온이여 일어나서 칠찌어다 내가 네 뿔을 철 같게 하며"

하나님께서는 하나님의 백성을 연단시키고 회복시키는 것으로 끝내시는 것이 아니라 그들로 하여금 다시 이 세상을 공격하게 하신다. 그러나 하나님의 백성이 세상을 공격하는 것은 복수하려는 것이 아니라 하나님의 사랑과 진리로 세상을 다시 공격해서 굴복시키는 것이다. 이때 하나님은 주의 백성의 뿔을 철같이 강하게 하고 굽을 놋같이 튼튼하게 하셔서 이 세상에서 아무리 강한 자도 그 뿔로 물리치실 것이고, 그 발굽으로 밟게 하실 것이다.

본문 이해를 위한 질문

1. 우상 숭배에 빠져 있었던 유다 백성은 앞으로 어떤 신앙을 가지게 되는가?

세상 사람들이 아무리 자기 신을 가지고 잘산다 하더라도 이들은 오직 여호와만 의지하고 살게 된다.

2. 하나님은 앞으로 예루살렘을 어떻게 회복시키시는가?

하나님은 쫓겨난 자들과 저는 자들과 환난을 당한 자들을 모으셔서 강한 나라가 되게 하시고, 다시 그들의 목자가 되셔서 영원히 다스리신다.

3. 지금 당장 예루살렘은 어떤 대가를 치러야 하는가?

마치 해산하는 여인처럼 유다 백성은 들로 쫓겨나고 바벨론으로 붙들려 가서 거기서 고생을 하면서 연단을 받아야 한다. 그러나 이것은 결코 멸망하는 것이 아니라 여인의 해산의 수고이다.

성경 강해

불이 나서 폐허가 된 집을 다시 사용하려면 대충 수리해서는 쓸 수가 없습니다. 그 집을 다시 사용하려면 완전히 철거하고 새로운 재료를 사용하여 새 집을 지어야 합니다. 그렇게 하지 않고 불 탄 집에 대충 나무를 덧대어서 사용하면 붕괴될 수 있기 때문에 더 위험합니다.

일본은 지난번 쓰나미로 많은 피해를 보았는데, 그 중에 가장 심각한 피해는 원전 폭발이었습니다. 무려 네 개의 원전이 폭발하는 바람에 일본 사람들은 전기가 모자라서 극도의 절전 정책을 쓰면서 인내심을 보여 주었습니다. 즉 일본 사람들은 에어컨 대신에 선풍기나 부채를 사용하고, 나중에는 사무실에서 복사기조차도 사용하지 못하게 했습니다. 그런데 더 심각한 것은 그 고장 난 원전을 고쳐서 다시 쓸 수 없다는 것입니다. 한번 고장이 난 원전은 영원히 쓸 수 없을 뿐 아니라 앞으로도 방사능이 나오지 못하도록 철저하게 폐쇄해야 합니다. 구소련의 체르노빌 원전은 방사능이 누출된 후 공장 전체를 시멘트로 덮어서 밀봉해 버렸습니다. 그런데 문제는 원전 자체를 시멘트로 밀봉해도 그 안에 있는 방사능 물질 때문에 온도가 올라가고 있다는 것입니다.

유다에 있는 예루살렘에는 하나님의 성전이 있었습니다. 이 예루살렘 성전은 다른 나라에 있는 절이나 신전처럼 인간들이 자기도 모르는 신을 위해서 집을 지은 것이 아니라 하나님께서 직접 이스라엘 백성에게 집을 짓게 하신 것이었습니다. 하나님은 원전에 비하여 수억만 배 강한 힘을 가진 분입니다. 그런데 이스라엘 백성이 하나님의 말씀에 죽어라고 순종할 때 이스라엘 백성은 마치 원자로의 냉각수 같은 역할을 해서 성전을 통해서 하나님의 능력을 축복으로 바꾸는 데 성공했습니다. 그런데 시간이 흐르면서 유다 백성에게 하나님에 대한 절박하고 두려운 마음이 없어졌습니다. 그래서 이스라엘 백성은 '우리가 굳이 목숨을 걸고 하나님의 말씀을 붙들 필요가 없다. 우리도 이 세상에서 성공하는 길을 택하자' 고 해서 이스라엘 백성의 길을 따라갔을 때 하나님의 방사능이 누출되기 시작했습니다. 즉 예루살렘 성전은 하나님의 능력을 축복으로 바꾸는 데 실패해서 하나님의 진노를 자꾸 쌓아 놓게 되었습니다. 결국 유다 백성은 목숨을 다해서 하나님의 말씀을 붙들지 않았기 때문에 죄로 망하게 되었습니다. 그래서 실제로 이스라엘은 폐허가 되고 유다는 망해서 바벨론에 포로로 끌려가게 됩니다.

그런데 오늘 본문에서 하나님께서는 망해서 포로로 끌려간 유다 백성을 다시 모으시며 그들을 강한 나라가 되게 하겠다고 말씀하십니다. 이것은 마치 예루살렘 성전이 불타서 망하게 되었을 때 다시 성전을 지으려면 완전히 새로운 재료와 새 설계도를 가지고 새 집을 지어야 하는 것처럼 새로운 재료와 새로운 설계도로 새 집을 지어야 한다는 것입니다.

미가가 예언한 새로 지어질 예루살렘 성전은 오늘 신약 교회를 의미합니다. 우리는 도대체 어떻게 해서 우리가 새로운 하나님의 성전으로 지어지는지 알아야 하고, 하나님이 우리에게 주시는 능력이 어떤 능력인지 알아야 하겠습니다.

1. 하나님에 대한 새로운 고백

불이 나서 홀랑 타 버린 집을 다시 사용하려면 타다 남은 목재들을 완전히 치워야 할 뿐 아니라 완전히 새로운 재료와 새로운 설계도로 새 집을 지어야 합니다. 앞으로 세워질 새 이스라엘과 새 성전에서 가장 중요한 것은 하나님에 대한 새로운 믿음입니다.

5절, "만민이 각각 자기의 신의 이름을 빙자하여 행하되 오직 우리는 우리 하나님 여호와의 이름을 빙자하여 영원히 행하리로다"

우리 인간에게 가장 어려운 문제는 하나님을 바로 아는 것입니다. 왜냐하면 모든 인간은 죄를 지은 이후에 하나님을 아는 능력이 죽어 버렸기 때문입니다. 예를 들어 자동차에서 가장 중요한 것은 어느 자동차 회사가 그 차를 만들었느냐 하는 것입니다. 만약 어떤 정비공이 이 회사 저 회사의 부품들을 모아가지고 자기 나름대로 자동차를 조립한다면 사람들은 그 차를 완전히 고물로 생각하지 새로운 자동차로 인정해 주지 않을 것입니다. 가끔 대학교에 가 보면 자동차학과 학생들이 자기들 나름대로 자동차 엔진이나 부품을 가지고 자동차를 조립해서 학교 안에서 그 엉터리 차를 몰고 돌아다니기도 합니다. 그러나 사람들은 학생들이 만든 그 자동차를 새 자동차로 인정을 하지 않습니다.

마찬가지로 이 세상 사람들은 모두 나름대로 자기 신을 믿습니다. 그러나 모든 인간이 믿는 신은 참 하나님이 아니고 하나님에 대한 인간들의 상상에 불과한 것입니다. 우리 인간은 하나님을 바로 알아야 인생의 의미를 찾을 수 있고 능력 있는 삶을 살 수 있는데 우리 인간은 하나님을 알 수 있는 능력을 잃어버렸습니다. 그래서 모든 인간은 하나님을 나름대로 조립해서 열심히 믿고 있었던 것입니다. 실제로 그 사상들은 고철을 모아 놓은 수준에 불과했습니다. 그런데 하나님은 유일하게 이스라엘 백성에게 하나님을 알게 하셨을 뿐 아니라 하나님을 의지해서 사는 믿음을 선물로 주셨습니다. 특히 하나님은 이스라엘 백성에게 하나님의 능력을 축복으로 바꿀 수 있는 성전을 주셨습니다. 그런데 이스라엘 백성은 하나님을 잘 섬기지 않고 다른 나라의 우상을 따라서 섬기다가 망합니다.

우리가 알아야 할 것은, 이스라엘 백성은 하나님을 바로 알 수 있는 특권을 받았음에도 불구하고 왜 하나님만 열심히 믿지 못하고 세상을 따라갔을까 하는 것입니다. 가장 큰 이유가 이스라엘 백성이 보기에도 세상이 너무 좋아 보였기 때문입니다. 즉 이스라엘 백성이 보니까 이 세상에는 부가 있고, 권력이 있고, 엄청난 지식이 있고, 문화가 있는데 하나님이 이스라엘 백성에게 요구하신 것은 오직 성경 말씀 하나에만 목숨을 걸라는 것이었습니다. 이스라엘 백성은 하나님을 믿는 것은 좋지만 오직 하나님의 말씀만 믿으라는 것은 너무 답답하고 독선적이고 융통성이 없는 비현실적인 생각으로 느껴졌던 것입니다. 이스라엘 백성은 이 세상에 이렇게 좋은 것들이 많은데 왜 그것들을 외면하고 오래된 하나님의 말씀에만 집착을 해야 하는지 이해가 되지 않았습니다. 그런데 그 오래된 하나님의 말씀이 하나님의 능력을 축복으로 바꾸는 비법이었던 것입니다. 그러나 이스라엘 백성은 그것을 믿지 않았습니다. 그뿐만 아니라 하나님께서 이스라엘 백성에게 요구하신 것은 철저한 자발성이었습니다. 즉 하나님께서 다른 민족에게 하시듯이 강권적으로 하나님만 믿게 하셨더라면 이스라엘 백성은 벌벌 떨면서 하나님만 믿고 감히 딴생각을 하지 못했을 것입니다. 그러나 하나님은 이스라엘 백성이 자발적으로 하나님을 믿고 하나님을 알아 가기를 원하셨는데 이것은 다른 말로 표현하면 하나님을 안 믿어도 된다는 뜻이었습니다.

사람은 강압적인 분위기에서는 하기 싫더라도 순종하고 신경을 쓰게 되지만 '알아서', 즉 자발적으로 순종하라고 하면 덜 신경쓰게 됩니다. 그래서 이스라엘 백성은 하나님의 율법의 말씀과 하나님을 우습게 생각해서 멀리하고 별로 신경을 쓰지 않았습니다. 그 대신 이스라엘 백성은 자신들의 성공이나 출세에 중요한 영향을 미친다고 생각되는 우상과 사람들과의 관계에 마음을 다 쏟았습니다. 그 결과는 대재앙이었습니다. 하나님은 이스라엘 백성이 하나님을 멀리하고 우상을 섬기는 것에 대하여 복수를 하거나 미워하지는 않았지만 하나님의 능력이 없어지게 하셨습니다. 하나님의 능력이 없어진 이스라엘은 당시 주위 나라들 중에서 가장 비참하게 망해 버렸습니다. 즉 이스라엘이라는 나라는 지구 위에서 영원히 사라지고 만 것입니다. 그리고 유다도 하나님을 멀리하고 열심히 세상을 따라갔는데 그 결과는 바벨론에 의해서 나라가 망하고 백성이 포로로 붙들려 가는 것이었습니다. 그러고 난 후에 유다 백성이 깨닫게 된 것은, 하나님만 믿어야 복을 받을 수 있다는 것이었습니다.

'만민이 각각 자기의 신의 이름을 빙자하여 행하되 오직 우리는 우리 하나님 여호와의 이름을 빙자하여 영원히 행하리로다.'

이 세상 모든 민족이 나름대로 자기 신을 믿으며 그 신이 자기들을 지켜주고 복을 주었다고 믿고 있습니다. 그런데 이스라엘 백성이나 유다 백성은 한번 망하고 나니까 그때서야 비로소 하나님의 신앙의 가치를 알게 되는데, 세상 사람들이 믿는 신은 신에 대한 조립품에 불과하고 자기들이 믿는 하나님이 진짜 하나님이시며 자기들은 하나님만 믿어야 복을 받을 수 있다는 것을 깨닫게 되는 것입니다. 물론 이스라엘 백성이나 우리는 처음부터 우리가 믿는 하나님은 참 하나님이며 하나님만 믿어야 산다는 것을 믿어야 하는데 우리 인간은 겪어 보지 않으면 자기 신앙의 가치를 잘 모르게 됩니다. 즉 이스라엘 백성이나 유다 백성은 하나님을 버리고 열심히 세상을 따라갔습니다. 그러나 그 결과는 멸망이었습니다. 그래서 그들은 인간의 머리가 아무리 뛰어나다 하더라도 절대로 하나님의 말씀보다 더 능력이 있을 수 없다는 것을 깨닫게 된 것입니다.

여기서 한 걸음 더 나아가면 하나님의 아들이 직접 이 세상에 오셔서 십자가에 죽으시기까지 하나님의 말씀에 순종하시고 그 믿음으로 사망의 권세를 깨뜨리고 부활하시는 것을 보고 하나님의 말씀의 능력이 이런 것이며 우리는 이렇게 믿어야 하는구나 하는 것을 깨닫게 되는 것입니다. 그러나 여전히 우리는 우리에게 하나님의 말씀이 있음에도 불구하고 여전히 세상에서 성공한 사람이 부럽고 우리의 형편과 처지가 보잘것없다고 느낄 때가 많습니다. 그러나 우리는 이스라엘 백성처럼 한번 망하고 난 후에야 비로소 하나님의 말씀이 엄청나게 가치가 있다는 것을 깨달을 것이 아니라 미리 깨닫는 믿음을 가지시기 바랍니다.

그래서 미가 선지는 세상 사람들은 모두 자기 신들이 똑똑하다고 말하지만 우리는 오직 하나님 여호와의 이름만 믿고 살겠다고 선포하게 된다고 했습니다. 다윗은 거인인데다가 갑옷과 무기를 가지고 싸우러 나오는 골리앗을 향해서 '너는 칼과 창과 단창을 가지고 내게 나오지만 나는 만군의 하나님 여호와의 이름으로 나아간다' 고 말을 했습니다(삼상 17:45). 그리고 베드로와 요한은 성전 미문의 장애인 거지를 향해서 "은과 금은 내게 없거니와 내게 있는 것으로 네게 주노니 곧 나사렛 예수 그리스도의 이름으로 걸으라"(행 3:6)라고 했습니다. 즉 미가의 고백은 세상 사람들은 세상의 돈이나 자기 능력으로 모든 일을 하지만 우리는 오직 하나님의 능력으로 모든 것을 해낸다는 것입니다. 우리 믿는 사람들의 과제는 세상의 것을 많이 모으는 것이 아닙니다. 우리의 과제는 어떻게 하면 하늘을 열어서 하나님의 능력이 우리에게 오게 할 수 있느냐 하는 것입니다. 그것은 오직 목숨을 걸고 하나님의 말씀대로 믿는 것밖에 없습니다.

2. 버림받은 자를 부르시는 하나님

하나님께서는 하나님의 성전을 회복시키는 재료 중에 가장 중요한 것은 사람이라고 말씀하셨습니다. 그런데 하나님이 성전의 재료로 쓰시는 사람들은 건강하고 권세가 있는 사람이 아니라 장애를 가지고 있고 아무것도 자랑할 것이 없는 불쌍한 사람들이라고 말씀하셨습니다.

6절, "여호와께서 말씀하시되 그 날에는 내가 저는 자를 모으며 쫓겨난 자와 내가 환난 받게 한 자를 모아"

하나님께서는 '그날' 에, 즉 이스라엘을 회복시키시는 때에 저는 자들과 쫓겨난 자들과 환난을 받게 한 자들을 부르신다고 말씀하고 있습니다. 우선 '저는 자들' 은 다리가 장애를 입은 사람들인데 옛날에 노예들의 가격을 매길 때 장애인들은 일을 하지 못한다고 해서 거의 팔리지 않았습니다. 그래서 옛날에 전쟁을 해서 이겼을 때 사람들을 붙들어 가더라도 멀쩡한 사람만 붙들어 가지 장애인들은 그 자리에서 죽이는 경우가 많았습니다. 왜냐하면 장애인들은 양식이나 축낼 뿐 아무 쓸모가 없었기 때문입니다. 그러나 하나님이 가장 사랑하시고 하나님이 가장 먼저 부르시는 자는 노예로서도 가치가 없었던 장애인들이었습니다.

왜 하나님은 이런 자들을 가장 먼저 부르실까요? 이것이 바로 인간이 이해할 수 없는 점입니다. 즉 사람들은 힘이 있고 능력이 있으면 자기 자신을 믿지 하나님을 필사적으로 믿지 않습니다. 우리 생각으로는 하나님이 우리를 건강하게 하시고, 부요하게 하시고, 공부를 해서 학식이 있게 하셨다면 우리가 다른 사람들보다 더 하나님을 사랑하고 감사할 것 같은데 사람은 그렇게 되지 않습니다. 오히려 하나님 앞에서 가장 마음이 가난하고 죽어라고 하나님을 붙드는 사람은 가진 것이나 자랑할 것이 아무것도 없는 사람인 것입니다.

예수님께서는 "내가 의인을 부르러 온 것이 아니요 죄인을 불러 회개시키러 왔노라"라고 하셨습니다. 왜 예수님은 하나님을 잘 믿는 의인을 부르지 않고 죄를 많이 짓고 타락한 생활을 한 죄인을 부르시는 것일까요? 참으로 이상하게도 의인들은 하나님이 그들을 구원하셔도 그들은 감사하지 않습니다. 의인들은 자기들이 구원받는 것이 당연하다고 생각하고 오히려 죄인들이 자기들과 같이 구원받는 것을 기분 나쁘게 생각하고 스타일을 구기는 것으로 생각해서 불평합니다. 그러나 죄인들은 자기들이 도저히 구원받을 자격이 없다는 것을 알기 때문에 너무나도 감사하며, 특히 자기 같은 다른 죄인들이 함께 구원받는 것을 너무나도 기쁘게 생각합니다. 그러니까 감사할 줄 모르는 의인보다는 감사하는 죄인이 더 하나님의 마음에 맞는 것입니다.

우리는 원래 구원받을 수 없는 교만한 사람들이었습니다. 그런데 하나님은 우리를 세상에서 망하게 하시고 실패하게 하셔서 장애인으로 만드셨습니다. 우리는 어떤 의미에서 육체적인 장애인은 아닐지 몰라도 사회적으로는 장애인일 때가 많습니다. 우리는 이 세상에서 사람 구실을 제대로 하지 못하기 때문에 더 결사적으로 하나님의 은혜를 붙들게 되는 것입니다. 그래서 우리는 남은 한평생도 하나님 앞에서 장애인으로 살아가야 합니다.

그리고 하나님은 빚을 갚지 못해서 쫓겨난 자를 부르실 것이라고 하셨습니다. 하나님은 공부도 잘하고 돈도 많은 엘리트를 불러서 이스라엘을 세우면 참으로 훌륭한 이스라엘이 될 것 같은데 왜 종으로 팔려갔던 자를 불러서 예루살렘을 세우시는 것일까요? 그것은 이들이 쫓겨난 적이 있는 사람들이기 때문입니다. 그래서 이들은 하나님의 은혜의 소중함을 아는 것입니다. 하나님은 하나님의 성전이 옛날처럼 세상의 지식과 오만함과 자랑으로 지어지는 것을 원치 않으십니다. 하나님은 이 새 성전이 눈물과 감격과 감사로 지어지기를 원하십니다. 우리는 교회를 엘리트로 지으려고 하는데 하나님은 그것을 원치 않으시는 것입니다. 하나님은 좀 더 교육 수준이 낮고 가난하고 비천해도 감사와 감격과 눈물로 하나님의 성전이 지어지기를 원하시는 것입니다.

또한 내가 환난 받게 한 자를 모으겠다고 하셨습니다. 여기서 '환난 받는 자' 는 여러 가지 어려움을 당해서 마음이 가난해진 사람을 말합니다. 우리가 어려움 없이 편안하기만 하면 마음이 단단하고 질긴 고기처럼 됩니다. 그러나 우리가 환난을 많이 당하면 마치 고기를 칼로 다지듯이 칼질을 당하고, 또 거기에 양념까지 듬뿍 들어가기 때문에 너무나도 맛이 있는 요리가 되는 것입니다. 결국 하나님이 지으시는 성전은 눈에 보이는 건물이 아니라 고난을 받고 연단을 받아서 참으로 하나님의 말씀의 가치를 알고 그 말씀으로 다듬어진 사람들인 것입니다.

7절, "그 저는 자로 남은 백성이 되게 하며 멀리 쫓겨났던 자로 강한 나라가 되게 하고 나 여호와가 시온산에서 이제부터 영원까지 그들을 치리하리라 하셨나니"

하나님께서는 새 예루살렘을 지으시고 새 이스라엘을 세우시는데 건강하고 힘이 있고 돈이 많은 사람들을 시켜서 세우는 것이 아니라 다리를 절고 멀리 쫓겨났던 사람들을 모아서 짓겠다고 말씀하십니다. 하나님께서 이런 이류 사람들을 불러서 성전을 세우시는 이유가 무엇일까요? 하나님의 백성의 능력은 얼마나 결사적으로 하나님의 말씀을 붙드느냐 하는 데 달려 있기 때문입니다. 그런데 이 세상에서 머리가 좋고 공부를 많이 한 사람은 아무래도 결사적으로 하나님의 말씀을 붙들게 되지 않고 자꾸 인간의 머리나 세상의 지식을 믿으려고 합니다. 그래서 하나님은 이 세상에서 가장 부족한 사람들을 불러서 새 이스라엘의 백성이 되게 하시는데 그들이 하나님의 말씀만 붙드니까 매우 강한 나라가 되는 것입니다.

우리는 이 세상에서 강한 나라가 되는 비결이 어디에 있는지 모를 때가 많습니다. 우리 생각으로는 돈이 많은 나라가 강한 나라가 될 수 있을 것 같습니다. 요즘 중국은 돈이 많기 때문에 많은 최신 무기들을 생산해서 강한 군대를 만들고 있습니다. 그러나 무조건 돈이 많고 무기가 좋다고 해서 강한 군대가 되는 것은 아닙니다. 죄를 이길 수 있는 나라가 강한 나라입니다. 결국 죄라고 하는 것은 사람의 마음이 부패하는 것인데 무엇이든지 부패한 것은 힘이 없습니다. 아무리 비싼 음식이라도 일단 부패한 것은 그 전체를 버려야 합니다. 마찬가지로 아무리 명문 대학을 나왔다 하더라도 마약이나 먹고 죄에 빠져 허우적거리는 자는 절대로 힘을 낼 수가 없습니다. 우리 인간이 부패를 막을 수 있는 유일한 방법은 하나님의 말씀을 먹는 것입니다. 요즘 우리는 죄악된 환경에서 살아갑니다. 특히 방송사들은 좋지 않은 영화나 프로그램들을 통해서 온 국민의 마음을 썩게 하고 있습니다. 우리는 더욱더 결사적으로 회개하고, 결사적으로 하나님의 말씀을 붙들어야 합니다.

하나님께서는 이제 예루살렘의 망대나 성이 다시 회복되며 그 나라의 영광이 다시 그들에게 돌아올 것을 약속하십니다.

8절, "너 양떼의 망대요 딸 시온의 산이여 이전 권능 곧 딸 예루살렘의 나라가 네게로 돌아오리라"

'양 떼의 망대' 는 예루살렘 성전이 바로 하나님의 양 떼를 지키는 망대였다는 것을 의미합니다. 양들은 미련하고 강하지 못해서 야생동물들을 이길 수가 없습니다. 그런데 하나님의 말씀은 우리를 양으로 만들어 버립니다. 이 세상은 이리들 천지인데 어떻게 이 이리들이 우글거리는 세상에서 양들이 살 수 있겠습니까? 예수님은 제자들을 세상에 보내시면서 '너희를 세상에 보내는 것이 양을 이리 가운데로 보내는 것과 같다' 고 말씀하셨습니다. 우리는 이 세상뿐만이 아니라 교회 생활을 하면서도 기질이 강한 사람들을 내 힘이나 내 머리로 이길 수 없다는 생각이 듭니다. 그래서 이스라엘 백성은 양이 되는 것을 포기하고 이리로 남았던 것입니다. 이 세상은 강한 자가 되어야 살 수가 있습니다. 그러나 우리가 하나님의 말씀을 붙들면 양이 되어 버립니다. 그런데 놀라운 것은 하나님이 양들의 목자가 되어 주시는 것입니다. 예루살렘 성전은 양들을 지키는 망대였습니다. 즉 하나님의 말씀은 우리를 죄로부터 지키는 튼튼한 망대였습니다. 또 하나님의 말씀은 우리로 하여금 재앙을 미리 피하게 하는 망대였습니다. 우리가 하나님의 말씀을 붙들면 처음에는 어려움을 당하지만 결국은 멸망을 피하게 됩니다. 그런데 예루살렘에서 말씀이 없어지면 예루살렘 성전은 더 이상 양들을 지키는 망대가 되지 못하고 강한 자들이 노는 놀이터가 되어 버립니다.

어떤 바닷가에 해난 구조대가 있었습니다. 사람들은 이곳을 해난 구조대로 방치하는 것은 너무 아까우니까 이곳을 사람들이 교제하는 장소인 사교 클럽으로 만들자고 했습니다. 사람들은 그것이 좋겠다고 생각해서 해난 구조대는 한 구석으로 치워 버리고 매일 만나서 술 마시고 파티하고 춤추는 곳으로 만들었습니다. 그러다가 나중에는 완전히 그 전체를 사교장으로 만들어 버렸습니다. 그런데 얼마 후에 큰 해난 사고를 당했는데 구조대가 제 역할을 하지 못하는 바람에 많은 사람이 바다에 빠져서 죽었습니다.

마찬가지로 바다에 등대가 있다는 것은 거기에 암초가 있고 선박 충돌 사고가 날 수 있다는 것을 의미합니다. 그런데 사람들이 등대의 불을 꺼 버리고 그곳을 놀고 즐기는 곳으로 만들어 버린다면 대형 사고를 면치 못할 것입니다. 그래서 하나님의 백성 가운데 다시 말씀의 등대가 살아날 때 그 곳은 다시 양들의 망대가 됩니다. 즉 하나님의 말씀이 양들을 지키며 안전한 곳으로 인도하는데 그곳에 하늘의 복이 임하게 됩니다.

그리고 하나님은 "딸 시온의 산이여 이전 권능 곧 딸 예루살렘의 나라가 네게로 돌아오리라"라고 하셨습니다. 여기에 보면 딸 시온이 나오고, 딸 예루살렘이 나옵니다. 여기서 '딸'은 처녀를 말합니다. 처녀는 아름답고 청순해서 많은 남자들의 관심을 끕니다. 그런데 처녀는 힘이 없고, 돈이 없으며, 부모의 보호 아래 있습니다. 그리고 처녀는 아무 남자와 데이트하거나 사귈 수가 없습니다. 그래서 대개 딸들은 데이트를 하러 나갈 때에 부모님에게 누구를 만나러 가도 되느냐고 승낙을 받고 나가야 합니다. 그런데 처녀 이스라엘 백성은 일일이 하나님의 허락을 받고 하나님의 보호를 받는 것이 귀찮고 싫었습니다.

이스라엘 백성은 자신들이 어른이 되기를 바랐습니다. 그런데 아이가 어른이 되는 것은 쉬운 것이 아닙니다. 어떤 아이들은 빨리 어른이 되려고 담배를 피우거나 술을 마시거나 가출을 하는데 이것은 어른이 되는 것이 아니라 불량배가 되거나 나쁜 아이가 되는 길인 것입니다.

그런데 놀라운 것은, 이스라엘 백성이 다시 하나님의 딸이 되니까 옛날 이스라엘의 영광이 돌아오게 되었다고 말씀하고 있습니다. 이것은 참으로 놀라운 것입니다. 다시 말해서 우리가 하나님의 보호에서 벗어나서 내 마음대로 성공하려고 했을 때에는 비참하게 망했는데 하나님의 딸이 되어서 하나님의 보호를 받고 하나님을 의지해서 사니까 하나님의 능력과 축복이 돌아오게 되는 것입니다.

이것을 통해서 우리가 알아야 할 것은, 하나님의 백성의 성공의 길은 세상 사람들의 성공의 길과 다르다는 것입니다. 우리가 성공하는 길은 하나님을 잘 믿는 것입니다. 우리가 권능을 회복하는 길은 하나님의 말씀에서 벗어나지 않는 것입니다.

3. 유다의 해산의 고통

얼마 전에 어느 외국의 경영자가 세계적인 자동차 회사의 몰락에 관한 책을 썼습니다. 저자는 그 책에서 그 회사가 몰락의 길을 걷기 시작한 것은 회사의 정책을 세울 때에 인간의 관점에서 보지 않고 돈의 관점에서만 생각하면서부터였다고 말하고 있습니다. 즉 그 회사는 원가를 줄이기 위해서 약간 질이 떨어지는 시트커버를 썼는데 고객들이 모를 것 같았지만 여기저기서 불만의 목소리가 이어졌고, 결국에는 큰 손해를 보게 되었다는 것입니다. 일본의 도요타 자동차가 전 세계에서 천만 대를 리콜한 것도 너무 원가를 줄이려고 하다가 결국 하자가 생겼기 때문입니다.

하나님은 다윗에게 약속하시기를, 아무리 세상이 악하고 유다 백성이 힘이 없다 하더라도 유다 왕이 하나님의 말씀을 죽어라고 붙들면 부흥을 주시고 전쟁에서 승리하게 하겠다고 하셨습니다. 그리고 유다의 방백들이나 귀족들은 왕의 이 믿음을 옆에서 지켜 주어야 하는 것입니다. 그런데 유다의 문제는 왕이나 귀족들이 너무 세상 지식이 많다는 것이었습니다. 즉 유다 왕이나 귀족들은 누가 뭐라고 해도 하나님의 말씀만 붙들고 나가면 전쟁에서도 이기고 부흥이 오는데 이들은 공부를 너무 많이 했기 때문에 하나님의 말씀만 붙들 수가 없었습니다. 유다 왕이나 귀족들은 유다와 세계 다른 나라의 정책을 비교 분석하고, 또 다른 나라들이 부자가 되고 강한 나라가 된 것을 많이 연구하다가 보니까 하나님의 말씀을 붙들 수가 없었습니다. 그래서 결국 유다는 망하게 됩니다.

그러나 나중에 유다가 다시 부흥될 때에는 그렇게 공부를 많이 한 지도자가 아니라 하나님의 말씀을 믿는 지도자가 세워집니다.

미가 선지는 앞으로 이스라엘 백성이 겪게 될 어려움이 바로 이 지도력과 전략이 없는 상태에 있는 것이라고 말하고 있습니다. 이것은 유다의 왕이나 귀족들이 하나님의 말씀을 믿지 않고 세상의 방법을 믿을 때 그들이 어떤 방법을 써도 세상에서 성공하지 못한다는 것을 보여 줍니다.

9절, "네가 어찌하여 부르짖느냐 너희 중에 왕이 없어졌고 네 모사가 죽었으므로 네가 해산하는 여인처럼 고통함이냐"

원래 유다의 왕이나 귀족들은 백성들에게 하나님의 말씀을 먹이는 목자였습니다. 목자가 양들에게 좋은 풀을 먹이면 양들은 살이 찌게 되어 있습니다. 그런데 목자들이 조심해야 할 것은 양을 더 튼튼하게 하려고 동물 사료를 먹이면 병으로 죽게 됩니다. 하나님의 백성을 하나님의 말씀으로 먹이면 부흥이 오고, 결국 하나님의 복이 오게 되어 있습니다. 그러나 유다 왕이나 방백들은 너무 세상 공부를 많이 한 사람들이어서 하나님의 말씀을 믿을 수가 없었습니다. 결국 유다의 지도자들과 참모들이 세상 지식을 가지고 나라를 이끌어 가니까 처음에는 성공하고 잘되는 것 같았는데 나중에 보니까 무슨 방법을 써도 길이 열리지 않는 것입니다. 이것은 해산하는 여인의 고통과 같았습니다. 여인들이 임신을 하면 배가 불러 오는데 배를 줄이려면 아이를 낳아야 하는 것입니다. 다른 방법은 없는 것입니다.

그런데 유다가 정상적으로 아이를 해산하는 것은 어떤 것입니까? 이것은 하나님이 주신 고난을 받아들이는 것입니다. 이것이 바로 하나님의 백성이 사는 비결입니다. 이스라엘 백성이 하나님을 믿고 사는 데 가장 어려운 문제는 세상을 믿으면 모든 결과를 예측할 수 있는데 하나님을 믿으면 결과를 예측할 수가 없다는 것이었습니다. 왜냐하면 우리는 하나님이 어떤 생각을 가지고 있으며, 언제 우리를 도와주실지 알 수 없기 때문입니다. 특히 이스라엘 백성이 고민했던 것은 하나님을 믿어도 고난이 온다는 것이었습니다. 이스라엘이나 유다의 지도자들이 생각했던 것은 하나님을 믿어도 고난이 오고 세상으로 가더라도 고난이 온다면 차라리 내 능력을 마음껏 발휘해 볼 수 있는 길인 세상을 택하여 가자는 것이었습니다. 그러나 우리가 하나님의 말씀대로 믿어도 고난이 오는 것과 하나님의 말씀을 떠나서 세상으로 가기 때문에 고난이 오는 것은 그 성격이 다릅니다. 우리가 하나님의 말씀대로 사는데 고난이 오는 것은 하나님이 우리를 연단하시는 것이지만 세상으로 가는데 고난이 오는 것은 하나님이 우리를 경고하시는 것이고 버리려고 하시는 것입니다. 그래서 우리가 믿음으로 사는데 고난이 올 때 우리가 사는 길은 그 고난을 받아들이는 것입니다. 우리는 고난이 오는 것을 받지 않고 피하려고 하니까 세상을 붙잡게 되는 것입니다. 우리가 차라리 고난이 왔을 때 주님과 함께 고난을 받겠다고 각오하면 길이 열립니다. 그래서 미가 선지는 유다 백성에게 바벨론 포로를 받아들이라고 말하고 있습니다.

10절, “딸 시온이여 해산하는 여인처럼 애써 구로하여 낳을찌어다 이제 네가 성읍에서 나가서 들에 거하며 또 바벨론까지 이르러 거기서 구원을 얻으리니 여호와께서 거기서 너를 너의 원수들의 손에서 속량하여 내시리라”

여인이 해산을 할 때가 되었으면 아이를 낳아야 문제가 해결됩니다. 엄마가 아기를 낳지 않으려고 하면 둘 다 위험해지는 것입니다. 즉 예루살렘 사람들이 사는 길은 예루살렘이 망하는 것을 인정하고 포로로 붙들려 가서 바벨론에서 다시 구원을 얻는 것입니다.

그러면 왜 하나님께서는 예루살렘 사람들이 망해서 바벨론에 끌려가야 구원을 받게 하시는 것일까요? 그 이유는 예루살렘 사람들 안에 있는 우상이 이런 방법이 아니면 절대로 끊어지지 않기 때문입니다.

우리 인간은 죄가 이미 뼈 안에까지 들어와 있기 때문에 결심으로는 죄를 없앨 수가 없습니다. 오골계는 뼈까지 검습니다. 우리는 죄에 있어서 오골계와 같습니다. 그래서 우리는 아무리 결심을 하고 수양을 쌓고 공부를 한다고 해도 죄가 없어지지 않습니다. 즉 예루살렘 사람들의 마음속에 있는 우상 숭배의 심리는 예루살렘에 있는 이상 없어지지 않습니다. 결국 유다의 멸망은 바로 이 우상을 수술하는 치료과정이었던 것입니다.

그러나 오늘 신약 시대에 하나님은 우리의 죄를 수술하시는데 단순히 망하게 하시는 것이 아니라 예수님과 우리가 함께 수술을 받게 하십니다. 즉 예수님과 우리가 나란히 십자가 위에 있는 수술대에 누웠을 때 우리 죄는 예수님에게 이식되고 예수님의 의는 우리에게 이식되는 것입니다. 즉 예수님의 피는 우리에게 넘어오고 우리의 죄는 예수님에게 넘어가는 것입니다. 그러나 우리가 죄의 심각성을 깨닫지 못하기 때문에 하나님은 때때로 우리를 병들게 하기도 하시고, 사업에 실패하게도 하시고, 공부도 내 뜻대로 못하게 하시는 것입니다. 이 모든 것은 내가 못나서 그런 것이 아니고 예수님과 연합하게 하는 일차적인 과정입니다. 그래서 우리는 고난을 통해서 예수님과 연합되면 성공한 것입니다. 신앙 때문에 이런 많은 희생을 치른 사람은 자기 신앙을 소중하게 생각합니다. 즉 고난은 우리의 아름다운 신앙을 낳는 것입니다. 산고 끝에 아이를 얻은 어머니는 그 아이가 소중하게 여겨질 것입니다. 신앙도 마찬가지입니다. 우리가 엄청난 고난을 당하고 바른 신앙을 가지게 되었을 때 우리는 세상의 어떤 것과도 이 믿음을 바꾸지 않을 것입니다.

11절, "이제 많은 이방이 모여서 너를 쳐 이르기를 시온이 더럽게 되며 그것을 우리 눈으로 바라보기를 원하노라 하거니와"

하나님을 믿지 않는 자들은 항상 하나님의 백성에 대하여 시기와 질투의 마음을 가지고 있습니다. 그 이유는 바로 그들의 거룩함 때문입니다.

우선 하나님의 백성은 세상 사람들과 비교할 수 없는 거룩함이 있습니다. 당시나 요즘이나 믿지 않는 사람들은 도덕적으로 짐승처럼 생활할 때가 많습니다. 그러나 하나님의 백성에게는 하나님이 주신 존귀함이 있습니다. 세상 사람들은 이것을 오만하다고 생각해서 시기하고 미워합니다. 그런데 하나님의 백성이 세상 사람들과 똑같이 죄를 짓고 타락하면 세상 사람들은 너무나도 기뻐합니다. 왜냐하면 하나님의 백성도 죄를 짓는다면 그 신앙이 아무 가치 없는 것이 되기 때문입니다.

'이제 많은 이방이 모여서 너를 쳐 이르기를 시온이 더럽게 되며 그것을 우리 눈으로 바라보기를 원하노라 하거니와.'

처음에는 이방인들이 예루살렘을 시기했습니다. 그러나 속으로는 예루살렘 사람들을 존경했습니다. 즉 세상 사람들은 하나님의 백성을 존경하면서 미워한 것입니다. 그러나 하나님의 백성이 죄를 지으면 세상 사람들은 그들을 경멸합니다. 그래서 예수님은 소금이 그 맛을 잃으면 아무데도 쓸모가 없어서 땅에 버려져 사람들에게 밟힌다고 하셨습니다. 즉 하나님의 백성의 가치는 세상 사람들과 그 가치관이나 행실이 다른 데 있습니다. 그런데 예수 믿는 사람들이 세상 사람들과 똑같이 행동하면 세상은 예수 믿는 사람들을 우습게 알아서 결국 너무나도 쉽게 멸망시키는 것입니다.

그러나 이방인들이 알지 못하는 것이 있었는데 그것은 예루살렘이 무너지면 하나님의 백성은 다시 시작하게 된다는 것입니다. 즉 하나님의 백성은 고난의 용광로에서 다시 만들어지는 것입니다.

12절, "그들이 여호와의 뜻을 알지 못하며 그 모략을 깨닫지 못한 것이라 여호와께서 곡식 단을 타작마당에 모음같이 그들을 모으셨나니"

하나님께서 유다 백성을 바벨론에 망하게 하시는 것이 멸망이 아닌 것입니다. 하나님은 유다 백성을 고난의 용광로에 넣기 전에 바벨론 군대를 통해서 부수게 하십니다. 그러고는 유다 백성을 포로 생활이라는 용광로에 넣어 녹이시므로 백퍼센트 정금이 되게 하십니다. 이것이 유다와 이스라엘의 차이였습니다. 이스라엘은 겉으로 보기에는 하나님의 백성이었지만 그 안에 말씀이 없었기 때문에 건질 것이 없었습니다. 그래서 하나님은 앗수르라는 망치로 이스라엘을 치셨고, 이스라엘은 결국 부서져 버렸습니다. 그러나 유다는 그 안에 하나님의 말씀이 있었기 때문에 하나님이 바벨론이라는 망치로 치셨을 때 그 안에 금 성분이 많이 나타났습니다. 하나님은 이들을 용광로에 넣어서 정금이 되게 하셨습니다. 그래서 하나님의 백성에게 고난이나 시련은 끝이 아니고 시작인 것입니다. 그런데 그냥 시련이 끝나는 것이 아니라 몇십 배 몇백 배로 아름다운 보석으로 만들어집니다.

유다 백성이 바벨론으로 붙들려 갔을 때 그들의 생명은 끝난 것 같았습니다. 그러나 그것은 실제로 하나님께서 자기 백성을 하나씩 물어서 안전한 곳에 옮겨 놓으신 것입니다. 새끼를 낳은 어미 고양이는 사람들이 기웃거리거나 새끼 고양이를 만지려고 하면 한 마리씩 물어서 안전한 곳으로 옮겨 놓습니다. 유다가 수차례에 걸쳐 바벨론에 포로로 잡혀 간 것은 하나님께서 그 새끼를 하나씩 물어서 옮기는 과정이었습니다.

아마도 복음이 아주 난해한 학문이었다면 머리 좋은 사람들이 기를 쓰고 파고들어서 모두 차지해 버렸을 것입니다. 만일 복음이 인간의 의를 쌓는 일이었다면 열성파들이 다 차지해 버렸을 것입니다. 그러나 복음은 하나님 앞에서 자기 자신을 부인하고 버리는 것입니다. 그러니까 아무것도 버릴 것이 없는 무지한 자들이나 가난한 자들이 복음을 믿는 것입니다.

이 세상에서 진정으로 복음을 믿는 사람들을 모아 놓으면 마치 바보들만 모아 놓은 것 같을 것입니다. 그러나 하나님은 이 쓸모없는 자들을 모아서 하나님의 위대한 일을 하게 하시는 것입니다. 그래서 우리가 쓸모없는 자가 되려면 더 낮아져야 합니다.

그러나 하나님은 유다 백성이 바벨론 포로에서 깨끗하게 된 후 다시 그 힘을 회복해서 이방을 공격하게 될 것이라고 말씀하셨습니다.

13절, "딸 시온이여 일어나서 칠찌어다 내가 네 뿔을 철 같게 하며 네 굽을 놋 같게 하리니 네가 여러 백성을 쳐서 깨뜨릴 것이라 내가 그들의 탈취물을 구별하여 여호와께 드리며 그들의 재물을 온 땅의 대주재께 돌리리라"

하나님께서 유다 백성을 바벨론에 보내신 이유가 있습니다. 그것은 유다 백성이 예루살렘이라는 좁은 틀 안에서 하나님을 믿는 것이 아니라 전 세계에 하나님을 나타내도록 하기 위해서입니다. 유다 백성이 바벨론에 갔을 때 그들은 아주 형편없는 포로들이었습니다. 그러나 그들은 그곳에서 하나님의 살아 계심을 체험하기 시작했습니다. 그것을 잘 보여 주는 것이 다니엘서와 에스더서입니다. 하나님께서는 다니엘을 통하여 바벨론 왕 느부갓네살이 하나님 앞에서 짐승처럼 되어 풀을 먹는 것을 보여 주셨습니다. 에스더 때에 유다 백성을 멸망시키려고 했던 원수 하만은 여자인 에스더 앞에서 굴복하고 장대에 목이 매여서 죽게 됩니다. 이때마다 바벨론 왕이나 페르시아 왕은 이스라엘의 하나님 여호와가 참 하나님이시라는 것을 온 세상에 조서를 내려서 공포합니다.

이제 하나님의 백성이 복음을 통해서 은혜를 받게 되면 뿔이 더 강해질 것입니다. 즉 이 뿔은 사탄의 모든 거짓과 속임수를 이기는 영적인 권세인 것입니다. 네 굽은 놋으로 바꿀 것인데 아무리 달려도 굽이 닳지 않을 것입니다. 그리고 주의 종들이 여러 민족을 쳐서 깨뜨릴 것인데 이것은 복음의 권세로 이기는 것입니다. 그리고 그 탈취물과 재물을 하나님께 돌린다고 했는데 이것은 이방인들이 예수를 믿고 하나님의 백성이 되는 것입니다.

오늘 우리는 고난당하는 것을 아기를 낳는 것이라고 생각하고 기쁘게 감당하시기 바랍니다. 요즘 교인들 중에는 아이를 셋을 낳으려고 하는 분들이 있습니다. 즉 아이를 낳아 보니까 너무 예쁘고 귀여워서 또 낳고 싶다는 것입니다. 우리가 고난을 통해서 만들어지는 모습이 그렇게 아름답고 순수한 모습인 것입니다.

우리는 이 세상에 있는 느부갓네살 같은 세력들을 두려워하지 마시기 바랍니다. 하나님은 이 시대의 다니엘이나 에스더를 통해서 이들을 나사렛 예수의 이름 앞에 무릎 꿇게 하실 것입니다. 주님은 오늘 우리의 뿔을 높이 드시며 우리의 굽을 더욱 단단하게 하시겠다고 약속하셨습니다.

동물의 세계에서 뿔이 크고 강한 짐승들은 웬만한 맹수가 덤벼들어도 그 뿔로 물리칠 수가 있을 것입니다. 이렇듯 우리에게 성령이 오신 것은 이 세상에서 가장 귀한 지혜와 능력을 얻은 것입니다. 우리가 하나님의 말씀을 붙들 때 마귀는 힘을 잃어버립니다. 그리고 우리는 하나님의 말씀을 붙들 때 마귀의 작전을 간파하게 됩니다. 그리고 하나님께서 하늘 문을 여셔서 무한정의 능력을 부어 주십니다. 세상 사람들은 골리앗처럼 창과 단창을 가지고 나아옵니다. 그러나 다윗은 오직 만군의 하나님 여호와의 이름을 의지해서 나아갑니다. 사람의 눈으로 보기에는 골리앗이 월등하게 강하지만 믿음의 눈으로 보면 미련한 짐승에 불과합니다. 왜냐하면 인간이 아무리 강하고 지혜롭다 하더라도 하나님을 상대로 해서 이길 수가 없기 때문입니다. 하나님만 내 편이 되어 주신다면 온 세상이 다 덤벼들어도 결코 우리를 이길 수 없을 것입니다. 우리는 더 연약해지고 더 순수해져서 하나님만 붙들 때에 큰 부흥이 일어나 승리하시기를 바랍니다.

성경 토의

1. 우리는 때때로 하나님의 말씀과 세상의 성공을 같이 취하려고 할 때가 많은데 하나님이 우리에게 원하시는 신앙은 어떤 신앙이라고 생각하는가?

2. 하나님은 왜 가난한 자들과 장애인들이나 환난을 당한 자들을 모아서 새로운 하나님의 백성을 만드시는가? 그리고 우리가 하나님에 대하여 감사하는 마음을 잃지 않는 것이 중요한 이유가 무엇인가?

3. 하나님의 백성이 세상 사람들로부터 미움을 받는 이유는 무엇이며, 하나님의 백성이 세상을 공격할 수 있는 방법은 무엇이라고 생각하는가?

09_이스라엘의 새 목자

미가 5:1-6

전체적 설명 하나님께서는 지금까지 유다 백성을 학대하고 압제하면서도 책임을 지지 못하는 거짓 목자를 징계하시고 이제 충성되고 정직한 새 목자를 허락해 주시는데 그분은 보통 인간이 아니라 근본이 태초이고 상고인 하나님이시다. 특히 본문은 예수님께서 유대 땅 베들레헴에 태어나실 것을 정확하게 예언함으로 예수님이 바로 구약 선지자들이 예언했던 메시아이심을 분명하게 확인해 주고 있다. 그는 유다 백성의 평강이 될 것이며, 앗수르 군대가 침략할 때 그들을 물리치실 뿐 아니라 오히려 앗수르 땅을 황무하게 하실 것이다. 따라서 앗수르 군대 18만 5천 명이 예루살렘을 공격했다가 하룻밤 사이에 몰살한 것은 히스기야의 능력이 아니라 메시아의 능력인 것이다.

설교 프리노트

1절, "딸 군대여 너는 떼를 모을찌어다"

미가 선지는 유다 백성을 '딸 군대' 라고 부르고 있다. 여기서 '딸 군대' 는 하나님의 백성의 특성을 잘 보여 주는 말이다. 보통은 군대면 군대이고, 또 딸이면 딸이지 '딸 군대' 라는 말은 잘 사용하지 않는다. 그러나 하나님은 이스라엘 백성을 칭할 때 종종 여성형으로 부르셨다. 일단 여성은 남성에 비해 약할 뿐 아니라 의존적이다. 특히 딸은 부모에 대하여 의존적일 수밖에 없다. 마찬가지로 하나님의 백성은 하나님의 딸이다. 그래서 유다 백성은 연약한 자들이고 하나님께 의존적이다. 그러나 딸들은 부모에게 의존적이기 때문에 더 안전할 뿐 아니라 오히려 더 많은 사랑을 독차지하게 된다. 특히 훌륭한 부모의 딸은 어느 누구도 쉽게 건드리지 못할 것이다. 우다는 하나님의 군대요, 하나님이 가장 사랑하시는 딸이다.

'너는 떼를 모을찌어다.' 미가 선지가 유다 백성에게 모이라고 말한 이유는 아직 하나님께서 유다 백성을 완전히 버리신 것이 아니기 때문이다. 환난 가운데 유다 백성이 해야 할 일은 자신들의 정체성을 잊지 말고 서로 사랑하고 지켜 주는 것이다. 그러면 틀림없이 이들의 부모 되신 하나님이 건지러 오시는 것이다.

"그들이 우리를 에워쌌으니 막대기로 이스라엘 재판자의 뺨을 치리로다"

이것은 바벨론 군대가 예루살렘을 에워싼 것을 말한다. 하나님께서 예루살렘이 포위되게 하시는 것은 일반 백성을 치시기 위함이 아니라 유다의 교만한 지도자들을 꺾기 위해서이다. '막대기로 유다 재판자의 뺨을' 치면 이가 다 부러져서 다시는 말을 하지 못할 것이다. 지금까지 유다의 재판관들이나 지도자들은 거짓말을 너무 많이 해서 사람들을 속여 왔다. 그러나 바벨론의 권세 앞에 이 거짓된 관리들은 모두 고개를 숙이고 비참하게 될 것이다. 아마 막대기로 얼굴을 때리면 얼굴이 심하게 망가질 것이다. 그래서 이번 유다 재판관들의 굴욕은 일시적인 것이 아니라 다시는 얼굴을 들고 다니지 못할 영구적인 굴욕이 될 것이다.

2절, **"베들레헴 에브라다야 너는 유다 족속 중에 작을찌라도"**

베들레헴 에브라다는 베들레헴의 옛 지명이고 다윗의 고향이다. 그런데 베들레헴은 유다의 도시들 중에서 결코 큰 도시가 아니었다. 그런데 하나님께서는 유다의 이 작은 고을에서 장차 이스라엘을 다스리는 목자가 나오게 하신다. 그 이유는 하나님께서 다윗을 아무도 알아주지 않는 목동의 신분에서 이스라엘의 왕이 되게 하셨듯이 베들레헴의 새 목자가 사람들이 알아주지 않는 비천한 몸으로 태어나게 하셔서 온 세상의 구주가 될 것이기 때문이다.

"이스라엘을 다스릴 자가 네게서 내게로 나올 것이라"

여기서 '이스라엘'은 하나님의 백성 전체를 포함한 것이다. 원래 이스라엘의 통치자는 권력자가 아니라 양들의 목자이다. 지금까지는 유다의 권력자들이 백성을 압제하고 착취했지만 앞으로 오실 목자는 양들을 데리고 하나님께로 나아갈 것이다.

"그의 근본은 상고에, 태초에니라"

중요한 것은 새 이스라엘의 목자의 신분이다. 이스라엘의 새 통치자는 그 근본이 상고와 태초이다. 이것은 그가 이 세상이 창조되기 전부터 계시던 분인 것을 의미한다. 즉 이 세상에 창조되기 전부터 계셨던 분은 하나님 자신이시다. 이스라엘의 새 통치자는 얼마 동안 이 세상에 살다가 죽는 인간이 아니라 영원 전부터 계신, 신성을 가진 하나님이시다.

이스라엘 백성에게 가장 의문스러운 두 가지 숙제는 바로 여기에 있다. 그 하나는 왜 신성을 가진 하나님이 오셔야 하는가 하는 것이고, 다른 하나는 왜 이분은 당당하게 높은 신분으로 오시지 않고 낮고 비천한 신분으로 오시는가 하는 것이다. 이것은 인간의 머리로는 도저히 풀 수 없는 신비인 것이다. 만일 이스라엘을 독립시키고 원수를 몰아내는 일을 위해서라면 모세나 여호수아나 기드온 같은 사람으로도 충분할 것이다. 그런데 왜 그의 근본이 태초이고 상고이신 하나님께서 친히 이스라엘 백성을 찾아오셔서 그들을 다스리셔야 하는가 하는 것이다. 그리고 더 중요한 것은 왜 이런 분이 가장 작은 유다 족속인 베들레헴 에브라다에서 태어나신다는 것인가 하는 것이다.

하나님의 아들이 비천한 몸으로 오시는 것은 우리의 죄 때문이다. 그것은 우리의 죄가 하나님 앞에서 얼마나 심각한 것인지 보여 주는 것이다. 하나님의 아들이 인간의 몸을 입고 오셔서 우리 인간을 대신해서 죽으시는 것은 이미 오래전에 작정된 것이다. 이것이 이루어져야 우리는 하나님의 양 떼가 될 수 있다.

3절, "그러므로 임산한 여인이 해산하기까지 그들을 붙여 두시겠고"

하나님께서 이스라엘을 이 놀라운 축복으로 복 주시기 전에 그들을 상당한 시간 동안 고통 가운데 방치하실 것이다. 여기서 '임산한 여인이 해산하기까지' 라는 것은 여인이 해산하는 고통을 할 때에는 죽을 것 같지만 사실은 아기를 낳기 위한 고통인 것이다. 이스라엘 백성의 고통은 자기 자신을 낳는 고통이다. 이 고통이 끝난 후에 이스라엘 백성은 모두 아름다운 하나님의 자녀로 태어날 것이다.

"그 형제 남은 자가 이스라엘 자손에게로 돌아오리니"

이것은 결국 유다 백성이 많은 연단을 당한 후에 진정한 이스라엘이 되는데 이것을 보고 다른 백성이 이스라엘 안에 들어와서 같은 하나님의 백성이 된다는 것이다. 이것은 장차 많은 이방인들이 하나님의 백성이 되는 것을 의미한다.

4절, "그가 여호와의 능력과 그 하나님 여호와의 이름의 위엄을 의지하고 서서"

그리스도는 무엇보다 인간적인 방법으로 다스리지 않으신다. 여기서 인간의 방법으로 다스린다는 것은 군사력이나 무력으로 나라를 키우거나 부요하게 하는 것이다. 그러나 메시아는 오직 하나님의 능력으로 원수를 물리치며 백성의 어려움을 해결해 주실 것이다. 모세는 출애굽할 때 오직 지팡이 하나로 이스라엘 백성을 구원하였다. 즉 모세는 뱀으로 변했던 마른 지팡이 하나로 바로와 그 군대를 물리치고 이스라엘 백성을 건져 내었다.

새 목자는 우리를 이 세상에서 위태롭게 하는 것은 오직 우리와 하나님과의 잘못된 관계라는 것을 알고 계신다. 우리가 이 세상에서 가장 안전하게 사는 법은 하나님과 화해하고 하나님을 믿는 것이다. 새 목자는 이 세상에 사시면서 군사나 자신을 방어할 수 있는 무기를 전혀 가지지 않으신다. 그 이유는, 그는 하나님과의 관계가 완전했기 때문이다.

"그 떼에게 먹여서 그들로 안연히 거하게 할 것이라"

새 목자는 양 떼에게 먹을 것을 주실 것이다. 양 떼가 먹을 양식은 풍성한 하나님의 말씀이다. 양들을 건강하게 할 수 있는 방법은 좋은 풀을 먹게 하고 맑고 깨끗한 물을 마시게 하는 것이다. 예수님은 우리에게 하나님의 말씀으로 풍성히 먹여 주신다.

"이제 그가 창대하여 땅 끝까지 미치리라"

어느 한 왕의 능력은 그의 세력이 미치는 판도로 나타낼 수 있다. 그리스도의 세력은 땅 끝까지 미치게 될 것이다. 그 이유는 그가 전 세계를 무력으로 정복하기 때문이 아니라 하나님의 말씀으로 변화시키기 때문이다. 이 세상에서 가장 큰 능력은 인간을 변화시키는 것이다. 이스라엘의 새 목자는 사랑으로 온 세상을 정복하실 것이다. 결국 모든 인간에게 가장 필요한 것은 하나님의 사랑이다.

5절, "이 사람은 우리의 평강이 될 것이라"

장차 이스라엘의 새 목자로 오실 분은 툭하면 다른 사람들과 싸우거나 약한 자를 학대하지 아니하고 참으로 사람들에게 평강을 주실 것이다. 그는 우리 안에 있는 죄를 도말하심으로 하나님과 화해하게 하시고 진정으로 우리 마음에 평안이 있게 하신다. 따라서 사람들은 그가 오실 때까지는 결코 평안하지 못할 것이다. 그러나 그가 오시면 모든 대적의 손에서 그의 백성을 구출하시고 지켜 주셔서 완전한 평강을 주실 것이다. 그리스도는 자기 백성을 군사력으로 지켜 주시는 것이 아니라 자신의 희생을 통해서 지켜 주신다. 즉 지금까지 이스라엘 백성의 위치를 위태롭게 했던 것은 군사력이 아니라 그들의 죄였다.

옛날 기드온 때 하나님은 기드온에게 나타나셔서 그의 제사를 받으시고 그에게 '여호와 살롬' 이라고 하셨다(삿 6:24). 이것을 번역하면 '여호와는 우리의 평강' 이라는 뜻이다. 즉 하나님은 이스라엘을 고난에서 건져 주시고 지켜 주시는 분이라는 뜻이다.

예수님이 우리의 평강이신 이유는 그가 십자가에 못 박혀 죽으심으로 우리 죄를 대속하시고 우리 안에 성령을 주심으로 우리 안의 하나님께 반역하는 본성을 근본적으로 고치시기 때문이다. 예수님은 먼저 우리의 반역하는 본성을 치료하셔서 우리를 하나님 앞에서 사랑받을 수밖에 없는 사람으로 만들어 놓으신다.

"앗수르 사람이 우리 땅에 들어와서 우리 궁들을 밟을 때에는"

미가 선지 때 유다 백성에게 가장 두려운 원수는 앗수르였다. 앗수르 군대는 하나님을 두려워하는 마음이 없었고, 이스라엘과 유다를 멸망시키는 것을 목표로 삼고 있었다. 그리고 실제로 앗수르 군대는 이스라엘 왕국을 멸망시키는 데 성공했다. 그러나 앗수르 군대는 예루살렘을 멸망시키는 데는 성공하지 못하고 오히려 자신들이 몰살을 당하고 만다. 그 이유는 이미 새 목자가 유다 백성을 지켜 주시기 때문이다.

여기서 '궁' 은 왕궁도 되지만 성채도 될 수 있다. 다시 말해서 앗수르 군대가 유다의 마지막 보루인 성을 공격한다는 것이다. 그리고 '일곱 목자와 여덟 군왕' 은 반드시 일곱 명이나 여덟 명을 말하는 것이 아니라 계속적이며 많은 왕들을 말한다. 특히 '군왕' 의 원래 의미는 기름 부음을 받은 나실인이다. 즉 하나님은 앞으로도 여러 종들을 통해서 이스라엘에 부흥의 역사가 일어나게 하실 것이다.

6절, "그들이 칼로 앗수르 땅을 황무케 하며"

하나님의 종들이 앗수르로 쳐들어가서 앗수르를 망하게 할 것이라고 했는데 실제로 앗수르는 바벨론에 의해서 망한다. 그렇다면 바벨론도 하나님이 쓰시는 종인 셈이다. 하나님의 백성이 말씀에 바로 서면 하나님은 누구든지 사용하셔서 악한 자를 몰아내실 것이다.

본문 이해를 위한 질문

1. 하나님의 백성의 정체성은 어떻게 말할 수 있는가?

그들은 하나님의 딸 군대이다. 즉 하나님의 백성은 연약하고 하나님에게 의존적이지만 강하다.

2. 이스라엘의 새 목자는 어디에 태어나시며, 그의 근본은 무엇인가?

이스라엘의 새 목자는 유대 땅 베들레헴에서 태어나시며, 그는 태초부터 계신 하나님의 본성을 가진 분이다.

3. 새 목자는 어떻게 이스라엘을 다스리시는가?

그는 평화의 왕으로 오셔서 우리 인간을 하나님과 화해하게 하시고 모든 악한 자들을 심판하신다.

성경 강해

한 가정의 행복은 가정을 이끌어 가는 가장 한 사람에 의해서 좌우될 때가 많습니다. 예를 들어 아버지가 가정을 책임지지 않고 술이나 마시고 행패만 부린다면 식구들은 불행할 수밖에 없습니다. 그러나 가장이 자신의 위치를 잘 지키고 열심히 일을 해서 돈을 벌고, 가정을 위해서 모든 수고를 아끼지 않을 때 식구들은 행복할 것입니다. 마찬가지로 기업도 직원들의 행복이 사장 한 사람에 의해서 좌우될 때가 많습니다. 사장이 성공했다고 해서 자만심에 빠져 회사는 내팽개치고 정치판을 쫓아다니거나 바람을 피운다면 그 회사는 얼마 가지 않아서 망하고 말 것입니다. 그러나 사장이 직원들을 가족같이 생각하고 꾸준하게 기술을 개발하고 재투자를 하면 직원들은 행복한 직장 생활을 할 수 있을 것입니다.

군대에서는 어떤 지휘관이 부임하느냐에 따라서 부대원들의 사기가 많이 달라집니다. 대개 부하들은 덕이 있는 지휘관이 오면 환영을 합니다. 왜냐하면 덕이 있는 지휘관은 부하들을 다그치지 않고 사랑으로 이끌어 주기 때문입니다. 그러나 지독한 지휘관은 부하들을 들들 볶아서 훈련을 많이 시켜서 강하게 만들려고 합니다. 그런데 부하들이 가장 싫어하는 지휘관이 있는데 그것은 무능한 지휘관입니다. 만일 무능한 사람이 지휘를 맡게 되면 평소에도 되는 일이 없지만 유사시에는 모든 사람의 목숨이 위태로워집니다. 그런데 무능한 지휘관보다 더 위험한 지휘관이 있습니다. 바로 부패한 지휘관입니다. 이런 사람은 부정부패를 일삼다가 나중에는 부하들까지 부정에 끌어들여서 모두 망하게 할 가능성이 많습니다.

이것은 이스라엘도 마찬가지입니다. 이스라엘은 왕 한 사람에 의해서 방향이 좌우되는데 왕이 하나님의 말씀에 헌신해서 믿음으로 정치하면 처음에는 어려운 일을 겪지만 결국 이스라엘 백성은 복을 받게 됩니다. 그러나 이스라엘 왕이 믿음이 없어서 우상을 섬기고 세상을 따라가면 당장은 편하고 좋은 것 같지만 결국 이스라엘은 망하게 됩니다.

우리가 아주 유능한 지도자를 따라간다는 것은 참으로 행복한 일입니다. 예를 들어 한 번도 가 본 적이 없는 밤길을 운전해서 가야 하는데 인도하는 사람이 지리를 아주 잘 알고 운전이나 길찾기에 능숙한 사람이라면 그 사람만 따라가면 편하게 갈 수 있을 것입니다.

유능한 지도자는 자기가 이끌고 있는 집단이 앞으로 어떤 일을 겪게 될지에 대하여 어느 정도 예측을 하고 사람들을 대비시켜 놓아야 합니다. 대개 어느 단체든지 지도자는 다른 사람들에 비해서 특혜를 누릴 때가 많습니다. 그것은 지도자로 하여금 앞으로 닥칠 수 있는 위기나 위험에서 자기들을 지켜 달라는 뜻입니다. 그러나 유다의 왕이나 지도자들은 책임은 지지 않으면서 지도자가 누리는 특혜는 다 누리려고 했습니다. 그래서 결국 유다 백성은 앗수르로부터 심한 피해를 입고, 나중에는 바벨론에 망해서 포로로 끌려갑니다.

그러나 하나님은 이스라엘 백성을 위해서 새로운 지도자를 보내시는데, 이분은 철저한 사랑의 목자요, 철저하게 충성된 목자이기 때문에 우리를 모든 위험에서 지켜 주시고 가장 안전하게 보호해 주십니다. 이분이 바로 우리 주 예수 그리스도이십니다. 특히 오늘 본문은 예수님이 태어나실 장소가 유다 베들레헴이라는 것을 예언한 말씀으로도 아주 유명합니다. 예수님이 유다 베들레헴에 태어나셨을 때 동방의 점술가들이 큰 별을 보고 예수님을 찾아왔습니다. 그들은 유대 인의 왕으로 나신 이가 왕궁에 계실 것이라고 생각하여 예루살렘에 들어가 헤롯을 찾아갔습니다. 헤롯은 분노하여 대제사장들과 서기관들을 불러서 메시아가 어디서 나느냐고 물었고, 모두 오늘 본문 말씀을 이야기하면서 유다 베들레헴에서 나온다고 말했습니다. 결국 그것 때문에 헤롯은 베들레헴의 두 살 아래의 남자 아이들을 모두 죽이게 됩니다. 그런데 우리에게 오신 새 목자는 단순히 인간으로서 유능하고 뛰어난 목자가 아니라 영원한 신성을 가진 하나님이시며 하나님의 능력으로 우리를 지켜 주시고 인도하시는 것입니다.

1. 딸 군대의 위기

1절, "딸 군대여 너는 떼를 모을찌어다 그들이 우리를 에워쌌으니 막대기로 이스라엘 재판자의 뺨을 치리로다"

미가 선지는 유다 백성을 '딸 군대' 라고 부르고 있습니다. 여기서 '딸 군대' 는 아주 특이한 말입니다. 왜냐하면 이 말만 들으면 여자로 구성된 부대라는 생각이 들기 때문입니다. 요즘 우리나라나 외국에서는 여성들을 점점 더 많이 군대에 받아들이고 있는 추세입니다. 그래서 사관학교에서도 예전보다 많은 여자 생도들이 남자 생도들과 함께 훈련을 받고 있고, 또 군대에서도 여성들이 군복을 입고 근무하는 것을 종종 봅니다.

얼마 전 호주에서는 군에서의 남녀 차별을 철폐한다는 발표가 있었습니다. 물론 이 세상 어느 곳이든지 여성들이 하지 못할 일이 없고, 여성들이 있어야 더 일이 잘될 때도 많이 있습니다. 그러나 여성들만으로 이루어진 군대는 아무리 생각해도 약할 수밖에 없을 것입니다. 그런데 미가 선지는 유다 백성을 향해서 "딸 군대여" 라고 하였습니다. 이것은 미가 선지가 유다 백성과 이방 백성을 비교해 보았을 때 이방 사람들이 남자 군대라면 유다 백성은 약하고 부드러워서 딸 군대밖에 되지 않는다는 뜻입니다.

그런데 도대체 딸 군대가 어떻게 그 사나운 남자 군대를 이길 수 있을까요? 힘으로는 이길 수가 없을 것입니다. 그러나 아무리 딸 군대라 하더라도 아버지가 강한 장군이면 얼마든지 남자 군대를 이길 수 있을 것입니다.

이스라엘에 여자 사사 드보라가 이스라엘 백성을 지도할 때 철병거 9백승을 거느린 시스라의 무시무시한 군대가 쳐들어왔습니다. 이때 드보라는 기도의 힘으로 그들을 이길 수 있었습니다. 북쪽 이스르엘 평지는 비가 오면 진창이 많이 생겼는데 드보라가 기도했을 때 시스라의 그 많은 병거들이 진창에 빠져서 꼼짝도 하지 못했던 것입니다. 그리고 야엘이라는 이방 여인은 도망치는 시스라를 안심시켜서 자기 장막에 들어와서 잠을 자게 한 후 머리에 말뚝을 박아서 죽였습니다. 여성들이 남성을 이기는 방법은 드보라같이 기도해서 하나님의 기적이 일어나게 하든지, 아니면 이방 여인 야엘같이 방심하게 해서 죽이든지 둘 중의 하나인 것입니다.

하나님께서 유다 백성을 '딸 군대' 라고 부르시는 것을 통해서 우리는 하나님의 백성이 완력이나 혈기로는 이 세상을 이길 수 없다는 것을 알아야 합니다. 우리가 세상을 이길 수 있는 방법은 하나님을 나의 주인으로 모시는 것입니다. 그런데 유다 백성이 하나님을 그들의 주인으로 모실 수 없었던 이유는 인간 지도자들이 우상 숭배자요, 믿음이 없는 자들이었기 때문입니다.

어느 군대든지 가장 위험한 것은 무능한 사람이 지휘관이 되는 것입니다. 그런데 이스라엘 백성이나 유다 백성에게 가장 무능한 지도자는 성경에 대한 분명한 확신 없이 세상을 따라가는 지도자인 것입니다. 이런 사람들이 일시적으로 보면 유행에 민감한 것 같고 시대적인 감각도 있는 것 같지만 교회 안에서 하나님의 말씀으로 부흥을 일으킬 수 없는 지도자는 지극히 무능한 지도자인 것입니다.

결국 유다를 망하게 한 것은 하나님의 말씀에 대한 분명한 확신이 없는 자들이었습니다. 유다 백성이 망한 것은 자기 자신들도 지도자들과 마찬가지로 하나님의 말씀에 확신이 없었기 때문이지만 망한 후에는 결국 지도자를 원망하고 비방하게 되는 것입니다.

여기에 보면 하나님께서 '딸 군대' 에게 사람들을 모으라고 말씀하고 있습니다. 여기서 '떼를 모으라' 는 것은 지금까지 서로에 대하여 불신하고 실망한 이스라엘 백성을 하나님 앞으로 모으라는 뜻입니다. 왜냐하면 이제는 하나님께서 이런 부패한 지도자들을 유다에서 쫓아내시고 충성된 목자를 세우실 것이기 때문입니다. 여기에 보면 "그들이 우리를 에워쌌으니 막대기로 이스라엘 재판자의 뺨을 치리로다" 라고 했습니다. 여기서 그들이 에워쌌다는 것은 원수들이 유다를 멸망시키려고 에워싼 것을 말합니다. 결국 유다 지도자들이나 백성들이 하나님의 말씀에 순종하지 않고 우상을 따라가면 적에게 에워싸이는 것입니다.

옛날에는 전쟁할 때 가장 비참한 것이 성이 적에게 포위되는 것이었습니다. 왜냐하면 성이 포위되면 고스란히 앉아서 굶어 죽게 되기 때문입니다. 유다 백성이 얼마나 미련한가 하면 성이 적에게 에워싸이고 도저히 위기에서 도망칠 구멍이 없게 되었을 때 비로소 지도자들이 얼마나 무능하고 무책임한지 깨달은 것입니다. 이때 하나님께서는 막대기로 이스라엘 재판장의 뺨을 칠 것이라고 하셨습니다. 지금까지 이스라엘 재판장은 이스라엘이나 유다에서 가장 높은 자로서 모든 것을 자기 마음대로 결정했지만 적에게 포위되니까 이제는 꼼짝 못 하고 백성들의 욕을 얻어먹고 수치를 당하게 되는 것입니다. 그리고 자칫하면 유다의 재판장들이 가장 먼저 포로로 붙들려 가게 될 수도 있었습니다. 이것이 바로 하나님이 재판장들의 뺨을 막대기로 때리시는 것입니다. 이 세상에서 남들보다 높은 자리에 있는 사람은 미래를 똑바로 보고 백성들을 안전한 곳으로 인도해서 이렇게 포위를 당하거나 멸망당하는 지경까지 오지 않게 해야 하는데 이들은 미래를 보는 눈이 없었던 것입니다. 결국 유다가 위기에 대처하지 못하고 모두 적에게 붙들리면 가장 먼저 수치를 당하는 사람들은 왕이나 귀족이나 재판장 같은 지도층인 것입니다. 무능한 지도자는 자기도 망하고 백성들도 망하게 합니다.

결국 이 세상에서 다른 사람의 미래를 책임질 수 있는 사람은 오직 하나님의 아들밖에 없습니다. 어떤 고승이나 어떤 추기경이나 어떤 정치인도 다른 사람의 미래를 책임질 수가 없습니다. 왜냐하면 모든 인간은 다 죄인이기 때문에 죄의 쇠사슬을 감고 있고, 죄의 쇠사슬을 감고 있는 사람은 다른 사람을 건져 낼 수가 없기 때문입니다. 이것은 물에 빠진 사람이 다른 사람을 물에서 건져 낼 수 없는 것과 같습니다. 물에 빠진 사람을 물에서 건져 내려면 일단 자기 자신이 물에서 나가야 하는 것입니다. 그래서 이 세상 모든 사회나 모든 집단은 선장 없이 표류하고 있는 배와 같습니다. 결국 모두 같이 떠돌아다니다가 무인도에라도 상륙하면 다행이고 그렇지 않으면 암초를 만나거나 혹은 망망대해에서 목이 말라서 죽을 수밖에 없습니다. 결국 우리를 이 망망대해와 같고 허허벌판과 같은 세상에서 살릴 수 있는 분은 하늘과 땅과 바다를 만드신 하나님의 아들밖에 없는 것입니다.

2절, "베들레헴 에브라다야 너는 유다 족속 중에 작을찌라도 이스라엘을 다스릴 자가 네게서 내게로 나올 것이라 그의 근본은 상고에, 태초에니라"

이제 하나님께서는 유다 백성과 이스라엘 백성을 위해서 그들을 책임지고 안전한 길로 이끌 수 있는 새 목자를 보내겠다고 약속하셨습니다. 그런데 하나님께서 보내시는 새 목자는 이스라엘과 유다의 가장 작은 고을인 베들레헴에서 나시게 될 것입니다. 즉 하나님께서 보내시는 이스라엘의 새 목자는 예루살렘에서 나라를 다스리는 왕이 아니라 아주 조용한 시골의 이름 없는 목자인 것입니다. 즉 이 목자는 몰락한 다윗의 후손인 것입니다.

그런데 왜 하나님께서는 이런 베들레헴의 몰락한 다윗의 후손 중에서 이스라엘의 새 목자를 보내시는 것일까요? 그것은 하나님께서 유다 왕 다윗에게 그렇게 하겠다고 약속하셨기 때문입니다. 즉 하나님은 다윗에게 앞으로 유다의 등불을 꺼뜨리게 하지 않겠다고 약속하셨습니다. 그리고 이스라엘 백성이나 유다 백성이 아무리 믿음이 없어도 유다의 왕 한 사람만 하나님의 말씀을 붙들고 나아가면 부흥을 주겠다고 약속하셨습니다. 즉 하나님은 대표와 계약을 맺으시는 것입니다. 이스라엘 백성이 출애굽한 후 시내 광야에 있을 때에도, 이스라엘 백성이 금송아지를 숭배해서 망하게 되었을 때에도 하나님은 모세 한 사람의 신앙만 보시고 이스라엘 백성을 살려 주셨습니다. 그래서 이스라엘과 유다의 기름 부음 받은 자의 특권은 아무리 자신이 무능하고 백성들이 반항적이라도 자기 한 사람이 하나님의 말씀을 죽어라고 붙들면 부흥이 오게 된다는 사실입니다. 예수님은 이 세상에서 아무것도 없는 철저하게 가난하고 버려진 곳에서 오직 하나님의 능력으로 엄청난 부흥을 일으키셨습니다.

그런데 중요한 것은 이번에 보내신 이스라엘의 새 목자의 정체입니다.

'그의 근본은 상고에, 태초에니라.'

하나님께서 보내신 이스라엘의 새 목자는 상고부터, 그리고 태초부터 계시던 분인 것입니다. 즉 태초부터 계시고 상고부터 계시던 분은 결코 인간일 수가 없습니다. 이스라엘 백성에게 가장 궁금했던 것은 왜 하나님이 이 세상에 오서야 할까 하는 것이었습니다.

예를 들어 아이들이 놀고 있는 곳에 어른이 오면 아이들은 어른들에게 "지금은 우리끼리 노는 시간이니까 어른들은 가세요."라고 할 것입니다. 그러나 만일 아이들이 위험한 곳에서 놀고 있거나 혹은 위험한 일이 일어나려고 하면 어른들이 와서 아이들을 다른 곳으로 가게 할 것입니다.

마찬가지로 우리가 이 세상에서 어려운 일이라고 생각하는 것들은 우리 인간이 해결할 수 있는 것들이 대부분입니다. 즉 병이 있으면 의사가 고치고, 기계가 고장이 났으면 기술자가 와서 고치면 됩니다. 그러나 인간 안에 들어 있는 죄는 인간의 힘으로는 고칠 수가 없습니다. 사실 구약 이스라엘 백성이 하나님의 그 엄청난 축복을 받고서도 망한 것은 마음속에 있는 죄 때문입니다. 여기서 '죄'라고 하는 것은 이스라엘 백성이 하나님에 대하여 가졌던 반항적인 기질을 말합니다. 하나님의 아들이 오신 것은 우리 안에 있는 이 죄의 뿌리를 뽑기 위해서입니다. 그때서야 비로소 우리는 진정한 하나님의 백성으로 뿌리를 내리게 됩니다.

요즘 우리는 지식인들이 사회에서 많은 부와 혜택을 누리면서도 절대로 정부나 다른 사람들이 하는 말을 받아들이지 않고 비판하고 거부하는 것을 볼 수 있습니다. 사람이 이렇게 할 수 있는 것은 너무 똑똑해서 그런 것도 있지만 성향 자체가 부정적이고 비판적이어서 그렇습니다. 그러나 사람들의 이런 성향은 인간의 힘으로는 절대로 바꿀 수가 없습니다. 사실 우리 모든 인간은 하나님께 대하여 이렇게 반항적일 정도로 똑똑했습니다. 우리 인간은 하나님으로부터 오는 모든 혜택과 축복은 다 누리면서도 절대로 하나님을 인정하지 않고 하나님을 부정하며 하나님에 대하여 반항적인 자세를 취해 왔습니다. 이것은 다른 말로 표현하면 우리 인간은 하나님과 대등한 존재라는 것입니다. 그러나 하나님은 우리를 살리기 위해서 아들을 이 세상에 보내셔서 죽게 하셨습니다. 사람들이 하나님의 아들을 보았을 때 그는 전혀 반항적이지 않았습니다. 오히려 아들은 죽기까지 아버지의 말씀에 복종했고, 실제로 죽었습니다. 이때 우리의 죄가 하나님께로 넘어가면서 우리가 정신을 차리게 되었습니다. 즉 아들의 죽음 때문에 우리는 하나님을 바로 알고 바로 믿기 시작한 것입니다.

2. 이스라엘이 치러야 할 대가

하나님께서 이스라엘을 이 놀라운 축복으로 복 주시기 전에 그들이 상당한 시간 동안 고통 가운데 방치될 것을 말씀하고 있습니다.

3절, "그러므로 임산한 여인이 해산하기까지 그들을 붙여 두시겠고 그 후에는 그 형제 남은 자가 이스라엘 자손에게로 돌아오리니"

하나님께서는 이스라엘의 새 목자가 오실 때까지 이스라엘 백성을 바벨론의 포로로 붙여 두겠다고 말씀하셨습니다. 여기에 보면 '임산한 여인이 해산하기까지 그들을 붙여 두시겠고' 라고 했습니다. 여기서 임신한 여인이 해산한다는 것은 하나님의 아들이 이스라엘 백성 가운데 태어나시는 것을 의미합니다. 왜 하나님께서는 하나님의 아들이 이 세상에 오실 때까지 이스라엘 백성을 포로로 붙여 두실까요? 하나님께서 이스라엘과 유다를 회복시키시고 부흥되는 가운데 하나님의 아들이 오시게 하면 얼마나 좋을까요? 그러나 인간들은 눈앞에 좋은 것이 있으면 절대로 하나님이 주시는 더 좋은 것을 붙들지 않습니다. 특히 이스라엘과 유다가 망한 것은 그들이 우상 숭배에 중독되어 있었기 때문입니다. 술이나 마약이나 어떤 나쁜 습관에 중독된 사람은 한두 번 결심을 한다고 해서 절대로 그 나쁜 습관이 없어지지 않습니다. 죄에 중독된 사람이 죄를 끊으려면 죽을 각오를 하고 덤벼들어야 합니다.

마찬가지로 인간들이 이 세상에서 불신앙을 버리고 하나님을 붙들려면 이 세상에서 죽을 각오를 해야 합니다. 이때 실제로 하나님의 아들은 십자가 위에서 죽으심으로 우리의 손을 잡으셔서 우리와 자신을 교환하시는 것입니다.

서커스하는 사람들을 보면 한 사람이 그네를 타고 가다가 그네를 놓고 몸을 날리면서 다른 사람의 손을 잡아서 다른 데로 넘어갑니다. 마찬가지로 우리가 하나님의 축복 가운데로 들어가려면 절대로 이 세상에 있는 것들에 취해 있으면 안 됩니다. 우리가 죽을 각오를 하고 이 세상 것을 놓고 예수님의 손을 붙잡을 때 예수님도 온 힘을 다해서 우리 손을 붙잡으셔서 우리의 모든 죄를 가져가시고 예수님의 생명을 우리에게 주시는 것입니다. 그래서 하나님께서는 임신한 여인이 해산하기까지 그들에게 붙여 두겠다고 하셨습니다. 즉 하나님은 유다 백성이나 이스라엘 백성 안에 있는 죄가 빠져나갈 때까지 바벨론의 압제를 받게 하시는 것입니다. 그래서 우리에게 고난이 찾아오는 것은 반드시 망하라는 뜻이 아니라 세상에서 붙들고 있는 것을 놓고 하나님을 붙잡으라는 뜻입니다. 우리는 세상에서 붙들고 있는 그네를 놓아야 예수님의 손을 잡을 수가 있습니다. 그러나 우리는 할 수 있으면 두 가지 다 잡으려고 할 때가 많은데 그러면 결국 이쪽으로 가지도 못하고 저쪽으로도 가지 못해서 밑으로 떨어지고 마는 것입니다.

여기에 보면 '그 후에는 그 형제 남은 자가 이스라엘 자손에게로 돌아오리니' 라고 했습니다. 이것은 우리가 구원의 복음을 듣기 전에 이스라엘 자손들이 해산하는 수고를 해야 하는 것을 말합니다. 즉 여기에서 '그 형제 남은 자가 돌아온다' 는 것은 우리 같은 이방인들이 하나님의 백성이 되는 것을 말합니다. 이스라엘 백성은 복음의 세계가 오기 전에 이것을 해산하는 수고를 해야 하는 것입니다.

이것은 유다나 이스라엘의 껍데기가 너무 단단해서 그 상태 그대로는 이방인들이 복음을 들을 수가 없었으나 이스라엘과 유다가 망해서 이방의 포로가 되었을 때 오히려 이방인들이 하나님의 말씀을 듣고 구원받을 수 있는 기회가 생기게 된 것을 말합니다.

이 세상에서 주인이 바뀐다는 것은 쉬운 일이 아닙니다. 마찬가지로 사람들이 기존의 신앙이나 가치관을 버리고 새로운 신앙을 받아들이는 것은 너무나도 어려운 일입니다. 예를 들어 중국 사람들은 조상 대대로 공자와 맹자를 신봉하고 황제에게 절대적으로 복종해 왔습니다. 황제에게 복종하고 공자와 맹자를 신봉하던 중국 사람들이 한순간에 온 천지를 만드신 하나님을 믿는다는 것은 불가능한 일입니다. 그래서 하나님은 공산주의자들을 통해서 중국에서 공자와 맹자를 두들겨 부수게 하시고, 중국 황제 사상을 두들겨 주시고, 억지로 공산주의 훈련을 시키셨습니다. 그러고 나니까 중국 사람들이 오히려 새로운 사상을 받아들이는 것이 쉬워지게 되었습니다. 그래서 지금 중국에는 상상할 수도 없이 많은 사람들이 예수를 믿고 있습니다. 우리나라도 조상 대대로 미신을 믿고, 양반과 상놈을 따지고, 무조건 왕에게 충성하며 살아왔습니다. 그런데 하나님께서 우리나라에 일제라고 하는 무시무시한 몽둥이를 보내셔서 기존의 가치관을 모두 두들겨 부수고 우리 민족을 철저하게 일본의 식민지가 되게 하셔서 영적인 부흥이라는 아이를 낳게 하신 것입니다. 거기에 비해서 일본은 아직 기존의 가치관을 부술 기회를 가지지 못했는데 그 바람에 그렇게 많은 경제적인 축복을 받았지만 여전히 하나님을 모르고 많은 귀신을 믿고 있는 것입니다.

4절, "그가 여호와의 능력과 그 하나님 여호와의 이름의 위엄을 의지하고 서서 그 떼에게 먹여서 그들로 안연히 거하게 할 것이라 이제 그가 창대하여 땅 끝까지 미치리라"

하나님이 보내시는 새 목자의 특징은 군사력이나 탁월한 경제적 능력으로 나라를 부흥시키는 것이 아니라 하나님의 능력과 위엄을 그대로 사용하는 것입니다. 즉 하나님이 보내시는 새 목자의 특징은 무한정으로 하나님의 능력을 끌어와서 사용하시고 우리를 축복하시는 것입니다. 이스라엘 백성이 하나님의 축복을 받고 싶어도 받을 수 없었던 것은 하나님과 그들 사이에 죄의 담이 있었기 때문입니다. 그런데 이스라엘의 새 목자는 하나님과 우리 사이의 죄의 담을 허물어 버리신 것입니다.

결국 우리에게 가장 치명적인 장애는 하나님 앞에 있는 이 죄의 담입니다. 우리 인간은 이 담을 넘지 못해서 영영토록 사탄의 종 노릇을 하다가 나중에는 영원한 지옥에서 저주를 받을 수밖에 없었습니다. 그런데 하나님의 아들이 오셔서 자기 몸을 깨뜨려서 죄의 담을 허무셨을 때 우리 안에 하나님의 능력이 부어지게 되었습니다. 즉 우리 안에 하나님의 말씀이 들어오니까 우리는 사탄의 정체와 그 모든 죄의 정체를 바로 알게 되었습니다. 사람들이 죄에 빠지는 이유는 죄에 중독되어 있기 때문이기도 하지만 죄가 얼마나 추악하고 더러우며 그 결과가 얼마나 끔찍한지 몰라서 그럴 때가 많습니다. 그러나 하나님의 말씀은 우리로 하여금 죄의 세력을 끊어버리고 죄의 결과를 보게 하십니다.

만약 삼손이 자기가 들릴라에게 속아서 머리가 밀리고 눈알이 뽑히고 블레셋 사람들의 노예가 되어서 비참하게 맷돌을 갈 것을 미리 알았더라면 들릴라에게 속지 않았을 것이며, 그 여자를 쫓아버렸을 것입니다. 그리고 다윗이 옥상에서 보았던 여자를 사랑한 결과가 그 남편을 죽게 하고 침상이 썩을 정도로 양심의 고통을 받다가 결국 자식에 의해 왕 자리에서 쫓겨나서 망신이란 망신을 다 당할 것을 미리 알았더라면 절대로 그 여자를 좋아하지 않았을 것입니다. 마귀는 언제나 죄를 가장 아름답고 행복한 것으로 변장시키지만 하나님의 말씀은 죄의 추악함과 비참한 결과를 미리 보게 하십니다. 그러니까 우리는 마귀에게 속을 이유가 없는 것입니다. 그뿐만 아니라 우리 안에 성령의 능력이 들어오면 우리 몸은 마치 동력이 끊어졌다가 전기가 들어오는 기계처럼 웅장한 소리를 내면서 가동됩니다. 하나님이 만드신 피조물 중에서 최고의 피조물은 우리 인간인데 우리는 오직 하나님의 능력으로만 제대로 움직일 수 있습니다. 거기에다가 우리가 합심해서 기도하면 하나님의 능력이 우리에게 공급되어서 사탄을 이기게 하시고, 불가능한 것들이 이루어지는 기적을 일으키십니다. 그래서 예수님은 우리 한 사람 한 사람을 하나님의 능력으로 강하게 하시고 어떤 시험도 이기는 능력의 사람이 되게 하십니다.

결국 우리가 이 세상에서 싸우는 것은 인간의 싸움이 아니라 마귀와 우리 하나님의 백성의 싸움입니다. 우리가 이 싸움에서 이기려면 하나님의 지혜가 있어야 하고, 하나님의 능력이 있어야 합니다.

그런데 이스라엘의 새 목자는 '서서 그 떼를 먹인다' 고 했습니다. 서서 먹인다는 것은 맹수나 적이 쳐들어오는 것을 지켜보면서 먹인다는 것입니다. 새 목자는 자기의 양 떼가 안전하게 하나님의 말씀을 먹게 합니다. 이스라엘의 새 목자는 우리에게 다른 양식을 주시는 것이 아니라 평범한 하나님의 말씀을 먹이십니다. 우리가 하나님의 말씀을 제대로 먹기만 하면 힘을 낼 수 있고, 얼마든지 위기를 다 해결할 수 있습니다. 양을 치는 목자들이 양에게 좋은 풀을 먹이기만 하면 양들은 튼튼하게 자라게 되어 있습니다. 오히려 목자가 욕심을 내어서 양에게 동물성 사료를 먹이면 양에게 병이 생깁니다.

우리에게 충성된 목자가 있다는 것은 얼마나 좋은지 일인지 모릅니다. 왜냐하면 우리는 아무것도 걱정할 필요 없이 목자만 따라가면 되기 때문입니다. 우리는 모르는 길을 갈 때에도 길을 잘 아는 사람과 함께 가면 밤에도 걱정할 필요가 없습니다. 예수님은 이 세상에서 충분히 우리를 축복의 길로 인도하실 수 있는 능력을 가진 분입니다. 그래서 이 목자에게 오는 양들이 점점 더 많아지게 됩니다.

'이제 그가 창대하여 땅 끝까지 미치리라.'

이 새 목자를 믿고 따라오는 양들이 얼마나 많은지 땅 끝에서 따라옵니다. 그럼에도 불구하고 이 목자는 충분히 우리 모두를 인도하실 수 있습니다. 그 이유는 하나님의 능력으로 우리를 축복하시기 때문입니다. 우리에게 하나님의 능력이 있으면 사탄의 세력도 우리를 망하게 하지 못합니다. 즉 우리는 절대로 망하지 않을 것입니다. 그래서 우리는 자꾸 세상을 향해서 갈 것이 아니라 우리가 있는 곳에서 부흥을 일으켜야 마귀를 이기고 쫓아낼 수 있습니다.

3. 우리의 평강이신 하나님

우리가 평안하다는 것은 정신적으로나 육체적으로 모든 것이 정상적인 상태에 있는 것을 말합니다. 만약 우리 몸의 많은 기관 중에 한 곳에만 병이 나도 우리는 평안하지 못하며, 가정이나 직장에서 어떤 한 가지 문제만

터져도 우리의 마음은 평안치 못합니다. 그런데 우리가 이 세상에 살면서 완전한 평안을 누리는 것은 불가능한 일입니다. 그러나 하나님의 아들이 우리에게 평강을 주시므로 모든 사탄의 세력을 이기는 힘을 주시기 때문에 우리가 평안한 것입니다. 예를 들어 어떤 사람은 병에 걸린 적이 없어서 건강한 경우도 있지만, 어떤 사람은 이미 병에 걸렸다가 항체가 생겨서 병이 나은 사람도 있는 것입니다.

'하나님은 평강이시다' 는 말은 하나님께서 이스라엘 백성이 아주 어려울 때 기드온에게 하신 말씀입니다. 그때 이스라엘 백성은 케케묵었다는 소리를 듣기 싫어서 바알과 아세라 신을 가지고 와서 섬겼습니다. 그 결과 이스라엘 백성은 미디안 민족의 침략을 받아서 거의 굶어 죽게 되었습니다. 이때 이스라엘 백성은 모든 수단과 방법을 동원했지만 미디안을 이길 수 없었습니다. 그래서 마지막으로 하나님께 부르짖었을 때 하나님은 응답하셨습니다. 이때 여호와의 사자는 기드온을 찾아가셔서 그를 '큰 용사' 라고 하시면서 이스라엘 백성을 미디안의 압제에서 건져 내는 사명을 주셨습니다. 이때 기드온은 그가 하나님의 사자인 줄 모르고 잠깐 기다리라고 한 후에 고기와 국을 가지고 와서 대접하려고 했습니다. 그러나 하나님의 사자는 음식은 바위 위에 두고 그 위에 국을 부은 후에 지팡이 끝을 대니 거기서 불이 나와서 그 음식과 국을 다 태워 버렸습니다. 이때 기드온은 자기가 하나님의 사자를 보았기 때문에 죽을 것이라고 생각하여 두려워했습니다. 이때 하나님께서 기드온에게 안심하라고 하시면서 '하나님은 평강이라' 고 말씀하셨습니다.

5절 말씀에 보면 '이 사람은 우리의 평강' 이라고 했는데 이는 하나님은 우리의 평강이라는 뜻입니다. 하나님이 어떻게 이스라엘 백성에게 평강이 되실 수 있을까요? 그것은 하나님과 이스라엘 백성을 원수 되게 했던 죄가 해결되었기 때문입니다. 그런데 더 중요한 것이, 우리가 하나님의 말씀에 목숨을 걸 때 우리는 핵무기의 수천만 배 되는 위력을 가진 축복의 하나님을 만나게 됩니다. 하나님이 핵무기의 수천만 배나 되는 능력으로 우리를 축복해 주실 때 우리의 병이 낫고, 우리의 고민이 사라지고, 사탄의 모든 시험에서 벗어나는 것입니다. 그래서 '이 사람은 우리의 평강' 이라고 한 것은 단순히 우리에게 아무 어려움이 없는 것이 아니라 하나님의 능력이 우리의 모든 어려움을 축복으로 바꾸기 때문입니다. 하나님이 우리의 평강이 되시고 하나님이 우리의 능력이 되시면 우리는 아무것도 걱정할 것이 없습니다. 우리는 주위 나라들이 아무리 핵무기로 무장을 해도 두려워할 필요가 없습니다. 그래서 우리가 이 세상에서 안전하게 살 수 있는 길은 내 생각이나 내 머리를 믿고 날뛰는 것이 아니라 하나님의 능력이 우리에게 있게 하는 것입니다.

당시에 유다에게 가장 무서운 세력은 앗수르였습니다. 그러나 유다 백성이 정신을 차리고 하나님을 바로 붙들기만 하면 앗수르는 전혀 문제가 되지 않을 것이라고 했습니다. 그리고 죽을병도 문제가 되지 않는다고 했습니다. 이것을 실제로 체험한 사람이 히스기야 왕입니다.

5-6절, "이 사람은 우리의 평강이 될 것이라 앗수르 사람이 우리 땅에 들어와서 우리 궁들을 밟을 때에는 우리가 일곱 목자와 여덟 군왕을 일으켜 그를 치리니 그들이 칼로 앗수르 땅을 황무케 하며 니므롯 땅의 어귀를 황무케 하리라 앗수르 사람이 우리 땅에 들어와서 우리 지경을 밟을 때에는 그가 우리를 그에게서 건져내리라"

여기에 보면 유다 백성이 얼마나 앗수르 군대를 무서워했는지 알 수 있습니다. 앗수르 군대는 당시 가장 강하고 가장 잔인한 군대였습니다. 앗수르 군대는 수리아와 이스라엘을 완전히 멸망시켰습니다. 그리고 유다 땅에 와서 궁들을 밟았습니다. 여기서 '궁' 은 성으로 볼 수도 있습니다. 앗수르 군대는 유다의 많은 성들을 무너뜨렸습니다. 그런데 유다에 일곱 명의 목자와 여덟 명의 군왕이 나타나서 앗수르 군대를 칠 것이라고 했습니다. 즉 유다의 군사력이 갑자기 일곱 배에서 여덟 배로 강하여지는 것입니다. 그러나 사람의 눈에는 이 많은 군인들이 보이지 않았습니다. 왜냐하면 이들은 하나님의 천사들의 부대였기 때문입니다. 사실 이 천사들은 일곱 배나 여덟 배가 아니라 수천 배 수만 배 되는 능력을 가졌습니다. 그래서 하나님의 천사는 단 하루 만에 앗수르 군대 18만 5천 명을 죽게 했습니다. 그리고 앗수르 군대는 본국으로 돌아갔다가 거기서 망하게 됩니다. 이 모든 것은 새 목자가 있는 예루살렘을 건드렸기 때문입니다. 오늘 본문을 보면 "앗수르 사람이 우리 땅에 들어와서 우리 지경을 밟을 때에는 그가 우리를 그에게서 건져내리라"라고 했습니다. 그가 우리를 그에게서 건져 낸다는 것은 하나님의 아들이 유다를 앗수르의 손에서 건져 낸다는 뜻입니다.

유다 백성은 이 세상에서 가장 강한 능력을 가지신 하나님을 가진 자들이었습니다. 그런데 유다 백성은 하나님은 시시하다고 생각해서 세상의 사상을 따라갔다가 망했습니다. 우리는 지금 대단히 불안한 가운데 있습니다. 우리 젊은이들은 미래에 대하여 불안해하고 있습니다. 그러나 우리는 이 세상에서 가장 강한 능력을 가지고 있습니다. 하나님의 축복이 우리에게 있으면 하나님은 황무지를 옥토가 되게 하실 것입니다. 만일 황무지가 옥토로 변하기만 하면 그것보다 수지맞는 일은 없을 것입니다. 많은 사람들이 부동산 투기를 해서 돈을 벌려고 하지만 최고의 투기는 하나님에게 투자하는 것입니다. 하나님의 성령이 우리에게 임하기만 하면 우리는 보물 덩어리로 변합니다. 우리가 하나님의 말씀을 붙들면 아무것도 없는 가난한 상태에서도 최고의 부흥이 일어날 수 있습니다. 하나님의 아들은 아무것도 없는 베들레헴 출신이었지만 하나님의 능력으로 부흥을 일으키셨습니다.

오늘 우리가 하나님의 말씀을 붙들어서 부흥이 일어나면 하나님은 우리의 모든 정신적, 육체적인 어려움을 해결해 주시며 사탄의 세력을 그 본거지까지 따라가셔서 부수어 놓으실 것입니다. 우리는 이 세상에서 더 이상 다른 것을 붙들 필요가 없습니다. 우리는 더 이상 세상의 자랑이나 세상의 것들을 붙들 필요가 없습니다. 우리가 하나님의 말씀을 붙들면 부흥이 일어나게 되고, 하나님의 아들은 우리의 목자가 되시며, 하나님은 우리의 능력이 되시고 평강이 되실 것입니다. 우리 모두 하나님을 우리의 능력으로 삼고 모든 어려움을 해결받는 성도들이 되시기 바랍니다.

성경 토의

1. 우리가 하나님에게 지나치게 의존적이 되는 것을 약해진다고 생각하기 쉬운데 우리가 하나님에게 의존적이 되는 것이 어떤 유익이 있으며 어떤 점에서 더 강해질 수 있는가?

2. 왜 이스라엘의 새 목자는 유다 고을 중에서 가장 작은 고을에서 나시며, 또 태초부터 계신 분인 그가 오셔야 하는 이유는 무엇인가?

3. 어떻게 하면 우리 마음이나 사회에 진정한 평화가 올 수 있으며, 진정한 평화를 해치는 앗수르 군대를 하나님은 어떻게 물리치시는가?

10_야곱의 남은 자

미가 5:5-15

전체적 설명 우리는 때로 본문을 중복해서 설교해야 할 때가 있다. 그렇게 함으로써 지난 본문을 해석하는 데 부족했던 것을 보충하면서 새로운 본문과의 논리적인 연관성을 강조할 수 있는 것이다. 하나님께서는 이스라엘에 새 목자를 주시는데 그는 '평강' 이시라고 했다. 그가 평강인 이유는 이스라엘의 근본적인 문제를 해결할 수 있기 때문이다. 그리고 하나님은 야곱의 남은 자는 하나님으로부터 내리는 이슬 같아서 사람의 의지와 상관없이 만들어지며 강해질 것이라고 하셨는데 그러나 지금 당장은 하나님께서 유다 안에 있는 우상을 쳐부수는 일을 하실 것이라고 했다. 즉 이스라엘 자손들의 현재와 미래 사이에는 많은 차이가 있는 것이다.

설교 프리노트

5절, "이 사람은 우리의 평강이 될 것이라"

베들레헴에서 태어나는 새 목자는 이스라엘 백성의 평강이 될 것이다. 그 이유는 그가 이스라엘 백성과 하나님 사이의 적대감을 해결하기 때문에 이스라엘 백성이 다시는 하나님을 대적하지 않게 되기 때문이다. 우리가 하나님을 대적하지 않으면 아무리 앗수르 군대라 하더라도 하나님의 백성을 괴롭힐 수가 없다.

"앗수르 사람이 우리 땅에 들어와서"

앗수르 사람들이 이스라엘이나 유다 땅에 들어와서 못된 짓을 하고 백성들을 괴롭히는 이유는 하나님의 백성이 하나님을 제대로 믿지 않아서이다. 그러나 인간의 본성 가운데는 하나님의 말씀에 불순종하는 본성이 있어서 이스라엘 백성은 언제나 반복적으로 이방 민족에게 압제를 받아야만 했다. 그래서 하나님의 백성이 완전히 앗수르 군대를 몰아내려고 하면 그들의 마음 깊은 곳에 하나님에 대한 믿음이 생겨야 한다.

7절, "야곱의 남은 자는 많은 백성 중에 있으리니"

여기서 '야곱의 남은 자' 는 이스라엘 자손 중에서 많은 환난을 당한 끝에 바른 믿음을 가지고 하나님께 돌아오는 자를 말한다. 신기한 것은 유다 백성이 포로로 붙들려 가거나 종으로 팔려 가면 하나님을 다 버릴 것 같은데 고난당할 때 하나님께 돌아오는 자들이 생기게 된다. 이들이 바로 야곱의 남은 자들인 것이다. 야곱의 남은 자들이 많은 백성 중에 있다는 것은 두 가지 의미로 생각할 수 있다. 그 하나는 이스라엘이나 유다 백성이 망해서 다른 민족 가운데 종으로 팔려가는데 그때 바른 하나님의 신앙을 가지는 자들이 생기게 된다는 것이다. 그리고 또 하나는 여기의 야곱의 남은 자를 영적인 이스라엘로 보아서 이방인들 중에서 하나님을 믿는 자로 생각할 수 있다. 사실은 그리스도가 오심으로 유대 인들 중에서 회개한 자들과 이방인으로서 예수를 믿는 자들이 함께 야곱의 남은 자를 이루게 된다. 이들이 바로 신약 교회인 것이다.

"그들은 여호와에게로서 내리는 이슬 같고"

하늘에서 내리는 이슬은 너무나도 자연스러운 현상이기 때문에 사람이 내리게 하거나 내리지 못하게 할 수가 없다. 마찬가지로 야곱의 자손들은 인간의 의지와는 상관없이 하나님의 뜻에 의해서 자동적으로 만들어진다. 즉 사람의 머리로는 도저히 생겨날 수 없는 곳이나 상황인데 하나님을 믿는 자들이 생겨나는 것이다.

"풀 위에 내리는 단비 같아서"

풀 위에 단비가 내릴 때 처음에는 별것 아닌 것 같지만 조금 시간이 지나면 많은 비가 내려서 풀들이 자라게 된다. 마찬가지로 우리의 믿음이 생기는 것도 우리가 전혀 모르는 가운데 이슬 같은 하나님의 은혜가 우리 마음속에 떨어지면서 어느 순간에 영적인 부흥이 일어나게 된다.

"사람을 기다리지 아니하며"

이슬은 사람의 의지와는 상관없이 자연적인 현상으로 생기는 것이다. 마찬가지로 사람에게 믿음이 생기는 것은 인간의 의지와는 상관없이 하나님의 불가항력적인 의지에 의해서 생긴다.

8절, "야곱의 남은 자는 열국 중과 여러 백성 중에 있으리니"

앞 절에서 말한 것이 반복되고 있다. 즉 이제는 하나님의 백성이 이스라엘이라는 지역 안에만 국한된 것이 아니라 온 세상에서 하나님의 백성이 우후죽순 격으로 만들어질 것이다.

"그들은 수풀의 짐승 중의 사자 같고"

야곱의 남은 자들은 많은 민족 중에 있지만 그들 중에서 가장 강한 자들이 될 것이다. 그래서 그들은 수풀에 있는 많은 짐승 중에 사자처럼 강하다고 했다. 하나님의 백성이 강한 이유가 무엇일까? 그것은 그들이 육체적으로 강한 것이 아니라 진리에 있어서 어느 누구도 따라올 수 없도록 뛰어난 지각을 가지게 되기 때문이다. 결국 앞으로 세상은 지혜의 대결이 되는데 하나님의 지혜와 세상 지혜 혹은 마귀의 지혜의 대결이 될 것이다. 이 지혜의 대결에서 야곱의 남은 자들은 이길 것이다.

9절, "네 손이 네 대적 위에 들려서"

이것은 이스라엘 백성이 출애굽한 후 광야에서 아말렉과 싸울 때 모세의 손이 올라가면 여호수아가 아말렉을 이긴 것을 생각나게 한다. 즉 그리스도의 손이 하나님을 향하여 높이 들려서 주의 백성이 이 세상에서 하나님을 멸시하는 교만한 자들을 완전히 물리칠 때까지 계속적으로 힘을 주시기를 기원하는 것이다. 우리가 이 세상에서 싸우는 것은 우리의 힘과 능력으로 싸우는 것이 아니라 그리스도가 주시는 성령의 능력으로 싸우는 것이다. 우리가 주님의 이름으로 이 세상의 죄와 싸울 때 그리스도의 손이 높이 들려서 결국 우리로 하여금 모든 원수를 물리치게 하실 것이다.

10절, "내가 너의 말을 너의 중에서 멸절하며 너의 병거를 훼파하며"

하나님께서는 결국 야곱의 남은 자들을 건져 내서서 강하게 하시겠지만 지금 당장 유다 백성은 하나님의 심판을 받아야 하는 형편에 있다. 그래서 하나님께서는 유다가 전쟁에서 이기지 못하도록 말을 멸절하며 병거를 파괴하겠다고 하신다. 여기서 '그날'은 하나님께서 유다를 멸망시키실 날을 의미한다. 하나님께서는 유다가 멸망할 때에 그들의 병거나 말이나 성읍들이 아무 소용이 없게 하겠다고 말씀하신다. 왜냐하면 유다 백성에게는 말이나 병거보다 더 강한 하나님의 불말과 불병거가 있기 때문이다. 그러나 하나님을 의지하지 않고 인간적인 방법을 의지하는 유다 백성은 절대로 성공하지 못할 것이다. 왜냐하면 하나님이 그들을 돕지 않으시기 때문이다.

11절, "너의 땅의 성읍들을 멸하며"

옛날에는 전란이 일어났을 때 성안에만 있으면 안전했다. 그러나 유다의 성들은 유다 백성을 지켜 주지 못하였다. 왜냐하면 그들이 자신들의 산성이신 하나님을 의지하지 않고 눈에 보이는 성만 믿었기 때문이다.

12절, "내가 또 복술을 너의 손에서 끊으리니 네게 다시는 점장이가 없게 될 것이며"

유다가 지금 망할 수밖에 없는 이유는 이미 그들에게 우상 숭배가 만연해 있기 때문이다. 그들에게는 복술이 있었고 점쟁이들이 있었다.

13절, "내가 너의 새긴 우상과 주상을 너의 중에서 멸절하리니 네가 네 손으로 만든 것을 다시는 섬기지 아니하리라"

하나님께서 유다를 망하게 하시는 것은 결국 그들의 우상을 없애는 방법이었다. 예를 들어 어떤 사람이 알코올이나 마약에 중독되었을 때 그 사람을 치료할 수 있는 방법은 격리를 시켜서 술이나 마약을 먹지 못하게 하는 수밖에 없다. 물론 갑자기 술이나 마약을 끊으면 거의 죽을 것 같은 금단 증세가 나타나겠지만 죽을 각오를 하지 않으면 결코 이런 중독에서 벗어날 수가 없다.

15절, "내가 또 진노와 분한으로 청종치 아니한 나라에 갚으리라"

유다 백성은 하나님이 감정을 가진 분이라는 것을 알지 못했다. 유다 백성은 하나님은 언제나 자기들에게 잘해 주시기만 하는 우상 같은 분으로 생각했다. 그래서 유다 백성은 그들이 하나님을 기쁘시게 하는 것은 그들의 복이라는 것을 깨닫지 못했다. 그러나 하나님은 인격을 가진 분이다. 하나님은 기뻐할 줄도 아시고 분노할 줄도 아신다. 결국 하나님은 진노와 분한으로 청종치 아니한 나라에 갚을 것이라는 것이다. 하나님을 기쁘시게 하는 것이 복이다.

본문 이해를 위한 질문

1. 이스라엘의 새 목자는 유다 백성의 어려움을 어떻게 해결하시는가?

그는 하나님과의 관계에서 화평을 가져오신 후 하나님의 능력으로 앗수르 군대를 심판하신다.

2. 야곱의 남은 자는 어떤 자인가?

야곱의 남은 자는 유다 백성 중에서 하나님의 연단 가운데 만들어지는 자들인데 이들은 철저하게 하나님의 말씀만 붙드는 자들이다. 이들은 세계 여러 민족 가운데 있게 되고, 사자같이 강한 자들이 될 것이다.

3. 지금 유다가 망해야 하는 이유가 무엇인가?

지금 유다는 우상에 중독되어 있기 때문에 우상을 제거하기 위해서 격리 치료를 받게 하는 것이다.

성경 강해

우리는 때때로 우리 사회에서 가장 지성적이고 비판적이면서도 인기를 끌던 젊은 정치인이 어느 날 갑자기 기업인의 돈을 받았다고 해서 검찰 수사를 받더니 한순간에 정치 자금법을 위반했다고 해서 죄수로 감옥에 구속되는 일들을 많이 봅니다. 우리나라 정치인들에게는 정치 자금을 받는 것이 아킬레스건인 것입니다. 그래서 정치인이 아무리 말을 잘하고 똑똑하다 하더라도 돈 문제에 있어서 깨끗하지 않으면 언젠가는 추락하게 되어 있습니다.

이것은 종교인들도 마찬가지입니다. 즉 아무리 목회에 성공해서 그가 섬기는 교회에 수만 명이 모이고 설교나 강연으로 많은 사람들에게 알려졌다 하더라도 여성과 부적절한 관계를 맺었다가 그것이 폭로되면 한순간에 추락해서 목회 현장에서 사라집니다.

우리는 성공한 정치인이나 종교인들이 다른 유혹에는 넘어가지 않다가도 오직 자기 자신의 욕망을 이기지 못하고 자기 관리에 실패하는 바람에 넘어지는 것을 많이 봅니다. 이런 사람들의 적은 다른 사람들이 아니라 바로 자기 자신인 것입니다. 그러나 인간적인 입장에서 생각해 보면 아무리 유명한 정치인이고 목회자라 하더라도 감정을 가진 인간이라면 유혹을 느낄 수도 있고 욕심으로 마음이 흔들릴 수도 있을 것입니다. 그러나 문제는 이런 유명세가 욕심이나 유혹을 이길 수 있는 힘을 주지 못한다는 것입니다. 오히려 이런 유명세나 자만심이 통제력을 잃게 해서 더 쉽게 유혹에 빠지게 하고 욕심에 넘어지게 만듭니다. 사람들은 유혹이나 죄에 빠지지 않는 것을 쉽게 생각하는데 이것은 결코 쉬운 문제가 아닙니다. 결국 죄와 유혹을 이길 수 있는 것은 하나님의 능력밖에 없습니다. 사람들이 무사할 수 있는 것은 죄가 들통나지 않아서 그런 것이지 결코 죄가 없어서 그런 것이 아닌 것입니다.

미가 선지는 구약 시대의 종교 개혁자라고 말할 수 있습니다. 미가 선지는 당시 어느 누구도 생각하지 못했던 것, 즉 많은 사람들이 절대시하고 있었던 예루살렘 성전이 무너져서 폐허가 될 것을 예언했습니다. 마틴 루터는 당시 교황청에서 짓고 있던 성 베드로 사원이 자금을 마련하기 위해서 면죄부를 판매하는 것이 성경의 가르침과 맞지 않다고 비판했습니다. 그런데 미가 선지는 아예 예루살렘 성전이 폐허가 될 것이라고 예언했습니다. 그뿐만 아니라 미가 선지는 당시 바른 하나님의 말씀을 전하지 않고 사람들로부터 돈이나 받으려고 했던 선지자나 제사장이나 정치인들을 먹을 것을 입에 물려주면 짖지 않는 개로 비유했습니다. 요즘도 다른 사람을 빗대어 이렇게 말하기는 어려울 것입니다. 그뿐만 아니라 드디어 미가는 새로운 이스라엘의 목자가 베들레헴 에브라다에서 태어나실 것을 예언했고, 미가의 예언대로 예수님은 유다 베들레헴에서 태어나시게 됩니다.

미가는 베들레헴에서 태어나시는 새 목자는 그 근본이 '상고요 태초'(5:2)라고 해서 그가 보통 인간이 아니라 하나님의 본성을 가지고 태어나실 분인 것을 예언했습니다. 미가 선지는 '그는 우리의 평강이라' 고 했습니다. 즉 새 목자가 이 땅에 오시는 것은 우리에게 평강을 주시기 위해서인 것입니다. 양 떼는 목자가 없으면 그야말로 맹수의 밥이 될 수밖에 없습니다. 양들에게 목자가 없으면 양들은 맹수에게 쫓겨야 하고, 풀이나 물도 눈치를 보면서 먹어야 하고, 길을 잘못 들면 가시에 찔리거나 절벽에서 떨어져 죽을 수도 있습니다. 그래서 목자 없는 양들에게 가장 무서운 것은 맹수나 혹은 사냥꾼일 것입니다. 그러나 양들에게 목자가 있으면 양들은 편안하게 살 수 있을 것입니다. 그런데 어려운 것은 양들이 과연 목자를 어떻게 알아볼 수 있을까 하는 것입니다. 양들은 목자의 음성을 들으면 목자를 알아볼 수 있습니다. 그리고 특히 목자가 양들을 위하여 다친 흉터 자국을 보면 목자를 알아볼 수 있을 것입니다. 예수님은 자기 자신을 양들의 선한 목자라고 말씀하시면서 삯꾼은 이리를 보면 피하고 도망을 쳐서 양들이 이리에게 물리거나 죽임을 당하지만 선한 목자는 양들을 위하여 죽기 때문에 양들의 목숨은 절대적으로 안전하다고 말씀하셨습니다.

1. 예수님이 평강이신 이유

사람들은 이 세상을 살아갈 때에 전쟁이나 자연재해나 질병이 없으면 행복하게 살아갈 수 있을 것입니다. 그러나 인간들이 이 세상에서 좀 행복하게 살려고 하면 전쟁이 터져서 많은 사람들이 죽든지 포로로 끌려가고, 사람들이 좀 평안하게 살려고 하면 지진이 나든지 홍수가 나서 많은 사람들이 죽거나 삶의 보금자리를 잃어버립니다. 또 가족들이 조금 행복하게 살려고 하면 병이 생기거나 사랑하는 가족을 잃을 때가 있습니다. 이런 불행한 일은 도대체 왜 일어나는 것일까요? 아마 우리 인간이 이런 불행의 원인들을 바로 알고 해결할 수 있으면 우리는 이 세상을 행복하게 살 수 있을 것입니다. 그러나 우리 인간은 이런 불행을 막기 위해서 많은 노력을 하지만 아직 완전히 막지는 못하고 있습니다. 그런데 하나님이 보내시는 이스라엘의 새 목자는 우리 인간의 이런 불행을 완전히 해결하시는 분입니다.

5절 상, "이 사람은 우리의 평강이 될 것이라"

만일 사람이 우리 인간 사회에 완전한 평강을 주려면 그는 적의 침략을 막을 수 있어야 할 것이고, 또 백성들을 병으로부터 지켜 줄 수 있어야 하며, 백성들을 굶주림에서 살릴 수 있어야 합니다. 그런데 과연 어떤 사람이 그 많은 백성을 많은 어려움에서 지켜 주고 건져 줄 수 있을까요? 이스라엘의 새 목자는 모든 사람을 이런 어려움 하나하나로부터 지켜 주는 것이 아닙니다. 이스라엘의 새 목자는 인간의 이 모든 고통이나 불행의 원인을 알고 있습니다. 그래서 이분은 단 한 번의 행동으로 모든 불행의 근본을 치료하시는 것입니다.

예를 들어 어떤 환자에게 큰 병이 생기면 여러 가지 증세가 나타날 것입니다. 몸에 열이 날 수도 있고, 배가 아플 수도 있고, 잠을 제대로 자지 못할 수도 있고, 기력이 떨어질 수도 있습니다. 그런데 의사가 이런 증세 하나하나를 없애는 약을 먹인다고 해서 환자의 병은 치료가 되지 않습니다. 왜냐하면 우리의 몸은 서로 연결되어 있기 때문에 병의 뿌리를 고치지 않는 이상 증세는 재발되는 것입니다. 이때는 의사가 환자에게 여러 가지 증세에 대한 이야기를 듣고 검사 결과를 토대로 해서 치료해야 이런 증세들이 모두 없어지는 것입니다. 마찬가지로 인간의 모든 불행의 뿌리는 오직 하나, 즉 하나님을 알지 못하고 하나님에게 의지하지 않는 것입니다. 우리 모든 피조물이나 그 중의 하나인 인간은 하나님을 절대적으로 의지하고 가까이 붙어 있을 때 행복할 수 있도록 만들어졌습니다. 그러나 우리 인간이 하나님의 말씀에 불순종해서 죄를 지음으로 하나님으로부터 멀어지게 되었습니다. 더욱이 우리 인간은 자기 자신이 스스로 똑똑하다고 생각해서 결사적으로 하나님으로부터 멀어지는 길을 택했습니다. 그래서 인간에게 이렇게 많은 불행이 있게 된 것입니다. 그래서 인간이 다시 평안할 수 있는 것은 하나님을 알고, 하나님을 가까이하고, 하나님을 의지하게 만드는 것입니다. 이것을 예수님이 해내셨습니다.

우선 예수님은 우리에게 하나님이 사랑의 하나님이신 것을 보여 주셨습니다. 우선 예수님 자신이 전혀 우리에게 공격적이지 않으셨습니다. 예수님은 우리 인간에 대하여 자비와 사랑이 무한하셨습니다. 예수님은 어떤 죄인도 싫다 하지 아니하시고 어떤 병자에 대해서도 인상을 찌푸리지 아니하셨습니다. 그리고 예수님이 보여 주신 하나님은 너무나도 사랑이 많으시고 인정이 많으신 분이었습니다. 그리고 예수님은 자기 자신이 하나님의 말씀에 순종하심으로 우리가 하나님의 말씀에 순종하는 것이 절대로 힘이 들거나 무시무시한 징벌이 아니라 너무나도 기쁘고 좋은 일이며 능력인 것을 보여 주셨습니다. 예수님이 하신 가장 위대한 일은 하나님과 우리 사이에 원수 된 것을 자신의 죽음으로 해결하신 것입니다. 예수님은 우리 인간이 죄를 지음으로 하나님과 우리 사이가 가로막힌 것을 십자가로 부수어서 축복이 되게 하셨습니다. 하나님의 아들이 인간이 되셨다는 사실 자체만 해도 어마어마한 일인데 하나님의 아들이 인간의 죄를 대신하여 죽음으로 우리 모든 피조물의 죄를 하나님 앞에서 완전히 해결해 버리셨습니다. 그래서 예수 믿는 사람들에게는 더 이상 하나님의 진노가 없습니다. 만일 우리에게 어려움이 있다면 그것은 하나님이 우리를 연단하셔서 더 깨끗하고 순결한 믿음이 되게 하시려는 것이지 절대로 심판이나 저주가 아닌 것입니다.

그래서 하나님의 아들은 육신으로 오시기 전에도 회개하는 자들에게 능력이 되셨습니다.

5-6절, "이 사람은 우리의 평강이 될 것이라 앗수르 사람이 우리 땅에 들어와서 우리 궁들을 밟을 때에는 우리가 일곱 목자와 여덟 군왕을 일으켜 그를 치리니 그들이 칼로 앗수르 땅을 황무케 하며 니므롯 땅의 어귀를 황무케 하리라 앗수르 사람이 우리 땅에 들어와서 우리 지경을 밟을 때에는 그가 우리를 그에게서 건져내리라"

이때는 아직 이스라엘의 목자가 베들레헴에 나시기 전입니다. 그럼에도 불구하고 유다 백성이 하나님 앞에서 우상을 버리며 지금까지 지은 죄를 회개하면 하나님은 당시 가장 무서운 세력이었던 앗수르 군대를 쳐부수어 주시는 것입니다. 즉 구약 시대의 이스라엘이나 유다의 모든 축복은 그냥 주어지는 것이 아니라 하나님의 아들이 이 세상에 오시는 것을 전제로 해서 주어지는 것이었습니다. 그래서 유다 백성이 살 수 있는 길은 비록 구약 시대라 할지라도 그들과 하나님 사이를 가로막고 있는 모든 우상을 버리고 절대적으로 하나님을 가까이하는 것입니다. 유다 백성이 하나님을 절대적으로 의지하기만 하면 앗수르 군대가 유다 땅을 밟을 때 하나님이 일곱 목자와 여덟 군왕을 일으켜서 앗수르를 치신다고 했습니다. 즉 지금 유다에게는 유다 백성이 알지 못하는 많은 왕과 지도자들이 숨어서 기다리고 있는 것입니다. 그래서 유다 백성의 과제는 어떻게 하면 눈에 보이는 세력을 무서워하지 않고 눈에 보이지 않는 하나님을 절대적으로 의지할 수 있느냐 하는 것입니다.

옛날 노아 홍수 심판 후에 니므롯이라는 영웅이 앗수르 땅에 나타났습니다. 아마도 니므롯은 중국의 진시황제같이 대단한 사람이었던 것 같습니다. 옛날 진시황제가 적을 막기 위해서 만리장성을 쌓은 것처럼 니므롯은 바벨탑을 쌓았습니다. 인간들은 인간이 지혜를 모으고 힘을 모으면 신과 같아질 수 있다고 생각한 것입니다. 사실 이것이 얼마나 대단한 일인지 하나님도 걱정하실 정도였습니다. 그러나 인간이 아무리 힘을 모으고 지혜를 모은다고 해도 홍수나 지진이나 전쟁이나 질병을 막을 수는 없습니다. 결국 인간은 하나님을 멀리하고 하나님을 대적해서 영웅이 되느냐, 아니면 하나님 앞에 머리를 숙이고 철저하게 하나님을 믿고 의지하는 가운데 하나님의 축복을 받느냐 하는 것을 선택해야 하는 것입니다.

지금도 많은 사람들은 하나님이 없는 영웅으로 살아가기를 원합니다. 그런 의미에서는 얼마 전에 죽은 스티브 잡스도 영웅이었습니다. 스티브 잡스는 손바닥 안에 들어오는 단말기를 통해서 세상의 모든 정보를 다 얻을 수 있게 했지만 결국 자기 몸에 생긴 암은 이기지 못해서 죽고 말았습니다. 리비아의 카다피는 독재정권으로 돈이란 돈은 다 쓸어모아 그 돈으로 용병을 사서 자신을 지키게 하고 주변에 미사일이나 최신 무기를 설치하여 자기 자신을 지켰습니다. 그러고는 국민들이 독재에 반대하여 봉기하자 무자비한 공격으로 민간인들을 죽였습니다. 그러나 결국 카다피는 시민 군대의 공격을 피해 하수구로 도망쳐 숨었다가 끌려나오면서 총에 맞아 죽었습니다. 리비아 시민들은 죽은 카다피와 그 아들을 정육점의 냉동 창고 안에 넣어서 사람들로 하여금 구경하게 했습니다.

사람들은 하나님을 부정하고 자기의 힘과 능력으로 거의 신이나 영웅의 자리까지 오를 수 있습니다. 그렇지만 얼마 가지 못해서 갑자기 질병이나 쿠데타나 정신병을 이기지 못해서 비참하게 죽게 됩니다. 하지만 우리가 겸손한 모습으로 세상에 오신 예수님을 믿을 때 우리는 아무 힘도 없고 아무 능력도 없는 것 같지만 우리 안에 하나님의 능력이 오게 되고 지혜가 오게 되어서 우리는 완전히 변화된 새사람으로 살아가게 됩니다. 이때 우리에게 병이나 가난이나 압제를 이기는 것보다 더 놀라운 것은 죄를 이기고 우상을 이기는 것입니다. 이것이 우리에게 나타나는 최고의 승리입니다. 그리고 우리가 철저하게 자기 자신을 부인하고 백퍼센트 하나님께 의지할 때 우리에게 거의 모세나 엘리야 같은 능력이 나타납니다. 이것이야말로 인간에게 나타날 수 있는 최고의 승리요 영광인 것입니다. 특히 하나님의 백성이 하나의 성전으로 모일 때 악한 사탄의 세력이 아무리 새까맣게 몰려온다 하더라도 하나님의 능력에 의해서 망하게 됩니다.

2. 야곱의 남은 자들

하나님께서는 미가 선지 당시의 유다 백성이나 이스라엘 백성은 진정한 이스라엘이 아니라고 보고 계셨습니다. 왜냐하면 당시 이스라엘 자손들은 겉으로는 하나님의 백성이라고 하지만 속으로는 하나님이 아니라 우상을 의지하고 있었기 때문입니다. 그러나 하나님이 고난을 주시면 진정한 하나님의 백성은 남아 있게 됩니다.

하나님께서는 야곱의 남은 자들은 두 가지 모습으로 나타날 것이라고 약속하셨습니다. 하나는 밤새 내리는 이슬의 모습이고, 다른 하나는 다른 짐승들이 감히 건드리지 못하는 사자의 모습입니다.

7절, "야곱의 남은 자는 많은 백성 중에 있으리니 그들은 여호와에게로서 내리는 이슬 같고 풀 위에 내리는 단비 같아서 사람을 기다리지 아니하며 인생을 기다리지 아니할 것이며"

여기서 '야곱의 남은 자'는 이스라엘 자손 가운데서 끝까지 하나님을 믿는 자로 남아 있는 사람들을 말합니다. 금을 제련하기 위해서 용광로에 넣으면 그 안에 있는 불순물들은 타서 없어지든지, 아니면 찌꺼기로 걸러져서 순수한 금만 노란 액체로 모여서 나중에 금괴로 굳어집니다. 마찬가지로 하나님의 백성도 환난을 당하면 두 부류로 나누어집니다. 즉 그 안에 하나님의 말씀이 있고 믿음이 있는 사람은 하나님을 의지하는 자세로 돌아옵니다. 즉 하나님의 백성도 세상적으로 잘 나갈 때에는 자기 능력을 의지하고 세상의 직책이나 인정을 의지하지만 환난을 당하면 이런 것들이 하나님 앞에서는 아무 소용이 없다는 것을 알고 결사적으로 하나님을 붙들게 됩니다. 우리 인간에게 가장 위대한 것은 세상적으로 유명하고 성공한 것이 아니라 결사적으로 하나님을 붙드는 것입니다. 만일 우리가 하나님을 결사적으로 붙들면 우리에게 하나님의 능력이 넘어와서 죄를 이길 수 있습니다. 반면에 겉으로는 하나님의 백성이라고 하지만 속에 하나님의 말씀이 없고 믿음이 없는 사람은 환난이 오면 하나님에게 실망을 하고 신앙이 아무 소용이 없다고 하면서 더 타락해서 세상으로 갑니다.

하나님께서 유다와 이스라엘에 환난을 주셨을 때 이스라엘은 믿음을 가진 자가 너무 적어서 거의 남은 것이 없었습니다. 즉 하나님이 이스라엘을 앗수르라는 용광로에 넣었을 때 찌꺼기만 가득할 뿐 금 용액으로 남는 것은 거의 없었습니다. 그러나 유다는 놀랍게도 앗수르라는 환난을 당했을 때 많은 사람들이 자기 자랑이나 욕심을 버리고 하나님 앞에 결사적으로 회개하고 매달렸는데 이것 자체가 이미 그들의 신앙이 살아 있다는 증거였습니다. 결국 우리에게 중요한 것은 환난을 당하느냐 당하지 않느냐 하는 것이 아니라 얼마나 결사적으로 하나님께 매달리느냐 하는 것입니다. 어려움을 당한 후에 결사적으로 하나님께 매달리는 자들이 '야곱의 남은 자들' 이고 순수한 하나님의 백성인 것입니다. 하나님은 이 사람들을 이슬에 비유하셨습니다.

'야곱의 남은 자는 많은 백성 중에 있으리니 그들은 여호와에게로서 내리는 이슬 같고 풀 위에 내리는 단비 같아서 사람을 기다리지 아니하며 인생을 기다리지 아니할 것이며.'

여기서 미가 선지는 하나님의 백성에 대하여 몇 가지로 말하고 있습니다. 첫째, 이들은 만들어지는 것 자체가 하늘에서 내리는 이슬처럼 생긴다고 했습니다. 이슬이 내리는 것은 보지도 못하고 느끼지도 못합니다. 밤에 기온이 내려가면 공기 중에 있던 수증기가 풀잎에 응결되면서 생기기 때문입니다. 또 풀 위에 내리는 단비는 사람의 눈에는 보이지만 큰 소리를 내지 않고 조용하게 풀잎 위에 내려앉습니다. 마찬가지로 하나님의 백성은 하나님의 말씀을 듣고 은혜 받는 과정에서 자기도 모르는 사이에 믿음이 생기면서 만들어지는 것입니다. 그래서 부흥이라고 하는 것도 땅에 씨를 뿌리는 것과 같습니다. 땅에 씨를 뿌리면 처음에는 아무것도 나지 않아 괜히 씨만 버리는 것 같지만 비가 오고 온도가 올라가면 땅에서 푸른 새싹이 나와서 나중에 결실하게 되는 것입니다.

우리가 하나님의 백성이 되는 중요한 과정은 하나님의 진액을 먹는 것입니다. 우리는 이 세상의 관습을 먹고, 이 세상의 지식을 먹고 자랍니다. 그러다가 우리가 순수한 하나님의 말씀을 먹을 때 이미 우리 안에는 하나님의 진액이 공급되면서 우리는 돌감람나무에서 참감람나무로 변하는 것입니다. 그러다가 첫 열매가 맺히면 이후에 그런 열매가 수백 개 수천 개 열립니다.

그리고 두 번째는 야곱의 남은 자와 이 세상 사람들의 관계입니다. 즉 야곱의 남은 자는 이 세상에 대해서 이슬이나 단비 같은 존재가 될 것이라고 했습니다. 이 세상은 비가 오지 않으면 식물이나 동물이 살 수 없듯이 세상에 죄가 퍼진 후에 하나님의 비가 오지 않아서 세상은 황무지가 되었습니다. 그런데 하나님의 백성은 이슬이나 단비처럼 이 세상에 조금씩 하나님의 생수를 공급하는 자들이 됩니다. 우리가 보기에 이 세상은 돈이나 권력을 가지고 모든 것을 누리는 것 같지만 사실은 하나님의 백성에 의해서 그 사회에 복이 오는 것입니다. 그래서 하나님을 믿는 백성이 없는 사회는 건조하고 황폐하며 미신적입니다.

그 대표적인 예로 그리스를 들 수 있습니다. 그리스는 유럽에서 가장 문명이 뛰어난 곳이었고 수많은 신화와 철학으로 지식을 꽃피웠던 곳입니다. 그러나 이상하게도 그리스 문명의 본산인 미케네 문명이 멸망했습니다. 학자들은 그 이유가 지진이나 전염병 때문이라고 추측하고 있습니다. 그리스 인들은 우상 숭배나 음행이 아주 심했고, 전쟁을 하면 사람을 죽여서 인신제사를 많이 드렸습니다. 그 미신과 쾌락의 결과는 비참한 멸망이었던 것입니다. 그러나 하나님의 백성은 하나님께 기도해서 하나님의 능력을 오게 할 수 있기 때문에 진정한 부흥이 있는 곳은 페스트나 독재 같은 것이 무너지고 아름다운 세상이 건설될 수 있었습니다. 우리나라도 복음이 들어온 이후에 많은 것이 변했습니다. 우리나라 사람들은 예수를 믿고 난 후에 미신과 봉건적인 제도나 억압에서 벗어나서 엄청난 축복을 받았습니다. 하늘에서 내리는 이슬이나 단비가 별것 아닌 것 같지만 이것이 지속되면 얼마든지 농사를 지을 수 있고 과수원을 만들 수 있는 것입니다.

이것은 교회에서도 마찬가지입니다. 교회에서 지속적으로 하나님의 말씀이 증거되는 것이 얼마나 큰 복인지 모릅니다. 처음에는 별것 아닌 것 같은데 5년, 10년 계속되면 이것이 엄청난 부흥과 축복으로 나타납니다. 그래서 야곱의 남은 자들은 사람을 기다리지 아니하고 인생을 기다리지 아니한다고 했습니다. 즉 야곱의 남은 자들은 굳이 사람을 의지할 필요가 없는 것입니다. 왜냐하면 하나님께 기도하면 하나님께서 다 들어주시기 때문입니다. 하나님은 유다 백성에게 '은도 내 것이고 금도 내 것이고 천하에 있는 모든 것이 다 내 것이라' 고 하셨습니다. 우리가 하나님만 절대적으로 붙들면 하나님이 하늘의 것이나 땅의 것을 다 주시기 때문에 굳이 사람을 의지하거나 기다릴 필요가 없는 것입니다.

8절, "야곱의 남은 자는 열국 중과 여러 백성 중에 있으리니 그들은 수풀의 짐승 중의 사자 같고 양떼 중의 젊은 사자 같아서 만일 지나간즉 밟고 찢으리니 능히 구원할 자가 없을 것이라"

하나님께서는 하나님의 백성의 또 다른 모습을 보여 주셨습니다. 이것은 조금 전의 말씀과는 전혀 다른 모습입니다. 조금 전에 야곱의 남은 자는 이슬과 같고 단비와 같다고 했습니다. 이것은 소리도 없이 조용하게 만들어지고 하나님의 능력을 받는 모습입니다. 그러나 하나님의 백성에게는 이런 조용한 모습만 있는 것이 아닙니다. 하나님의 백성에게는 숲 속의 사자와 같은 모습이 있습니다. 숲 속에 사자가 한 마리 있으면 모든 짐승은 벌벌 떨 것입니다. 특히 양 떼 중에 있는 사자라면 마음만 먹으면 얼마든지 양 떼를 해칠 수가 있을 것입니다.

하나님의 백성에게는 다른 사람들이 도저히 따라올 수 없는 능력이 있습니다. 그것은 바로 하나님의 지혜와 성령의 능력입니다. 세상 사람들은 아무리 똑똑하고 힘이 있다 하더라도 결정적인 순간에 무엇을 어떻게 해야 하는지 알지 못합니다. 세상 사람들은 자기 자신을 모르기 때문입니다. 사람은 자기 자신의 가치를 모르면 가장 중요한 순간에 어떻게 해야 옳은지 알지 못합니다. 애굽의 관료들이나 귀족들은 흉년이 오는 것을 몰랐습니다. 그러나 감옥 안에 있던 요셉은 그것을 알았습니다. 그 이유는 요셉에게는 하나님의 지혜가 있었기 때문입니다. 결국 우리 인간의 어려움을 풀 수 있는 것은 인간의 지혜가 아니라 하나님의 지혜입니다. 그리고 이 하나님의 지혜를 실제적인 능력으로 바꿀 수 있는 것은 성령의 능력입니다. 평상시에는 뛰어나고 훌륭한 것 같은 인간의 지혜가 위기의 순간에는 무용지물이 되고 맙니다. 결국 위기를 이길 수 있는 것은 하나님의 말씀의 지혜와 성령의 능력인 것입니다.

이 세상의 지혜로는 자기 처신에는 성공할 수 있을지 몰라도 죄를 이길 수가 없습니다. 명문대 출신이라는 사람들도 위기 가운데서는 무능력해집니다. 결국 죄를 이기는 사람이 숲속의 사자인 것입니다.

그러면 도대체 어떻게 해서 야곱의 남은 자는 죄를 이길 수 있을까요? 물론 인간들은 모두 죄의 유혹을 느끼고 욕심의 유혹을 느낍니다. 그런데 세상 사람들은 자신의 감정이 진실하고 순수하다고 생각하기 때문에 이런 유혹이나 욕심의 충동을 절대적인 것이라고 생각합니다. 하나님의 백성도 처음에는 이런 유혹이나 충동을 믿지 않는 자와 똑같이 느낍니다. 그러나 하나님은 하나님의 백성에게 이런 충동이나 감정 속에 있는 그 추악한 죄의 본질을 보게 하십니다. 우리 인간이 느끼는 유혹의 본질은 순수하고 정직한 것이 아니라 너무나도 추악하고 교만하고 더러운 것입니다. 그리고 하나님은 하나님의 백성이 이런 죄에 넘어가게 되었을 때 자기 자신이 얼마나 비참한 죄의 노예가 되어서 망하는지 알게 하십니다. 그래서 세상 사람들은 죄의 유혹이나 충동 앞에서 마치 사자 앞의 양처럼 순하게 모두 죄에 끌려가서 망하지만 하나님의 백성은 죄 앞에서 오히려 사자같이 담대하기 때문에 절대로 이기지 못하는 것입니다.

9절, "네 손이 네 대적 위에 들려서 네 모든 원수를 진멸하기를 바라노라"

옛날에는 전쟁을 할 때 자기가 가진 무기를 상대방보다 더 높이 들어서 내리치는 사람이 전쟁에서 이겼습니다. 왜냐하면 무기를 높이 들수록 더 무서운 힘이 생기기 때문입니다. 하나님께서는 야곱의 남은 자들에게 네 손을 다른 사람들보다 더 높이 들어서 내리치라고 말씀합니다. 그래서 모든 원수를 다 진멸하라고 명령하십니다. 하나님의 백성이 진멸할 원수는 우상이고, 죄이며, 불신앙인 것입니다. 높이 손을 쳐드는 것이 유리한 것은 배구에서도 볼 수 있습니다. 배구 선수들이 스파이크를 때릴 때 상대 선수보다 더 높이 뛰어서 위에서 아래로 내리꽂으면 상대 선수들은 바닥을 기다가 볼일을 다 보는 것입니다. 결국 높이 뛰어서 강스파이크를 때릴 수 있는 선수는 모든 대적을 이기고 우승할 수 있을 것입니다.

우리는 이것을 모세에게서 볼 수 있습니다. 여호수아와 이스라엘 백성이 아말렉과 싸울 때 모세의 손이 올라가면 이스라엘 백성이 이기고, 모세가 힘이 빠져서 손을 내리면 아말렉이 이스라엘을 이겼습니다. 결국 아론과 훌이 모세의 양손을 옆에서 힘 있게 들어서 모세의 손이 내려오지 않게 하였을 때 여호수아와 이스라엘 백성은 아말렉을 이길 수 있었습니다. 우리의 기도하는 팔은 내려와서는 안 됩니다. 오히려 가장 높이 쳐들어서 힘껏 기도해야 우리 성도들이 죄와 유혹과 불신앙의 세력을 이길 수 있을 것입니다.

3. 유다 백성의 현주소

하나님은 유다 백성을 위해서 놀라운 승리를 준비해 놓고 계셨습니다. 그러나 유다 백성은 하나님의 능력의 도움을 받지 못하고 망하고 맙니다. 그 이유는 다른 데 있는 것이 아니었습니다. 유다 백성은 너무나도 유능하고 똑똑해서 결사적으로 하나님을 붙들 필요가 없다고 생각했던 것입니다. 결국 유다 백성은 그 많은 말과 병거와 성을 가지고도 전멸을 당합니다. 그 이유는 유다 백성이 가장 강한 무기이신 여호와 하나님을 의지하지 않았기 때문입니다.

10-11절, “여호와께서 가라사대 그 날에 이르러는 내가 너의 말을 너의 중에서 멸절하며 너의 병거를 훼파하며 너의 땅의 성읍들을 멸하며 너의 모든 견고한 성을 무너뜨릴 것이며”

이것을 보면 유다 백성이 전쟁에 대비하여 얼마나 많은 것을 준비했는지 알 수 있습니다. 유다는 전쟁에 대비해서 말도 많이 사서 훈련시켜 놓았고, 병거도 준비해 놓았습니다. 그리고 적의 공격을 막을 수 있는 성도 많이 준비했습니다. 그런데 하나님께서 이 모든 것을 멸하시겠다는 것입니다.

왜 하나님께서는 유다 백성이 애써 준비한 말이나 병거나 성들을 부수겠다고 하시는 것일까요? 물론 하나님은 유다 백성이 앞으로 일어날 전쟁에 대비해서 말이나 병거를 준비하고 성을 쌓는 것 자체를 나쁘다고 말씀하시는 것이 아닙니다. 우리 인간은 연약하고 불안한 존재이기 때문에 아무것도 없는 것보다는 이런 것들이 있어야 안심할 것입니다. 그런데 하나님께서는 모세를 통해서 이스라엘 자손들에게 말을 의지하지 말라고 하셨고, 실제로 다윗은 말의 뒷발 힘줄을 다 끊어서 탈 수 없게 만들었습니다. 그렇다고 해서 유다 백성이 말이나 병거를 준비하는 것 자체가 나쁘다고 말할 수는 없습니다. 그러나 유다 백성은 이런 것들을 준비하면서 하나님을 버렸습니다. 사실 유다 백성에게 말이나 병거나 성은 과시용에 불과하고, 진짜 유다 백성의 능력은 눈에 보이지 않는 하나님 자신인데 유다 백성은 샘플만 준비하고 진짜 무기는 버렸던 것입니다.

결국 우리는 두 가지를 모두 준비해야 합니다. 즉 전쟁을 막기 위해서 무기나 말도 준비해야 하지만 이것은 어디까지나 적에게 함부로 공격하지 말라는 엄포용에 불과하고 진짜 무기인 기도와 영적 부흥을 준비해야 합니다. 그런데 유다 백성은 한 걸음 더 악한 불신앙으로 나갔습니다. 이것은 복술이나 미신을 사용하는 것이었습니다.

12-13절, "내가 또 복술을 너의 손에서 끊으리니 네게 다시는 점장이가 없게 될 것이며 내가 너의 새긴 우상과 주상을 너의 중에서 멸절하리니 네가 네 손으로 만든 것을 다시는 섬기지 아니하리라"

왜 유다 백성이 하나님 외에 복술 같은 점을 쳤을까요? 왜 유다 백성이 아세라 목상을 섬겼을까요? 이것은 유다 백성이 하나님께는 기도 응답이 없으니까 위급할 때를 대비해서 다른 방법을 마련해 놓았던 것입니다. 예를 들어 사람들이 병원에 아무리 연락을 해도 구급차가 오지 않을 때를 대비해서 돌팔이 의사를 찾는 것과 마찬가지인 것입니다.

유다 백성은 자기들의 기도가 왜 응답되지 않는지를 생각하지 않았습니다. 하나님은 결코 자기 백성의 기도를 듣지 않는 분이 아닙니다. 그런데 하나님께서 유다 백성의 기도를 듣지 아니하셨던 것은 유다 백성이 전혀 하나님의 말씀 없이 기도를 했기 때문입니다. 유다 백성은 기도할 때 전심으로 하나님께 돌아올 생각 없이 어려움만 넘기고 보자는 마음으로 기도를 했던 것입니다. 그래서 때때로 우리에게 기도가 응답되지 않는 것은 어려움만 넘기려고 하지 말고 하나님을 의지하라는 뜻인 것입니다.

15절, “내가 또 진노와 분한으로 청종치 아니한 나라에 갚으리라 하셨느니라”

하나님은 하나님이 사랑하신 백성이 전심으로 하나님을 의지하지 않을 때 진노하고 분노하셨습니다. 이것은 하나님이 우리를 버리기를 원치 아니하시고 축복하기를 기뻐하시기 때문입니다. 예를 들어 우리가 어떤 사람을 좋아해서 선물을 두 손 가득 들고 그 집 앞에서 기다리고 있는데 정작 그 사람은 술에 잔뜩 취해서 비틀거리며 온다든지 술집 여자와 시시덕거리면서 놀고 있는 것을 본다면 너무나도 화가 날 것입니다. 특히 내가 사랑했던 사람이 그 수준밖에 되지 않는다는 사실에 스스로 부끄럽게 생각될 것입니다. 마찬가지로 하나님이 그렇게 사랑하신 우리가 하나님을 부끄럽게 하는 죄에 빠져서 정신을 차리지 못하고 있는 것을 하나님이 보신다면 그런 인간을 사랑하신 하나님 자신이 부끄러워질 것입니다. 물론 하나님은 우리가 수없이 넘어지며 타락할 수 있다는 것을 아시고 우리를 구원하셨습니다. 그러나 우리가 너무 오래 넘어져 있고 정신을 차리지 못하면 하나님의 마음도 아프실 것입니다.

하나님은 우리가 얼마나 세상적으로 성공하고 잘사는가를 보지 않으시고 얼마나 결사적으로 하나님을 붙드는가를 보십니다. 만일 우리가 세상적으로 성공했는데 그것 때문에 우리가 하나님을 멀리하고 자기 자신을 믿으며 세상을 의지한다면 이것은 실패한 것입니다. 반대로 우리가 세상에서 많은 것을 잃어버리고 밑바닥에서라도 결사적으로 하나님을 의지하면 이것은 큰 성공이고, 이것은 하나님의 위대한 작품인 것입니다. 우리는 지금 나의 형편과 처지가 중요한 것이 아닙니다. 우리가 얼마나 절대적으로 하나님을 의지하느냐에 따라 우리의 축복과 능력이 달려 있습니다. 우리가 하나님을 멀리하고 내 능력과 내 머리를 의지하면 영웅이 될 수 있을 것입니다. 그러나 이것은 미친 영웅이고, 하나님을 대적하는 영웅이며, 병과 쿠데타와 재앙을 이기지 못할 것입니다. 특히 이들은 죄나 정욕이나 정신병을 이기지 못할 것입니다. 그러나 만일 우리가 비록 가난하고 무식하지만 절대적으로 하나님을 의지하고 붙든다면 이것은 성공한 것이며, 하나님의 능력이 우리에게 나타나서 손을 높이 들어서 대적을 다 이기게 하실 것입니다. 이 귀한 축복이 모든 성도들에게 있기를 바랍니다.

성경 토의

1. 하나님께서는 우리 각자가 가지고 있는 어려움이나 위기를 어떤 방식으로 해결하시는가?

2. 야곱의 남은 자는 어떤 사람들이며, 이 사람들이 수풀의 사자같이 강한 이유는 무엇인가?

3. 오늘 우리의 삶 가운데 우상은 무엇이며, 우리의 삶에서 하나님이 싫어하시는 것들을 제거하는 방법은 어떤 것이 있는가?

11_하나님의 변론

미가 6:1-5

전체적 설명 때로 가족들 사이에 무엇인가 불만이 있어서 서로 말을 하지 않고 지내면 마음이 몹시 답답할 것이다. 그때 부모나 형은 말을 하지 않고 불만을 가진 채 사는 자식이나 동생을 불러 놓고 무엇이 불만인지 실컷 이야기해 보라고 말할 것이다. 이것은 싸우자는 것이 아니라 관계를 회복하려고 하는 것이다. 마찬가지로 하나님께서 유다 백성을 세워 놓고 유다 백성을 향해서 "도대체 내가 너희에게 안 해 준 것이 무엇이라고 이렇게 불만이 많고 우상을 섬기느냐?" 고 따지려고 하신다. 그러나 하나님께서 이번에 유다 백성에게 따지시는 것은 단순히 서로의 잘잘못을 따지는 정도가 아니라 법적인 성격을 가지고 있다. 그래서 하나님의 이 변론에 대하여 유다 백성이 제대로 대답을 하지 못하면 유다 백성은 법적인 책임을 져야 하는 것이다.

설교 프리노트

1절, "너는 일어나서 산 앞에서 쟁변하여 작은 산으로 네 목소리를 듣게 하라"

하나님은 유다 백성과 '쟁변'을 하려고 하신다. 여기서 '쟁변'은 단순한 다툼이나 논쟁이 아니라 법적인 소송을 말한다. 하나님께서는 유다 백성과 법정에서 다투시기 전에 먼저 유다의 산과 작은 산들을 증인으로 세우신다. 하나님께서 법정에서 사람들을 증인으로 세우시지 않고 산들을 증인으로 세우시는 이유는, 사람들은 오래전의 일을 기억하지 못하고 이랬다저랬다 변덕을 부리지만 산은 한자리에 오래전부터 있었기 때문에 그곳에서 일어난 일들을 모두 보았기 때문이다. 그뿐만 아니라 하나님은 이스라엘 백성이 가나안 땅에 들어가기 전에 산을 증인으로 맹세하게 하셨다. 사람들이 보기에 산이나 자연은 감정이 없는 것 같지만 하나님께서는 산이나 땅도 감정을 가지고 있어서 그 위에 사는 사람들이 무죄한 피를 흘리거나 우상 숭배를 심하게 하면 토하여 버린다고 하셨다. 그런데 유다 백성은 산이나 작은 산 위에서 우상 숭배를 많이 했기 때문에 산이야말로 우상 숭배의 생생한 현장인 것이다.

'산으로 네 목소리를 듣게 하라.' 하나님께서는 마치 산이 귀를 가지고 있는 것처럼 산으로 하여금 네 목소리를 듣게 하라고 하셨다. 그러면 산이 너희에게 뭐라고 대답하는지 보자는 것이다.

2절, "너희 산들과 땅의 견고한 지대들아 너희는 여호와의 쟁변을 들으라"

하나님은 먼저 유다 백성의 죄에 대하여 변론하신다. 그런데 하나님은 먼저 증인이나 배심원에 해당하는 산과 땅의 견고한 지대들에게 유다 백성의 불성실한 약속 이행에 대하여 고소하신다. 우리나라 사람들도 무엇인가 중요한 약속을 할 때에는 산에 있는 큰 바위를 증인으로 삼아서 맹세하기도 하고, 천지신명을 불러서 증인으로 삼기도 한다. 그 이유는 우리의 마음이 쉽게 잘 변하는 것을 알기 때문이다. 그러나 그렇다고 해서 옛날에 약속했던 사람들이 다시 그 바위나 천지신명 앞에 가서 재판을 하거나 소송을 하지는 않는다. 그러나 하나님은 산이나 땅의 견고한 지대 앞에서 소송을 하시고, 유다 백성이 거기에 답변을 하지 못하면 그 땅에서 쫓겨나게 된다.

3절, "이르시기를 내 백성아 내가 무엇을 네게 행하였으며"

하나님은 먼저 유다 백성에게 도대체 자신이 유다에게 무엇을 했기에 그들이 불만을 가져서 하나님을 떠났는지 변론을 하라고 하신다. 즉 하나님이 유다에게 무엇을 했느냐고 하신 것은 다른 말로 표현하면 무엇을 해 주지 않았기에 너희가 그렇게 불만이냐고 물으시는 것이다. 예를 들어 하나님은 유다 백성에게 "내가 바람을 피웠느냐? 내가 다른 백성들을 너희보다 더 사랑하고 축복하였느냐? 도대체 너희의 불만이 무엇이냐?" 하고 물으시는 것이다. 그런데 성경에는 유다 백성의 답변이 기록되어 있지 않다. 그것은 유다 백성이 아무것도 할 말이 없었든지, 아니면 전혀 기록할 만한 가치가 없는 것이기 때문일 것이다. 그러나 사실은 우리도 유다 백성과 마찬가지로 말도 되지 않는 이유들로 하나님께 감사하지 않고 하나님을 떠나는 일이 많다.

유다 백성이 하나님을 떠난 이유를 생각해 보면 우선 하나님은 늘 유다 백성을 잘살게 하지 않았다는 것이 불만이 될 수 있었을 것이다. 사실 하나님의 백성 중에서 모든 것을 다 쓰고 남을 정도로 부요한 사람은 아무도 없다. 물론 하나님께서는 자기 백성의 필요를 채워 주시지만 그것은 어디까지나 굶어 죽지 않을 정도의 수준이지 처음부터 차고 넘치도록 주시지는 않는다. 하나님께서 유다나 이스라엘 백성에게 세상의 재물을 많이 주시지 않는 것은 하늘의 복을 받도록 하기 위해서이다. 그러나 유다 백성은 하나님이 자신들을 말로는 사랑한다고 하시고서 실제로는 사랑하지 않으신다고 생각하는 것이다. 또한 하나님의 백성에게 가장 힘든 것이 미래가 불안한 것이다. 우리가 세상을 믿고 살면 모든 것이 눈에 보이기 때문에 어느 정도 미래에 대하여 불안해하지 않아도 되지만 하나님의 백성은 눈에 보이지 않는 하나님과 하나님의 말씀을 믿어야 하기 때문에 눈에 보이는 것이 없는 것이다. 그뿐만 아니라 하나님은 하나님의 백성을 연단하신다. 그래서 유다 백성이 하나님을 믿는다고 해서 고난이 오지 않는 것이 아니라 오히려 세상 사람들보다 더 많은 고난을 당할 때가 많다. 그래서 사실 하나님의 백성은 하나님에 대하여 말하지 않는 불만이 많이 있는 것이다.

4절, "내가 너를 애굽 땅에서 인도하여 내어 종노릇 하는 집에서 속량하였고"

하나님은 이제 하나님이 이스라엘 백성과 유다 백성에게 하신 것을 말씀하신다. 그것은 하나님께서 지금 이스라엘 백성의 존재 자체를 있게 하신 것이다. 하나님은 애굽에서 노예 생활을 하던 이스라엘 백성을 건져내셔서 오늘의 이스라엘이 있게 하셨다. 즉 하나님이 아니었다면 오늘의 이스라엘은 존재할 수가 없는 것이다.

"모세와 아론과 미리암을 보내어 네 앞에 행하게 하였었느니라"

이스라엘 백성은 애굽에서 나온다고 해서 스스로의 힘으로 살 수 있는 민족이 아니었다. 이스라엘 백성이 애굽에서 나왔을 때에는 그야말로 갓난아이와 같아서 모든 것을 챙겨 주어야 했는데 하나님은 모세와 아론과 미리암을 보내어서 이스라엘 백성이 광야에서 죽지 않도록 지켜 주셨던 것이다.

"브올의 아들 발람이 그에게 대답한 것을 추억하며"

발람은 모압 왕 발락의 사주를 받아서 이스라엘 백성을 저주하려고 하였다. 그러나 하나님은 발람이 이스라엘 백성을 저주하지 못하게 막으셨을 뿐 아니라 오히려 그 저주가 축복으로 변하게 하셨다. 이스라엘 백성은 이런 일이 일어나고 있는 줄 전혀 알지 못했지만 하나님은 이스라엘 백성이 알지 못하는 가운데도 모든 것을 막아 주셨다. 이것이 바로 하나님이 이스라엘 백성을 사랑하신 증거이다.

"싯딤에서부터 길갈까지의 일을 추억하라"

결국 이스라엘 백성이 우상 숭배나 불신앙에 빠지는 이유는 하나님이 과거에 하신 일을 기억하지 않고 눈앞에 있는 이익이나 욕심만 생각하기 때문이다. 그래서 하나님은 유다 백성에게 자꾸 '기억하라' 고 말씀하신다.

여기서 '싯딤에서 길갈까지'는 이스라엘 백성이 다시 요단 강을 기적적으로 건너게 된 것을 말씀하시는 것이다. 싯딤은 이스라엘 백성이 요단 강을 건너기 직전에 진을 쳤던 곳이다. 이때 헬몬 산의 눈이 녹은 물이 흘러와서 요단 강을 가득 채웠는데 하나님은 오로지 여호수아와 이스라엘 백성이 기적으로 요단 강을 건너게 하셨다. 이것은 이스라엘 자손들이 다시 하나님의 능력으로 가나안 땅을 차지하게 될 것을 약속하시는 것이다.

본문 이해를 위한 질문

1. 하나님께서 유다 백성과 변론하시면서 산과 작은 산을 초대하시는 이유가 무엇인가?

하나님은 오래전에 이스라엘 백성과 이 산들을 증인으로 삼아서 하나님의 말씀을 지키겠다고 맹세하게 하셨기 때문이다.

2. 유다 백성이 하나님에 대하여 가진 불만은 무엇이었는가?

본문에는 나타나 있지 않지만 아마도 잘살게 해 주지 않고 왜 자꾸 고난을 주시느냐 하는 불만이었을 것이다.

3. 하나님이 이스라엘 백성에게 주신 것은 무엇인가?

하나님은 이스라엘 백성을 존재하게 하셨고, 갓난아이 같은 그들을 말씀으로 지켜 주셨으며, 그들이 알지 못하는 가운데도 저주를 막아 주셨다.

성경 강해

애플사의 회장이었던 스티브 잡스는 살아 있을 때 못지않게 죽은 후에도 많은 이야기를 남겼습니다. 스티브 잡스는 자신의 생부가 죽기 전에 한 번만이라도 만났으면 좋겠다는 제안을 끝까지 거절하고 죽을 때까지 만나지 않았습니다.

스티브 잡스는 자기 아버지는 정자 은행에 불과할 뿐이라고 독설을 퍼붓고 자기를 입양해서 대학까지 보내 주었던 양아버지에 대해서는 천 퍼센트 자기 부모라는 말을 하기도 했습니다. 그런데 스티브 잡스도 그의 생부와 똑같은 짓을 했는데 그것은 젊은 시절 사귀었던 여자가 임신을 해서 아이를 낳자 자기 아이가 아니라고 하면서 자기 딸로 받아들이지 않은 것입니다. 그러나 그 딸이 성장해서 스티브 잡스에게 친부 확인 소송을 하고 유전자 검사 결과 99.9퍼센트가 친부라는 사실이 확인되었을 때 어쩔 수 없이 자기 딸로 인정하고 받아들였습니다. 이런 것을 보면 스티브 잡스는 얼마나 이기적이며 오만하고 성공밖에 모르는 사람인가 하는 것을 알 수 있습니다. 스티브 잡스는 한때 직장의 한 여성을 좋아했다가 거절당했는데 그 여성은 만일 스티브 잡스와 살면 피가 말라 죽을 것이라는 말을 했다고 합니다.

우리는 이 세상에서 다른 사람들과 많은 관계를 맺으면서 살아갑니다. 다른 사람과의 관계를 크게 두 가지로 본다면 하나는 자기 자신을 존재하게 해 주는 관계이고, 다른 하나는 친분을 위한 관계나 혹은 성공을 위한 관계입니다. 그 중에서 우리가 존재하는 데 가장 기본적인 관계는 역시 가족 관계입니다. 그러나 오늘날 사람들이 가장 소홀하게 생각하는 관계가 바로 가족 관계입니다. 즉 사람들은 성공을 위한 관계나 사회생활을 위한 관계는 신경을 쓰고 더 발전시키려고 애를 쓰지만 가족 관계는 소홀히 할 때가 많습니다. 사람이 사회생활을 하면서 동업자나 혹은 거래 관계에 있는 사람들과의 관계는 중요하게 생각하지만 자기 아내나 남편에 대해서는 소홀히 할 때가 많이 있습니다. 이것은 목회자도 마찬가지입니다. 목회자들도 교회나 교인들과의 관계는 중요하게 생각하면서도 자기 아내나 아이들에 대해서는 무관심할 때가 많습니다. 그러다가 부부가 이혼을 하거나 혹은 자식이 가출하면 엄청난 충격을 받게 됩니다.

우리에게 가장 중요한 사람은 가장 사랑하는 사람인데 우리는 가장 사랑하기 때문에 이해해 주겠지라고 생각해서 가장 소홀히 하기 쉽습니다. 그래서 우리는 때때로 가장 사랑하는 사람과 그동안 가슴속에 쌓였던 불만이나 의심을 다 털어내어서 이야기하는 시간이 필요합니다. 그렇지 않으면 우리는 아내나 남편이나 아이가 나를 이해해 주겠지라고 생각하고 점점 더 멀어질 수 있기 때문입니다.

그래서 엄마는 아이가 자기에게 말도 하지 않고 화만 내고 다닌다면 적당한 시간을 택해 그 아이를 붙들고 이야기를 해야 합니다. "요즘 네 행동이 좀 이상하구나. 나에게 무슨 불만이 있기에 그렇게 말도 하지도 않고 화만 내면서 네 방으로 들어가는 거니?"라고 물으면 아이가 뭐라고 대답을 할 것입니다. 그때 부모가 그 이야기를 들어주고 불만을 해소해 주면 다시 얼마든지 가까운 사이가 될 수 있습니다. 특히 부부 사이에도 대화가 없어지고 남편이 직장 일을 핑계로 밤늦게 들어올 때 어느 날 붙들고 이야기를 해야 합니다. 즉 "요즘 당신은 나를 본체만체하고 매일 밤늦게 들어오는데 도대체 무슨 불만이 있는 거예요?"라고 물어보면 '당신 때문이 아니라 직장 일에 스트레스를 너무 받아서 그렇다' 고 하거나 혹은 '직장에서 나가라고 하는데 차마 말을 할 수 없었다' 고 말을 할 것입니다. 그러면 아내는 남편을 충분히 이해하고 부부 관계가 다시 좋아질 것입니다. 사랑하는 사람을 잃는 것은 너무나도 큰 손실일 뿐 아니라 자신의 존재를 무너뜨리는 것입니다. 그래서 우리는 사랑하는 사람과 더 멀어지기 전에 대화로 풀어서 그 관계를 회복할 필요가 있습니다.

이스라엘 백성에게 가장 중요한 관계는 하나님과의 관계였습니다. 이스라엘 백성이 지금까지 존재할 수 있었던 것은 하나님의 지키심과 돌보아 주심이 있었기 때문입니다. 그러나 하나님께서 이스라엘 백성에게 자신의 권리는 전혀 주장하지 아니하시고 언제나 이스라엘 백성을 위해서 사랑을 베풀어 주시고 이스라엘 백성이 잘못해도 기다려 주셨기 때문에 이스라엘 백성은 점점 하나님을 중요하지 않은 분으로 생각하게 되었습니다.

그런데 이제 하나님께서는 이스라엘 백성과 거의 법적인 소송도 불사할 정도의 과격한 논쟁을 벌이시게 되었습니다. 그 이유는 만일 하나님이 여기서 이스라엘 백성을 내버려 두신다면 이제 완전히 이스라엘 백성을 잃어버릴 수밖에 없게 되기 때문입니다.

1. 하나님이 세우시는 증인

보통 가까운 사람들끼리 논쟁을 벌일 경우 다른 사람이 거기에 끼어들 필요가 없습니다. 대개 사랑하는 사람들 사이에는 이야기를 시작하는 것이 어려워서 그렇지 한번 이야기를 시작하면 얼마든지 자기들끼리 해결할 수 있을 때가 많습니다. 그러나 만일 사랑하는 사람들끼리의 대화에 증인을 세워야 할 정도라면 이것은 보통 심각한 문제가 아닌 것입니다. 하나님께서는 이스라엘 백성과 논쟁하는 장소에 증인들을 세우십니다. 하나님께서 이렇게 하시는 것은 하나님과 이스라엘 백성 사이가 얼마나 심각한 정도로 벌어졌는지 보여 주는 것입니다.

1-2절, "너희는 여호와의 말씀을 들을찌어다 내게 이르시기를 너는 일어나서 산 앞에서 쟁변하여 작은 산으로 네 목소리를 듣게 하라 하셨나니 너희 산들과 땅의 견고한 지대들아 너희는 여호와의 쟁변을 들으라 여호와께서 자기 백성과 쟁변하시며 이스라엘과 변론하실 것이라"

하나님께서는 이스라엘 백성과 논쟁을 하시면서 사람을 증인으로 세우시는 것이 아니라 말도 하지 못하고 알아듣지도 못하는 산이나 높은 언덕을 증인으로 삼아서 말씀을 하십니다.

하나님께서 이스라엘 백성과 논쟁을 벌이시면서 산이나 작은 언덕들을 증인으로 불러서 말씀하시는 이유가 무엇일까요? 그것은 몇 가지로 생각할 수 있습니다. 우선 인간들 사이의 언약은 살아 있는 동안만 해당되지만 하나님의 언약은 영속적인 것들이기 때문에 살아 움직이는 생물은 증인이 될 수 없습니다. 즉 하나님의 언약은 언약을 맺은 사람들에게만 해당되는 것이 아니라 그 후손들에게도 똑같이 적용되는 언약입니다. 그래서 만일 조상이 언약을 맺었으면 후손도 마치 자신이 직접 그 언약에 사인을 한 것과 같은 의미를 가지게 됩니다.

하나님께서는 이스라엘 백성이 가나안 땅에 들어올 때에도 에발 산과 그리심 산으로 증인을 삼아서 언약을 세우게 하셨습니다. 왜냐하면 하나님의 말씀의 효력은 영속적이기 때문입니다.

영국은 청나라와의 아편전쟁에서 이긴 후에 홍콩과 마카오를 100년 동안 영국의 관할 아래 두겠다고 조약을 맺었습니다. 그런데 100년이 지나는 동안에 당시 조약을 체결했던 사람들도 다 죽고, 중국도 청나라에서 공산주의 정부로 바뀌었습니다. 그러나 100년이 지난 후에 중국 정부는 영국으로부터 마카오와 홍콩을 도로 찾아왔습니다. 그것은 영국과 청나라 사이에 조약을 세웠기 때문입니다.

그러나 하나님의 말씀의 효력은 더 영구적이기 때문에 언제든지 그 말씀을 붙들면 효력이 나타나게 되어 있고, 언제든지 그 말씀을 버리면 축복을 상실하게 되어 있습니다. 그래서 우리는 현대화되는 것이 좋다고 해서 현대식으로 믿으려고 하면 하나님의 축복을 받을 수 없게 됩니다. 그래서 하나님의 말씀은 그 말씀을 들은 사람이나 듣지 못한 사람이나 그대로 적용됩니다. 그래서 사람들이 자기는 그 말씀을 듣지 못했다고 하거나 혹은 하나님이 말씀하실 때 자기는 거기에 없었다는 변명이 통하지 않습니다.

그런데 하나님이 작은 산이나 언덕을 증인으로 부르시는 또 다른 이유가 있습니다. 그것은 이스라엘 백성이 하나님의 말씀을 가장 많이 어긴 곳이 바로 작은 산과 언덕 위였기 때문입니다. 이스라엘 백성은 평지보다는 높은 곳이 더 신에게 가깝고 신령하다고 생각했습니다. 그래서 이스라엘 백성은 산 위에 있는 나무 밑에서 하나님이 금지하신 우상의 제사도 많이 하고 음행도 많이 행했습니다. 그러니까 산이나 작은 언덕은 이스라엘 백성의 범죄 현장이었습니다.

하나님께서 작은 산이나 언덕을 증인으로 세우시는 세 번째 이유는 앞으로 하나님이 이스라엘 백성을 심판하시면 산이나 언덕에 있는 나무들도 전부 불에 타거나 베어지고, 거기에 사는 들짐승도 모두 죽거나 없어지기 때문에 하나님이 미리 증인으로 세우시는 것입니다. 즉 이 세상에 일어나는 일들은 우연히 일어나는 것이 아니라 이스라엘 백성의 죄에 대한 하나님의 심판이라는 것을 분명히 하시는 것입니다.

하나님께서 작은 산이나 언덕을 증인으로 세우시는 것은 하나님의 심판을 전제로 하고 있는 것입니다. 예를 들어 어떤 사람이 편지를 보내는데 보통 편지가 아니라 내용증명 편지를 보내는 것은 이미 법적인 소송을 전제로 하고 있는 것과 같은 것입니다.

2. 이스라엘의 불평

가까웠던 사람들 사이가 멀어지는 것은 분명히 그들 사이에 좋지 않은 일이 있었기 때문입니다. 그런데 서로가 그것을 눈치 채고 진지하게 이야기를 나눈 후에 불만의 원인이 되는 것을 해결해 버리면 관계는 다시 좋아질 수 있습니다. 그러나 미련을 부리면서 내버려 두면 관계는 점점 더 멀어질 것입니다. 하나님께서는 먼저 이스라엘 백성에게 그들이 하나님에 대하여 가지고 있는 불만이 무엇인지 말하라고 하셨습니다.

3절, "이르시기를 내 백성아 내가 무엇을 네게 행하였으며 무엇에 너를 괴롭게 하였느냐 너는 내게 증거하라"

그러나 성경 본문은 이스라엘 백성이 하나님에 대하여 가지고 있는 불만이 무엇인지 이야기하지 않고 있습니다. 그 이유는 이스라엘 백성의 불만이 뻔한 것이거나 기록할 만한 가치가 없는 것이기 때문일 것입니다.

그러나 우리에게는 이 기록되어 있지 않은 이스라엘의 불만이 중요할지도 모릅니다. 그 이유는 우리도 동일하게 말도 되지도 않는 이유로 하나님을 떠나는 일이 많기 때문입니다.

이스라엘 백성이 하나님에 대하여 가질 수 있는 불만이 어떤 것이 있을까요? 우선 이스라엘 백성이나 우리가 하나님에 대하여 가질 수 있는 가장 큰 불만은, 하나님은 우리를 사랑하신다고 하면서도 세상의 믿지 않는 사람들처럼 잘살게 하지 않으시는 것입니다. 만일 우리가 하나님을 믿은 결과 모두 세상에서 가장 잘사는 사람들이 되었다면 우리나 이스라엘 백성은 하나님에 대하여 불만을 가질 이유가 없을 것입니다. 그러나 하나님은 결코 우리를 세상 사람들처럼 잘살게 하지 않으십니다. 물론 하나님께서는 처음부터 우리에게 많은 것을 주시면 우리가 교만하여 더 이상 하나님을 의지하려고 하지 않는다는 것을 아십니다. 그러나 우리는 하나님이 우리를 축복하시지 않는 것은 하나님이 능력이 없으시거나 우리를 사랑하시지 않는 것이라고 생각해서 하나님을 멀리하고 세상으로 갈 때가 많습니다.

또 이스라엘 백성이 하나님에 대하여 가지는 불만은 하나님만 의지하고 살아갈 때 미래가 불안하다는 것입니다. 왜냐하면 세상 사람들은 눈에 보이는 것을 의지하고 그런 것들을 이 세상에 쌓아 놓고 살기 때문에 불안하지 않습니다. 그러나 하나님의 백성은 눈에 보이지 않는 하나님을 의지하고 살아가야 하기 때문에 언제나 불안한 것입니다. 이스라엘 백성은 늘 자신들이 하나님만 의지하고 불안하게 살아야 하는 것이 불만이었습니다. 그래서 이스라엘 백성은 할 수 있는 대로 하나님보다는 눈에 보이는 말이나 돈이나 군사동맹 같은 것을 붙들려고 했습니다.

그리고 이스라엘 백성이나 우리가 하나님에 대하여 가지는 세 번째 불만은 우리가 하나님을 의지하며 산다고 해서 어려움이 생기지 않는 것이 아니기 때문입니다. 즉 우리는 하나님을 믿음에도 불구하고 자기 자신이나 가정에 어려움이 생길 때가 많습니다. 물론 이것은 하나님께서 우리를 연단하셔서 더 성숙된 신앙으로 만들려고 하는 것이지만 우리는 왜 하필 나에게 이런 어려움이 와야 하는지 이해가 되지 않는 것입니다. 그래서 우리 믿는 사람들 마음속에 하나님을 잘 믿어도 고생을 하고 세상으로 나가도 고생을 한다면 차라리 세상으로 나가서 내 실력을 실컷 발휘해 보자는 생각이 들게 되는 것입니다. 그러나 하나님의 말씀대로 살아도 고난이 오는 것과 세상으로 가기 때문에 고난이 오는 것은 완전히 그 의미가 다릅니다. 우리가 하나님의 말씀대로 믿는데도 고난이 오는 것은 하나님이 나를 정금과 같이 만들려고 하시는 것이지만 세상으로 가는데 고난이 오는 것은 자기 자신이 망하고 있는 것을 깨닫지 못하고 있는 것입니다.

하나님께서는 이스라엘 백성이 하나님을 멀리하고 우상을 섬기거나 세상을 따라가면 하늘에서 비가 오지 않게 하거나 혹은 외적이 침략해서 농사지은 것을 빼앗아 가게 하셨습니다. 이것은 하나님께서 이스라엘 백성에게 그들이 세상을 따라가는 것이 전혀 그들이 복을 받는 것에 도움이 되지 않는다는 것을 가르쳐 주시려는 것이었습니다. 그러나 이스라엘 백성은 하나님의 의도를 깨닫지 못하고 하나님이 자기들을 미워하신다고 생각했던 것입니다.

결국 우리에게 중요한 것은 왜 하나님이 우리를 택하셨는지를 바로 이해하는 것입니다. 하나님이 우리를 택하신 목적이 단순히 우리를 잘살게 하고 복 받게 하기 위해서라고 생각한다면 우리는 하나님이 하시는 것을 이해하지 못할 것입니다. 그러나 하나님이 우리를 택하신 목적은 우리가 하나님을 닮고 하나님을 닮은 모습을 나타내기 위해서입니다. 우리는 이것을 바로 알아야 하나님이 하시는 것을 이해할 수가 있습니다.

하나님께서 유다 백성에게 '너희가 나에게 가지고 있는 불만을 이야기해 보라' 고 하신 것은 유다 백성이 자기들 나름대로 하나님은 이런 분일 것이라고 생각해서 믿으려고 하지 말고 이해가 되지 않는 것은 질문을 해 보라는 것입니다. 오늘 우리도 하나님에 대하여 이해가 되지 않는 것들이 많이 있을 것입니다. 우리는 그것에 대하여 자기 혼자 판단해서는 안 됩니다. 왜냐하면 우리 마음대로 하나님이나 다른 사람에 대하여 판단하는 것은 완전히 엉터리이기 때문입니다. 우리는 다른 사람에게 이해가 되지 않는 것이 있을 때에는 혼자 속단하지 말고 그 사람에게 물어보아야 합니다. 그러면 평소에 알지 못했던 그 사람에 대한 많은 사실들을 알게 될 것입니다. 마찬가지로 하나님이 하시는 것에 대하여 도무지 이해가 되지 않는 것들이 있을 때 그것을 하나님 앞에 기도로 말씀을 드리는 것이 아주 중요합니다. 왜냐하면 우리가 하나님께 질문한 것에 대해서 하나님은 머지않아 깨닫게 해 주시기 때문입니다. 우리의 재산은 하나님을 새로 알아 가는 것입니다. 따라서 하나님에 대하여 많은 질문을 기도로 말씀드리는 자가 하나님에 대하여 새로운 많은 사실들을 알게 되고 믿음에 부요한 자가 될 수 있습니다.

우리는 때때로 하나님의 말씀만 믿고 걸어갈 때 다른 사람들은 세상에서 성공하고 출세하는 데 비해 자신은 미련하고 어리석어서 망하는 길을 가고 있다는 생각이 들 것입니다. 어떤 때는 하나님의 말씀만 붙들고 가다가 굶어 죽을 수밖에 없는 상황에 처할 때도 있을 것입니다. 그러나 어느 순간 하나님은 말씀을 결사적으로 붙드는 자에게 하나님 자신을 주십니다. 그래서 이 사람은 하나님의 능력과 축복을 무한정으로 사용할 수 있게 됩니다. 그래서 우리는 하나님의 말씀 때문에 망하는 것 같은 때가 실제로는 성공하는 것입니다.

3. 하나님의 쟁변

우리는 때때로 사랑하는 사람과 다툴 때 본의 아니게 그들이 지금까지 함께 걸어왔던 것을 이야기해야 할 때가 있습니다. 왜냐하면 이들이 처음부터 관계가 나빴던 것이 아니고 어느 순간 자기들도 모르는 사이에 관계가 멀어졌기 때문입니다. 사랑하는 사람들에게 가장 큰 재산은 함께했던 고난의 순간들입니다. 왜냐하면 그 고난들이 모여서 현재의 자신들을 만들었기 때문입니다. 하나님은 이스라엘 백성에게 지금까지 하나님께서 이스라엘 백성과 함께하셨던 때를 기억하게 하셨습니다.

4-5절, "내가 너를 애굽 땅에서 인도하여 내어 종 노릇 하는 집에서 속량하였고 모세와 아론과 미리암을 보내어 네 앞에 행하게 하였었느니라 내 백성아 너는 모압 왕 발락의 꾀한 것과 브올의 아들 발람이 그에게 대답한 것을 추억하며 싯딤에서부터 길갈까지의 일을 추억하라 그리하면 나 여호와의 의롭게 행한 것을 알리라 하실 것이니라"

이스라엘 백성이 하나님으로부터 멀어지고 하나님의 축복을 잃어버린 이유가 어디에 있을까요? 그것은 이스라엘 백성 자신들의 본질이 다른 백성들과 다르다는 것을 생각하지 않았기 때문입니다.

하나님께서 이스라엘 백성에게 말씀하시는 과거는 이스라엘 백성이 애굽에서 나온 후 광야에서 훈련받고 요단 강을 건너서 가나안에 들어갈 때까지의 체험이었습니다. 이스라엘 백성의 소중한 것은 이 안에 모두 들어 있는 것입니다. 사실 이스라엘 백성이 가장 기억하고 싶지 않은 때가 있다면 그들이 애굽에서 노예 생활을 하다가 나온 것이라든지 혹은 그들이 40년을 광야에서 돌아다닌 일일 것입니다. 그러나 이스라엘 백성의 모든 비밀과 모든 미래가 이 안에 다 들어 있습니다. 이스라엘 백성을 이해하려면 출애굽을 알아야 하고, 그들의 광야 40년을 이해해야 합니다. 이스라엘 백성의 나머지 역사는 바로 이 출애굽과 광야 40년을 확대한 것에 불과한 것이었습니다.

사람의 인격이 형성되는 데 있어서 가장 중요한 시기는 어렸을 때부터 청소년기까지입니다. 어떤 의미에서 사람의 인격은 어린 시절부터 청소년기까지의 인격이 그 후에 확대된 것이라고 볼 수 있습니다. 마찬가지로 이스라엘 백성의 모든 비밀은 광야 40년 안에 다 들어 있습니다.

이 기간에 이스라엘 백성에게 어떤 일이 있었을까요? 우선 이스라엘 백성에 대한 하나님의 구원이 있었습니다. 하나님은 애굽에서 종살이하던 이스라엘 백성을 속량하셔서 이스라엘 백성을 존재하게 하셨습니다. 즉 이스라엘 백성의 존재의 뿌리는 출애굽 사건이었던 것입니다.

'내가 너를 애굽 땅에서 인도하여 내어 종 노릇 하는 집에서 속량하였고.'

하나님이 이스라엘 백성을 '속량하여 내었다' 는 것이 무슨 뜻일까요? 이것은 하나님께서 이스라엘 백성을 위해서 대가를 지불하고 그들을 샀다는 뜻입니다. 하나님께서 이스라엘 백성의 수만큼 어린 양을 죽게 하셨습니다. 그런데 놀라운 것은 어린 양으로 대속하지 못한 애굽의 모든 장자들은 죽임을 당한 것입니다. 사실 애굽 땅에 있는 사람들은 모두 죽어야 했는데 하나님의 말씀을 믿고 어린 양의 피를 문에 바른 이스라엘 백성의 장자는 살게 된 것입니다.

그래서 이스라엘 백성은 가나안 땅에 있는 사람들과 자신을 비교해서는 안 됩니다. 그 이유는 이스라엘 백성과 가나안 족속들은 존재하는 이유나 신분 자체가 완전히 다르기 때문입니다. 즉 가나안 족속들은 아직 속량 받지 못한 노예나 죄수라면, 이스라엘 백성은 완전히 속량을 받은 자유인이기 때문입니다. 예를 들어 소말리아 해적들이나 테러범에게 인질이 된 자는 아무것도 할 수가 없습니다. 그들은 도망치지 못하도록 결박당해서 누군가가 몸값을 대신 치르기 전까지는 붙들려 있어야 합니다. 그래서 자유를 얻은 사람은 자기 자신을 노예나 인질과 비교해서는 안 됩니다. 때로는 노예들 중에도 주인의 신임을 받아서 좋은 옷을 입고 잘사는 노예가 있을 수 있습니다. 그러나 노예는 어디까지나 노예이지 자유인일 수 없습니다. 사람이 가지고 있는 자유의 가치는 노예가 입고 있는 옷이나 차고 있는 금사슬과 비교할 수 없습니다. 그래서 이스라엘 백성은 절대로 자신들의 가치를 가나안 사람들과 비교해서는 안 되는 것입니다. 왜냐하면 이스라엘 백성은 노예로 있다가 돈을 주고 이미 노예에서 해방이 된 자유인들이지만 가나안 사람들은 아직 죄에 속박되어 있는 노예나 인질이기 때문입니다.

이와 마찬가지로 우리도 이 세상에서 자기 욕심대로 성공해서 잘사는 사람들과 우리 자신을 비교해서는 안 됩니다. 왜냐하면 우리는 하나님 앞에서 죄에서 속량되어서 자유를 얻은 자들이기 때문입니다. 그런데 우리가 얻은 자유는 마음대로 죄를 지을 수 있는 자유가 아니라 마음껏 하나님을 예배하며 가치 있는 일을 할 수 있는 자유인 것입니다.

그리고 이스라엘 백성은 출애굽한 후에 모세와 아론과 미리암이 있었습니다. 이것은 이스라엘 백성이 하나님의 말씀의 능력을 체험하게 되었다는 뜻입니다. 이 세상에서 가장 귀하고 복된 것이 하나님의 말씀의 능력을 체험하는 것입니다. 이것은 다시 말해서 하나님의 복이 임하고 있는 것이며, 하나님의 특별한 축복이 임재하는 백성들이 된 것을 의미합니다. 예를 들어 어느 유명한 브랜드의 지점이 세워졌다는 것은 그 회사의 모든 제품을 그곳에서 다 살 수 있다는 것을 의미합니다. 왜냐하면 그 회사의 제품은 그 회사의 지점에만 독점적으로 공급되기 때문입니다. 마찬가지로 우리에게 하나님의 말씀의 능력이 나타나고 있다는 것은 우리가 천국의 지부라는 뜻입니다. 즉 사람들이 우리를 통해서 하나님의 모든 복을 다 가질 수 있다는 뜻인 것입니다.

예를 들어 미리암은 선지자였습니다. 즉 미리암에게는 구체적으로 적용될 수 있는 하나님의 말씀이 있었습니다. 우리는 하나님의 말씀이 있으므로 두려워할 필요가 없습니다. 왜냐하면 우리에게 하나님의 말씀이 들린다는 것은 하나님이 우리와 함께 계신다는 것을 의미하기 때문입니다. 양들에게 목자의 음성이 들린다는 것은 목자가 자기들과 함께 있는 것을 의미하기 때문에 양들은 아무것도 걱정할 필요가 없습니다. 왜냐하면 양에 대하여 걱정해야 할 사람은 목자이지 양이 아니기 때문입니다. 아이들은 부모님과 함께 있으면 아무것도 걱정할 필요가 없습니다. 왜냐하면 아이들의 문제를 걱정할 분은 부모님이기 때문입니다. 우리에게 적용되는 하나님의 말씀이 있다는 것은 하나님이 우리와 함께 계신다는 증거입니다.

저는 설교를 준비할 때 하나님께서 나와 함께하시는 증거를 확인할 때가 많습니다. 즉 하나님의 말씀이 바로 해석되면서 생생하게 살아서 적용이 될 때 이것은 하나님이 바로 내 옆에 계신 것이기 때문입니다.

아론은 제사장이었습니다. 우리가 죄를 지으면 하나님의 은혜와 축복이 막힙니다. 그러나 아론은 제사장이기 때문에 언제든지 제사를 통해서 하나님과의 끊어진 관계를 회복시킬 수 있었습니다. 그래서 이스라엘 백성도 다른 민족처럼 죄를 지어도 망하지 않았던 것입니다.

우리도 죄인이고 언제나 죄를 짓지만 망하지 않는 이유는 우리에게 대제사장이 있기 때문입니다. 누구든지 제사장이 없으면 하나님의 은혜를 지속적으로 받을 수 없습니다. 우리의 제사장은 하나님의 보좌 우편에 있는 대제사장입니다. 그는 하나님 보좌 우편에서 우리 죄를 사하시며 전혀 오염되지 않은 하나님의 복을 우리에게 주십니다.

그리고 모세는 이스라엘 백성의 능력의 지도자였습니다. 모세는 하나님을 대신하여 이스라엘 백성을 인도했습니다. 그러나 이스라엘 백성 앞에는 그들을 노예로 부리며 학대하던 바로가 있었고, 홍해가 있었으며, 무시무시한 광야가 있었습니다. 그리고 이스라엘 백성이 가는 길에는 아말렉 같은 무서운 적들이 있었고, 가나안의 미신과 저주가 있었습니다. 그러나 모세는 이 모든 적들을 다 이기고 이스라엘 백성을 축복의 땅으로 인도했습니다.

양에게 가장 중요한 것은 목자입니다. 만약 양들에게 자기 목숨을 걸고 양들을 지키는 선한 목자만 있다면 양들은 늑대나 강도나 더위나 추위나 낭떠러지를 걱정할 필요가 전혀 없습니다. 그래서 이스라엘 백성이 모세를 따라갔을 때 홍해가 갈라지고, 반석에서 생수가 났으며, 40년 동안 돈 한 푼 벌지 않고도 살 수 있었습니다. 그리고 하나님은 이스라엘 백성에게 그들이 파지 않은 우물을 주시고, 그들이 세우지 않은 성을 주시고, 그들이 심지 않은 과수원을 주시고, 그들이 짓지 않은 집을 주셨던 것입니다.

이스라엘 백성이 가는 곳에는 언제나 말씀이 있었고, 은혜가 있었고, 기적이 있었습니다. 다른 사람들의 눈에는 그들이 방황하는 것처럼 보였는지 모르지만 이스라엘 백성은 정확하게 바른길을 가고 있었습니다.

그리고 이스라엘 백성에게는 그들이 알지 못하는 가운데 모압 왕 발락의 계교가 있었습니다. 모압 왕은 발람이라는 선지자를 매수해서 이스라엘을 저주하게 하려고 했습니다. 오늘 사람들은 저주를 잘 믿지 않습니다. 그러나 누군가가 다른 사람에 대하여 악성 루머를 인터넷에 올리면 그 루머가 사실인지 거짓인지에 상관없이 그 사람은 엄청난 충격을 받든지, 아니면 망하게 됩니다. 왜냐하면 그것이 바로 저주이기 때문입니다. 모압 왕 발락은 발람이라는 선지자를 사용해서 이스라엘 백성을 저주하려고 했지만 하나님은 발람의 입을 강권적으로 막으시고 오히려 이스라엘 백성을 축복하게 하셨습니다. 하나님의 백성 가운데 성령의 역사가 강력하면 악한 자들의 저주나 루머가 통하지 않습니다. 그러나 하나님의 백성이 은혜를 잊어버리면 근거 없는 소문 때문에 교회가 큰 시험에 빠지기도 하고, 갈라져서 싸우기도 하고, 개인적으로도 큰 타격을 입게 됩니다.

그리고 하나님은 이스라엘 백성에게 싯딤에서 길갈까지를 기억하라고 말씀하셨습니다. 싯딤에서 길갈까지 이스라엘 백성에게 가장 좋지 못한 일과 가장 좋은 일이 있었습니다. 이스라엘 백성은 싯딤에 오기 전에 발람의 사주를 받은 모압 여인들의 유혹을 받아서 성적으로 크게 타락한 적이 있었습니다. 그때 하나님은 이스라엘 백성을 염병으로 치셨는데 하루에 3만 명이 죽었습니다. 그 후에 이스라엘 백성은 싯딤에서 행진을 해서 요단 강을 걸어서 건넜습니다. 이스라엘 백성은 하나님의 능력으로 요단 강을 건넌 후 길갈에서 죽음을 각오하고 하나님 앞에서 할례를 받았습니다. 이때 이스라엘 백성은 하나님께 가장 헌신되어 있었고, 그만큼 하나님의 말씀을 철저히 붙들고 있었습니다. 그래서 이스라엘 백성은 하나님의 말씀대로 하루에 한 바퀴씩 여리고 성을 돌아서 손도 대지 않고 여리고 성을 무너지게 했습니다.

그래서 광야 40년이 이스라엘 백성에게 의미하는 것은 전혀 길들여지지 않았던 노예 민족이 하나님의 진리로 길들여져서 십자가의 용사가 되는 과정이었습니다. 광야는 이스라엘 백성을 훈련하던 하나님의 학교였습니다.

물론 이스라엘 백성이 광야에서 훈련받을 때에 환경이 너무 열악하고 고달팠던 것은 사실입니다. 그러나 이스라엘 백성에게는 하나님의 능력이 있었고, 그리스도의 피가 있었으며, 하나님의 기적의 손길이 있었습니다. 그리고 이때 사실 이스라엘 백성은 하나님 앞에서 가장 순결하고 아름다운 때였습니다.

따라서 이스라엘 사람들의 불평에 대한 하나님의 대답이 무엇입니까? 그것은 이스라엘 백성이 고생한 것은 하나님이 능력이 없거나 이스라엘 백성에게 무관심하셔서 내팽개치신 것이 아니라 이스라엘 백성이 멋진 하나님의 백성으로 훈련받는 과정이었다는 것입니다.

하나님은 이스라엘 백성을 가나안 땅에서도 훈련하셨습니다. 그러나 이스라엘 백성은 오직 가나안 족속들을 손으로 가리키면서 우리도 저렇게 살고 싶다고 떼를 쓴 것입니다. 그것이 이스라엘 백성 마음대로 되지 않으니까 이스라엘 백성은 집단으로 하나님을 버리고 우상에게 가 버렸습니다. 군인으로 치면 이것은 이스라엘 백성 전체가 무단탈영을 한 것입니다.

하나님께서 이스라엘 백성에게 많은 어려움을 주신 이유가 무엇입니까? 그것은 하나님이 그들을 사랑하시지 않았기 때문이 아닙니다. 하나님께서 이스라엘 백성에게 어려움을 주신 것은 그들로 하여금 거룩하도록 훈련하기 위해서입니다. 이것은 우리도 마찬가지입니다. 우리도 풍족한 가운데 있으면 하나님께서 우리를 아무리 훈련하시려고 해도 훈련이 되지 않습니다. 훈련이라고 하는 것은 아무것도 없는 어려운 가운데 받아야 하는 것입니다. 그러나 우리가 어려운 가운데 있다고 해서 모든 것이 어려운 것은 아닙니다. 하나님은 우리가 고난 가운데 있을 때 우리에게 말씀을 주시며, 위로와 은혜를 주시고, 사탄의 불화살로부터 우리를 보호하십니다. 그리고 하나님은 우리에게 기적을 체험하게 하셔서 더욱더 하나님께 헌신하게 하십니다. 그러나 이스라엘 백성은 가나안 땅에 들어가자마자 자기들은 다 되었다고 생각해서 하나님의 말씀의 훈련을 받으려고 하지 않았습니다. 이것들은 그들의 게으름이요, 욕심이요, 정욕이었던 것입니다.

따라서 우리는 항상 다 되었다는 교만한 생각을 버려야 합니다. 그래야 우리가 하나님의 은혜에 늘 붙어 있을 수 있습니다. 또 무엇인가 부족한 것이 있는 것은 우리를 하나님께 잡아매는 끈이라고 생각해야 합니다. 우리에게 모든 것이 있으면 우리는 더 이상 기도하려고 하지 않을 것이며, 하나님께 매어 달리려고도 하지 않을 것입니다.

우리는 언제나 지금까지 하나님께서 나를 어떻게 인도하셨는지 생각해야 합니다. 과거의 욕망에 빠져 있고 세상만 바라보고 살아가던 나를 얼마나 변화시키셨는지 생각해야 합니다. 그리고 우리는 앞으로 나 자신이 완성될 모습에 비하면 현재가 얼마나 부족한가를 늘 생각해야 합니다. 우리의 모든 비밀은 내가 처음 주님을 만나고 그 후에 고생하면서 연단받았던 거기에 다 들어 있습니다. 사람들은 겉으로 드러나는 학벌이나 성공을 보고 사람을 부러워하지만 그것은 하나님이 우리에게 주신 축복의 빙산의 일각에 불과한 것입니다.

결국 하나님께서 이스라엘 백성과 이런 식으로 쟁변하시는 이유는 하나님께서 이스라엘 백성을 버리기를 원치 않으시기 때문입니다. 즉 하나님은 유다 백성이나 이스라엘 백성에게 너도 하고 싶은 이야기를 실컷 하고, 나도 할 말을 다 해서 묵은 감정을 다 털어내고 다시 한 번 새로 시작해 보자는 뜻입니다. 이 미가서 말씀의 축복을 받는 자들이 누구입니까? 오늘 우리입니다. 왜냐하면 우리는 오늘 본문이 말씀하는 의미를 전부 이해할 수 있기 때문입니다. 혹시 우리는 하나님께 불만이 있거나 오해하고 있지는 않습니까? 혹시 하나님이 하시는 것에 대하여 이해가 되지 않는 것이 있습니까? 오늘 기도를 통하여 하나님께 실컷 말씀드리십시오. 그리고 처음 믿을 때의 마음이 되어서 새로운 뜨거운 감격이 있는 신앙생활을 다시 시작하도록 합시다. 오늘 우리 마음에 다시 하나님이 가장 중요한 분이 되도록 합시다. 오늘 우리에게 하나님을 향한 뜨거운 열정이 회복되어서 모든 사탄의 속임수와 저주를 이기고 기적으로 요단 강을 건넜던 이스라엘 백성처럼 되기를 바랍니다.

성경 토의

1. 나는 요즘 하나님에 대하여 어떤 불만을 가지고 있으며, 나 자신에 대하여 마음에 들지 않는 것은 무엇인가?

2. 하나님은 나에게 지금까지 무엇을 해 주셨으며, 내가 최근 하나님이 주신 은혜 중에서 기억하지 않고 잊어버리고 있는 것은 무엇인가?

3. 하나님은 오래전에 나에게 어떤 약속을 주셨으며, 어떤 비전을 주셨는가?

4. 내가 오늘 다시 꼭 기억해야 하는 하나님의 은혜는 무엇인가?

12_하나님이 가장 기뻐하시는 것

미가 6:6-8

전체적 설명

우리는 흔히 부모님에 대하여 무조건 맛있는 것을 사드리고 잘해 드리면 좋아하실 것이라고 생각한다. 그러나 부모님들은 자녀들이 부모에게 잘해 주는 것도 좋아하시지만 그들이 이 세상에서 바른 일을 하는 사람이 될 때 더 자부심을 느끼고 좋아하실 것이다. 마찬가지로 유다 백성은 하나님 앞에 제사나 많이 드리고 제물을 많이 바치면 하나님이 좋아하실 것이라고 생각했지만 하나님이 유다 백성에게 원하신 것은 바른 믿음을 가지고 의롭게 살아가는 것이었다. 그래서 미가 선지는 유다 백성에게 과연 하나님이 어떤 것을 기뻐하실지 생각할 수 있도록 질문을 하고 있다. 즉 하나님께 천천의 수양과 만만의 강수 같은 기름을 바치면 하나님이 기뻐하시겠느냐 하는 것이다. 하나님이 원하시는 것은 많은 제물이 아니라 우리가 바른 믿음으로 살아가는 것이다.

설교 프리노트

6절, "내가 무엇을 가지고 여호와 앞에 나아가며"

선지자는 먼저 우리가 하나님께 나아가려고 할 때 어떤 것을 가지고 나아가면 하나님이 기뻐하시겠는지 질문을 던지고 있다. 사람들은 누구나 어려운 일이 있을 때 하나님 앞에 나아가서 응답을 받으며 축복을 받기를 원한다. 이때 우리가 하나님 앞에서 인정을 받으려면 어떤 제사가 합당하겠느냐는 것이다. 일반적으로 이방인들이 신에 대하여 가지고 있는 생각은 장소에 국한된 움직이지 못하는 신의 개념이다. 그러나 하나님은 온 세상을 만드시고 모든 것을 움직이시는 분이기 때문에 한 장소에 고정된 분이 아니다. 즉 하나님은 유다 백성이 제물을 들고 찾아가 주어야 기뻐하시는 고정된 신이 아닌 것이다.

"내가 번제물 일 년 된 수송아지를 가지고 그 앞에 나아갈까"

이스라엘 백성이 하나님께 번제물을 바칠 때 1년 된 수송아지는 가장 귀한 예물이었다. 그런데 유다 백성이 모두 하나님 앞에 1년 된 수송아지를 끌고 와서 바치면 하나님께서 기뻐하실까? 하나님이 이스라엘 백성의 제사에 기뻐하시는 것은 그 제물이 맛이 있거나 탐이 나서 그런 것이 아니라 이스라엘 백성이 하나님의 말씀에 순종하는 것 자체를 좋아하셨기 때문이다.

7절, "여호와께서 천천의 수양이나 만만의 강수 같은 기름을 기뻐하실까"

'천천의 수양' 은 백만 마리의 양을 의미한다. 1년 된 수송아지 한 마리에서 백만 마리 숫양은 엄청나게 비약한 것이다. 거기에다가 '만만의 강수 같은 기름' 은 그야말로 억수같이 많은 기름을 의미한다. 여기서 '만만' 의 강수 같은 기름은 1억 마리의 양을 잡았을 때 나오는 기름을 말한다. 물론 이런 예물들은 한 사람이 바칠 수 있는 것이 아니고 수많은 사람들이 구름같이 운집하여 엄청난 제사를 하나님께 바치는 것을 의미한다. 이런 경우 얼마나 많은 사람들이 모여서 예배를 드리는지 사람의 끝이 보이지 않을 것이다. 또 그들이 기도하는 소리도 마치 큰 폭포 소리같이 우렁찰 것이다. 그들이 찬송하는 소리는 하늘이 떠나갈 정도로 웅장할 것이다. 사실 우리는 수만 명이나 되는 사람들이 모여서 예배를 드리면 마음이 얼마나 홍분이 되는지 모른다. 하나님은 절대로 그런 거창한 행사는 외면하지 않으실 것 같다.

"내 허물을 위하여 내 맏아들을, 내 영혼의 죄를 인하여 내 몸의 열매를 드릴까"

여기서 미가 선지는 더 비약을 해서 천천의 숫양이나 만만의 기름도 부족하다면 아예 내 자식, 곧 내 맏아들을 하나님께 바치면 어떻게 되겠느냐고 질문을 던진다. 당시 이방 종교에서 최고의 제물은 살아 있는 사람이고, 그 중에서 더 값진 제물은 자신의 맏아들이라고 생각했다. 그러나 이런 제물들 자체가 하나님의 마음을 기쁘시게 하지 못한다. 오히려 자기 맏아들을 죽이는 이방 종교는 하나님이 가장 싫어하시고 미워하시는 것이었다.

8절, "사람아 주께서 선한 것이 무엇임을 네게 보이셨나니"

여기서 '사람아' (하 아담)라는 것은 우리 인간이 얼마나 미련한 존재인지 깨닫게 해 주시는 것이다. 왜냐하면 하나님은 무엇이 선한 것인지 이미 다 가르쳐 주셨기 때문이다. 여기서 '선하다' 는 '착하다' 라는 뜻이 아니고 하나님의 뜻에 맞는 것을 말한다. 하나님은 이미 이스라엘 백성에게 율법의 말씀을 주셔서 하나님이 무엇을 기뻐하시는지 다 알려 주셨다. 이스라엘 백성이 그 말씀에 순종하기만 하면 하나님이 기뻐하시는데 그 믿음을 가지지 못하니까 엉뚱한 데 열심을 내어서 제사를 드리려고 하는 것이다.

"여호와께서 네게 구하시는 것이"

하나님은 우리가 원하는 방식으로 제사드리는 것을 기뻐하지 않으신다. 하나님이 가장 기뻐하시는 것은 우리가 하나님의 말씀에 순종하는 것이다. 그래서 하나님은 '제사를 기뻐하시는 것이 아니라 순종을 기뻐하신다' 고 하셨다(삼상 16:22). 그러나 이것은 결코 제사와 순종을 대립되는 개념으로 말씀하신 것이 아니다. 왜냐하면 제사 자체가 하나님의 말씀에 순종해서 하는 것이기 때문이다.

“오직 공의를 행하며 인자를 사랑하며 겸손히 네 하나님과 함께 행하는 것”

하나님이 하나님의 백성에게 가장 원하시고 기뻐하시는 것은 하나님의 말씀에 순종해서 사는 것이다. 우리가 하나님의 말씀에 순종하면 공의롭게 행하게 되어 있고, 인자를 사랑하게 되어 있다. 많은 사람들은 신앙을 신비의 영역이라고 생각해서 아무것도 하지 않으려고 하는데, 사실은 우리가 하나님의 말씀에 순종해서 사는 것 자체가 가장 놀라운 신비이다. ‘공의’ 라고 하는 것은 욕심 때문에 불의하게 행하지 않고 모든 것을 정직하고 공정하게 행하는 것이다. 그리고 ‘인자’ 라고 하는 것은 한번 약속한 것은 반드시 지킨다는 뜻이다. ‘겸손히 하나님과 동행한다’ 고 할 때 예수님은 “나의 멍에를 메고 내게 배우라”(마 11:29)라고 하셨다. 왜냐하면 하나님의 걸음은 우리의 걸음처럼 변덕스럽거나 조급하지 않으시기 때문이다.

본문 이해를 위한 질문

1. 일반인들이 하나님에 대하여 가지고 있는 생각은 무엇인가?

사람들은 하나님을 성전이나 혹은 한 장소에 고정되어 있어서 인간이 찾아가야 하고 제물을 바쳐야 좋아하는 정적인 신으로 생각한다. 그러나 하나님은 가장 많은 활동을 하시는 분이다. 하나님은 온 세상을 만드시고 지키시며, 모든 인간이 하는 것을 다 지켜보고 계신다.

2. 어느 정도로 많은 제물을 바치면 하나님이 만족해하시겠는가?

하나님은 수송아지 번제물이나 천천의 숫양이나 만만의 기름이나 맏아들 제사를 기뻐하지 아니하신다.

3. 하나님이 기뻐하시는 것은 무엇인가?

우리가 하나님의 말씀을 믿고, 그 말씀에 순종하여 살며, 언제나 하나님과 동행하는 것이다.

성경 강해

얼마 전에 우리나라의 유명한 산악인이 히말라야의 안나푸르나라는 높은 산을 오르다가 실종되었습니다. 이 산악인은 끊임없이 산을 올라서 히말라야에 있는 열네 개의 봉우리를 다 정복하고 남극과 북극점까지 탐험을 했는데도 또 산에 도전을 했습니다. 그래서 주위에 있는 친구들이 이제 산이란 산은 다 올라서 유명하게 되었으니까 좀 편하게 살아도 되지 않느냐고 하면 그는 자기는 살아 있기 때문에 산에 올라가야 한다고 대답을 하곤 했습니다. 그런데 아마 이 사람이 찾고 있었던 것은 절대적인 어떤 신의 경지가 아니었을까 하는 생각이 듭니다. 즉 이 사람은 아무도 올라갈 수 없고 할 수 없는 일을 해내었을 때 자기가 신이 된 것 같은 희열을 느끼다가 시간이 조금 지나고 나면 그것이 아무것도 아닌 느낌이 들면서 또 신의 절대적인 영역에 도전을 하려고 했던 것입니다.

우리가 스티브 잡스나 마이클 잭슨에게서 공통적으로 느끼는 것은 어느 누구도 흉내 낼 수 없는 실력으로 세계적인 인기를 끌고 돈을 번 성공한 사람이라는 인상일 것입니다. 스티브 잡스는 그 천재적인 창의력을 사용해서 결국 사람의 손바닥 위에 컴퓨터의 기능을 모두 올려놓는 데 성공했습니다. 그러나 스티브 잡스는 태어나자마자 부모로부터 버림을 받아서 입양되었고, 청소년 시기를 문제아로 자랐으며, 결국 대학을 중퇴하고 말았습니다. 그리고 그는 컴퓨터를 통해서 신이 되고자 했습니다. 그러나 그는 암을 이기지 못해서 아까운 나이에 죽고 말았습니다. 그리고 마이클 잭슨은 그 뛰어난 노래와 춤으로 세계적인 인기를 끌었고 어마어마한 돈을 벌었지만 아동 성추행 혐의로 많은 벌금을 내야 했고, 결국에는 약물 과다 복용으로 죽었습니다. 마이클 잭슨은 어렸을 때 다른 아이들처럼 놀고 싶었지만 아버지에게 노래와 춤을 배워야 했기 때문에 어린 시절이 너무나도 외로웠다고 고백했습니다.

사람은 누구나 완전한 경지에 들어가고 싶어합니다. 즉 더러운 생각을 하지 않고, 말실수도 하지 않고, 모든 것을 완벽하게 하고 싶은데 사람은 그렇게 할 능력이 없습니다. 결국 우리 인간의 마음속에는 신의 영역에 들어가서 하나님을 만나서 새사람이 되어 완전한 삶을 살고 싶어하는 욕망이 있습니다. 그런데 우리 인간은 도대체 얼마나 많은 노력을 하고 얼마나 높이 올라가야 하나님께 갈 수 있는지 알지 못합니다.

우리는 보통 신과 가장 가까운 사람은 종교를 직업으로 가지고 있는 사람일 것이라고 생각합니다. 즉 스님이나 신부나 목사 같은 사람은 그의 삶 전체가 종교이고 신의 영역에서 살고 있기 때문에 세속적으로 때가 묻은 사람들보다 훨씬 하나님과 가까울 것이라고 생각합니다. 그러나 성경은 꼭 그런 것은 아니라고 말씀하고 있습니다. 즉 성경이 말씀하는 것은 우리 인간의 힘으로는 하나님께 가까이 갈 수 있는 방법이 없다는 것입니다. 왜냐하면 우리 인간은 피조물이며 하나님은 태양보다 더 강한 불 가운데 계시기 때문에 어느 누구도 하나님께 가까이 나아갈 수가 없습니다.

우리 인간에게 가장 큰 모순은 하나님께 나아가서 완전한 사람이 되고 싶은데 하나님을 알 수 없고 하나님께 갈 수 있는 방법도 모르는 것입니다. 그래서 많은 사람들은 하나님은 이럴 것이라고 자기 나름대로 생각해서 하나님을 믿고 섬겼습니다. 그런데 놀라운 것은 인간들이 이렇게 자기 나름대로의 종교를 만들어서 종교적인 행위를 할 때 마음이 깨끗해지는 것 같고, 어떤 때는 신비로운 느낌이 들기도 하면서 신성해지는 느낌이 든다는 것입니다. 그러나 하나님께서는 그런 감정은 어디까지나 인간 스스로 도취되어서 느끼는 것이지 진정으로 하나님을 만난 것은 아니라고 말씀하고 있습니다.

참으로 놀라운 것은, 하나님은 우리를 만나기를 원하고 계시며, 하나님은 우리를 사랑하고 축복하기를 원하신다는 사실입니다. 그러나 우리 인간은 하나님께 나아갈 수 있는 방법을 모르고 있기 때문에 자기 나름대로의 방법으로 하나님을 체험하려고 합니다. 그러나 인간들의 그 모든 노력이 실패로 끝날 수밖에 없는 것은 그것이 모두 자기도취의 감정에 불과하기 때문입니다. 우리가 하나님을 만날 수 있는 유일한 방법은 하나님의 말씀을 믿는 것입니다.

1. 침묵하시는 하나님

일반 사람들은 하나님이 너무나도 조용히 계신다고 생각합니다. 즉 하나님께서 적극적으로 자신을 나타내시고 적극적으로 활동하신다면 인간들이 하나님이 어떤 분인지 더 잘 알 수 있을 텐데 우리 인간이 생각하기에 하나님은 너무나도 조용히 계시는 것입니다. 이스라엘 백성이나 유다 백성도 하나님에 대하여 오해하기를, 하나님은 너무나도 조용히 계시기 때문에 하나님의 관심을 끌려고 하면 무엇인가 특별한 종교 행위를 해야 한다고 생각했습니다.

하나님을 잘 알지 못하는 사람들이 하나님에 대하여 가지고 있는 생각은 침묵의 하나님입니다. 즉 일반인들이 생각하는 하나님은 계시기는 계시는데 너무나도 조용히 계시고 도대체 무엇을 하시는지 알 수 없다는 것입니다. 그래서 대다수의 인간들이 하나님에 대하여 가지고 있는 생각은 하나님의 관심을 끌려면 무엇인가 특별한 예배를 드려야 한다는 것이었습니다.

6절, "내가 무엇을 가지고 여호와 앞에 나아가며 높으신 하나님께 경배할까"

여기에 보면 '여호와께 나아가며 높으신 하나님께 경배할까' 라고 하였습니다. 여기서 '높다' 는 것은, 하나님은 우리 인간의 힘으로는 도저히 가까이 갈 수 없는 경지에 계시며, 거기에 비해서 우리 인간은 비천한 피조물이며 미물 같은 존재라는 의미를 가지고 있습니다.

우리 인간이 하나님께 대하여 이렇게 정적인 개념을 가지게 된 이유가 무엇일까요? 그것은 하나님께서 그동안 인간들의 죄에 대하여 너무 관대하셨기 때문입니다. 만일 우리 인간이 하나님 앞에서 죄를 지을 때마다 하나님이 진노하셔서 당장 재앙을 내리고 벌을 주셨다면 인간들은 벌벌 떨었을 것이며, 하나님을 무서워했을 것입니다. 그러나 하나님은 인간들이 못된 짓을 해도 가만히 계시고, 또 인간들이 착한 행동을 해도 가만히 계시니까 사람들은 하나님을 가만히 계시거나 무감각한 분으로 생각하게 되었습니다. 더욱이 이스라엘 백성은 죄를 지어도 하나님이 가만히 계시고 좋은 일을 해도 가만히 계시니까 이스라엘 백성은 하나님에 대해서 자기들에게 관심이 없거나 말씀이 없는 과묵한 분으로 생각하게 되었습니다.

이것은 비단 이스라엘 백성의 문제만이 아닙니다. 대다수의 사람들이 하나님을 그러한 분으로 생각하고 있습니다. 그래서 젊은이들은 하나님을 지적인 연구의 대상으로 생각하여 마치 탐험을 하듯이 하나님에 대하여 연구하려고 합니다.

그러나 하나님은 과묵한 성격을 가지고 계시거나 이 세상일에 대하여 무관심한 분이 아닙니다. 오히려 하나님은 이 세상에서 일어나는 일들을 모두 알고 계시며, 또 사람들의 생각하는 것이나 행동하는 것에 대하여 깊은 관심을 가지고 계신 분입니다. 단지 하나님께서는 우리를 너무나도 사랑하시고 인격적으로 생각하시기 때문에 기다려 주시고, 말씀으로 우리에게 자신을 소개하시고, 믿음으로 우리를 축복하기를 기뻐하시는 것입니다.

하나님께서 우리 인간에게 자기 자신을 나타내실 때 하나님의 말씀으로 하십니다. 왜냐하면 하나님은 인격적인 분이기 때문입니다. 예를 들어 우리가 다른 사람에 대하여 알고자 할 때에는 그 사람이 자기 자신에 대하여 이야기를 해 주든지 그를 잘 아는 사람이 소개를 해 주어야 합니다.

그러나 소나 돼지 같은 짐승들은 그들의 말이나 생각 같은 것은 중요하지 않고 오직 품종이나 몸무게에 의해서 이해될 수밖에 없을 것입니다. 하지만 사람은 그의 피부색이나 몸무게로 그를 알 수가 없습니다. 우리가 다른 사람의 겉모습만 보고 이러이러한 사람이겠지 생각하고 말을 해 보면 완전히 다른 사람이라는 것을 알게 될 것입니다. 결국 사람은 자기 자신에 대하여 이야기를 해 주어야 그 사람을 알 수 있습니다.

하나님도 마찬가지입니다. 하나님은 가만히 계시는데 우리가 아무리 하나님에 대하여 연구를 한다고 해도 우리는 하나님을 알 수 없습니다. 우리는 하나님께서 자신에 대하여 말씀하신 만큼만 하나님을 알 수 있습니다. 그래서 하나님의 말씀을 듣지 못한 사람은 전혀 하나님을 알지 못합니다.

더욱이 하나님은 이 세상 모든 것을 주장하고 계시지만 하나님이 특별히 복을 주실 때에는 믿는 사람을 통하여 일하기를 기뻐하십니다. 특히 하나님이 이 세상을 심판하실 때에는 인간들의 죄에 대하여 그때그때 즉각적으로 심판하시는 것이 아니라 죄를 쌓아 두었다가 죄가 어느 수준 이상으로 쌓였을 때 마치 쓰레기통을 비우듯이 심판하십니다. 그러나 하나님이 구원하시거나 축복을 베푸실 때에는 믿음을 가진 사람을 통해서 일을 하십니다. 그래서 하나님은 사람이 믿음으로 준비되어 있지 않을 때에는 복을 주시고 싶어도 믿음의 사람으로 준비될 때까지 100년, 200년을 조용히 기다리실 수밖에 없으신 것입니다. 그래서 하나님이 조용히 계시는 이유는 우리 인간이 패역하고 믿음이 없기 때문이며, 심판을 억제하고 계시기 때문입니다.

그러나 하나님은 모세가 준비되었을 때 모세를 통해서 역동적으로 일하셨습니다. 하나님은 애굽 땅에 무려 열 가지 재앙을 내리기도 하시고, 바다를 가르기도 하셨습니다. 특히 하나님은 그 아들을 이 세상에 보내셔서 너무나도 역동적으로 일을 하셨습니다. 하나님은 예수님을 통하여 많은 사람들의 병을 고치시고, 죽은 자를 살리셨으며, 사람의 힘으로는 상상할 수 없는 기적을 행하기도 하셨습니다. 그 중에서 가장 놀라운 것은 십자가에 못 박혀 죽은 아들을 살려 내신 것입니다.

우리가 하나님에 대하여 바른 믿음을 가지고 있으면 하나님은 얼마든지 우리를 통해서 적극적으로 일을 하십니다. 그러나 이스라엘 백성은 자신들이 믿음 없는 것은 생각하지 않고 오히려 하나님이 너무 과묵하시고 무관심하시다고 생각했습니다.

믿음이 없는 자들은 하나님을 언제나 정적인 분으로 생각할 수밖에 없습니다. 왜냐하면 하나님은 믿음이 없으면 아무 일도 행하지 않으시기 때문입니다. 성경은 예수님이 가버나움에서 기적을 행하셨는데도 불구하고 사람들이 믿지 않는 것을 보시고 더 이상 기적을 행하실 수 없었다고 말씀하고 있습니다. 우리는 믿음이 없으면 하나님의 능력을 체험할 수 없습니다.

2. 하나님께 나아갈 수 있는 방법

이스라엘 백성은 다른 것은 몰라도 하나님이 살아 계신 것은 분명히 알고 있었습니다. 그런데 이스라엘 백성은 어떻게 해야 하나님이 자기들을 사랑하시게 할 수 있는지를 몰랐습니다. 그래서 이스라엘 백성은 많은 제물을 하나님께 바치거나 특별한 것을 바치면 하나님의 사랑을 받을 수 있을 것이라고 생각했습니다.

6절 하-7절, "내가 번제물 일 년 된 송아지를 가지고 그 앞에 나아갈까 여호와께서 천천의 수양이나 만만의 강수 같은 기름을 기뻐하실까 내 허물을 위하여 내 맏아들을, 내 영혼의 죄를 인하여 내 몸의 열매를 드릴까"

미가 선지는 이스라엘 백성에게 질문을 던지고 있습니다. 즉 어떻게 하면 우리가 하나님을 만족시키며 하나님의 사랑을 받고 축복을 받을 수 있을까 하는 것입니다. 이스라엘 백성은 자신들이 하나님의 사랑을 받기 위해서는 다른 사람들과는 다른 특별한 예물이 필요하다고 생각했습니다.

그래서 미가 선지는 맨 처음 1년 된 수송아지를 가지고 하나님께 나아가면 하나님이 기뻐하시겠는가 하고 질문을 던졌습니다. 당시에 이스라엘 백성이 개인적으로 하나님께 바치는 예물 중에서 최고의 예물은 1년 된 수송아지였습니다. 예를 들어 이스라엘 백성 중에서 누군가가 1년 된 수송아지를 하나님께 바치면 다른 사람들은 그가 하나님께 대단한 제사를 바쳤다고 생각했을 것입니다.

과연 하나님은 사람들이 1년 된 수송아지 제물을 바쳤을 때 만족하셨을까요? 인간의 입장에서는 분명히 하나님이 만족하셨을 것이라고 생각합니다. 왜냐하면 1년 된 수송아지 한 마리의 가격은 결코 싼 것이 아니었기 때문입니다. 그러나 하나님의 입장에서는 수송아지 한 마리가 결코 만족스러운 것이 될 수 없었습니다. 왜냐하면 이 세상에 있는 모든 수송아지는 하나님이 만드신 것이고 하나님의 것이기 때문입니다. 그리고 이스라엘 백성이 수송아지를 잡아서 바친다고 해서 실제로 하나님이 그 피를 마시거나 그 고기를 잡수시는 것이 아니기 때문입니다. 하나님께서 이스라엘 백성이 바치는 수송아지에 만족하시는 이유는 이스라엘 백성이 하나님의 말씀에 순종하기 때문이고, 그 수송아지가 나중에 십자가에 못 박혀 죽으실 하나님의 아들의 순종을 나타내기 때문인 것입니다. 그래서 우리가 하나님을 만족시킬 수 있는 유일한 방법은 하나님의 말씀에 순종하는 것이지 많은 제물이 아닌 것입니다. 만약 이스라엘 백성이 제물로 하나님을 만족시킬 수 있다면 더 많은 제물을 바치면 될 것입니다.

여기서 미가 선지는 이스라엘 백성에게 다시 질문을 던집니다. 즉 "여호와께서 천천의 숫양이나 만만의 강수 같은 기름을 기뻐하실까?" 라고 말을 합니다. '천천의 숫양' 은 백만 마리의 숫양을 의미합니다. 아마 이스라엘의 왕 중에서 백만 마리의 양을 하나님께 바친 왕은 없을 것입니다. 솔로몬 왕도 하나님께 수십만 마리의 양을 바쳤지만 백만 마리를 바치지는 못했을 것입니다. 그리고 여기에 '만만의 강수 같은 기름' 은 억수 같은 기름을 의미합니다. '만만' 은 '억' 단위를 말하는 것인데 1억 마리의 양이나 소를 잡아서 그 기름을 하나님께 바치면 하나님이 만족하실까 하는 것입니다.

요즘 현대인들은 짐승의 배에 있는 기름을 싫어합니다. 그러나 짐승의 배에 있는 기름은 짐승의 내장을 보호하는 역할을 할 뿐 아니라 짐승이 살아갈 수 있는 에너지 역할을 합니다. 그래서 옛날 이스라엘 백성은 배에 있는 기름을 짐승이나 사람의 감정을 나타내는 것으로 생각했습니다. 그래서 어떤 사람이 노래를 부르면 "애간장을 태우듯이 노래를 부른다." 라고 표현을 하는 것입니다. 즉 사람이 속을 태울 때 속에 있는 기름이 탄다고 생각했던 것입니다. 만약 유다 백성이 백만 마리나 1억 마리의 짐승을 잡아서 하나님께 번제를 드리고 그 기름을 태우려면 수많은 백성이 자기들의 재산을 다 바쳐서 제사를 드려야 할 것입니다.

사람들은 참으로 신기한 것이, 사람들이 많이 모일수록 힘이 커지는 것 같고 어마어마한 일이 일어날 것처럼 생각하게 됩니다. 그런데 하나님이 이스라엘 백성에게 짐승의 기름을 바치라고 하신 것은 우리로 하여금 얼마나 많은 짐승을 바쳤는지 자랑하라는 뜻이 아니라 우리의 죄가 얼마나 우리 마음을 상하게 하고 얼마나 하나님의 마음을 상하게 했는지 그 상한 마음을 하나님께 바치는 것을 의미했던 것입니다.

사실 많은 사람이 하나님 앞에 모여서 예배드리는 것이 하나님을 기쁘시게 합니다. 신앙이 침체되면 사람들이 하나님 앞에 모일 생각을 하지 않습니다. 제사장이나 선지자가 아무리 함께 모여서 하나님께 예배드리자고 외쳐도 사람들은 듣는 둥 마는 둥 합니다. 사람들은 모두 각자 자기 할 일을 위하여 세상으로 가 버린 것입니다. 그런 예배가 보여 주는 것이 무엇입니까? 하나님이 업신여김을 당하는 것입니다. 사람들이 하나님을 우습게 생각하고 있는 것입니다. 그러나 하나님 앞에 구름같이 많은 사람들이 모였음에도 불구하고 전혀 하나님께 기쁨이 되지 않을 때가 있습니다. 그것은 사람들이 진정으로 하나님의 말씀에 순종하기 위해서 모인 것이 아니라 스스로의 종교적인 만족을 위해서 모였을 때입니다.

우리는 이것이 잘 이해가 되지 않습니다. 사람들이 많이 모였다는 것 자체가 하나님의 은혜를 사모하는 것이 아닌가 하는 것입니다. 물론 사람들이 많이 모여서 예배를 드리는 것이 하나님의 은혜를 사모하는 것은 틀림없지만 그럼에도 불구하고 우리 인간은 그 가운데 교묘하게 자기만족을 추구하려고 합니다. 그것이 무엇인가 하면 많이 모인 인간들 자신이나 혹은 거창한 예배 의식을 믿는 것입니다.

미가 선지는 여기서 한 걸음 더 나아가서 우리가 하나님의 사랑과 관심을 얻기 위해서 송아지 제사나 천천의 양이나 만만의 기름이 아니라 자기 아들을 하나님께 바치면 어떻겠느냐 하는 것입니다. 하나님께서 그 제사를 기뻐하시겠느냐고 질문하고 있습니다.

우리 인간에게 가장 소중한 것은 자녀입니다. 그런데 옛날에는 신의 응답을 받아내기 위해서 자기 자식을 죽여서 신에게 제물로 바치기도 했습니다. 특히 이방인들 가운데 종이나 포로 혹은 자기 자식을 제물로 바치는 일이 많이 있었습니다. 그런데 그렇게 인신 제사를 지낸 나라들은 모두 망했습니다. 사람들은 그리스 문명의 발상지로 볼 수 있는 크레타라든지 혹은 두로나 카르타고 같은 나라들이 왜 갑자기 망했는지 궁금해하고 있습니다. 그런데 이런 나라들의 공통점이 모두 인신 제사를 많이 드렸다는 것입니다. 하나님은 절대로 사람을 죽여서 바치는 것을 기뻐하지 아니하시고 오히려 싫어하셨습니다. 그 이유는, 하나님은 사람들이 바치는 제물의 가격이나 양에 관심을 가지시는 것이 아니라 하나님의 말씀에 순종해서 바치는 것을 기뻐하시기 때문입니다.

그래서 우리가 하나님이 기뻐하실 것이라고 생각하는 것과 실제로 하나님이 기뻐하시는 것은 많은 차이가 있습니다. 우리가 생각하기에는 다른 사람들보다 많은 돈을 바치고 많은 정성을 바치면 하나님이 나를 사랑하실 것 같은데 하나님은 그것보다도 하나님의 말씀에 순종해서 예배하고 하나님의 말씀에 순종해서 살려고 애쓰는 것을 기뻐하시는 것입니다. 여기서 우리가 하나님의 말씀에 순종하려고 애를 쓴다는 것은 우리 힘으로는 완전히 하나님의 말씀에 순종하는 것이 불가능하다는 뜻입니다. 그러나 우리가 나의 고집과 욕심을 꺾고 하나님의 말씀에 나 자신을 복종시킬 때 하나님은 우리를 기뻐하시는 것입니다.

사도 바울은 로마서에서 이렇게 말했습니다.

"이는 하나님을 알 만한 것이 저희 속에 보임이라 하나님께서 이를 저희에게 보이셨느니라"(롬 1:19).

모든 사람의 마음속에는 하나님을 알 만한 것이 있습니다. 이것이 바로 종교성입니다. 그러나 이 종교적인 본성은 이상한 특징을 가지고 있는데 그것은 우리가 하나님에 대하여 나름대로 생각해서 종교 행위를 할 때 신비로운 느낌이 들고 하나님께 가까이 간 것 같은 느낌이 든다는 것입니다. 즉 사람 안에 있는 종교적인 감정은 끝없는 공상과 신비를 향하여 발전하는 특징이 있습니다. 그래서 사람들이 촛불을 켜 놓고 가만히 있으면 마음이 깨끗해진 것 같고 하나님이 기도나 소원을 들어주신 것 같은 느낌이 드는 것입니다. 사람들은 자기 안에 있는 이 종교성은 가장 숭고하고 가장 깨끗하다고 오해를 하고 있는데 사실 인간이 타락할 때 가장 먼저 타락하고 오염된 것이 바로 이 종교적인 본성입니다.

예를 들어 사람들은 탑이나 신상을 만들어서 절을 하면서 그것이 돌이나 쇠라는 것은 알지만 그것을 향한 자신의 정성은 순수하고 고상하다고 생각합니다. 그러나 그 모든 것은 사람의 타락한 상상력과 타락한 감정에서 나온 것입니다. 그런 상상의 산물이 아무리 우리에게 유익을 준다고 하더라도 그것은 결코 하나님이 주시는 것이 아닌 것입니다.

하나님과 우리를 연결할 수 있는 것은 오직 하나님의 말씀밖에 없습니다. 우리 인간의 종교적인 본성이 가장 바르게 사용되는 것은 하나님의 말씀을 듣고 그 말씀을 믿는 것입니다. 그러나 사람들은 하나님의 말씀을 듣는 것은 밋밋하고 재미가 없다고 생각해서 자꾸 자기 안에 있는 종교성에 여러 가지 자극을 주어서 자기만족을 추구하려고 합니다. 사람들은 자기 안에 있는 종교성을 통하여 끝없는 호기심을 충족시키려고 합니다. 그래서 어떤 종교에서 기괴한 것이 있으면 더 신통력이 있다고 생각합니다. 그러나 그것은 모두 미신이며 타락한 종교적인 본성인 것입니다.

모든 사람은 하나님의 말씀을 들을 때에 이것이 진실한 말씀이라는 것을 인식할 수 있습니다. 이것이 유일하게 하나님께 가까이 나아갈 수 있는 비결입니다. 예를 들어 캐비닛의 잠금장치가 암호를 입력해야 하는 것이라면 다른 특별한 장치 없이도 번호만 맞으면 그 큰 문이 열리게 되어 있습니다. 마찬가지로 우리가 하나님의 말씀을 들으면 우리 마음이 열리게 되어 있고 하나님의 마음도 열리게 되어 있습니다. 따라서 하나님의 말씀은 우리의 마음과 하나님의 마음을 여는 이중 장치인 것입니다.

우리는 자신의 상상력을 동원하여 자기만족을 추구하는 쪽으로 가서는 안 됩니다. 다른 사람들이 알아듣지도 못하는 말을 하면서 사람들을 신비의 영역으로 인도하는 것처럼 해서는 안 됩니다. 하나님께서 우리에게 원하시는 것은 자신의 종교적인 본성을 사용해서 상상력이나 호기심을 충족시키는 것이 아닙니다. 하나님께서 원하시는 것은 우리가 하나님의 말씀을 듣고 그 말씀대로 순종하는 것입니다. 그러나 우리는 하나님의 말씀에 순종하는 것이 잘 되지 않습니다. 왜냐하면 우리 몸은 이미 죄나 나쁜 상상력에 길들여져 있기 때문입니다. 그래서 우리는 우리 속을 하나님의 말씀으로 채우고 하나님의 말씀으로 깨달아지는 것 하나하나를 말씀대로 바꿀 때 하나님은 자신을 우리에게 주십니다.

3. 하나님을 가장 기쁘게 하는 방법

8절, “사람아 주께서 선한 것이 무엇임을 네게 보이셨나니 여호와께서 네게 구하시는 것이 오직 공의를 행하며 인자를 사랑하며 겸손히 네 하나님과 함께 행하는 것이 아니냐”

여기서 ‘사람아’는 창조자로서 우리 모든 인간을 대상으로 해서 말씀하시는 것입니다. 하나님께서는 우리 인간에게 선한 것이 무엇인지 이미 보이셨습니다. 즉 우리 인간의 마음 안에는 어떤 것이 선한 것인지 아는 마음이 있습니다. 그런데 우리 인간의 고민은 그 선한 마음대로 살아지지 않고 언제나 정반대인 악한 쪽으로 우리 마음과 몸이 움직여지는 것입니다.

우리는 사도 바울을 통해서 이것을 생생하게 체험할 수 있습니다. 사도 바울은 자기가 옳다고 생각하는 것은 얼마든지 결심만 하면 할 수 있다고 생각했습니다. 사실 모든 인간은 자기가 결심을 하지 않아서 그렇지 결심만 하면 얼마든지 선한 일을 할 수 있다고 믿습니다. 그런데 막상 선한 일을 하려고 했을 때 어마어마한 악이 마음속에서 살아나면서 나의 의지를 꺾고 악한 쪽으로 무지막지하게 끌고 가 버리는 것입니다. 이것을 통해서 우리가 알 수 있는 것은 우리가 무엇인가 옳은 것을 알고 있다고 해서 순종할 수 있는 것이 아니라는 것입니다. 우리는 우리 안에 있는 죄의 세력을 이길 수가 없는 것입니다. 그래서 사도 바울은 “오호라 나는 곤고한 자로다 누가 이 사망의 몸에서 나를 건져내랴”(롬 7:24)라고 탄식했습니다. 우리는 말씀에 순종하려고 해도 몸이 말을 듣지 않습니다. 그러나 인간은 전신마비를 넘어서서 마음 자체가 갑자기 고약해지면서 하나님이 싫어하는 짓을 다 하고 싶고, 내 인생이니까 내 마음대로 하고 싶어지면서 원래 내 마음과는 상관없이 어마어마한 죄를 짓고 마는 것입니다.

그래서 우리 인간은 하나님의 말씀을 듣기 전에는 자기가 죄인이라는 사실조차 알지 못합니다. 그러나 우리가 하나님의 말씀을 들으면 피조물에 불과한 내가 지금까지 창조주이신 하나님을 업신여기고 내 멋대로 살아왔다는 것을 비로소 깨닫게 됩니다. 이것이 우리가 하나님을 기쁘시게 하는 첫걸음입니다. 물론 하나님은 우리를 처음부터 사랑하셨습니다. 그러나 우리가 하나님의 그 사랑을 알고 특히 하나님을 기쁘시게 하기까지는 엄청나게 많은 단계를 넘어야 합니다.

우리가 하나님의 말씀을 들으면 우리 자신이 뇌성마비 환자요 전신마비 환자일 뿐만 아니라 하나님에 대하여 마음이 비뚤어져 있다는 것을 알게 됩니다. 이것은 우리가 죄의 종이기 때문입니다. 이때 우리가 할 수 있는 것은 하나님을 향하여 부르짖는 것입니다. 즉 십자가에 못 박히신 예수님 앞에 내 모든 의지나 내 모든 자랑을 내려놓고 오직 나를 이 죄에서 건져 달라고 부르짖는 것입니다. 하나님이 우리에게 가장 기뻐하시는 것은 바로 이것입니다.

우리가 자기 나름대로 아무리 하나님에 대하여 많은 상상을 하고, 많은 정성을 들여서 신상을 만들고 제사를 드린다고 해도 그것은 하나님과 아무 상관이 없는 것입니다. 그런데 놀라운 것은 하나님의 백성에게 이런 우상 숭배가 얼마든지 가능하다는 것입니다. 우리는 하나님 자신보다는 자신의 공로나 종교 의식에 도취되어서 스스로 신앙이 너무 좋다고 생각할 수 있는데 이것이 우상 숭배와 똑같은 것입니다. 하나님이 우리에게 기뻐하시는 것은 우리가 하나님의 말씀을 사랑하는 것입니다.

우리는 하나님의 말씀대로 살려고 하지만 절대로 그대로 되지 않습니다. 그래서 우리가 할 수 있는 것은 하나님의 말씀을 듣고 그 말씀을 우리 마음에 채우는 것입니다. 그러면 참으로 놀랍게도 그렇게 떨어지지 않던 죄가 그 힘이 약해집니다. 그때 우리가 결심하고 죄를 끊으면 죄가 끊어집니다. 이것이 바로 만만의 강수 같은 기름으로 드리는 거창한 제사보다 더 하나님을 기쁘시게 하는 것입니다.

물론 우리가 하나님의 은혜를 받으면 더 많은 사람들이 하나님께 나와서 예배를 드리게 되고, 특히 하나님께 아무리 많은 것을 바쳐도 아깝지가 않습니다. 솔로몬이 하나님께 드린 그 많은 제물은 하나님께 잘 봐달라는 예물이 아니라 도저히 왕이 될 수 없었던 죄 많은 자기에게 하나님이 사랑을 베푸신 것에 대한 감사의 제물이었던 것입니다.

오늘 본문을 보면 하나님께서 이스라엘 백성에게서 구하시는 것은 공의를 행하며 인자를 사랑하며 겸손히 하나님과 동행하는 것이라고 말씀하셨습니다. 우선 '공의를 행한다'는 것은 우리가 하나님이나 다른 사람에 대하여 정직한 것을 말합니다. 우리는 마음이 하나님에 대해서 틀어져 있고 사람에 대해서도 틀어져 있습니다. 그런데 하나님의 말씀은 우리 안에 있는 이 비틀어져 있는 마음을 고쳐서 바르게 만들어 줍니다. 즉 우리는 하나님에 대해서도 바로 알게 되고 다른 사람에 대해서도 바로 알게 됩니다. 그런데 문제는 우리가 그 말씀대로 살 수 있는 힘이 없다는 것입니다. 그러나 하나님의 말씀은 우리 마음에 뜨거운 감동을 일으켜서 하나님의 말씀에 따라 결단할 것은 결단하고, 순종할 것은 순종하게 합니다. 그래서 하나님 앞에서는 우리의 작은 순종이 얼마나 중요한지 모릅니다. 특히 하나님은 사회 정의에 앞서서 각 사람이 정직한 것을 기뻐하십니다. 요즘 우리나라에서는 사회 정의를 부르짖으면서 막상 자기들은 잇속을 챙기고 부정을 행하는 사람들을 많이 볼 수 있습니다. 그 사람들은 자기들이 죄의 종인 것을 알지 못하는 것입니다. 하나님의 백성의 특징은 거창한 정의를 떠나서 하나님 앞에서 정직한 것입니다. 그때 하나님은 우리에게 감동을 주셔서 작은 것을 실천하게 하시는데, 여기서부터 공의는 시작되는 것입니다. 하나님 앞에서 정직하지 못한 사람은 외치는 것과 실제가 다릅니다. 결국 이 사람들은 또 다른 불의의 세력에 불과한 것입니다.

여기에 보면 '인자를 사랑한다'고 했습니다. 이것은 다른 사람을 있는 그대로 사랑하는 것입니다. 즉 하나님은 이 세상에 있는 모든 사람이 사랑받을 자격이 있다고 말씀하십니다. 즉 우리는 다른 사람을 내 욕심을 위해서 이용할 자격이 없습니다. 이 세상에 사는 사람은 언어나 피부색 혹은 신분이나 신체의 차이에 상관없이 모두 자신의 존엄을 지키며 행복하게 살 자격이 있습니다. 우리가 그것을 인정하는 것이 사랑인 것입니다. 우리는 다른 사람을 내가 원하는 방식으로 사랑하려고 해서는 안 됩니다. 요즘 스토커들을 보면 일방적으로 관심 있는 상대를 병적으로 쫓아다니면서 사진을 찍고, 그에 대한 자료를 모으고, 찾아가서 괴롭히는데 이것은 엄청난 정신적인 폭력이고 범죄 행위입니다. 우리는 다른 사람에게 원치 않는 사랑을 강요해서는 안 됩니다. 그리고 우리는 다른 사람이 반드시 의인이어야 한다고 단정해서도 안 됩니다. 이 세상에 사는 사람들은 모두 유혹에 넘어지기 쉽고 시험에 빠지기 쉬운 연약한 자들이라는 것을 인정해 주고 동정하는 것이 인자를 사랑하는 것입니다. 그래서 예수님은 의인 백 명보다 죄인 한 사람을 더 사랑하셨고, 아버지의 집에 있었던 맏아들보다 아버지를 떠나 재산을 탕진하고 돌아온 둘째 아들을 더 기뻐하셨던 것입니다. 이 세상에서 하나님을 가장 기쁘시게 하는 것은 자기가 의인이고 성공했다고 자랑하는 것이 아니라 죄인 한 사람이 회개하고 돌아오는 것입니다. 그래서 우리는 자랑하고 잘난 체하는 그 시간에 다른 죄인에 대하여 더 관심을 가져야 합니다.

그리고 하나님이 가장 기뻐하시는 것은 겸손히 하나님과 함께 행하는 것입니다. 즉 하나님이 가장 기뻐하시는 것은 하나님이 내 삶의 주인이 되시는 것입니다. 예수 믿는다는 것은 우리가 우리 자신을 믿을 수 없기 때문에 예수님을 우리의 주인으로 모시는 것입니다. 우리는 이 세상을 마치 주정뱅이 운전사가 차를 자기 멋대로 몰아온 것처럼 이리 부딪치고 저리 부딪치면서 엉망으로 살아왔습니다. 우리는 앞으로 내가 내 인생의 주인공이 된다면 틀림없이 대형 사고를 칠 것입니다. 그래서 우리는 예수님을 내 인생의 주인으로 모신 것입니다. 그래서 우리는 자꾸 우리 인생에 하나님을 주인으로 초청해야 합니다. 우리가 겸손히 하나님과 함께 행한다는 것은 생각만큼 쉬운 것이 아닙니다. 도대체 우리가 어떻게 하나님과 함께 행할 수가 있습니까? 만약 하나님이 사람이라면 우리는 하나님의 손을 잡고 가면 됩니다. 그러나 하나님의 손은 우리에게 보이지 않습니다. 그래서 어떤 사람은 자기가 하나님의 손을 붙잡고 간다고 상상하며 산다는 말을 하기도 합니다. 어떤 사람은 하나님과 동행하기 위해서 종교인이 되기도 하고, 어떤 사람은 하나님과 동행하기 위해서 고행을 하기도 합니다. 그러나 사실 어마어마하신 하나님과 우리가 동행한다는 것 자체가 불가능한 것입니다. 우리는 하나님과 동행하는 것은 둘째로 하고 모든 일에 부모와 동행을 하라고 해도 답답해서 미칠 것입니다.

사람이 어렸을 때에는 다른 사람과 같이 있는 것을 좋아하지만 성인이 되고 난 후에는 자기 혼자만의 공간을 가지려고 합니다. 그리고 사람은 가능한 한 자기만의 공간에서 다른 사람을 몰아내려고 합니다. 그런데 어떻게 우리가 내 안에 하나님을 모실 수 있을까요? 특히 우리에게 어떤 욕심이 있을 때 혹은 정욕적인 마음이 꽉 차 있을 때에는 우리 마음에서 하나님을 몰아내려고 합니다. 우리가 하나님과 함께 행할 수 있는 방법은 하나님의 말씀을 붙잡고 사는 것입니다. 즉 하나님의 말씀을 듣는 것을 가장 중요한 것으로 생각하고 갈 때까지 가는 것이 하나님과 함께 행하는 것입니다. 때로는 우리가 하나님의 말씀대로 살려고 하면 꼭 죽을 것 같을 때가 있습니다. 그래도 우리는 죽으면 죽으리라는 각오로 하나님을 의지해야 하나님과 동행할 수 있습니다.

특히 하나님의 백성이 함께 하나님의 말씀을 붙들 때 하나님은 그들을 성전으로 삼아 주셔서 부흥의 역사가 일어나게 하십니다. 하나님은 이 부흥을 통해서 이스라엘 백성에게 복을 주시며 모든 전쟁과 재앙으로부터 이기게 하십니다. 하나님은 우리가 마음대로 하나님을 만들어서 믿는 것을 기뻐하시는 것이 아닌 것입니다.

오늘 우리는 기독교에 대해서도 똑같은 현상을 볼 수 있습니다. 그것은 바로 목회자들이나 교인들이 하나님은 이런 것을 기뻐하실 것이라고 스스로 생각해서 열심을 내는 것입니다. 즉 하나님은 우리 교회가 커지는 것을 기뻐하실 것이다, 하나님은 내가 유명해지는 것을 기뻐하실 것이다, 하나님은 우리 교회에 많은 사람들이 몰려오는 것을 기뻐하실 것이다, 교회는 헌금의 몇 퍼센트를 선교비나 구제비로 써야 한다, 교회는 지역 주민을 위한 좋은 프로그램을 만들어서 기쁘게 해야 한다는 등 많은 생각을 합니다. 그러나 하나님이 기뻐하시는 것은 우리의 많은 활동이나 종교적인 행위가 아니라 하나님의 말씀을 듣는 것입니다. 물론 우리는 하나님의 말씀을 들어도 그 말씀대로 순종하기 싫을 때가 많습니다. 그러나 그때 아주 작은 것 하나를 순종하는 것입니다. 그리고 우리의 삶에 하나님을 주인으로 초청하는 것입니다. 나는 종이 되고 하나님이 주인이 되어서 하나님이 원하시는 대로 죽으면 죽으리라는 각오로 순종할 때 하나님은 우리를 기뻐하시며, 우리를 존귀하게 하시고, 우리의 삶을 가장 아름답게 하실 것입니다.

우리는 교회를 너무 이상적으로 만들려고 해서는 안 됩니다. 또 우리는 자기 생각대로 축복의 종교나 신비의 종교에 도취되어서도 안 됩니다. 비록 재미가 없고 눈에 보이는 흥분이 없어도 겸손히 하나님의 말씀을 붙들 때 하나님은 우리의 삶 자체를 기적이 되게 하실 것입니다.

성경 토의

1. 오늘 우리의 신앙은 예배와 생활이 어떤 식으로 분리되어 있으며, 그렇게 된 가장 큰 이유는 무엇이라고 생각하는가?

2. 오늘날 교계에서 많은 교인들이 대형 집회로 모이는 것에 대하여 하나님은 어떻게 생각하시며, 또 많은 헌금을 거두어서 선한 일에 사용하는 것을 어떻게 생각하실까?

3. 하나님은 요즘 나에게 어떤 부분이 바쳐지기를 원하시며, 내가 하나님과 동행하는 데 가장 큰 걸림돌이 되는 것은 무엇이라고 생각하는가?

13_하나님의 매

미가 6:9-16

전체적 설명

부모는 누구나 자기 자녀가 나쁜 짓을 하고 다니면 야단을 치거나 혹은 매를 때린다. 왜냐하면 부모는 자기 자녀가 모두 좋은 사람이 되기를 바라기 때문이며, 부모는 자기 자녀의 잘못에 대한 책임이 있기 때문이다. 마찬가지로 하나님은 유다 백성이 하나님의 말씀을 떠나서 다른 사람을 속이고 부정한 방법으로 부자가 된 것에 대하여 징계를 해야 할 책임이 있다고 말씀하신다. 유다 백성이 이렇게 바른길에서 떠나게 된 것은 북쪽 이스라엘의 성공을 부러워하고 흉내를 내었기 때문이다. 결국 하나님의 백성은 자신들이 하나님의 말씀대로 사는 것이 가장 위대하고 성공적인 것인데 외적인 성공과 다른 사람들의 칭찬을 따라가려고 했을 때 그들은 스스로 망하는 길을 가게 되는 것이다.

설교 프리노트

9절, "여호와께서 성읍을 향하여 외쳐 부르시나니"

여호와께서 성읍을 향해서 외치신다는 것은 굉장히 답답한 마음을 나타내고 있는 것이다. 즉 하나님께서는 유다 백성에게 얼마든지 축복을 받을 수 있고 망하지 않을 수 있는 길이 바로 옆에 있음에도 불구하고 그것을 깨닫지 못하고 망하는 길을 가고 있는 것을 소리를 쳐서 알리려고 하시는 것이다. 여기의 '성읍' 이라는 말에 정관사가 붙어 있는 것을 보면 이 성읍이 예루살렘인 것을 알 수 있다.

"완전한 지혜는 주의 이름을 경외함이니라"

이 세상의 지혜들은 아직 검증이 되지 않은 것들이 많이 있다. 이론적으로는 그럴듯해 보여서 막상 실행에 옮기려고 하면 생각하지 못한 장애가 많이 나타나서 실패하는 지혜들이 많이 있는 것이다. 그러나 '완전한 지혜' 는 이미 수많은 실험을 통해서 검증된 지혜이고, 이대로 하기만 하면 틀림없이 성공적인 결과가 나오는 지혜이다. 마찬가지로 하나님이 말씀하신 지혜는 단순한 이론이 아니라 검증된 지혜이고 틀림없이 성공할 수 있는 지혜이다. 그런데 이 세상에서 가장 완전한 지혜는 '주의 이름을 경외하는 것' 이다. 여기서 '주의 이름을 경외한다' 는 것은 두 가지 의미로 생각할 수 있다. 그 하나는 우리가 항상 하나님의 존재를 인식하면서 사는 것이다. 사람들이 죄를 짓고 불의에 빠지는 것은 하나님의 존재를 생각하지 않기 때문이다. 그러나 우리가 하나님을 언제나 생각하면 죄를 지을 수가 없다. 왜냐하면 하나님이 우리가 죄짓는 것을 보신다는 것을 알기 때문이다. 그리고 또 하나는 하나님을 믿는 믿음으로 사는 것이다. 즉 우리가 하나님의 말씀에 순종해서 살면 우리 생각으로는 안 될 것 같아도 하나님께서 이루실 것을 믿는 것이다.

"너희는 매를 순히 받고 그것을 정하신 자를 순종할찌니라"

이것이 원문에는 "너희는 매를 들며 누가 그것을 정했는가" 로 되어 있다. 즉 유다 백성은 환난을 당하면서 단순히 재수가 없어서 이렇게 되었다고 생각하지 말고 이것은 하나님께서 매로 때리시는 것이며, 이렇게 하도록 정하신 분이 하나님이란 것을 생각하라는 뜻이다. 지금까지 유다 백성은 하나님의 징계를 받으면서도 이것을 인간적인 방법으로 모면하려고 해 왔다. 그 결과 유다 백성은 아무리 징계를 받아도 믿음이 생기지 않았다. 여기서 '매' 는 예루살렘이 망하는 것이다. 이것은 친부모가 자기 자식을 잡아서 경찰서에 넘기는 것과 마찬가지이다. 이제 하나님께서는 유다를 위해서 마지막 방법을 쓰려고 생각하시는데, 유다 백성은 이제 더 이상 반항하지 말고 순순하게 바벨론에 포로 되어 가서 거기서 철저하게 반성하고 새사람으로 태어나라는 뜻이다.

10절, "악인의 집에 오히려 불의한 재물이 있느냐"

하나님께서는 유다 백성이 겉으로는 축복받고 성공한 것처럼 보이지만 실제로 그들의 삶은 부정한 삶이었다는 것을 폭로하신다. 예를 들어 경찰이 부정을 저지른 혐의를 받고 있는 사람의 집을 수색했는데 그 집 지하실에서 불의한 돈이 많이 발견되었다면 아무리 부정을 저지르지 않았다고 부인을 해도 그는 부정한 사람인 것이 입증되는 것이다. 즉 사람은 자기가 입으로 정직하다고 떠들어대는 것이 중요한 것이 아니라 실제로 그가 가진 재물 중에서 거짓된 것이 없어야 한다. 그래서 요즘 우리나라에서는 공무원들에게 재산을 등록하게 해서 부정한 재산이 있는지 없는지를 철저하게 조사한다.

"축소시킨 가증한 에바가 있느냐"

'에바' 는 부피를 재는 도구인데 장사하는 집에서 비정상적인 에바가 발견되었다면 본인이 아무리 그것을 사용하지 않았다고 주장하더라도 다른 사람들은 모두 그가 이 부정한 도구를 사용해서 부정한 돈을 벌었다고 판단할 것이며, 또한 그것이 사실인 것이다. 그래서 상인이 깨끗하게 장사를 하려면 아예 이런 물건 자체가 없어야 하는데 유다 백성의 집에서도 이런 물건이 수두룩하게 발견되었던 것이다.

12절, "그 부자들은 강포가 가득하였고 그 거민들은 거짓을 말하니"

부자는 가난한 사람에게 돈이나 양식을 빌려 주고는 그들의 땅이나 밭을 저당 잡히게 하고 이자나 원금을 갚지 못할 때에는 땅이나 집을 빼앗았다. 그리고 거민들은 모두 부자의 편을 들어서 거짓말로 증언을 하는 바람에 가난한 자들은 자기 집이나 밭을 찾지 못하고 고향에서 쫓겨나야만 했다.

13절, "그러므로 나도 너를 쳐서 중히 상하게 하였으며"

하나님께서는 이런 불의한 짓을 하는 자들이 하나님의 자녀들이고 하나님의 백성이기 때문에 가만히 계실 수가 없었다. 왜냐하면 하나님이 그들을 키우셨으므로 이들의 불의에 책임이 있으셨기 때문이다. 그래서 하나님은 유다나 예루살렘 사람들을 아주 심하게 때리셨다. 왜냐하면 만일 하나님이 약하게 때리신다면 절대로 이들이 깨닫지 못하기 때문이다.

"네 죄를 인하여 너를 적막하게 하였나니"

결국 하나님께서는 유다 백성의 죄를 모르는 척하고 그냥 넘어가지 아니하시고 그들이 죄를 지은 대로 벌을 주셔서 유다나 예루살렘에서 그들을 붙잡아 가게 하셨다. 이것은 마치 죄를 범한 자식을 부모가 경찰에 신고해서 잡아가게 함으로 집에 아이가 없게 된 것과 비슷하다.

14절, "네가 먹으나 배부르지 못하고 속이 항상 빌 것이며"

하나님께서는 유다 백성을 매로 때리기 이전에 그들이 스스로 깨달을 수 있도록 어려움을 주셨다. 그 어려움은 그들의 생활이 공허하게 되는 것이다. 즉 유다 백성은 아무리 많은 음식을 먹어도 마치 배 속에 기생충이 잔뜩 들어 있는 것처럼 만족감이 없었다.

"네가 감추나 보존되지 못하겠고 보존된 것은 내가 칼에 붙일 것이며"

유다 백성은 재물이나 돈을 다른 민족에게 빼앗기지 않으려고 여러 가지 방법으로 감추었지만 결국 남아 있는 것이 없었다. 왜냐하면 하나님께서 유다 백성을 축복하시지 않으니까 아무리 재물을 감추어도 그것을 꺼내어 쓰기가 바빴기 때문이다. 그나마 남은 것도 칼을 가진 강도나 적이 쳐들어와서 모두 빼앗아 갔다. 결국 하나님의 백성의 재물은 하나님이 지켜 주시지 않으면 아무 소용이 없다.

15절, "네가 씨를 뿌리나 추수하지 못할 것이며"

유다 백성의 생활은 그야말로 아무 열매가 없는 허무한 생활이었다. 그들은 밭에 씨를 뿌리지만 추수하기 전에 모두 붙들려 가든지 적이 와서 밭에 진을 쳐서 짓밟아 버리고, 감람 열매를 짜서 기름을 내지만 몸에 바를 사이도 없이 모두 포로로 붙들려 갈 것이며, 포도를 따서 포도주를 담그지만 술을 마시지도 못하고 다 빼앗기거나 붙들려 가게 된다. 결국 유다 백성이 하나님 없이 아무리 많은 노력을 해도 거기에는 결실이 없고 남는 것이 없는 것이다.

16절, "너희가 오므리의 율례와 아합 집의 모든 행위를 지키고"

유다가 이렇게 망하게 된 이유는 순수한 하나님의 말씀을 따라가지 아니하고 세상적으로 성공한 이스라엘의 길을 따라갔기 때문이다. 즉 유다의 지도자들이나 부자들은 오직 하나님의 말씀만 따라가는 것은 융통성이 없고 인간의 창의성이나 능력을 제한한다고 생각했기 때문에 하나님의 신앙과 세상의 성공을 함께 택한 이스라엘의 길을 따라갔다. 그것이 바로 아합의 아버지 오므리의 길이고 아합의 길이었다. 하지만 그것은 욕심의 길이고 자신의 탐욕을 정당화하는 길이었다. 그러나 그것은 유다의 영적인 부흥을 포기하는 길이었고, 영적인 부흥의 불이 꺼진 유다는 죄를 이길 수가 없었다.

본문 이해를 위한 질문

1. 하나님이 유다 성읍을 향하여 외치신 것은 무엇인가?

완전한 지혜는 하나님을 경외하는 것이다.

2. 유다 백성의 집에서는 어떤 것들이 발견되고 있었는가?

불의의 재물과 부피를 속이는 에바와 무게를 속이는 저울추였다.

3. 하나님은 믿음을 버리고 인간의 얄팍한 생각을 따라가는 유다 백성을 어떻게 하셨는가?

그들의 삶을 공허하게 하셨고, 결국 그들을 다른 나라로 붙들려 가게 하셨다.

성경 강해

사람은 누구나 이 세상을 살면서 전혀 죄를 짓지 않을 수 없기 때문에 크고 작은 죄를 저지르면서 살아갑니다. 그러나 인간이 저지르는 많은 죄들은 사실 다른 사람들 모르게 넘어가는 경우가 많고, 또 사람들은 죄를 짓고도 들키지 않으면 운이 좋다고 생각합니다. 반대로 사람들은 자기가 저지른 죄가 들통이 나서 붙들려 가거나 처벌을 받으면 자신이 잘못해서 그렇게 되었다고 생각하기보다는 운이 나빠서 그렇게 되었다고 생각하는 경우가 많습니다. 예를 들어 사람들이 운전을 하다가 과속을 하거나 혹은 신호를 위반해서 교통경찰에게 걸려 벌금 딱지를 떼면 그 벌금이 너무나도 아깝고 교통경찰이 야속하게 생각될 것입니다. 그러나 우리가 그런 경험을 통해서 과속하지 않고 신호를 잘 지켜서 사고를 미연에 예방할 수 있다면 그것은 오히려 자기 인생에 큰 도움이 될 것입니다.

하지만 사람들은 할 수 있는 한 자기의 죄가 들통 나지 않게 하기 위해서 머리를 굴리고, 할 수만 있으면 완전 범죄를 하려고 합니다. 그래서 세상의 살인 사건 중에 범인이 잡히는 경우보다 잡히지 않는 경우가 더 많은 것입니다. 그런데 경찰들이 얼마나 대단한가 하면, 악한 사람들이 그렇게 잡히지 않으려고 완전 범죄를 꾸며도 그 안에서 실낱같은 단서를 찾아내어서 결국 범인을 잡아냅니다.

그러나 이 세상에 완전 범죄가 있을 수 없는 이유는, 하나님이 일단 그 죄를 알고 계시고 자기 자신이 그 죄를 알고 있기 때문입니다. 그래서 완전한 지혜는 죄를 숨기고 감추는 데 성공하는 것이 아니라 너무 늦기 전에 하나님 앞에 회개하고 죄의 대가를 지불하는 것입니다. 그러나 그것보다 더 지혜로운 것은, 우리는 아예 머리 나쁜 죄인이라는 것을 인정하고 하나님의 말씀을 붙들고 살아가는 것이 최고의 지혜인 것입니다.

대개 부모님은 어린 자녀가 잘못하면 그것을 고치기 위해서 회초리로 아이들을 때립니다. 그때 아이들이 가장 싫어하는 것은 바로 그 집에 있는 회초리입니다. 그러나 부모님이 집에 회초리를 두고 아이를 때리는 이유는 절대로 아이를 고통스럽게 하려는 것이 아닙니다. 오히려 부모님은 아이가 정신만 차린다면 매를 없애려고 할 것입니다.

하나님께서도 우리를 위해서 매를 가지고 때리실 때가 있습니다. 원래 우리는 하나님의 말씀만 듣고 깨달아야 정상인데 우리는 너무 미련해서 하나님이 말씀하시는 것만으로는 정신을 차리지 못할 때가 많습니다. 그래서 하나님은 때때로 원치 않으시지만 우리를 매로 때리십니다.

오늘 말씀은 유대 인들이 가장 싫어했던 말씀입니다. 즉 하나님은 여러 개의 매를 가지고 유대 인들을 때리셨던 것입니다. 하나님의 매 중에는 기근도 있고, 전쟁도 있으며, 또한 병충해라는 매도 있습니다. 그러나 유다 백성은 하나님의 매를 제대로 맞으려고 하지 않았습니다. 유다 백성은 하나님께서 그들을 매로 때리시면 진지하게 생각해 보아야 하는데 그들은 할 수만 있으면 매를 덜 맞으려고 했고, 할 수만 있으면 이방 신의 도움으로 매를 피하려고 했던 것입니다.

아이들 중에 머리가 좋고 행동이 재빠른 아이들은 부모가 때리려고 하면 창문을 넘어서 도망쳤다가 배가 고프면 몰래 집에 들어오면서 절대로 자기 잘못을 고치지 않는 아이들이 있습니다. 그 아이들은 자기가 지혜 있다고 생각하지만 실제로는 매를 맞지 않고 도망 다니는 것이 지혜가 있는 것이 아닌 것입니다. 정말 지혜가 있는 아이는 부모에게 죽도록 두들겨 맞고 난 후에 정신을 차려서 열심히 공부하는 아이가 지혜로운 아이일 것입니다.

1. 완벽한 지혜

우리는 보통 지혜를 크게 두 가지로 생각합니다. 그 하나는 공자나 소크라테스같이 인간 된 도리를 깨닫고 배우는 지혜입니다. 공자의 가르침이나 소크라테스의 지혜는 우리가 이 세상에서 돈을 많이 벌거나 처세를 하는 데는 크게 도움이 되지 않을 것입니다. 그러나 이런 지혜는 인간답게 사는 데는 도움이 될 것입니다. 거기에 비해서 손자의 지혜나 마키아벨리의 지혜는 사람 됨됨이보다는 세상에서 적을 이기고 처세를 하는 데 도움이 되는 지혜일 것입니다.

우리가 세상을 살아가다 보면 여러 사람을 만납니다. 어떤 사람은 머리가 좋은 반면에 너무 이기적이고 다른 사람을 별로 배려하지 않습니다. 우리는 이런 사람들을 엘리트들 중에서 찾아볼 수 있습니다. 이런 사람들이 마키아벨리 같은 천재인 것입니다. 거기에 비해서 어떤 사람은 너무나도 머리가 좋아서 거짓말을 잘 하는데 아무도 그의 정체를 알아차리지 못하고 깜빡 속아 넘어갑니다. 대개 이런 사람은 엘리트는 아니지만 기가 막히게 처세에 능한 사람입니다. 그러나 어떤 사람은 늘 어리숙해서 실수도 많이 하고 유능하지도 못하지만 어떻게 하든지 하나님 앞에서 정직하게 살려고 하는 사람들이 있습니다. 오늘 말씀에서 참으로 완벽한 지혜는 머리를 기가 막히게 굴려서 위기를 잘 모면하는 사람이 아니라 실수도 많고 허물이 많아도 하나님 앞에서 정직하려고 하는 것이라고 말씀하고 있습니다.

9절, "여호와께서 성읍을 향하여 외쳐 부르시나니 완전한 지혜는 주의 이름을 경외함이니라 너희는 매를 순히 받고 그것을 정하신 자를 순종할찌니라"

여기서 '성읍' 이라는 말에는 정관사가 붙어 있어서 '그 성읍', 즉 예루살렘을 의미합니다. 그런데 하나님께서 예루살렘 사람들을 향하여 외치는 말씀은 다른 것이 아니라 "완전한 지혜는 주의 이름을 경외함이라" 라고 말씀하고 있습니다. 여기서 '완전한 지혜' 는 결코 인간적인 꾀가 아니라는 뜻입니다. 사람의 꾀나 지혜는 어떤 잘못을 저질렀을 때 잘못 자체를 고치기보다는 당장의 어려움만 면하려고 하는 것입니다. 예를 들면 어떤 아이가 큰 잘못을 저질렀는데 부모에게 야단맞기 싫어서 그것을 끝까지 감추고 말을 하지 않는 것입니다. 사람들은 당장 다른 사람으로부터 비난당하지 않고 창피를 당하지 않는 것이 지혜라고 생각합니다.

물론 사람은 사회적인 동물이기 때문에 잘못을 저질렀을 때 다른 사람이 그 사실을 아는 것을 두려워하는 것은 어쩔 수 없습니다. 왜냐하면 이것은 자신에 대한 사회적인 평가와 관계가 있기 때문입니다. 그러나 하나님께서는 우리가 다른 사람의 눈치를 보는 것보다 하나님 앞에서 지금까지 자기가 살아온 거짓된 삶에 대하여 고백하고 청산하는 것이 참된 지혜라고 말씀하시는 것입니다. 왜냐하면 하나님만이 우리의 허물과 죄에 대하여 책임을 지실 수 있는 분이기 때문입니다.

지금 유다 백성은 하나님을 제대로 믿지 않고 세상을 따라가면서 죄를 많이 지었습니다. 그래서 하나님이 유다 백성을 여러 가지 어려움으로 매를 때리시면 유다 백성은 임시방편으로 문제를 해결하려고 했습니다. 즉 유다 백성은 어려움이 있을 때마다 이방 나라의 도움을 받거나 혹은 일시적으로 하나님께 회개하는 척하고 넘어가려고 했던 것입니다. 그러나 하나님께서는 유다 백성에게 이제는 그런 식으로 어려움을 넘기려고 하지 말고 하나님의 뜻을 받아들이라고 말씀하시면서 이것이 완전한 지혜라고 말씀하십니다. '주의 이름을 경외하라'는 말은 유다 백성이 사람들의 눈치나 보려고 하지 말고 하나님을 먼저 두려워하라는 것입니다.

"너희는 매를 순히 받고 그것을 정하신 자를 순종할찌니라"라고 말씀하고 있습니다. 원문에는 "너희는 매를 들으며 누가 그것을 정했는가"로 되어 있습니다. 즉 하나님께서 매로 때리시면서 '이렇게 너희가 매를 맞도록 정하신 분이 하나님이란 것을 생각하라'고 말씀하시는 것입니다. 우리는 여러 가지 어려움을 당할 때 우리를 어려움에 빠지게 한 사람들을 원망하기 쉽습니다. 그러나 우리가 좀 더 깊이 생각해 보면 그것은 사람이 한 것이 아니라 하나님이 하신 것입니다. 즉 하나님께서는 우리를 신앙적으로 더 붙잡으시고 하나님의 자녀답게 만들기 위해서 악한 사람을 쓰신 것뿐입니다.

그러나 유다 백성은 하나님의 징계를 받으면서도 정신을 차리려고 하지 않았습니다. 유대 인들은 할 수만 있으면 매를 맞지 않으려고 이방인들에게 돈을 갖다 바침으로 고통을 줄이려고 하고, 오히려 하나님을 더 멀리하려고 했습니다. 그 이유는, 유다 백성에게는 아직 세상적인 방법이 좋기 때문입니다. 그래서 유다 백성은 어려움만 해결되면 금방 옛날의 죄짓던 생활로 돌아가려고 하고 있습니다. 그러나 이것은 결코 완전한 지혜가 아닌 것입니다.

화학 용어 중에 '친화성' 이라는 것이 있습니다. 이것은 두 물체가 서로 당기는 힘이 있어서 붙으면 떨어지지 않으려고 하는 것입니다. 마찬가지로 우리는 하나님의 백성이라고 하지만 죄에 대하여 친화성이 있습니다. 그래서 우리는 마음속으로는 죄를 버려야 한다고 생각하지만 몸이 말을 듣지 않을 때가 많습니다. 이때는 어쩔 수 없이 하나님께서 매를 가지고 때리셔야 합니다. 그러나 문제는 하나님이 때리신다고 해서 우리가 금방 죄를 버리는 것이 아니라는 것입니다. 사실 어린아이들도 매로 때린다고 해서 모두 말을 듣는 것은 아닙니다. 부모가 아무리 때려도 끝까지 고집을 꺾지 않는 아이들도 있습니다. 하물며 어른들은 고난이 온다고 해서 쉽게 사는 방식을 바꾸지 않습니다. 어떤 사람은 어려움이 생기면 사람들을 찾아다니면서 도움을 받기도 하고, 어떤 사람은 끝까지 오기를 부리면서 할 테면 한번 해보라는 식으로 반항을 하기도 합니다.

우리가 자꾸 죄에 빠지는 것은 하나님이 주신 존귀함을 잊어버리기 때문입니다. 우리는 하나님 앞에서 너무나도 고상하고 존귀한 자입니다. 그런데 우리는 자아상이 좋지 못해서 자기 자신을 비천한 존재로 생각하려고 합니다. 하나님은 우리가 하나님 앞에서 자신감을 찾는 것을 원하십니다. 하나님은 그것을 위해서는 그 어떤 것이라도 희생시킬 각오가 되어 있으신 것입니다. 심지어 하나님은 예루살렘이 망하는 한이 있더라도 유다 백성이 자신들의 정체성을 찾기를 원하십니다. 우리는 이 세상에서 정체성을 잃은 채로 살아가고 있습니다. 우리는 마치 우리 자신이 죄에 뒹굴어야 정상적인 것처럼 생각을 하고 있습니다. 그러나 우리는 모두 천사보다 더 높은 하나님의 아들인 것입니다. 우리는 이 세상의 어떤 고위 관리나 어떤 부자보다 높은 신분의 사람인 것입니다. 그래서 우리의 문제는 가난한가 부요한가가 아니라 하나님의 자녀의 정체성을 가지고 있느냐 가지고 있지 않느냐 하는 것입니다.

2. 유다의 인간적인 방법들

유다 백성은 겉으로 보기에는 하나님을 잘 믿는 것 같았지만 실제로는 정직하지 못한 삶을 살고 있었습니다. 즉 유다 백성의 삶은 이중적인 삶이었던 것입니다.

10-12절, "악인의 집에 오히려 불의한 재물이 있느냐 축소시킨 가증한 에바가 있느냐 내가 만일 부정한 저울을 썼거나 주머니에 거짓 저울추를 두었으면 깨끗하겠느냐 그 부자들은 강포가 가득하였고 그 거민들은 거짓을 말하니 그 혀가 입에서 궤사하도다"

"악인의 집에 오히려 불의한 재물이 있느냐"라는 질문은 우리에게 이상하게 들릴 수 있습니다. 왜냐하면 악인의 집에는 불의의 재물이 있는 것이 당연하고 악인은 불의의 재물로 자기 집을 가득 채울 것이기 때문입니다. 그래서 어떤 번역에서는 히브리 단어를 약간 바꾸어서 "악인의 집에 불의의 재물이 있는 것을 내가 잊겠느냐"로 번역하고 있습니다. 다시 말해서 하나님께서 절대로 잊지 않고 기억해 내신다는 뜻입니다. 하나님께서는 예루살렘에 사는 자들을 악인들로 보고 계십니다. 왜냐하면 그들의 집을 가득 채우고 있는 재물들이 정직하지 못한 재물들이었기 때문입니다. 유다 백성은 장사를 하면서 저울추를 속이고, 양을 속였습니다. 물론 장사하는 사람들이 조금씩 속이는 것이 사람들의 눈에 띄지는 않지만 이것을 모으면 엄청나게 많아집니다. 쌀을 팔고 밀을 파는 사람들이 됫박을 조금씩 속이는 것이 얼마 안 되는 것 같지만 이것을 모으면 많은 가마니가 되는 것입니다. 사람들은 누구든지 자기 집에 있는 물건이 자기 것인지 다른 사람의 것인지 알 수 있습니다. 마찬가지로 하나님께서는 유다 백성이 가지고 있는 것 중에서 하나님이 주신 것과 주시지 않은 것을 알고 계셨습니다. 유다 백성은 아주 부요하게 잘살고 있었는데 그 대부분의 재물들이 하나님이 주신 것이 아니었습니다. 하나님께서는 이 모든 재물을 불의한 재물로 보셨습니다. 즉 하나님의 백성은 하나님이 가난하게 하셨으면 가난하게 살아야 하는 것입니다.

유다의 부자들은 강포를 사용했습니다. 즉 그들은 이자나 빚을 갚지 못하는 자들을 집에서 쫓아내었습니다. 왜냐하면 이것은 채권자의 당연한 권리이기 때문입니다. 그리고 거민들은 뇌물을 받고 거짓을 말했습니다. 왜냐하면 그렇게 해야 부자들에게 얻어먹는 것이 있었기 때문입니다. 유다 백성의 생활은 하나님을 모르는 사람들과 아무것도 다를 것이 없었습니다. 물론 유다 백성도 인간인 이상 세상에 살면서 거짓을 말할 수도 있고, 욕심을 내거나 부정을 행할 수도 있습니다. 그러나 그것은 한두 번으로 그쳐야지 상습적인 것이 되어 버리면 하나님을 믿지 않는 자들과 다를 바가 아무것도 없게 되는 것입니다. 우리가 하나님의 말씀 앞에 자주 나오는 이유는 바로 우리의 이런 죄들을 하나님 앞에서 어린양의 피로 씻음 받기 위해서입니다. 죄라고 하는 것은 우리 안에도 있고 우리 밖에도 있기 때문에 우리는 죄에서 벗어날 수가 없습니다. 그러나 우리가 하나님의 말씀을 듣고 어린양의 피로 씻음 받으면 깨끗해질 수 있습니다.

그런데 문제는 세상이 이런 깨끗한 사람들을 좋아하지 않는 것입니다. 옛날 유다 백성이 걱정했던 것도 하나님의 말씀으로 씻음을 받고 깨끗해지면 세상 사람들이 아무도 상대를 하려고 하지 않는 것이었습니다. 우리는 이것을 이겨 내야 합니다. 즉 우리는 우선 세상 사람에 비하여 실력이 있어야 하고, 그러면서도 겸손해야 하고, 넘치는 사랑으로 세상 사람들의 따돌림을 이겨 내야 하는 것입니다. 그렇지 않고 우리가 세상 사람들과 똑같이 죄를 먹고 마시고 뒹굴면서 안전하게 살려고 한다면 그것은 하나님을 욕되게 하는 것입니다.

우리는 이 세상에서 하나님을 나타내는 것을 부끄러워해서는 안 됩니다. 우리는 모두 하나님의 은혜로 살아갑니다. 우리 인간들은 하나님께서 주신 것을 약간 가공해서 사용하면서 엄청난 부와 지위를 누리고 있습니다. 우리는 세상에서 어울리기 전에 하나님께 감사하고, 자기에게 주어진 작은 것에 만족하는 것부터 배워야 합니다. 그러면 처음에는 세상 사람들에게 따돌림을 받을지 모르지만 하나님은 그를 엄청나게 사랑하십니다.

13절, "그러므로 나도 너를 쳐서 중히 상하게 하였으며 네 죄를 인하여 너를 적막하게 하였나니"

유다가 여기저기 맞아서 많은 상처를 입은 것은 하나님이 치신 것이었습니다. 왜 하나님께서 유다 백성을 치셔서 중상을 입게 하셨을까요? 그 이유는 하나님이 얼마나 이들을 사랑하시는지 스스로 깨닫지 못했기 때문입니다. 하나님은 유다를 적막하게 만드셨습니다. 여기서 적막하게 만들었다는 것은 인기가 떨어지게 하셔서 아무도 찾는 사람이 없게 만드신 것입니다. 하나님이 유다를 이렇게 만드신 이유는 하나님 앞에서 자신의 모습을 생각하고 새로 시작하도록 하기 위해서입니다. 우리에게는 새로 시작할 수 있다는 것이 너무나도 중요합니다. 왜냐하면 우리가 새로 시작할 때에 과거는 모두 내려놓아도 되기 때문입니다. 우리가 새로 시작할 때에는 과거의 모든 실수와 허물을 내가 책임을 지지 않아도 되기 때문입니다.

우리가 하나님 앞에서 붙들어야 할 것이 무엇인가 하면, 하나님께서는 반드시 우리의 필요를 채워 주신다는 것입니다. 그러므로 아무리 어려운 지경에 있다 하더라도 하나님만 붙들면 살게 되어 있습니다. 유다가 이토록 매를 맞는 것은 하나님께서 주신 것으로 만족하지 못하고 세상이 주는 것을 더 가지려고 했기 때문입니다.

하나님께서는 예루살렘 사람들에게 매가 필요하다고 말씀하고 있습니다. 그 이유는 이들이 하나님의 뜻을 잘 몰라서 죄를 짓는 것이 아니라 스스로의 힘으로 돌아설 수 없어서 죄를 짓고 있었기 때문입니다.

16절, "너희가 오므리의 율례와 아합 집의 모든 행위를 지키고 그들의 꾀를 좇으니 이는 나로 너희를 황무케 하며 그 거민으로 사람의 치솟거리(개역개정: 조소거리)를 만들게 하려 함이라 너희가 내 백성의 수욕을 담당하리라"

여기서 '이스라엘의 오므리와 아합' 은 세상적인 정치를 잘한 이스라엘 왕이었습니다. 그러나 이들은 반대로 철저하게 신앙적인 방법은 버린 자들이었습니다. 성경에 보면 오므리와 아합은 아주 악한 왕으로 되어 있는데 실제로는 외교에 뛰어난 사람들이었고 유명한 사람들이었습니다. 당시 이스라엘이나 유다의 주위 나라들은 모두 바알을 섬겼습니다. 오므리와 아합은 이런 나라들과 군사적인 동맹을 맺었고, 그 대신 열심히 바알을 섬겼습니다.

그런데 유다의 지도자들도 그것을 굉장히 지혜가 있는 것이라고 생각했습니다. 왜냐하면 당시 이스라엘은 세상의 방식을 받아들임으로 열 배 이상 부강하고 잘사는 나라가 되었기 때문입니다. 그래서 유다도 신앙의 순수성을 버리고 적극적으로 이스라엘의 길을 따라가기 시작했습니다. 인간적인 입장에서는 오므리의 길이 현명한 것이었습니다. 강대국에 싸여 있는 작은 나라가 군사동맹을 맺지 않고는 견딜 수가 없었습니다. 그러나 유다 백성은 자기 안에 핵무기보다 더 강한 하나님의 말씀이 있는 것을 알지 못했습니다. 결국 유다는 하나님을 버리고 주위 나라의 도움을 택했습니다. 이것이 바로 유다가 망하는 길이었습니다.

유다가 매를 맞아야 하는 이유는 그들이 세상을 따라간 것이 얼마나 잘못된 것인지 깨달아야 돌아올 수 있었기 때문입니다. 만약 유다가 세상을 따라갔는데 그 결과가 좋았다면 절대로 하나님께 돌아오지 않았을 것입니다.

오늘 우리나라의 기독교도 하나님의 말씀과 세상을 같이 붙들고 있습니다. 이것이 바로 유다가 택한 길입니다. 우리는 오직 한 가지만 붙들어야 합니다. 교회는 오직 하나님의 말씀 하나로 부흥되어야지 여러 가지 인간적인 방법으로 부흥하는 것은 아합의 길을 가는 것이며, 하나님의 능력을 잃어버리는 길입니다. 즉 교회가 인간적인 방법을 쓰면 당장은 잘되는 것 같지만 결국 맛을 잃은 소금이 되어서 사람들에게 짓밟히는 것입니다.

'너희가 내 백성의 수욕을 담당하리라.'

대단히 어려운 말씀입니다. 그래서 어떤 번역에는 '백성'을 '이방인'으로 번역하고 있습니다. 다시 말해서 이방인들에게 끌려가서 실컷 그들로부터 욕을 당하라는 뜻입니다.

하나님의 백성이 세상 사람들을 따라가면 결국 그들의 지배를 받게 되어 있고, 수치를 당하게 되어 있습니다. 세상 사람들이 하나님의 백성을 두려워하는 이유는 하나님의 백성이 자기들과는 다르기 때문입니다. 교회가 세상이 하는 것을 그대로 따라 할 때 사람들은 교회에 와야 할 이유를 발견하지 못합니다.

그래서 더 바른 번역은 '너희'를 유다의 지도자들로 보는 것입니다. 유다의 지도자들은 지금까지 자기 욕심 때문에 바른 하나님의 말씀을 감추고 하나님의 백성에게 많은 혼동을 주었습니다. 이제 그 결과 지도자들 자신이 바벨론에 포로로 붙들려 가서 고생을 하게 되는 것입니다.

우리는 이런 것을 볼 때 하나님의 백성을 잘못된 길로 인도한 지도자들이 얼마나 무서운 벌을 받게 되는지 깨달아야 합니다. 많은 경우, 지도자들은 '그래도 나는 교회를 부흥시켰다', '나는 하나님의 나라를 확장시키기 위해서 일했다' 하면서 자기만족을 하려고 합니다. 그러나 주님은 말씀하십니다.

"나더러 주여 주여 하는 자마다 다 천국에 들어갈 것이 아니요 내 아버지의 뜻대로 행하는 자라야 들어가리라"(마 7:21).

3. 유다의 공허함

하나님께서는 이스라엘 백성의 삶을 공허하게 하셨습니다.

14-15절, "네가 먹으나 배부르지 못하고 속이 항상 빌 것이며 네가 감추나 보존되지 못하겠고 보존된 것은 내가 칼에 붙일 것이며 네가 씨를 뿌리나 추수하지 못할 것이며 감람을 밟으나 기름을 네 몸에 바르지 못할 것이며 포도를 밟으나 술을 마시지 못하리라"

유다 백성은 음식을 많이 먹지만 배가 부르지 못했습니다. 왜 유다 백성은 많이 먹는데 배가 부르지 못하고 오히려 더 허전했을까요? 그 이유는 그들의 마음이 고팠기 때문입니다. 한때 어떤 분은 "나는 항상 승리에 배가 고프다."라는 말을 했습니다. 이 말은, 이 사람은 아무리 승리를 해도 승리에 만족하지 못한다는 뜻입니다.

제가 어렸을 때에는 몸에 회충이 있는 사람들이 많았습니다. 그래서 그때는 많이 먹을 것도 없었지만 아무리 먹어도 회충이 영양분을 다 빼앗아 가기 때문에 언제나 배가 고팠습니다. 그러나 요즘 아이들은 위생적인 환경에서 자라기 때문에 몸에 회충 같은 기생충이 없습니다. 그럼에도 불구하고 아이들이 언제나 배가 고파하는 이유는 무엇인가 그들의 마음에 채워지지 않는 욕망이 있고, 스트레스가 있고, 정신적으로 건강하지 못하기 때문인 것입니다.

결국 유다 백성의 문제는 음식의 문제가 아니었습니다. 왜냐하면 유다 백성은 아무리 먹어도 마음속에 채워지지 않는 허전함이 있었기 때문입니다. 그 이유가 무엇입니까? 하나님의 백성은 하나님의 말씀을 먹어야 속이 허전하지 않습니다. 왜냐하면 참된 하나님의 말씀만이 우리 영혼의 진정한 양식이기 때문입니다. 유다 백성은, 하나님의 말씀은 너무 뻔하다고 생각해서 자꾸 세상의 유행이나 세상의 지식을 따라갔습니다. 그런데 세상의 지식이나 유행은 일시적으로는 유다 백성을 행복하게 해 주는 것 같은데 조금 지나면 그것으로도 만족이 되지 않으면서 또 다른 것을 찾게 되어 있습니다. 사람이 이렇게 하다가 마지막에 찾는 것은 육체적인 쾌락이고 죄의 중독입니다. 왜냐하면 가장 짧은 시간에 인간을 가장 만족시킬 수 있는 것은 육체적인 정욕이기 때문입니다. 그래서 인간들은 불륜의 죄에 빠지고, 마약이나 술에 빠지고, 영화에 미치는 것입니다.

유다 백성은 '씨는 뿌리지만 거두지 못하며 감람 열매를 밟지만 기름을 바르지는 못할 것이라' 고 하였습니다. 그리고 유다 백성은 '포도는 밟지만 그 술을 다른 사람이 마시게 될 것' 입니다. 사람이 열심히 노력하여 열매를 거두는 것은 참으로 아름다운 축복입니다. 그래서 농사짓는 사람들이 뼈저리게 깨닫는 것이, 농사는 뿌린 대로 거두고 땀을 흘린 대로 모은다는 사실입니다. 그러나 머리가 잘 돌아가는 사람들은 따분하게 농사짓는 것으로 만족하지 못하고 땅을 담보로 해서 여러 가지 투기를 합니다. 그런데 그것이 실패로 돌아가면 결국 자기가 씨를 뿌린 밭을 빼앗기고, 자기가 짠 감람나무 기름을 다른 사람이 바르고, 자기가 짠 포도즙을 다른 사람이 마시게 되는 것입니다. 그 이유는, 유다 백성은 하나님이 자기들에게 주신 축복이 얼마나 귀한지 깨닫지 못했기 때문입니다. 하나님의 백성은 세상적으로 뛰어나지도 못하고 신출귀몰한 능력을 가지고 있지도 않지만 하나님은 축복을 주십니다. 그러나 우리의 축복은 그 뿌리가 하나님께 닿아 있는 것이고, 하나님은 우리에게 무한정의 영적인 복을 주십니다. 우리에게 하나님의 축복이 겉으로 나타날 때에는 이미 영적인 복이 수없이 부어지고 난 후의 일입니다. 그러나 하나님의 백성은 이런 영적인 복의 가치를 알지 못해서 당장 따 먹을 세상 열매를 좋아하는 것입니다. 하나님께서는 우리가 포도를 맺고 무화과를 맺기 전에 먼저 우리가 포도나무가 되게 하시고 무화과나무가 되게 하십니다. 그렇게 되려면 먼저 우리는 하나님의 말씀의 진액을 먹어야 하는데 우리가 아무리 하나님의 말씀을 먹어도 겉으로 보기에는 여전히 가시나무이고 엉겅퀴 같은 것입니다. 그러나 세상은 당장 나무 열매 한두 개 걸어놓고 성공했다고 떠들어대는데 우리는 그런 것을 보고 자신을 너무나도 초라하게 생각하게 됩니다. 그러나 우리가 이것을 참아 내야 하나님이 주시는 열매를 먹을 수가 있습니다. 만일 우리가 우리 자신의 가치를 알지 못하면 우리 열매를 다른 사람이 먹게 될 것입니다. 즉 이스라엘 백성보다 훨씬 못한 사람들이 그 열매의 가치를 알고 부흥을 가져가 버리는 것입니다.

우리가 하나님의 축복을 잃어버리지 않으려면 눈에 보이는 성공이나 축복이 하나님의 말씀이나 신앙보다 앞서지 않게 해야 합니다. 즉 우리 눈에 보이는 축복이 하나님의 구원에 따라오는 선물이 되어야 하는 것입니다. 예를 들어 어느 백화점에서 어떤 물건이나 일정 금액을 사면 사은품을 준다고 할 때 사은품은 어디까지나 본 상품에 따라오는 선물이지 이것이 본 상품은 아닌 것입니다. 마찬가지로 우리에게 가장 중요한 것은 하나님에 대한 바른 신앙이고, 세상적인 축복이나 성공은 거기에 따라오는 사은품인 것입니다.

하나님께서는 우리의 물질적인 축복이 하나님의 구원에 따라오는 열매요, 부산물이기를 원하십니다. 그래서 우리는 무엇을 소유하든지, 또 우리가 어떤 생활을 하든지 우리에게 중요한 것은 하나님 자신인 것입니다. 그래서 우리는 하나님이 가난하게 하셨으면 가난하게 살고, 하나님이 연약하게 하셨으면 연약한 채로 사는 것이 지혜인 것입니다. 하나님은 이런 사람들을 너무나도 사랑하셔서 자신의 눈동자로 삼으시고 언제나 임마누엘의 은혜로 지켜 주십니다. 즉 이런 사람들이 바로 하나님의 재산 제1호인 것입니다.

우리는 하나님께 물질적인 축복을 강요해서 받아서는 안 됩니다. 우리는 다른 사람에게 선물을 달라고 강요할 수 없습니다. 그런데 만일 우리가 하나님의 축복이 늦다고 해서 내 마음대로 세상의 복을 많이 가지고 있으면 이것은 하나님이 결코 기뻐하지 않으시는 것입니다. 그리고 우리 자신에게도 결코 만족이 되지 않을 것입니다. 이때는 아무리 먹어도 배가 부르지 않고, 아무리 쌓아도 남는 것이 없습니다. 이때는 우리가 아무리 노력한다 하여도 열매가 없습니다. 왜냐하면 하나님이 우리를 너무 사랑하셔서 결코 놓치려고 하지 않으시기 때문입니다.

그래서 우리는 이 세상에서 일이 잘 풀리지 않고 세상에서 잘 나가지 못할 때 능력이 부족해서 그런 것이 아니라 하나님이 나를 놓지 않으신다는 것을 깨달아야 합니다. 왜냐하면 우리는 하나님의 것이기 때문입니다. 이때 우리가 축복을 받을 수 있는 길은 신앙이 좋아지는 수밖에 없습니다. 즉 나 자신이 하나님의 손에 더 붙들리는 수밖에 없는 것입니다.

그래서 하나님은 절대로 우리를 내 마음대로 가게 하지 않으십니다. 때때로 하나님은 나를 이 세상에서 지독하게 가난하게 하시고 아무것도 없게 하셔서 하나님만 바라보게 하십니다.

예수님은 제자들에게 포도나무 가지 비유를 말씀하시면서 열매 맺는 가지는 열매를 더 많이 맺게 하기 위하여 가지를 깨끗게 하신다고 말씀하셨습니다. 여기서 가지를 깨끗게 한다는 것은 옆에 있는 가지나 꽃망울 같은 것을 제거시켜서 더 풍성한 열매를 맺게 하는 것입니다. 예수님께서 자기 백성에게 고난을 주셔서 오직 신앙의 열매만 맺게 하시는 것입니다. 그러나 하나님이 포기하신 사람들은 하나님이 택한 백성이 아니기 때문에 이 세상에서 자기가 하고 싶은 대로 다 하게 하십니다. 이런 경우가 바로 '막가는 인생' 인 것입니다. 그래서 우리는 이 세상에서 모든 것이 내 마음대로 되지 않는 것이 좋은 줄 알아야 합니다. 만약 모든 것이 내 마음대로 된다면 우리는 절대로 하나님의 열매를 맺지 못하고 우리의 인생은 공허할 것입니다.

우리가 하나님의 백성이면서 하나님의 법도를 따르지 않고 세상적인 방식을 따르는 것은 마치 끝까지 부모님의 말씀을 듣지 않는 패역한 자식과 같습니다. 하나님은 우리를 바벨론에 붙여서라도 정신을 차리게 하십니다. 이 세상에 있는 많은 악의 세력들은 우리를 정신 차리게 하기 위해서 존재하는 것입니다. 그들이 공연히 우리의 모든 것을 빼앗아 가는 것이 아닙니다. 그러므로 우리가 기왕 예수를 믿고 하나님의 백성이 되려면 철저하게 하나님의 백성이 되어야 합니다. 무조건 더 하나님을 붙드는 것만이 온전한 하나님의 사랑을 받는 길이며, 이것이 온전한 지혜인 것입니다.

우리는 세상적인 지혜로 크게 성공하고 유명하게 된 사람들을 많이 봅니다. 그러나 그것도 하나님이 주신 것이지 영원히 자신의 것이 되지 못합니다. 우리가 영원히 내 것으로 가질 수 있는 것은 변화된 인격과 사랑으로 산 것밖에 없습니다. 이 세상에 있는 모든 성공은 풀과 같고, 그 영광은 풀의 꽃과 같아서 결코 오래가지 않습니다. 그러나 오직 하나님의 말씀은 영원하다고 했습니다. 우리가 하나님의 말씀을 우리 속에 채우면 우리의 영광과 축복은 영원할 것입니다. 우리가 하나님의 은혜를 떠나서 무엇을 하더라도 거기에는 열매가 없습니다. 사람들이 세상에서 자기 욕심으로 많은 성공을 거두지만 그것은 모두 채워지지 않는 욕망에 불과합니다. 그래서 우리는 결코 악인의 형통을 부러워해서는 안 됩니다. 하나님이 우리에게 중한 상처를 주신 것은 우리가 세상 사람과 다르다는 것을 깨닫게 하시는 것입니다. 하나님은 우리를 결코 마귀에게 빼앗기고 싶지 않으셔서 치시는 것입니다. 그러나 더 좋은 것은 하나님이 치시기 전에 스스로 하나님 앞에서 겸비해서 죄를 버리고 하나님의 말씀을 붙잡는 것입니다. 그러면 모든 재앙을 당할 필요가 없습니다. 우리는 참으로 우리의 아름다운 자아상을 회복하고, 하나님의 백성의 자존심을 찾아서 세상 사람들의 그 어떤 성공에도 흔들리지 않는 믿음의 사람들이 다 되시기 바랍니다.

성경 토의

1. 오늘 많은 사람들은 성경 말씀이 완전한 지혜라기보다는 정신적인 영역에만 도움을 주는 검증되지 않은 지혜라고 생각하는데 우리가 알고 있는 믿음이 어떻게 하면 검증된 지혜가 될 수 있는가?

2. 세상 사람들은 장사를 하거나 사업을 하면서 속이는 것이 예사이고 오히려 정직하게 하면 손해를 본다. 어떻게 하면 우리는 깨끗하고 정직한 삶을 살아갈 수 있는가?

3. 최근에 한국 교회나 교인들이 하나님의 축복과 세상의 성공을 함께 취해서 세계적인 부흥과 성공을 나타내고 있다. 과연 이런 성공에는 어떤 문제가 있다고 생각하는가?

14_선지자의 탄식

미가 7:1-8

전체적 설명

우리 인간은 우리의 미래를 어느 누구도 정확하게 알지 못한다. 그러나 하나님의 백성은 우리의 미래를 알 수 있는데 그 기준은 현재의 성공이 아니라 하나님의 말씀이다. 즉 우리가 지금은 가난하고 힘들게 산다고 해도 하나님의 말씀을 따라가고 있다면 미래에 분명히 하나님의 축복을 받을 것이다. 그러나 만일 우리가 지금 잘살고 성공적인 삶을 산다고 해도 하나님의 말씀을 무시하고 세상을 따라간다면 언젠가는 망하거나 비참하게 될 것이다. 특히 하나님의 백성의 미래는 고정된 것이 아니라 현재의 믿음에 따라서 얼마든지 변할 수 있다. 즉 지금까지 믿음으로 살지 못해서 미래에 하나님의 무서운 징계가 준비되어 있다 하더라도 지금 회개하고 하나님께 돌아오면 하나님은 그 징계를 축복으로 바꾸어 주신다. 반대로 아무리 미래에 하나님의 축복이 약속되어 있다 하더라도 지금 교만해서 하나님의 말씀을 버리고 욕심을 향해 간다면 하나님은 그 축복을 재앙으로 바꾸실 것이다. 미가 선지는 유다와 예루살렘의 미래에 하나님의 무서운 재앙이 준비되어 있는데 유다 백성이 그것을 믿지 않고 현재의 행복에 만족하는 것을 보고 탄식하고 있다.

설교
프리노트

1절, "재앙이로다 나여 나는 여름 실과를 딴 후와 포도를 거둔 후 같아서"

미가 선지는 먼저 자기 자신에게 화가 있다고 하면서 탄식하고 있다. 그 이유는 이제 맛있는 여름 실과를 다 따 버렸기 때문에 더 이상 열매를 먹을 수 없기 때문이다. 여름 실과를 딴 후에 과수원은 더 이상 기대할 것이 없는 공허한 곳이 되고 만다. 만일 초여름이라면 앞으로 계속 과일이 맺힐 것을 기대할 수 있지만 늦은 여름의 과수원은 볼장을 다 본 과수원인 것이다. 포도를 다 거둔 후의 포도밭에도 앙상한 가지만 붙어 있을 뿐, 거기에는 아무것도 기대할 것이 없다. 특히 미가 선지는 처음 익은 무화과 열매를 아주 좋아했던 모양인데 이제는 무화과 열매를 어느 곳에서도 볼 수 없게 될 것이다. 즉 유대 사회는 이미 볼장을 다 본 사회였고 기대할 것이 아무것도 없는 사회였다.

2절, "이와 같이 선인이 세상에서 끊쳤고 정직자가 인간에 없도다"

미가 선지가 유대 사회에 대하여 이미 볼장을 다 본 소망이 없는 사회라고 진단한 이유는 유대 사회 안에 더 이상 정직한 사람이 없고, 의롭게 살려고 하는 사람들이 없기 때문이다. 성경에서 '열매' 라고 하는 것은 독특한 의미가 있다. 즉 그것은 하나님의 백성이 하나님의 말씀에 순종하여 사는 것을 말한다. 그래서 하나님의 백성의 열매는 눈에 보이는 성공이나 풍족한 삶이 아니라 하나님의 말씀에 순종해서 사는 삶 그 자체인 것이다. 그러나 이미 유대 사회에서는 그런 싱싱한 열매는 없어져 버렸고, 남아 있는 것은 모양은 그럴듯하지만 속이 곪은 썩은 열매들인 것이다. 만일 사람이 열흘 정도 전혀 몸을 씻지 않으면 그 사람이 아무리 좋은 옷을 입어도 몸에서 지독한 냄새가 날 것이다. 마찬가지로 사람들이 욕심대로 살면 그의 삶에서 썩은 냄새가 나게 되어 있다. 그러나 하나님의 백성이 하나님의 말씀에 순종해서 욕심을 누르고 다른 사람을 위하여 희생할 때에는 아름다운 향기가 나고, 이것이 다른 사람에게 아주 신선한 충격을 주게 된다. 이것이 바로 하나님의 백성이 맺는 열매인 것이다. 그래서 사람들이 과일을 좋아하는 이유는 그 하나하나가 가지는 신선하고 독특한 맛 때문이다. 즉 사과는 사과의 맛이 있고, 배는 배의 맛이 있다. 그런데 만일 사과가 그 독특한 맛을 잃어버린다면 아무도 사과를 먹지 않을 것이다. 마찬가지로 하나님의 백성이 하나님의 말씀에 순종할 때 마치 과일 같은 신선하고 아름다운 맛을 가지게 된다.

"무리가 다 피를 흘리려고 매복하며 각기 그물로 그 형제를 잡으려 하고"

미가 선지가 유대 사회를 보았을 때 그들은 사냥꾼이 짐승을 잡는 것 같은 살벌한 모습이었다. 즉 사람들은 피를 흘리는 것을 쉽게 생각했고, 사람을 잡아 죽이기 위해서 매복을 하거나 그물이나 함정을 만들어서 형제를 꼼짝 못 하게 했다.

3절, "두 손으로 악을 부지런히 행하도다"

사람이 한 손으로 일을 하지 않고 두 손으로 일을 한다는 것은 정말 부지런히 일을 하는 모습이다. 그런데 유다 백성은 그 두 손으로 열심히 선한 일을 하는 것이 아니라 악한 일을 하고 있었다. 즉 이들은 악한 일을 할 것이 너무 많아서 양손이 부족할 형편이었다. 특히 유대 사회에서는 지도자들의 탐욕이 심했는데 '군장과 재판장' 은 노골적으로 사람들에게 뇌물을 요구하였다. 그리고 '대인들' 은 마음속에 있는 욕심을 노골적으로 내어 놓아서 사람들이 뇌물을 바치지 않을 수 없게 만들었다. 여기서 '연락을 취한다' 는 것은 서로 연락해서 다른 사람들이 빠져나가지 못하도록 만드는 것을 말한다.

4절, "그들의 가장 선한 자라도 가시 같고"

유대 사회가 얼마나 악하게 변했는가 하면, 그들 중에서 가장 선하다는 사람이 하는 짓이 가시 같았다고 한다. 그렇다면 유대 사회에서 권력을 잡고 행세하는 사람들 중에 가시 같지 않은 자가 아무도 없다는 뜻이다. 즉 산에서 짐승이나 사람이 모르고 가시가 엉켜 있는 곳에 들어갔다가는 가시가 온몸에 박히고, 또 가시 줄기가 몸에 칭칭 감겨서 거기서 빠져나오지 못하는 것과 같은 것이다.

"가장 정직한 자라도 찔레 울타리보다 더 하도다"

찔레는 주로 담으로 사용되는데 거기에 엉켜 버리면 빠져나올 수가 없고, 설사 빠져나온다 하더라도 심한 상처를 입게 된다. 유대 사회에서 그나마 가장 정직한 사람이라고 해서 어떤 일을 부탁했는데 도움을 주기는 커녕 가시로 찌르고 칭칭 감아서 사람을 힘들게 만들었던 것이다. 이스라엘 백성에게 생명처럼 중요한 것은 다른 사람에 대한 사랑과 친절인데 이스라엘 백성은 모두 독종으로 변했던 것이다.

"그들의 파숫군들의 날 곧 그들의 형벌의 날이 임하였으니"

유다 백성은 마치 농사짓는 마을에 자주 내려와서 농사를 다 망쳐 버리는 멧돼지 같은 존재였기 때문에 결국 사람들이 사냥꾼을 보내서 멧돼지를 사냥한다. 그러면 사냥꾼들은 멧돼지를 잡을 수 있는 무기나 전략을 세워서 결국 멧돼지를 죽이거나 생포해서 잡아오는 것이다.

5절, "너희는 이웃을 믿지 말며 친구를 의지하지 말며"

유대 사회는 이제 아무리 가까운 사람이라 하더라도 더 이상 믿을 수 없는 사회가 되고 말았다. 그래서 이웃끼리도 서로 불신하고, 친구도 믿지 못하고, 심지어는 품에 누운 여인에게도 비밀을 지켜야 한다. 왜냐하면 이제는 각자가 살기 위해서 필사적으로 다른 사람을 배신하는 때가 오기 때문이다.

6절, "아들이 아비를 멸시하며 딸이 어미를 대적하며"

가끔 상속 문제로 재판하는 것을 보면 부모와 자식 혹은 형제 간에 혹은 시어머니와 며느리가 철저하게 갈라져서 싸우는 것을 볼 수 있다. 마찬가지로 유다가 망하면 모든 사람이 각자 살아남기 위해서 아버지와 자식들이 서로 팔아먹고, 시어머니와 며느리가 서로 배반할 뿐 아니라 집안 사람들이 서로 원수가 된다. 그런데 예수님께서는 나중에 사람들이 예수를 믿게 되면 집안 식구들끼리 서로 배반해서 밀고를 하는 바람에 붙들려 가는 일이 일어날 것이라고 말씀하셨다. "형제가 형제를 아비가 자식을 죽는데 내어주며 자식들이 부모를 대적하여 죽게 하리라"(막 13:12). 그 이유는 그만큼 예수 믿는 사람과 믿지 않는 사람의 생각이 다르기 때문이다. 사람들이 가장 가까운 사람마저도 믿을 수 없게 된다면 그것은 더 이상 인간이라고 볼 수 없는 것이다.

7절, "오직 나는 여호와를 우러러보며"

미가는 모든 사람이 진리를 배신하고 자기 욕심을 위해서 살아가지만 자신은 절대로 그런 식으로 살지 않겠다고 강하게 고백하고 있다.

"오직 나는 여호와를 우러러보며 나를 구원하시는 하나님을 바라보나니"

여기서 미가 선지가 '하나님을 바라본다' 는 것은 고난 가운데 있는 하나님의 백성을 대표해서 오직 하나님 한 분만 바라보면서 하나님의 선한 뜻에 모든 것을 맡긴다는 뜻이다. 즉 지금 유다 백성은 사람의 힘으로는 도저히 고칠 수 없을 정도로 심하게 부패하고 망가졌기 때문에 오직 하나님이 친히 오셔서 고쳐 주시고 바로잡아 주실 것을 바라본다는 뜻이다.

8절, "여호와께서 나의 빛이 되실 것임이로다"

미가 선지는 지금은 자기가 어두운 데 앉아야 하고 고통을 당해야 하지만 하나님은 모든 것을 회복시키실 것이라고 믿고 있다. 그런데 미가의 빛은 개인적인 영광에 있는 것이 아니라 이스라엘의 회복에 있다. 미가는 하나님께서 미가의 소원대로 유다를 고쳐 주실 것을 확신하고 있다. 하나님은 과연 만신창이가 되어 있는 유다 백성을 어떤 방식으로 치료하실까? 그것은 하나님의 백성이 자신의 비참한 상태를 깨닫고 고집과 자존심을 버리고 하나님께 돌아와서 모든 것을 맡기기만 하면 된다. 예를 들어 자동차가 망가져도 자동차 수리공장에 가지고 오면 고쳐 주는 것과 마찬가지이다. 유다나 이스라엘의 치료를 어렵게 만드는 것은 오직 그들의 교만과 고집뿐이다.

하나님의 백성의 어려움은 모두 전문적인 문제이기 때문에 사람들은 아무도 도와줄 수 없다. 그래서 하나님의 백성이 어려움을 당했을 때 이 사람 저 사람에게 호소를 해 봐도 소용이 없다. 오직 그들이 하나님을 믿고 이제라도 말씀을 붙들고 순종하는 것이 사는 길인 것이다.

본문 이해를 위한 질문

1. 유대 사회를 보는 선지자의 심정은 어떠한가?

마치 늦은 여름에 포도나 과일을 다 딴 과수원과 같아서 이제는 더 이상 신선한 것을 찾을 수 없는 소망 없는 사회라는 것이다.

2. 유대 사회는 어느 정도로 악해졌는가?

가장 선한 사람도 가시와 같고, 가장 정직한 사람도 찔레처럼 사람들을 찌르고 괴롭히고 망하게 할 정도로 악한 사회가 되고 말았다.

3. 이런 절망적인 사회에서 선지자가 소망을 가지는 것은 무엇인가?

아무리 유대 사회가 망가져도 그들이 자존심이나 고집을 버리고 하나님께 돌아오기만 하면 하나님은 능히 그들을 치료할 수 있으시기 때문이다.

성경 강해

우리는 어떤 일을 시작할 때에 앞으로 그 일이 잘될 것이라는 희망을 가지고 시작합니다. 그러나 새로운 일을 시작한 지 얼마 지나지 않아서 자기 힘으로 도저히 감당할 수 없는 방해나 반대를 만나면 결국 그 일을 포기할 것입니다. 이런 장애는 사람들마다 경우가 다 다릅니다. 예를 들어 어떤 분은 새로운 장사를 시작했는데 얼마 가지 않아서 장사가 너무 안되어서 임대료를 낼 수 없거나 혹은 주위에서 장사를 방해하는 사람이 있으면 견디지 못하고 포기할 것입니다. 또 어떤 사람은 회사를 설립해서 사업을 시작하는데 처음에는 사업은 잘되는데 너무 강한 노조가 들어와서 극렬하게 투쟁을 하면 회사가 엉망이 되면서 결국 그 사람은 회사 문을 닫게 될 것입니다.

그러나 하나님의 백성은 세상을 볼 때 보통 사람들과는 좀 다른 각도에서 봅니다. 하나님의 백성이 미래에 대하여 희망을 가지는 것은 사람들이 정직하고 선을 사랑할 때입니다. 하나님의 백성은 정직하고 선을 사랑하려고 할 때에는 당장은 가난하고 힘들더라도 앞으로 반드시 하나님께서 축복하시는 줄 믿기 때문에 어려운 가운데서도 절망하지 않습니다. 그러나 하나님의 백성이 미래에 대하여 절망할 때에는 겉으로는 지성인 혹은 신앙인이라고 하면서 너무나도 뻔뻔스럽게 거짓말을 지어내고, 또 다른 사람이 자기 마음에 들지 않는다고 서슴지 않고 언어폭력이나 물리적인 폭력까지 행사할 때입니다. 왜냐하면 거기에는 희망이 없기 때문입니다. 더욱이 선지자는 아무리 세상이 절망적이라 하더라도 희망을 찾아내어서 사람들에게 비전을 주어야 하는 사람입니다. 그러나 선지자들도 절망할 때가 있는데, 그때는 아무리 하나님의 말씀을 가지고 부르짖어도 사람들이 반응이 없고, 오히려 조롱하고 업신여길 때입니다. 왜냐하면 사람이 아무리 악하고 사납다 하더라도 하나님의 말씀을 듣기만 하면 얼마든지 새롭게 변할 수 있고, 또 사람들이 변하면 새로운 시대가 오게 되기 때문입니다. 그러나 사람들이 하나님의 말씀 자체를 불신하면 아무리 선지자가 하나님의 말씀을 가지고 외쳐도 사람들은 그 말씀을 듣지 않을 것입니다. 그러면 상당한 기간 동안 영적인 불황이 올 수밖에 없습니다.

요즘 경제학자들은 앞으로 미국을 위시해서 전 세계의 경제적인 불황이 상당히 오래 계속될 것이라는 불길한 예측을 하고 있습니다. 그 이유는, 지금까지 미국은 전 세계에서 많은 상품을 수입해서 세계 경제를 끌어올리는 역할을 했는데 이제는 미국 자체가 외국의 많은 상품을 구입할 힘이 없어졌기 때문입니다.

마찬가지로 사람들이 다른 것은 몰라도 하나님의 말씀 자체에 대하여 불신을 가지고 있으면 불신을 가지고 있는 세대 동안에는 부흥이 일어날 수가 없습니다. 미가 선지는 당시 유대 사회 안에서 사람들이 거짓되고, 폭력이 난무하고, 특히 하나님의 말씀에 대한 불신이 만연해 있는 것을 보았습니다. 그래서 미가 선지는 앞으로 상당한 시간 동안 유다에 부흥이 없을 것을 내다보았습니다. 그러나 우리 인간에게는 아무리 절망적인 것도 하나님을 바라보면 희망이 생깁니다. 미가 선지는 하나님을 바라보고 희망을 가졌습니다.

1. 선지자의 절망

1절, "재앙이로다 나여 나는 여름 실과를 딴 후와 포도를 거둔 후 같아서 먹을 송이가 없으며 내 마음에 사모하는 처음 익은 무화과가 없도다"

여기서 미가 선지는 말을 시작하자마자 "재앙이로다 나여"라고 말하고 있습니다. 이것은 다른 말로 표현하면 '나는 망했다' 라는 뜻입니다. 대개 사람들이 이런 표현을 쓸 때는 자기 힘으로 도저히 이겨 낼 수 없는 어려움을 당했을 때입니다. 예를 들어 어떤 사람이 힘들게 새로운 일을 시작했는데 갑자기 불이 나서 물건을 다 태워 버렸다면 망하게 된 것입니다. 그리고 어떤 사람이 공장을 크게 짓고 새로운 사업을 시작했는데 만든 물건이 하나도 팔리지 않았다면 그는 망하게 된 것입니다.

그렇다면 이스라엘이나 교회는 영적인 장사를 하는 곳인데 과연 어떻게 되는 것이 망하는 것일까요? 그것은 바로 이스라엘이나 교회에 부흥이 없어지는 것입니다. 그런데 이 '부흥' 이라고 하는 것은 단순히 사람의 수가 많다거나 적은 것을 말하는 것이 아니라 영적인 뜨거움을 말합니다. 하나님의 백성이 하나님의 말씀을 먹으면 마음이 뜨거워지게 되어 있습니다. 여기서 하나님의 백성의 마음이 뜨거워진다는 것은 그들의 마음이 하나님을 향하고 하나님의 은혜와 축복이 그들의 마음속에 끝없이 공급되는 것을 말합니다. 그러나 때로는 영적인 열기는 없지만 사람은 여전히 많이 모일 수 있습니다. 옛날부터 계속 하나님을 믿어 왔기 때문에 습관적으로 모일 수도 있고, 그렇지 않으면 정치적인 관심이나 세상적인 유행을 따라서 많은 사람이 모일 수 있는 것입니다. 하나님의 백성에게 영적인 부흥이 일어나면 하나님의 백성이 변하게 되어 있습니다. 이 세상에서 가장 가치 있는 장사는 바로 사람이 변하는 것입니다. 그러나 많은 경우 하나님의 백성이 이 엄청난 축복을 외면할 때가 있습니다. 그 이유는 영적인 부흥이 일어나고 사람이 변하는 것보다는 세상의 축복이 더 좋아 보이기 때문입니다.

미가 선지는 "나는 여름 실과를 딴 후와 포도를 거둔 후 같아서 먹을 송이가 없으며 내 마음에 사모하는 처음 익은 무화과가 없도다"라고 말하고 있습니다.

과수원을 하는 사람이 봄 열매를 딸 때에는 아직 여름 실과를 딸 수 있지만 여름 실과를 따고 나면 내년 봄이 올 때까지 다시는 열매가 맺히지 않을 것입니다. 그리고 또 늦은 포도를 다 따고 나면 앙상한 가지만 남은 채 겨울을 넘기게 될 것입니다. 지금 이 농부가 열매들 중에서 가장 사모하는 열매는 처음 익은 무화과 열매인데 이제는 더 이상 무화과 열매를 구경할 수 없게 되었습니다. 이제는 여름이 다 지나가 겨울이 오고 있기 때문입니다. 사람들은 나뭇잎이 모두 떨어지는 가을이 가장 쓸쓸한 계절이라고 말을 합니다. 왜냐하면 이제부터는 긴긴 겨울 내내 잎사귀 하나 없는 앙상한 가지만 보아야 하기 때문입니다. 그런데 하나님께서 이스라엘에 부흥을 주실 때에는 1년 내내 열매를 맺게 되어 있습니다. 즉 이스라엘 백성이 밀을 추수한 다음에는 바로 포도를 따고, 포도를 딴 후에는 또 밀을 심고, 밀을 거두고 난 다음에는 또 다른 열매를 따게 되어 있었습니다. 그런데 이스라엘에 영적인 부흥이 없어지니까 이제 쓸쓸한 영적인 겨울이 오게 되었습니다. 그래서 미가 선지는 나는 망했다고 하면서 이제는 상당한 시간 동안 포도 열매나 무화과 열매나 다른 열매들을 거둘 수 없게 되었다고 탄식하고 있습니다.

유다에 이렇게 영적인 부흥의 계절이 가게 하고 영적인 겨울이 온 원인이 무엇일까요? 그것은 바로 유다 백성의 영적인 교만이었습니다. 하나님의 백성에게 가장 큰 축복은 물질적인 복이나 세상적인 성공이 아닙니다. 하나님의 백성에게 가장 큰 축복은 영적인 부흥이 오는 것인데 영적인 부흥이 오게 하려면 지도자나 백성이 모두 하나님의 말씀 하나에 목숨을 걸어야 합니다. 겨울에 불을 때지 않은 방은 냉기가 가득 차 있습니다. 이런 방을 훈훈하게 하려면 잠깐 불을 땐다고 해서 방이 따뜻해지지 않습니다. 처음에는 불을 때도 아무 느낌이 없지만 계속 불을 때면 방바닥이 미지근해지고, 몇 시간 지나면 방이 후끈후끈해집니다.

하나님의 백성에게 영적인 부흥이 오면 마음속에 '우리는 이 정도면 됐다' 하는 생각이 듭니다. 그래서 우리는 하나님의 말씀은 충분히 들었으니까 이제는 세상 속에 들어가서 세상에서 영향을 미쳐야 한다고 생각합니다. 물론 이것이 맞는 말이지만 세상에 들어간다고 해서 하나님의 말씀을 소홀히 해도 되는 것은 아닌 것입니다. 그래서 하나님의 백성이 가장 주의해야 할 것은 세상적인 복을 받은 사람들입니다. 왜냐하면 세상적인 복은 영적인 복의 열매인 동시에 사람을 교만하게 해서 하나님의 말씀에서 멀어지게 하기 때문입니다. 그래서 우리는 하나님의 백성 중에서 세상적으로 많은 물질적인 복을 받고 또 성공한 사람들을 볼 때 기뻐하고 축복하고 좋아해야 합니다. 그러나 다른 한편으로는 그것을 전부인 것처럼 생각해서 세상적인 사고방식을 이스라엘이나 교회 안에 끌고 들어오려고 하거나 하나님의 말씀은 별것 아니라는 식으로 평가절하하는 것은 경계해야 합니다. 그래서 우리에게 물질적인 복이나 세상적인 성공은 하나님이 우리에게 주시는 굉장히 기쁘고 감사한 복인 것은 사실이지만 주의해서 받아들이지 않으면 영적인 부흥을 꺼뜨리는 독약이 되는 것입니다.

결국 유다 백성이 영적인 부흥을 놓치는 것도 하나님께서 그들을 축복하셨기 때문입니다. 즉 누구든지 세상적으로 성공한 사람은 세상적인 영향력을 넓히려고 하고 세상과 교류하게 됩니다. 그러면서 세상적인 문화나 생활방식을 받아들이는데, 그렇게 되면 하나님의 말씀에서 멀어져 버리는 것입니다. 이스라엘이나 교회에서는 영적인 부흥이 없어져도 먹을 것이 많기 때문에 별로 걱정을 하지 않습니다. 즉 미가 선지가 과일이 없고 처음 익은 무화과가 없다고 하지만 말린 무화과나 과자들이 많이 있기 때문에 걱정할 필요가 없는 것입니다. 그러나 하나님의 백성은 삼손이 자기에게서 하나님의 능력이 떠난 줄 모르고 힘을 쓰려고 하다가 블레셋 사람들에게 붙들려서 눈알이 뽑히고 머리털이 밀렸던 것처럼 하나님의 축복이 자신들을 떠난 줄을 모르고 여전히 힘이 있는 줄로 생각하게 됩니다. 그러다가 어느 순간 시험이 찾아왔는데 시험을 이길 힘이 없는 것입니다. 마찬가지로 어느 날 갑자기 마귀가 우는 사자처럼 덤벼들었는데 그 발에 깔려서 꼼짝달싹 못하게 되는 것입니다.

2절, "이와 같이 선인이 세상에서 끊쳤고 정직자가 인간에 없도다 무리가 다 피를 흘리려고 매복하며 각기 그물로 형제를 잡으려 하고"

선지자는 어느 순간부터 유다 사회에서 정직이 없어진 것을 발견하고 유다에서 부흥의 불이 꺼진 것을 알게 되었습니다. 여기에 보면 '정직자가 인간에 없도다' 라고 했는데 여기의 '인간' 은 하나님의 백성을 말합니다. 정직자가 인간에 없다는 것은 사람들이 거짓말을 잘한다는 뜻이 아닙니다. 이것은 사람들이 공개적으로 전혀 사실이 아닌 것을 공포하고, 그것을 열심히 믿는 것을 말합니다. 원래 사람들은 누구든지 건전한 상식이 있어서 어떤 말을 들으면 어느 정도는 그것이 거짓인지 참인지 알 수 있습니다. 그런데 사람들의 마음이 비뚤어지면 일부러 틀린 것을 더 좋아하고, 괴담을 더 믿으려고 합니다. 그러나 사람이 부정적이고 틀린 것을 믿으려고 하는 것은 일종의 불장난과 같은 것이어서 그 불을 빨리 꺼야 하는데 이것을 온 세상에 퍼뜨리고 사람들이 신봉을 하면 위험한 불신의 불이 붙는 것입니다.

그리고 유다 사회 안에 선인이 없다고 했습니다. 여기서 '선인' 은 선한 일을 적극적으로 하는 사람을 말합니다. 즉 세상 사람들이 아무리 기회주의적이고 비뚤어진 것을 좋아한다 하더라도 꿋꿋하게 옳은 것을 위해서 수고하는 사람들이 있기 때문에 세상은 위기 가운데 살아남을 수 있는 것입니다. 그런데 성경에서 '선하다' 는 것은 세상적인 개념과는 조금 다릅니다. 성경에서 '선하다' 는 것은 생각이나 행동이 하나님의 말씀에 일치하는 것을 말합니다. 누가 뭐라고 하든지 꿋꿋하게 하나님의 말씀만 붙들고 나가는 것입니다. 그런데 시대가 악해지면 하나님의 말씀을 시대에 뒤떨어지는 케케묵은 것으로 생각하고 모든 사람이 유행을 따라가려고 애를 쓰게 되는데 이때 하나님의 말씀을 붙드는 사람은 사라집니다. 왜냐하면 세상 유행을 따르면 세련되게 보이고 유식하게 보일 뿐 아니라 효과가 빨리 나타나기 때문입니다. 그런데 하나님의 말씀을 붙드는 것은 그렇게 효과가 빨리 나타나지 않습니다. 어떤 때에는 죽어라고 하나님의 말씀을 붙들고 기도했는데 몇 년이 지나도 전혀 표시가 나지 않습니다. 그러니까 사람들은 하나님의 말씀을 붙드는 것은 실패의 길이라고 생각해서 아무도 하나님의 말씀을 붙들려고 하지 않는 것입니다.

불을 피우기 위해서는 연료가 있어야 하는데 하나님의 백성을 뜨겁게 할 수 있는 연료는 인간의 열심이 아닙니다. 세상적인 지식도 아닙니다. 하나님의 백성을 뜨겁게 할 수 있는 연료는 하나님의 말씀밖에 없습니다. 그런데 목회자나 교인들이 하나님의 말씀을 싫어하고 인간의 말을 따라가면 결국 부흥의 불이 꺼져 버립니다. 그 대신에 하나님의 백성에게 하나님의 말씀이 없으니까 인간들이 하는 말에 굉장히 민감하게 반응하면서 따라가게 됩니다. 그러나 사람의 말은 희망사항에 불과한 것이지 반드시 이루어지는 것이 아닙니다.

잠언에서 말씀하고 있는 것이 무엇입니까? 일의 경영은 사람에게 있어도 그 일을 성취하시는 분은 하나님이라는 것입니다. 즉 하나님께서 축복하시지 않는 계획은 성공할 수가 없습니다. 그리고 하나님의 백성에게 하나님의 말씀이 없으니까 성질이 사나워집니다. 그래서 예루살렘 안에서 사람들이 서로 피를 흘리려고 매복하며 그물로 형제를 잡으려고 노리고 있습니다. 그 이유가 무엇일까요? 하나님의 말씀은 이리를 양으로 변하게 하는 능력이 있습니다. 그래서 하나님이 이 세상에서 하시는 가장 위대한 일이 이리였던 우리를 하나님의 양으로 만드신 것입니다.

우리는 하나님의 말씀을 듣고 은혜 받는 바람에 손해 보게 되었다고 생각합니다. 왜냐하면 우리가 하나님을 믿고 난 후에 사나운 본성이 없어져서 순한 자들이 되는 바람에 다른 사람들과 싸워서 이길 수 없게 되었기 때문입니다. 그래서 우리를 통해서 하나님의 능력이 나타나지 않으면 우리는 맹수들에게 물려서 죽을 수밖에 없습니다. 우리가 기를 쓰고 성령 충만하고 말씀 충만해야 하는 이유는, 그렇게 해야 우리에게 하나님의 능력이 나타나서 사나운 사람들에게 물려 죽지 않기 때문입니다. 그런데 하나님의 백성이 하나님의 말씀을 듣고 부흥이 오지 않으면 이리가 양으로 변하지 않게 됩니다. 다시 말해서 생긴 것은 양과 비슷한데 이리의 본성을 가진 것입니다. 이런 이리들은 성질이 고약해서 자기가 최고가 되지 않으면 안 되고, 자기 기분이나 성질대로 되지 않으면 다른 사람들을 물어뜯습니다.

그런데 그것도 하나님의 말씀으로 물어뜯기 때문에 고약한 상처를 남기는 것입니다. 우리가 하나님의 말씀으로 은혜를 받으면 하나님의 은혜가 너무 크기 때문에 사람들 사이의 사소한 차이는 아무것도 아닌 것이 됩니다. 그러나 우리가 하나님의 은혜를 받지 못하면 사소한 차이를 이기지 못하고 사소한 감정을 이기지 못해서 결국 원수가 되어 싸우는 것입니다.

그래서 매복을 하고 그물로 잡으려고 한다고 했습니다. 이것은 숨어서 약점을 찾거나 혹은 물고 늘어질 꼬투리를 찾는 것입니다. 요즘 우리 사회에서 이런 현상을 많이 볼 수 있습니다. 그 하나는 젊은 층을 중심으로 해서 아무리 옳은 것을 옳다고 해도 믿지 않는 것입니다. 무엇인가 발표를 하면 다른 이야기를 만들어 내어서 퍼뜨리는 것입니다. 원래 이런 말들은 체제에 소외된 사람들이 불장난을 하는 것인데 이제는 이것이 불장난의 범위를 벗어나게 되었습니다. 그뿐만 아니라 자신과 의견이 다른 사람에 대해서는 무자비한 언어 공격을 퍼부어서 완전히 매국노로 만들고 천하에 악한 자로 만들어 버립니다. 그리고 자기가 옳다고 생각하는 것에 대해서는 어떤 폭력적인 방법도 상관이 없다고 생각합니다. 그리고 누군가가 성공을 하거나 유명해지려고 하면 그 사람의 구석구석을 다 뒤져서 바닥에 떨어뜨려야 직성이 풀리는 것입니다. 이럴 때 누군가가 섣불리 뛰어들었다가는 사나운 사람들이 그야말로 이리 떼같이 덤벼들어서 갈기갈기 찢어놓을 것입니다. 그래서 우리나라에서 일반인들의 지지를 받으려면 무엇이든지 왜곡되게 이야기하고 말도 되지도 않는 폭언을 해야 겨우 돌에 맞지 않는 시대가 된 것입니다.

도대체 우리나라 사람들이 어떻게 해서 이렇게 마음이 강팍하게 되었을까요? 그 자세한 내용은 알 수 없지만 우리나라가 물질적으로는 잘살고 지적으로는 우수하게 되었지만 하나님의 은혜는 완전히 고갈되었기 때문일 것입니다. 즉 자동차로 비유하면 기름이 완전히 바닥나서 사람들이 가만히 있지 못하고 모두 발작적인 증세를 나타내고 있는 것입니다. 이때 우리는 쉽사리 세상 현실에 뛰어들어서는 안 됩니다. 이때 우리는 여호수아가 여리고 성에서 했던 것처럼 계속 돌면서 하나님의 말씀을 붙들고 기도해야 합니다. 이것은 오직 하나님의 능력만으로 치유될 수 있습니다.

하나님의 백성이 하나님의 말씀에 자기 자신을 쳐 복종시킬 때 아주 독특하게 상쾌하고 신선한 맛이 나는데 그것이 바로 열매입니다. 이것은 이 세상에서 구할 수 있는 것이 아닙니다. 사람들의 마음속에는 모두 부패한 것이 있습니다. 그래서 사람들이 자기 욕심대로 행할 때에는 반드시 그 사람의 말이나 행실에서 썩은 냄새가 나게 되어 있습니다. 만일 사람이 열흘 정도 전혀 몸을 씻지 않으면 아무리 좋은 옷을 입어도 몸에서 지독한 냄새가 날 것입니다. 마찬가지입니다. 사람들이 자기 욕심대로 행하면 썩은 냄새가 나게 되어 있습니다. 그러나 하나님의 백성이 하나님의 말씀에 자기 욕심을 쳐 복종시킬 때, 또 다른 사람을 믿어 주거나 다른 사람을 위하여 희생을 할 때에는 향기가 나게 되어 있습니다. 하나님의 백성에게 부흥이 일어날 때에는 바로 이런 향기가 나게 되어 있습니다. 그런데 하나님의 백성에게 신선한 것이 없고 남을 욕하고 패를 나누어 싸울 때 이미 부흥이 꺼지고 있는 것입니다.

미가 선지가 유대 사회를 볼 때 사람들이 너무 똑똑해서 다른 사람의 말을 믿어 주는 사람이 없었습니다. 그리고 사람들이 너무 교만해서 남에게 고개를 숙이고 들어가는 자가 없었습니다. 사람들은 모두 패를 만들어서 절대로 다른 사람을 받아주지 않았습니다.

우리에게 큰 것이 있으면 얼마든지 다른 사람에게 고개를 숙일 수 있고, 남이 뭐라고 해도 넘어갈 수가 있습니다. 그런데 하나님의 백성의 마음속에 믿음의 큰 비밀이 없을 때 눈에 보이는 사람을 대상으로 이기려고 싸우게 되는 것입니다.

3절, "두 손으로 악을 부지런히 행하도다 그 군장과 재판자는 뇌물을 구하며 대인은 마음의 악한 사욕을 발하며 서로 연락을 취하니"

두 손으로 악을 부지런히 행한다는 것은 숨어서 몰래 하는 것이 아니라 아예 드러내어 놓고 거짓을 주장하는 것입니다. 그리고 이스라엘이나 유다의 높은 자들은 모두 백성들의 목자입니다. 이들은 백성들을 하나님의 말씀으로 인도해야 했습니다. 그런데 이들이 바라는 것은 오직 뇌물이었습니다. 즉 약한 자들은 위에 있는 자들이 돈을 달라고 하면 줄 수밖에 없었습니다. 그러나 하나님의 백성은 위에 있는 자가 약한 자를 보호하고 바른길로 인도해야 하는 것입니다. 그러나 이들은 세상의 관직자들을 보니까 굳이 그렇게 할 필요가 없다는 것을 알게 되었습니다. 즉 위에 있는 사람이 큰소리를 치면 모두 설설 기면서 따르는데 이것이 훨씬 편하고 자기들에게 유익이 된다는 것을 알게 된 것입니다. 그래서 하나님의 백성은 절대로 편한 길을 가서는 안 되고 어려운 길을 가야 하는 것입니다.

2. 유다의 부흥의 장애

사람들이 이 세상에서 성공하려면 다른 사람과의 수평적인 관계가 중요합니다. 즉 사람들이 세상에서 성공하려면 힘이 있는 사람에게 붙고 자기 편끼리 단결하는 것이 중요한 것입니다. 그러나 하나님의 백성에게는 이런 인간관계보다 훨씬 중요한 것이 하나님과의 관계입니다. 하나님의 백성의 성공 여부는 하나님과의 관계를 여는 것입니다.

그런데 유다 백성이 하나님께 가는 데는 너무나도 많은 장애가 있었는데 유다의 지도자들 자신이 바로 그 장애였습니다.

4절, "그들의 가장 선한 자라도 가시 같고 가장 정직한 자라도 찔레 울타리보다 더하도다 그들의 파숫군들의 날 곧 그들의 형벌의 날이 임하였으니 이제는 그들이 요란하리로다"

유다에서 가장 선한 사람이 남을 찌르는 가시와 같았습니다. 가시는 잘 보이지도 않고 잘 빠지지도 않으며, 나중에 염증이 생기면 아프게 됩니다. 원래 하나님의 백성은 아픈 사람을 치료하는 사람이 되어야 합니다. 그래서 이 세상에서 방황하다가 지치고 다쳐서 쓰러진 자에게 시원한 물을 마시게 하고 다시 힘을 내어서 바른길을 찾아갈 수 있도록 안내해 주어야 합니다. 우리가 겸손한 성도를 만나면 정말 더운 날에 얼음냉수를 마시는 것처럼 그렇게 마음이 시원할 수가 없습니다. 그러나 거만하고 잘난 체하는 사람을 만나면 내내 기분이 찝찝하고 좋지 않은데 이런 사람들이 한 마디씩 하는 것이 마음에 가시가 되어서 오랫동안 아픈 것이 없어지지 않습니다.

하나님의 백성의 특징은 영적인 감각이 있기 때문에 예민하다는 것입니다. 그래서 이런 사람들은 말씀 한 마디 때문에 살기도 하고 위험을 이겨내기도 합니다. 그러나 교만한 자들은 감각이 무디기 때문에 다른 사람도 그럴 것이라고 생각해서 일부러 과격하게 말을 할 때가 많습니다. 그런데 더 심각한 것은, 유다에서는 가장 정직한 사람도 찔레 울타리보다 더하다고 했습니다. 찔레 울타리는 한번 들어가면 가시에 찔려서 더 이상 들어갈 수가 없고, 뒤로 가려고 해도 뒤에도 가시가 있어서 빠져나갈 수가 없습니다. 사람이 멋도 모르고 찔레 울타리 안에 들어가면 결국 가시에 포위되어서 오도 가도 못하는 신세가 되고 마는 것입니다.

유다 백성이 살기 위해서는 하나님을 향해서 가야 하는데 이들이 하나님께 가지 못하도록 찔레 울타리처럼 칭칭 감는 사람들이 바로 유다의 지도자들이었던 것입니다. 왜냐하면 일반 백성은 자기들을 이끄는 사람의 말을 듣지 않을 수 없는데 이들이 백성들을 하나님의 말씀으로 인도하는 것이 아니라 자기 욕심으로 이끄는 것입니다. 이렇게 백성의 지도자들이 백성을 가시로 붙들어서 옴짝달싹하지 못하게 하는 것은 자신들에게도 유익한 것이 아닙니다. 왜냐하면 얼마 있지 않으면 파수꾼의 날이 오기 때문입니다. 여기서 '파수꾼의 날'은 파수꾼이 중요하게 되는 날을 말합니다. 즉 파수꾼이 나팔을 불어서 적이 쳐들어왔다는 것을 선포하면 지도자 자신들의 행복도 끝이 날 수밖에 없는 것입니다. 백성들이나 지도자들이 가장 안전하고 행복한 것은 눈앞에 보이는 이익이나 자기 생각을 믿지 말고 하나님의 말씀대로 하는 것입니다. 우리 자신을 하나님의 말씀에 쳐 복종시킬 때 하나님은 우리를 책임지십니다.

유다 사회에서 가장 무서운 것은 불신이 가득 찬 것이었습니다.

5-6절, "너희는 이웃을 믿지 말며 친구를 의지하지 말며 네 품에 누운 여인에게라도 네 입의 문을 지킬찌어다 아들이 아비를 멸시하며 딸이 어미를 대적하며 며느리가 시어미를 대적하리니 사람의 원수가 곧 자기의 집 안

사람이리로다"

어느 순간 유다 사회는 불신이 가득하게 되어서 가장 가까운 사람도 믿을 수 없게 되었습니다. 원래 사람은 순수할수록 다른 사람을 믿게 되어 있습니다. 특히 하나님의 백성에게 가장 중요한 것은 믿음입니다. 그런데 어느 순간 하나님의 백성이 서로 믿을 수 없게 되었습니다. 그 이유는 서로 믿는 것이 달라졌기 때문입니다. 원래 하나님의 백성은 하나님의 말씀만 믿고 무조건 따라가게 되어 있습니다. 그런데 어느 순간부터 하나님의 백성이 겉으로는 하나님을 믿는 체하는데 실제로는 우상 숭배자인 것입니다. 그래서 하나님의 백성이 멋도 모르고 자기에게 있는 어려움이나 영적으로 힘든 것들을 다 이야기하면 어느 순간 이것들이 모두 무시무시한 화살이 되어서 돌아오는 것입니다. 왜냐하면 세상 사람들은 하나님의 백성의 영적인 고민을 이해하지 못할 뿐 아니라 그것을 너무나도 모순되게 생각하기 때문입니다. 그래서 유다 백성이 처음에는 모두 같은 신앙을 가지고 잘 믿는 줄 알았는데 어느 순간 믿을 사람이 아무도 없다는 것을 깨닫게 된 것입니다. 즉 주위에 너무나도 많은 우상 숭배자들이 있어서 하나님의 백성의 약점을 찾고 있고, 그들을 물고 늘어지려고 한다는 것을 깨닫게 된 것입니다.

삼손은 품에 누웠던 여인을 믿었다가 신세를 망쳤습니다. 삼손은 그토록 사랑하는 여인이 블레셋 사람들로부터 돈을 받기로 하고 자기 비밀을 캐는 스파이인 줄 몰랐던 것입니다. 외국에 나가 있는 외교관들 중에 미인계에 걸려서 신세를 망친 사람들이 많이 있습니다. 즉 외국에 나가서 사교계를 찾아갔는데 너무나도 아름다운 여성이 자기에게 잘해 주니까 정말 자기를 좋아하는 줄 알고 깜빡 속는 것입니다. 그런 줄도 모르고 자기가 알고 있는 모든 비밀을 이야기했는데 알고 보니까 이 여자가 스파이이고 자기는 이미 스파이 죄로 넘어가 있는 것입니다.

마찬가지로 미가는 이제 유다 백성이 더 이상 유다 백성이 아니라고 말하고 있습니다. 그리고 유다 백성 중에서 진정으로 하나님의 말씀을 붙들고 충성하는 자는 찾아보기 어렵게 되어 버린 것입니다. 그 이유는 아무리 하나님의 백성이라 하더라도 세상을 따라가는 것이 대세이기 때문입니다. 우리가 하나님의 말씀을 믿는다는 것은 강을 거슬러 올라가는 것과 같습니다. 강을 거슬러 올라가다 보면 거대한 댐이 가로 놓여 있습니다. 이때는 이 댐을 뛰어 넘어가야 하는 것입니다. 그러나 통나무나 죽은 물고기들은 물을 거슬러 올라갈 힘이 없기 때문에 강을 따라서 흘러갈 수밖에 없습니다. 결국 하나님의 백성이 시대의 흐름을 박차고 거슬러 올라가려면 하나님의 말씀에 미치는 수밖에 없습니다.

아마 오늘도 많은 성도들이 왜 나의 인생은 다른 사람들의 인생처럼 평범하지 않을까 생각하실 것입니다. 그것은 하나님께서 우리에게 시대를 거슬러 가라고 하시는 것이며, 하나님의 말씀에 미치라는 것입니다. 그러면 우리는 강 하류의 그 부패한 세계와는 완전히 다른 깨끗하고 멋진 더 넓은 새로운 세계에서 살게 되는 것입니다.

예수님께서는 특히 아비가 자식을 멸시하고, 딸이 어미를 대적하고, 며느리가 시어미를 대적하는 것을 복음 시대에 있을 갈등으로 말씀하셨습니다.

"장차 형제가 형제를 아비가 자식을 죽는데 내어주며 자식들이 부모를 대적하여 죽게 하리라 또 너희가 내 이름을 인하여 모든 사람에게 미움을 받을 것이나 나중까지 견디는 자는 구원을 얻으리라"(마 10:21-22).

결국 우리가 하나님의 말씀을 듣고 은혜를 받으면 변화가 일어나는데 그 변화를 가장 먼저 느끼는 자는 가까운 가족들입니다. 이들은 우리가 하나님의 말씀에 미치고 세상을 거슬러 가는 것을 자기들을 버리는 것으로 생각해서 의심을 합니다. 그러나 하나님이 우리를 부르시는 것은 절대적인 부르심이기 때문에 어느 누구도 우리를 붙잡을 수 없습니다. 우리는 우리가 하나님께 가는 것이 가족이나 친구를 살리는 길이라는 것을 알아야 합니다. 왜냐하면 나 한 사람이라도 물에서 나가야 다른 사람을 살릴 수 있기 때문입니다. 그래서 우리는 가족이나 친구의 인간적인 의리 때문에 하나님의 말씀을 멀리할 수가 없습니다. 예수님은 '쟁기를 잡고 돌아보는 자는 내게 합당치 않다' (눅 9:62)고 말씀하셨습니다.

3. 하나님만 바라보는 신앙

우리가 하나님의 말씀이 아무리 부정적인 말씀이라 하더라도 그 안에는 위대한 대전환점이 있다는 것을 알게 됩니다. 그것은 바로 '그러나'의 신앙입니다. 인간들이 하는 것을 보면 도저히 소망이 없고 내일이라도 당장 망할 것 같습니다. 그러나 우리가 하나님의 말씀을 따라가다 보면 그럼에도 불구하고 '그러나'라고 하는 위대한 하나님의 '한 방'이 있는 것을 알게 됩니다.

야구에 열광하는 팬들은 마지막 홈런 한 방 때문에 야구를 좋아한다고 합니다. 사람들이 하는 것을 보고 시대가 흘러가는 것을 보면 도저히 새로운 것이 일어날 희망이 없는 것 같습니다. 그러나 우리가 그런 상황 가운데서도 하나님을 바라보면 이 모든 악을 뒤집어엎는 위대한 능력이 있는 것을 알게 됩니다.

7절, "오직 나는 여호와를 우러러보며 나를 구원하시는 하나님을 바라보나니 나의 하나님이 나를 들으시리로다"

인간의 힘으로는 이미 악할 대로 악해지고 마음이 비틀어질 대로 비틀어진 사람들을 바꿀 수가 없습니다. 그리고 우리가 사람들을 바라보면 불신이 가득 찬 그들의 마음에 다시 부흥의 불을 지필 수 있는 힘이 없다는 것을 알게 됩니다. 그러나 우리가 하나님을 우러러보면 완전히 이야기가 달라집니다.

우선 우리가 하나님을 바라보면 아무리 유다 백성이라 하더라도 하나님의 말씀을 먹지 못했을 때 이렇게 부정적이 되고 강퍅해지는 것이 정상적이라는 것을 알게 됩니다. 이것은 마치 아무리 비옥한 땅이라 하더라도 몇 년 동안 비가 오지 않으면 황무지가 되는 것과 같습니다. 사람들이 그렇게 사나워지고 부정적이 된 것은 교만해서 하나님의 말씀을 듣지 않아서 그런 것입니다. 이 세상 어느 누구든지 하나님의 말씀을 듣기만 하면 돌짝밭 같은 마음도 옥토로 변하게 되어 있습니다.

그런데 아무리 하나님의 말씀을 전해도 듣지 않고 변하지 않는 사람은 가망이 없는 것일까요? 그렇지 않습니다. 그런 사람도 환난을 당하면 마음이 가난해지게 되어 있습니다. 그래서 하나님께서는 길가와 같고 돌짝밭과 같은 마음을 옥토로 변화시키는 비법을 가지고 계십니다. 그것은 바로 말씀과 고난을 함께 주시는 것입니다. 고난이 없는 상태에서 하나님의 말씀을 듣는 것은 마치 비올 때 장독 뚜껑을 덮어 놓은 것 같아서 그 안에 비가 한 방울도 들어가지 않습니다. 그러나 고난을 당하면 누구든지 장독 뚜껑을 열게 되어 있습니다. 그래서 우리가 하나님을 바라보면 고난의 때가 오는 것이 하나님의 백성에게 얼마나 필요한지 알게 됩니다. 우리는 모두 어려움 없이 편안한 것을 좋아하지만 그러면 절대로 길가와 같고 돌짝밭 같은 마음이 옥토가 되지 않습니다. 그런데 현명한 사람은 이런 고난이 오기 전에 하나님 앞에 엎드립니다. 이런 사람들이 참으로 귀한 사람들입니다.

우리는 더 이상 사람을 붙들고 설득하거나 이해시킬 수 없습니다. 왜냐하면 그렇게 하기에는 세상이 너무 악하기 때문입니다. 그런데 우리가 하나님을 바라볼 때 그냥 바라보는 것이 아니라 온 마음을 다하고 열정을 다해서 하나님께 매달릴 때 하나님은 우리의 기도를 들어주셔서 소망을 주실 것입니다.

8절, "나의 대적이여 나를 인하여 기뻐하지 말찌어다 나는 엎드러질찌라도 일어날 것이요 어두운데 앉을찌라도 여호와께서 나의 빛이 되실 것임이로다"

하나님께서 이스라엘 백성의 교만을 치료하는 방식은 고난이고 환난입니다. 즉 하나님께서 그들이 자랑하는 것을 다 빼앗아 가시는 것입니다. 그렇게 할 때 비로소 유다 백성은 우상이나 세상 사람들의 평가나 인기가 아무것도 아니고, 성공이나 돈도 아무것도 아니라는 것을 깨닫고 다시 하나님의 말씀으로 돌아오게 됩니다. 그래서 미가 선지는 대적들에게 나를 인하여 기뻐하지 말라고 말하고 있습니다. 왜냐하면 앞으로 이스라엘 백성은 엎드러져서 박살이 나지만 다시 일어날 것이기 때문입니다. 왜냐하면 이스라엘 백성이 넘어지면서 깨닫게 되기 때문입니다. 즉 그들은 세상이나 성공, 인기가 아무것도 아니고 오직 하나님의 말씀이 자기들을 살린다는 것을 깨닫기 때문입니다.

유다 백성은 어두운 데 앉게 될 것입니다. 이 어두운 곳은 감옥이고 종살이하는 곳입니다. 그런데 거기서 유다 백성은 하나님이 그들의 빛이 되시는 것을 깨닫게 되는 것입니다. 하나님의 백성은 하나님의 말씀만 붙잡으면 살게 되어 있습니다. 그리고 하나님의 백성이 정신을 차리면 세상도 부드러워지게 되어 있습니다. 왜냐하면 성령의 바람이 세상으로도 흘러가기 때문입니다. 바라기는 우리가 그런 고난을 당하기 전에 정신을 차려서 하나님의 말씀을 붙드는 데 미치기를 바랍니다. 어차피 한세상을 사는 것이라면 하나님의 말씀대로 살아 보시기를 바랍니다. 그러면 우리는 얼마나 하나님이 좋으시며 얼마나 하나님의 축복이 아름다운지 깨닫게 될 것입니다.

성경 토의

1. 우리는 우리 사회가 전반적으로 부패한 것에 대하여 어떤 생각을 가지고 있으며, 과연 이 사회는 치료가 가능하다고 생각하는가?

2. 어떻게 하면 교회나 하나님의 백성이 가정에서나 사회에서 싱싱한 과일 열매같이 신선하고 아름다운 맛을 낼 수 있는가?

3. 나는 요즘 무엇에 관심을 가지고 있으며, 무엇에 주로 시간과 돈을 쓰고 있는가? 그리고 과연 그것이 옳은 일이라고 생각하는가?

15_하나님의 인자와 성실

미가 7:9-20

전체적 설명

하나님께서 그의 백성을 치시는 것은 심판하시는 것이 아니라 연단하시는 것이다. 그래서 하나님의 백성이 망할 때에는 다시는 일어서지 못할 것 같이 망하는데 이상하게 때가 되면 다시 일어서서 재기하게 된다. 마찬가지로 유다 백성이 바벨론에 의해서 망할 때에는 다시는 회복되지 못할 것처럼 보이지만 하나님의 때가 되면 다시 포로에서 돌아오게 된다. 그 때 유다 백성을 조롱하며 업신여기던 자들이 부끄러워하며 오히려 하나님을 두려워할 것이다. 결국 하나님께서 유다 백성의 조상 아브라함과 야곱에게 주신 약속은 하나님께서 지키시며 오히려 더 아름답게 이루어지게 하신다. 왜냐하면 유다 백성이 이번의 연단으로 더 깨끗한 하나님의 백성이 되기 때문이다.

설교 프리노트

9절, "내가 여호와께 범죄하였으니"

여기서 '내가'는 미가가 유다 백성 전체를 대신해서 말하는 것이다. 이 세상에서도 사람들이 죄를 지으면 경찰에 붙들려 가서 벌금을 내든지 혹은 감옥살이를 해서 죗값을 치러야 한다. 그러고 난 후에야 죄에서 풀려나서 새로운 생활을 하게 된다. 마찬가지로 유다 백성은 하나님의 말씀을 어기고 죄를 지었기 때문에 죗값을 치러야 하고, 하나님의 진노를 당해야 한다. 그러나 유다 백성이 죗값을 다 치른 후에는 하나님께서 다시 유다 백성에게 찾아오셔서 그들의 하나님이 되어 주신다.

"주께서 나를 인도하사 광명에 이르게 하시리니"

하나님께서는 유다 백성이 하나님의 말씀을 거역하고 우상을 숭배한 기간 동안 그들에게 이방인들의 지배를 당하게 하신다. 그러나 그 기간이 끝난 후에 하나님은 다시 유다 백성에게 자유를 주셔서 '광명' 으로 돌아오게 하시는데 이것은 다시 그들이 하나님의 은혜와 축복을 누리는 것을 말한다.

"내가 그의 의를 보리로다"

물론 하나님께서 유다를 망하게 하셔서 불의하다는 뜻은 아니다. 하나님은 정당하게 유다를 망하게 하신 것이다. 그러나 유다 백성이 회복되어 하나님을 바로 섬기는 것이 망하는 것보다 더 큰 의이다. 그래서 결국 유다 백성은 자신들의 패역한 본성을 이기고 자신들을 하나님의 말씀을 지키는 자들로 만드시는 하나님의 의를 보게 되는 것이다.

10절, "나의 대적이 이것을 보고 부끄러워하리니"

하나님의 백성의 원수들은 하나님의 백성이 망하는 것을 보고 그들이 끝장났다고 생각해서 마음껏 조롱하고 비웃고 멸시한다. 그러나 하나님의 백성이 망하는 것은 연단받는 것이기 때문에 유다 백성은 연단을 받은 후에는 다시 자유를 얻고 포로에서 돌아온다. 그러나 유다 백성을 욕하던 자들은 조금도 나아진 것이 없이 여전히 비참한 상태에 있다. 그래서 그들은 유다 백성의 회복을 보고 부러워하고 자신들의 처지를 부끄러워하게 된다.

"그는 전에 내게 말하기를 네 하나님 여호와가 어디 있느냐 하던 자라"

하나님을 믿지 않는 자들이 하나님의 백성이 망하는 것을 그렇게 좋아하는 이유는 마음속으로 이 위대한 신앙에 대한 열등감을 가지고 있기 때문이다. 그런데 하나님을 믿지 않는 자들은 하나님의 백성이 망하는 것을 보고는 하나님을 믿어도 별수 없다고 생각하고 기뻐하게 된다. 반대로 하나님의 백성의 마음을 가장 아프게 하는 것은 자기들이 잘못하는 바람에 하나님의 이름이 욕을 먹는 것이다. 즉 세상 사람들은 하나님의 백성이 망하는 것을 보고 '너의 하나님이 어디 있느냐?' 는 식으로 조롱을 한다. 즉 '네가 열심히 믿는다고 하더니 무슨 소용이 있느냐?' 며 조롱하는 것이다. 그러나 하나님은 유다 백성을 연단하신 후에 다시 아름답게 회복시켜 주실 것이다.

"그가 거리의 진흙같이 밟히리니"

하나님을 믿지 않는 자들은 하나님의 백성을 시기해서 그들이 망하고 연단받는 것을 기뻐하지만, 그렇다고 해서 자기 자신들이 잘되는 것은 아무것도 없다. 그들은 조금씩 망하다가 나중에는 완전히 거리에 나앉게 되는데 그때 그들은 진흙같이 사람들에게 밟힐 것이다.

"그것을 내가 목도하리로다"

이것은 꼭 미가 선지가 살아서 본다기보다는 반드시 일어난다는 것을 강조하는 것이다. 하나님의 선지자가 말한 것은 반드시 이루어지고, 이 말씀을 들은 자들이 언젠가는 확인을 하게 될 것이다.

11절, "네 성벽을 건축하는 날 곧 그 날에는 지경이 넓혀질 것이라"

미가 선지는 예루살렘이 파괴되지만 그것으로 예루살렘의 가치가 사라지고 용도 폐기되는 것이 아니라고 말씀하고 있다. 이것은 바로 예루살렘이 수리되는 과정이고 치료되는 과정이기 때문에 겉으로 보기에는 완전히 파괴된 것 같지만 언젠가는 다시 더 온전한 모습으로 회복될 것이다. '그 지경이 넓어지리라' 는 말씀은 예루살렘의 경계가 없어진다는 뜻이다. 즉 지금까지는 예루살렘의 경계가 성벽까지로 제한되어 있었지만 앞으로 예루살렘이 회복되면 그때는 경계가 없어지기 때문에 예루살렘은 온 세상에 영향을 미칠 것이다.

그리고 여기서 '지경' 이라는 말은 '말씀' , 또는 '법령' 이라는 뜻이다.

그래서 예루살렘이 회복될 때에는 그 나라의 법령이 멀리 퍼질 것이라고 해석하기도 한다. 즉 장차 예루살렘이 회복되면 그때는 예루살렘의 영향력이 과거처럼 지역에 제한된 것이 아니라 전 세계에 하나님의 말씀으로 영향을 주는 대단히 강력한 예루살렘이 될 것이다.

12절, "그 날에는 앗수르에서 애굽 성읍들에까지, 애굽에서 하수까지"

당시에 '앗수르에서 애굽까지' 라고 하면 전 세계를 의미했다. 아마 당시에 세계 지도가 있었다면 북쪽 앗수르에서부터 남쪽 애굽까지만 나타나 있었을 것이다. 그런데 이스라엘과 유다가 망하면서 이스라엘 백성이 전 세계에 팔려가지 않은 곳이 없었다. 어떤 사람은 북쪽으로 팔려가서 앗수르까지 갔는가 하면, 남쪽으로 팔려간 사람은 애굽까지 가게 되었다. 그러나 유다가 회복되고 예루살렘이 재건될 때에는 전 세계에서 사람들이 예루살렘으로 몰려올 것이다. 그런데 여기서 '사람들' 은 과연 누구를 의미하는 것일까? 이 사람들은 포로로 붙들려 간 유다 백성인가, 아니면 이방인들인가? 이 사람들은 포로로 붙들려 간 이스라엘 자손들과 이방인 모두를 의미한다.

13절, "그 땅은 그 거민의 행위의 열매로 인하여 황무하리로다"

여기서 '그 땅' 은 하나님께 돌아오지 않는 사람들의 땅을 말한다. 결국 하나님께 돌아오지 않는 사람들의 삶은 악하고 부패할 수밖에 없기 때문에 그들의 땅은 황무하게 된다. 즉 세상은 한때는 번창하고 성공하지만 시간이 지나면 결국 부패와 죄악으로 망해서 황무하게 되고 만다. 그래서 이 세상에서 하나님의 백성이 되는 것보다 더 좋은 일은 없다.

14절, "원컨대 주는 주의 지팡이로 주의 백성 곧 갈멜 속 삼림에 홀로 거하는 주의 기업의 떼를 먹이시되"

미가 선지는 이제 바벨론에 망해서 포로로 붙들려 갈 유다 백성을 위해 기도하고 있다. 그가 기도하는 것은 그들이 망하지 않고 잘살게 해 달라는 기도가 아니다. 미가 선지는 이미 예루살렘의 병이 깊기 때문에 큰 수술을 받지 않으면 도저히 회생할 수 없다는 것을 알고 있다. 미가는 유다 백성을 산으로 도망쳐서 산속 깊은 곳에 숨어 있는 양들의 모습으로 표현하고 있다. 그러나 숲속에 숨어 있는 양들은 언젠가는 이리나 곰이나 사자에게 찢겨서 죽고 말 것이다. 미가 선지는 하나님께 설사 주의 백성이 망한다 하더라도 그들을 돌아보셔서 다시 하나님의 양 떼로 인도하여 주시고 보살펴 달라고 기도하고 있다.

여기 '갈멜 속 삼림에 홀로 거하는 주의 기업의 떼' 에 대해서는 해석상의 차이가 있다. 어떤 사람은 이것이 숲속에서 양들이 쉬고 있는 것을 의미한다고 해석한다. 그러나 아무리 생각해도 예루살렘이 망한 후에 유다 백성이 숲속에서 쉴 처지는 아닌 것 같다. 결국 유다 백성은 나라가 망하면서 왕이 없는 백성이 되어 전 세계에 흩어져 온갖 고생을 할 것이다. 당시 갈멜 산에 있는 숲은 아주 깊은 숲이었던 것 같다. 그래서 양들이 숲 구석구석에 들어가서 숨어 있었던 것이다. 마찬가지로 유다 백성이 전 세계에 흩어져 있으면 사람의 힘으로는 그들을 찾아 낼 수 없게 될 것이다. 그러나 하나님께서 흩어진 유다 백성을 바산과 길르앗의 양 떼들처럼 다 모아서 하나님의 인도와 다스림을 받게 해 달라고 기도하고 있다.

15절, "네가 애굽 땅에서 나오던 날과 같이 내가 그들에게 기사를 보이리라"

하나님께서는 미가 선지의 기도에 대하여 유다 백성에게 옛날 애굽에서 나올 때같이 기적을 베풀겠다고 하셨다. 즉 이스라엘 백성은 애굽에서 나올 때 자신들의 힘으로는 도저히 탈출할 수 없는 상태였다. 그러나 하나님께서 열 가지 재앙과 기적으로 이스라엘 백성을 애굽에서 이끌어 내셨던 것이다. 지금 하나님께서는 다시 한 번 그런 기적으로 유다 백성을 이끌어 내겠다고 약속하신다. 그러나 이번에 하나님이 행하실 구원은 단순히 포로에서 돌아오는 것이 아니라 그들이 죄에서 탈출하여 하나님께로 바로 돌아오는 구원이 될 것이다. 이것은 단순히 지리적인 이동이 아니라 영적인 이동이 될 것이다. 따라서 이 세상에서 가장 큰 이적은 사람들이 죄에서 떠나 하나님의 백성이 되는 것이다.

16절, "가로되 열방이 보고 자기의 세력을 부끄려서 손으로 그 입을 막을 것이요 귀는 막힐 것이오며"

옛날에 이스라엘 백성이 출애굽할 때 그 권세와 능력 앞에 애굽은 물론이고 주위의 모든 민족이 이스라엘을 부러워하였다. 그러나 앞으로 하나님이 새로운 구원을 이루실 때에는 전 세계가 하나님의 백성 앞에서 부끄러워하게 된다. 왜냐하면 이제 우리는 하나님의 자녀가 되며, 하나님의 모든 지혜와 능력과 나라를 상속하기 때문이다. 그래서 세상 사람들은 너무나도 엄청난 이 신분의 차이를 보고 기가 막혀서 말을 하지 못하게 되고, 귀가 막히게 될 것이다.

"그들이 뱀처럼 티끌을 핥으며 땅에 기는 벌레처럼 떨며"

하나님을 믿지 않는 자들은 자기들은 알지 못하지만 뱀인 마귀의 종이 되어 있다. 그래서 그들은 이 세상에서 한평생 더러운 죄를 짓다가 나중에는 마귀와 같이 영원한 지옥에서 저주받은 상태에 있게 된다. 뱀이 배로 기면서 티끌을 핥는다는 것은 저주받은 결과이다. 하나님을 믿지 않는 자들은 모두 기고만장하게 살아가지만 그리스도가 다시 오실 때 그 위엄과 영광 앞에 벌레같이 되고 말 것이다.

"그 좁은 구멍에서 나와서 두려워하며 우리 하나님 여호와께로 돌아와서"

세상 사람들은 모두 자기가 있는 좁은 구덩이가 전부인 줄 알고 교만하게 살아간다. 그 중에서 먼저 하나님을 알고 떨며 고백하는 자는 구원을 받지만, 끝까지 좁은 구멍을 믿고 사는 자는 나중에 끌려나와서 심판을 받을 것이다. 그래서 결국 이 세상은 두 부류의 사람으로 나누어질 수밖에 없다. 즉 고난 가운데 하나님의 은혜와 능력을 체험해서 자기 뜻대로 살지 않고 하나님을 믿고 그 말씀에 순종하는 자들과 하나님을 모르고 자기 뜻대로 살다가 나중에 큰 수치를 겪는 사람들이다.

18절, "주와 같은 신이 어디 있으리이까"

우리는 하나님이 행하시는 이 놀라운 일들을 보면 하나님을 찬양하게 된다. 왜냐하면 이 세상에 우리 하나님 같은 신이 없기 때문이다. 우리가 하나님을 찬양해야 할 이유가 무엇인가? 하나님은 우리를 치료하시는 하나님이기 때문이다. 하나님은 우리의 고장 난 부분을 고치기 위하여 일단 해체시키신다. 이것이 사람들의 눈에는 하나님의 백성이 망하는 것으로 보인다. 하나님이 한번 손을 대시기 시작하면 아주 철저히 해부하시기 때문에 완전히 부서진 것 같고 다시는 회복되지 못할 것 같다. 그러나 하나님께서는 하나님의 백성을 고장 나기 전보다 더 깨끗하고 완전하게 회복시키신다.

"주께서는 죄악을 사유하시며 그 기업의 남은 자의 허물을 넘기시며"

우리가 죄를 지으면 하나님은 분명히 우리 죄에 대하여 진노하신다. 그러나 하나님은 정말 화가 나서 진노하시는 것이 아니라 우리를 고치시기 위하여 진노하시는 것이다. 하나님께서는 자기 백성의 죄를 용서하시고 그들의 죄악을 사유하신다.

19절, **"다시 우리를 긍휼히 여기셔서 우리의 죄악을 발로 밟으시고 우리의 모든 죄를 깊은 바다에 던지시리이다"**

하나님은 하나님의 백성을 긍휼히 여기신다. 여기서 하나님이 긍휼히 여기신다는 것은 우리를 불쌍히 여기셔서 동정하실 뿐 아니라 우리가 그렇게 죄를 지을 수밖에 없는 것을 이해하시고 우리를 고쳐 주시는 것이다. 하나님은 죄를 밟으셔서 재발하지 못하게 하실 뿐 아니라 우리가 다시는 그 죄로 인하여 부끄러워하지 않도록 바다에 던져 버리신다. 그런데 하나님께서는 우리의 죄를 어떻게 완전히 치료하실까? 우리 안에는 썩은 고름 같은 죄가 있어서 끊임없이 흘러나오고 있다. 우리는 잠시라도 악한 것을 생각하지 않고는 견디지 못한다. 그런데 하나님은 어떻게 우리의 죄를 발로 밟으시며 우리 죄를 깊은 바다에 던지시는가? 그것은 그리스도의 십자가에서 흘러내리는 피를 통해서이다. 끝없이 흘러내리는 예수의 피가 우리를 완전히 깨끗게 한다.

20절, **"주께서 옛적에 우리 열조에게 맹세하신 대로 야곱에게 성실을 베푸시며 아브라함에게 인애를 더하시리이다"**

결국 하나님은 이스라엘의 조상 아브라함에게 약속하신 대로 그 후손에게 긍휼을 베푸셔서 그들을 영원히 버리지 아니하시고 그들을 다시 하나님의 사랑받는 자들로 회복시키신다. 하나님은 이 과정에서 야곱의 자손들만 구원하시는 것이 아니라 이 세상의 모든 택한 백성을 다 구원하신다. 과연 이 세상에 이런 분이 어디 있는가? 하나님은 이스라엘의 죄를 보시고 그들을 심판하시되 그들을 완전히 치료하실 뿐 아니라 그들을 통하여 세상의 모든 사람을 하나님께로 돌아오게 하시는 분이다. 우리의 본성으로는 하나님을 믿거나 하나님께 순종할 자들이 한 사람도 없다. 그러나 우리는 하나님의 사랑에 감격하고 그 은혜에 설득되어서 하나님을 믿게 되었다. 그래서 구원은 전적으로 하나님의 인자와 신실의 결과이다. 하나님은 계획하신 것을 반드시 이루시며, 한번 손대신 것은 절대로 포기하지 아니하고 반드시 이루시기 때문이다.

본문 이해를 위한 질문

1. 하나님은 유다 백성의 죄에 대하여 어떻게 심판하시는가?

하나님은 유다 백성의 죄에 대하여 오래 기다리시지만 스스로 회개하지 아니하면 철저하게 심판하신다. 그러나 하나님의 징계는 멸망이 아니라 하나님의 백성을 수리하시고 치료하시는 과정이기 때문에 다시 회복된다.

2. 이때 하나님의 백성의 멸망을 기뻐하고 조롱하던 자들은 어떻게 되는가?

하나님을 대적하던 자들은 유다의 회복에 부끄러워하고 자신들은 황무하게 된다.

3. 하나님은 어떤 하나님이신가?

하나님은 주의 백성을 치료하시는 하나님인데 그들을 회복시키실 때에는 죄를 밟으시며 다시는 기억하지 못하도록 바다에 던지신다.

성경 강해

서울의 모 여대 앞에서 40년이 넘도록 구두 수선을 하는 분이 있습니다. 이분은 집이 너무 가난해서 공부를 할 수가 없었기 때문에 무슨 일을 하든지 최고로 잘하는 사람이 되어 보자고 생각하고 구두 수선을 시작했다고 합니다. 처음에는 그 여대 앞에서 누나 또래인 여대생들의 구두를 수선하다가 몇 년 후에는 학생들이 교수가 되어 와서 구두를 수선하고, 그 다음에는 자기 또래의 여자 아이들의 구두를 수선하다가, 또 몇 년 후에는 동생 또래 여대생들의 구두를 수선했고, 이제는 막내딸 또래 여대생들의 구두를 수선한다고 합니다.

사실 구두를 신다 보면 다른 것은 다 괜찮은데 뒤축이 닳아서 신지 못할 때가 많이 있습니다. 이때는 멀쩡한 구두를 버릴 것이 아니라 뒤축만 수선해서 신고 다니면 되는 것입니다. 요즘 자동차 회사가 아무리 자동차를 잘 만든다고 해도 사람이 만드는 이상 고장이 나기도 하고 하자가 생기기도 합니다. 그래서 자동차 회사가 고객을 확보하려면 애프터서비스를 잘 해 주어야 합니다. 자동차 회사 입장에서는 이미 소비자에게 판매한 자동차이지만 고장이 나면 결국 그 자동차를 만든 회사로 돌아오게 됩니다. 자동차 상태가 아무리 좋지 않아도 그 자동차 회사에는 기술자들과 부속품들이 준비되어 있기 때문에 완벽하게 고칠 수 있습니다. 만일 자동차 회사가 자기들이 만든 자동차에 하자가 있음에도 불구하고 그것을 숨기거나 고쳐 주지 않고 우물우물하다가는 엄청난 대가를 지불할 것입니다.

마찬가지로 우리 인간이 이 세상에서 아무리 머리가 좋고 능력이 뛰어나다 하더라도 우리는 근본적으로 하자가 있는 존재였습니다. 인간들은 태어나면서부터 인격 안에 죄를 품고 태어나는 것입니다. 우리는 모두 리콜이 필요한 존재인 것입니다. 우리 인간의 죄는 암보다 더 무서운 병이 되어서 모든 인간을 타락하게 만들고 영원히 멸망하게 만드는 것입니다. 그러나 하나님께서는 놀라운 약속을 하나 하시는데 그것은 누구든지 자기가 죄인인 줄 알고 하나님께 돌아오는 자는 그 죄가 완전히 없어지도록 새 인간으로 만들어 주시겠다는 것입니다. 미가서의 오늘 이 예언이야말로 완전한 복음이며 바로 오늘 우리에게 하시는 말씀인 것입니다.

1. 하나님의 치유

9절, "내가 여호와께 범죄하였으니 주께서 나를 위하여 심판하사 신원하시기까지는 그의 노를 당하려니와 주께서 나를 인도하사 광명에 이르게 하시리니 내가 그의 의를 보리로다"

우리는 때때로 자기 자신에 대하여 왜 나의 인생은 다른 사람들처럼 평범하지 못한가 하고 생각할 때가 많이 있습니다. 우리는 자주 '하나님이 나를 사랑하시며 하나님이 전지전능하시다면 나를 어마어마하게 복 받은 사람으로 만들어 주지는 않으신다 할지라도 적어도 남들만큼은 복을 주셔야 하지 않을까?' 하고 생각합니다. 그리고 우리는 남들처럼 평범하지 못한 인생을 살면서 '나는 실패자다' 혹은 '나는 복을 받지 못한 사람이다' 라고 스스로 비하할 때가 많습니다. 그러나 우리의 인생이 다른 사람들처럼 평범하지 못한 것은 하나님이 중요하게 생각하시는 것과 우리가 중요하게 생각하는 것이 다르기 때문입니다.

우리 인간은 남들에게 뒤지지 않는 것을 아주 중요하게 생각합니다. 우리는 다른 사람보다 조금이라도 뒤지는 것이 있으면 이것이 불행이 됩니다. 그러나 우리가 다른 사람보다 조금 더 우수하면 이것은 성공적인 인생이 되는 것입니다. 그래서 우리는 우리에게 있는 부족한 것을 하나님이 채워 주시면 더 이상 바랄 것이 없다고 생각합니다. 하나님이 나에게 집을 주시고, 직장을 주시고, 남들보다 조금 더 뛰어난 머리나 재주만 주신다면 우리는 얼마든지 복 받은 사람이 될 수 있다고 생각합니다. 그러나 하나님께서는 우리가 원하는 그 수많은 조건들보다 오직 한 가지, 죄가 해결되는 것을 더 중요하게 생각하시는 것입니다.

저에게 형이 한 분 계시는데 인물도 뛰어나고, 머리도 우수하고, 성격도 좋고, 재주도 뛰어난 분입니다. 제 형은 인간적으로는 나무랄 데가 한 군데도 없는 사람입니다. 그런데 제 형은 선천적 심장판막증을 가지고 있었습니다. 그래서 형은 심장판막증 때문에 할 수 없는 운동이 많았습니다. 그리고 몇 번이나 죽을 고비를 넘겼습니다. 그러다가 형은 더 이상 미룰 수가 없어서 심장 수술을 받게 되었습니다. 요즘 심장 수술이 얼마나 뛰어난지 심장을 덮고 있는 갈비뼈를 잘라 열어 젖힌 뒤 심장을 밖으로 꺼내어서 수술을 하는데 심장이 너무 비대해져 있었고, 심장 안에는 엄청난 핏덩이가 들어 있었습니다. 의사는 비대해진 심장을 잘라내고, 핏덩이를 제거하고, 고장 난 판막 대신에 금속판막을 달았습니다. 형은 수술을 받고 난 후 옛날보다 더 건강해졌습니다. 그러나 형은 아직 수술을 받아야 할 것이 하나 있는데 그것은 바로 하나님을 믿는 수술입니다. 그런데 하나님을 믿는 수술이 심장 수술보다 훨씬 어려운 것 같습니다.

어떤 기계가 고장이 나서 수리를 맡기면 실력 없는 기술자는 조금 집적거려 보다가 나사만 한 번 더 조인 후에 이상이 없다고 말을 할 것입니다. 그러나 실력이 있는 기술자에게 가져가면 그 사람은 기계 고장의 원인을 정확하게 파악한 후에 사정없이 그 기계를 해체합니다. 우리가 보기에는 기계를 완전히 망가뜨려 버리는 것 같습니다. 그러나 잠시 후 그 기술자는 새 부속을 넣어야 할 부분에 새 부속을 넣고, 고칠 부분은 고쳐서 완전히 회복시켜 놓습니다.

여기에 보면 '내가 여호와께 범죄하였으니 주께서 나를 위하여 심판하사 신원하시기까지는 그의 노를 당하려니와' 라고 했습니다. 여기서 '나' 는 누구일까요? 여기서 '나' 는 미가 선지가 유다 백성을 대표하여 지칭한 것입니다. 미가 선지는 자기 자신의 죄와 허물을 말한 것입니다. 미가 선지는 지금까지 유다 백성이 당한 많은 환난과, 또 앞으로 당할 환난을 어떻게 받아들일까 하는 문제를 설명하고 있습니다. 그것은 유다 백성이 하나님 앞에 저지른 죄에 대하여 심판을 받는 것이라고 말을 했습니다. 그러나 이것은 엄밀하게 말해서 '심판' 의 의미보다는 '연단' 의 의미가 더 많습니다. 물론 유다 백성이나 우리가 전혀 죄가 없는 사람들이라면 우리는 연단을 당할 필요도 없고, 고난을 당해야 할 이유도 없으며, 우리는 한평생 복만 받으면서 살면 될 것입니다. 그러나 우리는 모두 태어나면서부터 죄를 가지고 태어나기 때문에 전혀 죄를 짓지 않는다는 것은 불가능한 것입니다. 그런데 심판이라고 하는 것은 사실 지은 죄에 상응하는 벌을 받는 것입니다. 그러나 하나님이 유다 백성이나 우리에게 주시는 것은 우리가 지은 죄에 상응하는 벌을 주시는 것이 아닙니다. 하나님께서 우리에게 고통을 주시는 것은 우리가 하나님 앞에서 죄인이라는 것을 깨닫게 하시고 자신을 믿지 말고 하나님만 믿도록 하기 위해서 주시는 것이기 때문에 이것을 죄에 대한 심판이라고 말할 수는 없습니다. 그럼에도 불구하고 우리 인생이 다른 사람들과 같이 순풍에 돛 단 것처럼 평탄하게 나가지 않고 많은 어려움과 역경을 당하는 이유는 하나님께서 우리로 하여금 교만하지 못하게 하시고 하나님 앞에서 자신을 낮추게 하기 위한 것입니다.

사실 우리는 고난을 당하고 연단을 받아도 우리가 그렇게 죄인인 것을 잘 알지 못합니다. 단지 우리는 우리 앞에 있는 어려움이 너무 절박하기 때문에 하나님을 붙들고 하나님을 의지할 수밖에 없습니다. 하나님은 이것을 믿음으로 보시고 우리 죄를 수술해 버리시는 것입니다.

예를 들어 어떤 중풍병자가 병으로 고통스러워하다가 들것에 실려서 예수님에게 갔습니다. 그러나 예수님이 계신 곳은 사람들이 많아서 환자를 들것째 밧줄로 매어서 지붕에 올려놓고는 지붕을 뚫고 환자를 내려 보내었습니다. 예수님은 이들이 얼마나 절박한 마음으로 예수님의 도우심을 원하는지를 아시고 이것을 믿음으로 받아 주셔서 그 사람에게 병이 다 없어졌다고 선포하셨습니다. 예수님은 우리의 병이나 우리의 어려움은 쉽게 고치실 수 있습니다. 그러나 예수님도 우리의 죄를 없애려면 자기 자신이 피를 흘려야 하고, 죽으셔야 했습니다. 그런데 하나님은 우리가 스스로 교만하지 아니하고 어려운 가운데 하나님을 의지할 때 이것을 믿음으로 보시고 죄를 먼저 해결해 주십니다. 그러나 우리가 전적으로 하나님을 의지하는 자리까지 낮아지는 데는 어려움이 많습니다. 이때 우리는 하나님의 사랑을 의심하기도 하고, 혹시 기독교 신앙이 엉터리가 아닐까 회의를 품기도 합니다. 그래서 오늘 본문에 보면 '심판' 이라는 말도 나오지만 '신원' 이라는 말도 나옵니다. 신원이라는 것은 하나님께서 나를 사랑으로 보시고 내 모든 어려움을 들어주시는 것을 말합니다. 하나님이 우리를 축복하시지 않고 고통 중에 있게 하시는 것을 보면 우리에 대하여 노하시는 것 같은데 실제로는 노하시는 것이 아닌 것입니다. 하나님은 우리의 일거수일투족을 보고 계시며, 우리의 모든 하소연이나 신음 소리를 다 듣고 계시는데 우선순위는 그것이 아닌 것입니다. 하나님은 우리의 불신을 치료하시며 교만을 치료하시고, 하나님의 말씀의 맛을 알게 하시는 것입니다. 이것이 하나님이 우리를 고치시는 순서입니다. 만일 하나님이 이런 식으로 우리를 고치지 아니하시면 계속 그 죄가 재발해서 결국은 모든 축복을 다 갉아먹고 망하고 말 것입니다. 그러고 난 후에 하나님은 우리를 광명으로 인도하십니다.

'주께서 나를 인도하사 광명에 이르게 하시리니 내가 그의 의를 보리로다.'

여기서 '주께서 나를 인도하신다' 는 것은 내 힘으로는 도저히 광명으로 나아갈 수 있는 힘이 없다는 뜻입니다. 여기서 '광명' 은 '흑암' 의 반대어입니다. '흑암' 이라고 하는 것은 인간에게 있어서 가장 비참한 시기를 말합니다. 이 시기에는 철저한 억압과 궁핍 가운데서 희망이라고는 조금도 찾을 수 없는 절망적인 삶이 연속됩니다. 사람들은 누구든지 자기 힘으로는 그런 인간 이하의 상태에서 벗어날 수가 없습니다. 그런데 이상하게 하나님의 때가 되면 조금씩 하나님의 복이 부어지면서 생활이 달라지기 시작하는 것입니다. 그전에는 죽어라고 기도해도 하나님이 듣지 않으시는 것 같고 상태가 나아질 가능성도 보이지 않았는데 어느 순간 풀리기 시작하더니 복을 받기 시작하는 것입니다. 하나님은 연단을 통과한 하나님의 백성을 유명하게 하시고, 능력 있게 하시고, 그야말로 혜성과 같이 이 세상에 나타나게 하십니다. 그래서 이 세상에 그야말로 한순간에 생각하지도 못했던 한 스타가 떠오르는 것입니다. 이런 사람은 깨끗하고 열정적이며 능력까지 갖추고 있는 것입니다.

여기에 보면 '내가 그의 의를 보리라' 라고 했습니다. 이것은 하나님께서 우리를 의롭게 하시고 회복시키시는 것을 말합니다. 처음에 하나님께서 우리를 고난 속으로 밀어 넣으실 때 우리가 재기할 수 있는 가능성은 제로였습니다. 그런데 하나님은 우리를 실컷 연단하셔서 정말 깨끗게 하신 후에 점도 티도 없는 완전한 사람으로 우리를 회복시키시는 것입니다.

10절, "나의 대적이 이것을 보고 부끄러워하리니 그는 전에 내게 말하기를 네 하나님 여호와가 어디 있느냐 하던 자라 그가 거리의 진흙같이 밟히리니 그것을 내가 목도하리로다"

하나님의 백성이 연단받는 것을 보고 그들을 시기하고 미워하던 자들은 망한다고 생각했습니다. 그래서 대적들은 하나님의 백성이 어려움을 당하는 것을 보고 좋아하고 기뻐했습니다. 왜냐하면 하나님을 믿는 자들은 평소에 잘난 체하고 자기들만 똑똑한 것처럼 행세했기 때문입니다. 그러다가 졸지에 하나님의 백성이 환난을 당하게 되자 그들은 너무 좋아하면서 "너희 하나님이 어디 있느냐?"라고 하며 조롱한 것입니다. 이것은 다른 말로 표현하면 너희 신앙은 엉터리이며, 너희 하나님은 없다는 것입니다. 그런데 하나님의 백성이 너무나도 당당하게 다시 일어서는 것을 보게 되었을 때 원수들은 더 이상 할 말을 잃을 것입니다. 왜냐하면 그들이 다시 복을 받는 것을 보면 하나님이 살아 계신 것을 인정하지 않을 수가 없기 때문입니다. 그리고 세상의 복이라고 하는 것은 시간이 지나면 아무래도 퇴색되고 낡게 되어 있습니다. 그런데 하나님의 백성의 복은 너무나도 싱싱하고 찬란하기 때문에 그 빛에 세상의 자랑이나 성공은 진흙에 얼굴을 처박을 수밖에 없는 것입니다.

2. 지경이 넓어지게 됨

우리에게는 마지막으로 끝까지 붙들기를 바라는 소중한 것이 있을 것입니다. 그것은 집문서일 수도 있고, 하나 남은 아파트일 수도 있고, 대학 졸업장이나 회사나 자식일 수도 있습니다. 그런데 큰 재난이 터져서 그것들을 잃게 되었을 때 사람들은 모두 "이제 내 인생은 끝났다."라고 말할 것입니다. 그런데 놀라운 것은 그때부터 새 인생이 시작되는 것입니다.

저희 교회 집사님 중에 학교 선생님으로 계시다가 퇴직하신 여자 집사님이 계십니다. 집사님은 신앙생활도 그야말로 성경 말씀대로 모범적으로 하셨습니다. 나름대로는 어려움이 많이 있었지만 그 어려움도 하나씩 다 이겨 내셨습니다. 그런데 저는 그분에게서 남편에 대하여 들은 기억이 나지 않았습니다. 그래서 어느 날 그 집사님에게 "남편은 어떻게 되셨습니까?" 라고 여쭈었더니 집사님은 남편과 예수님을 바꾸었다는 것입니다. 즉 병으로 남편을 잃고 그때부터 제대로 믿기 시작하셨는데 신앙이 너무나도 똑바로 심겨지신 것입니다.

우리는 때때로 하나님께서 내가 너무나도 소중하게 여기는 것을 가져가실 때 하나님을 야속하게 생각하고 원망합니다. 그런데 놀라운 것은 그때부터 우리의 인생 새로 시작하는 것입니다. 이것은 유다 백성에게도 마찬가지였습니다. 유다 백성에게 예루살렘 성은 생명선이고 적이 절대로 넘어와서는 안 되는 마지노선이었습니다. 그런데 어느 순간 적들이 예루살렘을 넘어와서 성전의 모든 보물을 약탈하고 모든 백성을 사로잡아 가는 것입니다.

유다 백성은 예루살렘의 보물이 약탈당하고 예루살렘이 적에 의해서 망하는 것을 보고 모든 것이 끝장났다고 생각했는데 유다의 역사는 거기서부터 새로 시작되었습니다. 왜냐하면 그때까지 예루살렘은 유다 백성의 우상이었기 때문입니다. 우리는 하나님보다 더 의지하고 더 사랑하는 것이 있으면 안 됩니다. 왜냐하면 그것들이 우리 신앙을 닥아서 열매 맺지 못하게 하기 때문입니다. 하나님과 우리 사이에는 막힌 것이 없어야 하는데 이런 것들이 걸림돌이 되어서 영양이 공급되지 않은 것입니다. 그런데 우리가 우상같이 아끼던 것들이 깨어지게 되었을 때 비로소 우리는 '이판사판'이라는 생각으로 전적으로 하나님께 매달리게 되는데, 그때 지경이 더 넓어집니다. 즉 우리의 영향력은 더 넓어지고 하나님 앞에서 우리의 믿음의 그릇은 더 커지는 것입니다. 이는 막달라 마리아가 예수님의 발 앞에 와서 울면서 그 비싼 향유 옥합을 깨뜨려서 예수님에게 부었을 때 막달라 마리아의 신앙이 더 커진 것과 같습니다. 우리가 집착하고 있는 것을 내려놓을수록 우리의 믿음의 그릇은 더 커지는 것입니다. 사실 유다 백성은 예루살렘에서 바벨론으로 붙들려 가고 난 후에 더 결사적으로 하나님을 믿게 되었습니다. 유다 백성은 예루살렘을 잃고 하나님을 얻었던 것입니다. 그래서 우리는 하나님 때문에 손해 보는 것은 결코 손해가 아니라는 사실을 아시기 바랍니다. 우리가 하나님 때문에 잃어버리는 것은 몇십 배가 되어서 돌아올 것입니다.

12절, "그 날에는 앗수르에서 애굽 성읍들에까지, 애굽에서 하수까지, 이 바다에서 저 바다까지, 이 산에서 저 산까지의 사람들이 네게로 돌아올 것이나"

여기서 '앗수르에서 애굽' 은 세계 전체를 의미합니다. 아마 당시 세계 지도가 있었다면 북쪽 앗수르에서부터 남쪽 애굽까지 나와 있었을 것입니다. 당시 이스라엘 백성과 유다 백성은 가난이나 전쟁으로 전 세계 여러 곳에 노예로 팔려가게 되었습니다. 어떤 사람은 북쪽으로 팔려가서 앗수르까지 간 사람이 있는가 하면, 남쪽으로 팔려간 사람은 애굽까지 갔습니다. 그런데 예루살렘이 다시 일어서게 될 때에 전 세계에 노예로 붙들려 갔던 사람들이 돌아올 것이라고 말씀하고 있습니다. 이때 돌아올 사람들은 어떤 사람들일까요? 바로 하나님의 말씀을 믿는 우리인 것입니다.

옛날 예루살렘은 단단한 공과 같아서 이방인들은 도저히 그 안에 들어올 수가 없었습니다. 그러나 이스라엘 백성이나 유다 백성이 노예로 잡혀가면서 그들은 이방 세계에 회당을 세웠고, 거기에서 말씀 운동을 일으켰습니다. 바로 그 회당들이 교회의 시초인 것입니다. 예루살렘이 무너지지 않았더라면 유대 인들은 언제까지나 하나님을 예루살렘 성전 안에 가두어 놓으려고 했을 것입니다. 그러나 예루살렘이 해체됨으로 온 세상의 주인이신 하나님의 모습이 드러났습니다. 이것이 치료된 예루살렘의 모습입니다. 그래서 전 세계의 사람들이 거기로 돌아온다는 것도 사람들이 예루살렘으로 몰려드는 것을 말하는 것이 아니라 그리스도의 공동체에서 하나님의 말씀을 배우며 은혜를 받게 되는 것을 말합니다.

그러나 우리가 하나님의 말씀을 듣고 하나님의 백성이 되는 데는 하나님의 인내가 필요합니다.

14절, "원컨대 주는 주의 지팡이로 주의 백성 곧 갈멜 속 삼림에 홀로 거하는 주의 기업의 떼를 먹이시되 그들을 옛날같이 바산과 길르앗에서 먹이옵소서"

원래 양들은 목자가 지키는 양 우리에서 살아야 정상입니다. 그러나 많은 양들이 갈멜 산 속에 있는 깊은 숲속에 숨어 있습니다. 왜냐하면 목자들이 죽고 망하는 바람에 양들이 모두 살기 위해서 산속으로 도망쳤기 때문입니다. 그러나 주인이 없는 이 양들은 너무나도 살아가는 것이 불안하고 그야말로 하루하루 생존하는 것이 기적이나 다를 바가 없었습니다. 이 숲속에 숨어 있는 양들은 늑대나 사자들에게는 그야말로 사냥감이었고, 살기 위해서는 죽어라고 도망을 쳐야 합니다. 그런데 미가 선지는 하나님께 기도하기를, 이 양들을 다시 하나님의 기업으로 삼으셔서 옛날 이스라엘의 전성기 때처럼 바산이나 길르앗의 넓은 들에서 풀을 뜯어먹게 해 달라고 하고 있습니다. 그러나 사실 주인을 잃은 양들이 새로운 목자를 믿고 따라간다는 것은 거의 기적과 같은 일입니다. 왜냐하면 목자를 잃고 숲에서 몇십 년을 살아온 양들은 이미 양이 아니라 들짐승 같은 본성을 가졌기 때문입니다. 이런 양들이 다시 목자를 신뢰하고 따라오려면 목자가 이들을 수없이 찾아가서 먹이를 계속 주고, 절대로 그들을 해치지 않는다는 것을 믿게 해 주어야 할 것입니다.

마찬가지로 야생동물들은 절대로 인간을 믿지 않습니다. 인간들이 아무리 야생 노루나 사슴을 좋아하려고 해도 야생동물들은 습성 자체가 인간들을 믿지 않습니다. 마찬가지로 우리 모든 인간은 야생동물과 같아서 절대로 하나님을 믿지 않습니다. 하나님께서 우리를 치료하시려 하고 우리를 도와주시려 해도 우리는 하나님의 손에 붙들리면 죽는 줄 알고 도망을 칩니다. 그런데 하나님은 끝내 우리로 하여금 하나님을 믿게 하셔서 결국 하나님을 믿고 따라가게 하십니다.

3. 하나님의 놀라운 구원

예수님이 사람들의 병을 고치시고 귀신을 쫓아내셨을 때 바리새인들이나 서기관들은 예수님의 능력을 시기해서 예수님이 귀신의 왕 바알세불의 힘을 빌려서 귀신을 쫓아낸다고 비난했습니다. 그때 예수님은 대답하시기를, 어떤 힘이 센 사람이 자기 집을 지키고 있으면 그 집 물건을 빼앗아 나올 수 없지만 더 힘이 센 사람이 와서 그 사람을 결박하면 그 집 안에 있는 물건들을 빼앗을 수 있다고 하셨습니다. 즉 예수님이 병자를 고치시고 귀신을 쫓아내신 것은 우연히 된 것이 아니라 아주 힘이 센 마귀를 예수님이 꼼짝 못 하게 결박해서 빼앗아 내신 것이었습니다. 그래서 이 세상에서 자기 힘으로 예수를 믿을 수 있는 사람은 아무도 없습니다. 예수 믿는 사람들은 모두 하나님이 사탄의 세력에서 빼앗아 내셨기 때문에 믿는 것입니다. 예를 들어 이스라엘 백성이 애굽에서 나올 수 있었던 것은 우연히 된 것이 아니라 하나님이 모세를 통해서 바로를 굴복시키고 이스라엘 백성을 빼앗아 내셨기 때문인 것입니다. 그런데 앞으로 하나님은 이런 일을 또 일으키실 것이라고 하셨습니다.

15절, "가라사대 네가 애굽 땅에서 나오던 날과 같이 내가 그들에게 기사를 보이리라"

이스라엘 백성이 애굽에서 나올 때 그들 자신의 힘으로는 도저히 탈출할 수 없는 상태에 있었습니다. 그러나 하나님께서 강한 팔로 기적을 일으켜서 그들을 애굽에서 이끌어 내셨습니다. 하나님께서는 다시 한 번 출애굽을 일으키겠다고 약속하십니다. 이것은 바로 예수님이 십자가 위에서 죽으심으로 모든 사탄의 세력으로부터 죄인들을 해방시키시는 대대적인 구원을 행하시는 것입니다.

역사적으로도 이런 위대한 해방이 있었습니다. 그 중의 하나가 미국에 있는 흑인들의 해방입니다. 미국의 흑인들이 해방되기 위해서 남북전쟁으로 수백만 명이 죽어야만 했습니다. 또 다른 위대한 해방은 바로 우리나라가 일본의 압제에서 풀려난 것입니다. 우리나라가 일본에서 해방되기 위해서 일본 사람들은 원자폭탄 앞에 굴복해야만 했습니다. 그러나 가장 위대한 해방은 십자가 위에서 하나님의 아들이 죽으심으로 모든 죄의 세력이 박살나고, 인간에 대한 저주가 풀어지고, 누구든지 예수의 이름을 부르기만 하면 하나님의 백성이 되는 대축복이 일어난 것입니다.

13절, "그 땅은 그 거민의 행위의 열매로 인하여 황무하리라"

이것은 참으로 놀라운 말씀입니다. 왜냐하면 이 세상에는 두 가지 농사가 있기 때문입니다. 하나는 땅에 농사를 지어서 열매를 거두는 것입니다. 사람들은 모두 이 농사만 생각하고 있고, 이 농사를 잘 짓는 것이 최고라고 생각합니다. 그리고 또 다른 농사가 있는데 그것은 믿음을 가지고 행위의 농사를 짓는 것입니다. 그런데 하나님 앞에서 더 중요한 것은 바로 이 행위의 농사를 잘 짓는 것입니다. 하나님께서 우리를 죽도록 연단시키시는 것은 결국 가시나무 같고 엉겅퀴 같은 인간이 하나님의 진액을 먹어서 행위의 열매를 맺도록 하기 위한 것입니다. 그런데 사람들은 농사를 잘 짓거나 혹은 기업 운영에 성공하거나 혹은 자식들이 출세하면 그것으로 모든 것이 끝났다고 생각하지만 사실 이런 사람들은 믿음의 농사를 하나도 짓지 않은 것입니다. 그래서 믿음의 농사를 짓지 않은 사람들은 이상하게 하나님의 복을 받지 못해서 황폐하게 됩니다. 그 이유는 이들이 땅의 복만 모을 줄 알았지 하나님의 복을 받는 법을 몰랐기 때문입니다.

아무리 비옥한 땅이라 하더라도 비가 몇 년 동안 오지 않으면 황무해집니다. 마찬가지로 영적인 부흥이 일어나지 않은 사람들의 마음은 황무하게 되어 있습니다. 세상이 망하는 이유는 영적으로 황무하기 때문입니다.

여기에 보면 하나님이 참으로 놀라운 일을 행하시는 것을 보게 됩니다.

16절, "가로되 열방이 보고 자기의 세력을 부끄려서 손으로 그 입을 막을 것이요 귀는 막힐 것이오며"

열방이 자기 세력이 부끄러워서 손으로 입을 막는다고 했습니다. 이것은 정말 놀라운 일이 아닐 수 없습니다. 왜냐하면 이 세상 사람들은 세상 끝날까지 자기가 가진 세력만 믿고 큰소리를 치기 때문입니다. 그래서 사람들은 늙어 가면서 젊었을 때 성공한 것을 계속 우려먹으면서 자랑을 합니다. 그런데 그 중에 어떤 열방은 이미 이 세상에서 자기들이 가진 세력이 하나님 앞에서 아무것도 아니라는 것을 깨닫고는 손으로 입을 막는다고 했습니다. 그 열방은 바로 하나님이 은혜를 주신 이방인인 것입니다. 우리도 원래는 이 세상에서 우리가 가지고 있는 별것 아닌 것들을 엄청나게 자랑하면서 살았습니다. 그래서 우리는 처음에 하나님의 말씀을 들을 생각조차 하지 않았습니다. 그런데 하나님께서는 사랑하시는 자들을 바닥에 메어 치셔서 완전히 납작하게 만들어 놓으십니다. 그때 우리는 하나님의 능력 앞에 우리의 세력이 아무것도 아닌 것을 깨닫고 감히 하나님 앞에서 내 자랑을 꺼내지도 못하게 됩니다. 그때 우리의 자랑하던 입은 막히고, 세상 자랑을 듣던 우리의 귀는 닫힙니다. 그때 비로소 우리는 하나님의 말씀을 들을 수 있는 귀를 가지게 됩니다.

17절, "그들이 뱀처럼 티끌을 핥으며 땅에 기는 벌레처럼 떨며 그 좁은 구멍에서 나와서 두려워하며 우리 하나님 여호와께로 돌아와서 주로 인하여 두려워하리이다"

그들은 뱀처럼 티끌을 핥아먹을 것이라고 했습니다. 뱀은 기어서 다녀야 되니까 그 입으로 먼지가 들어갈 수밖에 없습니다. 뱀처럼 티끌을 먹는다는 것은 이 세상에서 가장 비참해지는 것을 말합니다. 그런데 이방인들 중에서 정말 우리 같은 인간은 하나님 앞에서 아무것도 아니구나 하는 것을 깨닫고 자기 자신을 완전히 맨 바닥까지 낮추는 사람이 있습니다. 결국 이런 사람이 하나님께 돌아와서 하나님의 축복을 받게 됩니다. 이런 사람들은 자기가 하나님 앞에서 벌레밖에 안 된다는 것을 압니다. 벌레는 누군가가 밟으면 그 자리에서 몸이 으깨어지면서 죽을 수밖에 없습니다. 우리는 너무나도 약한 피조물인데 그동안 자기가 최고인 줄 알고 살았던 것입니다. 그러나 하나님 앞에서 티끌과 같고 벌레와 같은 존재인 우리가 하나님의 아들이 나를 대신해서 죽으셨다는 것을 알게 되면 우리는 떨게 됩니다. 왜냐하면 하나님이 이 정도로 우리를 사랑하셨는데 우리 인간이 이 하나님의 사랑을 짓밟고 업신여긴다면 이제는 더 이상 구제할 수 있는 방법이 없기 때문입니다.

우리가 하나님을 찬양해야 할 이유가 무엇입니까? 우리를 치료하시는 하나님이시기 때문입니다. 하나님께서는 우리의 고장 난 부분을 고치기 위하여 우리를 아프게 하시고, 우리를 치료하시기 위해서 남들보다 못하게 하십니다. 하나님께서 손을 대실 때 우리 인생이 너무 많이 부서지고 망가져서 다시는 회복되지 못할 것 같습니다. 그러나 하나님께서는 우리를 완전히 회복시켜 주십니다.

도대체 이런 하나님이 어디에 있겠습니까? 그래서 미가 선지는 유다와 이스라엘의 부패와 앞으로 나타날 하나님의 심판에도 불구하고 하나님을 찬양합니다.

18절, "주와 같은 신이 어디 있으리이까 주께서는 죄악을 사유하시며 그 기업의 남은 자의 허물을 넘기시며 인애를 기뻐하심으로 노를 항상 품지 아니하시나이다"

하나님은 우리 안에 있는 죄에 대하여 분명히 진노하십니다. 그러나 하나님은 정말 화가 나서 진노하시는 것이 아닙니다. 이 진노는 우리를 고치시기 위한 열정인 것입니다. 하나님은 우리의 다른 모든 행복보다 우선해서 우리의 죄를 용서하시고 그들의 죄악을 사유하기를 원하십니다.

하나님은 그 기업의 남은 자의 허물을 넘긴다고 하셨습니다. 그 기업의 남은 자는 끝까지 하나님의 말씀을 붙드는 자를 말합니다. 하나님께서 그들의 허물을 어디로 넘기실까요? 하나님 자신에게로 넘기십니다. 그러니까 우리의 죄가 완전히 해결되는 것입니다. 하나님은 인애를 기뻐하십니다. 여기서 인애는 죄인에 대한 사랑입니다. 이 세상에 죄를 지은 자를 사랑하는 자는 없습니다. 그러나 하나님은 죄인을 사랑하십니다. 하나님은 억지로 사랑하시는 것이 아니라 인애를 기뻐하십니다.

19절, "다시 우리를 긍휼히 여기셔서 우리의 죄악을 발로 밟으시고 우리의 모든 죄를 깊은 바다에 던지시리이다"

하나님이 우리를 긍휼히 여기시는 것은 죄를 지을 수밖에 없는 우리의 연약함을 이해하시는 것입니다. 그래서 하나님은 우리를 위하여 죄를 발로 밟으십니다. 하나님이 죄를 발로 밟으시면 다시는 죄가 일어나서 우리를 공격하거나 집을 삼키지 못할 것입니다. 그뿐만 아니라 하나님은 우리 죄를 모두 깊은 바다에 던지시기 때문에 다시는 죄가 물위로 떠오르지 못할 것입니다.

그래서 마귀가 다시는 과거에 우리가 지은 죄들을 들추어내어서 우리를 정죄하지 못할 것입니다. 사도 바울은 '누구든지 그리스도 안에 있으면 결코 정죄함이 없다' (롬 8:1)고 했습니다.

20절, "주께서 옛적에 우리 열조에게 맹세하신 대로 야곱에게 성실을 베푸시며 아브라함에게 인애를 더하시리이다"

야곱은 정말 변화되기 어려운 사람이었습니다. 그러나 하나님은 결국 야곱을 연단하셔서 이스라엘이 되게 하셨습니다. 하나님은 아브라함에게 약속하신 대로 이스라엘 자손들에게 말씀을 주셔서 그들에게 천국의 복이 맺히게 하셨습니다.

그런데 하나님은 정말 이방인 중의 이방인이었던 우리나라 사람들에게 말씀을 주시고 부흥을 주셔서 야곱이 이스라엘이 되게 하시고 아브라함의 자손이 되게 하셨습니다. 지금까지 우리나라는 전 세계에 유례 없는 복을 받고 있습니다. 그러나 이제 우리나라 사람들, 특히 한국 교회가 스스로 자기를 대단히 여기고 예배당을 예루살렘 우상같이 만들고 있습니다. 이것은 대단히 미련한 짓이며 어리석은 태도입니다. 이미 이스라엘 백성이 이렇게 해서 망한 것을 보면서도 한국 교회의 목회자나 교인들은 그 전철을 따라 가려고 하고 있는 것입니다. 하나님이 원하시는 것은 우리가 외적으로 번드르르하고 세상적으로 잘난 것이 아닙니다. 우리가 차라리 뱀처럼 티끌을 먹으며 하나님의 인자 앞에서 벌레같이 떨면서 나올 때 하나님은 우리를 축복하여 주시는 것입니다.

우리는 이 세상 자랑에 대한 미련들을 다 내려놓고 내가 아끼는 옥합을 깨뜨려서 나 자신이나 자식보다 하나님만 더 사랑하는 성도들이 다 되시기를 바랍니다.

성경 토의

1. 하나님은 오늘까지 나를 어떤 과정으로 인도하셨으며, 특히 내 안에 있는 고질적인 나쁜 본성과 습관을 어떻게 치료하셨는가?

2. 하나님은 우리의 죄를 밟으시며 다시는 기억하지 못하도록 바다에 던지신다고 했는데 아직도 나에게 남아 있는 죄가 있으며, 나를 부끄럽게 하는 불행한 기억들이 남아 있는가?

3. 지금 하나님을 두려워하지 않고 자기 뜻대로 사는 사람들은 앞으로 어떻게 되는가? 그리고 하나님의 백성이 고난 받을 때 '너희 하나님이 어디 있느냐' 고 조롱하던 자는 나중에 어떻게 되는가?